EUROPAN 9 ERGEBNISSE

EUROPAN 9

Dieses Buch erscheint im Rahmen
des neunten Europan-Wettbewerbs

Herausgeber und Gesamtkonzeption
Didier Rebois
Europan Europa, Generalsekretär

Redaktion
Sylvie Chirat
Koordinatorin
Europan Europa Sekretariat

Herausgegeben von
Europan Europa
La Grande Arche – Pilier Sud
92055 Paris-La-Défense Cedex
Frankreich
www.europan-europe.com

ISBN n° 2-914296-17-7
Rechtliche Eintragung: 2. Quartal 2008

Weltweite Rechte der Reproduktion
und Verwendung von Texten und
Bildern vorbehalten

Thematische Analysen
basierend auf den Workshops zum
Europan 9- Forum der Städte und Jurys
in Catania
Didier Rebois, Professor, Architekt, Frankreich

Texte zu den Standorten und Projekten
Sylvie Chirat, Professorin, Architektin,
Frankreich

Grafische Gestaltung
Layout und Umschlag
Margaret Gray, Grafikdesignerin, Frankreich
mit
Julie Rousset, Grafikdesignerin, Frankreich

Deutsche Übersetzung
Lilian Astrid Geese, Dettmers & Weps –
Projekt- und Standorttexte
Birgit Herold- Artikel

Druck
NEOTypo
1c rue Lavoisier,
25044 Besançon cedex
Frankreich

Vertrieb
www.europan-europe.com

EUROPAN 9 ERGEBNISSE

22 länder
73 standorte

BELGIQUE / BELGIE / BELGIEN
01 ANDENNE 289
02 OTTIGNES 292

CESKA REPUBLIKA
03 PRAHA 263

DENMARK
04 HERNING 267
05 ØRESTAD KØBENHAVEN 19
06 VEJLE

DEUTSCHLAND
07 BABENHAUSEN 99
08 BERLIN 187
09 DONAUWÖRTH 195
10 ROSTOCK 55
11 SELB 139
12 SPREMBERG 198
13 STRAUBING 102

EESTI
14 TALLINN 60
15 TARTU 22

ESPAÑA
16 AMA 106
17 BADAJOZ 26
18 CALAHORRA 30
19 LA LAGUNA TENERIFE 62
20 POIO 143
21 SANTANDER 34
22 SORIA 221

FRANCE
23 BORDEAUX 225
24 CLERMONT-FERRAND 202
25 LE HAVRE 147
26 MULHOUSE 151
27 REIMS 270
28 SAINT-CHAMOND SAINT-ETIENNE MÉTROPOLE 110

HRVATSKA
29 OPATIJA 229
30 ZAGREB 114

IRELAND
31 CORK 38
32 DUBLIN 155

ITALIA
33 BISCEGLIE 233
34 CARBONIA 118
35 CATANIA 66
36 ERICE 159
37 FIRENZE 237
38 PISTOIA 163
39 REGGIO EMILIA 296
40 SIRACUSA 241

LATVIJA
41 RIGA 42

NEDERLAND
42 ALMERE 70
43 AMSTERDAM 126
44 GRONINGEN 167
45 NIJMEGEN

NORGE
46 LILLESTRØM 245
47 ODDA 74
48 OSLO 315
49 TRONDHEIM 205

MAGYARORSZÁG
50 GYOR 122

ÖSTERREICH
51 GRAZ 300
52 KAPFENBERG 78
53 LINZ 273
54 WIEN 208

POLSKA
55 WARSZAWA CZYSTE 130

PORTUGAL
56 LOURES 277
57 ODIVELAS 247
58 SANTO TIRSO 212

SLOVENIJA
59 LJUBLJANA 192

SCHWEIZ / SUISSE SVIZZERA / SVIZRA
60 DELÉMONT 251
61 GENÈVE 135
62 LE LOCLE 304
63 MOUDON 46
64 SION 281

SUOMI-FINLAND
65 ESPOO 82
66 KOTKA 86
67 VANTAA 308

SVERIGE
68 NACKA 284
69 TJÖRN 50
70 UPPLANDS VÄSBY 311

UNITED KINGDOM
71 MILTON KEYNES 216
72 SHEFFIELD 170
73 STOKE-ON-TRENT 173

KARTE DER STANDORTE

1. Fragen zur Ausdehnung der Stadt
linear
begrenzen

2. Ortsspezifische Veränderungen
infiltrieren
intensivieren

KARTE DER STANDORTE	4
VORWORT PRÄSIDENTIN	8
EINFÜHRUNG DIDIER REBOIS	10
FRAGEN ZUR AUSDEHNUNG DER STADT	16
LINEAR	18
ØRESTAD KØPENHAVN, DENMARK	19
TARTU, EESTI	22
BADAJOZ, ESPAÑA	26
CALAHORRA, ESPAÑA	30
SANTANDER, ESPAÑA	34
CORK, IRELAND	38
RIGA, LATVIJA	42
MOUDON, SCHWEIZ/SUISSE/SVIZZERA/SVIZRA	46
TJÖRN, SVERIGE	50
BEGRENZEN	54
ROSTOCK, DEUTSCHLAND	55
TALLINN, EESTI	60
LA LAGUNA TENERIFE, ESPAÑA	62
CATANIA, ITALIA	66
ALMERE, NEDERLAND	70
ODDA, NORGE	74
KAPFENBERG, ÖSTERREICH	78
ESPOO, SUOMI-FINLAND	82
KOTKA, SUOMI-FINLAND	86

NATUR UND ÖFFENTLICHER RAUM	90
ORTSSPEZIFISCHE VERÄNDERUNGEN	96
INFILTRIEREN	98
BABENHAUSEN, DEUTSCHLAND	99
STRAUBING, DEUTSCHLAND	102
AMA, ESPAÑA	106
SAINT-CHAMOND - SAINT-ETIENNE MÉTROPOLE, FRANCE	110
ZAGREB, HRVATSKA	114
CARBONIA, ITALIA	118
GYOR, MAGYARORSZÁG	122
AMSTERDAM, NEDERLAND	126
WARSZAWA CZYSTE, POLSKA	130
GENÈVE, SCHWEIZ/SUISSE/SVIZZERA/SVIZRA	135
INTENSIVIEREN	138
SELB, DEUTSCHLAND	139
POIO, ESPAÑA	143
LE HAVRE, FRANCE	147
MULHOUSE, FRANCE	151
DUBLIN, IRELAND	155
ERICE, ITALIA	159
PISTOIA, ITALIA	163
GRONINGEN, NEDERLAND	167
SHEFFIELD, UNITED KINGDOM	170
STOKE-ON-TRENT, UNITED KINGDOM	173

3. Chancen für den öffentlichen Raum
walking
teilen

MOBILITÄT UND ÖFFENTLICHER RAUM	178
CHANCEN FÜR DEN ÖFFENTLICHEN RAUM	184
WALKING	186
BERLIN, DEUTSCHLAND	187
LJUBLJANA, SLOVENIJA	192
DONAUWÖRTH, DEUTSCHLAND	195
SPREMBERG, DEUTSCHLAND	198
CLERMONT-FERRAND, FRANCE	202
TRONDHEIM, NORGE	205
WIEN, ÖSTERREICH	208
SANTO TIRSO, PORTUGAL	212
MILTON KEYNES, UNITED KINGDOM	216
TEILEN	220
SORIA, ESPAÑA	221
BORDEAUX, FRANCE	225
OPATIJA, HRVATSKA	229
BISCEGLIE, ITALIA	233
FIRENZE, ITALIA	237
SIRACUSA, ITALIA	241
LILLESTRØM, NORGE	245
ODIVELAS, PORTUGAL	247
DELÉMONT, SCHWEIZ/SUISSE/SVIZZERA/SVIZRA	251

4. Netzwerke in Veränderung
verknüpfen
polarisieren/zerstreuen

E9

NUTZUNG UND ÖFFENTLICHER RAUM	254
NETZWERKE IN VERÄNDERUNG	260
VERKNÜPFEN	262
PRAHA, CESKA REPUBLIKA	263
HERNING, DENMARK	267
REIMS, FRANCE	270
LINZ, ÖSTERREICH	273
LOURES, PORTUGAL	277
SION, SCHWEIZ/SUISSE/SVIZZERA/SVIZRA	281
NACKA, SVERIGE	284
POLARISIEREN/ZERSTREUEN	288
ANDENNE, BELGIQUE/BELGIË/BELGIEN	289
OTTIGNIES, BELGIQUE/BELGIË/BELGIEN	292
REGGIO EMILIA, ITALIA	296
GRAZ, ÖSTERREICH	300
LE LOCLE, SCHWEIZ/SUISSE/SVIZZERA/SVIZRA	304
VANTAA, SUOMI-FINLAND	308
UPPLANDS VÄSBY, SVERIGE	311
OSLO, NORGE	315
LOBENDE ERWÄHNUNGEN	318
EUROPAN REGULARIEN	352
EUROPAN SEKRETARIATE	353
EUROPAN JURYS	354
EUROPAN PUBLIKATIONEN	359

VORWORT

YVETTE JAGGI, PRÄSIDENTIN EUROPAN

Visionen der Urbanität

Zwanzig Jahre Europan. Entstanden ist ein wahres Netz urbaner Wettbewerbe und realisierter Bauprojekte in 22 europäischen Ländern. Eine inspirierende Konkurrenz der Ideen zur Förderung junger Talente in Architektur und Städtebau. Für die prämierten Teams stellt Europan, dank der Unterstützung bei der Umsetzung erster größerer Vorhaben in strategisch wichtigen urbanen Kontexten, einen bedeutenden Einstieg in den Beruf und ein echtes Karrieresprungbrett dar.

Der vorliegende Katalog und die im Rahmen des Forums der Ergebnisse in Santiago de Compostela am 30. Mai 2008 eröffnete Ausstellung präsentieren die preisgekrönten Projekte der neunten Auflage des Wettbewerbs. 1752 Teams, über 6000 junge Architektinnen und Architekten, haben Vorschläge zum Thema „European Urbanity – Nachhaltige Stadt und neue öffentliche Räume" eingereicht. Renommierte Experten in sechzehn Jurys vergaben insgesamt 63 Preise, prämierten 69 Ankäufe und 65 lobende Erwähnungen. Mit Teams aus knapp dreißig Ländern war die internationale Dimension bei Europan 9 noch stärker ausgeprägt, als in der Vergangenheit. Es gab deutlich mehr internationale Teams, und ungefähr die Hälfte der Preisträger reichten Vorschläge für andere als ihre Herkunftsländer ein: Der Wunsch nach Austausch und professionelle Mobilität sind charakteristisch für die junge Generation.

Europan ist spannend und dies insbesondere, weil es ein Wettbewerb für Architektur und Städtebau ist. Die 73 Europan 9-Standorte greifen in den Partnerstädten die Frage des Raumes auf: Wie lassen sich, zwischen dem Urbanen und der Architektur Zwischenräume denken, die das Thema der architektonischen Form an sich um die Perspektive des öffentlichen Raumes in den Quartieren der Moderne erweitern? Die in diesem Buch vorgestellten ausgezeichneten Projekte liefern dazu Strategien, Ideen und Visionen. Sie sind in ihrer großen Zahl Zeugen der kulturellen Vielfalt Europas und schließen gleichzeitig die Existenz einer gemeinsamen Vorstellung von europäischer Urbanität nicht aus.

Die größtmögliche Zahl der Entwürfe soll sich nach einer Phase der Konkretisierung und Operationalisierung urbanistisch und architektonisch realisieren lassen. Dieser Aufgabe widmen sich die Auslober des Wettbewerbs in den 22 teilnehmenden Staaten in den kommenden Monaten ebenso, wie die Bauherren und die prämierten Teams.

Auf der dem Katalog beigelegten CD-ROM finden sich die über 380 von der Jury bei den ersten Sitzungen als besonders interessant bewerteten Entwürfe. Auch sie dürfen mit dem Europan Label werben. Die so ausgezeichneten Teams erfahren damit eine Förderung ihres Berufseinstiegs und Hilfe bei der Teilnahme an weiteren Wettbewerben.

Wir wünschen uns, dass alle von ihrer Teilnahme an Europan 9 profitieren, bedeutende Anschlussaufträge bekommen und bei künftigen Projekten auf ihre zum Thema neue öffentliche Räume entwickelten Ideen zurückgreifen können.

Yvette Jaggi
Präsidentin Europan

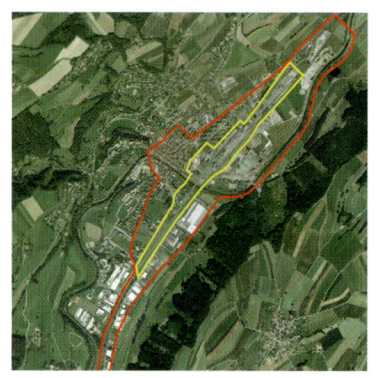 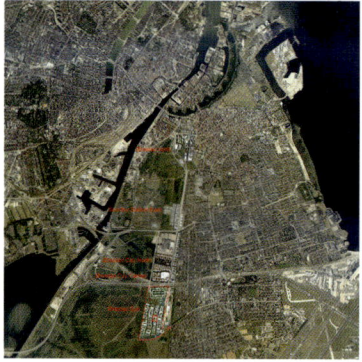

**Schweiz/Suisse
Svizzera/Svizra, Moudon**
Standort Zwischen le Devin und Bronjon
Bevölkerung 4.400 Bewohner
2.300 Arbeitsplätze
Betrachtungsgebiet 108 ha
Projektgebiet 22 ha

Denmark, Ørestad København
Standort Ørestad Süd
Bevölkerung Planung: 10.000
Einwohner und 20.000 Beschäftigte
Betrachtungsgebiet 50 ha
Projektgebiet 0,96 ha

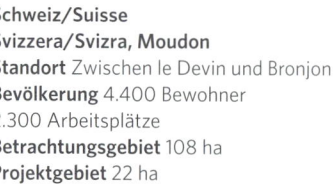

 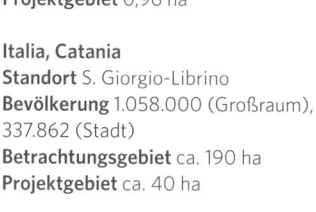

Italia, Catania
Standort S. Giorgio-Librino
Bevölkerung 1.058.000 (Großraum),
337.862 (Stadt)
Betrachtungsgebiet ca. 190 ha
Projektgebiet ca. 40 ha

Österreich, Kapfenberg
Standort Diemlach
Bevölkerung 22.000
Betrachtungsgebiet 38 ha
Projektgebiet 17 ha

Deutschland, Babenhausen
Standort Stadteingang Ost
Bevölkerung 16.500
Betrachtungsgebiet 70 ha
Projektgebiet Stadtumbaugebiet
und Kasernenareal

France, Saint-Chamond Saint-Etienne
Standort „Altes Stahlwerk"
Population 35.000
Study site 28,3 ha
Site of project 6,8 ha

Nederland, Groningen
Standort Woonschepenhaven
Bevölkerung 200.000
Betrachtungsgebiet ca. 15 ha
Projektgebiet ca. 3 ha (+ 2 ha
Hafengewässer)

United Kingdom, Sheffield
Standort Skye Edge, Wybourn
Bevölkerung Sheffield 520.679
Wybourn 6.015
Betrachtungsgebiet 20,24 ha
Projektgebiet Phase 1: 3,5 ha
Phase 2: 0,82 ha

Gemeinsame Räume

Ein Wettbewerb als Paradoxon: Konkurrierende Ideen und in der folgenden Umsetzung die Kombination der normalerweise separat bestehenden Disziplinen Architektur und Städtebau. Auch dies ist ein Grund, warum Europan zu einer weltweit einzigartigen Plattform wurde. Bei jeder Auflage präsentiert sich eine beeindruckende Kollektion urbaner Situationen in vom Wandel geprägten europäischen Städten, ein Fächer von Projekten, die die Vielfalt der Trends bei jungen Architektinnen und Architekten im urbanen Maßstab Europas vorzüglich reflektieren. Dieser Katalog erscheint zum aktuellen Wettbewerbsverfahren. Er zeigt und interpretiert die Ergebnisse. 63 Gewinner, 69 Ankäufe und 65 lobende Erwähnungen verbinden sich zur Publikation und Wanderausstellung, die anlässlich des Forums der Europan 9-Ergebnisse am 30. Mai 2008 in Santiago de Compostela, Spanien, eröffnet wird.

Standortfragen oder: Wie baut man die nachhaltige Stadt?

Neben der Aufwertung architektonischer Konzepte bei jungen Architektinnen und Architekten liegt der Erfolg von Europan zweifellos an diesem ganz spezifischen „Maßstab", der sich zwischen dem Urbanen und Architektonischen verortenden Dimension des Wettbewerbs. Nach einer ersten der Entwicklung des Wohnungsbaus gewidmeten Auflage orientierte sich Europan zunehmend urban. Ursächlich war dabei auch die durch den Wettbewerb inspirierte Nachfrage. Beteiligt waren in der Tat eher Städte und Regionalplaner als Bauherren. Europan entzog sich dieser Entwicklung in keiner Weise und gestaltete, mit Hilfe europäischer Experten, die Themen der jeweiligen Verfahren entsprechend. Der dritte Wettbewerb markierte die Trendwende. Das Thema „Zuhause in der Stadt" reflektierte den zweifachen inhaltlichen Ansatz: den Blick auf das Naheliegende werfen, das jedoch mit einem weiter reichenden urbanen oder auch territorialen Maßstab kombiniert werden muss. Der perspektivische Standortwechsel und der Grundsatz der im Rahmen des Wettbewerbs erfolgenden Anbindung eines Standorts an ein über das Maß des Standorts hinausgehendes Betrachtungsgebiet – in manchen Fällen mehrere hundert Hektar – und „ineinandergreifende Dimensionen" verleihen Europan seinen spezifischen Charakter.

Knapp 600 vorgeschlagene Standorte hinterfragten bisher den Wandel der europäischen Stadt. Aufgeworfen wurden kritische Fragen von den Verantwortlichen für die Themen des Urbanismus (Politiker, Regionalplaner usw.) in einer Vielzahl von Kontexten europaweit in den 22 Teilnehmerländern. Ein übergreifendes Thema zieht sich mittlerweile durch alle Wettbewerbsverfahren: „European Urbanity". Tatsächlich ist das eigentliche Ziel der europäischen Vision der Stadt die Gestaltung der Gesellschaft, das heißt die Entstehung einer Gemeinschaft von Menschen unterschiedlicher Herkunft und Milieus. Dabei lässt sich der herrschende Trend zur Individualisierung, das Streben nach Unabhängigkeit, natürlich nicht ignorieren. Europan widmet sich daher genau diesem Widerspruch: Die Stadt impliziert sowohl das Streben nach Lebendigkeit, kollektiver Lebensform und Öffentlichkeit als auch nach Wahrung der Privatsphäre, Intimität, dem Zuhause und dem Zwischenmenschlichen.

Europan 9 stellte die Frage der „nachhaltigen Stadt und neuer öffentlicher Räume" in den Mittelpunkt. Urbanität lässt sich definieren als das gemeinsame (Er)Leben der Stadt und ihrer Angebote, und als eine Möglichkeit, den städtischen Raum zu denken als Förderung der Begegnung von Menschen an Orten, die sie gemeinsam nutzen: der öffentliche Raum.

Wo aber beginnt und endet dieser? Sind die Räume in Nachbarschaft und Nähe Teile der öffentlichen Sphäre? Sind die neuen kollektiven, von gemeinsamen Interessen geprägten Räume – Einkaufszentren, Bahnhöfe, Flughäfen – öffentliche Räume?
Projekte der Urbanität entwerfen, die sich mit der Frage des Status des öffentlichen Raumes auseinandersetzen, bedeutet, diesen in den Kontext nachhaltiger Stadtentwicklung zu stellen und impliziert den ökologischen Wandel des Raumes ebenso wie seine nachhaltige » Einbettung in den Veränderungsprozess selbst.
Die 73 zu diesem Thema vorgeschlagenen Europan 9 Standorte verweisen auf eine Reihe damit zusammenhängender Fra-

gen, die eine soziale Dimension haben und zugleich konkrete räumliche Aspekte beinhalten. Wie organisiert man die Vielfalt der Transportmöglichkeiten im öffentlichen Raum, wenn man den Autoverkehr in der Stadt reduzieren will? Mittels welcher neuen morphologischen Ordnung lässt sich bei gleichzeitiger Aufwertung öffentlicher und offener Räume, Natur in die Stadt bringen, die Baudichte steigern und Zersiedelung abbauen? Wie lässt sich Mischnutzung denken, die zu kürzeren Wegen führt und die urbane Intensität kollektiver Räume ausbaut, damit funktionsbestimmte Zonen überflüssig werden? Wie gestaltet man räumlich die Dynamik des Engagements für den öffentlichen Raum, um so das Risiko der Hegemonie des Privaten zum Nachteil der Gemeinsamkeit in der modernen Stadt zu mindern, damit der urbane Raum seine wahre Dynamik entfalten kann?

Um die Orientierung angesichts der Vielfalt des Angebots der europäischen Städte zu erleichtern und den Vergleich zu ermöglichen, wurden die 73 Standorte, mit Hilfe des Wissenschaftlichen Komitees von Europan, in thematische Gruppen zusammengefasst, die sich typisch urbanen Fragen stellen. Der Katalog präsentiert die Europan 9-Projekte entsprechend der Typologie der Standorte.

Fragwürdige Expansion

Es geht heute um die Vermeidung unnötiger Zersiedelung und des Eindringens der Stadt in die Natur bzw. landwirtschaftliche Flächen, die es zu bewahren bzw. aufzuwerten gilt. Einige Standorte laden die Wettbewerbsteilnehmer ein, die effizienteste Möglichkeit für die geografisch wachsende Stadt zu entwickeln.

Städte wollen wissen, **wie „kompakt" ihre Expansion entlang der Hauptverkehrsachsen gestaltet werden kann, um den Ausbau von Straßen zu begrenzen und neue urbane Zonen an diesen entlang auszurichten.** Die Schweizer Stadt Moudon präsentierte im Wettbewerb die Randzonen der sich durch die Stadt ziehenden Hauptstraße. Kopenhagen in Dänemark schlug vor, neue urbane Inseln im Umlandgebiet von Orestadt zu schaffen, wo die Stadtbahn Zentrum und Flughafen verbindet.

Andere Städte setzten sich mit der Frage der Grenze zwischen Stadt und Natur auseinander. Wie gebietet man dem städtischen Wachstum Einhalt, um ökologisch wertvolle Zonen aufzuwerten? **Wie lässt sich die Zersiedelung verhindern, ohne Stadtentwicklung dabei zu stoppen?** Catania in Italien bot einige Grundstücke am Stadtrand für eine Projektstudie zur Erkundung der Grenze zum Umland an. Im österreichischen Kapfenberg ging es um die Beziehung zwischen Wohngebiet und dem angrenzenden Wald, die Erfüllung des Wunsches der Bevölkerung nach Naturnähe und den Erhalt der Landschaft der bewaldeten Hügel in Stadtnähe.

Lokaler Wandel

Gegen die Kolonialisierung der Naturzonen durch die Urbanisierung müssen die Städte eine andere, nachhaltigere Entwicklungslogik anstreben, die wir als Binnenerweiterung bezeichnen wollen. Dabei geht es um die Transformation bereits bebauter Areale im Inneren oder auch in der Umgebung der Städte. Es handelt sich hier im Allgemeinen um Industriebrachen oder ehemalige Wohngebiete. Welches urbane Projekt ermöglicht den „Bau der Stadt auf der Stadt" in verlassenen Zonen oder Quartieren, die lebendiger gestaltet werden sollen?

In dieser Kategorie **gehen einige Standorte bei E9 nicht von der Tabula rasa aus, sondern wollen Bestehendes aufgreifen und urban aufwerten: Wandel erfolgt über die Infiltration eines Kontextes mit bereits charakteristischer Identität.** Beispielsweise in einer zentral gelegenen Kaserne in Babenhausen, Deutschland, wo es eines Entwurfes bedarf, der die Anbindung an die Stadt über öffentliche Räume und eine spezifische, von der kartesianischen Geometrie des Gebäudebestandes geprägte Komposition möglich macht. Im französischen Saint-Chamond befindet sich der für den Wettbewerb angebotene Industriestandort im Herzen der Stadt. Es handelt sich um ein riesiges Gelände mit linearer Anordnung eines Ensembles von Industriebauten. Ziel ist die Auflösung der Enklave des Ensembles und das Recycling bestimmter Räume. Für die Gestaltung des Veränderungsprozesses spielt der Faktor Zeit eine signifikante Rolle.

Andere Standorte lassen in Erwartung einer intensiveren Nutzung mehr Spielraum für Neubauvorhaben. Im holländischen Groningen befindet sich der Wettbewerbsstandort im von Kanälen durchzogenen Industriegebiet, teilweise genutzt als Hafen für „Hausboote", deren Zahl die Stadtverwaltung im Interesse eines weniger provisorischen Wohnviertels reduzieren möchte. In Sheffield, Großbritannien, soll ein monofunktionales Quartier des sozialen Wohnungsbaus neue, urbane Dynamik entwickeln. Eine Reihe nicht adäquater Wohnbauten soll durch ein Stück Stadt ersetzt werden, das von der attraktiven geografischen Lage und der reichhaltigen Natur profitiert.

Chancen für den öffentlichen Raum

Mehrere Standorte stellen in direkter Reaktion auf das Wettbewerbsthema explizit die Frage, wie die moderne Stadt Investitionen im öffentlichen Raum dynamisch steuern kann. Wie entzieht man sich der drohenden Hegemonie des privaten oder privatisierten Raumes, der der kollektiven Dimension der Stadt entgegen steht? Wie können neue Typen öffentlicher Räume entstehen, die nicht artifizielle, von der sozialen Dynamik abgetrennte Formen darstellen sondern mit lebendigen Räumen verbunden sind und von den Chancen profitieren, die das bestehende urbane Territorium bietet?

Hier und dort geht es um die Schaffung von Räumen „sanfter Mobilität". **Die Verbindung der von unterschiedlichen Geschwindigkeiten und variierenden Maßstäben geprägten Netzen, die sie durchziehen, ermöglicht eine neue Wahrnehmung der Stadtlandschaft.**

In Berlin, Deutschland, befindet sich ein großes, perizentrales Gebiet, durch das sich eine Schnellstraße zieht. Es wird geprägt von verschiedenen Fragmenten, darunter einige Industriebrachen. Hier soll ein Rad- und Fußwegenetz entstehen, über das der Standort aufgewertet und erkundet werden kann, bis ein umfassendes Stadtumbauprojekt realisiert wird. In Santo Tirso in Portugal geht es bei dem für E9 eingereichten städtischen Randgebiet um die Aufwertung der landschaftsarchitektonischen Qualität: Geschaffen wird ein Park, der den Zugang für den MIV zugunsten langsamerer Verkehrsmodi reduziert.

An einem anderen Ort geht es um Stadtbrachen und die Integration neuer Typologien öffentlicher Räume und deren Einbettung in das jeweilige Umfeld. Zwischen Urbanität und Intimität wird hier die Frage der Grenze zwischen dem Öffentlichen und dem Privaten neu gestaltet.

Im kroatischen Opatija, Badeort bei Rijeka, ist der Standort ein offener, von Villen und Hotels umgebener Bereich, den die Stadt

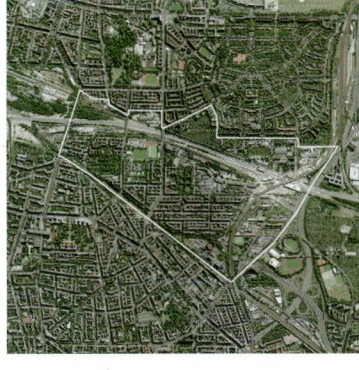

Deutschland, Berlin
Standort Südkreuz
Bevölkerung 3,4 Millionen
Betrachtungsgebiet 170 ha
Projektgebiet von den Teilnehmern auszuwählende Einzelbereiche

Portugal, Santo Tirso
Standort Vale da Ribeira do Matadouro
Bevölkerung 24.649 (Stadt)
Betrachtungsgebiet 23,89 ha
Projektgebiet 5,83 ha

Hrvatska, Opatija
Standort Trg Vladimira Gortana - Slatina
Bevölkerung 12.719 (Stadt 7.850)
Betrachtungsgebiet 7,6 ha
Projektgebiet 0.8 ha

Italia, Siracusa
Standort „Eisenbahnumgehung"
Bevölkerung 126.000
Betrachtungsgebiet ca. 127 ha
Projektgebiet ca. 40 ha

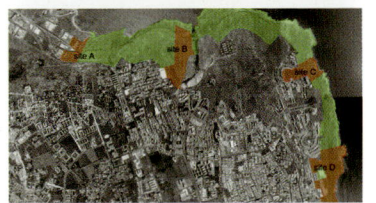

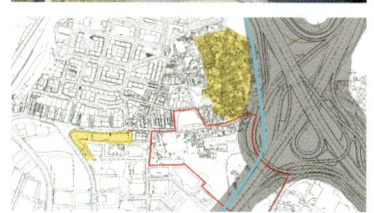
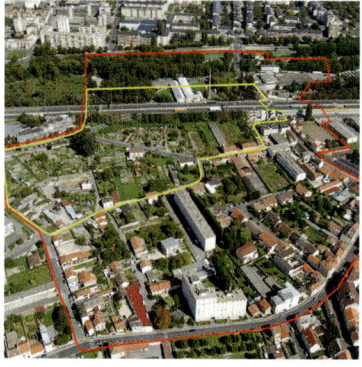

Portugal, Loures
Standort Prior Velho
Bevölkerung Projektgebiet: 322
Gemeinde: 6.683 - Kreis: 199.000
Betrachtungsgebiet 15,02 ha
Projektgebiet 8,67 ha

France, Reims
Standort Chaussée Saint Martin
Bevölkerung 187.000
Betrachtungsgebiet 19,4 ha
Projektgebiet 6,8 ha

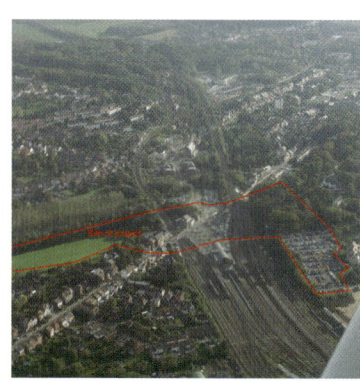

Belgique/België/Belgien, Ottignies
Standort Bahnhof Ottignies
Bevölkerung 29.521
Betrachtungsgebiet 15 ha
Projektgebiet 6 ha

Italia, Reggio Emilia
Standort AV/AC Bahnhofsgebiet
Bevölkerung 157.000
Betrachtungsgebiet ca. 255 ha
Projektgebiet ca. 42 ha

Swamp city
Le Locle, Schweiz/Suisse
Svizzera/Svizra
Bakir Mustajbegovic (CH), Didier Collin (CH), Nicolas Strambini (CH), Architekten

Stadtfarmen
Poio, España
Camilo Rebocho Vaz (P), Marlene Dos Santos (P), Bruno Oliveira (P), Architekten

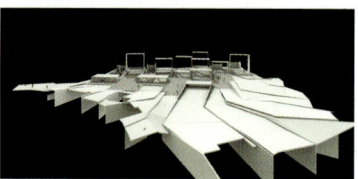

A waterblock project
Kotka, Suomi-Finland
Gianluca Evels (I), Stefania Papitto (I), Lorenza Giavarini (I), Luigi Valente (I), Matteo Rossetti (I), Architekten

Urban cultivation
Zagreb, Hrvatska
Sergio Rodriguez Estevez (E) Architekt und Stadtplaner, Mario Tonossi Gian (I) Architekten, Salas Mendoza Muro (E) Architekt und Stadtplaner, Stephan Jung (D) Architekten, Sabrina Colombo (I) Stadtplanerin

zum Platz gestaltet sehen möchte. Die Herausforderung besteht hier darin, den öffentlichen Raum in seiner Beziehung zum Strand, auf den er sich öffnet, zu denken. Die gleiche Situation prägt Syrakus in Italien. Der Kontext ist hier jedoch völlig anders: Es geht um die Aufwertung einer großen Küstenzone, die bislang durch die Eisenbahnlinie von der Stadt getrennt ist. **Die Überwindung dieser Kluft erlaubt die Vision der Verbindung von Stadt und Wasser und kollektive Räume, die sich die Bewohner aneignen können.**

Netze in Bewegung

Der vierte Themenkomplex handelt von der Requalifizierung der Mobilitätsnetze. Die Stadtverwaltungen wollen ein vernünftiges Verkehrsmanagement in der Stadt, weniger Staus und Behinderung des öffentlichen Raumes durch den ruhenden Verkehr. Sie favorisieren eine modale Vielfalt – ÖPNV und sanfte Mobilität. Eine nachhaltige Mobilitätspolitik wirft dabei die Frage auf, ob diversifizierte Mobilitätsnetzwerke denkbar sind, die nicht nur technisch neu gesehen werden, sondern auch die räumliche Dimension aufgreifen, und ob diese neue Faktoren der Intensität und Urbanität sein können.

Einige Standorte sind von großen, auf schnelle Mobilität zielenden Infrastruktureinrichtungen gekennzeichnet, die Risse im urbanen Gewebe verursachen. Hier ist das Ziel eine Modifizierung der Netze und die erneute Verknüpfung der Stadtfragmente. **Ermöglicht der Umbau der Verkehrsinfrastruktur die Verbindung einzelner urbaner Elemente?**

Loures in Portugal ist ein typisches Beispiel für eine suburbane Landschaft mit Autobahnkreuz in Stadtnähe. Dazwischen entstand spontan ein Wohngebiet, das die Kommune im Interesse eines stärker urban geprägten Habitats abreißen möchte. Kann Bauen am Stadtrand das Autobahnkreuz überwinden und die Isolation der Quartiere aufheben?

Das französische Reims wird zum Teil vom Bahndamm zerschnitten, der Zentrum und Peripherie voneinander trennt: im Zentrum ein Kanal und Grünzonen, am Stadtrand Einfamilienhäuser. Die geplante Umgehungsstraße wirft für den Wettbewerb die Frage auf, welcher neue Status für das Makadam-Band vorzusehen ist und wie die beiden Stadtteile miteinander verbunden werden.

Mobilität bringt Straßen- und Bahnnetze mit sich und generiert zugleich intermodale Kreuzungen, die, wenn sie nicht nur technisch betrachtet werden, die Folgen der territorialen Schnitte noch verstärken können. In Ottignies in Belgien soll der an der Kreuzung zweier großer Bahnlinien liegende Bahnhof von einem Regionalexpress angefahren werden, der die Schnellzugverbindung nach Brüssel darstellt. **Wie entsteht Urbanität über die durch zunehmende Mobilität entstehende Polarisierung an den Verknüpfungspunkten wichtiger Aktivitäten im Netz und im urbanen Raum?**

Im Gegensatz dazu sind andere Standorte überwiegend netzwerkgeprägt. Im italienischen Reggio Emilia befinden sich Eisenbahn, intermodaler Umsteigebahnhof, Autobahn und andere Straßen im gleichen Stadtteil. Bedeutende Ingenieurkunst war beim Bau der Infrastruktur dort, wo sich ihre Wege kreuzen, gefordert. **Lässt sich die Wirkung der Verbindung durch ein Management der Konsequenzen des Netzwerks und ihrer Umwelteffekte abfedern, so dass ein Quartier entstehen kann?**

Diese wenigen Beispiele für die insgesamt 73 Standorte zeigen, dass Europan eine Plattform der Reflexion über den Wandel der modernen, europäischen Stadt ist. In ihrer Zuordnung zu einigen strategischen Themen – Beziehung Stadt Natur, Mobilität, gemeinsam genutzter Raum – bieten die Standorte, in der Vielfalt ihrer Kontexte, ein wahrhaft signifikantes Bild der Herausforderungen, denen sich die Städte, ausgehend von einer neuen, nachhaltigen urbanen Philosophie, stellen müssen. Europan ist die Suche nach räumlichen Visionen für dieses ökologischere und kulturelle urbane Konzept, das uns einlädt, auf verschiedenen Ebenen nachzudenken und den Entwurf ausgehend vom territorialen und nachbarschaftsnahen Maßstab zu sehen.

Neuinterpretation der Situation, ausgehend von den Visionen zum öffentlichen Raum

Die Projekte der Preisträger sind keine endgültigen Antworten auf die Fragen, die die Städte sich stellen. Die Vorschläge der Teams sind immer wieder Neuinterpretationen der spezifischen Situation, ausgehend von ihrer Vorstellung von deren Zukunft. Es besteht sogar die Tendenz – und das lässt ein Ideenwettbewerb zu – einen Standort zu idealisieren, zu viel in ihn zu investieren. Doch diese Sublimierung bringt das ganz Neue, Ungesehene hervor, innovative Ansichten, die im Grunde als Hypothesen angesichts einer gegebenen Lage verstanden werden müssen: „Nehmen wir an, wir täten das, um Ihr Problem zu lösen ..." Das Interessante an diesem Konjunktiv ist der in der Phase der Kommunikation und des Austauschs vor der operativen Phase stattfindende Dialog zwischen den jungen Gestaltern, die zunächst überraschende Ideen produzieren, und den urbanen Akteuren, die für die Realisierung eines Vorhabens vor Ort verantwortlich sind.

Denn die Standortfragen generieren Antworten auf der Ebene des Projekts, d.h. Vorschläge, die über die den betrachteten Situationen eigenen Widersprüche hinausgehen und mehr als Design und Sichtbarkeit sind, d.h. uns in den Bereich einer Vision führen, die wir problematisieren und hinterfragen. Angesichts der Ingredienzen eines Standorts können sich neue, interessante Hypothesen ergeben, je nachdem, wie die prämierten Teams die Parameter des Standorts handhaben und ihre Ideen auf verschiedenen Ebenen gestalten.

Diese alternative Interpretation der Projekte als alternative Hypothesen ermöglicht auf europäischer Ebene ihre Klassifizierung in Themenfamilien. Jenseits des spezifischen Kontexts lassen sich so die grundlegenden Ideen in den Vorschlägen der Teams querlesen.

Leben „mit" der Natur?

80% der Europäer hätten gern ein Einfamilienhaus mit Garten. Die Statistik ist Ausdruck eines zweifachen Wunsches, was das Wohnen angeht: Individualität und in enger Nähe zur Natur. Die Aufgabe stellt sich damit wie folgt: Verbindung nachhaltiger Stadtentwicklung mit kompakteren und verdichteten Quartieren und Vermeidung von Zersiedelung. Entsprechend eröffnet sich ein weites Feld für architektonische und urbanistische Studien. Unabhängig von den vorgeschlagenen Morphologien dürfen jedoch auch diese nicht die Natur „kolonialisieren", sondern sich mit ihr verbinden, ihre Logik respektieren und sie im eigenen Rhythmus leben lassen.

Und wenn die Urbanisierung als Schaffung einer bewohnten Umwelt, Teil der Aufwertung des natürlichen Bodens wäre?

In der Tat finden die Elemente der Natur, Erde, Wasser, Pflanzen, ihren Ausdruck in und ausgehend vom Boden. Das mit einer lobenden Erwähnung prämierte Projekt (B. Mustajbegovic, D. Collin und N. Strambini) für Le Locle in der Schweiz, *Swamp city*, schlägt die Errichtung einer Art Feld aus „gebauten Menhiren" in Sumpfland vor. Zur Sublimierung eines hochwertigen, gebirgigen Terrains evozieren sie die alte Fantasie von einer emblematischen Verbindung zwischen Himmel und Erde. Pragmatischer im Ansatz und in einem Trend, der sich bei mehreren Siegerprojekten findet, versucht der prämierte spanische Entwurf *Stadtfarmen* (C. Rebocho Vaz, M. Dos Santos, B. Oliveira), Moorland nicht länger im Prozess der Urbanisierung zu absorbieren, sondern ihm einen hybriden Urbanismus entgegenzustellen, in dem sich Landwirtschaft und Bebauung mischen und eine neue „rurbane" Landschaft entsteht.

Es ist jedoch nicht immer möglich oder wünschenswert, das Naturland zu respektieren. Insbesondere dann, wenn die technische Logik der Urbanisierung bereits massiv gegriffen hat. **Wie wäre es aber, wenn zur Schaffung urbaner Landschaften künstliche Böden entstünden?**

Diese Position wird in mehreren Entwürfen vertreten, beispielsweise auch im prämierten Projekt für die Reggio Emilia mit dem Titel *Neues Exzellenzzentrum für Forschung und Technologie-Entwicklung*. Hier ist die Idee die Überwindung der durch die Infrastruktur entstandenen Risse durch die Schaffung einer künstlichen Topografie, ein begrüntes Gebäude in Hanglage, das einen Teil des Netzes absorbiert und die Verbindung der Zonen möglich macht. Ein ganz anderer Ansatz findet sich in den *urbanen Wohnzimmern*, Preisträger für Riga in Lettland (P. Iotti, M. Pavarani, M. D'Ariano, M. Ferrari, A. Malaguti, F. Pennacchini, S. Spada, G. Tardini, F. Tosi, D. Varotti, A. Verde). Eine wabenförmige Geometrie strukturiert den Boden, aus dem sich die Gebäude mit Dachbegrünung erhebt und öffentliche Räume quasi als „Zimmer" hervorbringt. Baumbestandene Randzonen greifen das geometrische Muster auf und verleihen dem Ensemble damit eine organische Dimension.

Anders als die vorstehend genannten Entwürfe, in denen Boden und Bau zusammenfließen und damit urbane Expansion möglich machen, werfen einige Siegerteams die Frage der Stadtgrenzen auf: **Bedingt die Differenzierung von Stadt und Natur nicht eine bebaute/gebaute trennende Linie gegenüber einer zu offenen Landschaft?**

Diese Attitüde spiegelt sich in *Types* im spanischen Calahorra (M. Quintin Mula Muñoz) die mittels skulpturierter Bauten eine verdichtete Grenze zwischen Stadt und Land etabliert. Im ganz anderen, suburbanen Kontext von Nacka in Schweden mischen sich Wald und bunt zusammengewürfelte Baukörper. Der prämierte Entwurf *Die Ringe von Nacka* (O. Merry Del Val Mariátegui, J. García-Germán Vázquez) kehrt den Ansatz um. Es entstehen unbegrenzte Parks, die durch einen bebauten Ring begrenzt werden. So bilden sich, auf der Grundlage der Topografie, große und erkennbare urbane Formen in der Landschaft.

Doch die Frage, wie eine neue Schnittstelle zwischen Natur und bebautem Terrain entstehen kann, lässt sich auch architektonischer stellen. Hier wird der Entwurf ausgesprochen dynamisch hinterfragt: **Sollte man, damit ökologische Wohnräume entstehen können, ein neues Bündnis von Architektur und Natur ausrufen?**

Der Entwurf *A waterblock project* Preisträger aus Kotka, Finnland (G. Evels, S. Papitto, L. Giavarini, L. Valente, M. Rossetti) versucht genau das in einem neuen Engagement für ein Hafengebiet, das zum Wohnviertel nicht länger am, sondern auf dem Wasser umgestaltet wird. Die Architektur der Häuser, die über Pontons vom Ufer aus zu erreichen sind, ist speziell so gestaltet, dass auf den privaten Terrassen der Eindruck entsteht, man treibe auf dem Wasser. Das Element wird physisch erfahrbar. Eine bessere Einbettung natürlicher Element in die Architektur findet sich, in einem völlig anderen Kontext, auch im Ansatz der *urban cultivation* eine lobende Erwähnung für Zagreb (S. Rodriguez Estevez, M. Tonossi Gian, S. Mendoza Muro, S. Jung, S. Colombo). Wie auf einem Feld entstehen unterschiedlich große Häuser aus doppelwandigen Plateaus, orthogonal innen und schräg außen, geformt wie Klauen, die die Zimmer umfassen.

Und wenn die Quartiere urbaner würden?

Wenn nicht freiwillig Maßnahmen ergriffen werden leiden die Städte oft unter einem Mangel an neuen, öffentlichen Angeboten in den Quartieren. Der Grund liegt in fehlenden öffentlichen Geldern und, entsprechend, der Tendenz zur Übernahme

Neue Exzellenzzentren für Forschung und Technologie-Entwicklung
Reggio Emilia, Italia

Mauro Merlo (I), Alessandro Ciocci (I), Architekten, Daria Dickmann (I) Architekt und Stadtplaner, Paolo Di Giacomantonio (I), Roberto Mazzer (I), Architekten, Francesca Veronica Rubattu (I) landschaftsplaner, Daniele Serretti (I), Roberto Simeone (I), Lorenzo Spagnolo (I), Architekten

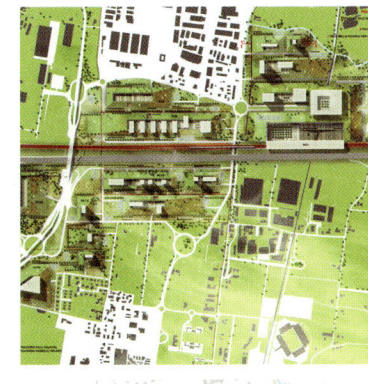

Urban living rooms
Riga, Latvija

Paolo Iotti (I), Marco Pavarani (I), Architekten, Michele D'Ariano (I) Matteo Ferrari (I), Anna Malaguti (I), Federica Pennacchini (I), Stefano Spada (I), Giulia Tardini (I), Francesco Tosi (I), Dario Varotti (I), Alberto Verde (I), Architekturstudenten

Die Ringe von Nacka
Nacka, Sverige

Olimpia Merry Del Val Mariátegui (E), Jacobo García-Germán Vázquez (E), Architekten

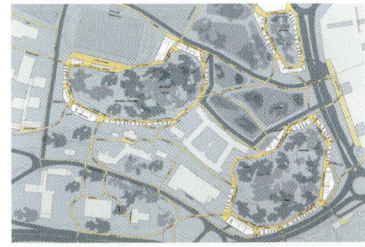

Types
Calahorra, España

Manuel Quintin Mula Muñoz (E) Architekten

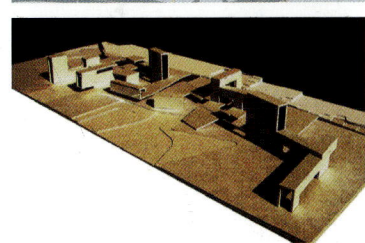

Slow spaces
Bisceglie, Italia

Francesca Pignatelli (I), Emanuela Balzani (I), Francesco Merla (I), Roberta Scocco (I), Francesco Bruni (I), Attilio Ranieri (I), Architekten

Public bay
Opatija, Hrvatska

Aleksander Bednarski (PL), Mariusz Komraus (PL), Tomasz Pokropowicz (PL), Architekten

(S)piagge d'Arno
Firenze, Italia
Federico Bargone (I), Francesco Bartolucci (I), Francesca Ascione (I), Valentina Castegini (I), Mauro Di Criscenzo (I), Zelda De Ruvo (I), Architekten, Alessandro Antonini (I) Architekturstudent

Switch urbain
Linz, Österreich
Belinda Tato Serrano (E), Jose Luis Vallejo Mateo (E), Jaime Eizaguirre (E), Benjamin Castro (E), Michael Moradiellos (B), Domenico di Siena (I), Francisco Blanco (E), Architekten, Alejandra Albuerne (E) ingenieur, Carmen Perez (E), Pilar Ruiz (COL), Architekturstudent

Recharging spaces
Donauwörth, Deutschland
Dominique Dinies (D), Markus Vogl (D), Robert Diem (A), Sandra Schiel (A), Irina Koerdt (D), Architekten

Vegetable chromosomes
Pistoia, Italia
Lapo Ruffi (I), Antonio Monaci (I), Architekten, Agostini Benedetta (I) Architekturstudent, Vanessa Giandonati (I), Bernardo Pagnini (I), Rachele Tanganelli (I), Architekten

Odda lace
Odda, Norge
Lina Lahiri (S), Sibylle Bornefeld (D), Architekten, Katja Erke (D) Landschaftsplanerin, Karolin Möllmann (D) Architekten

Quartier 3D
Ørestad, Køpenhavn
Eva Luque García (E) Architekten

Catalog for dwelling on the time
Selb, Deutschland
Julio De La Fuente Martinez (E), Natalia Gutiérrez Sanchez (E), Álvaro Martín Fidalgo (E), Arantza Ozaeta Cortázar (E), Architekten

Better cheaper housing
Dublin, Ireland
Hugo Lamonte (IRL), Andrew Griffin (IRL), Architekten

von Gemeinschaftsaufgaben durch private Unternehmen. Ist dieser Trend umkehrbar? Vielleicht, **wenn neue urbane Beziehungen zwischen öffentlichen Räumen und privatem Engagement entstehen.**

Bisceglia in Italien ist im Grunde eine unter Bevölkerungsrückgang leidende *shrinking city*. Insbesondere die Innenstadt wird zunehmend von verlassenen Zonen geprägt. Der prämierte Entwurf *slow spaces* (F. Pignatelli, E. Balzani, F. Merla, R. Scocco, F. Bruni, A. Ranieri) schlägt die Rückgewinnung öffentlicher Mikroräume im historischen Stadtkern vor. Ausgangspunkt ist dabei eine Logik der Verschönerung, die in der Folge neue Geschäftstätigkeit und andere Angebote anziehen soll. Im Gegensatz profitiert die *Public bay* im kroatischen Opatija (A. Bednarski, M. Komraus, T. Pokropowicz) vom touristischen Reiz des Standorts und entwirft eine Erweiterung des Stadtplatzes, der sich über die Straße zieht und bis zum Strand erstreckt. Der öffentliche Raum öffnet sich zum offenen Raum am Meer. Hier entsteht Platz für die Ansiedlung von Geschäften und anderen Serviceangeboten.

Im suburbanen Raum reduzieren sich gemeinsam genutzte Räume häufig auf Einkaufszentren. **Lässt sich in der diffusen Stadt eine neue urbane Dynamik entwickeln?** Dies ist die Herausforderung am Standort Florenz, wo, abgeschnitten von der natürlichen Umgebung, sozialer Wohnungsbau in der Vorstadt entstand. Der Preisträger (S)piagge d'Arno versucht sich auf zweifache Weise (F. Bargone, F. Bartolucci, F. Ascione, V. Castegini, M. Di Criscenzo, Z. De Ruvo, A. Antonini). Einerseits implantiert er inmitten der sozialen Wohnbauten urbane Mikro-räume, die er aus der Enklave löst, indem er öffentliche Räume schafft, die ihn mit dem territorialen Kontext, dem Ufer und der dahinter liegenden Ebene der Toskana verbinden. Im österreichischen Linz spielt die lobende Erwähnung *Switch urbain* (B. Tato Serrano, J. L. Vallejo Mateo, J. Eizaguirre, B. Castro, M. Moradiellos, D. Di Siena, F. Blanco, A. Albuerne, C. Perez, P. Ruiz) weniger mit Expansion als mit „Kompression". Am Vorstadtstandort erfolgt eine intensive Verdichtung des durch Netze eingeschlossenen Raumes. Vorgeschlagen wird eine außergewöhnliche programmatische Schichtung die da, wo das Fahrzeug isoliert, eine vertikale Intensität als urbane Attraktion schafft.

Doch das Spiel mit dem öffentlichen Raum kann auf verschiedenen Ebenen stattfinden, die nicht ausschließlich durch die metropolitane oder umgekehrt die strikt residenzielle Logik diktiert werden. **Und wenn zwischen dem großen Territorium und dem häuslichen Bereich neue Nachbarschaftsräume in den Quartieren der Vorstadt entstünden?**

Diesem Ziel verschreibt sich der prämierte Entwurf *recharging spaces* für Donauwörth in Deutschland (D. Dinies, M. Vogl, R. Diem, S. Schiel, I. Koerdt), der die Riegel und Türme eines monofunktionalen Wohnquartiers der 1970er Jahre durch eine « Wirbelsäule » auflockern will, die als Fluss urbaner Angebote für die Bewohner im Kiez gedacht sind. Ebenso integrierend manifestiert sich der Entwurf *Vegetable chromosomes*, Preisträger im italienischen Pistoia. Hier werden in der gleichen organischen Bewegung Wohnhäuser und Zwischenräume zur Förderung des städtischen Lebens in der Nachbarschaft eingefügt, das im Süden ohnehin stärker ausgeprägt ist als im übrigen Europa.

Und wenn wir die Morphologie des Wohnungsbaus neu denken?

Die nachhaltige Stadt muss kompakter sein, um die Natur besser zu schützen. **Sind neue, dichtere urbane Morphologien denkbar, die Nutzungskomplexität erlauben und sich dem öffentlichen Raum gegenüber öffnen?**

Im Entwurf für Orestadt (E. Luque García) geht das: Gestaltet wird die Stadterweiterung für Kopenhagen in Dänemark unter Berücksichtigung des Wunsches des Stadtverwaltung nach Inseln, durch die überlagernde und gegenüberstellende Anordnung der verschiedenen Wohnungtypen. Die Insel wird porös und ihr Inneres wird schließlich zur Verlängerung des sich an ihr entlang ziehenden Boulevards. Im norwegischen Odda wird der prämierte Entwurf (von L. Lahiri, S. Bornefeld, K Erke, K. Möllmann) weniger durch einen bestimmten morphologischen Typus eingeschränkt. Im Gegenteil: Hier fällt die Entscheidung für würfelförmige, kleindimensionierte Grundformen, die entsprechend den geplanten Nutzungsvarianten – Wohngebäude, Häuser, Equipment – reproduziert und miteinander verbunden werden. Ähnlich wie japanische Häuser, nicht Doppelhaus und dennoch eng nebeneinander gebaut, ermöglicht die Kombination die Entstehung unterschiedlicher intermediärer Räume – von ganz und gar öffentlich bis sehr privat. Wohnen in der Stadt heißt in erster Linie wissen, wie man sich an die Stadtbewohner und ihre unterschiedlichen Lebensweisen anpasst, denn eine neofunktionalistische Modellierung der Typologien bietet keine zufriedenstellenden Antworten mehr. **Liegt die Lösung im Angebot einer größeren Vielfalt von Wohntypen, die Auswahl bieten und Nutzungsvarianten zulassen?** Eine Reihe von Europan Vorschlägen vertritt genau diese Position, u.a. der Preisträger für Dublin in Irland *Besser und billiger wohnen* (H. Lamonte, A. Griffin) mit einem Plan für eine große, lineare und gekrümmte Umrandung eines Parks, eine Art urbaner Monolith, der im Innern allerdings eine Vielzahl und große Vielfalt von Wohntypen bietet. Die gleiche Frage beantwortet auch der Entwurf *catalog for dwelling on the time*, Gewinner im deutschen Selb (J. De La Fuente Martinez, N. Gutiérrez Sanchez, A. Martín Fidalgo, A. Ozaeta Cortázar). Die präsentierte Lösung stellt dabei das exakte Gegenteil der ersten Variante dar: fragmentierte Gebäude und Symbolkraft durch architektonische und interne Vielfalt des vorgeschlagenen Habitats. Interessante Vorschläge wurden gegen die in den Vorstädten vorherrschende Monofunktionalität eingereicht, die vom Streben nach einer programmatischen und urbane Dynamik generierende Komplexität gekennzeichnet sind. **Und wenn wir auf der Ebene der Insel Wohnen, Geschäft und Arbeit miteinander verbinden und „von Mehrfachnutzung geprägte Räume" erdenken würden?** Die lobende Erwähnung für Amsterdam in Holland, *Big B* (von B. Ramo López De Angulo, A. Rovisco Suzano, J. Garcia De Oliveira), schlägt für ein Gebäude Schichten für unterschiedliche Nutzungsoptionen vor. Im Erdgeschoss Service Angebote und Handel, darüber ein offener Bereiche, über den man zu Wohnungen und Büros gelangt. Das gleiche Prinzip der Überlagerung findet sich in dem prämierten Projekt *Pli & plug* für Le Havre in Frankreich (P. Normier, C. Canonne, C. Besseyre, E. Postec, P. Reach), allerdings in größerem Maßstab und als urbanes Prinzip. Der Boden entfaltet sich und bildet Sockel, die urbaner Aktivität vorbehalten sind. Darüber befinden sich große Container, die flexibel und bedarfsgerecht für verschiedene Aktivitäten genutzt werden können.

Förderung des „Stadtlebens" durch Mobilität?

Straße ist heute in vielen Städten ein Synonym für Stau und Risse, die sich durch die Stadt ziehen. Es gibt zunehmend den politischen Willen, Routen zu ändern, damit Straßenland wieder zur Straße wird, weniger private PKW unterwegs sind und Bus und Bahn Priorität genießen. Netze einer langsameren und individualisierten Fortbewegung für Radfahrer und Fußgänger sollen entstehen. **Entsteht durch die Versöhnung schneller und sanfter Mobilität öffentlicher Raum?** Bei den Gewinnerprojekten zeigt sich die Tendenz, Raum zu schützen oder zu schaffen, um die Mobilität zu Fuß, per Rad etc. zu fördern, und zwar unabhängig von der für die schnelle Fortbewegung geschaffenen Infrastruktur. Dies funktioniert über die Trennung der Routen, die jedoch an strategischen Punkten wieder miteinander verbunden werden und Intermodalität zulassen. Diesen Ansatz erkennen wir in *Subterra-supraterra*, der lobenden Erwähnung für Clermont-Ferrand in Frankreich (A. Swiny, M. Hadjisoteriou, A. Dimitrakopoulos, G. Gerogiou, M. Chrysostomou, G. Kallis), wo mittlerweile brachliegende Zonen zwischen den Bauten eines künftig nicht mehr genutzten Krankenhauses eingefügt werden und ein Band sich in das Hauptstraßennetz integriert. In Reims, Frankreich, profitiert die lobende Erwähnung *On the road* (Nicolas Reymond) von der Rückstufung einer innerstädtischen Autobahn im Interesse der Umgestaltung der Straße in einen multimodalen Parcours, der überquert werden kann und wieder eine Anbindung des peripherieseitigen Wohngebiets an den Kanal und die stadtseitigen Grünanlagen ermöglicht.

Die massiven Infrastruktureinrichtungen der Städte zerschneiden das urbane Gewebe. Doch man ist sich zunehmend der Notwendigkeit bewusst, die Folgen dieser Brüche zu überwinden und selbst da, wo die Infrastruktur unerlässlich ist, sie porös und durchdringbar zu gestalten und die zum Teil vernachlässigten Quartiere, die rund um die Verkehrswege entstanden sind, neu zu beleben. **Sollte man eine spezifische Urbanisierung der Verkehrsnetze entwickeln, die diese integriert?**

In Oslo entstand im städtisch besiedelten Grorud Tal jenseits des Zentrums mit U-Bahn-Station und sie umgebende Schnellstraße bis heute keine dynamische Urbanisation. Das prämierte Projekt *Cumulus* (S. Müller, S. Izquierdo, F. Flores) schlägt vor, wieder in den Raum zwischen den Netzen zu investieren, ihn zu verdichten und auf einer begrünten Tiefgarage Angebote zu machen, die die Beziehungen zu den benachbarten Wohnvierteln intensiver gestalten. Der prämierte Entwurf *Boardwalking* für Sion in der Schweiz (E. Grønn, I. Lyngner, E. Larsdotter Brynhildsvold) bemüht sich um die Überwindung des Bruchs zwischen Bahnhof und dem angrenzenden Wohnquartier durch die Diffusion der mit den Funktionen der Nachbarstraßen verwandten urbanen Funktionen und durch die Umgestaltung des Bahnsteigs in eine Straße.

Über die Vielfalt der urbanen Hypothesen, die sie anbieten, haben diese Entwürfe etwas gemein: Sie begnügen sich nicht damit, im Rahmen eines Auftrags Antworten zu geben, sondern gehen das Risiko der Umgestaltung des Raumes ein, die eine Überwindung der sektoriellen Logik impliziert, die nach wie vor in der Reglementierung und Produktion des Urbanen und der Architektur sehr präsent ist. Junge Architektinnen und Architekten laden verschiedene Akteure ein, mit ihnen zusammenzuarbeiten, um gemeinsam die Grenzen des erteilten Auftrags zu überschreiten, sich der Komplexität der Frage besser anzunehmen und eine Antwort mit räumlichen Begriffen zu geben. Das Projekt, der Entwurf, ist ein politischer Akt: Jenseits des physischen Kontexts bedingt er das Interesse am kulturellen und sozialen Kontext, in den sich das Projekt einfügt. Aus der Neuinterpretation dieser Situationen können sich neue räumliche Aktivitäten ergeben, die den kleinen und den großen Maßstab miteinander verbinden und zugleich in kleinen Schritten die moderne Stadt neu qualifizieren.

Didier Rebois
Architekt und Professor
Generalsekretär Europan

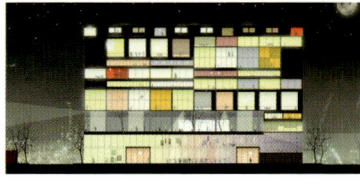

Big B
Amsterdam, Nederland
Beatriz Ramo López de Angulo (E) Architekten, Astrid Rovisco Suzano (E), Joana Garcia De Oliveira (E), Architektur-Assistenten

Plug & ply
Le Havre, France
Pauline Normier (F), Chrystel Canonne (F), Christelle Besseyre (F), Enora Postec (F), Philippe Reach (F), Architekten

Subterra-supraterra
Clermont-Ferrand, France
Alessandra Swiny (UK), Maria Hadjisoteriou (KY), Architekten, Aristotelis Dimitrakopoulos (GR) Architekt und Stadtplaner, Georgia Gerogiou (KY), Martha Chrysostomou (KY), Innenarchitekt, George Kallis (KY) Architektustudent

On the road
Reims, France
Nicolas Reymond (F) Architekt

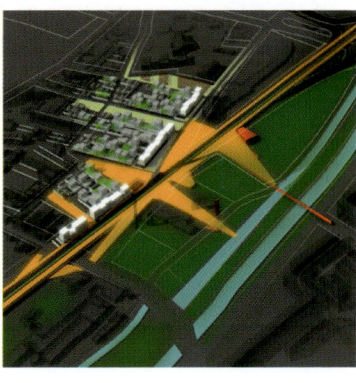

Cumulus
Oslo, Norge
Sabine Müller (D) Architektin, Silvia Izquierdo (E), Felipe Flores (RCH), Architekturstudenten

Boardwalking
Sion, Schweiz/Suisse
Svizzera/Svizra
Eli Grønn (NO), Ivar Lyngner (NO), Eli Larsdotter Brynhildsvold (NO), Architekten

Fragen zur Ausdehnung der Stadt

Nachhaltige Stadtentwicklung erfordert ein angemessenes Flächenmanagement. Wie können vorhandene Potenziale optimal und effektiv eingesetzt werden? Müssen wir neue Morphologien für die Entwicklung verdichteter Wohnquartiere, die Natur und öffentliche Räume beinhalten, einführen, um die weitere Landnahme durch die Stadtentwicklung zu verlangsamen?

LINEAR	18
ØRESTAD KØPENHAVN, DENMARK	19
TARTU, EESTI	22
BADAJOZ, ESPAÑA	26
CALAHORRA, ESPAÑA	30
SANTANDER, ESPAÑA	34
CORK, IRELAND	38
RIGA, LATVIJA	42
MOUDON, SCHWEIZ/SUISSE/SVIZZERA/SVIZRA	46
TJÖRN, SVERIGE	50
BEGRENZEN	54
ROSTOCK, DEUTSCHLAND	55
TALLINN, EESTI	60
LA LAGUNA TENERIFE, ESPAÑA	62
CATANIA, ITALIA	66
ALMERE, NEDERLAND	70
ODDA, NORGE	74
KAPFENBERG, ÖSTERREICH	78
ESPOO, SUOMI-FINLAND	82
KOTKA, SUOMI-FINLAND	86

1. Fragen zur Ausdehnung der Stadt
linear begrenzen

1. Fragen zur Ausdehnung der Stadt
linear

Erfordert die Stadtentwicklung entlang einer infrastrukturellen Einrichtung eine gleichzeitige Auseinandersetzung im großen Maßstab mit dem städtischen Band als Ganzem und im kleinteiligen, örtlichen Maßstab mit seinen Übergängen?

Denmark
Ørestad
København
Kann ein offener Block innovativ sein?

Stadt Ørestad/Copenhagen
Standort Ørestad Süd
Bevölkerung Planung: 10.000 Einwohner und 20.000 Beschäftigte
Betrachtungsgebiet 50 ha
Projektgebiet 0,96 ha

Ørestad misst 5 km x 600 m, grenzt direkt an ein Naturschutzgebiet und liegt in der Nähe mehrerer Verkehrsadern. Ørestad besteht aus vier Stadtquartieren, die durch Grünflächen getrennt und durch Seen, Kanäle, den Ørestads Boulevard und die Metro verbunden werden. Ørestad ist ein wichtiger Parameter von Kopenhagens Vorhaben, sich zu einer internationalen Großstadt zu entwickeln. Kopenhagen ist eine „junge" Stadt, die sich an der ausgefalleneren Bebauung und den individuell zugeschnittenen Wohnungen von Ørestad begeistert. Ørestad ist in Entwicklung begriffen und zieht u. a. wegen der verkehrsgünstigen Erschließung und der Ansiedlung von kreativem Gewerbe neuen Gewerbe- und Wohnungsbau an. Ørestad Süd ist Kopenhagens jüngstes und ambitioniertestes städtebauliches Entwicklungsgebiet. Es sollen 1,2 Mio. m² Geschossfläche, jeweils zur Hälfte Wohnen und Gewerbe/Dienstleistungen, gebaut werden. Mit der Errichtung der ersten Gebäude wird Anfang 2007 begonnen. Beim Ausbau des Stadtteils wird Wert auf städtische Gemeinschaftsfunktionen in öffentlichen Räumen und eine hierarchische Strukturierung der städtischen Räume gelegt. Die bauliche Gestaltung soll dazu beitragen, dass die großen Gebäudestrukturen sich einfügen und dass die Gebäude als Betrachtungsobjekte, Aufenthaltsorte, Wohnstätten und Arbeitsplätze interessant sind. Es soll sich durch einen „menschlichen Maßstab", funktionale und architektonische Vielfalt, Verkehrsgestaltung unter Berücksichtigung des so genannten sanften Verkehrs und zahlreiche Aufenthaltsmöglichkeiten auszeichnen. Das Wettbewerbsgelände, eine der interessantesten Blockbebauungen im Gebiet, entwickelt sich nach einem architektonischen Ansatz, der auf Mischnutzung basiert: Zusammenspiel von Funktionen, Verknüpfung mit der Umgebung und Gestaltung von Innenhöfen. Das Umfeld soll als Generator eines gut funktionierenden, urbanen Lebens wirken, die Gebäude treten in Beziehung zur Landschaft. Das Raumprogramm beinhaltet 12.700 m² Wohnraum und 19.000 m² Gewerbeflächen. Die Bebauung muss die Hauptgeschäftsstraße nach Süden und den Quartiersplatz nach Norden einbeziehen, deren Erdgeschosse Geschäften und anderen Aktivitäten mit Publikumsverkehr vorbehalten sind. Entlang der Hauptgeschäftsstraße sind ab der zweiten Etage Wohnungen vorzusehen.

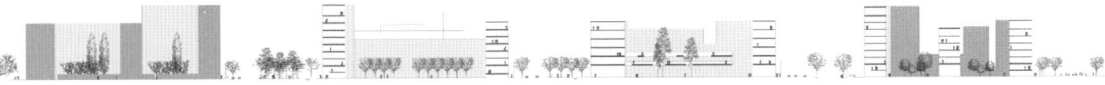

3Dneighborhood

Eva Garcia Luque (E) Architektin

Eva Luque García ist Absolventin der Universität Sevilla (Gebäude-und Stadtplanung) und Doktorandin der Polytechnischen Universität Madrid. Sie ist außerdem Redakteurin von ARV, der Zeitschrift der COAAlmeria. Sie hat ein Büro zusammen mit Alejandro Pascual Soler, Architekt und Bauingenieur von der Polytechnischen Universität Madrid, auch er ist Doktorand.

Sie machte Feldstudien, forschte über Raum-Form- sowie Raum-Zeit-Beziehungen, Oberflächen, Oberflächenbeschaffenheit, Flusslinien, Prozesse, Geometrie, Abläufe, Temperatur, Bewegung... Interferenzen (sozioökonomische, soziologische, @biology, @culture, Genetik, Makros und Mikros, +ables und +als) Atomisierung, Übersetzungen. Sie hielt Vorlesungen und nahm an Wettbewerben teil.

c/ Álvarez de Castro 26
04002 Almería, España
T +34 950132094, +34 630700736
info@lap.es
www.elap.es

Körper. Der Entwurf wurde aus einem einzigen Körper heraus entwickelt, der alle konstruierten Oberflächen enthält. Diese Masse wird in den Geschossen fragmentiert, um horizontal und vertikal volumetrische Varianten zu schaffen. Aus diesen Fragmenten entstehen hohe Durchbrüche im Erdgeschoss und in den Geschossebenen, welche Sichtlinien nach allen Richtungen öffnen und Fußgängern Zugang von den vier Himmelsrichtungen bieten. Das Resultat ist eine Art dreidimensionales Puzzle, welches eine wichtige Sichtachse mit verschiedenen Bewegungsrichtungen, unterschiedlichem Sonneneinfall und Belüftung schafft und so den Eindruck der Abgeschlossenheit eines von vier Wänden umbauten Hofes vermeidet.

Programm und Zugang. Dies wurde dem verlangten Nutzungs- und Oberflächenmix angepasst. Parkflächen für Autos und Abstellflächen für Fahrräder sind vorgesehen.

Freiflächen und Gemeinschaftsflächen. Eine Vielzahl von Flächen öffnet sich zu verschiedenen Stockwerken hin. Im Erdgeschoss entsteht eine Belüftung in Baumform, welche die verschiedenen Zugänge verbindet. Zwischen den Zugängen entstehen Grünflächen mit verschiedenen Nutzungen. Kleinere innere Gemeinschaftsflächen sind zum Innenhof ausgerichtet. Die Glasflächen, die in den Körpern entstanden sind, hängen oder lehnen in zufälligen Formen und bestehen aus Glasplatten oder von der Hauptstruktur hängenden Kristallen.

Licht, Belüftung, Lärm und Nachhaltigkeit. Eine Doppelverglasung der Fassade erlaubt die Regelung von Sonneneinstrahlung und Belüftung, die zweite Haut der Fassade ist anders ausgerichtet. Verschieden behandelte Kristalle, Polykarbonate, glatte und durchbrochenen Stahlplatten und Stahlbeton werden verwendet. Die doppelte Fassade bietet einen hohen Lärm- und Windschutz und einen guten nachhaltigen Energiehaushalt.

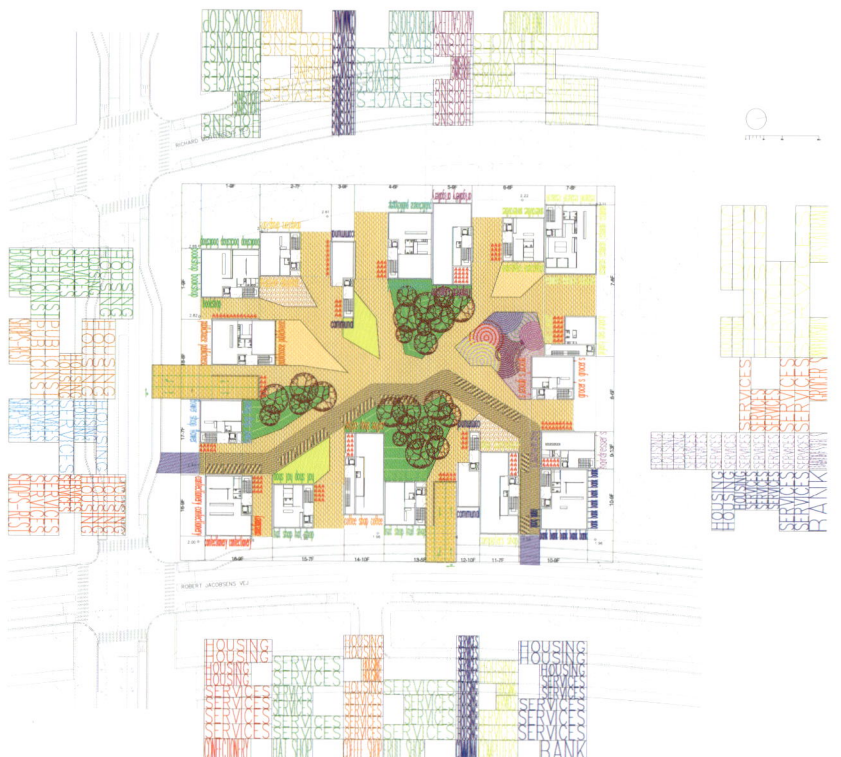

ØRESTAD KØPENHAVN, DENMARK

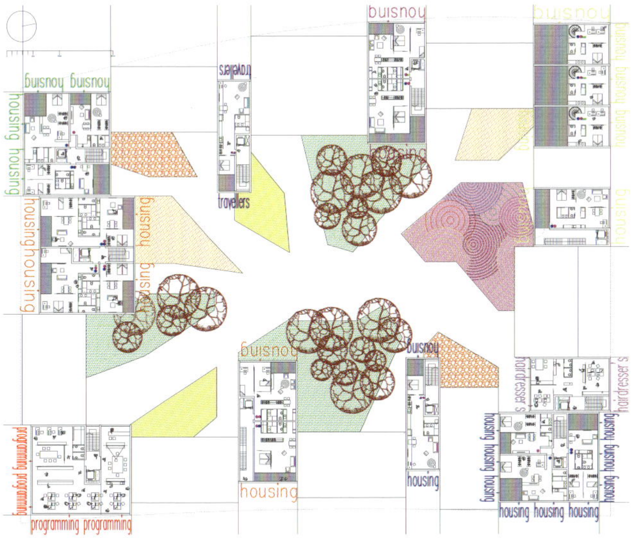

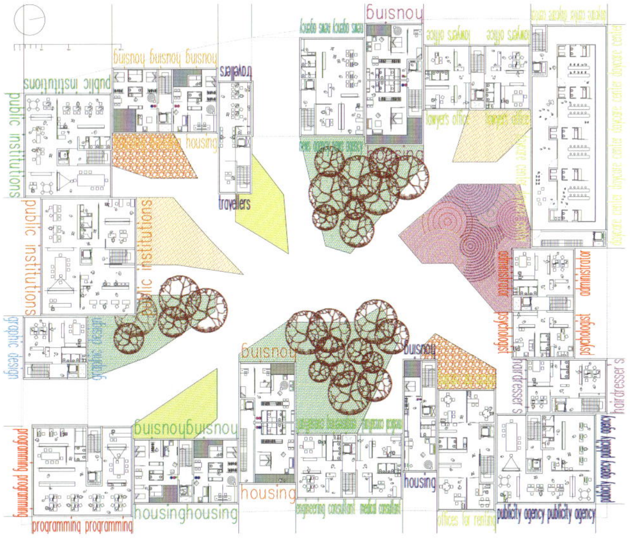

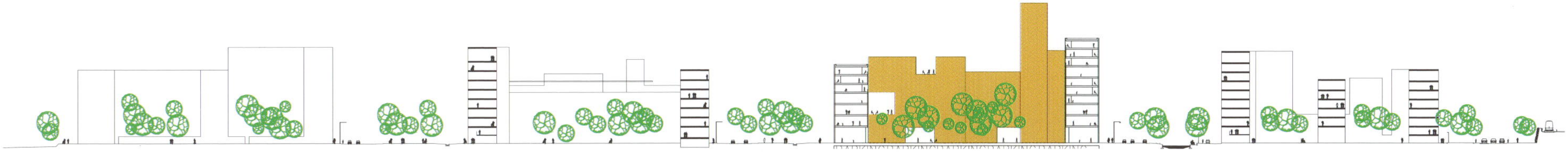

FRAGEN ZUR AUSDEHNUNG DER STADT LINEAR

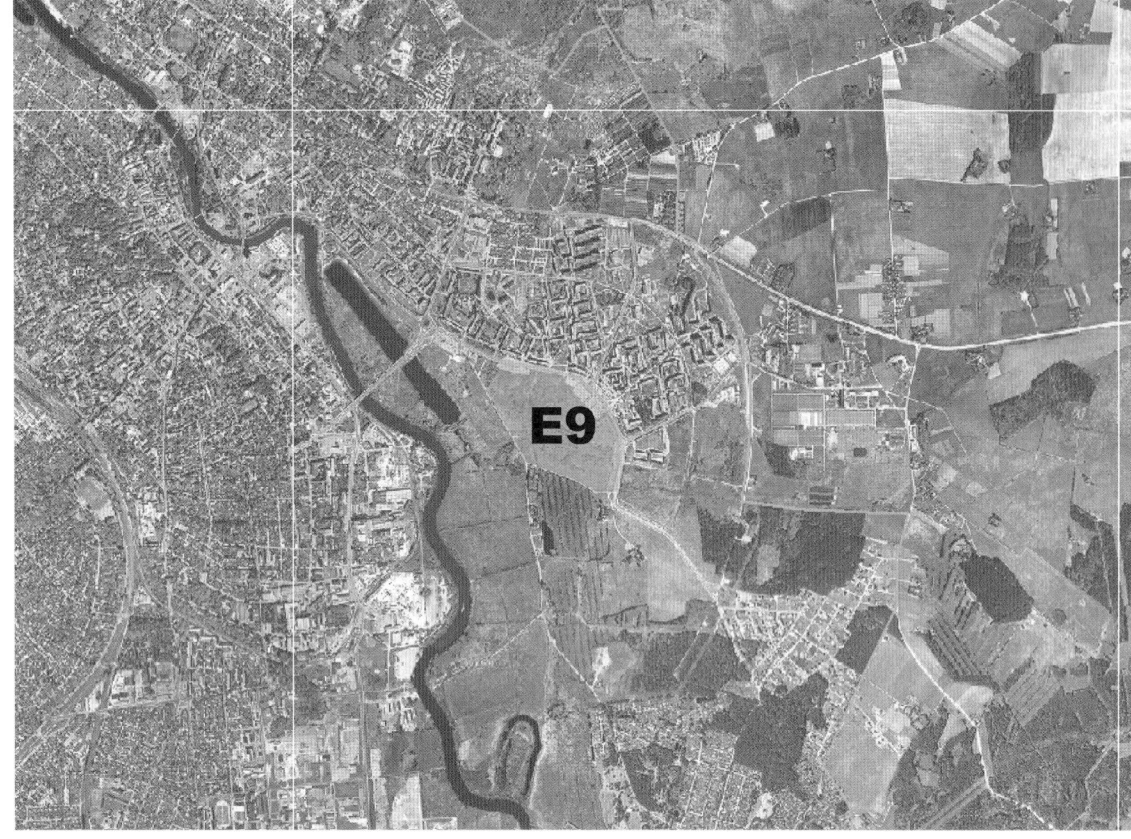

Eesti
Tartu
Wie kann ein Wohngebiet mit einem Park verknüpft werden?

Stadt Tartu
Standort Annelinn
Bevölkerung 99.000
Betrachtungsgebiet ca. 76 ha
Projektgebiet 24 ha

Tartu, 185 Kilometer südlich von Tallinn gelegen, ist mit einer Fläche von 38,8 Quadratkilometern die zweitgrößte Stadt Estlands. Der Fluss Emajõgi, der die beiden größten Seen Estlands miteinander verbindet, fließt auf einer Länge von 10 Kilometern durch das Stadtgebiet und ist charakteristisches Merkmal der Stadt. Tartu ist auch ein wichtiges Kultur- und Bildungszentrum mit einer renommierten Universität. Das bestehende Wohngebiet von Annelinn mit 29.000 Einwohnern und einer Fläche von über fünf Quadratkilometern, in westlicher und südwestlicher Richtung, jenseits des Flusses gelegen, soll erweitert werden. Annelinn ist ein typisches Wohnquartier aus der Sowjetzeit mit Geschosswohnungsbauten aus Betonfertigteilen. Idee ist ein urbanes Gebiet mit Mischnutzungen zu entwickeln, im Gegensatz zum Schlafstadtcharakter der bestehenden Quartiere in der Nachbarschaft. Das Projektgebiet liegt in einer praktisch unbebauten Flussniederung, die Raum für unterschiedliche Typologien und Nutzungen des öffentlichen Raumes bietet und damit eine Auseinandersetzung mit der Gestaltung neuer öffentlicher Räume möglich macht. Das Betrachtungsgebiet liegt in der Sichtachse zum Stadtzentrum. Nördlich und östlich blickt man auf die Kalda-Straße, die die Hauptverkehrsverbindung zum Stadtzentrum darstellt. Im Norden befinden sich einige neue Wohnsiedlungen, ein Baumarkt sowie neue Sportanlagen. Westlich des Betrachtungsgebiets verlaufen der Fluss und der Ruderkanal, der im Sommer auch als öffentlicher Strand genutzt wird. Im Zentrum soll ein Teil des Gebiets als Bindeglied zwischen der bestehenden Wohnsiedlung, den Grünflächen am Fluss und dem Park im Süden fungieren. Das Projektgebiet liegt in einer unbebauten Flussniederung, die teilweise im Überschwemmungsbereich liegt und als Zone für Mischnutzung ausgewiesen ist, mit einem Band gewerblicher Nutzungen entlang des nördlichen und östlichen Randes. Die Mischung von Leben, Arbeiten und Erholung soll die Idee eines nachhaltigen Stadtteils unterstreichen. Es gilt, die beste Strategie für das Gebiet zu finden. Die Betonung liegt auf öffentlichen Räumen mit hoher Qualität. Aufgrund der Nähe zum Fluss und zum Kanal erlaubt das Gebiet die Planung vielfältiger Landschaftsformen unter Einbeziehung verschiedener Wasserelemente.

Yuri Gerrits (B) Architekt, **Martin Birgel** (D) Stadtplaner

Zwei Architekten und Partner bei MSc Urban Design an der Bartlett (London). Die dynamische, moderne Stadt stellt uns vor neue Aufgaben und erfordert neue Lösungen. Zwei Architekten auf der Suche nach Antworten. Gestaltungswettbewerbe werden zur Plattform für Experimente und die Exploration neuer Ideen.

MYstudio
14b Albion Grove
N 16 8RG London, United Kingdom
T +44 7821968419
gerritsyuri@yahoo.com

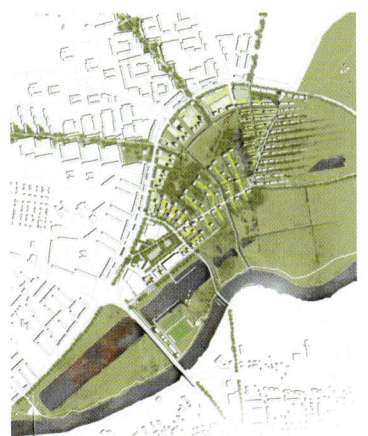

Pockets of illussion

Der Fluss ist Tartus größter Trumpf. Der Entwurf profitiert von der Nähe der erschlossenen Stadtgebiete und ökologischer Habitate in einer nachhaltigen Konstellation. Strategien der Integration werden gleichzeitig auf urbaner und natürlicher Ebene verfolgt. Hauptaugenmerk liegt auf dem Naturschutzgebiet im Zentrum des Areals, wo über eine optimierte Anbindung an das regionale Netzwerk eine ökologische Aufwertung erfolgt.

Urbane Aktivitäten werden in eingebetteten Nischen absorbiert, die als Bereicherung des öffentlichen Raumes verstanden werden und seine Lesbarkeit steigern. Sie entlasten die Natur von Lärm, Verschmutzung und den Belastungen einer bewohnten Umgebung, sind integraler Bestandteil einer neuen Urbanität.

Urban ecosystem design

Pierre-Yves Rustant (F) Architekt, Nicolae Duduta (USA) Studentin der Architektur, Bastien Belloche (F) Architekt

Diplom der ENSA Lyon, Umweltdesign Studium an der Universität Quebec in Montreal, Initiator des in enger Zusammenarbeit mit den Kollegen realisierten Projekts.

Das Team arbeitet in der Projektpraxis mit einer kritisch, reflektierenden Haltung. In einem Parallelprozess werden Fragen gestellt und architektonische Hypothesen formuliert, deren Gültigkeit sich in der Realisierung zeigen. Das Konzept stützt sich auf Erfahrung und das Studium von Präzedenzfällen. Der urbane, ökologische, architektonische (und ethische) Rahmen gibt Orientierung für die Debatte über urbane Architektur und den Bau der zeitgenössischen Stadt.

Studio PYC
py Rustant architectes & associés,
sarl d'architecture
27, rue Montesquieu
69007 Lyon, France
T +33 472719730
contact@studiopyc.fr
www.studiopyc.fr

Bei der Erschließung urbaner Räume lässt die natürliche Umwelt normalerweise Platz für Neubauten. Die Ausgangsprämisse lautet: „Was kann erhalten werden?" Sie impliziert die Umkehrung des Systems. Am Standort Tartu finden wir ein hochkomplexes Ökosystem vor. Jede noch so kleine Intervention von außen kann zu einer irreversiblen Störung des natürlichen Gleichgewichts führen. Eine Erweiterung der Stadt in Verlängerung der bestehenden Strukturen, ist damit ausgeschlossen. Der Entwurf berücksichtigt die ökologischen Bedingungen des Standorts als prioritäre Einheit mit traditioneller Besetzung des Raumes.

Das vorhandene Ökosystem, Fauna, Bäume, Quellen, natürliche Entwässerung und geologische Zonen werden zu Treibern des Projekts. Die Identität des Experimentierfelds wird gewahrt; die grundlegenden Charakteristika projizieren mögliche Interventionen in Mikrozonen der Urbanisation und garantieren eine weniger drastische Modifikation des ökologischen Gleichgewichts. Die Überlagerung der Daten generiert neue Typen urbaner und residenzieller Formen auf drei Ebenen: 1 – „porös": durchlässiger und natürlicher Untergrund, minimal verändert, offen für Freizeitaktivitäten und punktuell für Parkplätze, ohne Beeinträchtigung der Wasserwege und Quellzu- und -abflüsse; 2 – „unsichtbar": Die Promenade als Ausdruck der lokalen und urbanen Ebene, Aktivitäten gewidmet, die das Vorhandene ergänzen; 3 – „Evolution": Raum für einen evolutionären und nachhaltigen Wohnbau, der gemischte Wohnformen erlaubt.

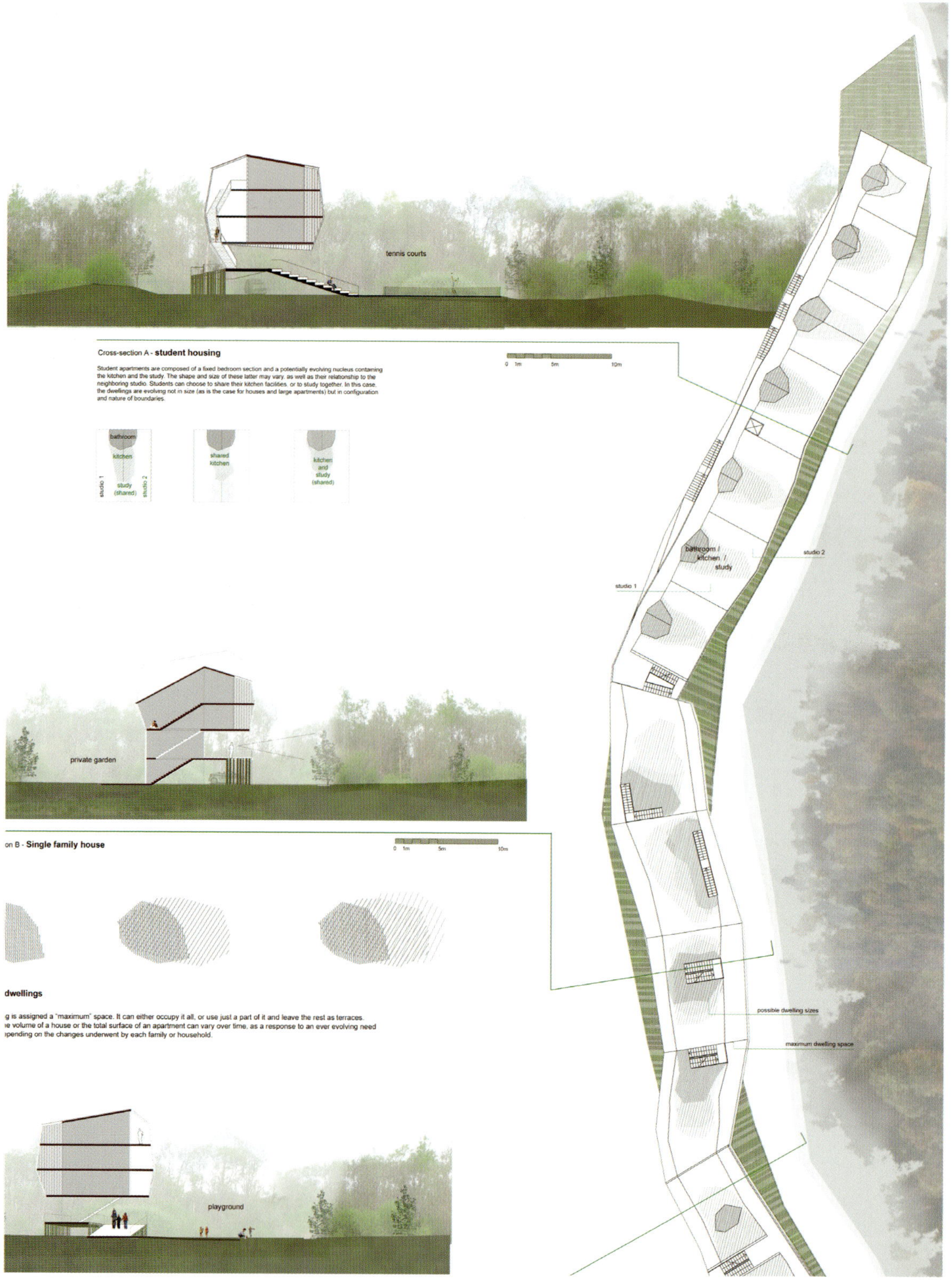

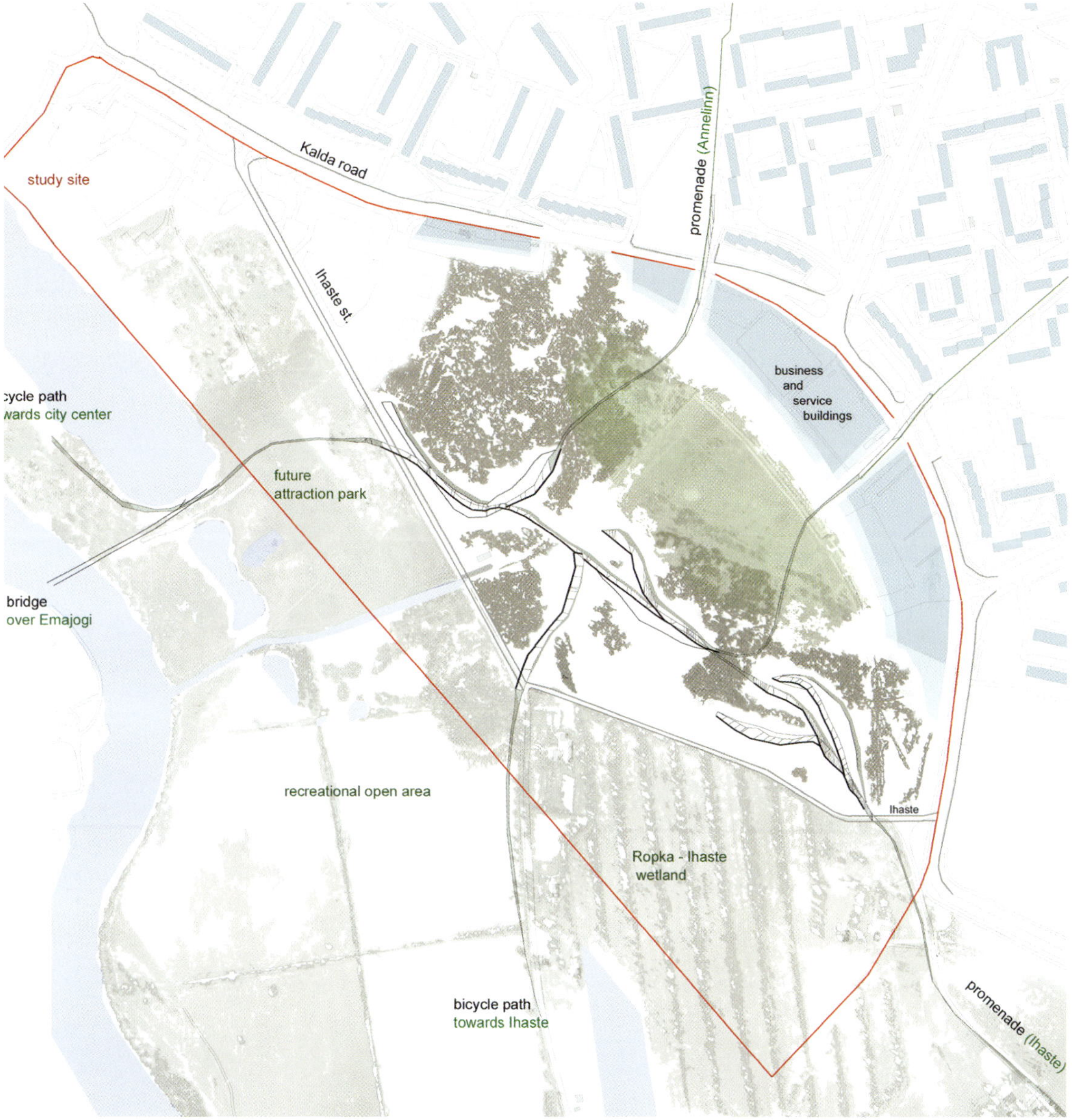
study site
Kalda road
promenade (Annelinn)
Ihaste st.
cycle path
towards city center
future
attraction park
business
and
service
buildings
bridge
over Emajogi
recreational open area
Ropka - Ihaste
wetland
Ihaste
bicycle path
towards Ihaste
promenade (Ihaste)

this layer contains different types of housing.
from student apartments to villas. By concentrating most
residential spaces in several small vegetation free areas.
the final design occupies a lot less than 40 percent of the
project site, while preserving the required number of dwellings.
Over time, it can grow more or less high and/or dense
"Evolving" dwelling layer
"Invisible"
"Invisible" promenade and leisure layer
artificial slopes, for leisure activities above as well as for flood risk management.
This layer is porous, allowing water sources and natural drainage to follow
their course without being altered by the urban forms in place.
This is where the parking spaces are located
"Porous" ground layer

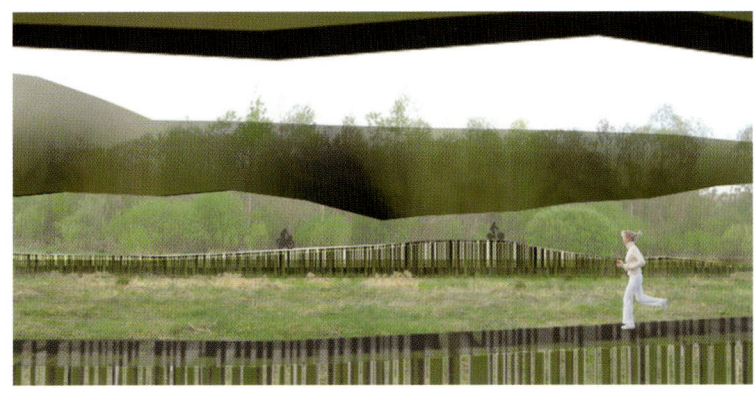

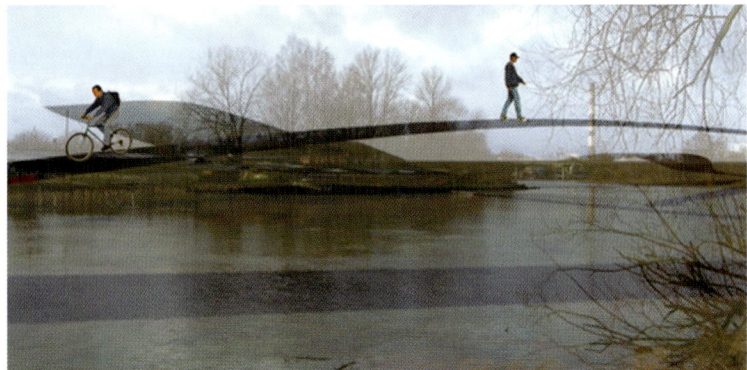

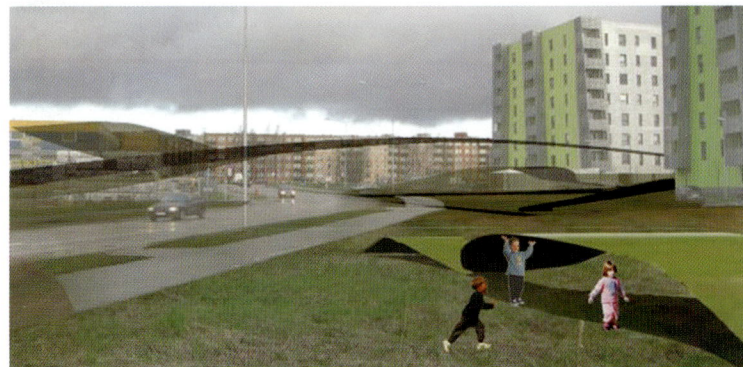

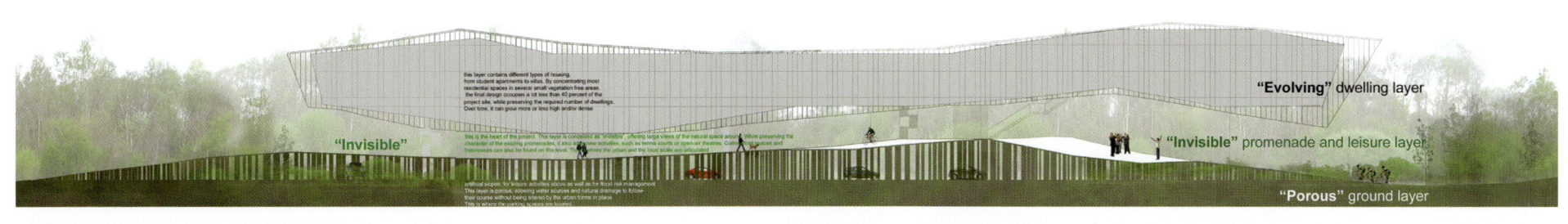

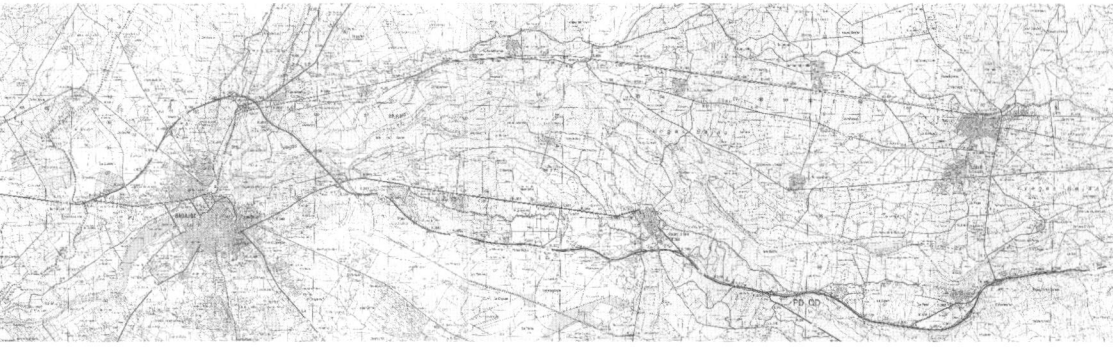

Badajoz ist die größte Stadt in Extremadura, Spaniens größter autonomer Region im Südwesten des Landes und gilt als natürliches Tor nach Portugal. Es gibt ein gut ausgebautes Landstraßensystem, und im Jahr 2010 soll der Hochgeschwindigkeitszug TGV zur portugiesischen Grenze in Betrieb genommen werden.

Santa Engracia ist ein vorwiegend zu Wohnzwecken genutztes Viertel mit ca. 9.000 Einwohnern, die traditionell im Straßenverkauf arbeiten. Die Einbindung des Gebiets in den geplanten Wachstumsgürtel der Stadt und seine direkte Anbindung an die Autobahn A 5 geben dieser Vorstadt ein beachtliches Wachstumspotenzial.

Auf der nördlichen Seite des Flusses Guadiana liegt das Projektgebiet, ein abgetrennter, unstrukturierter Bezirk, der mit Dienstleistungen unterversorgt ist. Ziel ist die urbane Eingliederung des Bezirks, wobei besonderes Augenmerk auf die Schaffung von Übergangszonen und eine nachhaltige Entwicklung gelegt werden soll. Als der nördliche Ring der Autobahn Madrid-Lissabon eröffnet wurde, erhielt das Quartier eine Anbindung. Die Nähe zum Bahnhof und das gut ausgebaute Straßensystem sind positive Ausgangspunkte für die Entwicklung des Gebiets. Der schlechte Zustand der öffentlichen Einrichtungen und die oft ungünstige Lage zwingen die Bewohner, die Infrastrukturen anderer Bezirke zu nutzen.

Zwei große, voneinander getrennte Areale mit sehr unterschiedlichen Merkmalen wurden von der Dynamik städtischer Entwicklung geprägt – eine ordentliche Planung hat nicht stattgefunden. Nördlich des Betrachtungsgebietes befindet sich die Cuesta de Orinaza, ein breiter Streifen Land, der von der Autobahn begrenzt wird. Zwischen dem Standort und der konsolidierten Stadt gibt es eine Reihe von Freiflächen, die teilweise die Funktion von Schnittstellen übernommen haben. Am äußeren südlichen Rand des Gebietes liegt das Nachbarschaftszentrum Santa Engracia UVA, eingegrenzt von der Eisenbahnlinie und einem Streifen von Sozialwohnungsblocks. Innovative Ideen und experimentelle, unvoreingenommene Sichtweisen für die Wiederherstellung und Konsolidierung des Gebietes werden erwartet. Nutzungen sollen integriert und Übergangsbereiche berücksichtigt werden.

España
Badajoz
Wie erweitert man die Stadt zwischen Zentrum und Ring?

Stadt Badajoz
Standort Bezirk Santa Engracia
Bevölkerung 143.019
Betrachtungsgebiet 100 ha
Projektgebiet 45 ha

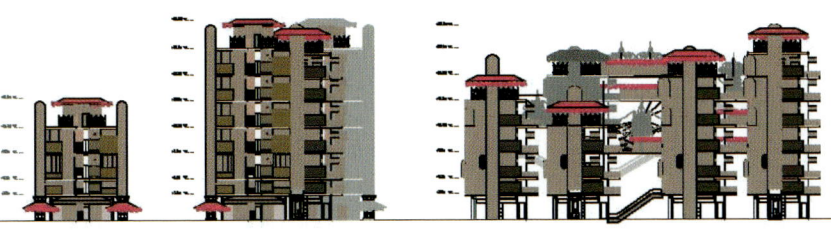

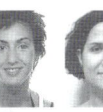

Manuel Alvarez-Monteserin Lahoz (E), **Ana Peñalba Estébanez** (E), **María Mallo Zurdo** (E), Architekten, **David Cárdenas** (E), **Jorge López Hidalgo** (E), Künstler, **María Elisa Fernández Ramos** (E) Architektin

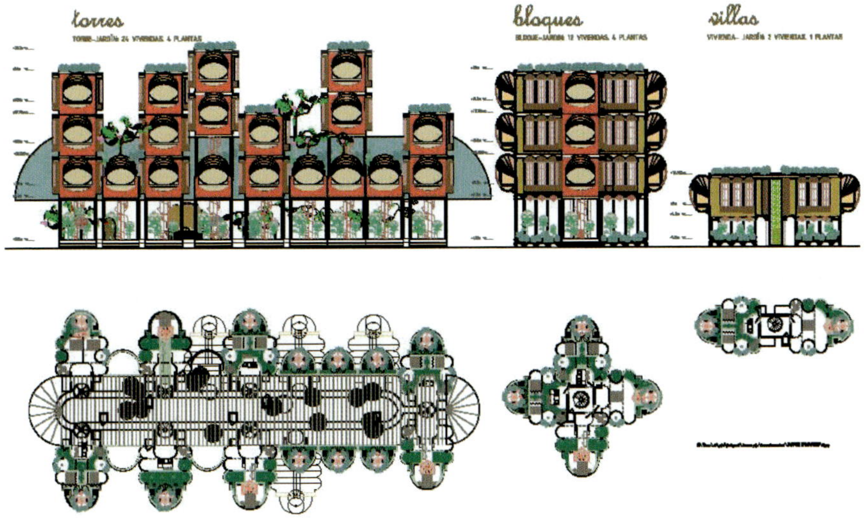

Ein multidisziplinäres Team, das seit fünf Jahren (Leon 11) Architektur und Design-Projekte, Websites und Animationsfilme produziert.
Struktur und Systematik dienen der permanenten Evolution von kulturellen Werkzeugen für Gestaltung und Realisierung.

Estudio León 11
c/ León nº 11 bajo dcha.
28014 Madrid, España
T +34 913691487
llzza32@hotmail.com
Leon11.com

Penelope town

Das Projekt fügt sich in eine Zone isolierter urbaner Fragmente ein, wo zusätzlich soziale Probleme durch die angrenzenden Bezirke bestehen. Ein Stadtzentrum soll die Lage, auch in der Nachbarschaft, verbessern.
Es entstehen acht städtisch geprägte Module, die den jeweiligen Identitäten der acht Quartiere entsprechen. Wohnraum wird als Element sozialer Integration ausgelegt. Neue Anlagen ermöglichen neue gewerbliche und Freizeitaktivitäten, neue Modelle entsprechen neuen Familienstrukturen und nachbarschaftlichen Beziehungen.

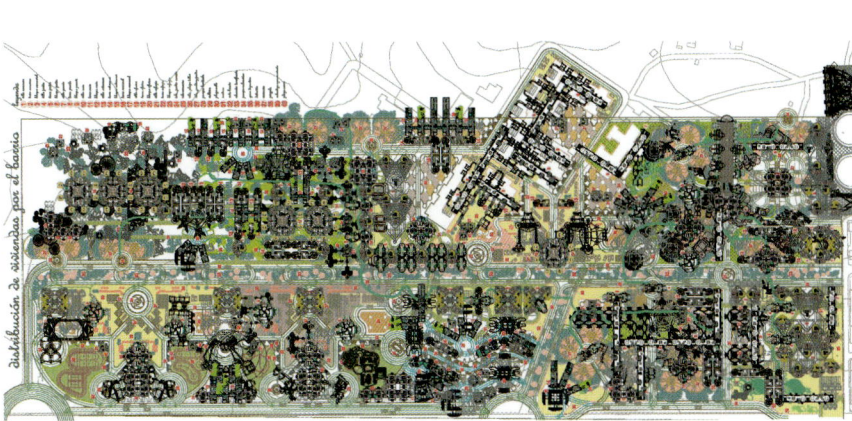

Seeds and vectors

Enrique Arenas Laorga (E), **Luis Basabe Montalvo** (E), Architekten, Alejandra Climent (E), Luis Palacios (E), Architekturstudenten

ETSAM Absolvent Enrique Arenas Laorga (Madrid) realisierte Projekte in unterschiedlichen Bereichen: Restaurierung, Wohnungsbau, Institutionen, Möbel, Veranstaltungsbau. Er ist Dozent mehrerer akademischer Einrichtungen und arbeitet aktuell an seiner Dissertation an der ETSAM.
TU Graz Absolvent Luis Basabe Montalvo unterrichtet seit 2003 Design an der ETSAM, wo er zurzeit promoviert. Er war Gastdozent und arbeitete wissenschaftlich an verschiedenen Universitäten, u.a. RWTH Aachen, Cambridge, Großbritannien, und CEPT Ahmedabad, Indien. Seit 2006 arbeiten die beiden Architekten zusammen. Sie gewannen bereits mehrere Wettbewerbe, u.a. mit Adelaida del Puerto das Centre for Environmental Resources in Talavera (Toledo, Spanien).

c/ Rafael Calvo 31, 508
28010 Madrid, España
T +34 913193931
arenasbasabe@gmail.com

a. Ein Entwurf als erster Vorschlag in komplexen Verhandlungen mit zahlreichen Beteiligten, insbesondere mit den Bewohnern von Santa Engracia. Die Problematik ist komplex und Architektur kann nur ein Teil der Antwort sein.
b. Stadtplanung in Spanien hat zwei Beteiligte: die öffentliche Verwaltung und den Markt. Wir suchen nach einem Modell, das die Bewohner der Stadt an der Entscheidungsfindung teilhaben lässt. Im Gegensatz zur konventionellen, geometrischen a-priori-Planung wollen wir die „liquid city", die sich an den sozialen Inhalt anpasst.
c. Zwei Elemente bilden die Grundlage des nicht geometrischen Konzepts für urbanes Wachstum: **saat** und **vektoren**.
d. Die urbane Saat steht für Zentralität und Mobilität. Hier setzt der Wachstumsprozess an, dessen Geometrie und Inhalt noch nicht bestimmt sind. Charakteristisch sind die Referenzen. Wir schlagen vier Typen urbaner Saat vor: Kolonialisierung, Naht, Regeneration und Grünzone.
e. Die Vektoren definieren Bewegung und Wachstum der einzelnen Elemente entsprechend der Logik ihres eigenen Prozesses. Bestimmend ist nicht ein externer Rahmen oder eine von außen wirkende Geometrie. Vier Basisvektoren werden vorgeschlagen, die organisches Wachstum der Stadt möglich machen: Echtzeit-Prinzip, Partizipation, kleinster Maßstab für den Eingriff und Primat des öffentlichen Raumes.
f. Der Entwurf ist eine Auseinandersetzung mit der architektonischen Narrative. Er ist sich der unüberwindlichen Beschränkung konventioneller Architekturinstrumente bewusst, die nicht ausreichen, um die komplexe Situation Santa Engracias adäquat zu beschreiben. Angestrebt wird ein Weg, der Ausdruck für Prozesse und Objekte ist.

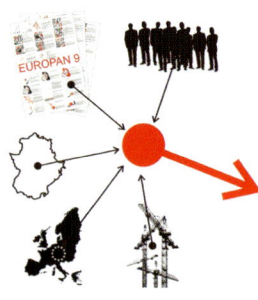

02. SO, WHAT REAL VALUE DO THESE PROPOSALS HAVE?
Their sole aim is to make an initial contribution that will set in motion a complex NEGOTIATION PROCESS with all the agents involved: local residents, associations, city council, market, potential funding sources and investors, etc.
Our proposal is based on the idea that architecture and planning should take a step back to allow residents to take a step forward.

07. DOES THAT MEAN WE PROPOSE A KIND OF 'FLEXIBLE SYSTEM' TO CONFIGURE THE CITY GRADUALLY?
No. This proposal does not seek to provide a structure, nor is it a system or a strategy. What it aims to contribute to the development of northern Badajoz is more like a POLICY or an attitude.
A city that matches the social situation it contains can only be configured by taking this STEP BACK. It is now up to the inhabitants to take a step forward to shape their suburb.

10. WHAT IS THE ADVANTAGE OF INVOLVING THE INHABITANTS IN THE SUBURB'S DEVELOPMENT?
The 'third agent' that we propose for the decision-making process, the inhabitant, will develop their own suburb. This will not only give rise to a district 'tailor-made' to their needs, but the actual DEVELOPING and BUILDING PROCESS will become the element and generates the social texture. Involvement in the decision-making process about the future, and even its actual construction, forces the residents to become involved in the project for their local suburb. We regard this as the key to a more sustainable and humane type of development, in which the driving force arises from within, not from an extraneous power; in which the inhabitants are the heart of their suburb.

13. WHAT PROMINENCE SHOULD BE GIVEN TO THE PUBLIC SPACE IN A PROPOSAL FOR URBAN DEVELOPMENT AND INTEGRATION?
The problem is that we should be given freedom by public space, but today, there is fear of the public space.
Public space does not cause or generate danger. It is merely the place where the problems of social, economic and political injustice are most obvious. Its weakness increases the fear of some, the ostracism of others, and the urban violence suffered by all.
(Jordi Borja "Los derechos urbanos")

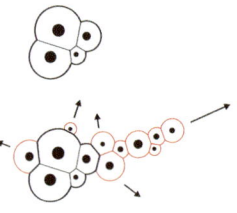

15. IF WE REFUSE TO USE A PRE-DEFINED FORM, HOW CAN WE DESCRIBE THE CITY?
We propose a non-formal model: SEEDS AND VECTORS.
This involves planting urban seeds and helping them to grow with guides or growth parameters. We must not impose a closed model. We want to stimulate a process which reconfigures itself as it grows.
Participation by all the agents should adapt the solutions to the real needs, not only at the starting point, but in a way that allows the selfsame agents to go on changing the parameters (density, uses, etc.) over time, as the seeds grow.

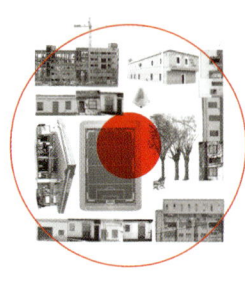

16. SO, WHAT ARE THESE 'URBAN SEEDS'? SEED.
1. Bot. Part of the phanerogam fruit containing the embryo of a future plant, protected by a testa, derived from the teguments of the original seed.
2. GRAIN PRODUCED BY A PLANT IN DIFFERENT WAYS which, AFTER FALLING OR BEING SOWN, PRODUCES NEW PLANTS OF THE SAME SPECIES.
3. Plant fragment consisting of buds, such as tubers, bulbs, etc.
4. SOMETHING THAT IS THE CAUSE OR ORIGIN OF SOMETHING ELSE.
5. Grain that is sown, with the exception of wheat and barley.

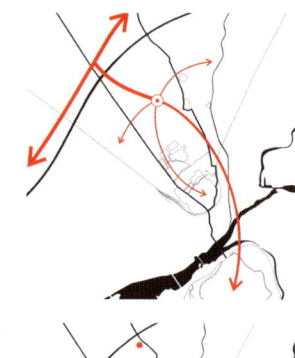

17. WHAT ARE THE MINIMUM COMPONENTS OF AN URBAN SEED?
The seed, which has A RELATIONAL nature, is configured by its relational components. It must have at least:
- Facilities with territorial relevance which relate it to the city and/or the region (incl. the international corridor).
- Local facilities that relate all the seeds to each other and the existing parts of the suburb.
- Production facilities, in continuity from the industrial estate.
- Characteristic public space, with relevance for the whole city or at least for the whole district.
- Specific residential typology (max. 20%) - Other residential typologies in the form of co-operatives, social housing, fixed-price housing and open market developments.

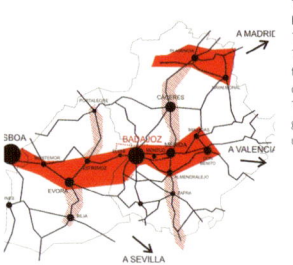

18. CAN OUTSIDE AND EVEN INTERNATIONAL RELATIONS BE REALISTICALLY ENVISAGED?
This part of Badajoz is a tangent for the A5 motorway. Traffic between Lisbon and Spain touches the city at this point, making it logical to expect the development of the characteristic facilities and uses of such areas. The TGV station, to be built in the near future, will also generate activity and act as a magnet for associated uses, housing and as a powerful urban catalyst.

19. HOW WILL THIS NETWORK OF SEEDS WORK ON THE URBAN SCALE?
THESE SEEDS ARE CITY CATALYSTS THAT GENERATE CENTRALITY AND MOBILITY.
Each seed contains uses and dwellings, making them the start and end points of circulations and routes. Places to go to, to live in, to move through and to stay in. They are agglutinators of urbanity which generate more city.

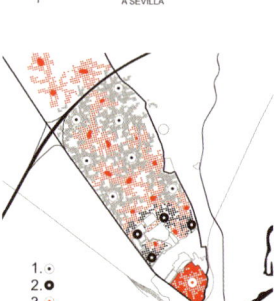

22. ARE ALL THE URBAN SEEDS ALIKE?
No. FOUR TYPES of seeds can be distinguished. They are differentiated by their plantation context and their nature:
1. Colonisation seeds are new operations on the Cuestas de Orinaza area;
2. Stitching seeds will have to consolidate and improve the fragmented area between Gurugú and Cuestas;
3. The regeneration strategy for the expansion area may also be formulated as part of this model.
4. A grid of seeds for green belts will be implanted parallel to the other operations.

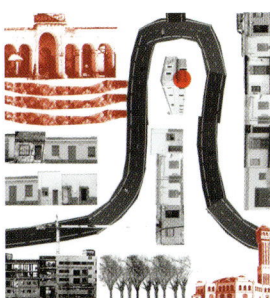

28. WHICH PROGRAMME WILL HAVE THE NEAREST SEED TO LOS COLORINES?
A DRAMA AND DANCE SCHOOL is proposed. It may well become enriched by the proximity of the gypsy community living in Los Colorines. Public spaces including SPECTATOR TIERS, stages etc. could also be proposed in connection to this activity. Apart from different types of dwellings, it could include some type of home-workshop with a connection with the school's artistic activities.

29. WHAT IS PROPOSED FOR THE CAMPOMAYOR ROAD SEED?
This seed has a privileged relationship with the city along the Campomayor road.
A market (or a shopping centre for small-scale retailers) is proposed for this site. A close relationship could be developed with the district, the 'El Nevero' industrial estate and the city in general.
It could also be a good place for the BADAJOZ MOSQUE, which is currently housed at a small ground floor address on Calle Gurugú. A relatively large 4000-strong Muslim population lives on the right bank of the Guadiana River.

30. IS THERE A SEED BESIDE THE A-5 MOTORWAY JUNCTION?
Yes. The freeway connection is very important, as this forges an intense relationship with other cities like Mérida, Cáceres, Evora and also Lisbon and Madrid. This seems to be the ideal site for a series of MOTORWAY SERVICES, HOTEL FACILITIES, and a BUSINESS AND MEETINGS CENTRE. They will be perfectly connected to the industrial estate, the motorway, the railway line with its forthcoming TGV station, and also reasonably close to the city centre.

31. ARE SEEDS ALSO PROPOSED FOR THE EASTERN SIDE OF LAS CUESTAS?
Yes. Improvement work on the secondary road to the San Cristóbal fortress will provide access to the whole eastern side of Cuestas de Orinaza, where urban growth is also proposed as a natural continuation from Gurugú.
The seed furthest away from the suburb, with an excellent connection to the motorway, could house a SMALL-SCALE BUSINESS INITIATIVE CENTRE: a seed containing small companies that could help to make the suburb more dynamic. In addition to other types of buildings, part of this operation could be set aside for small-scale rental accommodation for young people.

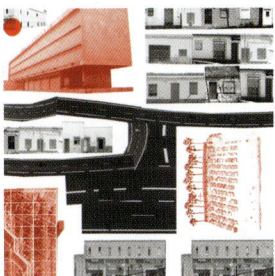

32. WHAT ABOUT THE NEXT SEED ON THE EASTERN SIDE?
We propose a CULTURAL CENTRE with space for study, a library, multi-purpose rooms and workshops.
It could be related to a TOWN BEACH, for use as an important public drawcard and meeting point.
This programme would be an ideal setting for a STUDENT RESIDENCE, which would also make the most of its proximity to the Agricultural Engineering School and the farming research centre.

33. WHAT WILL HAPPEN IN THE SEED LOCATED INSIDE THE LAS CUESTAS DISTRICT?
There is a serious shortage of sports facilities along the entire right bank of the Guadiana River. This type of public space is absolutely essential in areas with social or even racial complexities and conflicts.
As a reflection of the real proposals, we suggest that a SPORTS SCHOOL should be built in the Las Cuestas area, which can be a reference point for the whole city or even the whole region.
This facility will be accompanied by a cluster of other facilities such as a residence for sports students, restaurants, etc.

34. WHICH PROGRAMME WILL BE LINKED TO THE EASTERN SIDE OF GURUGÚ?
This seed could be linked to the rest of the suburb very soon due to its proximity.
The characteristic features we propose for this area are a HEALTH CENTRE and ancillary facilities for the elderly: A DAY CARE CENTRE and MONITORED DWELLINGS as the specific residential typology for them.

38. WHAT IS THE LA LUNETA URBAN SEED?
This is an extremely important urban seed. The northern part of La Luneta has enormous potential, given that it is linked to the north-western boundary of the zone and has spectacular views.
At present there is a preschool and it seems that more services of this type will be well accepted in the area. This would also be a good site for the local library, meeting rooms for associations, etc., as well as programmes that are closer to the farming research centre and the work done on the hillsides.

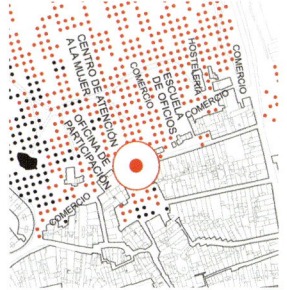

39. HOW WILL THE STITCHING SEED AFFECT THE GURUGÚ DISTRICT?
Gurugú is a consolidated district with few problems and open areas for the residents to relate to each other. The Gurugú road is a royal livestock route, with sufficient width for socializing and traffic at the same time. Due to its generously sized relational areas, the planned areas for schooling, citizen participation, workshops and hostelry will suffice.

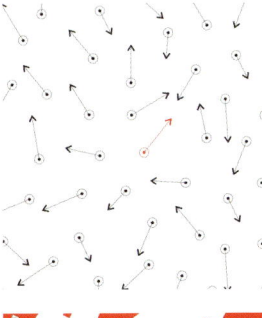

53. WHAT IS A VECTOR?
VECTOR. (Lat. vector, -ōris, leading).
1. Agent that transports something from one place to another.
2. Biochem. Fragment of deoxyribonucleic acid which can join another to form a fragment and transfer it to the genome of other organisms.
3. Fil. ALL DESIGN ACTION OF VARIABLE QUALITY AND INTENSITY.
4. Phys. Any magnitude in which the point of APPLICATION and the DIRECTION must be considered in addition to the quantity. Forces are vectors.
5. Med. A being that can TRANSMIT OR PROPAGATE an ailment.

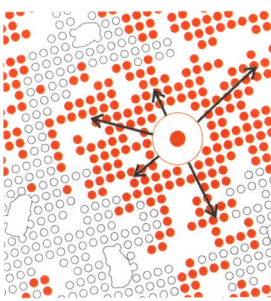

54. IN WHAT SENSE CAN WE SPEAK OF VECTORS TO EXPLAIN THE GROWTH OF THE SEEDS?
Vectors define movements and growths, not from an external framework, but rather from the perspective of the object itself and its relationship with the rest. Without the need for backing by an exogenous geometry, the vector contains all the necessary information to describe growth: quantity, point of application and direction.
In this sense, we call the growth exterior that are applied to each part of urban development « vectors », from the logic of their actual process, rather from a systematic, prior geometry or logic.

65. WHY DO WE SAY THAT PUBLIC SPACE HAS PRIORITY OVER PRIVATE SPACE?
The city is a house on a larger scale. One of the basic premises to ensure that its citizens can live comfortably in their homes is that they must feel that the city belongs to them; that it is their home. We must therefore strive to build a good city as a higher priority than building good housing, and ensure that the city is integrated by its public spaces.
We propose an anteriority in temporal, intentional and also developmental terms for public space over private space.

71. HOW WILL THE PROVISIONS FOR PUBLIC SPACE INFLUENCE HOUSING GROWTH?
Out initial proposal for the construction of public spaces prior to the residential development phase is part of our conviction that these public spaces can act as magnets or bait for people who wish to live in new growth areas. The aim is to prevent the usual pattern in many Spanish expansion areas, where people move out to live in a desert and have to wait for a long time until their public spaces start to become hospitable.

73. IS THIS PROJECT ENTIRELY ARCHITECTURAL?
Yes it is, or at least it aspires to be so.
The architectural project is regarded here, whether it is on an urban or some other smaller scale, as a complex process in which the architect is merely one of many agents.
The present research work is seeking new ways to describe architectural and urban development processes in which the traditional type of representation is entirely inappropriate, either due to the complexity of the problem, its scarce objectuality or its intense relationship with other aspects of reality.

España
Calahorra
Ist es möglich, der Stadt eine Grenze zu setzen?

Stadt Calahorra
Bevölkerung 23.920
Betrachtungsgebiet 34,65 ha
Projektgebiet 34,65 ha

Als Teil der Provinz Rioja Baja, liegt Calahorra südlich des Ebro, am Zusammenfluss mit dem Cidacos. Die Stadt liegt auf einem Hügel und ist, nach der Provinzhauptstadt Logroño, die zweitgrößte Stadt in der Region. Infrastrukturell gut angebunden, ist die sie eines der wichtigsten Verteilungszentren landwirtschaftlicher Produkte für ganz Nordspanien. Die kompakte Struktur der Stadt verlangt eine Anbindung des Standortes an das bestehende Stadtgeflecht und einen klaren Wohncharakter. Das Planungsgebiet wird von der alten Landstraße nach Logroño durchquert und bildet eine der wichtigen Einfahrten in die Stadt. Der Standort hat folgende Begrenzungen: im Nordwesten verläuft die nördliche Umgehungsstraße von Calahorra; im Westen grenzt der Standort an die Umgehungsstraße N 232; im Osten an die alte Straße nach Murillo und im Südosten trennt eine Böschungskante den Standort von der Innenstadt und der La-Planilla-Zone (derzeit im Bau). Das Areal bildet so eine Schnittstelle zwischen Wohn- und tertiären Nutzungen in der Stadt. Zur Zeit beherbergt das Gebiet eine Reihe von Aktivitäten, die zugunsten von Wohnbauprojekten aufgegeben werden sollen. Das Niveau des Projektstandortes liegt etwa 15 m unter dem der Stadt. Neue Lösungen werden erwartet, mit Konzepten für neue Wohnformen in der Stadt, die nicht nur Wohnmöglichkeiten sondern auch die Infrastruktur, Dienstleistungen, Gewerbeangebote, Läden, Erholungs- und Freizeitangebote vorsehen. Die aktuellen gesellschaftlichen Anforderungen des 21. Jahrhunderts sind ebenso zu berücksichtigen wie Aspekte der Qualität und Nachhaltigkeit. Der Bebauungsplan für Calahorra sieht eine mittlere Nutzungsintensität im Bereich Wohnungsbau vor (maximale Bebauungsfläche 181.015 m^2). Die maximalen Bebauungs- und Nutzungsvorgaben können jedoch von den Teilnehmern verändert werden. Mindestens 15% der Gesamtfläche sind für Grünzonen und öffentlichen Nutzungen reserviert. Die alte Fernstraße nach Logroño soll zur städtischen Durchgangsstraße werden. Neue Haustypen sollen den Anforderungen unterschiedlicher moderner Lebensgewohnheiten (alleinerziehende Eltern, arbeitende Singles, Tele-Arbeitsplätze etc.) entsprechen und die Flexibilität berücksichtigen, die die atemberaubenden Veränderungen in unserer Gesellschaft fordern.

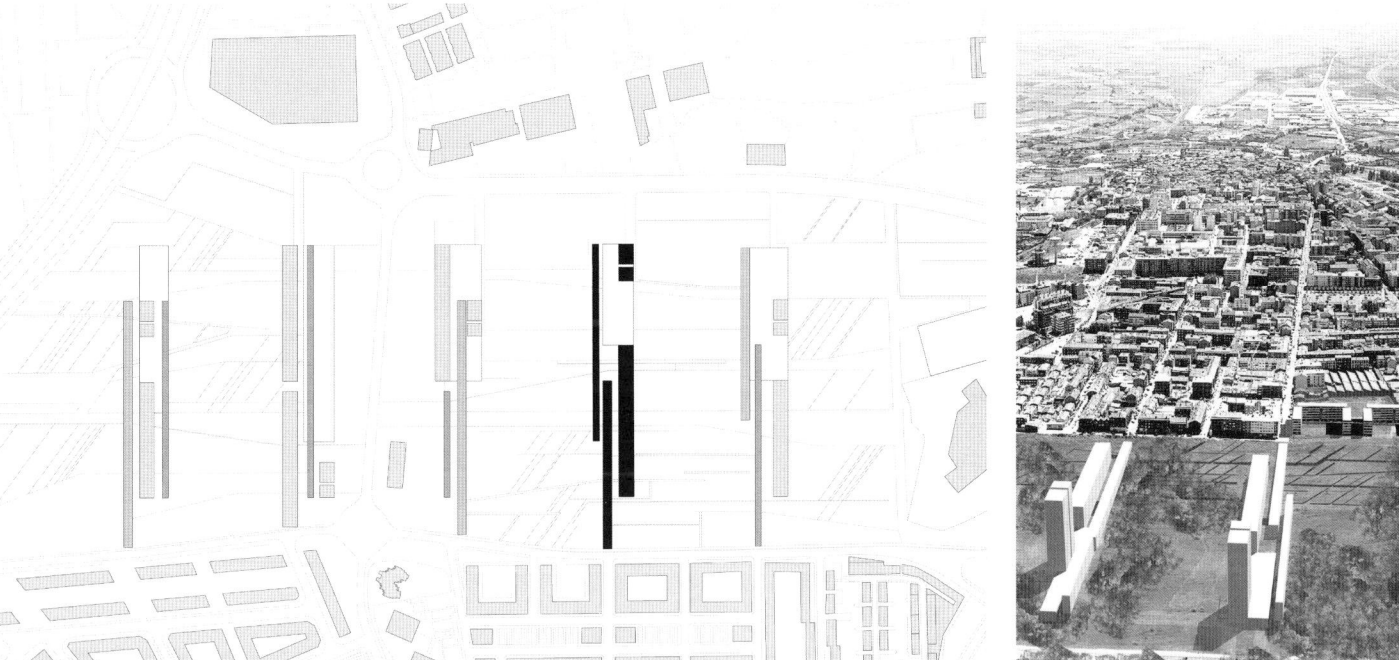

Noelia Baldayo Nebot (E), **Gregorio Indelicato** (I), **Anne Lippmann** (D), Architekten

Unterschiedliche Herkunft – ein Team: Noelia Baldayo, Universidad Politécnica de Valencia, Anne Lippmann, Bauhaus-Universität Weimar und Gregorio Indelicato, Universität Palermo.

Noelia Baldayo Nebot
c/ Torres Torres 14-4°-15
46500 Sagunto (Valencia), España
T +34 610224944, +34 618211911
xrefarchitects3@gmail.com

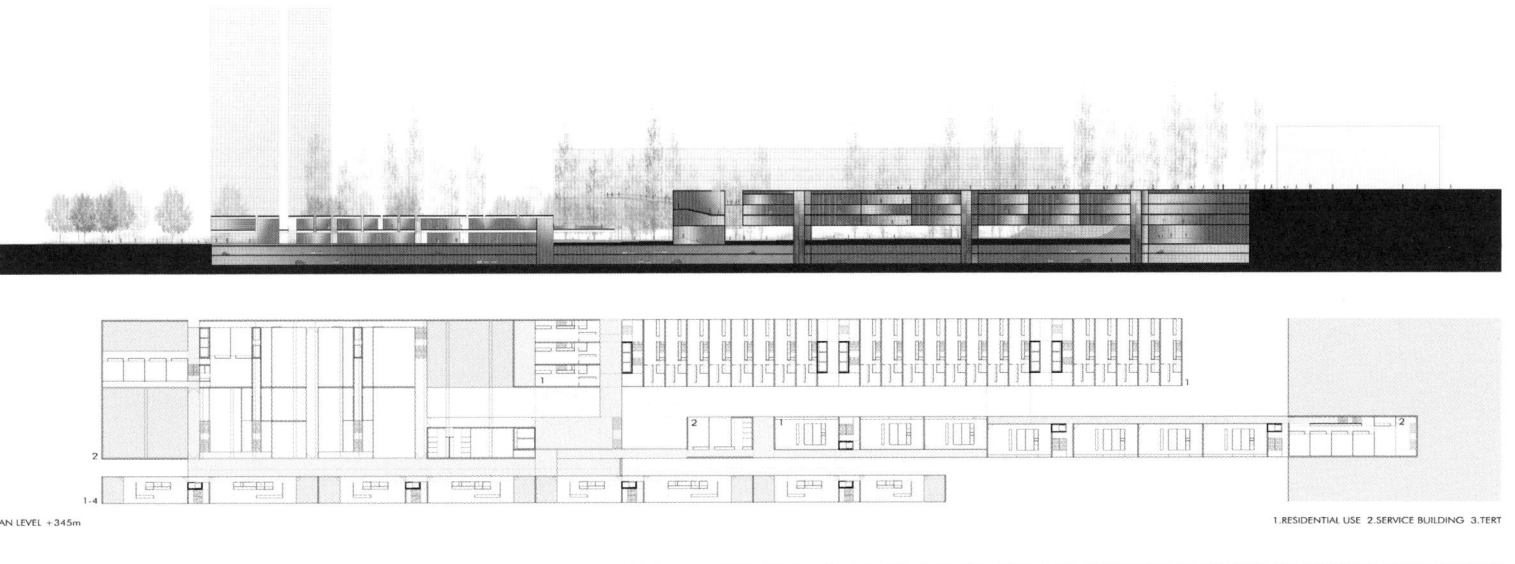

Fünf nachhaltige Elemente der Stadt

Das Programm konzentriert sich in fünf autonomen Elementen entlang der städtischen Achse, wodurch die Fläche für einen Stadtpark maximiert wird. Die Verbindung zwischen Stadt und Standort wird über den geschickten Umgang mit der Höhendifferenz von ungefähr 15 Metern gelöst. Es entsteht auf dem Niveau der Stadt ein öffentlicher Weg, der sich durch die und entlang der Neubauten erstreckt und schließlich auf der Grundstücksebene endet. Die fünf urbanen Elemente bestehen aus mehreren Baumassen: **Blöcke** mit verschiedenen Räumen, der **Turm** mit einer eine Kombination von Wohn- und Büroraum und ein **Verwaltungsgebäude**. Die Türme bilden den Rahmen der Sichtachse aus der Stadt in die Landschaft.

Types

Manuel Quintin Mula Muñoz (E)
Architekt

Wie im Space Shuttle fühlt sich der Architekt manchmal in Raum und Zeit, in der Raum-Zeit der Zukunft. Er lebt in einer Art Kaleidoskop, wo das Erstaunen leicht fällt, und man sich doch erholen muss, um Freude bringende Landschaften zu schaffen, geschichtet, kompakt, narrativ. Unter diesen Umständen erklimmt der Architekt Felsen, wird Samurai. Er umgeht den Sturm und destilliert die Essenz des Standorts und seines sozialen Umfelds, versucht sie neu zu ordnen und sanft zu wandeln. Sie sollen sich natürlich entwickeln. Und so ist der Architekt wie der Naturwissenschaftler, der die genetische Information in Bakterien mit dem Virus DNA impft. Er ist ein Alchemist. Gar ein Samurai-Alchemist. Er schwebt durch unseren Asteroiden. Vielleicht gibt es ja Astronauten, die Alchemisten, Felsenkletterer, Samurai sind. Das wäre dann eine noch passendere Bezeichnung.

Taller de Arquitectura Mula
Almendros, 2
28860 Paracuellos de Jarama
Madrid, España
T +34 916580419
mula@arquired.es

Das Ergebnis als Darstellungsform des Immateriellen. Für eine neue Sprache als Folge des neuen Klangs und neuer Varianten, ein Instrument zu spielen. Das Forschen nach den alten, verborgenen Interpretationen des Ortes.

Ziel!
- Einen Boulevard schaffen. Lärm und Schmutz durch den Mega-Park vermeiden, der längs verläuft und wächst. Ein besonders bequemer und freundlicher Lebensraum. Grünzonen sind die Lungen der Lebenden. Sie schaffen eine neue Form der Zirkulation und Verbindung mit der modernen Stadt. Daraus entsteht der urbanistische Look.
- Eroberung eines Geo Features. Calahorras Gründung auf einer Anhöhe lädt zum Blick von oben ein und impliziert Dominanz. Ein privilegierter Standort, jetzt überfüllt. Die Stadt muss über ihre physischen Grenzen hinauswachsen, über die Klippe springen – 15 Meter in die Tiefe.

Strategie!
- Mehr Stadt! Um das Höhenniveau zu waren, muss die Skyline in harmonischer Übereinstimmung mit der alten Stadt gezogen werden. Die tiefer liegenden Straßen bieten optisch Kontinuität mit den neuen Formen: Eine Straße versus ein einziges Volumen. Der lebendige Streifen bettet Wohnungsbau und öffentliche Gebäude in ein lokales Netz ein.
- Dem Mega-Park zufließen. Synergien der bestehenden Stadt aufgreifen und sie in die neue, grüne Lunge einbetten. Jede Gebäudestruktur ist ein anderer Vorschlag zur Überwindung des Höhenunterschieds. Rampen (auch für Kfz und rollstuhlgerecht) und die geneigten Ebenen könnten öffentlicher und privater Nutzung dienen. Sie sind Dach, Stand, Terrasse und Auditorium, Treppenhaus und Fahrstuhlanbau.

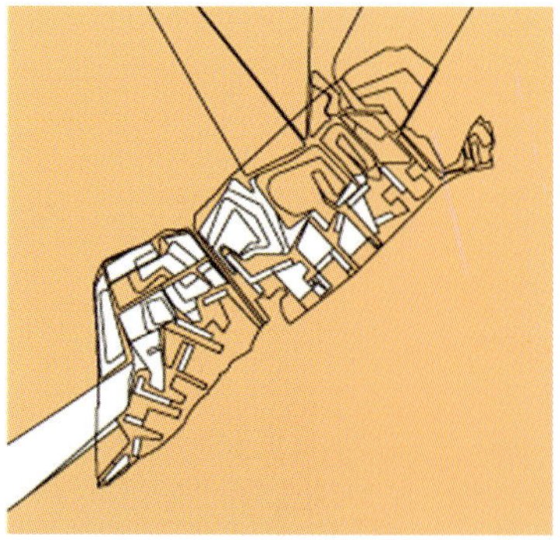

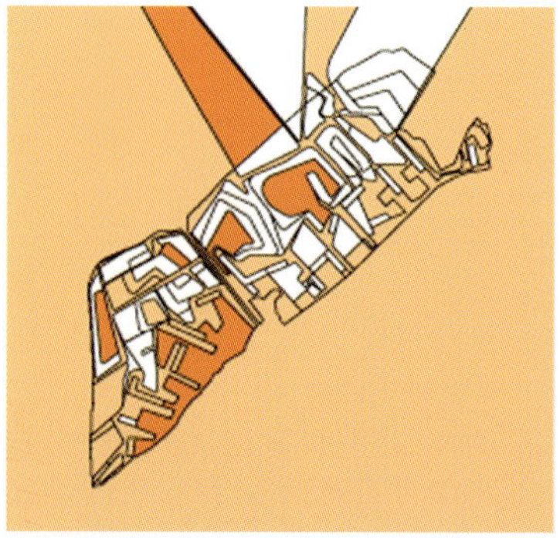

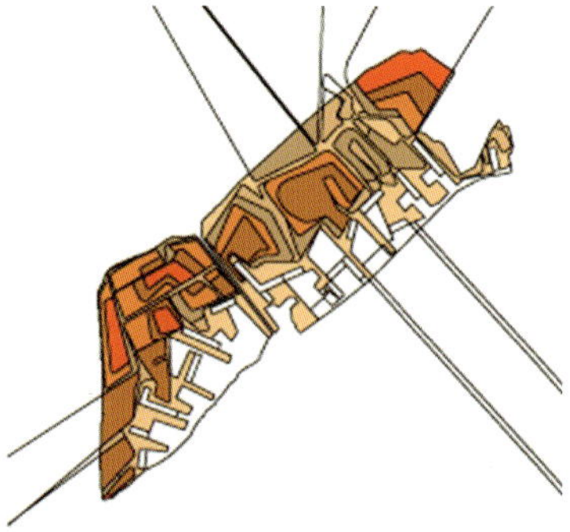

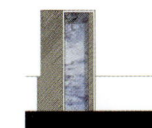
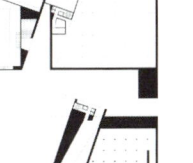

CALAHORRA, ESPAÑA

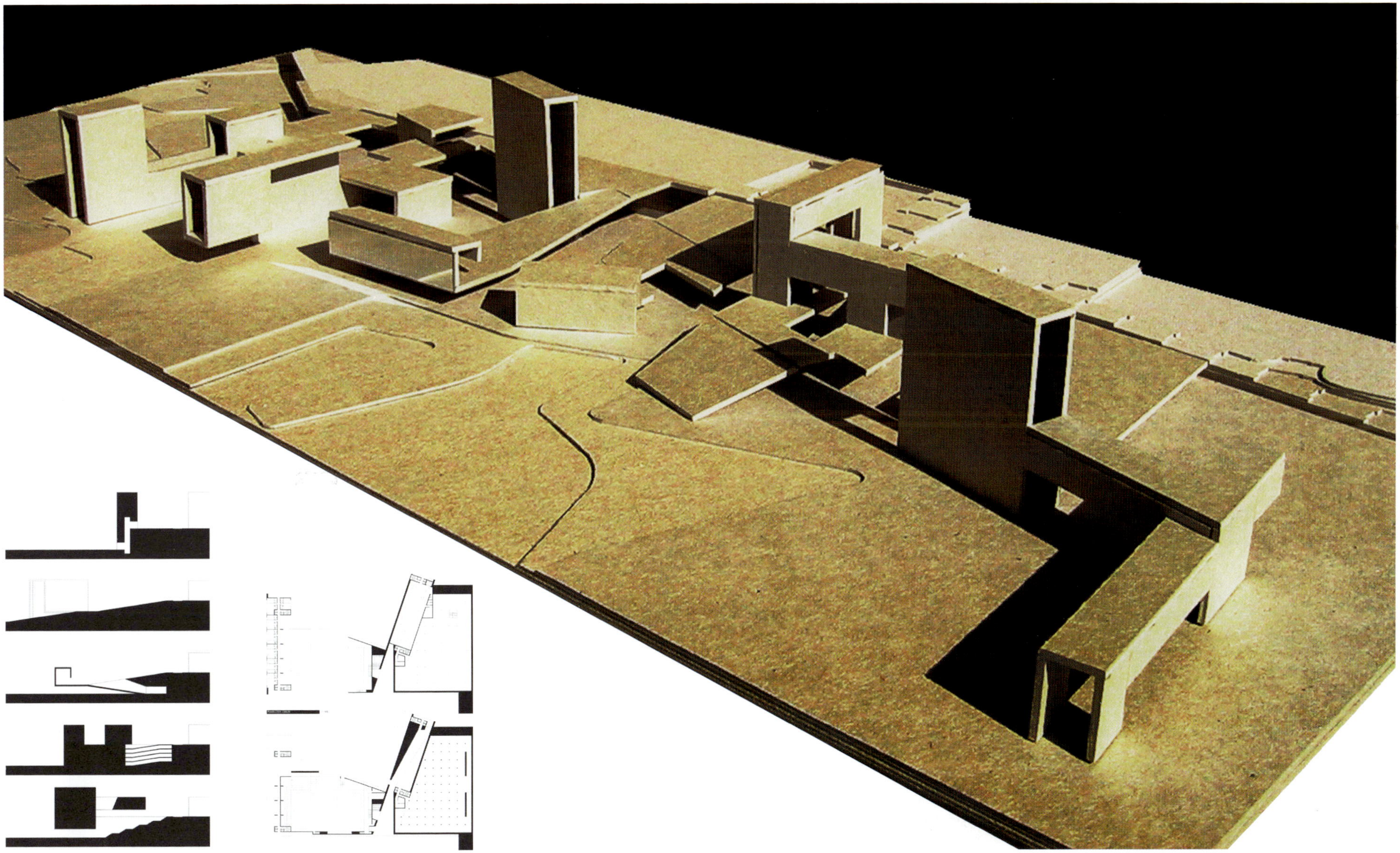

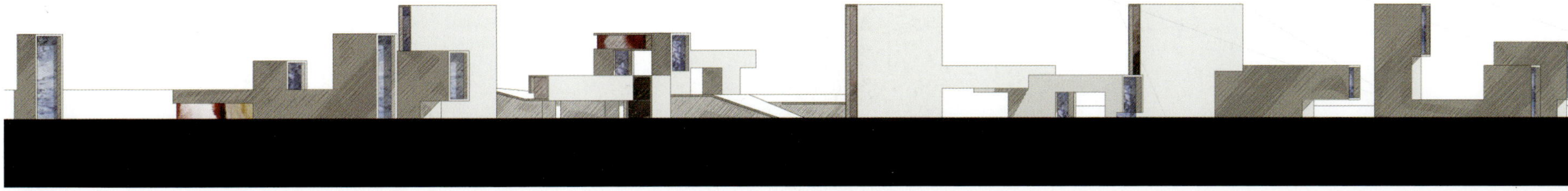

FRAGEN ZUR AUSDEHNUNG DER STADT LINEAR

España
Santander
Wie wohnt man an einer Fernstraße?

Stadt Santander
Standort Rancho Grande
Bevölkerung 184.000
Betrachtungsgebiet 23 ha
Projektgebiet 23 ha

Kantabrien ist das Zentrum des nördlichen Randes der Iberischen Halbinsel. Wesentliche Merkmale sind die vielfältigen Naturressourcen und die Nähe sowohl zum Meer als auch zu den Bergen. Die gesamte Bevölkerung der Region beträgt 535.000 Einwohner, die auf 102 Gemeinden verteilt leben, wobei 80% der Bevölkerung in der Küstenzone wohnen. Hauptstadt und größte Stadt der Region Kantabrien ist Santander mit 184.000 Einwohnern. Sie ist die Stadt mit der höchsten Nachfrage nach Wohnungen und Ferienwohnungen in Spanien. Santander liegt an einer Meeresbucht, was zu einer starken Ausdehnung des städtischen Gebiets entlang der Küste geführt hat. Im Stadtgebiet Santanders gibt es Kleingartenareale, die bisher nicht im Bebauungsplan erfasst sind, obwohl sie sich in der urbanen Struktur befinden, und Lücken zwischen den bebauten Zonen entstehen lassen. Eines dieser Kleingartengelände ist das Rancho Grande Oeste. Es liegt an einer Schnittstelle zwischen unterschiedlichen Verkehrsinfrastrukturen und Geländenutzungen. Die nördliche Grenze wird von einer Eisenbahnlinie gebildet, hinter der sich ein neues Gewerbegebiet befindet. Im Süden grenzt es an die nationale Landstraße N 610 und den Peñacastillo-Hügel. Im Osten befindet sich eine Vorstadt-Wohnsiedlung, die Anfang des zwanzigsten Jahrhunderts erbaut wurde. Im Westen grenzt ein weiteres Gewerbegebiet sowie die Finca de La Remota, ein Gebiet, in dem Wohnungsbau realisiert werden soll, an. Ziel des Entwurfes ist die Schaffung preiswerten sozialen Wohnraumes mit der entsprechenden Infrastruktur und Freiflächen. Die Entwicklung des 23 ha großen Kleingartengeländes soll helfen, den diesbezüglichen Bedarf zu befriedigen. Geplant sind preisgebundene Wohnangebote, die einen Marktzugang für die Bevölkerungsgruppen eröffnen soll, die sich auf dem freien Markt angebotene Wohnungen nicht leisten können. Gleichzeitig muss das Gebiet an die nationale Landstraße N 611 angebunden werden. Im Rahmen des städtebaulichen Entwurfs ist auch die Frage zu klären, ob die Gebäude, die sich derzeit zwischen dem Kleingartengelände und der Landstraße befinden, erhalten werden sollen oder nicht. Der Entwurf soll die Planung von 200 bis 250 Wohnungen beinhalten. Für das Quartier müssen Läden und wohnungsnahe Einrichtungen, die nicht im ausreichenden Maße vorhanden sind, ebenso vorgesehen werden wie ausreichende Grün- und Freiflächen.

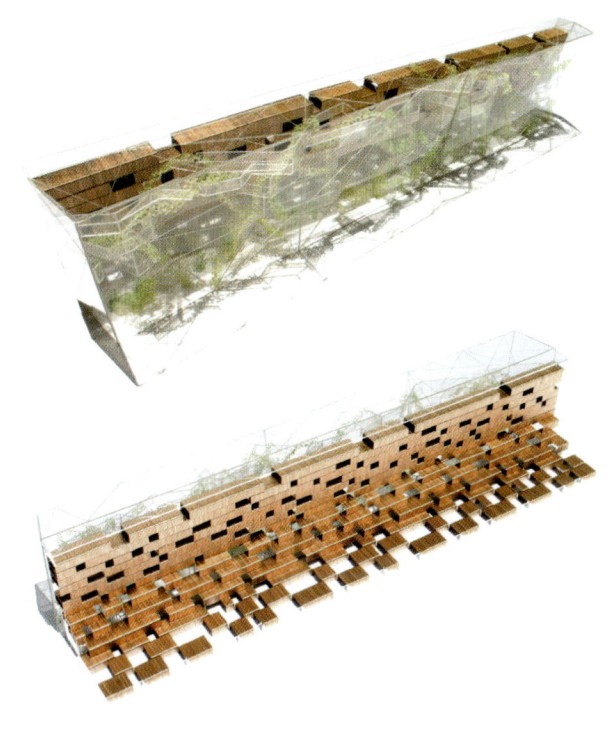

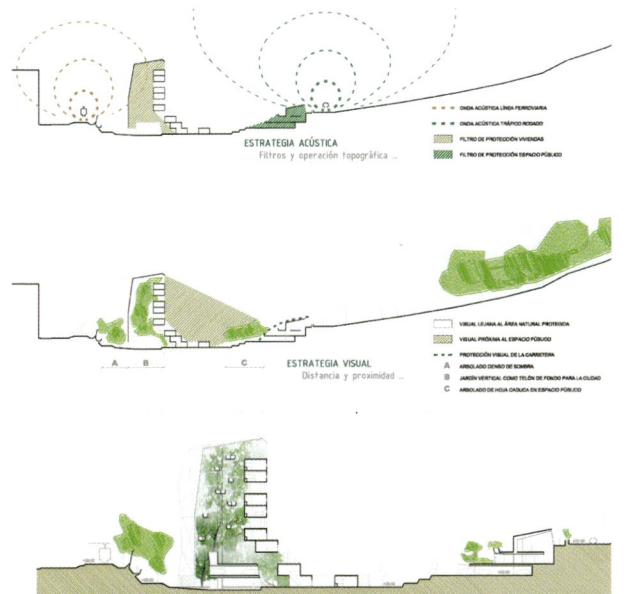

David Archilla Pérez (E), **Covadonga Martínez-Peñalver** (E), Architekten

Dozenten an der ETSAM, UAX, ESAT und anderen Universitäten. Gastprofessoren der Syracuse University und des IIT. Herausgeber des UHF-Magazine. 15 Projekte – 15 Preise. Kooperation mit Ábalos & Herreros, Andrés Perea und Acebo+Alonso.

Archilla / Peñalver, arquitectos
avenida de Europa, 4, P4, 1ºA.
28224 Pozuelo de Alarcón
Madrid, España
T +34 915712354
archilla@uhf.org.es
www.am-ple.com

Der Dealer...

Ein kontextreicher Standort mit Bahntrasse, Straße, Industriegebiet und einem kleinen, alten Kiez; unberührtes Land da, wo die wachsende Stadt auf einen höher gelegenen, ehemaligen Steinbruch im grünen Berg trifft. Der Entwurf möchte diese Elemente zu einem komplexen Kontext komponieren. Der traditionelle Typus der Wohnsiedlung funktioniert nicht mehr. Starre, unveränderliche Typologien sind keine adäquate Definition bewohnbaren Raumes mehr. Heutige Bedingungen erfordern gemischte, nicht klassifizierbare und flexible, variable Module. Der Entwurf arbeitet mit einer gemischten Struktur, die von den qualitativen und klimatischen Bedingungen des Standorts bestimmt wird und die Begegnung kontrastierender und zugleich ergänzender Charakteristika ermöglicht.

Gekreuzte Lebenswege
Präsenz, Absenz und Unterbrechung

Miguel Ubarrechena Asenjo (E) Architekt

Architekt in San Sebastian im Jahr 2000, Zusammenarbeit mit Guillermo Vazquez Consuegra und dem Europan Preisträger Nieto Sobejano in Sevilla und Madrid. Seit 2007 freiberuflich tätig. Zahlreiche Nominierungen, u.a. Erster Preis COAM 2005, Madrid 2005, Pabellón Expositivo Construtec, Erster Preis Construmat, Pabellón Expositivo Construmat, Erster Preis Pabellón Expositivo Construtec. 2004, Zweiter Preis Pabellón Informativo. UPV ETSASS 1999, Dritter Preis Cargadero de Mineral in Almería 2002.

c/ García de Paredes 78
5-2 escalera exterior
28010 Madrid, España
T +34 646930776
mua93@hotmail

Rancho Grande ist charakterisiert durch Präsenz, Absenz und Unterbrechung. Diese Charakteristika prägen den Entwurf und stellen seine wichtigsten Ziele dar.

1. Erarbeitung eines kohärenten Straßenplans auf der Grundlage des städtischen Vorschlags für die Umgebung von Rancho Grande. Realisierung in einem Rundbau, wodurch gleichzeitig alle Erschließungsprobleme gelöst werden.
2. Erschließung eines neuen öffentlichen Raumes als großer Stadtgarten mit verschiedenen programmatischen Angeboten. Service nicht nur für die Wohnbauten sondern auch für die kollabierte Stadtentwicklung und Zonen ohne klar definierten öffentlichen Raum.
3. Entwicklung einer neuen Blocktypologie in einer verschränkten Galerie, die mehr Wechselbeziehungen auf lokaler Ebene zulässt. Lage am Südrand der Parzelle aufgrund der visuellen Gegebenheiten: Aussicht in die Umgebung, Vereinfachung des ansonsten schwierigen Zugangs.
4. Förderung eines neuen öffentlichen Angebots, das technologischen Fortschritt mit der Gründung neuer Unternehmen mit staatlichen Subventionen kombiniert. Artikulation durch einen großen Platz und zwei Hochbauten.

Präsenz. Peñacastillo ist ohne Frage der Vorhang, der nach der Vorstellung fällt. Wirkungsmächtige Gegenwart als ständiger Einfluss.

Absenz. Eine weitere, präsente Konstante ist das Fehlen der schönen Bucht von Santander. Die Fassade inspiriert die ständige Wellenbewegung. Helligkeit als Folge der Reflektion des Sonnenlichts auf der horizontalen Ebene des Meeres.

Unterbrechung. Die konstante Präsenz und rhythmische Absenz des Zuges als letztes konstant gegenwärtiges Element. Verschränkte Gleise verweisen auf gemeinsames Leben, eine kurze Begegnung von Mensch, Maschine, Zeit und Natur.

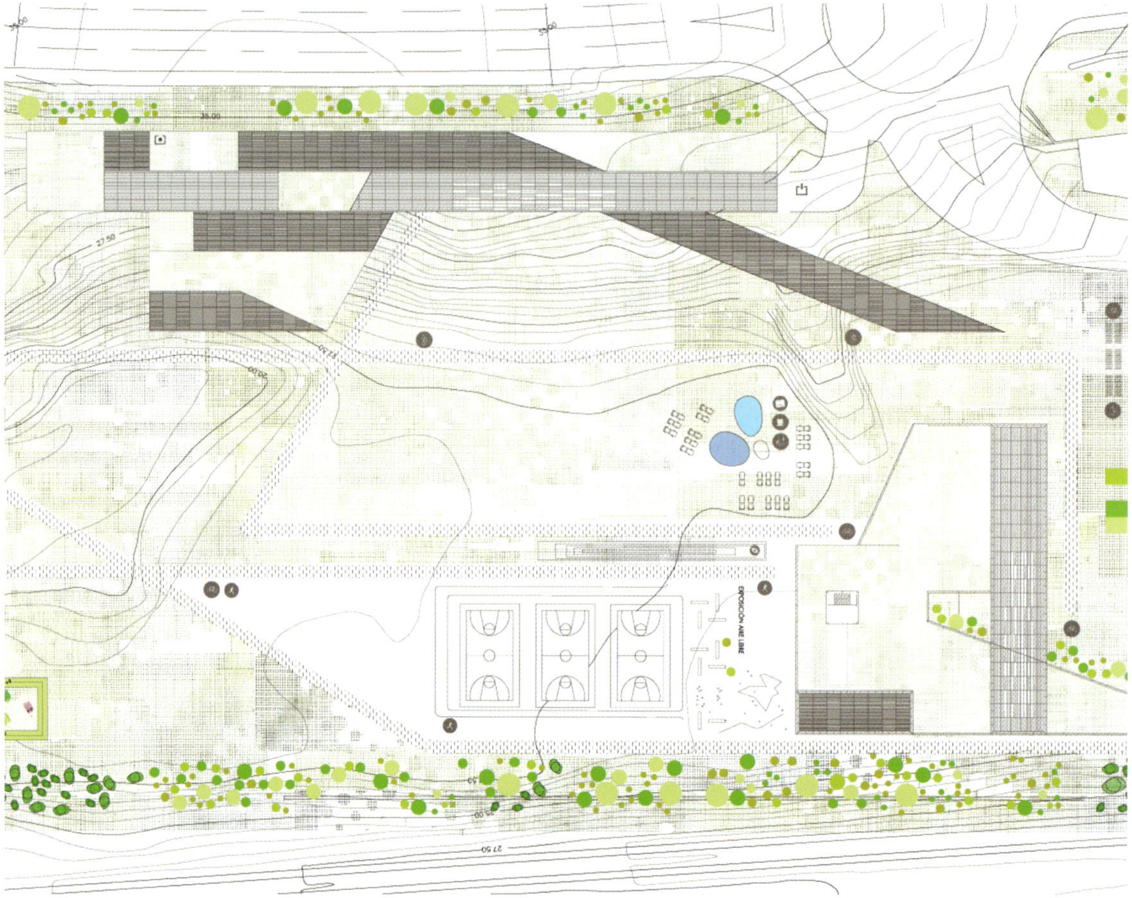

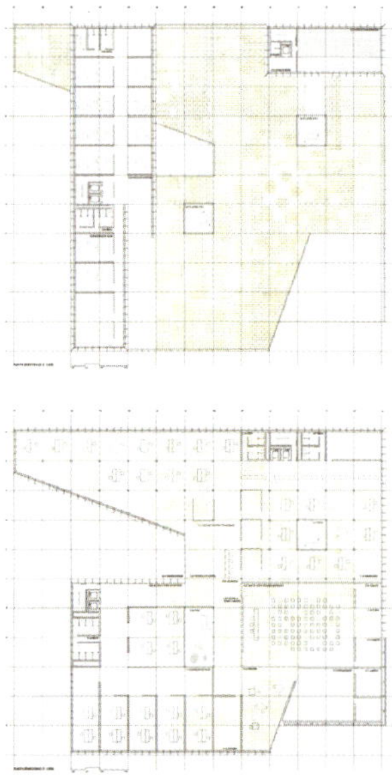

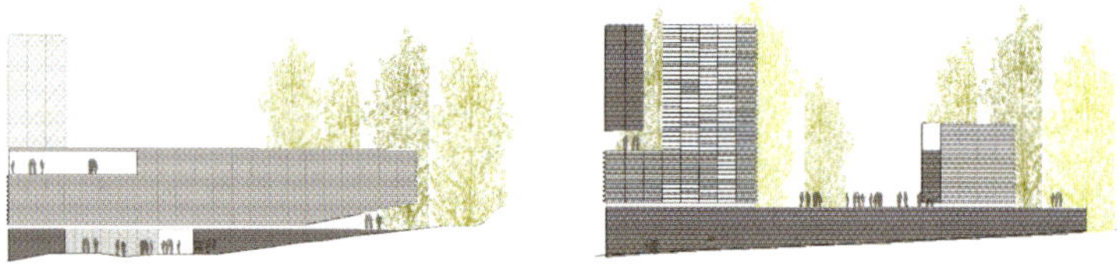

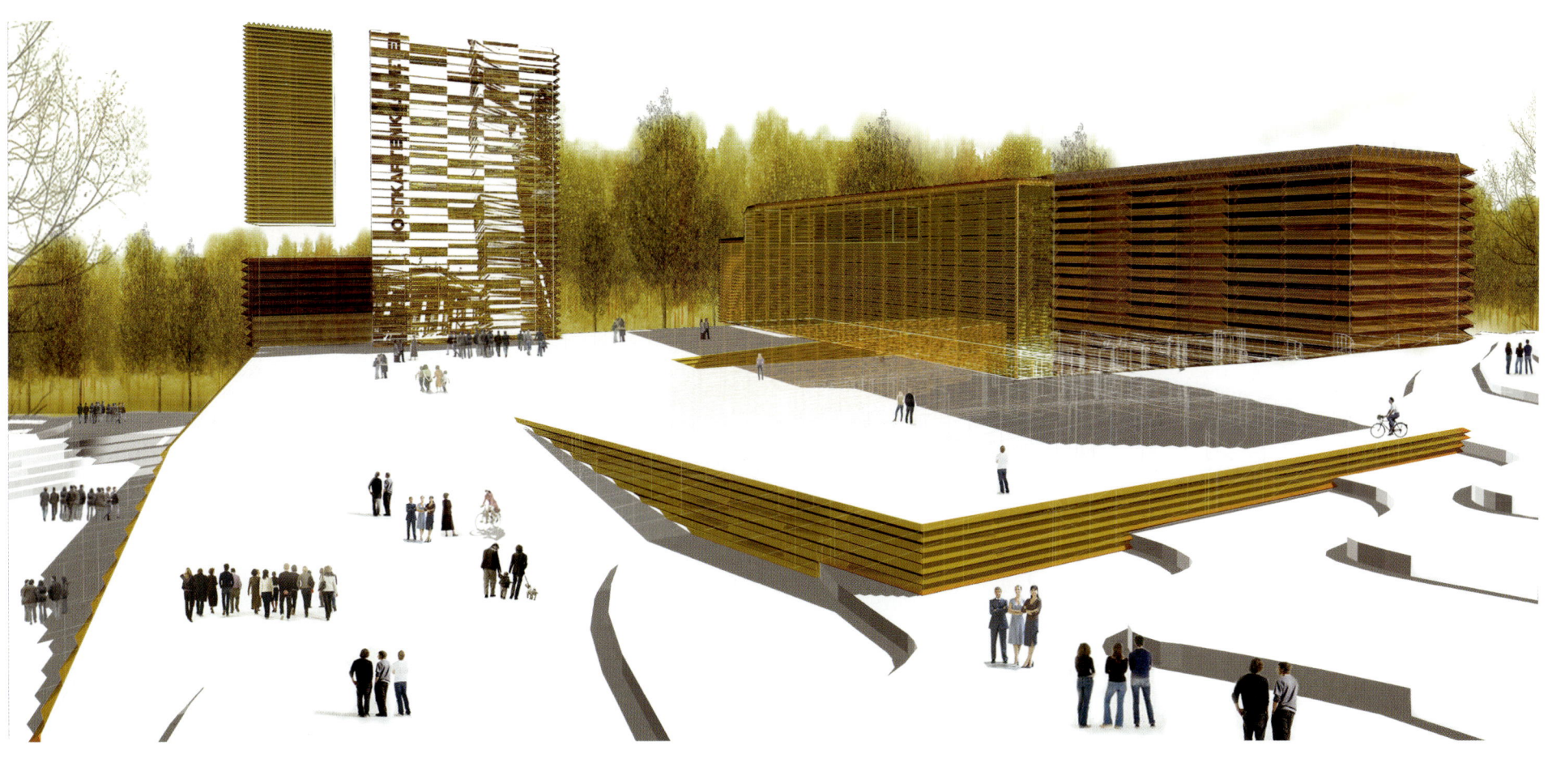

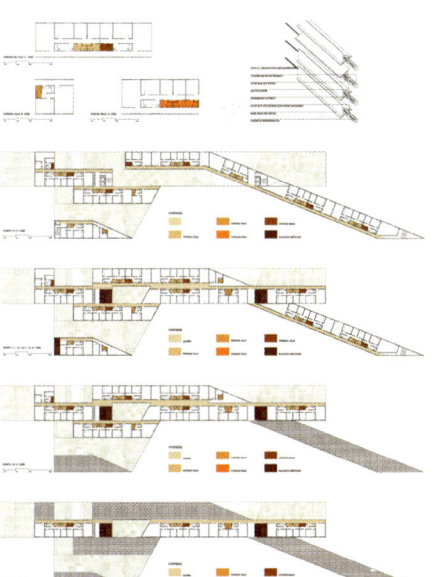

SANTANDER, ESPAÑA — PREIS

37 FRAGEN ZUR AUSDEHNUNG DER STADT LINEAR

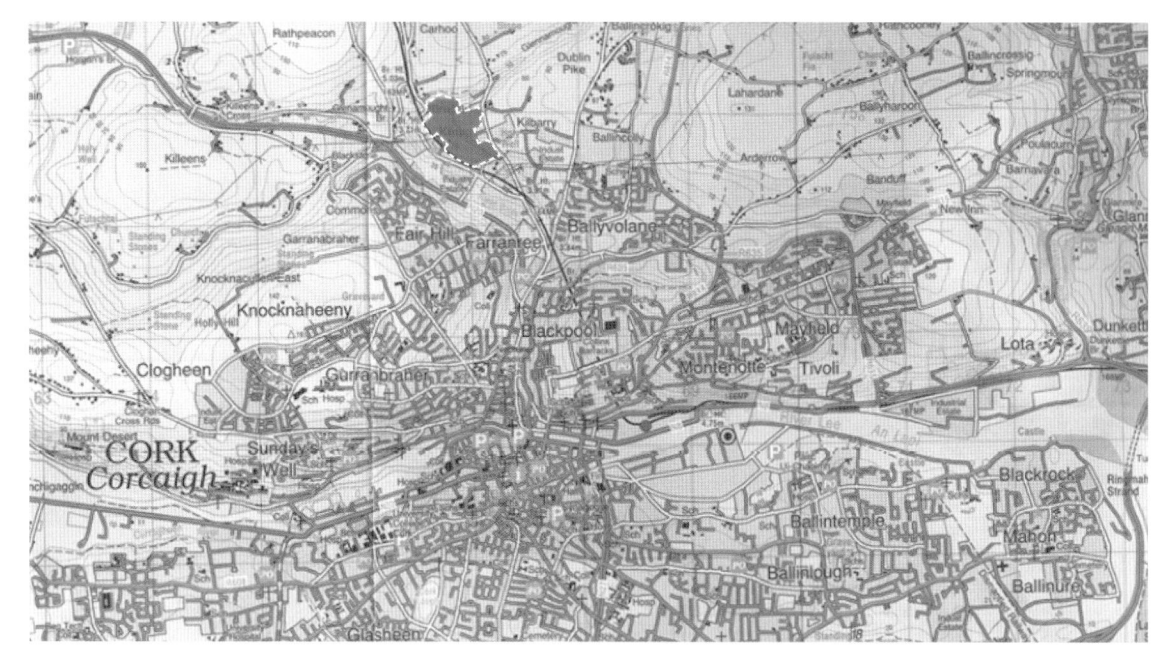

Ireland
Cork
Wie entwickelt man eine städtische Gemeinschaft?

Stadt Cork
Standort Old Whitechurch Road Kilnap/Blackpool
Bevölkerung 125.000
Betrachtungsgebiet 22 ha
Projektgebiet 0,75 ha

Cork ist zweitgrößte Stadt der Republik Irland und Hauptstadt der südlichen Region. Sie ist das Tor für die Region und wird als Motor der Entwicklung angesehen. Bauentwicklungsland innerhalb des Stadtgebiets ist knapp. Um eine erfolgreiche und nachhaltige Entwicklung innerhalb der Stadtgrenzen zu gewährleisten, wird auf eine angemessene Maßstäblichkeit und Dichte besonderer Wert gelegt. Im Stadtentwicklungsplan 2003 wurden die Entwicklungsziele festgeschrieben und seitdem in die entsprechenden Flächennutzungspläne eingearbeitet. Der Standort liegt im Bereich des Bebauungsplans Old Whitechurch Road, am nördlichen Stadtrand. Das Gebiet ist gut an das öffentliche Nahverkehrssystem und das Straßennetz angebunden und grenzt an einen wichtigen Bereich, der für Stadtentwicklung und Naherholung vorgesehen ist. Die Größe des Betrachtungsgebiets ermöglicht die Entwicklung eines nachhaltigen Quartiers mit genügend kritischer Masse, um auch für die Entwicklung von angemessenen Dienstleistungen in Ergänzung zu den wichtigeren Einrichtungen der Nachbarschaft sowie einen Zugang zum Stadtzentrum und den regionalen Einrichtungen zu sorgen. Das Betrachtungsgebiet bietet auch die Chance, Standards für eine nachhaltige Entwicklung im Hinblick auf Maßstab, Dichte, Materialien und Energieverbrauch zu setzen und die Besonderheiten der Landschaft zu integrieren. Der Masterplan für das Betrachtungsgebiet sieht 1.400 neue Wohnungen vor, jeweils zu einem Drittel Privateigentum, bezahlbare und geförderte Eigentumswohnungen und Sozialwohnungen. Zusätzlich sollen eine Grundschule, Geschäfte, Kindergärten, Dienstleistungen, Cafés und Restaurants, Parks und Spielplätze und eine Bahnstation für Pendler entstehen. Der Masterplan sieht innerhalb Areals verschiedene Maßstäbe und Bebauungsdichten vor. Das Projektgebiet liegt im Zentrum des Areals mit einer höheren Dichte in unmittelbarer Nachbarschaft zu lokalen Läden und Dienstleistungseinrichtungen. Dort sind fünfgeschossige Gebäude mit Geschoss- und Maisonette-Wohnungen vorgesehen. Im Osten des Gebiets soll eine öffentliche Grünfläche geschaffen werden, im Westen grenzt das Gebiet an die neue Hauptstraße. Der private Charakter der vorhandenen zweigeschossigen Bebauung im Südosten muss erhalten bleiben.

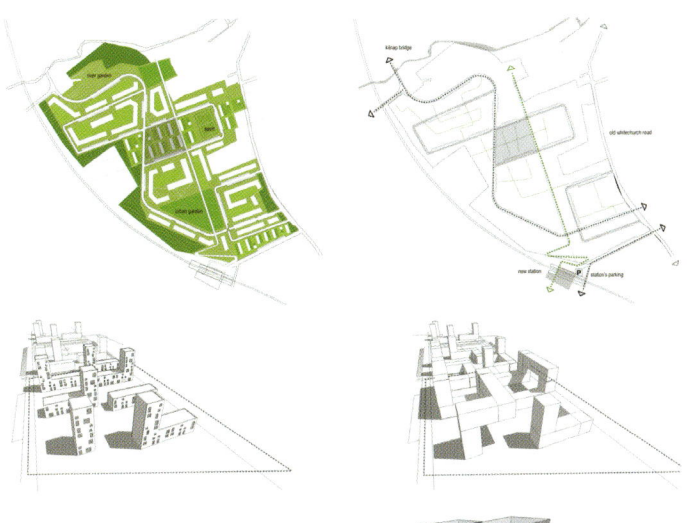

Paolo Cardin (I), **Emanuela Bartolini** (I), Architekten

Ausbildung an der Politecnico di Milano. E. Bartolini studierte auch an der TU Delft und war Mitarbeiter der Abteilung für Urban Design an der Politecnico di Milano. P. Cardin studierte zudem an der ETSA Barcelona und arbeitet mit verschiedenen New Yorker Firmen zusammen.

corso San Gottardo, 36
20136 Milano, Italia
T +39 3397683360
info@ebpc.it
www.ebpc.it

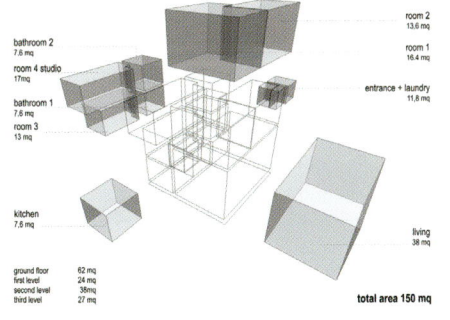

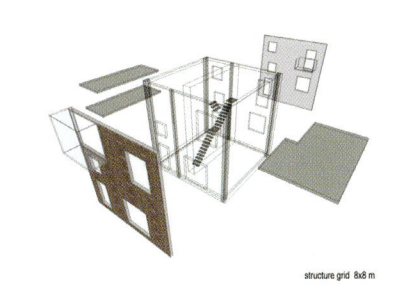

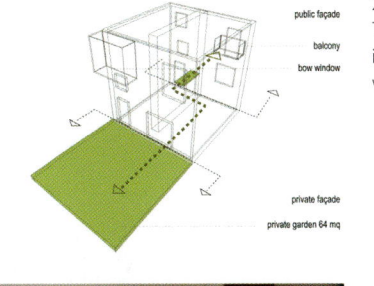

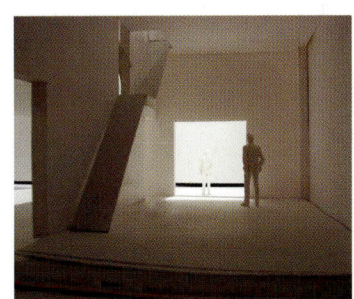

Contemporary raumplan

Die urbane Landschaft präsentiert sich dem Betrachter beim Durchqueren der begrenzenden Infrastrukturen – was bei der Gestaltung zu berücksichtigen ist. Die Zone wird interpretiert als Filter zwischen Stadt und Landschaft; eine Chance für eine neue, spezifisch eigene Identität der Vorstadt. Die typologische Vielfalt wird durch Gestaltung der Topografie und die Beziehung zwischen öffentlichen und privaten Räumen geordnet. Die räumliche Anordnung der Gebäude entspricht einer Kombination von Modulen, die als Grundelemente eines Systems verstanden werden, das den Innenraum über ein vereinfachtes Layout strukturiert. Die Flexibilität der Komposition erlaubt andere Lösungen für Verdichtung und Form des Wohnungsbaus.

Grün auffüllen

Marco Plazzogna (I), **Silvia Bertolone** (I), Architekten

Studium und Abschluss an der IUAV Venedig und, ihrem Interesse für neue Architekturtrends in Spanien folgend, praktische Arbeit im Land selbst. Aktuell ist Marco Plazzogna für das „Estudio Entresitio" tätig. Silvia Bertolone arbeitet an ihrer Dissertation zum Thema Planung an der ETSAM. Ihr architektonischer Ansatz gründet auf der geometrischen Beziehung zwischen Innen- und und Außenräumen, der lebendigen Grenze, die das Bewegungslose und Unveränderliche (der Architektur) vom Veränderlichen (der Natur) trennt. Sie forschen zum Thema Gebäude ausgehend von einer Idee der Geometrie und der Schaffung multidirektionaler Perspektiven im unbewegten und unbeweglichen Raum.

c/ Ayala 76 5D
28001 Madrid, España
info@bertoloneplazzogna.eu
www.bertoloneplazzogna.eu

Ein Projekt für einen Standort, der grundlegend von seiner Infrastruktur – der Eisenbahn – geprägt wird. Der Entwurf hält sich weitgehend an den bereits verabschiedeten Bebauungsplan, versucht jedoch, den Standort rationaler zu kennzeichnen: mehr Grün vor Ort und die Schaffung einer ständigen Verbindung zwischen Grün und Wohnen. Die Wohneinheiten verfügen über einen großen, zentralen Innenhof, der sich zur Grünzone öffnet, die wiederum mit der Tiefgarage verbunden ist. Die Höfe sind über kleine Fußgängerbrücken miteinander verbunden. Diese queren die Hauptstraße und stellen die Verbindung zum Gehweg und den Parks dar. Der neue Bebauungsplan schafft eine sektionale Unterteilung der Bereiche für Verkehr und Fußgänger. Es entsteht ein Handelsweg in einer Sinuskurve von Grünräumen und einer neuen Reihe von Häusern unterschiedlicher Typologie. Das Wort Nachhaltigkeit erhält neue Bedeutung: Wenn ein Gebäude im Erdgeschoss Grün nimmt, gibt es Grün auf der darüber liegenden Etage zurück. Die Komposition der Häuser folgt diesem Konzept: Die vertikale Verdrängung durch eine Wohneinheit lässt auf der obersten Etage Terrassen für die seitlichen Bauten entstehen. Die horizontale Verschiebung schafft weitere Terrassen für die dahinter liegenden Wohnungen. So entsteht ein komplexes Beziehungsgeflecht zwischen den Innen - und Außenbereichen der Wohneinheiten. Terrassen und Privatgärten bilden eine lebendige Grenze zwischen den bebauten Grundstücken.

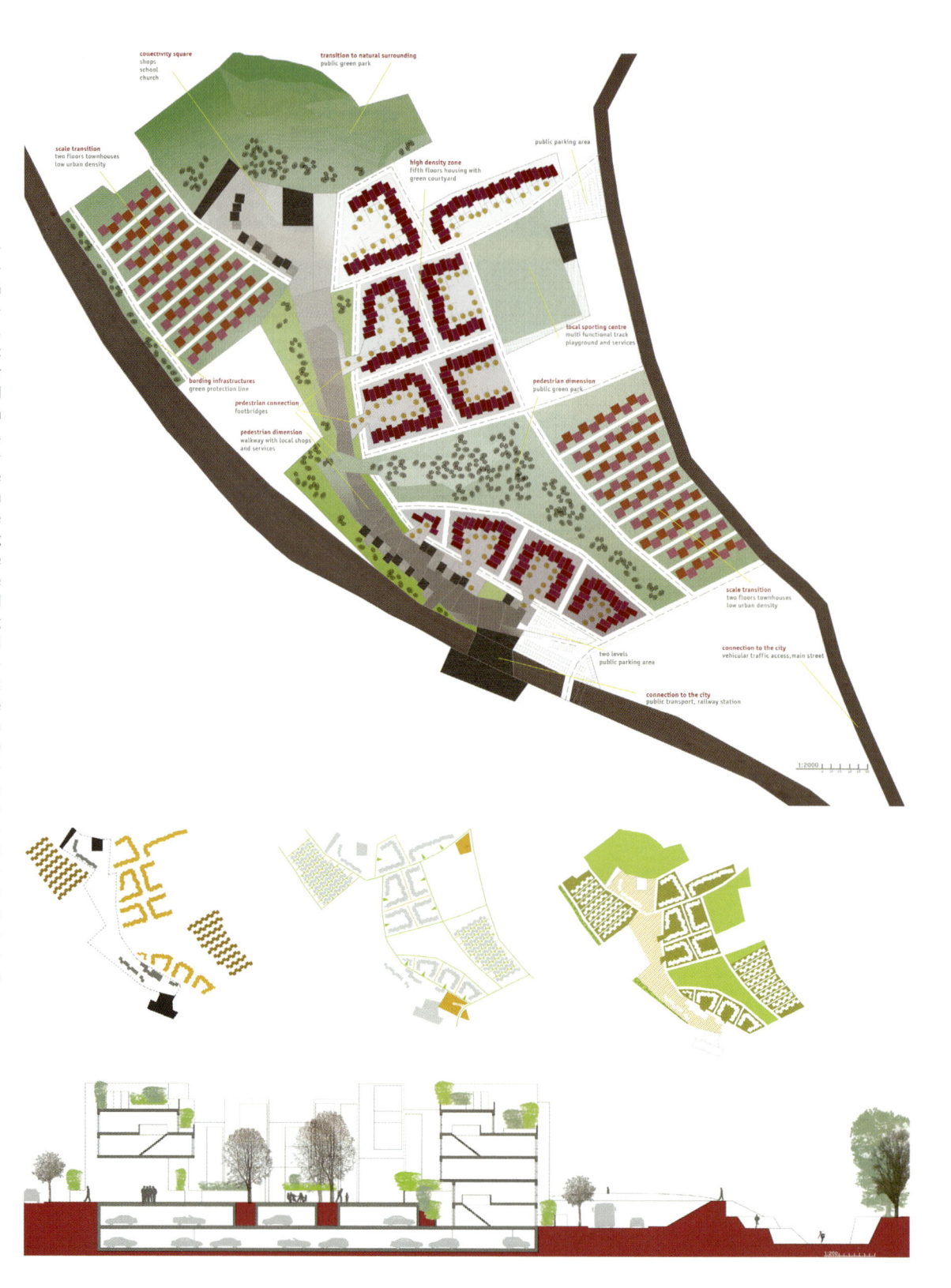

CORK, IRELAND

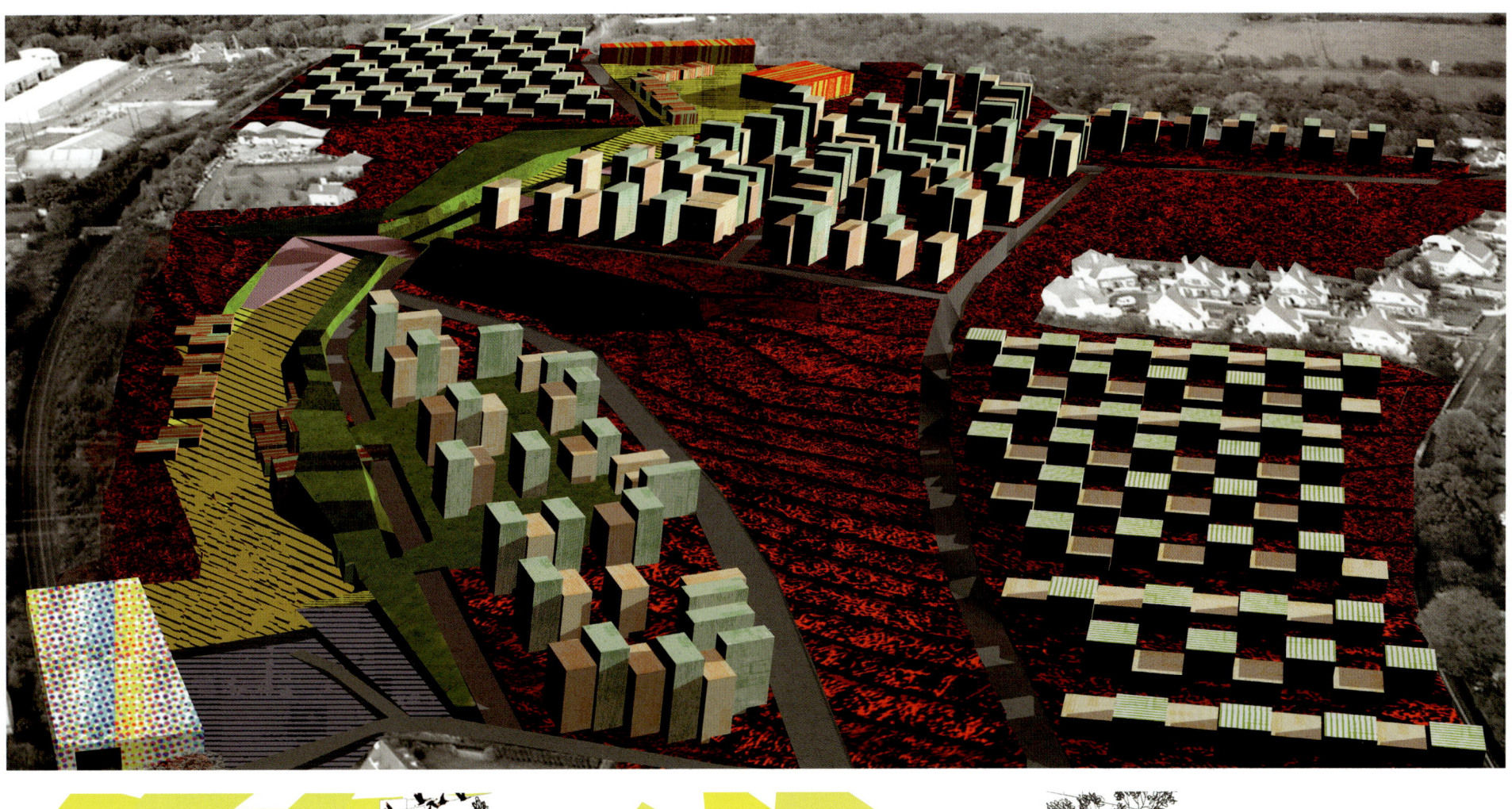

PREIS

FRAGEN ZUR AUSDEHNUNG DER STADT LINEAR

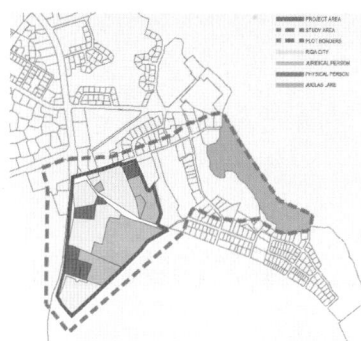

Latvija
Riga
Wie kann die Stadt in ein gut erschlossenes Gebiet erweitert werden?

Stadt Riga
Standort Jugla
Bevölkerung 747.100
Betrachtungsgebiet ca. 76,9 ha
Projektgebiet ca. 27,6 ha

Riga ist die Hauptstadt Lettlands und wurde 1201 gegründet. Knapp ein Drittel der lettischen Bevölkerung wohnt in der Stadt, im Ballungsraum lebt ungefähr die Hälfte der Letten. Riga ist zugleich die größte Stadt im Baltikum und entwickelt sich zum multifunktionalen Zentrum einer großen Region. Die Stadt liegt – und das machte und macht sie für die Wirtschaft attraktiv – am Schnittpunkt zwischen Westeuropa und den großen Märkten Osteuropas.

Das Betrachtungsgebiet liegt im Bezirk Jugla in Riga, etwa 500 Meter vom Jugla-See entfernt. Das Gelände ist relativ eben, allerdings sind noch Spuren der im Verlauf der vergangenen einhundert Jahre abgeflachten Dünen zu erkennen. Die Höhenunterschiede erreichen in einzelnen Bereichen sechs bis acht Meter. Im Süden und Westen ist das Gebiet von dem großen Pinienwald, dem Jugla-Wald, umschlossen. Das Betrachtungsgebiet liegt zwischen den Hauptstraßen Riga-Sigulda und Riga-Ogre in Richtung Vidzerme und Latgale und verfügt über eine schnelle Anbindung an die Innenstadt, die eine Umgehung der zu Hauptverkehrszeiten verstopften Hauptstraßen erlaubt. Etwa 1,5 Kilometer entfernt liegen der größte Krankenhauskomplex der Stadt, ein soziales Betreuungszentrum, das Lettische Zentrum für Onkologie und die Medizinische Hochschule Riga. Die zentrale Hauptstraße führt Richtung Innenstadt. Das Gelände ist zum Teil in städtischem Besitz, zum Teil Eigentum privater Investoren. Aktuell befindet sich dort eine frühere Pelztierfarm sowie Brachland.

Die Raumplanung für Riga 2006-2018 sieht für das Projektgebiet Mischnutzung vor – Wohnen, öffentlicher Raum, Büros, mit einer Bebauungsdichte von 30%, mit Ausnahme des Grundstücks mit der Katasternummer 01001232180, das für technische Nutzung vorgesehen ist und wo eine Feuerwache entstehen soll. Auf dem 27,6 ha großen Areal sind im Bereich zwischen der Mazas Juglas, Juglas und Udelu-Straße bis zu 5-geschossige Gebäude und 2- bis 3-geschossige Gebäude zwischen der Mazas Juglas-Straße und dem Juglas-See vorgesehen. Gemäß dem spezifischen Charakter des Geländes muss hier ein öffentlicher Zugang zu den umliegenden Grünarealen geschaffen werden.

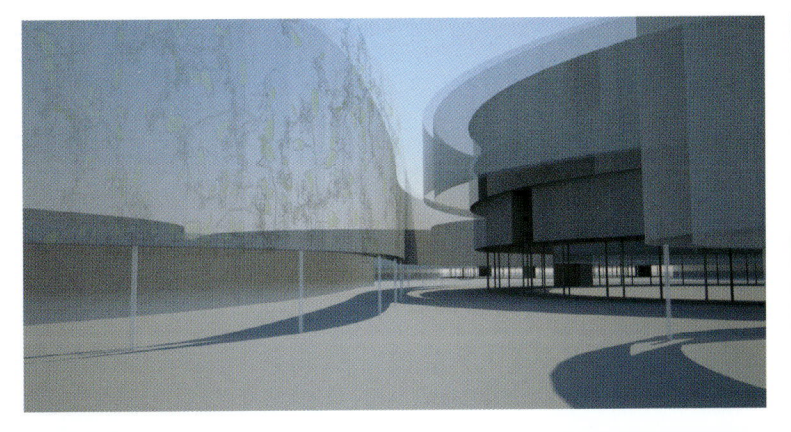

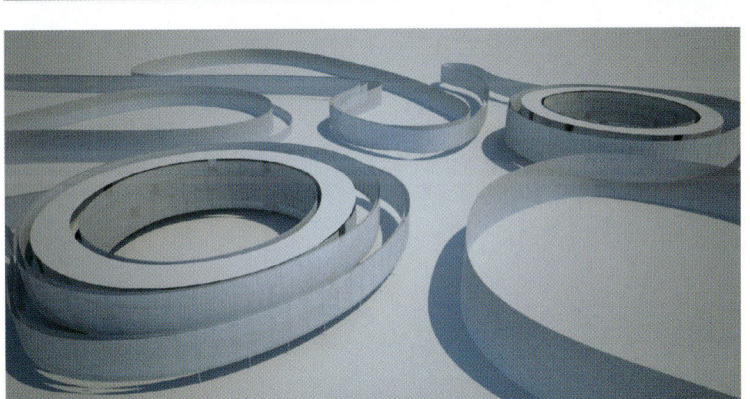

Miguel Angel Rosique Valverde (E), **Esther Escribano Rivera** (E), Architekten

e+r (Escribano+Rosique) ETSAVA Absolventen [Valladolid, Spanien] und Architekten. Gemeinsam arbeiten sie an Konzepten, die die sich verändernde Umweltrealität aufgreifen und die Realisierung einer nachhaltigen Architektur anstreben.

c/ Andrés de la Orden 8 5ºE
47003 Valladolid, España
T +34 983181816
info@escribanorosique.com
www.escribanorosique.com

Liquide Natur

Das Urbane ist ein dynamischer Prozess. Im Gegensatz zur Vorstellung, alles sei festgelegt, wird ein Typ Stadt untersucht, der dem Wandel Form verleiht und in sich die Idee des Temporären birgt. Die Strategie besteht darin, zu begreifen, dass die vorgeschlagenen Elemente „Flüssigkeiten" sind und daher ihrer Natur entsprechende Charakteristika aufweisen. Diese Flüssigkeiten lassen den urbanen Raum entstehen, der Folge verschiedener Reaktionen und Friktionen ist, die sich zwischen ihnen abspielen. Übertragen auf die Architektur bedeutet das eine Reihe expandierender oder kontraktierender Hüllen, je nach dem Druck, den das benachbarte Liquide ausübt.

Urban living rooms

Paolo Iotti (I), **Marco Pavarani** (I), Architekten, Michele D'Ariano (I), Matteo Ferrari (I), Anna Malaguti (I), Federica Pennacchini (I), Stefano Spada (I), Giulia Tardini (I), Francesco Tosi (I), Dario Varotti (I), Alberto Verde (I), Architekturstudenten

Das Büro arbeitet an sehr unterschiedlichen Projekten im öffentlichen und privaten Sektor. Aktuelle Entwurfs - und Bauprojekte sind mehreren Bereichen zuzuordnen. Der Architekturstil betont besonders die Integration des Neuen in vorhandene Strukturen und Landschaften und versucht neue Energie in den Entwurfskontext einzuführen, im Einklang mit dem häufig unartikulierten Potenzial des Standortes. Das Büro hat mit fünf ersten Preisen eine hohe Erfolgsquote in Architekturwettbewerben. 2003 bekamen die Architekten die Goldmedaille für Italienische Architektur bei der Triennale di Milano; 2006 wurden sie eingeladen, an der 10. Biennale in Venedig teilzunehmen. Paolo Iotti und Marco Pavarani sind Dozenten an der Fakultät für Architektur in Ferrara.

Iotti + Pavarani architetti
via Emilia all' Angelo, 3
42100 Reggio Emilia, Italia
T +39 0522302775
studio@iotti-pavarani.com
www.iotti-pavarani.com

Urban living rooms untersucht die Realisierbarkeit eines Projektes auf Gebietsmaßstab um, im besten Fall, die Gegebenheiten eines gleichartigen Areals zu verbessern – durch Schaffung einer qualitativ hochwertigen, gut ausgestatteten Siedlung, die einer großen Bandbreite potenzieller Nutzer zur Verfügung steht. Das Projekt soll prinzipiell einen strategischen Ansatz für das genannte Thema deutlich machen, auf die spezifischen Umweltbedingungen und Umweltdynamiken eingehen, aber zugleich eine große Breite von kulturellen, sozialen und ökonomischen Prozessen hervorbringen. Ein ähnlicher Ansatz zielt darauf ab, mit einer großen Bandbreite, das gesamte Gebiet mit den angrenzenden Zonen zurückzuverfolgen durch Umweltkriterien, Sensibilität in der Architektur und verschiedene Nutzungsfunktionen des Standortes, so dass sozialer Austausch und ein harmonisches Verhältnis zur Natur begünstigt werden.
Im Entwurf *Urban living rooms* wird das Verhältnis zwischen Architektur und Landschaft ins Zentrum des Projekts gestellt: Natürliche und künstliche Elemente werden zu relevanten Komponenten verschmelzen, um ein erkennbares Design hervorzubringen. Diese neue Landschaft schafft eine starke Identität.
Eine unregelmäßige polygonale Matrix dient als Mittler zwischen organischen, fragmentierten Flächen und Spuren der Natur und dem rationaleren, notwendigen Rahmen einer urbanen Siedlung. Diese Matrix wird zu einem Netzwerk von Pfaden und Wegen, die eine Reihe von Räumen zusammenbringen und durch die Nutzungen und Bewegungen strukturieren. Gleichzeitig breitet sie sich auch als Netz über die direkt angrenzenden Gebiete aus und bringt alles in ein System zusammen.

RIGA, LATVIJA — PREIS

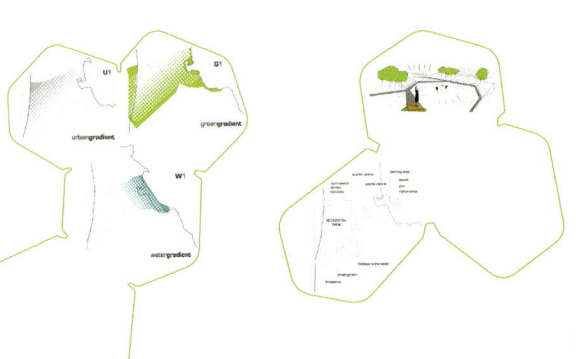

45 FRAGEN ZUR AUSDEHNUNG DER STADT LINEAR

Schweiz/Suisse Svizzera/Svizra
Moudon
Wie kann man ein städtisches Gebiet an einer Straße neu definieren?

Stadt Moudon
Standort Zwischen le Devin und Bronjon
Bevölkerung 4.400 Bewohner
2.300 Arbeitsplätze
Betrachtungsgebiet 108 ha
Projektgebiet 22 ha

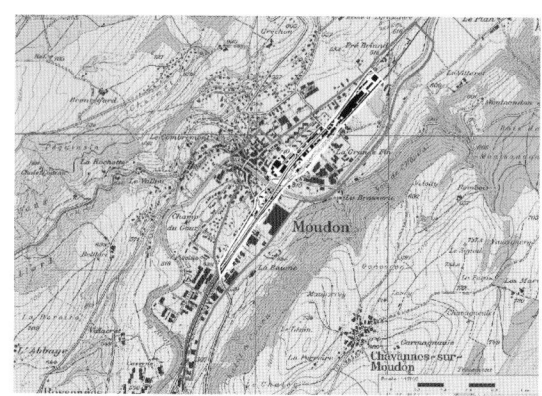

Die im Herzen der Westschweiz gelegene Region der Broye umfasst Teile der Kantone Waadt und Fribourg und zählt heute ca. 60.000 Einwohner. Sie gehört zum Espace Mittelland, das zwischen Bern, Fribourg und den Großstädten am Genfer See (Lausanne, Genf) liegt. Diese dynamische Region ist umgeben von einer bezaubernden Landschaft, bestehend aus Ebenen, Hügeln, Flüssen und Wäldern und verfügt mit einer Autobahn, zwei Eisenbahnlinien und einem Flughafen über eine optimale Anbindung.

Moudon, eine historische Stadt und Etappe auf dem Pilgerweg nach Santiago de Compostela, bietet auch heute noch interessante Spuren seiner Vergangenheit und hat das Potenzial, zu einem regionalen Zentrum zu werden. Trotz der Einrichtung eines großen Gewerbegebiets und wirtschaftlicher Attraktivität, hat die Stadt ein gewisses Imagedefizit. Die in einem kleinen Tal gelegene Stadt Moudon wird von zwei Flüssen, der Broye und der Mérine, durchquert, die das Bild des Ortes wesentlich prägen und heute die einzelnen Stadtteile begrenzen.

Die jüngste Entwicklung der Stadt betrifft vorwiegend den südwestlichen Teil des historischen Zentrums, entlang der Eisenbahnlinie und der Kantonalstraße. Diese vor kurzem urbanisierten Grundstücke bilden den Kernbereich des Planungsgebiets. Die Herausforderung besteht darin, innovative städtebauliche Lösungen vorzuschlagen, die mit den Prinzipien der nachhaltigen Entwicklung übereinstimmen und die den Aufbau eines neuen urbanen Images erlauben.

Das Standort umfasst zwei unterschiedliche Bereiche: das entlang der Kantonalstraße gelegene Gewerbegebiet besteht aus einem heterogenen Industriegefüge; der Bahnhofsbereich fungiert als Bindeglied zwischen dem Gewerbegebiet und dem historischen Zentrum. Das Gebiet wird von einem Viadukt überspannt und weist unterschiedliche Gebäude und öffentliche Räume auf (Bahnhof, Einkaufszentren, Bahnhofsplatz, Park-and-ride-Parkplatz). Das Projekt muss den Umfang des Eingriffs, basierend auf der Entwicklung der Hauptstraße, der Gebäude und der öffentlichen Räume, definieren.

Philippe Mueller (CH), **Manuel Frey** (CH), **Gian Andrea Serena** (CH), Architekten

re-urbanism.net ist ein Netzwerk von Architekten, Planern, Landschaftsarchitekten und Designern, die mit einem integralen und frischen Ansatz Lösungen für spezifische urbane Bedingungen entwerfen.

re-urbanism.net
Inselstrasse 61a
4057 Basel, Schweiz
T +41 615564100
office@re-urbanism.net
www.re-urbanism.net

Drei Instrumente für die zukünftige Entwicklung

Der Entwurf definiert drei Interventions-Werkzeuge für die Erschließung Moudons. **I Masterplan:** der Masterplan initiiert die mittel- und langfristige Entwicklung. Zentrum und Ausgangspunkt für eine umfassende Sanierung ist der neue Bahnhofsplatz. **II Signalwirkung:** ein konsistentes Erscheinungsbild des Gewerbe- und Industriegebiets wird über klare und explizite Etikettierung und Strukturierung der vier Zonen für eine Mischnutzung erreicht. Den Schwerpunkt des Entwurfes bildet eine zeitgemäße und einheitliche Gestaltung anstelle von architektonischem Mittelmaß. **III Website:** neben dem Angebot administrativer und allgemeiner Informationen dient www.moudon.ch als Medium der Öffentlichkeitsarbeit und Werbung.

Ökopark

Francis Jacquier (F), **Marlène Leroux** (F), **Karel Anthonie Klomp** (NL), Architekten

Das Team fand sich an der Ecole Polytechnique Fédérale de Lausanne (CH) zusammen. 6tM-architects, bestehend aus Marlène Leroux und Francis Jacquier, erkundete zusammen mit Karel Klomp in der Schweiz das Waadtland für Europan 9. Die Zusammenarbeit ist ein Konvergenzpunkt auf einem Weg, den sie als nicht linear verfolgen wollen. Ihre architektonische Praxis ist gedacht als eine Reihe von Begegnungen und Möglichkeiten eines von Vielfalt geprägten Austauschs. In dieser Logik setzt Karel Klomp das Experiment der punktuellen Assoziation für neue, europäische Projekte fort, während 6tM-architects in Schanghai einige Zeit verbringen, um sich einer anderen, jedoch nachhaltig anthropologisch und poetisch geprägten architektonischen Praxis zu widmen.

Francis Jacquier
20 rue du Grand Large
69330 Meyzieu, France
francisjacquier@6tmarchitects.com,
marleneleroux@6tmarchitects.com,
karel.klomp@gmail.com
6tmarchitects.com

„So steht er da, der erste menschliche Raum: Ein von vertikalen Elementen abgesteckter Weg. In undifferenzierter Horizontale die Pfade des Nomaden, und dagegen die Vertikalität der Wegbegrenzungen, die Kraft vermitteln. Sie bieten Kontur, feste Anker, Halt und Orientierung in der sich ins Unendliche auflösenden Zeit." Paul Blanquart in der Geschichte der Stadt.

Ohne kollektives Subjekt kann es kein nachhaltiges Projekt geben, keinen erkennbaren und vielversprechenden Reiz von Dauer. Durch die Veränderung der kulturellen Identität einer Gemeinschaft, kann erst von einem nachhaltigen Projekt gesprochen werden. Der Entwurf beinhaltet die Konvergenz der Kräfte gegenüber einer neuen, kulturellen Kohärenz, deren Ziel das erneute Eintreten in den heiligen Dialog zwischen Mensch und Land ist. Durch die Ausweitung der Bedingungen der Realität vermitteln die sich kreuzenden Banden der Ökologie ein sichtbares Antlitz in der Stadt. Industrie bleibt der Lebensnerv Moudons und darf keine Zurückweisung erfahren. Im Gegenteil: Sie inspiriert das Projekt und ermöglicht einen anderen Prozess der regionalen Verdichtung und die Rückgewinnung der exzessiv kolonialisierten primären Natur der Zone selbst. So entsteht eine Koalition aus der dem menschlichen Handeln inhärenten Künstlichkeit und die Neuformierung eines natürlichen Umfelds. Endlich ist Moudon nicht länger ein unbedeutender Punkt auf einem Weg irgendwohin, sondern eine signifikante Referenz für den Blick des Nomaden unserer Zeit.

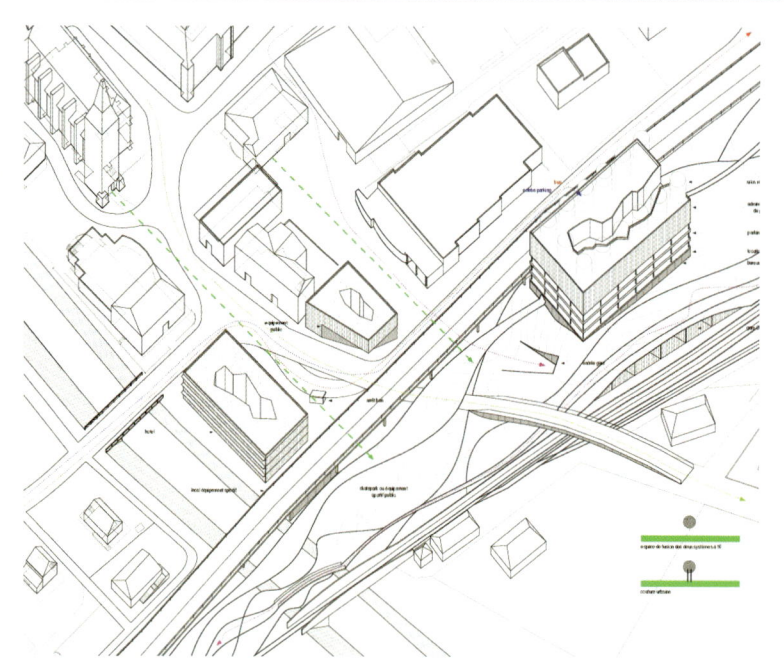

MOUDON, SCHWEIZ/SUISSE/SVIZZERA/SVIZRA

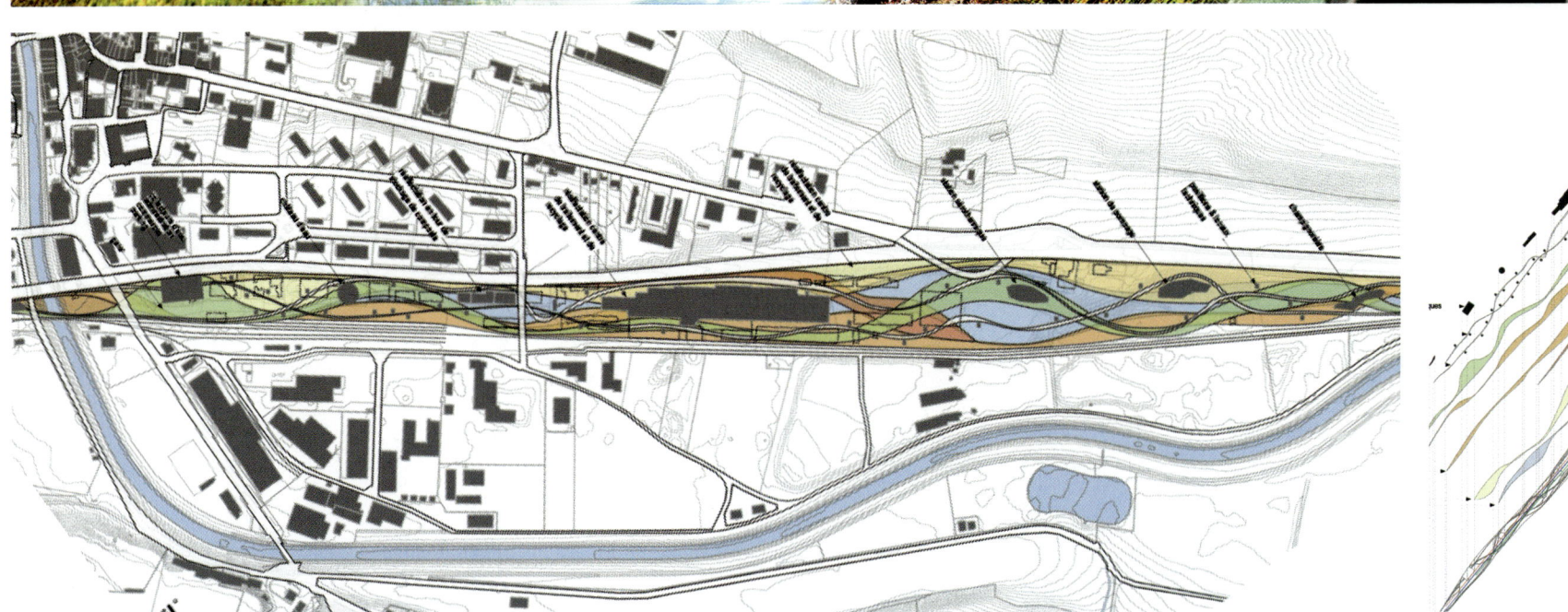

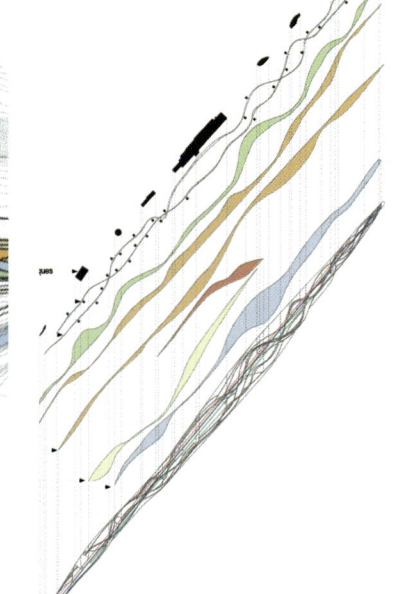

PREIS

FRAGEN ZUR AUSDEHNUNG DER STADT LINEAR

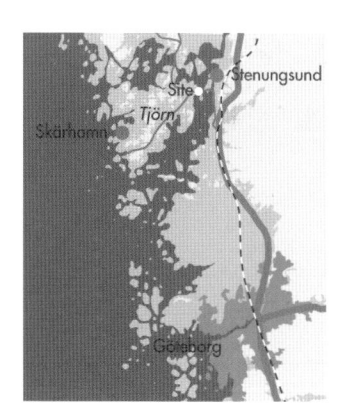

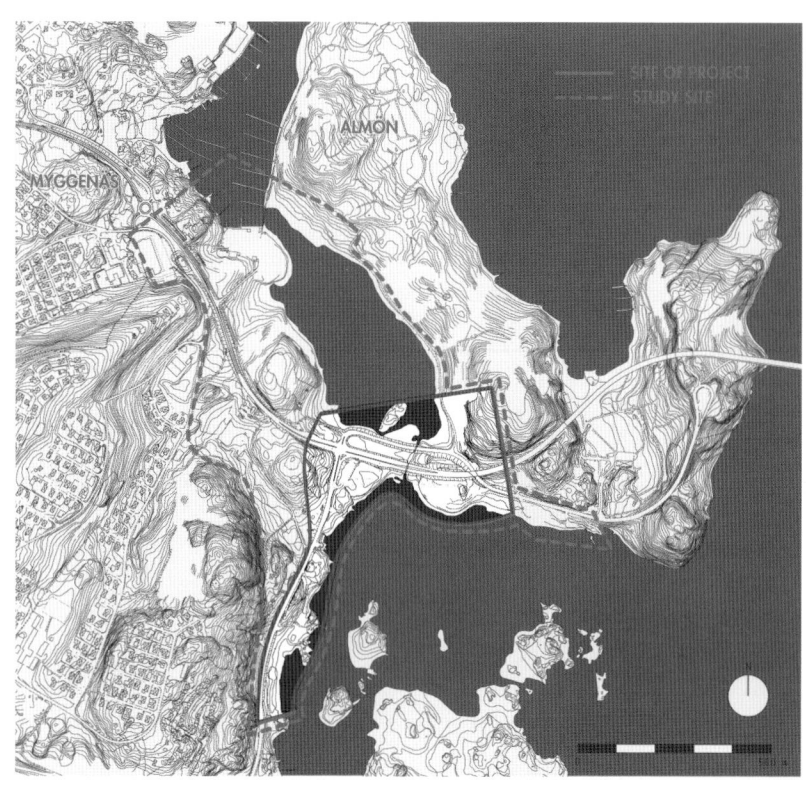

Sverige
Tjörn
Wie verbindet man durch Straßen fragmentierte Areale, um eine neue Landschaft zu schaffen?

Stadt Tjörn
Standort Zugang nach Tjörn
Bevölkerung 15.000
Betrachtungsgebiet 60 ha
Projektgebiet 11 ha

Rund 50 km nördlich von Göteborg liegt die Insel Tjörn. Sie ist über eine 1960 erbaute Brücke mit dem Festland und Stenungsund verbunden. Tjörn, ein beliebtes Touristenziel, bietet beeindruckende Naturerlebnisse: eine karge Landschaft, die von schroffen Felsen charakterisiert ist. Während der Sommermonate steigt die Einwohnerzahl von 15.000 auf 30.000 an. Früher war die Insel nur über das Meer erreichbar. An der Küste gab es kleine Fischerdörfer. Fast alle dieser Dörfer lagen an der Westküste zur offenen See. Die Tjörn-Bücke verbindet nun das Festland mit der Ostküste von Tjörn und führt daher auf die ehemalige „Rückseite" der Insel, das heißt, der Zugang vom Festland ist nicht klar definiert. Die Nähe zur Stadt Göteborg verleiht Tjörn ein hohes Entwicklungspotenzial. Die Gemeinde beabsichtigt, jährlich 100 neue Wohnungen zu bauen. Um eine nachhaltige Entwicklung zu erreichen, ist beabsichtigt, dass bis zum Jahr 2020 40% aller Pendler öffentliche Verkehrsmittel benutzen. Deshalb soll ein Reisezentrum geschaffen werden, eine Einrichtung, die eine Vielfalt von Programmen beherbergen kann und wichtige Funktionen des öffentlichen Raumes übernehmen kann. Das Areal kann Ausgangspunkt für eine künftige Entwicklung werden, und zwar sowohl in Bezug auf die Schaffung einer Identität als auch einer Infrastruktur. Obwohl das Betrachtungsgebiet den geografischen Zugang zur Insel bildet, hat es eher vorstädtischen Charakter. Die Verkehrsdichte setzt bestimmte Grenzen und führt zu einer teilweisen Fragmentierung des Standortes. Hauptziel des Wettbewerbes ist es, Strategien und Wege aufzuzeigen, wie die Zugangssituation verbessert und die verschiedenen Teile der Bucht miteinander verbunden werden können. Das Gebiet ist derzeit stark durch den Verkehr geprägt, und der Standort hat nur sehr wenige Verbindungen zur umgebenden Natur und dem Dorf „Myggenäs". Das soll nun geändert werden. Der Standort verfügt über unterschiedliche Naturräume entlang der Küste. Das Auto ist ein dominierender Faktor und öffentliche Räume spielen nur eine untergeordnete Rolle, es gibt nur sehr wenige Verbindungswege für Fußgänger oder Fahrradfahrer. Es ist wichtig, neue öffentliche Räume, und zwar sowohl in Form öffentlicher Gebäude (Busbahnhof/Informationszentrum) als auch von Räumen für Freizeitaktivitäten, zu schaffen. Ein weiteres Ziel ist die Planung neuer und verbesserter Parkmöglichkeiten für Pendler.

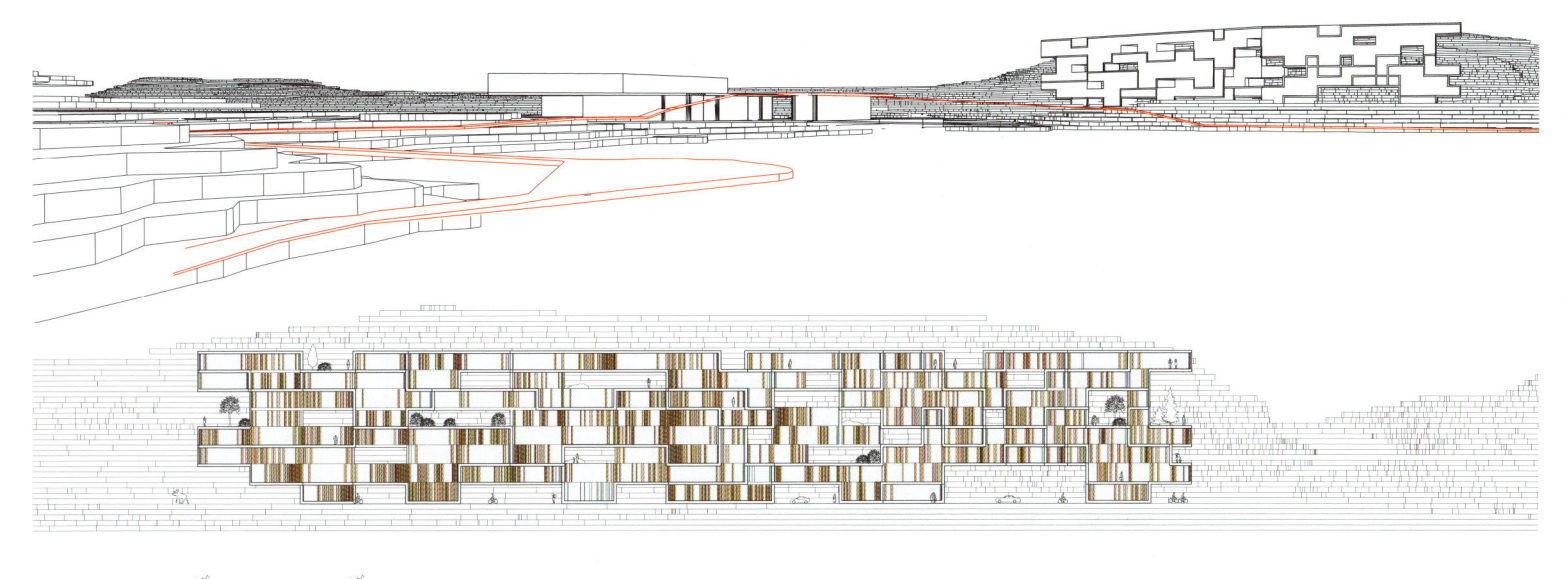

Alan Stride (DK), **Rikke Steinicke** (DK), Architekten

Zwei Architekten, Absolventen der Aarhus School of Architecture, Gründer von OVER X in Kopenhagen – das Studio mit dem etwas anderen Blick auf Architektur.

OVER X / Steinicke & Stride
C.F. Richs Vej 138, 2. tv
2000 Frederiksberg, Denmark
x@overx.dk
www.overx.dk

A thin red line

Grundlage des Projektes ist die Errichtung eines Wegepaares: ein hölzerner Fußweg und ein betonierter Radweg. Der Radweg ist die direkte Verbindung von A nach B, der Fußweg der landschaftlich reizvollere; er windet sich verspielt durch die Kliffe und über das Wasser. Die Pfade verbinden sich zu einem vereinenden Element – ein schmaler, roter Faden. Eingebettet in dieses Konzept finden sich Aussichtspunkte, Picknickplätze, ein (dringend benötigtes) Bus-Terminal für Pendler und eine Wohnsiedlung, die der Zersiedelung durch die Einfamilienhäuser auf der Insel Tjörn entgegenwirkt.

entré

Peter Morander (S), Liisa Gunnarsson (S), Maria Pettersson (S), Architekten

Sein Studium der Architektur in Chalmers, Göteborg und an der ETSAM Madrid schloss Peter Morander 2001 ab. Nun arbeitet er in Stockholm, teilweise im eigenen Büro. Liisa Gunnarsson hat einen Bachelor-Abschluss in Architektur der KTH Stockholm. Sie macht derzeit ein Praktikum in Örebro und gründete vor kurzem ihr eigenes Architekturbüro. Maria Pettersson hat einen Bachelor-Abschluss in Architektur der KTH Stockholm und studiert derzeit an der EPFL in Lausanne in der Schweiz. Auch sie gründete ihr eigenes Büro. Das Ziel architektonischer Praxis ist es, den richtigen Maßstab zu finden und Gebäudekörper in Relation zu Kontext und umgebender Landschaft zu schaffen. Das Team möchte neue Wege der Interpretation von Landschaft und traditionellen Strukturen schaffen. In diesen Prozess werden ökologische und soziale Parameter integriert, um zu neuen Lösungen zu gelangen.

Maria Pettersson
c/o Pettersson
Hjärterövägen 6
47133 Skärhamn, Sverige
T +46 704154971
gunnarssonpettersson@hotmail

Als „Neuen Eingang" nach Tjörn versucht der Entwurf die Problematik des Standorts aufzulösen: die Tjörn-Brücke erschließt die Insel und schafft einen neuen markanten Eingang mit einer Neuordnung der Verkehrsführung, einem Pendlerparkplatz und einem neuen Gebäude, das all die verschiedenen Programmteile enthält.

Das Gebäude ragt über das Wasser, um das Meer mit dem Land zu verbinden, wie eine kleine hölzerne Pier, und es ist vom Festland aus sichtbar. Der Entwurf bricht die Straßen auf, die die Richtung zur nächsten Insel dominieren und gibt der Straße wieder eine natürliche Orientierung in Richtung des südlichen Teils von Tjörn. Die klarere Trennung Tjörns von der Insel Almön betont ebenfalls den neuen Eingang. Der Kanal wird durch den Parkplatz verbreitert und verstärkt, der Parkplatz wirkt dabei als künstliche, mit kleinen Inseln besetzte Wasserfläche. Die landwirtschaftlichen Flächen werden im gesamten Bereich neu gestaltet. Das Programm für das Fremdenverkehrszentrum und die Bushaltestelle wird erweitert, um das Gebäude programmatisch zu stärken und für Pendler und Besucher attraktiver zu machen. Die Anordnung des Gebäudes hat viele verschiedene Ziele und Inspirationsquellen. Der Energieverbrauch beispielsweise spielte eine wichtige Rolle beim Entwurf. Es entstanden dadurch verschiedene Einheiten, die an die verschiedenen Bedingungen angepasst sind und sich je nach Aktivitäten und Jahreszeit anpassen lassen.

Das nahe gelegene Dorf Myggenäs wird durch mehrere Fuß - und Fahrradwege eng an den Standort geknüpft, der zentrale Bereich dehnt sich bis zur neuen Bushaltestelle aus.

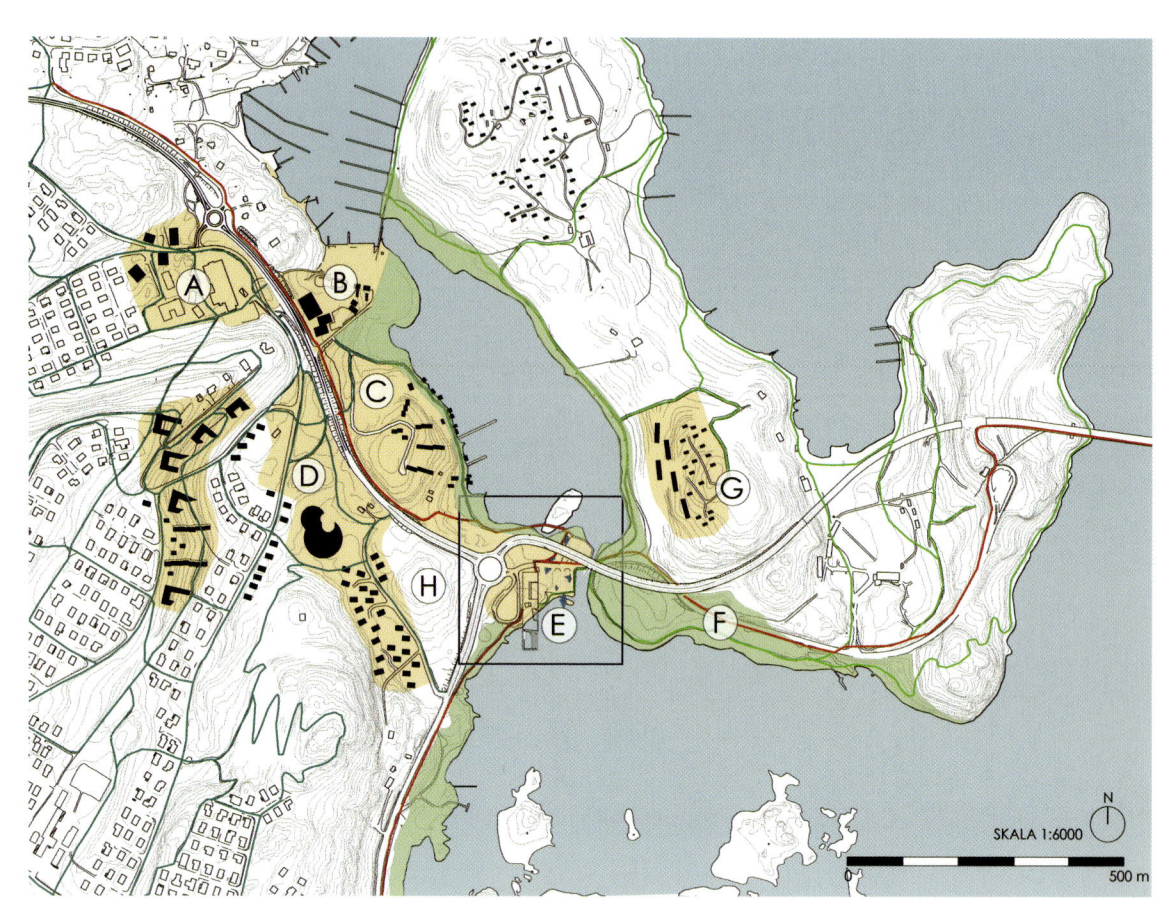

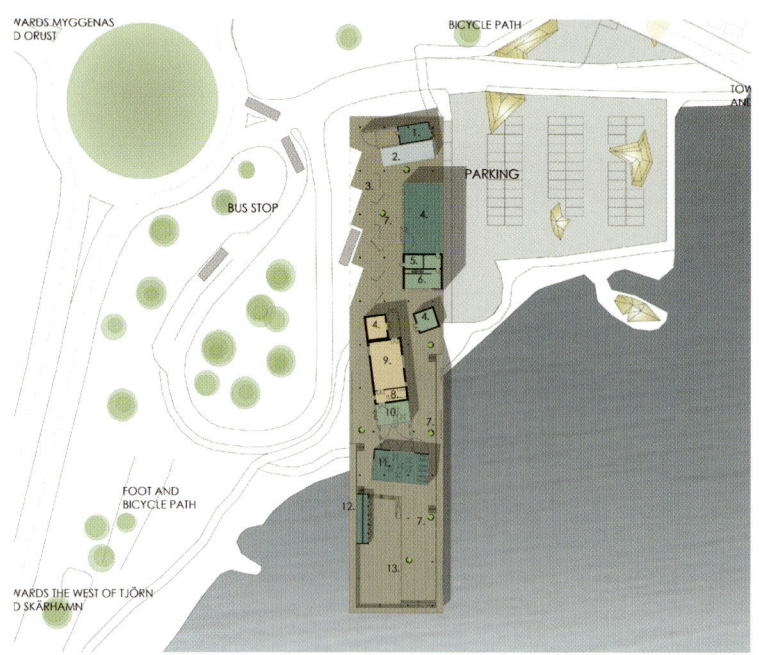

TJÖRN, SVERIGE — PREIS

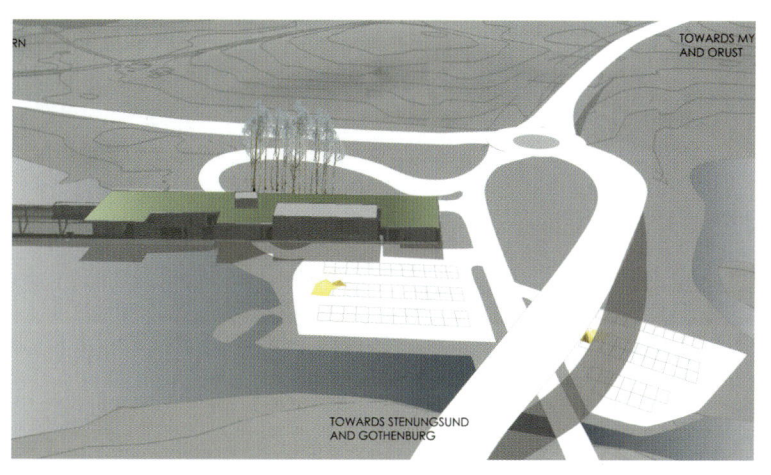

FRAGEN ZUR AUSDEHNUNG DER STADT LINEAR

1. Fragen zur Ausdehnung der Stadt begrenzen

Wenn sich eine Stadt zu einer natürlichen Grenze hin ausdehnt, hat dann die Art, in der wir diese Grenze erfahren und wie wir die Beziehung zu ihr definieren, entscheidenden Einfluss auf die zukünftigen Potenziale des Ortes?

Deutschland
Rostock
Wie lebt man zugleich in der Stadt und am Wasser?

Stadt Rostock
Standort Ehemaliges Fischer- und Gerberviertel
Bevölkerung 197.200
Betrachtungsgebiet 17,8 ha
Projektgebiet 17,8 ha

Die Hansestadt Rostock – gegründet 1218 an der Ostsee – ist das Wirtschafts-, Dienstleistungs-, Messe- und Kongresszentrum Mecklenburg-Vorpommerns. 25% der 1,7 Mio. Einwohner des Bundeslandes leben in ihrem Einzugsbereich. Rostock fungiert mit seinem Überseehafen als Drehscheibe im Ostseeraum.

Die Hansestadt Rostock beabsichtigt, die Innenstadt im Rahmen einer gesamtstädtischen Planung weiter zu stabilisieren und zu entwickeln. Mit dem Wettbewerb sind Konzepte zur Nachnutzung eines weitgehend brach liegenden, sehr geschichtsträchtigen ehemaligen Gewerbe- und Wohnareals unmittelbar am Rande der Altstadt und seine Entwicklung zu einem urbanen, innerstädtischen, ökologisch orientierten Wohnstandort zu erarbeiten. Unterhalb der Altstadt soll ein neuer kleiner Stadtteil entstehen, der sich in seinem Erscheinungsbild bewusst von dieser absetzt. Dabei ist eine sinnvolle Konzentration der Bebauung zugunsten eines großzügigen Landschaftsraums entlang der Unterwarnow und der Stadtmauer anzustreben. Die besondere Lage des Areals am Wasser soll herausgearbeitet und im öffentlichen Raum erlebbar gemacht werden.

Der Betrachtungsraum, einst Domizil der Fischer und Gerber, mit Resten ursprünglicher Bebauung und einem ehemals verzweigten offenen Wassergraben-System (Brüche), ist ideal gelegen: zwischen der historischen Altstadt im Westen mit einer kompletten Infrastruktur und der Uferkante der Unterwarnow im Osten öffnet sich hier der Blick auf einen teilweise unverbauten Landschaftsraum. Erforderlicher Hochwasserschutz gegen das Küstenhochwasser, schwierige Baugrundverhältnisse und eine stark befahrene angrenzende Straße im Norden erfordern kreative Ansätze für die Entwicklung des Areals zu einem attraktiven Wohngebiet unter Berücksichtigung einer nachhaltigen und ökologischen Ausrichtung des Planungsbereiches.

Innerstädtisches Wohnen im Grünen und am Wasser, ökologisch orientierte Bauformen, barrierefreies Wohnen für verschiedenste Nutzer in unterschiedlichen Bauformen (Einfamilienhaus, Mehrfamilienhaus) und die Öffnung des Quartiers zum Wasser ebenso wie die Verbindung zur Altstadt sind Ziele des Entwurfs.

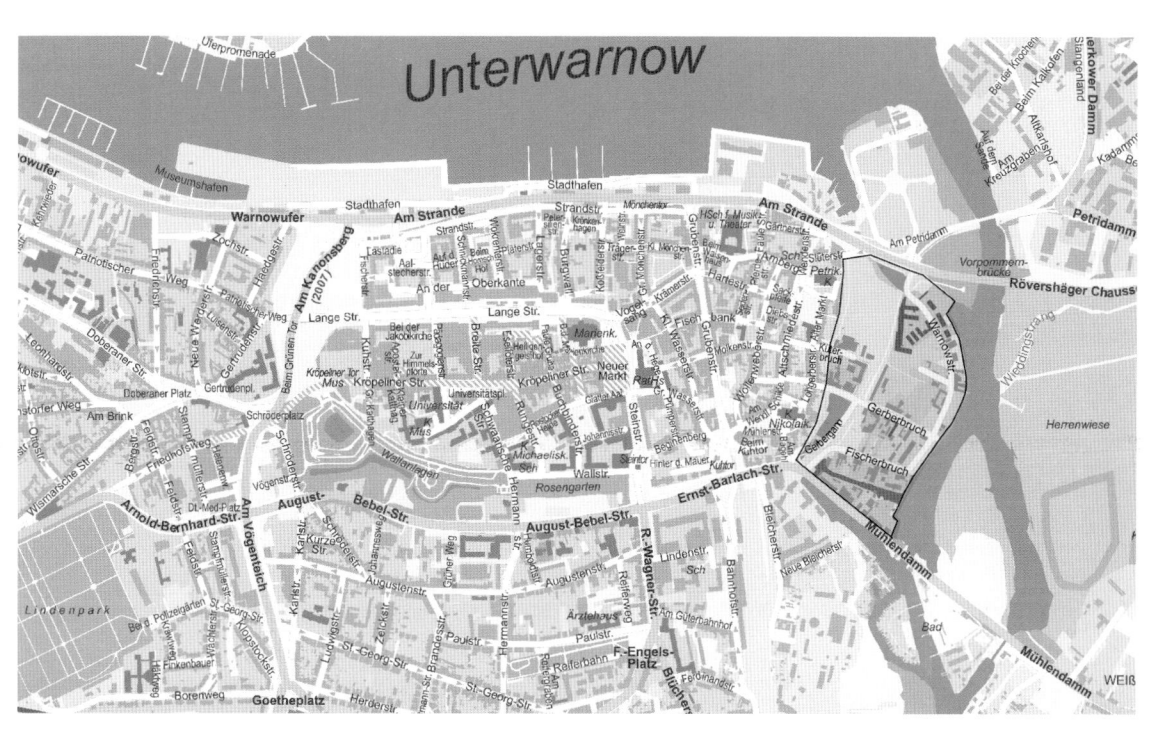

ANKAUF

ROSTOCK, DEUTSCHLAND

Timo Heise (D), **Christian Dirumdam** (D), **Björn Rolle** (D), **Henning Fritsch** (D), **Matthias Mumm** (D), Architekten

Die Absolventen der TU Braunschweig sind zum Teil für das gleiche Hamburger Büro tätig und fanden sich als Architektenteam für Europan 9 zusammen. Ihr Wohnsitz ist die schnell wachsende Hamburger Hafen City. Ihr Interesse gilt der Stadtentwicklung in adäquatem Maßstab.

info@schaltraum.net
www.schaltraum.net

Elevated village

Hauptelement ist eine extrem flexible Struktur von Lebensraum mit einer großen, im Naturzustand belassenen Grünzone, die für jedermann zugänglich ist. Öffentliche und private Nutzung wird verknüpft und lässt einen von Gemeinsamkeiten geprägten, städtischen Raum entstehen, der zahlreiche Möglichkeiten bietet, von den Vorzügen des Standorts profitiert und ihm eine neue Prägnanz verleiht.

Eine kompakte, abgeschlossene Blocktextur stellt das wichtigste Strukturelement dar. Hier werden urbane Verdichtung und die suburbane Typologie des Einfamilienhauses miteinander kombiniert. Hölzerne Decks und Brücken überall am Standort verbinden die Zone mit der Rostocker Altstadt. Die neuen Elemente begründen eine subtile Abgrenzung vom umgebenden Grasland, quasi eine Schicht, die das Gelände überlagert.

FRAGEN ZUR AUSDEHNUNG DER STADT BEGRENZEN

GEBÄUDE

FUSSGÄNGER

AUTOS

Steffen Lukannek (D), **Thomas Schindler** (D), **Doreen Schenker** (D), **Ferdinand Eichler** (D), Architekten, Jenny Clasen (D), Architekturstudentin

h.e.i.z.Haus Partner für Architektur und Stadtplanung. Wesentliche Elemente des Konzepts: stark lokalisierter Fokus auf Stadtplanung, Entwicklung moderner Lebensformen und Implementierung nachhaltiger, energiesparender und wirtschaftlicher Strukturen.

h.e.i.z.Haus
Architektur.Stadtplanung
Partnerschaft
Wurzener Straße 15a
01127 Dresden, Deutschland
T +49 3518584367
www.heizhaus.de
www.wohnprojekte-dresden.de

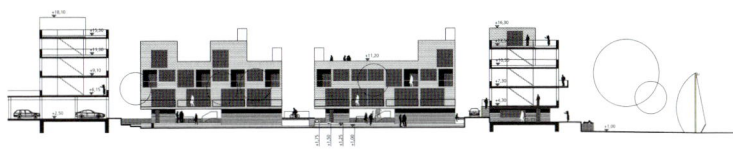

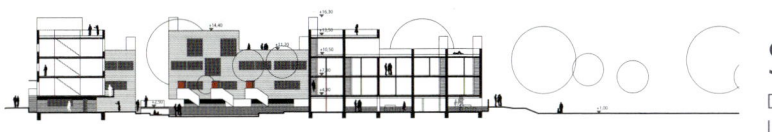

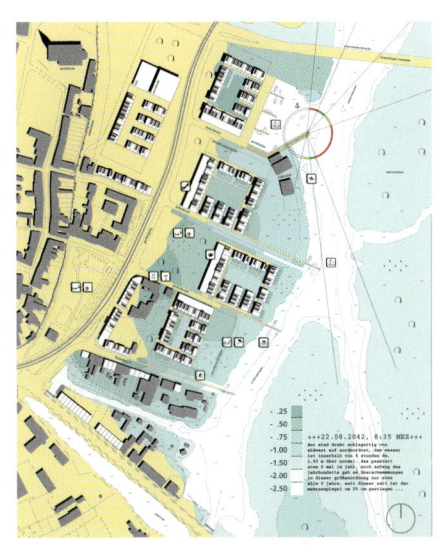

Sinking cities

Das Leben „trotz des Wassers" wird zum Leben „mit dem Wasser". Die kontinuierlichen und unregelmäßigen Gezeiten sind Hauptthema. Kontrastreiche und zugleich nüchterne Wohncluster werden in rekonstruierte, schilfbestandene Flussniederungen integriert. Diese Blöcke bieten vielfältige Alternativen für Leben und Arbeit.
Verbindende gestalterische Elemente sind das Fließen des Wassers und die Feuchtgebiete in und neben den Gebäuden und Höfen. Der Wasserstand ist ständiger Begleiter, ablesbar an subtil komponierten und akkurat angeordneten Terrassen.
Sinkende Städte: Lifestyle vor den Toren der Stadt, in flutgeschützten Wohnquartieren, in engem Kontakt zur Landschaft und dem Rhythmus des Wassers.

Stepscape greenscape waterscape

Florian Krieger (D) Architekt

Der Architekt studierte Soziologie in Bologna und Architektur in Darmstadt und Madrid. Er war als Dozent an der TU Darmstadt von 2003 bis 2005 tätig.
Das Rostocker Projekt ist seine vierte erfolgreiche Teilnahme an Europan, die er 2001 mit seinem Entwurf für Mönchengladbach begann. Zurzeit realisiert das Büro florian krieger architektur und städtebau, das 2003 in Darmstadt gegründet wurde, Europan-Ideen in Architektur und Städtebau in Neu-Ulm und Gersthofen in Deutschland.

Florian Krieger
architektur und städtebau
Bessunger Straße 101
64285 Darmstadt, Deutschland
T +49 6151981174
info@florian-krieger.de
www.florian-krieger.de

Ein Kanalsystem, großzügige Grünflächen und eine große Anzahl verschiedener Gebäudetypen werden vernetzt und vereint und formen so einen neuen Bezirk, eine Garten- und Wasserstadt, die durch einen neuen Typ öffentlicher Räume charakterisiert ist. Durch die moderate Verdichtung und den Nutzungsmix spricht sie verschiedene Bewohner und Besucher an.

Der Vorschlag wird durch ein gestuftes Gebäudedesign charakterisiert. Durch eine Folge ansteigender Dachgärten wird eine Verbindung zum „Mauerpark" im Westen hergestellt. Verschiedene Sichtlinien von allen Punkten des Gebietes hin zum historischen Stadtzentrum werden geöffnet und stärken die Verbindung zwischen Alt und Neu. Zum östlich gelegenen Park am Flussufer wird die Gebäudestruktur Schritt für Schritt erweitert, schafft so einen moderaten Übergang zwischen öffentlichem Park und gemeinsamem Hof und gewährleistet dabei immer die Verbindung der Wohneinheiten mit dem Park. Im Gegensatz zur homogenen glatten Fassade nach außen zum öffentlichen Raum hin steht die Innenseite des „Blocks" mit einer intimeren, ungleichmäßig gestuften Hofseite, in der sich die einzelnen Wohneinheiten ablesbar sind.

Innerhalb der Gesamtstruktur findet sich die größtmögliche Vielfalt an Wohntypologien: das ein- und zweistöckige Haus mit Veranda, das dreistöckige Stadthaus, und das vierstöckige Mehrfamilienhaus. Weniger Höhe erlaubt mehr Tiefe, ohne die angrenzenden Strukturen im Norden zu beeinträchtigen. Das Kanal- und Wasserstraßennetz bietet direkten Zugang von jedem Haus zum Wasser. Aufgeständerte Loggien, Bootsgaragen oder Anlegestellen und ganz besonders die Wasserräume zeigen die Vielfalt der Beziehungen zwischen Haus und Kanal.

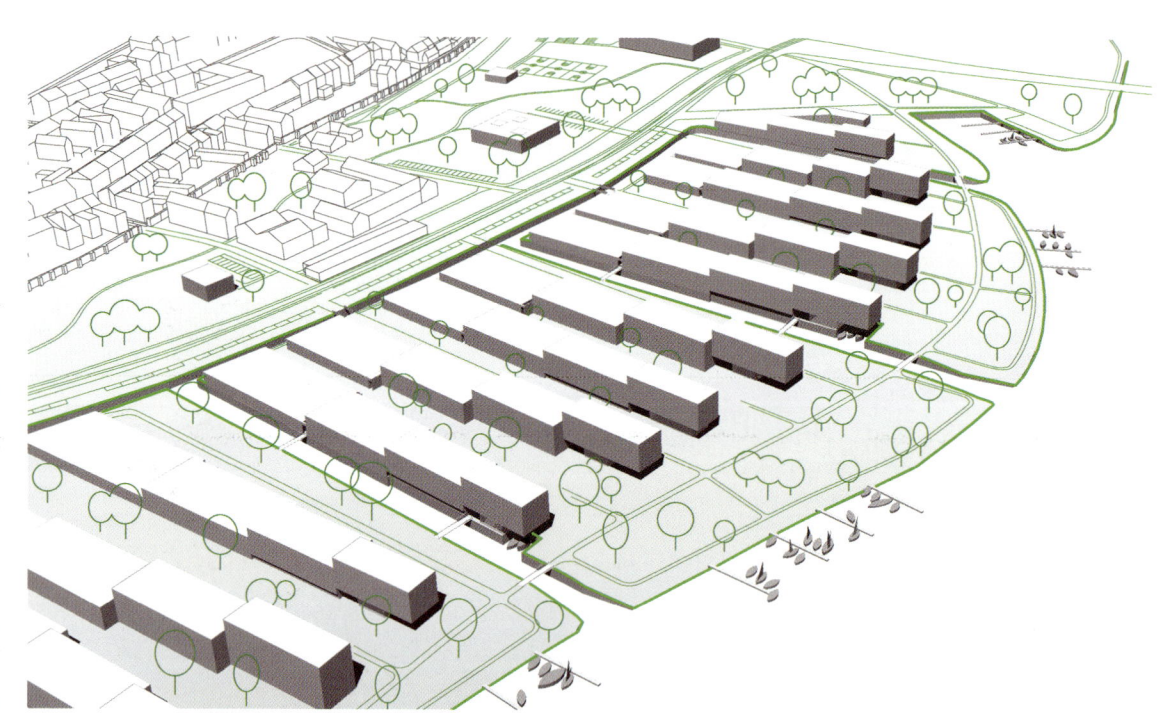

ROSTOCK, DEUTSCHLAND — PREIS

FRAGEN ZUR AUSDEHNUNG DER STADT BEGRENZEN

Eesti
Tallinn
Wie erweitert man die Stadt zum Wasser?

Stadt Tallinn
Standort Halbinsel Kopli, Hafen Paljassaare
Bevölkerung 401.300
Betrachtungsgebiet 15 ha
Projektgebiet 6,8 ha

Tallinn ist Hauptstadt und zugleich wichtigstes wirtschaftliches und kulturelles Zentrum Estlands. Gelegen am südlichen Ufer des finnischen Golfes an der Nordküste Estlands, will sich die Stadt so weit wie möglich zum Wasser öffnen, da die Küstenbereiche in sowjetischer Zeit für die Öffentlichkeit gesperrt waren. Der Hafen von Paljassaare liegt auf der Halbinsel Kopli in Nord-Tallinn, bislang ein großes Industriegebiet mit benachbarten Arbeiterwohnsiedlungen. Zwischen dem Vogelschutzgebiet und dem Strand im Norden ist Kopli bisher ein weitgehend unerschlossenes Gebiet mit niedrigen Grundstückspreisen. Allerdings steht der Stadt für neue Erschließungsgebiete nicht unbegrenzt Land zur Verfügung und die Nachfrage nach Wohnraum auf dem Markt steigt täglich. Ebenso steigt die Nachfrage nach geeigneten Anlegeplätzen für Fähren und Kreuzfahrtschiffe. Die Stadt möchte das Hafengebiet zu einem urbanen Ambiente mit Mischnutzung umgestalten. Für 30.000 Menschen soll Wohnraum entstehen. Der städtebauliche Entwurf wird durch die markante Wasserkante charakterisiert. Das Betrachtungsgebiet liegt im Erschließungsgebiet des Hafens von Pajassaare am oberen Ende des Hafenbeckens und ist Teil der öffentlichen Promenade am alten Pier. Hier soll ein hoher Turmbau in Kombination mit einer Mischnutzungsplattform entstehen, auf der sich Geschäfte, Services und gastronomische Einrichtungen befinden werden. Eine mit der Plattform verbundene Terrasse bietet Ausblick auf das Wasser. Parkmöglichkeiten sollen ebenfalls integriert werden. Innerhalb des dreieckförmigen Betrachtungsgebiets befindet sich das Projektgebiet, für das ein klarer, realisierbarer architektonischer Entwurf für einen Wohnkomplex erwartet wird, der im Kontrast zum Turm eine Vielzahl kleinmaßstäblicher Einheiten beinhalten soll. Der Standort fungiert als Zugang und Zentrum des neuen Hafenbezirks. Da der Höhenunterschied zwischen dem Projektgebiet und dem aktuell benachbarten Wohnbezirk im Süden beträchtlich ist, sollte der Entwurf Strukturen beinhalten, die Verbindungen für KFZ, Radfahrer und Fußgänger bieten. Insgesamt soll der Entwurf eine Geschossfläche von 30.000 Quadratmetern anbieten, die je zu einem Drittel für Wohnen, Büros sowie Gewerbe und öffentliche Nutzungen vorgesehen sind. Die Geschossflächenzahl soll bei 2,0 bis 2,5 liegen.

Sayman Bostanci (D) Architekt, Ayfer Sen (D) Consultant, Nilüfer Sen (D) Architekt

Selbstständige Architekten und Designer, Leben, Arbeit und Lehre in Stuttgart. Zusammenarbeit mit verschiedenen Büros und Projektteams in Deutschland, Syrien und Oman. Architektur, Urban Design, Animation und Grafik.

Bostanci Studios
Hohenstaufenstraße 17b
70178 Stuttgart, Deutschland
T +49 711621869
bostanci@bostanci-studios.de
www.bostanci-studios.de

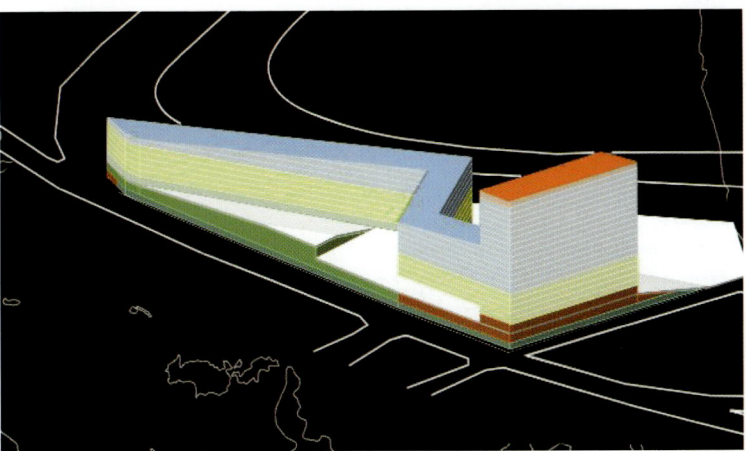

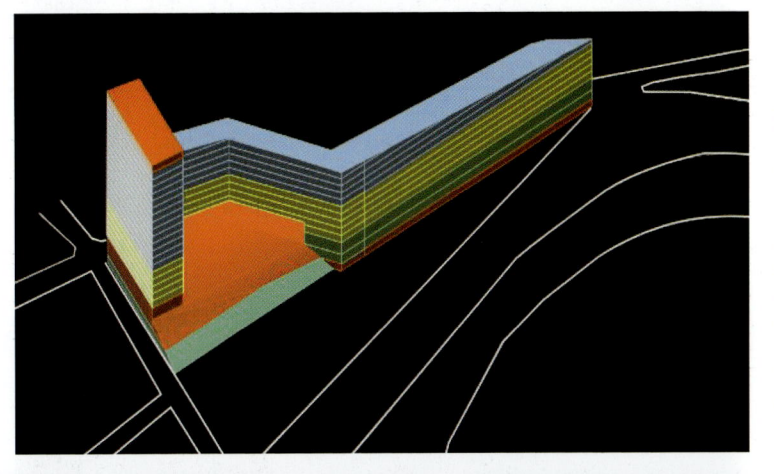

Developing a waterside city

Infolge der Konversion von Industrie- und Verkehrsflächen entsteht ein neues Selbstbild und eine selbstbewusste „Stadt am Wasser". Erster Schritt ist die Implantation kleiner, öffentlicher Räume – Plätze und Parks – als Katalysatoren und zur Modifizierung der Randzonen. Neu entstehende Wohngebiete treten an die Stelle der alten, industriell geprägten Quartiere. Die „Implantatstrategie" gewährleistet maximale Planungsfreiheit und eine Vielzahl von Optionen. Sie erlaubt darüber hinaus eine schrittweise Vorgehensweise.
Entsprechend den im Regionalplan formulierten Zielen entstehen klare, grüne, längs angeordnete Kammern (Räume), die auf das Meer ausgerichtet sind.

LIVING   WORKING   CULTURE   SHOPING/EATING PUBLIC   PARKING

España
La Laguna
Tenerife
Wie erweitert man die Stadt unter Berücksichtigung der Natur?

Stadt La Laguna, Tenerife
Standort Stadtentwicklungszone Geneto-6 (SUR GE-6)
Bevölkerung 812.000 (Tenerife)
Betrachtungsgebiet 63,890 ha
Projektgebiet 63,890 ha

Die Stadt La Laguna ist ein wichtiger Bezugspunkt für die Insel Teneriffa und den gesamten Archipel der Kanarischen Inseln. Die Stadt bildet zusammen mit vier anderen Gemeinden die städtische Zone der Insel, wobei der Ort regional eine wichtige Rolle spielt. Um eine gewisse Kontinuität zwischen den derzeitigen Wohnbauprogrammen und der im Bebauungsplan vorgesehenen Realisierung des allgemeinen Straßensystems herzustellen, ist eine entsprechende Flächennutzungsplanung für das gesamte Gebiet notwendig. Die Geneto-6-Stadtentwicklungszone liegt in einem vorstädtischen Gebiet, abseits des historischen Zentrums und an der Verbindungsstraße zwischen den Autobahnen, die nördlich und südlich der Inselhauptstadt Santa Cruz verlaufen. Dieser Bereich grenzt an die ausgewiesenen Entwicklungsgebiete GENETO und El Gramal an. Eine Entwicklung der Geneto-6-Zone ist notwendig geworden, weil das Gebiet an Sektoren angrenzt, die teilweise bereits bebaut sind oder sich im Planungsstadium befinden (z. B. Geneto-5 und Geneto-4). In der Nachbarschaft befinden sich kürzlich erbaute Vorstadtsiedlungen, einige mit Sozialwohnungen, andere mit Einfamilienhäusern geringer Dichte. Angebunden an die Verkehrsinfrastruktur gibt es ein Einkaufszentrum mit mehreren Supermärkten. Im Flächennutzungsplan ist das Gebiet als städtebauliche Entwicklungszone ausgewiesen. Öffentliche Einrichtungen sollen so platziert werden, dass sie von den Bewohnern des gesamten Gebietes genutzt werden können, in dem nicht genügend Dienstleistungsangebote vorhanden sind. Die Entwürfe sollten eine Lösung anbieten, die die Planungsanforderungen an das Dienstleistungsangebot des Bezirks erfüllen, und sie sollten die bestehende Nachfrage nach Wohnungen in der Gemeinde berücksichtigen. Die Planungen sollen eine Verbindung zu den umgebenden morphologischen Strukturen und eine Kontinuität zu den vorhandenen städtischen Gebieten schaffen. Auf dem mehr als 9.000 m² großen Gelände soll zusätzlich zu den gesetzlich vorgeschriebenen Einrichtungen ein Pool an öffentlichen Angeboten entstehen. Das System der Hauptstraßen, die durch das Gebiet verlaufen, muss in die Planung einbezogen werden. Die durchschnittliche Geschossflächenzahl beträgt 0,8. Es sind bis zu 5- und 6-geschossige Wohngebäude zulässig.

Karin Ferrer (E), **Estefania Ferrer** (E), Architektinnen, Elena Blanco (E) Architekturstudentin

Unterschiedliche Studiengänge und Disziplinen und der Versuch, eine gemeinsame Sprache zu entwickeln, kennzeichnen das Team. Ihre Methode: Untersuchung einer gegebenen Situation, Betrachtung von Attitüde und Detail. „Intensität" formt und prägt eine nicht von Anfang an festgeschriebene Position.

Antonio María Manrique 6 bajo
35011 Las Palmas De Gran Canaria,
España
karinferrer@yahoo.es

Pfefferminz (system)

Ein Vakuum wird mithilfe eines Kataloges multipler Kombinationen von besetzbarer und strategischer Räumen erzeugt, die als Bindeglieder zwischen den Maßnahmen funktionieren. So entsteht eine originäre Zone der Entwicklungsmöglichkeiten. Der räumliche Charakter des Entwurfs ist Resultat der sozialen Beziehungen und ihrer Aneignung durch die Bürgerinnen und Bürger. Die Bewohner können den Wohnraum frei konfigurieren und an ihre Bedürfnisse anpassen: Zeit- und Zweitwohnung oder Einfamilienhaus für die dauerhafte Nutzung. Die Landschaft birgt logische Sprünge zwischen den Maßnahmen, eine Folge verschiedener, wenig gestalteter Grünräume, die uns ein Stück der Natur, nach der wir uns sehnen, zurückgeben.

Mayday

Daren Gavira Persad (E), **Carolina Ruiz-Valdepeñas Guerrero** (E), Carolina Tello Lopez (E), Architekten, Manuel Jimenez Garcia (E), Roberto Garcia Velez (E), Architekturstudenten

Die ESAYA Absolventen der Universität Madrid, Carolina Ruiz-Valdepeñas Guerrero und Daren Gavira Persad halten seit 2004 Projektvorlesungen. 2003 gründeten sie DATA mit dem Ziel, die Umweltbedingungen zu schaffen, die sie für ihre Arbeit brauchen. Ihre Projekte stellen eine permanente Interferenz mit anderen Wissensfeldern her. So können sie, auf natürliche Art und Weise, mit Irrtum und Ungewissheit koexistieren und mit der erfrischenden Neugier derjenigen arbeiten, die fragen, warum die Dinge sind, wie sie sind.

data.architects
Gutierrez Mellado 7 of. 28
28670 Madrid, Espana
T +34 639760186
data.daren@yahoo.es
data.carolina@yahoo.es

Der Entwurf entsteht aus der Überschneidung mehrerer reversibler Strategien. Die Wachstumsmodelle, die damit einhergehen, etablieren die Logik für das Überleben durch Zuwachs und Anpassungsfähigkeit. Beide Komponenten sind wesentlich für organisches Wachstum, weshalb die physischen Auswirkungen dieser Komponenten auf die Stadtstruktur, die sie formen, erforscht werden müssen.

Ziel ist ein System zu generieren, das improvisations-, anpassungs- und expansionsfähig ist und schließlich den programmatischen Bereich kolonialisiert. Wachstumsstrategien werden aus dem organischen Gewebe heraus abgeleitet und territorial angepasst. Hieraus folgt ihre Verortung auf dem Arbeitsplan. Nach dem Prozess der Ausbreitung erfolgt in einem entspannten Modus die Verarbeitung der Information an der Oberfläche, die eine Materialisierung im Rahmen der Realität möglich macht.

Am Standort wird der öffentliche Raum durch eine Folge von Apartmenthäusern begrenzt. Es ergibt sich ein Sekundärsystem aus Zugängen für Fußgänger und Radfahrer sowie ein Netz öffentlicher Grünzonen. Die Gebäude passen sich der Topografie an, mit größeren Schnitten entsprechend der Ausrichtung, der programmatischen Dichte und Adaptation an den Mt. Geneto. Das Wohnungsbauprogramm entsteht innerhalb eines bewohnbaren Rings, der einen Innenraum für gemeinsame Programme und Produktionsbereiche ausbildet. Die Wohnungen folgen dem Muster der organisierenden Zellen. Diese Richtlinien funktionieren auf der Grundlage variabler Bandbreite entsprechend der häuslichen Planung. Daher erfolgt die Realisierung in einem topologischen System, in dem sich die Aktivitäten der Bewohner über die Beziehung zwischen den unterschiedlichen Programmen definieren und damit einen flexiblen Raum schaffen, dessen Ziel die Re-Skalierung des Anpassungsprozesses ist.

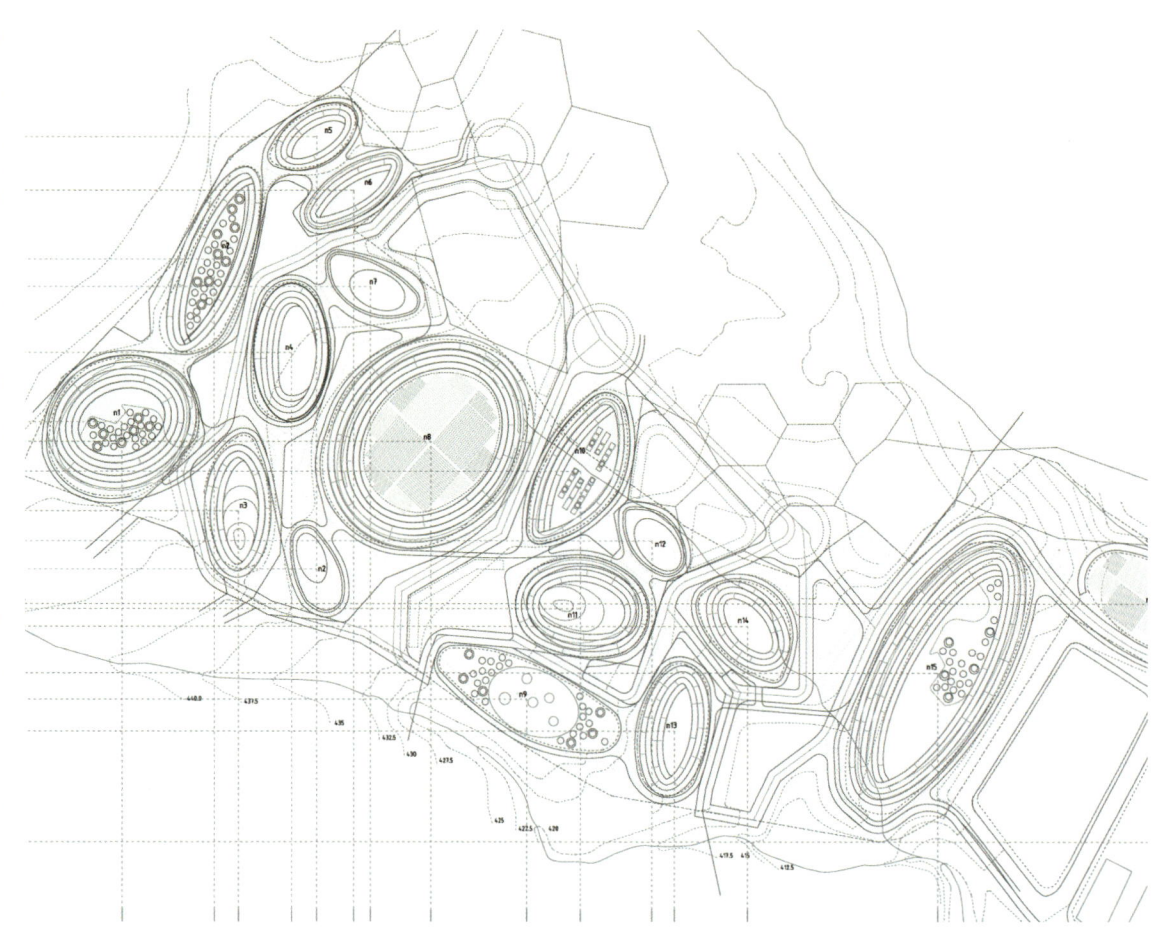

LA LAGUNA TENERIFE, ESPAÑA

FRAGEN ZUR AUSDEHNUNG DER STADT BEGRENZEN

Italia
Catania
Kann eine Trabantenstadt zu einem lebhaften Bezirk werden?

Stadt Catania
Standort S. Giorgio-Librino
Bevölkerung 1.058.000 (Großraum), 337.862 (Stadt)
Betrachtungsgebiet ca. 190 ha
Projektgebiet ca. 40 ha

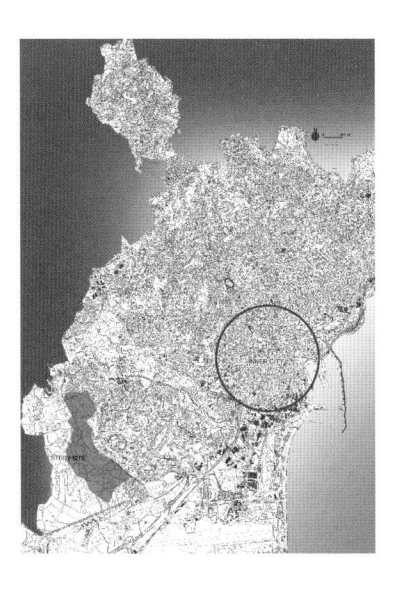

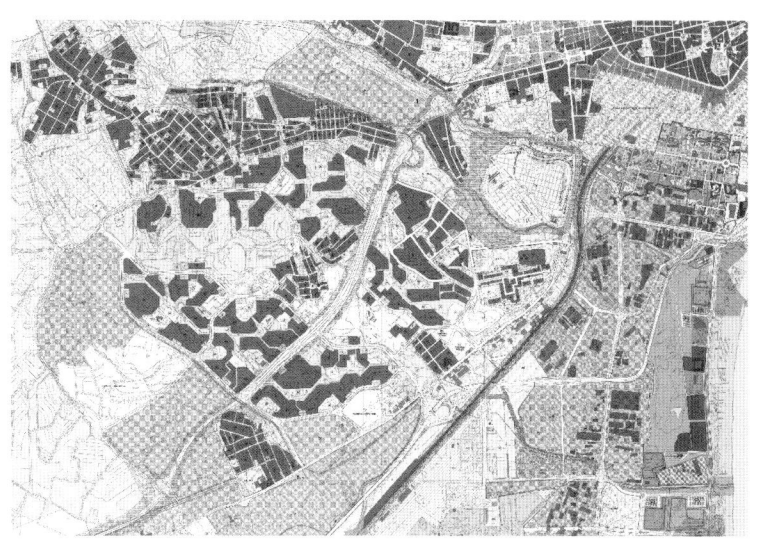

Die Stadt liegt im Süden des Ätna, an der Küste des gleichnamigen Golfes. Südlich der Stadt befindet sich die durch den Simeto und seine Zuflüsse entstandene Ebene von Catania. Nach dem Erdbeben Ende 1600 erfolgte der Wiederaufbau der Stadt auf der Grundlage eines Masterplans, der strikte Symmetrie und ein Schachbrettmuster vorsah. In den 1950er und 1960er Jahren entstand im Süden das Industriegebiet von Pantano D'Arci. Massive Bauspekulation führte zur Zerstörung eines großen Teils des historischen Zentrums der Stadt. Ein neuer Stadtentwicklungsplan aus dem Jahr 1964 brachte die Stadterweiterung in südlicher Richtung mit sich. 1970 wurde Kenzo Tange mit der Erarbeitung einer detaillierten Stadtplanung beauftragt. Er gestaltete den Librino-Bezirk mit der Intention der Aufwertung der Vorstadtgebiete im Süden der Stadt und der Schaffung mehrerer Stadtzentren. Librino sollte laut der architektonischen und städtischen Planung eine autarke und in sich geschlossene Trabantenstadt mit Dienstleistungsangeboten und Einrichtungen für 70.000 Menschen werden. In Bezug auf den Wohnraum hat Librino derzeit einen Sättigungsgrad erreicht. Es gibt ausreichend Service-Angebote, ein Park mit Sportanlagen ist im Bau. Aber auf der anderen Seite hat der Bezirk das ernsthafte Problem sozialer und urbaner Verwahrlosung. Im Betrachtungsgebiet wurden vier Bereiche identifiziert, die verschiedenen Nutzungszwecken dienen sollen. Die Entwürfe sollen den Zusammenhang zwischen den Funktionen am Standort und dem Kontext herausarbeiten. Einzelne Elemente, die die sozialen Bezüge festigen und die wirtschaftliche Entwicklung im Bezirk fördern können, sollen dem Ziel einer Überwindung der suburbanen Verwahrlosung im Bezirk dienen, der zunehmend zum sozialen Brennpunkt geworden ist. Das Projektgebiet besteht aus zwei angrenzenden Parzellen. In der Realisierung der neuen Variante des Masterplans sollen eine neue Universität (Polytechnic of the Mediterranean) und das S. Marco Regionalkrankenhaus entstehen. Der Standort wird von großen Verkehrsachsen zur lokalen und regionalen Anbindung geprägt. In der Nähe des Projektgebiets entsteht der neue U-Bahnhof „Librino". Ziel ist es, eine Wohnbebauung auch experimentellen Typs inklusive des universitären Wohnens, der Dienstleistungen und der öffentliche Räume zu realisieren, in denen Urbanität und soziale Bezüge entstehen können.

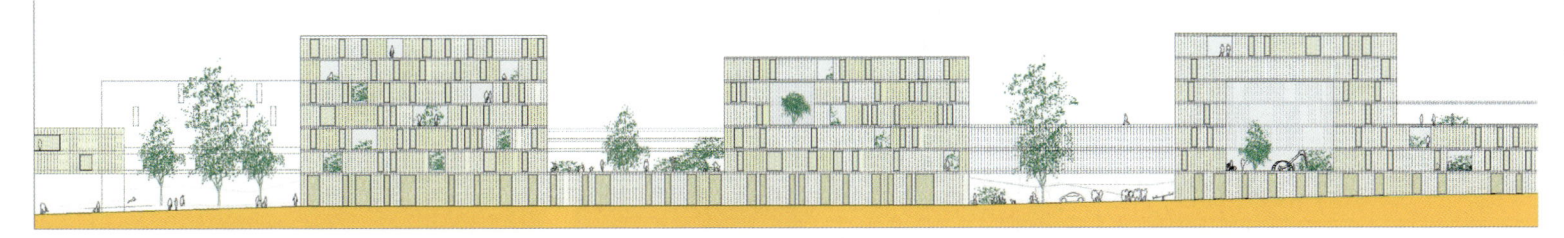

Ignacio Bautista Ruiz (E), **Pablo Garcia Mora** (E), **Carlos Abadia Suanzes-Carpegna** (E), **Ernesto Sierra Diaz** (E), Juan Miguel Galera Minarro (E), Architekten

Freude als Wachstumsmotor und Inspiration für die Arbeit der Architekten im Team. Lachen als Maß dafür, dass sie ihre Arbeit lieben. Sie sehen ihre Projekte als schöne Versuche, als Iteration, Experiment, Trial and Error. Kleine Sprünge jenseits der irrationalen Tradition und über die Grenzen der Disziplinen hinweg.

Moho architects
paseo Fotógrafo Verdu 8, local derecho
30002 Murcia, España
T +34 868550182
estudio@mohoweb.com
www.mohoweb.com

Growing filters

Zwei Konzepte: Synergie und Wachstum. Drei Maßstäbe: lokal, urban und territorial. So entsteht eine systematische Lösung für das neue Catania.
- Soziale Nachhaltigkeit: Planung und Gestaltung respektieren vorgefundene Strukturen, integrieren ein neues ÖPNV-Konzept und Reaktivierungsprogramme für die Bereiche Soziales, Sport und Freizeit.
- Minimaler Flächenverbrauch beim Bau. Flexibilität erlaubt Wachstum und bietet Chancen für weitere Anpassungsmaßnahmen.
- Aktive und passive bioklimatische Systeme bieten Schutz und profitieren von der Sonneneinstrahlung. Ökologische Dächer, Abwasser- und Regenwasser-Recycling, Durchlüftung und auf der Speicherfähigkeit des Bodens basierende Kühlsysteme.

Abstract

Filomena Francesca Pastore (I), **Giulia Vinciguerra** (I), **Tiziana Vinciguerra** (I), **Angela Zagarella** (I), Architekten, Maurizio Pino (I) Architekturstudent

Filomena Francesca Pastore: Studienabschluss 2002. 2006 Teilnahme Biennale von Venedig mit dem *Stone's City South Project*. 2007 Promotion in Architektur und Stadtplanung.
Giulia Vinciguerra: Diplom 2005 mit einer Arbeit über das Hafengebiet von Catania.
Tiziana Vinciguerra: 2003 Absolventin der Fakultät für Architektur der Reggio Calabria. Seitdem wissenschaftliche Arbeit.
Angela Zagarella: 2005 Kooperation mit dem Team F. Pastore und T. Vinciguerra an Europan 5 mit dem Projekt *Squares for Catania*.
Maurizio Pino: Zweitplazierter des *XV International Seminar of Architecture* Camerino 2005

Filomena Francesca Pastore
via della Chiesa 9, Rende
87036 Cosenza, Italia
T +39 3498915088
francescapastore@tiscali.it

Ein leerer Raum wird geschaffen, der die Margen einer disparaten, nicht einheitlichen urbanen Zone neu bestimmt. Im nordöstlich gelegenen Übergang der kompakten Stadt zum eher versprengt angeordneten ländlichen System wird der aus bestehendem Land gebildete Leerraum zu einem linearen Platz innerhalb des Projekts. Das physische Zentrum ist als teilweise als unterirdische Struktur geplant und wird ergänzt durch auf dem Platz selbst verortete Büro- und Gewerbebauten und ein Kulturzentrum. Die Wohnbauten sind als über dem Boden schwebende, auf großen Stützpfeilern ruhende Schalen gedacht. Dadurch entstehen Luftgeschosse, die die Wohnblöcke auflockern. Das Gebäude mit experimentellem Wohnraum wird links in drei Abschnitte unterteilt. Die beiden innenliegenden bestehen aus einer Folge von Wohnungen, die von sich durchziehenden, großen, stützenden Schächten durchbrochen werden. Der dritte Abschnitt verläuft ohne Unterbrechung außerhalb der Schale. So entsteht eine *mega-theca*, die von den Wohnungen ebenso zugänglich ist, wie von den öffentlichen Bereichen. Hier befinden sich Räume für Teleworking. Das Gebäude mit der Rezeption für die Wohnungen entspricht morphologisch dem davor stehenden Haus. Die Hybridisierung erfolgt durch die im Inneren liegende Durchfahrt der Straßenbahnlinie mit für Geschäfte genutzten Würfelkonstruktionen (Boxen). Auf den höheren Ebenen finden sich Zimmerblöcke wie kleine Hotels arrangiert, die autonom verwaltet werden können.

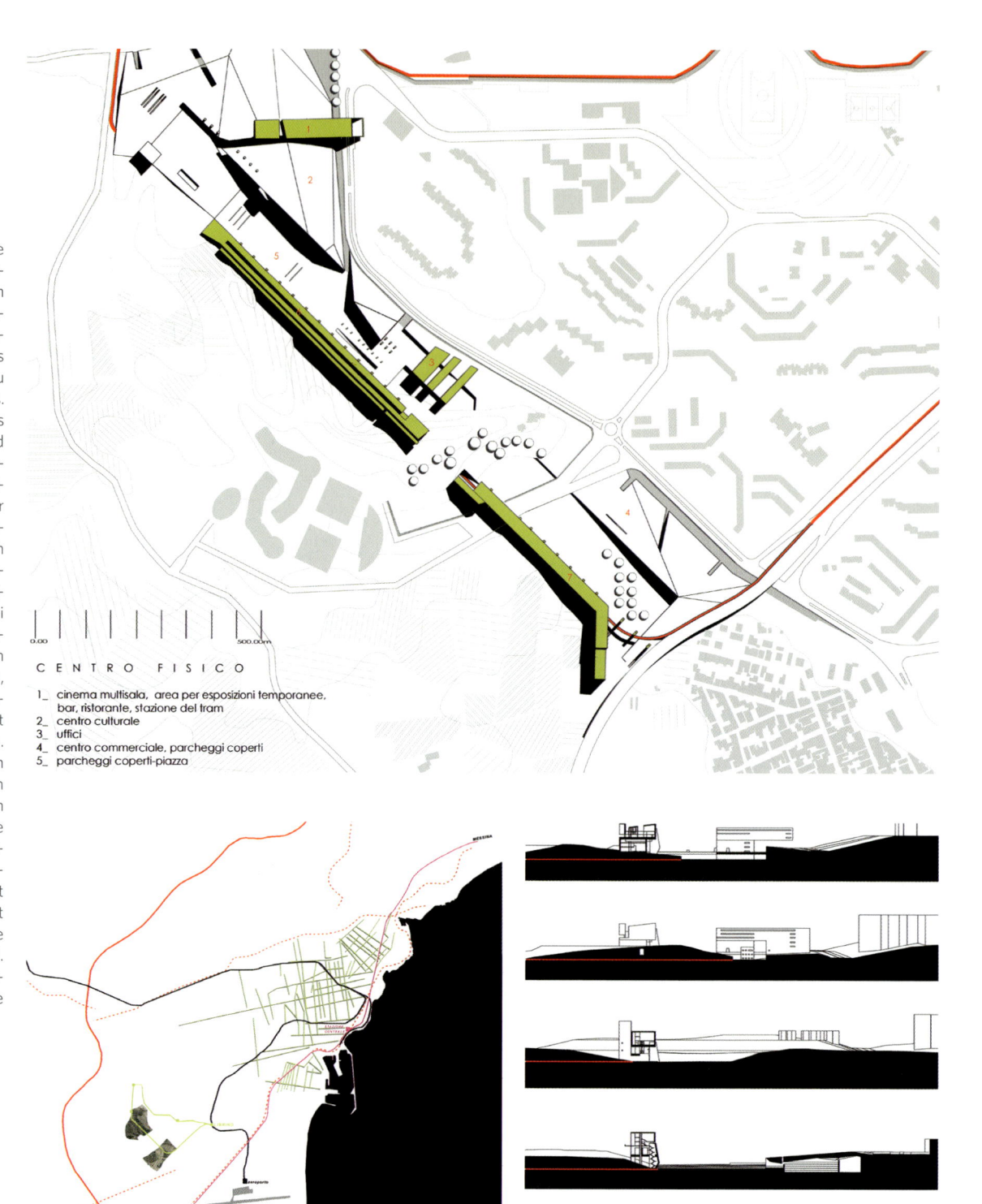

CENTRO FISICO

1_ cinema multisala, area per esposizioni temporanee, bar, ristorante, stazione del tram
2_ centro culturale
3_ uffici
4_ centro commerciale, parcheggi coperti
5_ parcheggi coperti-piazza

CATANIA, ITALIA

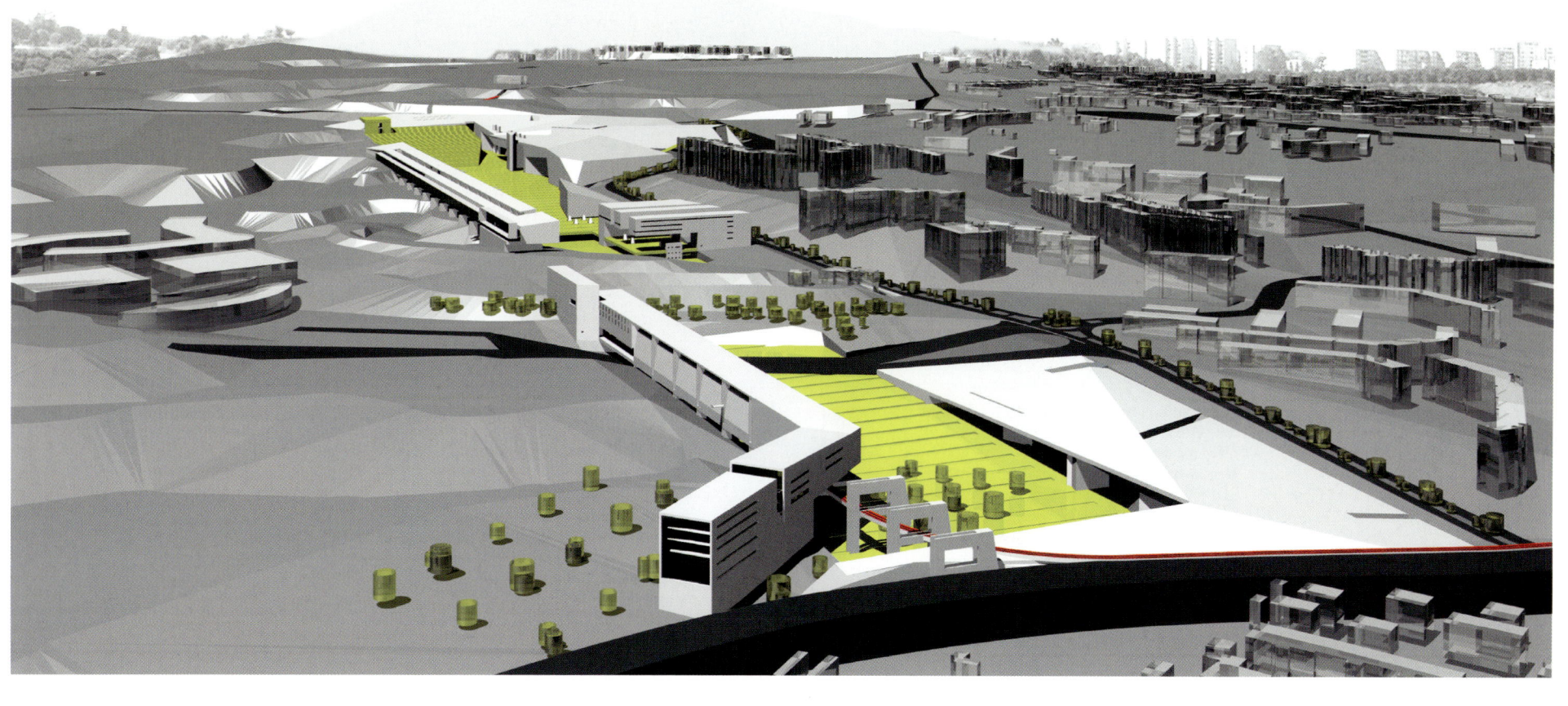

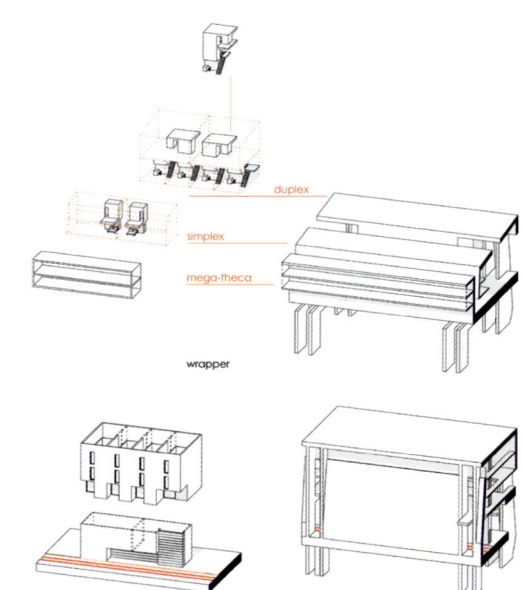

PREIS

FRAGEN ZUR AUSDEHNUNG DER STADT BEGRENZEN

Nederland
Almere
Wie kann man einen Wohnbezirk in einem Waldgebiet planen?

Stadt Almere
Standort Almere Poort, IJmeerkwartier
Bevölkerung 180.000
Betrachtungsgebiet ca. 10 ha
Projektgebiet ca. 2 ha

Almere liegt ungefähr in der Mitte der Niederlande und ist an drei Seiten von Wasser umgeben. Im Norden liegt das Markermeer, im Westen das IJmeer und im Süden das Gooimeer. Im Osten grenzt Almere an ein offenes Poldergebiet. Künftig wird sich Almere nach Westen und Osten ausdehnen. Bis 2030 wird ein Wachstum auf 60.000 Wohneinheiten prognostiziert. Dieser Wandel in eine „Doppelstadt" mit Amsterdam auf der anderen Seite des IJmeers erfordert zukünftig eine Verbesserung der Verbindungen zwischen beiden Städten. Der Entscheidungsprozess dafür findet auf nationaler Ebene statt.

Das Betrachtungsgebiet liegt in Pampushout, einem vor rund 30 Jahren gepflanzten Waldgebiet, das Teil der Grünstruktur von Almere ist. Das Waldgebiet ist etwa 500 ha groß und liegt zwischen den eigenständigen Gemeinden Almere Poort und Almere Pampus. Es besteht aus bewaldeten Abschnitten mit verschiedenen Baumarten. Das Betrachtungsgebiet selbst hat eine Fläche von 2.000 mal 3.000 Metern, insgesamt 60 ha. An seiner Südseite liegen Homeruskwartier und Columbuskwartier, zwei Wohngebiete mit Einfamilienhäusern und Einkaufsmöglichkeiten, die sich noch in der Planungsphase befinden.

Das Projektgebiet befindet sich an einem Verkehrsknotenpunkt, an einem „langsamen Hauptverkehrsweg" und ist vom Wasser her über Landungsstege zugänglich. Es ist ein Boulevard für Fußgänger und Fahrradfahrer und für gelegentlichen Fahrzeugverkehr geplant. An den öffentlichen Nahverkehr ist das Projektgebiet per Bus (ca. 400 m) und per Bahn (ca. 1.500 m) angebunden. Die Deichhöhe beträgt entlang des künftigen Boulevards über fünf Meter und kann möglicherweise für Parkplätze genutzt werden. Es ist wichtig, den öffentlichen Bereich vor der von verschiedenen Nutzern verursachten Erosion zu schützen, das Projektgebiet (ehemaliger Meeresboden, Lehm) liegt drei Meter unter dem Meeresspiegel. Flexibilität im öffentlichen Raum und in den architektonischen Elementen ist unabdingbar.

Das Projektgebiet umfasst sowohl Wald als auch den Deich und das Wasser auf der anderen Seite des Deichs. Es ist für 100 größere und kleinere Eigentumswohneinheiten im hochpreisigen Bereich reserviert, die Teil des Programmes sind.

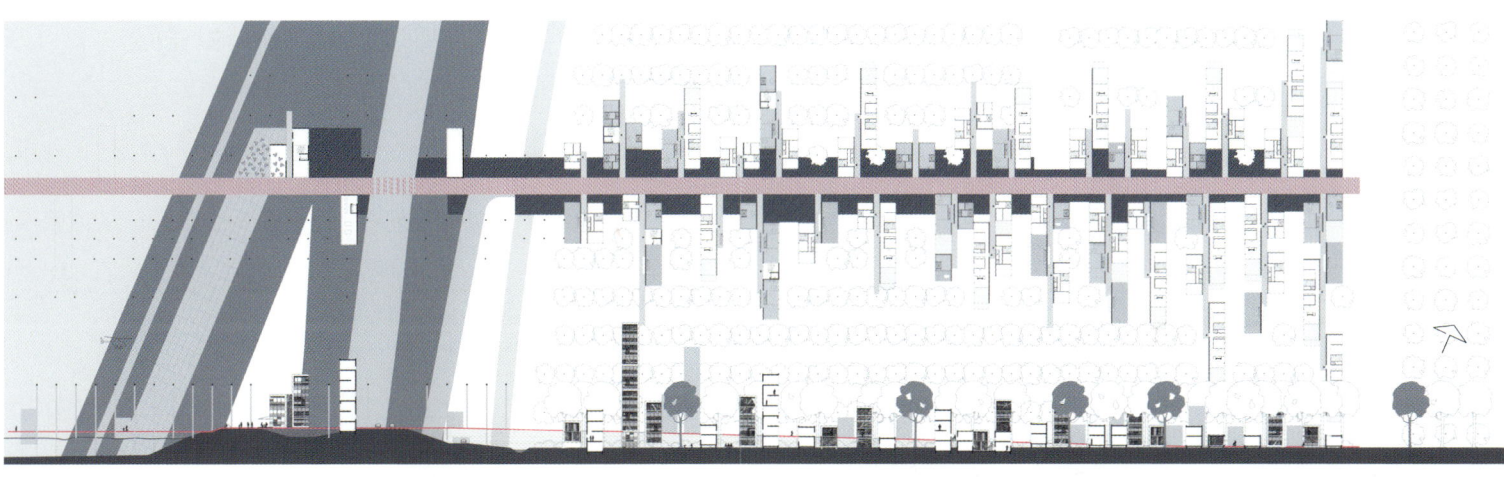

Suzanne Ellis (NL) Architektin, **Ieke Koning** (NL) Bauingenieur

Zwei junge Architekten und Kollegen in einem Architekturbüro im Zentrum von Amsterdam. „Design basiert auf starken Ideen, die durch klare und subtile Architektur in einen Praxisplan umgesetzt werden."

Kanaalstraat 194-I
1054 XS Amsterdam, Nederland
T +31 616362056, +31 648568678
suzanneellis@live.nl
iekekoning@gmail.com

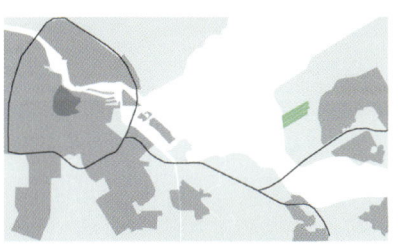

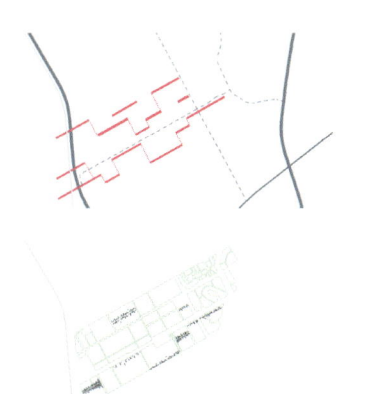

Codegreen

Um den Wald zu schützen nutzt der Entwurf den bestehenden offenen Raum zwischen den Feldern für einen Pfad. Das Wohnen ist entlang dieses Rückgrats organisiert, beginnend mit Apartment-Blöcken hinter dem Deich und Einzelhäusern im weiteren Verlauf. Dieser Pier funktioniert als Aorta des Gebietes, als Weg für langsam fließenden Verkehr und Versorgungspfad für die Wohnanlage.

Die offensichtliche Vielfalt von codegreen kommt mit nur drei Wohntypen aus, jeder mit seinen eigenen, spezifischen Qualitäten. Das Raster des Waldes diktiert die Gebäudebreite. Jedes Haus passt zwischen zwei Reihen von Bäumen und akzentuiert damit das Raster.

Montage city

Robert-Jan De Kort (NL) Architekt, **Sander Van Schaik** (NL), **Max Cohen De Lara** (NL), Bauingenieure

Montage City ist ein gemeinschaftliches Projekt des in Amsterdam sitzenden Büros XML und der niederländischen Architekten Robert-Jan de Kort und Sander van Schaik.
Das Team verfolgt das Ziel, Architektur als innovatives Mittel zur Auseinandersetzung mit der modernen Stadt einzusetzen, besonders mit den Problemstellungen, die sich aus dem gegenwärtigen Paradigmenwechsel in den Vorstellungen der öffentlichen und privaten Auffassung und der Allgegenwärtigkeit des zügellosen Kapitalismus ergeben.

Plantage Doklaan 20-I
1018 CN, Amsterdam, Nederland
T +31 616543025
montagecity@x-m-l.org
www.x-m-l.org

Visionen für die europäische Stadt beruhen herkömmlich auf einer streng definierten Polaritätsregel: öffentlich gegen privat, Zentrum gegen Peripherie, Verstädterung gegen Vorort etc. Hyperkapitalismus und die damit verbundene, wachsende Mobilität weichen diese herkömmlichen Polaritäten langsam zugunsten neuer Netzwerke auf. Die unzähligen Knoten, aus denen diese Netzwerke bestehen, haben die Wahrnehmung der Begriffe „öffentlich" und „privat" neu beeinflusst. Hier wird Urbanisierung vorwiegend als Einstellung und nicht als tatsächliche physikalische Manifestation angesehen. Almere verkörpert eine Struktur, die hervorragend geeignet ist, diese Einstellung zu verdeutlichen. Almere ist eine offene, nicht hierarchisch geordnete Struktur, die wahrscheinlich eine unbegrenzte Anzahl von verschiedenen Bereichen, Programmen und Dichten aufnehmen kann. Die einzigartige Qualität der Waldlage wurde in diesen Plan übernommen und so Natur und urbane Lebensweise direkt gegenübergestellt. Die eingeschossigen Wohnungen sind aus einer Reihe von Räumen oder „Sphären" zusammengesetzt. Jeder Raum hat eine performative Funktion (Lesen, Gärtnern, Schlafen, Kochen, Baden). Die Zusammenstellung (montage) der einzelnen Räume ergibt eine „sanftere" Art der Hierarchie. Jeder Raum entwickelt eine spezifische Beziehung zu den umliegenden Wäldern. Das Haus wird zur individuellen Enklave innerhalb einer öffentlichen Waldlandschaft. Eine Gruppe von sieben Mehrfamilienhäusern befindet sich an der Westseite des Gebietes. In diesen Gebäuden befindet sich auf jeder Etage eine einzelne Wohnung mit direktem Zugang zum Fahrstuhl. In dieser urbanen Landschaft werden der öffentliche und der private Bereich nicht mehr länger als getrennte Elemente betrachtet, die durch verschiedene Verkörperungsformen charakterisiert werden. Indem die Wälder architektonisch unstrukturiert bleiben, bezieht das Konzept vielfältige Lebensweisen ein, die sich zusammen zu einem einzigartigen Gemeinschaftsraum entwickeln.

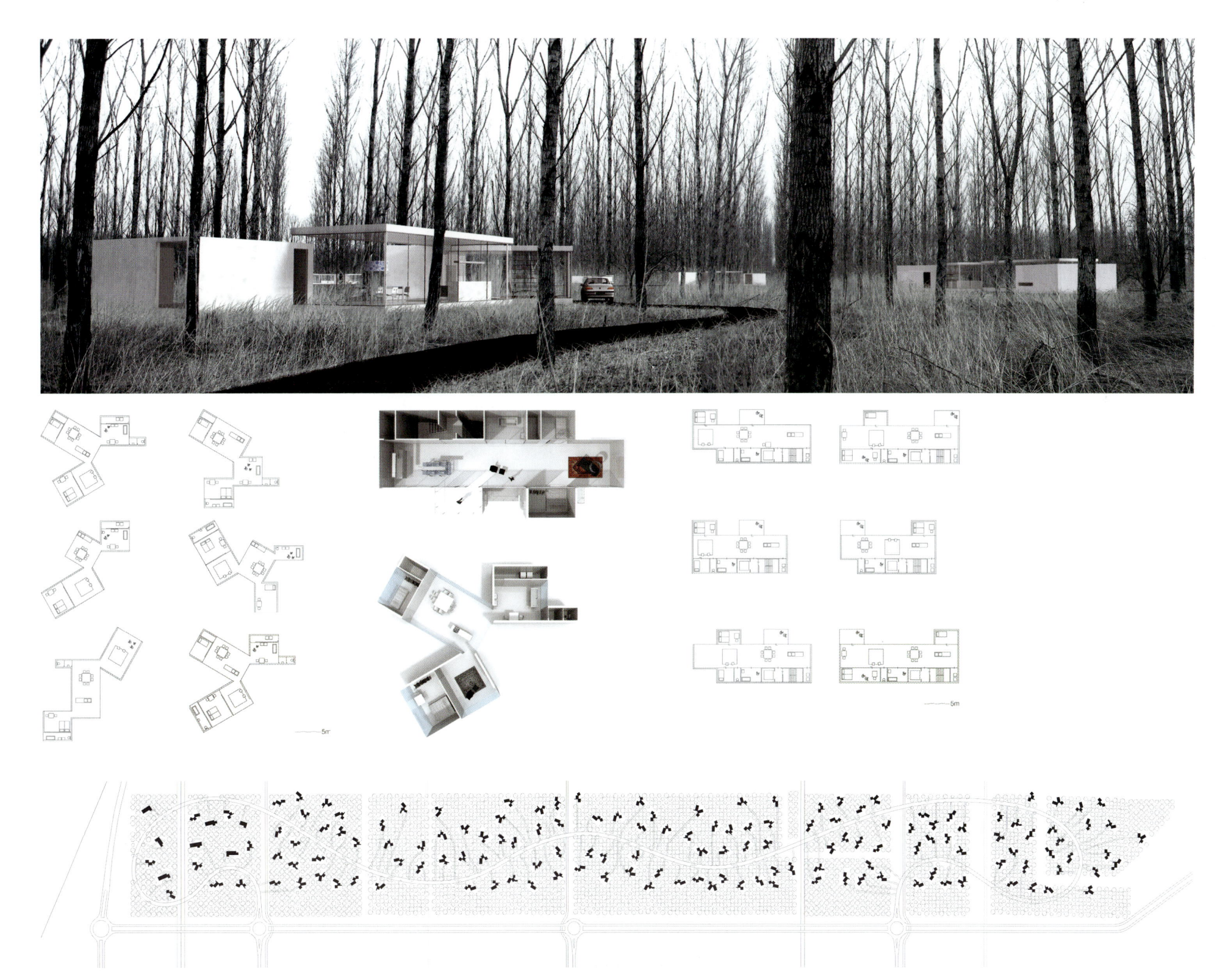

PREIS

ALMERE, NEDERLAND

FRAGEN ZUR AUSDEHNUNG DER STADT BEGRENZEN

Norge
Odda
Kann ein Industriehafen als Erweiterung des Stadtzentrums genutzt werden?

Stadt Odda
Standort Almerket
Bevölkerung 7.300
Betrachtungsgebiet 15 ha
Projektgebiet 5,5 ha

Odda befindet sich unterhalb eines großen Gletschers, wo der Fjord sich tief in das Bergmassiv Südnorwegens eingegraben hat. Das ursprünglich in ganz Europa bekannte Reiseziel wurde infolge Stromerzeugung aus Wasserkraft zu Beginn des 20. Jahrhunderts zu einer lebhaften, internationalen Industriestadt. Die partielle Deindustrialisierung führte in Odda zu sinkenden Einwohnerzahlen, aber auch dazu, dass es nun möglich ist, eine neue Identität auf der Basis der architektonischen und industriellen Geschichte zu schaffen und den Tourismus aufgrund der landschaftlichen Gegebenheiten und der Nähe zu zwei Nationalparks wieder zu beleben. Im Mittelpunkt steht dabei die Schaffung eines strategischen urbanen Entwicklungsprojektes, das als Schnittstelle zwischen dem Geschäftszentrum der Stadt, dem industriellen Erbe und der reizvollen Fjordlandschaft mit ihren nationalen Naturschutzgebieten wirkt. Das post-industrielle Areal stellt ein enormes Potenzial dar zur Expansion der Mischnutzung im Stadtzentrum, zur Einbeziehung des Flusses und zur Neudefinition der Beziehung zum Fjord. Die Entwicklung neuer Gewerbeeinheiten wird als Schlüssel zum Erfolg in diesem Gebiet gesehen. Das große industrielle und architektonische Erbe des Standorts ist eine wichtige Quelle für die Entwicklung neuer urbaner Identität. Es wird versucht, Odda in die Liste des UNESCO-Welterbes aufnehmen zu lassen. Das Betrachtungsgebiet umfasst das Geschäftszentrum der Stadt und Teile des aufgelassenen Industriegebiets. Es soll zu einem neuen Wahrzeichen für Besucher und Einwohner von Odda werden. Urbanes Leben muss kombiniert werden mit nachhaltigen Formen des Tourismus, so dass ein neues urbanes Modell entsteht, bei dem den Kraftfahrzeugen weniger Raum zur Verfügung steht. Der Standort mit der Kirche repräsentiert den ursprünglichen öffentlichen Raum der Stadt. Später wurde er zu einem Industriehafen ausgebaut. Die Verbindung zum im Zentrum liegenden Industriegebiet muss entwickelt werden und der Standort soll zur natürlichen Erweiterung des Stadtzentrums, zu einem Gebiet mit Mischnutzung aus urbaner Wohnbebauung, Einzelhandel und Hotel werden. Öffentlicher Zugang in Form einer Promenade entlang der Ufer muss geschaffen werden. Der Standort ist eine wichtige Chance zur Erneuerung der touristischen Aktivitäten und zur Schaffung neuen öffentlichen Raums, eventuell auch als Reiseziel für Kreuzfahrtschiffe.

Lourdes Carretero Botran (E), **Ivan Carbajosa Gonzalez** (E), **Manuel Leira Carmena** (E), Architekten

NEXO arquitectura, Architekturbüro im ständigen Ausloten formaler und technischer Grenzen bei gleichzeitig maximaler Qualität im Ergebnis.

c/ Sanchez Preciado 9 local
28039 Madrid, España
T +34 652802356
nexo@nexo-arquitectura.com
nexo-arquitectura.com

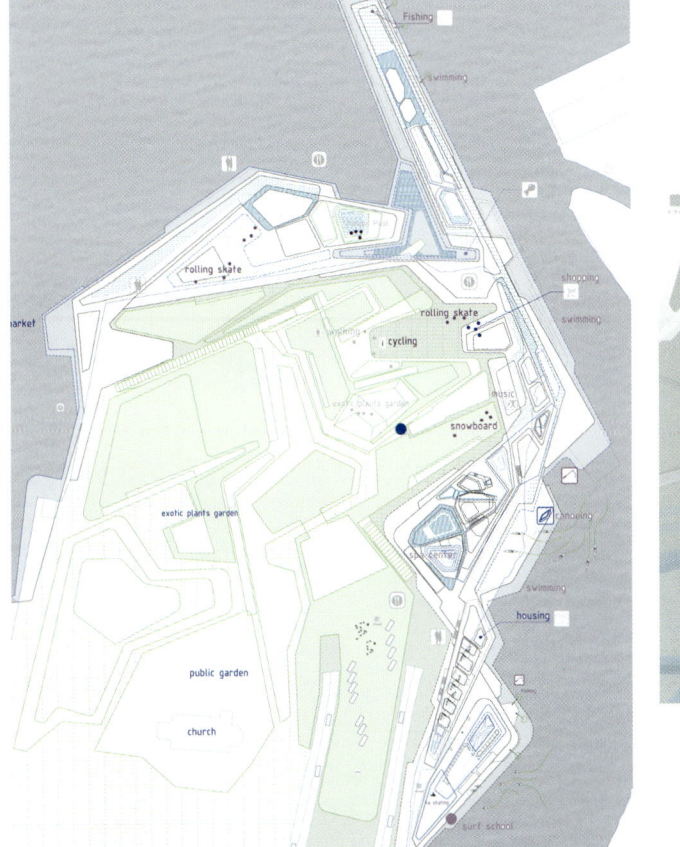

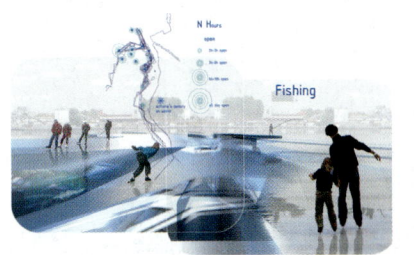

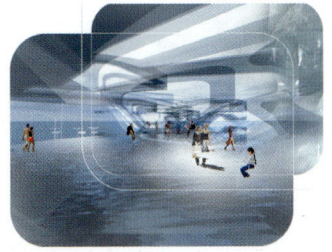

Wellenformen

Struktur. Eine neue Art, die Grenze zu gestalten soll zum Regenerator des Hafen-Areals werden. Die Rezeption der heutigen Grenze zum Meer soll durch zwei simple Prinzipien geändert werden: Wellen und Kristallisation erzeugen, um einen Mechanismus zu erhalten, der ständig funktioniert. Der Ablauf hängt von der Wassertemperatur, der Feuchtigkeit und dem Aggregatzustand (Eis, flüssig, Dampf) zur jeweiligen Jahreszeit ab. Touristen und Bewohner sind gleichzeitig präsent.

Der Entwurf umfasst zwei bis drei Phasen. Es setzt an mit der Realisierung der Grenze. Im Zentrum kann ein großer Park entstehen, da die wichtigsten Nutzungsangebote an den Rändern liegen. Dabei entsteht kein festes Band, sondern eine treibende, schwimmende Struktur.

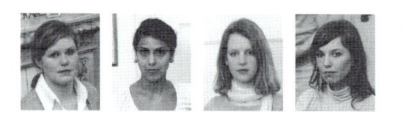

Odda Lace

Lina Lahiri (S), **Sibylle Bornefeld** (D), Architektinnen, **Katja Erke** (D) Landschaftsarchitektin, **Karolin Möllmann** (D) Architektin

Avig Räta ist schwedisch und bedeutet ‚klar und kritisch'. Gemeint ist die Fähigkeit, eine Aufgabe von allen Seiten und als Ganzes zu betrachten. Avig Räta sind drei Architektinnen und eine Landschaftsarchitektin, die in Berlin arbeiten und leben. Sibylle Bornefeld machte ihren Abschluss an der TU Berlin 2005 und war in Zürich und Berlin tätig. Katja Erke ist Absolventin der TU Dresden, 2003, und arbeitete angestellt und freiberuflich in Dresden, Montreal und Berlin. Lina Lahiri studierte an der Oxford Brookes und Bartlett (UCL in 2005), baute ein kleines Haus und zeigte ihre Fotoausstellung "Blandbarn" 2007 in Stockholm und Berlin. Karolin Möllmann besuchte die TU Dresden und die KTH Stockholm, ist gelernte Bauschreinerin und machte ihr Diplom 2004.

Avig Räta
Torstrasse 175
10115 Berlin, Deutschland
T +49 17676246943
avigraeta@gmail.com
www.avigraeta.com

Ein Band soll die Menschen nach Odda locken. Der Uferpfad schafft eine öffentliche Fassade, die als Borte zwischen Fjord und Land fungiert. Besucher und Anwohner sollen sich auf das Wasser einlassen. Der Pfad verbindet die Infrastruktur Oddas mit öffentlichen Hubs und verlängert das Stadtzentrum zum Ufer hin.
Das Kreuzfahrtterminal, Hotel und Kulturhaus sind Sammelpunkte im neu erschlossenen Stadtgebiet. Das Hotel schafft einen neuen Fokus am Stadtrand neben dem grünen Pfad am Fluss. Der Ausgangspunkt ist eine Insel, die am alten Ort neu entsteht. Der Pfad folgt dem Fluss bis zur alten Fabrik und schließt den Kreis zur Innenstadt.
Das urbane Band verbindet Ufer, öffentliche Hubs und die Stadt mit ihren industriellen Spuren. Kleindimensioniert und standortspezifisch entsteht Infrastruktur, adäquat und urban. Dann: ein provokanter Maßstabssprung – verdichtete, engmaschige Wohnbebauung als Kontrast gegenüber den großdimensionierten Charakteristika der Natur. Odda Lace wirkt als Mittler zwischen Industriestandort und bestehendem Stadtzentrum, zwischen Stadt und Wasser, zwischen Vergangenheit und Zukunft. Es verleiht Odda eine neue Identität. Alte und neue Bewohner mischen sich vor Ort, ebenso wie Touristen und Werktätige. Ein reiches, soziales Gewebe bildet sich heraus. Hotel, Terminal und Promenade geben der Stadt ihren urbanen Kern zurück und lassen ein Stadtzentrum entstehen, an das Anbindung erfolgen kann.

ODDA, NORGE

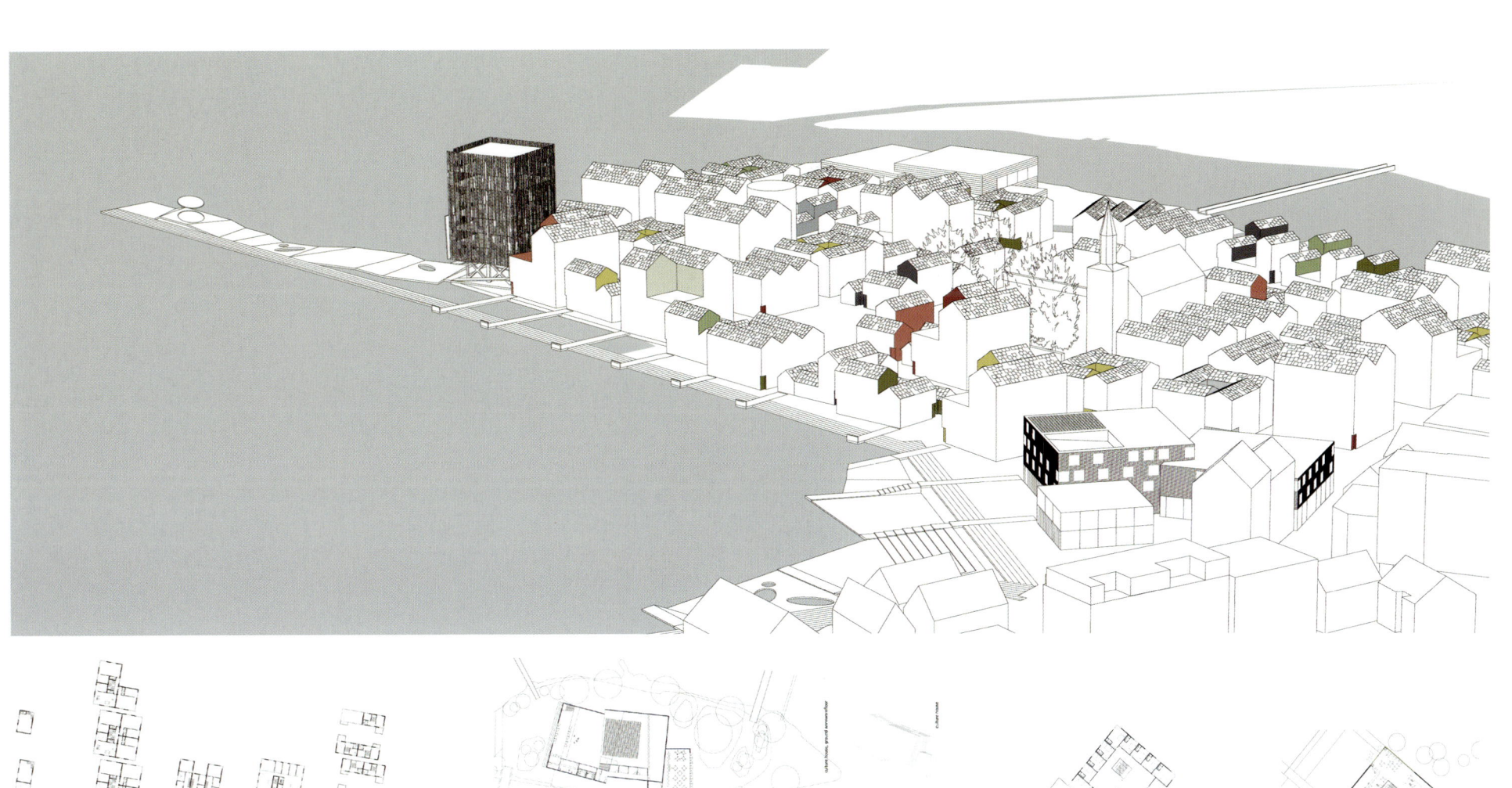

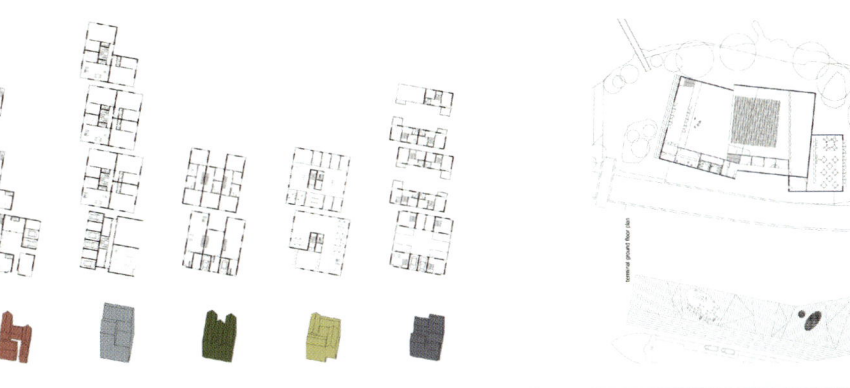

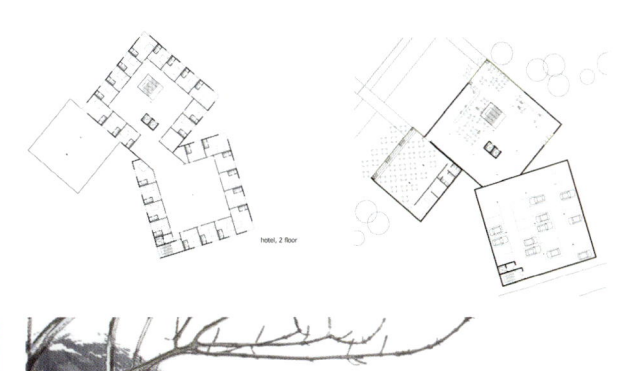

PREIS

FRAGEN ZUR AUSDEHNUNG DER STADT **BEGRENZEN**

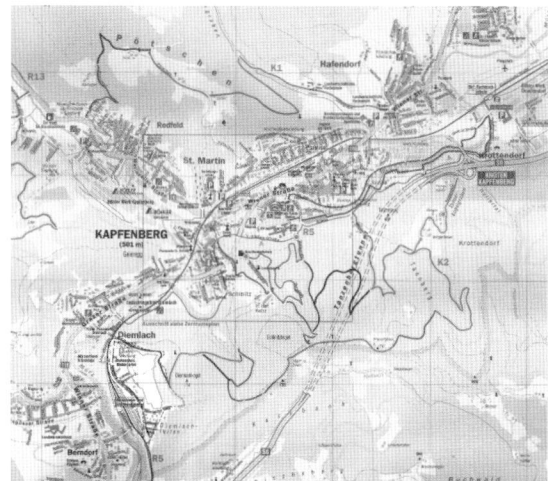

Österreich
Kapfenberg
Welche Grenze mit der Natur?

Stadt Kapfenberg
Standort Diemlach
Bevölkerung 22.000
Betrachtungsgebiet 38 ha
Projektgebiet 17 ha

Kapfenberg ist eine der wichtigsten Industriestädte in der Obersteiermark. Sie ist begünstigt von der vorbeiführenden Wien-Triest-Eisenbahnverbindung und der umfangreichen Stahlproduktion. Bis heute charakterisieren die qualitativ hochwertige Wohnbebauung und Infrastruktur das Image der Stadt. Einhergehend mit der Stahlkrise in den 1980er Jahren musste Kapfenberg allerdings einen Rückgang der Bevölkerung hinnehmen. Seine intensiven Investitionen in Bildung, Sport und den Dienstleistungssektor halfen Kapfenberg aber, den Bevölkerungsrückgang im Verhältnis zu anderen Städten in der Stahlregion zu begrenzen.

Diemlach liegt an der Grenze des Siedlungsgebiets von Kapfenberg zwischen Infrastruktur und Natur, der internationalen Eisenbahnverbindung und den bewaldeten Hügeln an der Ostseite. Die noch unbebauten Maisfelder eines Bauern, der jetzt sein Grundstück entwickeln will, stellen eine großartige Möglichkeit für eine nachhaltige Wohnbebauung dar, die eine Alternative zur Einfamilienhausbebauung anbieten soll. Der sehr attraktive Erholungsraum des Waldes in unmittelbarer Nähe bietet einen direkten Zugang zur Natur und ist gleichzeitig eine Kompensation der Lärmbelästigung durch die Eisenbahn. Der Festungsberg bietet ausgezeichnete Freizeitangebote und trennt Diemlach vom Stadtzentrum. Entlang der Straße markieren verschiedene Wohnbebauungen die Grenze zu den Maisfeldern (dem Europan-Grundstück), inklusive eines ehemaligen Asylheimes, der „Ungarn-Häuser" sowie Einfamilienhäuser. Angrenzend an eine Schule wird eine neue Reihenhaussiedlung 2007 noch ausgeweitet.

In einer ersten Bauphase sollen 60 Wohneinheiten errichtet werden, die umrahmt sind von dem Steilhang im Norden und Osten sowie von einer Schule und Wohnen im Westen und von einem „Maislabyrinth" (im Süden), das die nächsten 5-10 Jahre in Funktion sein soll. Verschiedene Wohnbautypen von mäßiger Dichte sollen zusammen mit Bildungseinrichtungen und öffentlichem Grün, eine attraktive Lebensqualität anbieten. Die topografische Situation erfordert eine intelligente Landschaftsplanung, die ebenso mit Hochwasserproblemen, wie mit Konflikten zwischen Wohnnutzung und verschiedenen Lärmquellen (Zug, Spielplatz etc.) umgehen kann.

Rossella Scaramuzzi (I) Architektin, Frederica Facchini (I) Architekturstudentin, Eleonora Marchetti (I), Alessia Picca (I), Michele Tiscini (I), Ingenieurstudenten

Das Team gründete sich 2007, um durch neue, architektonische Lösungen Antworten auf den sozialen Wandel des 21. Jahrhunderts zu geben. Im Rahmen der Forschungsarbeiten wird das Projekt als Versuchsfeld gesehen, das es praktisch, experimentell und konzeptionell zu erkunden gilt.

via Pietro Ferrigni 15
00159 Roma, Italia
T +39 067960270
ros_scar@yahoo.it

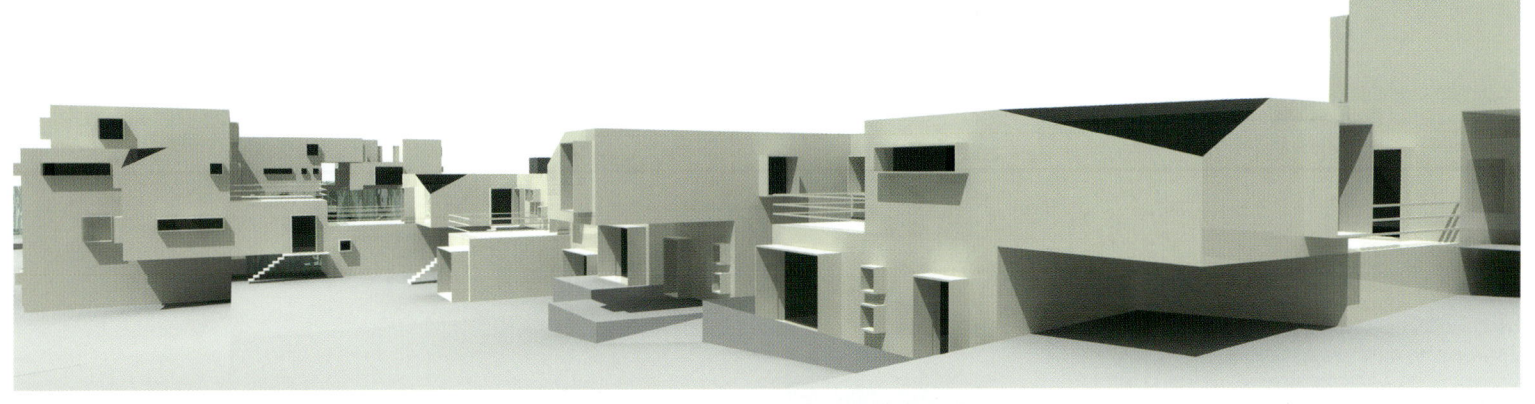

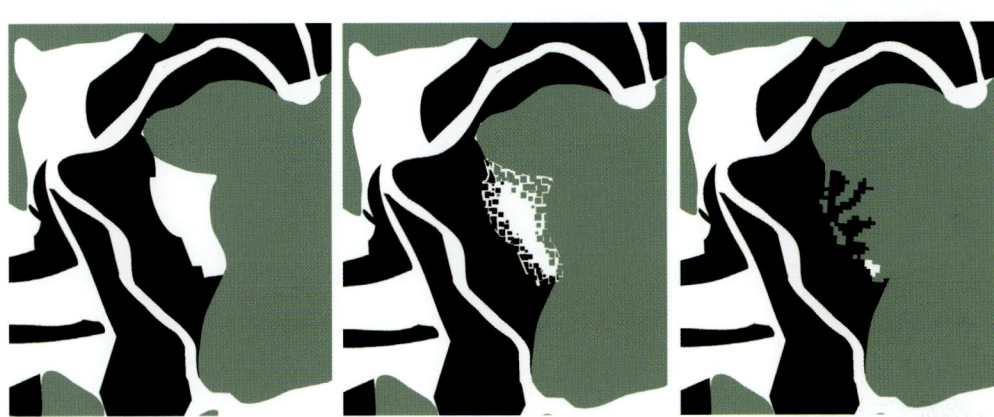

Natur vs Bauen

Der Entwurf verortet sich zwischen dem Natursystem Gebirge und dem künstlichen System der bestehenden Infrastruktur in einem Grenzgebiet. Die These einer zufälligen Vergrößerung beider Systeme führt zur reziproken Disgregation, die sich weniger quantitativ als strukturell manifestiert. Die Grenzen beider Systeme sind episodisch und weisen Brüche auf. Sie bestehen fort, doch sie verschmelzen in einem dynamischen Prozess der Transformation, Multiplikation und Infiltration. Das Ergebnis ist fingerförmig konform und verweist auf eine Lösung im Rahmen territorialer Nachhaltigkeit: Neue Wälder verbessern das Mikroklima, verringern Lärm und Schmutz und fördern die Durchlässigkeit der Böden.

ex-citizens

Enrique Arenas Laorga (E), **Luis Basabe Montalvo** (E), Architekten, Alejandra Climent (E), Luis Palacios (E), Architekturstudenten

Enrique Arenas Laorga ist Absolvent der ETSAM (Madrid) und hat verschiedene Projekte in sehr unterschiedlichen Bereichen wie Sanierung, Wohnbau, im öffentlichen Sektor, Möbeldesign und Veranstaltungsarchitektur entwickelt. Er ist Dozent an verschiedenen akademischen Einrichtungen und schreibt seine Doktorarbeit an der ETSAM. Luis Basabe Montalvo ist Absolvent der TU Graz und unterrichtet Design an der ETSAM seit 2003, wo er an seiner Doktorarbeit schreibt. Er war Gastdozent und Forscher an verschiedenen Universitäten wie der RWTH Aachen in Deutschland, Cambridge in Großbritannien und CEPT Ahmedabad in Indien. Seit 2006 arbeiten beide Architekten zusammen und sind Preisträger verschiedener Wettbewerbe wie z. B. am Centre for Environmental Resources in Talavera (Toledo, Spanien), das mit der Adelaida del Puerto zusammenarbeitet.

c/ Rafael Calvo 31, 508
28010 Madrid, España
T +34 913193931
arenasbasabe@gmail.com

ex-1 (prefix) 1. out: exclude. 2. referring to removal or release: excommunicate. 3. referring to a former state: ex-husband. — OR. Latin ex 'out of'. *ex-2* (prefix) 1. out: exodus. — OR. Greek ex 'out of'. (Cf. Oxford English Dictionary, ed. 2003)

Ex-citizens. In einer fragmentierten Vorstadt wie Diemlach ist es möglich, eine legitime Option der Bewohner zu erkennen: enttäuscht von den gewaltigen Unzulänglichkeiten verlassen Einwohner die moderne Stadt. Sie werden somit zu Ex-Citizens und bewohnen das, was wir Städter „Vororte" nennen. **Border.** Den Ex-Citizen drängt es nach der Natur. Aber seine „verlorene Unschuld" ist unwiederbringlich dahin, und somit bringt er urbane Elemente in die Natur ein. Unklar ist jedoch: wer kolonialisiert hier wen? Hier wird der Konflikt der suburbanen Strukturen mit der radikal natürlichen Umgebung absichtlich nicht gelöst, und die Frage bleibt lebendig im Raum stehen. **Property.** Zäune teilen das Gebiet in einzelne Grundstücke und ersetzen somit die verloren gegangene Ordnung der Stadt. Aber hier geht auch Gemeinschaft verloren, die nicht ohne öffentlichen Raum existieren kann. Die Brüche in der Eigentumsstruktur werden bis zum Letzten ausgereizt und so heruntergespielt. Alles wird extrem austauschbar und bringt den inneren Kern des Vorortes durch die Verhältnisse zum Eigentum, zum Vorschein. **Dispersion.** Die Grundlage für die Ausbreitung der Vorstädte ist die Besessenheit des Marktes mit dem Produkt, mit dem marktfähigen Objekt. Diese objektbezogene Verteilung wird hier verstärkt und eine neue Struktur entsteht, in der Objektbezogenheit und Austauschbarkeit die Grundlagen der Beziehungen sind. Das Ganze wird zu einem Feld, wo die Ex-Citizens einen neuen Beginn für ihre Gemeinschaft schaffen können. **Urban liquidity.** Das Resultat behält den suburbanen Charakter, aber Wohnung und Stadt sind nicht mehr einfach nur Produkte: sie öffnen sich (wieder) für einen Prozess, sie werden flüssig und so anpassungsfähig für die veränderbare soziale Realität.

KAPFENBERG, ÖSTERREICH

FRAGEN ZUR AUSDEHNUNG DER STADT BEGRENZEN

PREIS

[HOUSE]   [WINTERGARDEN]   [ENCLOSED GARAGE]   [GREEN PATCH]

_h1
_h2
_h3

[pedestrian area]   [vehicular circulation]
[wintergardens]   [green patches]
[urban situations]   [urban resources]

Suomi-Finland Espoo
Wie verbindet man Wohnen und Freizeitaktivitäten in einer Marinastadt?

Stadt Espoo
Standort Suomenoja
Bevölkerung 232.000
Betrachtungsgebiet 100 ha
Projektgebiet 50 ha

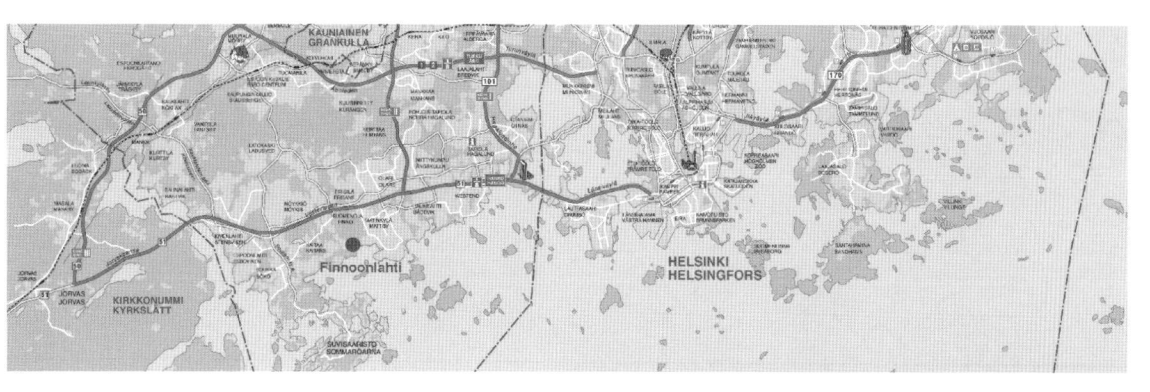

Die Stadt Espoo hat für die Küstenregion einen neuen Bebauungsplan aufgestellt, in dem auch der Bau einer U-Bahn-Linie geplant ist. Dieses Vorhaben erfordert eine effiziente Nutzung der angrenzenden Flächen. Wie auch andere Städte rund um Helsinki herum, zerfällt Espoo in verschiedene regionale Zentren mit ausgezeichneten Verkehrsanbindungen an das Stadtzentrum der Hauptstadt. Mit der Ausweitung der Stadtstruktur ist auch der Bedarf an internen Verkehrsverbindungen gestiegen. Die Sporthafenstadt Finnoonlahti liegt in der Bucht Suomenoja in der Stadt Espoo, 15 km vom Stadtzentrum Helsinkis entfernt. In dem Gebiet befinden sich ein Heizkraftwerk, eine Kläranlage und der größte Yachthafen der Stadt. Der Rest der Fläche ist unbebaut. In den umgebenden, bebauten Arealen im Osten und Westen gibt es vorwiegend Wohnbauten mit ein bis zwei Geschossen. In der Nähe der Hauptverkehrsader Länsiväylä im Norden des Wettbewerbsgebietes soll eine U-Bahn-Station gebaut werden. Die Kläranlage wird bis 2010 verlegt. Die Stadt Espoo sucht nach Entwürfen für eine neue Sporthafenstadt, in der Wohnen und Wasser-Freizeitaktivitäten eng miteinander verknüpft sind. Ziel des Wettbewerbes ist es, ein neues Modell zu entwickeln, das Art und möglichen Umfang der Wohnkapazitäten am Wettbewerbsstandort Finnoonlahti aufzeigt und die Idee einer Sporthafenstadt umsetzt. Entlang der Küste verläuft ein Fahrrad- und Fußweg. Seine Bedeutung zu Erholungszwecken und seine Wichtigkeit als Verbindungsweg sind ständig gestiegen. Vom Standort aus soll eine neue, parkähnliche Verbindung zum zentralen Park von Espoo auf der anderen Seite der Länsiväylä Straße geschaffen werden. Auf der Nordseite des Heizkraftwerks gibt es einen schützenswerten Vogelteich, der bei der Planung berücksichtigt werden muss. Finnoonlahti erstreckt sich von Norden hinunter in die Suomenoja-Bucht, die durch einen Damm verschlossen wurde, um ein Klärwasserbecken für die Kläranlage zu bilden. Dieses Becken hat sich zu einem wichtigen Lebensraum für Vögel entwickelt. Da der Hafen während der letzten 30 Jahre ständig gewachsen ist, wurde auch der Küstenbereich ständig erweitert, indem die Bucht aufgefüllt wurde. Der Bereich um die U-Bahn-Station herum soll das kommerzielle Zentrum des Betrachtungsgebietes bilden, die Einrichtungen und Dienstleistungen mit Bezug zum Wasser sollen im Küstenbereich angesiedelt werden.

Iris Cantante (P) Architektin, **Bruno Louzada** (BR) Architekt und Stadtplaner, **Henry Quiroga** (CO), **Francisco Villeda** (MEX) Architekten

BC.PM - Brasilien, Kolumbien, Portugal und Mexiko, vier junge Architekten, die einen frischen, kreativen Diskurs mit internationaler und moderner Ausrichtung verfolgen.

Carrer Provenca 577, 4-2
8026 Barcelona, España
T +34 931920217
iriscantante@hotmail.com

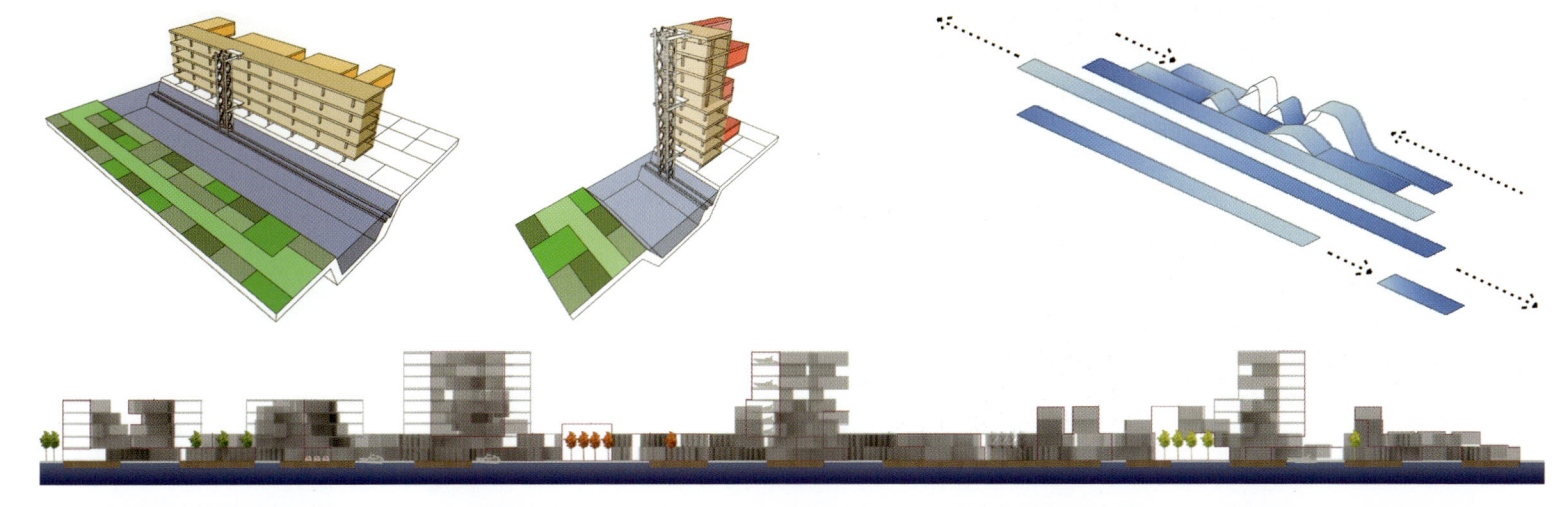

Diverseeds-dynamic structure for nomadic societies

Europa, eine Vielzahl von Regionen, verbunden in einem gemeinsamen Netzwerk: Hyper-Europa. Als Ergebnis der Analyse von Hyper-Europa und bezogen auf die regionale Situation des Großraumes Helsinki, stellt sich die Frage, wie die urbane Struktur verändert und angepasst werden kann, als Reaktion auf eine dynamischere europäische Gesellschaft. Eine Stadt, geschaffen durch die Addition „komplementärer Teile" aller anderen Städte des Netzwerkes: „Eine Stadt der Städte." Die „Saat des Urbanen", aus sich selbst heraus entstanden und nicht aufgezwungen, ergibt eine Gesellschaft mit pluralistischer Grundlage und Schichtung.

On canal street

Julien Ventalon (F/USA), **Laura Bartoloni** (F), Architekten

Diplom der Ecole d'Architecture de Paris La Villette 2006. Gründung der Agentur *beva* 2007. Arbeit an Projekten unterschiedlichster Größenordnung (von 6 m² bis 60 ha). Interesse am Ausdruck von Intuition und Wünschen im Rahmen des Europan-Wettbewerbs ebenso, wie beim Tribunal de Grande Instance de Paris (Erwähnung). Auseinandersetzung mit der Realität des Terrains bei kleinen Projekten (aktuell Sanierung von Wohnungen in Paris). *beva* Projekte sind das Erkunden eines Diskurses und Bildes, das an einer Geschichte und einem Szenario haftet, an dem die Architekten teilhaben wollen. Ihre zeitgenössischen, architektonischen Überlegungen sind nicht nur erfüllt vom Respekt angesichts des Standorts und seines kulturellen und sensiblen Kontexts, sondern berücksichtigen programmatische und vom Bauherren gesetzte Bedingungen.

beva sarl
3 bis rue Rottembourg
75012 Paris, France
T +33 952110467
archi@beva.fr
www.beva.fr

Der Yachthafen von Finnoonlahti, heute eine riesige, nackte Plattform am Meer, beherbergt im Winter über eintausend Schiffe, die auf dem Trockendock liegen, bis das Eis schmilzt. Die Umgebung des Standorts vermittelt Melancholie und im Verlauf der Jahreszeiten eine gewisse Verhärtung. Im Winter löschen Nebel und Schnee jegliche Grenze zwischen Land und gefrorener Meeresoberfläche. Der Spaziergänger versinkt in einem märchenhaften und zugleich beunruhigenden Traum. Denn hier steht auch ein Kohlekraftwerk, dessen Silhouette Teil der Identität des Standorts ist.

Die Planung für ein neues Quartier an der Marina ist schlicht gehalten: Verbindung der Autobahn mit Metro-Station und Küstenfront über eine Hauptachse, die mit einem neuen Kanal beginnt und tief ins Innere des Geländes eindringt. Wenngleich radikal, artikuliert sich das urbane Raster des Entwurfs sensibel im Rahmen des gegebenen Saumes. So generiert jede Schnittstelle durch ein spezifisches landschaftsgestalterisches Element neue öffentliche Räume, die Urbanität möglich machen: eine Frozen Plaza am Meer, das Deck auf dem See...

Um einem absehbaren Bedarf zuvorzukommen, werden Bootshäuser am Kanal entlang gedacht, die eine dem Ort gemäße industrielle Atmosphäre schaffen und gleichzeitig zu einer einzigartigen urbanen Erfahrung beitragen.

Damit verbindet das Projekt großzügige und kreative öffentliche Räume mit Orten, die alltagsnah sind und das außergewöhnliche Erbe des Standorts wahren.

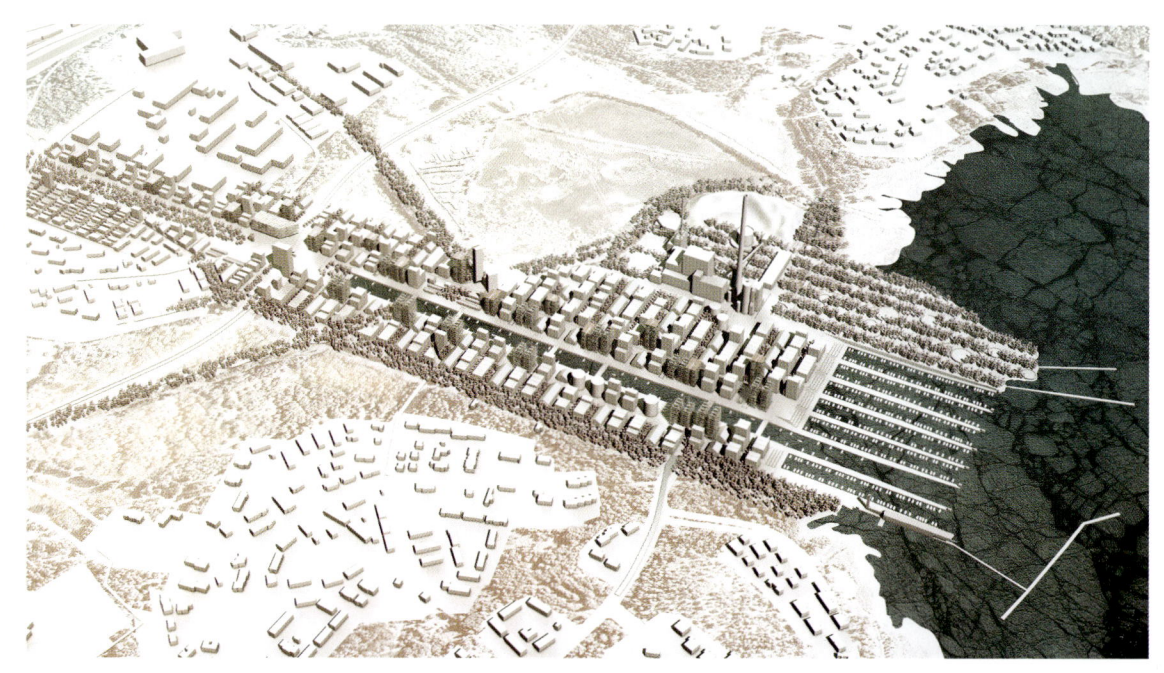

PREIS

ESPOO, SUOMI-FINLAND

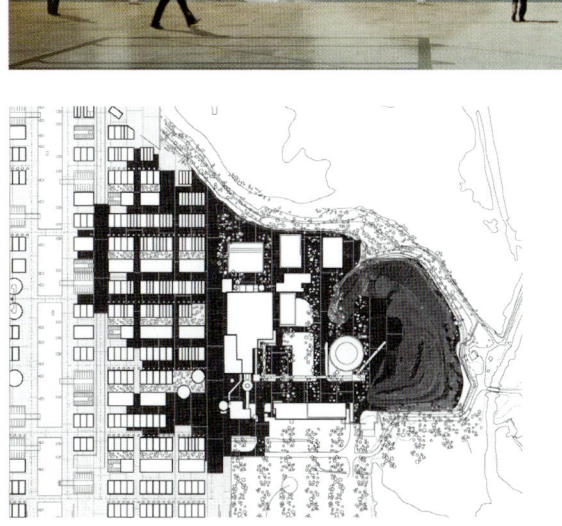

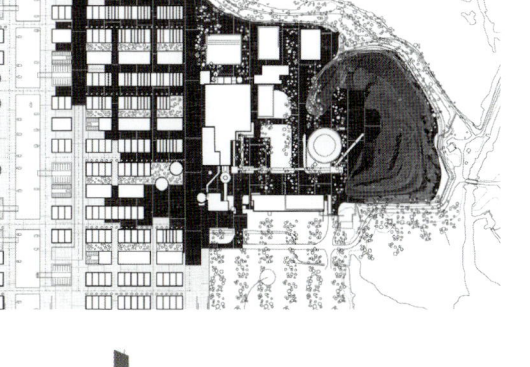

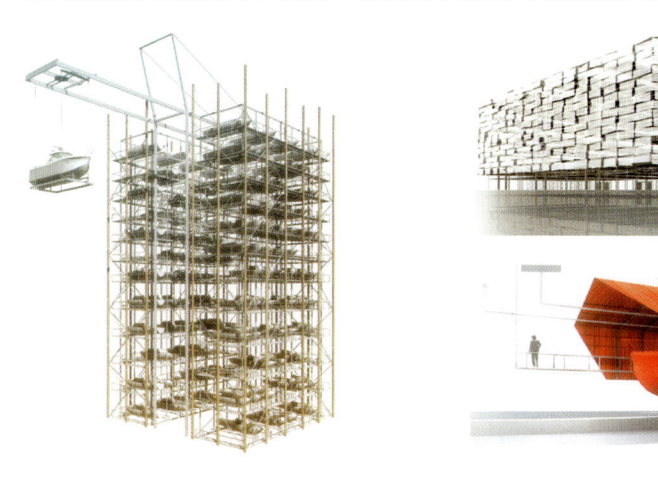

FRAGEN ZUR AUSDEHNUNG DER STADT **BEGRENZEN**

Suomi-Finland
Kotka
Wie entwickelt man ein Wohngebiet am Wasser?

Stadt Kotka
Standort Hovinsaari
Bevölkerung 55.000
Betrachtungsgebiet Küstengebiet
Projektgebiet 11 ha

Kotka wurde als Exporthafen für die Holzindustrie gebaut. Es gibt zwei Zentren: die Insel Kotkansaari, die weitgehend als Zentrum wahrgenommen wird, und Karhula. Das Stadtzentrum wurde auf verschiedenen Inseln gebaut, die durch die Hauptstraße und die Eisenbahn miteinander verbunden sind. Rund um das Zentrum gibt es mehrere Häfen. Die Funktionen dieser Häfen werden derzeit konzentriert und aufgrund wachsender Anforderungen erweitert. Die geräumten Hafengebiete in der Nähe des Zentrums sollen umgewandelt und Teil des Stadtzentrums werden.

Die Stadt entwickelt zurzeit den Passagierhafen und die Südküste der Insel Hovinsaari, um sie in das Stadtgefüge zu integrieren. Das Stadtzentrum ist vom im Norden gelegenen Hovinsaari durch die schmale Meerenge Kivisalmi getrennt, dennoch soll Hovinsaari in Zukunft zu einem zentralen Wohngebiet ausgebaut werden. Die Nordseite von Hovinsaari wird als Industriegebiet genutzt, die Ostküste ist Hafenbereich und im Süden befinden sich Wohngebiete. Entlang der Küstenlinie von Kivisalmi gibt es einen Park, der von Besitzern kleinerer Boote genutzt wird. Da die so genannten „Polnischen Docks" im Hafen in den nächsten zwanzig Jahren verlegt werden sollen, wird an der Südküste von Hovinsaari ein großes Gebiet frei, das dann mit einer Fußgängerbrücke an den zentralen Bereich neben dem Marinemuseum angeschlossen werden kann. Ein Fuß- und Fahrradweg ist in Planung, der durch das Gebiet der Polnischen Docks und über die Meerenge von Kivisalmi direkt in das Stadtzentrum führt. Derzeit ist dieses Gebiet weitgehend unbebaut. Die Stadt plant hier ein besonderes Viertel mit einer Marina und öffentlichen Räumen an der Küste.

Ziel des Wettbewerbes ist die Schaffung eines Wohnquartiers, das neue Wohnformen und Aktivitäten rund um das Boot sowie neue Dienstleistungen für maritime Freizeitaktivitäten kombiniert. Das Wohngebiet soll auch die in der Marina an der Küste bisher angebotenen Dienstleistungen ergänzen. Es ist geplant, in diesem Bereich kleine, schwimmende Häuser zu bauen. Die Bruttogeschossfläche für Wohnen soll 25.000 m^2 bis 30.000 m^2 betragen; dazu gehören eine Marina mit Restaurant und Freizeiteinrichtungen.

Fabrizia Berlingieri (I) Architekt

Studium an der Universität Reggio Calabria, Lissabon, Mendrisio und Dessau, Promotion in Architektur und Urban Design sowie Stadtforschung in Reggio Calabria. 2006 Gründung von *b2a architects* zur Realisierung architektonischer und urbanistischer Projekte.

b2a architetti
via Brodolini snc
87036, Rende, Cosenza, Italia
T +39 0984463088
info@b2a.it
www.b2a.it

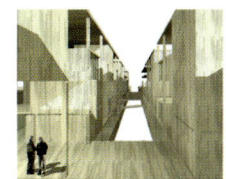

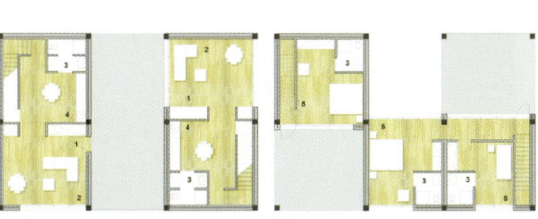

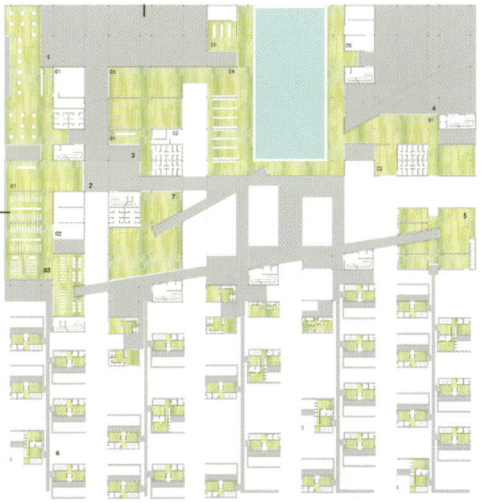

A waterblock project

In Kotka sind Wasser und seine Nutzungen zu beachtende Hauptmerkmale der urbanen Identität. Anliegen des Projektes ist es, diese Nutzungen und Funktionen mit einem gemeinschaftlichen Stadtleben zu verbinden – mit einem architektonischen und urbanen Ansatz, der nach multiplen Verknüpfungen sucht. Die Arbeit zielt darauf ab, Umgebung und Wasserflächen mit dem neuen Wohngebiet zu verflechten, die Stadt bis an die natürlichen Grenzen auszuweiten. Ausgehend von der Idee des urbanen Blocks und seiner Beziehung zu Wohnen und Umfeld, zum privaten und öffentlichen Raum, wählt der Entwurf schließlich einen anderen Weg, betrachtet Leben als aktiven Teil der Küste – daher Name und Form: Wasserblock.

Touching water

Gianluca Evels (I), **Stefania Papitto** (I), **Lorenza Giavarini** (I), **Luigi Valente** (I), **Matteo Rossetti** (I), Architekten

b4+RA+Sar. Die Gruppe entstand als lockerer Zusammenschluss von Architekten, die nach Synergie streben und ihr Wissen bündeln, um Projekte von hoher Qualität zu realisieren. Ihre Arbeiten sollen ein Beitrag zur Diskussion über die Komplexität des modernen Lebens sein. An ihren Entwürfen beteiligen sie alle Seiten. So entwickelt sich kreative Kooperation bei der Festlegung der Projektziele und eine ausgewogene Kombination innerhalb einer kritischen Interpretation des lokalen Kontexts und der Perspektive des „Außenstehenden". Aktuell ist das Büro in verschiedenen, jedoch korrelierenden Bereichen tätig: Stadtplanung, Landschaftsgestaltung, Architektur, Bauprojekte am Standort, Urban Design Objekte und temporäre Strukturen, Instandsetzung, Sanierung und Restaurierung.

b4architects
via Antonino Losurdo 41
00146 Rome, Italia
T +39 0683083145
+39 3391976888
b4architects@yahoo.it
www.b4architects.com

Kotka ist ein Hafen für die Holz- und Papierindustrie. Die große Leere, von der der Wettbewerbstandort gekennzeichnet ist, eröffnet die Möglichkeit ein eigenständiges „Stück Stadt" zu entwerfen, das eine moderne Vorstellung von Wohnen und Leben verkörpert.

Der Entwurf gestaltet die Stadt nicht als Abfolge architektonischer Phasen, sondern installiert komplexe räumliche und architektonische Beziehung entsprechend der „systemischen" Proportionen der Stadt. Verschiedene Architektur- und Landschaftselemente fügen sich in ein Netzwerk ein, das die Alternative zur hierarchischen, zentripetalen Stadt darstellt. Bauform und Räume präsentieren sich als geeignete Komplettierung der urbanen oder nicht urbanen Landschaft, sind vertraute, doch mimetische Implantate. Das Projekt fördert den Zugang zu Raum und Funktion, betont Verbindungen und freie Routen zwischen den verschiedenen Stadtteilen und dem Rest der Stadt, und stellt eine neue urbane Schnittstelle zwischen Land und Meer dar. Das Projekt fokussiert auf die Realität der Grenze zwischen Land und Wasser in einem dialektischen Konzept: Der Küstenstreifen ist heute Anfang und Ende des städtischen Territoriums. Hier endet die Weite der Natur, und die menschgemachte Ordnung setzt sich durch. Der Stadtteil markiert die Vermittlung zwischen unendlicher Natur und dem grundlegenden menschlichen Wunsch nach dem Bauen „innerhalb" von Räumen.

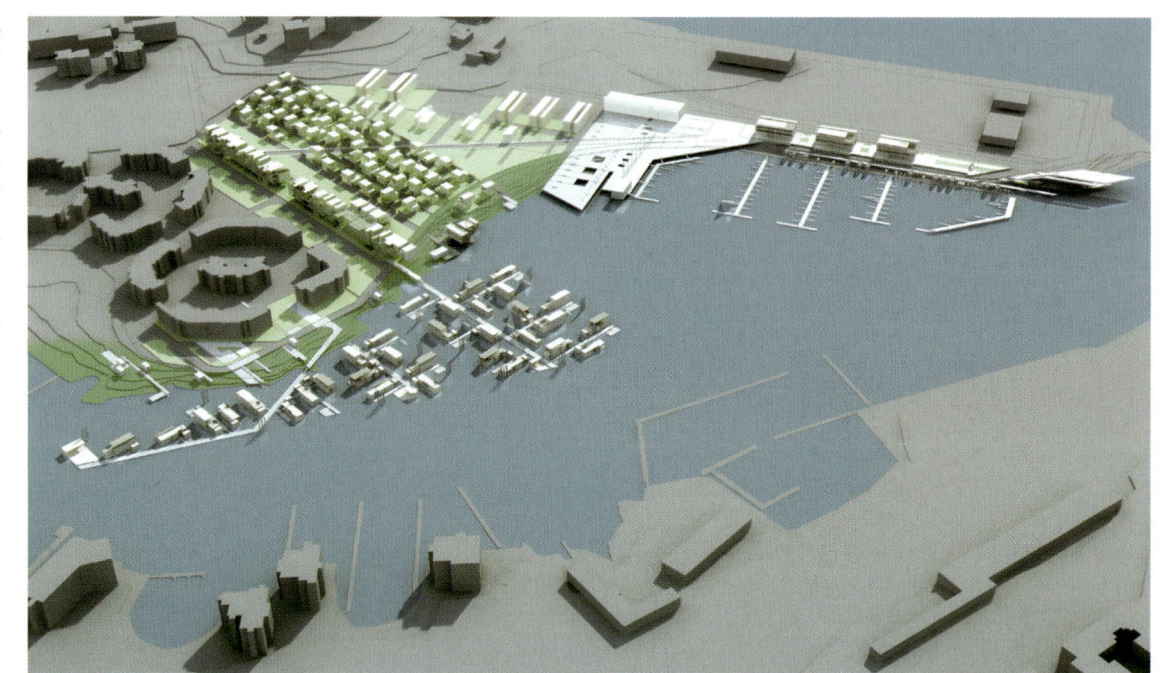

KOTKA, SUOMI-FINLAND — PREIS

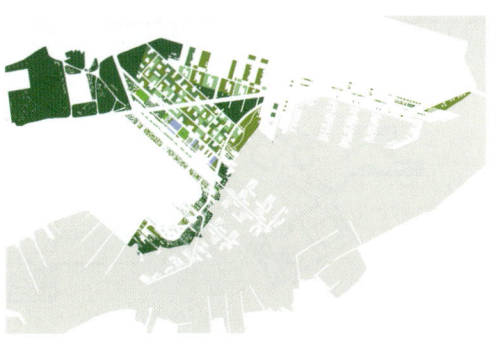

PUBLIC SYSTEM
- public squares
- pedestrian pathway
- local access
- byke route
- byke point
- swimming areas
- kayak rental

FRAGEN ZUR AUSDEHNUNG DER STADT — BEGRENZEN

Au fil de l'eau
Genève, Schweiz/Suisse
Svizzera/Svizra
Johan A. Selbing (S), Anouk Vogel (CH), Architekten

Urban farms
Poio, España
Camilo Rebocho Vaz (P), Marlene Dos Santos (P), Bruno Oliveira (P), Architekten

Pangea
Zagreb, Hrvatska
Maria Francesca Piscitelli Gotovina (HR), Guiseppe D'Alo (I), Margareta Magdi (HR), Architekten

Grünkern
Babenhausen, Deutschland
Thorsten Erl (E), Andreas Bartels (D), Stefan Werrer (D), Architekten

Natur und öffentlicher Raum

Ein nachhaltiger Ansatz für die europäischen Städte führt in neuen oder sanierten Quartieren wieder den offenen Raum ein. Dies ist häufig die Gelegenheit, den Bewohnern mehr Natur für Freizeit und urbanes Leben bereit zu stellen. Wie kann man natürliche Elemente in die bestehende Stadt integrieren? Wie kann man das Potenzial der Standorte ausschöpfen? Wie kann man die Art der Wahrnehmung von Natur verändern? Das waren die Themen der Debatte „Natur und öffentliche Räume", die im Forum der Städte und der Jurys im Dezember 2007 in Catania (Italien) stattfand. Es nahmen Fachleute und Vertreter der Standorte dieser Wettbewerbssession teil, die einen Korpus von durch die nationalen Jurys ausgewählten Entwürfen besprachen.

Eine neue Landschaft in der territorialen Stadt schaffen

Bernard Reichen, Architekt, Stadtplaner, Paris (F), Wissenschaftlicher Beirat Europan

Wir sind in einer Epoche angelangt, in der die Ökologie zum Ort universeller Identität geworden ist. Das Ende der sozialen Ideologien vor etwa fünfzehn Jahren hat eine Leerstelle geschaffen, ein Vakuum, und in gewisser Weise blieb die Ökologie als einzige erträgliche Ideologie übrig. Da sich diese Ideologie mit einem echten Bewusstwerden der Klimafragen überschneidet, hat man es nun mit einer universellen Bewegung zu tun, die überall auf der Welt zu finden ist. Diese Bewegung läuft keineswegs in jedem Land nach demselben Schema ab, aber sie stellt eine Gemeinsamkeit dar, in der sich alle Gesellschaften wiedererkennen. Die Bewusstwerdung lief in Phasen ab. Sie nahm vor mehr als 20 Jahren in den Ländern Nordeuropas ihren Anfang, Frankreich und einige andere Ländern hatten hier einen Rückstand und holen nun die Spitzengruppe der Pioniere der weltweiten ökologischen Bewegung ein.

Das ist keine unerhebliche Frage, denn wir befinden uns in einem System, dessen Entwurf nicht klar zu Tage tritt. Ein französischer Forscher, Zachi Laidi, hat gezeigt, dass wir von der «Gesellschaft der gemeinsamen Entwürfe zu einer Gesellschaft geteilter Risiken" geworden sind. Doch allein das Teilen von Risiken ist noch kein wirklicher Entwurf! Zurzeit reagiert die von uns praktizierte Ökologie häufig nur, sie beginnt erst allmählich, sich in eine aktive Ökologie zu verwandeln. Dieses Erwachen ökologischer Werte geschieht in einer Phase markanter Entwicklungen der europäischen Gesellschaften, nachdem etwa dreißig Jahre lang versucht wurde, die Stadt auf der Stadt zu rekonstruieren. Europan war sicherlich einer der Vektoren in dieser Überlegung, des Umbaus der Stadt auf der Stadt. Es begann mit den Entwürfen zur Wiedereroberung der Stadtzentren, so geschehen im Italien der siebziger Jahre, in Bologna. Dann verlagerte sich die Frage auf die Stilllegung großer Industriebauten. Die Auflassung von Industriegebieten hat gleichzeitig Entwürfe und Grundsätze gefördert, sogar eine Ideologie des Umbaus der Stadt, die auf einer grundlegenden sozialen Transformation beruht. Es handelt sich um den Übergang von der Industriegesellschaft in die postindustrielle Dienstleistungsgesellschaft. Heute befinden wir uns in einer wieder anderen Phase, wobei das vielleicht Markanteste daran das Ende der ländlichen Welt ist. Das bedeutet keineswegs das Ende der Landwirtschaft, noch nicht einmal das Ende natürlicher Lebensräume, aber es bedeutet, dass das Verhältnis zwischen Natur und Landwirtschaft sich zurzeit völlig neu definiert. Es gibt auch Länder, die diese Fragen bereits vorweggenommen haben und nun mit diffusen, weit ausgebreiteten Städten zu tun haben. Ich denke an die Ebenen in der Schweiz, an die Niederlande und Norditalien. Zwischen dem natürlichen Raum und dem urbanisierten Territorium gibt es eine historisch unterschiedliche Beziehung. Wir befinden uns in einer sehr wichtigen kulturellen Revolution, die an das Ende der Agrarpolitik der Europäischen Gemeinschaft, das Ende der Subventionen für die Landwirtschaft oder für deren Umwandlung anknüpft. Diese Umwandlung ergibt sich zwangsläufig, wenn man sich der Realität stellt und zwischen Stadt und Land wieder partnerschaftliche Beziehungen herstellen will. Gleichzeitig entwickeln sich die Gesellschaften rasant, sie individualisieren sich, sie werden mobiler. Das Ende dieser ländlichen Welt ist daher begleitet von einer diffundierenden Bewegung der Urbanität hin auf größere Flächen. Die Frage, die sich stellt, und Europan fungiert hier vielleicht als Träger, ist nicht mehr die Frage der Peripherie, sondern der territorialen Stadt. Das ist eine Stadt, die als urbanes und natürliches Mosaik aufgebaut ist, in der zwischen beidem neue Beziehungen gebildet werden müssen. Das ist nicht einfach, weil wir noch der Idee des modernen Denkens verhaftet sind, das die Sanktuarisierung, die großen Nationalparks, einer Entwicklung entgegenstellte, die als aggressiv bezeichnet wurde, da sie in diesen Hypothesen ein „Tabula rasa" einschloss, sowohl in der natürlichen Umgebung als auch bezüglich des kulturellen Erbes. Ich glaube, mit diesem modernen Gedanken Schluss zu machen und eine Partnerschaft zwischen Stadt und Natur wiederherzustellen, ist eine Herausforderung und eine Notwendigkeit. Man kann auch sagen, dass die Architektur, und hier sieht man sie in der Evolution der verschiedenen Wettbewerbe, diese Fragen bereits vorweggenommen hat. Die Architektur hat eine Bewegung verschärft, in der die Fragmentierung zur Regel geworden ist. Die Architektur hat begonnen, mit der Natur ins Zwiegespräch zu gehen. Sie ist reaktiver als die Natur. Man kann die Natur als Element des Entwurfs einsetzen, aber auch als metaphorisches Element. Man kann sagen, dass die Architektur den Weg in den Urbanismus geöffnet hat. Der Urbanismus ist eine etwas schwerfällige Wissenschaft, die der Erde verhaftet ist und jetzt erst vernunftbasierte Beziehungen zwischen den natürlichen und den urbanen Lebensräumen zu bilden beginnt. Es beginnt eine Epoche, in der die Geographie die Geschichte überflügeln wird. Sie existierte bereits mit der toskanischen *citta continuata* aus dem 14. Jahrhundert, wobei dieser Ausdruck nicht besagen will, dass die Stadt fortbesteht, sondern dass das Land und die Stadt in einem urbanen Kontinuum bestehen, das als solidarisches Element entworfen wurde. Fernand Braudel beschrieb das System der sternartigen Vernetzung im Süden Frankreichs, wo sich eine organische Beziehung zwischen den Infrastrukturen, den damaligen Dörfern und den umliegenden Ländern entwickelte. Diese Beziehung ging verloren, und zwar durch das Urbane selbst. Man findet sie jetzt wieder in den Hypothesen der territorialen Städte. Ich zitiere einen Satz von Bill Viola, dem Videokünstler, der schöne Texte über das geschrieben hat, was er „das Ende des illusionistischen Raums der Renaissance" nannte, das heißt, das Ende der Perspektive, wo der Horizont von neuem die Perspektive dominiert. Er erklärt, dass die Bilder in der Zukunft außerhalb des mit dem Auge Sehbaren gebildet werden, beispielsweise mit technologischen Mitteln, mit denen er experimentiert. Er sagt das Ende der Kamera voraus, also das Ende des mit dem Auge Sehbaren in Bezug auf die Organisation des Raums. Dadurch wird sich viel ändern, um aus der Illusion herauszukommen, in der wir seit fünf Jahrhunderten leben, der Illusion der Perspektive. Man findet nun Hypothesen der Wahrnehmung, die mit den mentalen Bildern des mittelalterlichen China verbunden sind, also mit Objekten, die einander in der territorialen Stadt des Mittelalters antworten. Hier gibt es ein ganzes Feld an Fragestellungen, in dem wir erst am Anfang stehen. In den Wettbewerben von Europan sieht man schon die Vorzeichen dieses Wandels. Man kann auch dessen Kinderkrankheiten erkennen, das heißt, etwas naive oder schematische Visionen dieser neuen Beziehung zwischen Stadt und Natur.

Aus der Analyse eines Korpus von Entwürfen für Europan 9 zum Thema dieser Beziehung ist es möglich, ein Feld von Themen zu isolieren, die erst de Einführung zu dieser Debatte darstellen. Das erste Thema ist das der „Kontinuität der großen Landschaft". Hier wird der Blick umgekehrt. Wir bewegen uns noch in der mentalen Haltung der expandierenden Stadt, und plötzlich tritt man in eine andere Beziehung ein, mit der „großen Landschaft", die das Hauptelement dieser Kontinuität sein wird, und mit den Prinzipien der Mobilität, die damit einhergehen. Dies ist der Fall beim Entwurf der engeren Wahl *Au fil de l'eau* (J. A. Selbing, A. Vogel) in Genf (Schweiz). Das zweite Thema ist mit dem Vorhandensein von Landwirtschaft oder zumindest mit Landwirtschaft, die Kontakt bietet, verknüpft. Welche Art von Landwirtschaft wird die künftige Stadt prägen? Welcher Typ von Nutzung wird in dieser großen Landschaft vorherrschen? Der Entwurf *Urban farms* des Preisträgerteams (C. Rebocho Vaz, M. Dos Santos, B. Oliveira) in Poio (Spanien) versucht eine Antwort zu geben. Ich denke, man kann eine Unterteilung in drei Gruppen vornehmen: die urbane Landwirtschaft, die Naturschutzgebiete und schließlich das, was man „Agro-Parks" nennen kann, in denen Natur zur Nutzung durch die städtische Bevölkerung bereitgestellt wird. Das dritte Thema ist in den Entwürfen von Europan sehr präsent, es ist die Frage nach dem Inseldasein, nach künstlichen Inseln. Man sieht sie im Entwurf *Grünkern* des Preisträgerteams (T. Erl, A. Bartels, S. Werrer) in Babenhausen in Deutschland. Er betrachtet die Natur als Hintergrund-Territorium, und installiert im Innern dieser Natur eine Struktur urbaner Archipel. Manchmal wird die Beziehung behandelt. Manchmal nicht. Das vierte Thema ist die Idee der Grenze. Wie kann man Grenzen erzeugen, wo keine mehr vonnöten sind? Die Stadt außerhalb der Mauern ist verschwunden an dem Tag, an dem die Mauern verschwanden. Diese Frage der Begrenzung als Entwurf wird zu einem extrem wichtigen Element. Im Griechischen wird eine Grenze durch das Wort *orion* bezeichnet, die Ränder, aber auch durch das Wort *orismos*, was auch Definition bedeuten kann. Begrenzen is also im Wortsinne auch „Definieren". Von diesem Moment an ist die Grenze keine Definition mehr, sondern ein Entwurf. Was man qualifizieren kann, ist eine Art dichte Grenze, und in vielen Agglomerationen sieht man qualifizierte Grenzen zwischen den urbanen Formen und den landwirtschaftlichen Ausprägungen erscheinen. Das ist die Haltung im Entwurf der engeren Wahl *Pangea* (M.F. Piscitelli Gotovian, G. D'Alo, M. Magdi) in Zagreb (Kroatien). Das fünfte Thema, das in relativ vielen Entwürfen erscheint, wie beispielsweise im Entwurf der engeren Wahl *Raum-Sharing* (J. Sánchez Gómez, D. Jiménez López, J. Torres, L. Garcia, J. P. Antequera) auf Teneriffa (Spanien) ist gleichzeitig real und metaphorisch, es ist der Gedanke der Schichtung. Die Idee ist, eine Landschaft nicht anzufassen, sondern zu umfassen oder über ihr mit Hilfe von Plattformen oder anderen architektonischen Objekten zu bauen, die so etwas wie eine Erhebung oder wie schwimmende Städte bilden. Das sechste Thema ist das der Osmose. Es besteht aus dem Herauszeichnen eines leeren oder vollen Raums in gleicher Weise. Es gibt keine Opposition mehr, wie in der antiken Stadt, zwischen dem Sraßennetz und den Plätzen und Fassaden der Gebäude. Es ist ein Konzept, bei dem die natürlichen und die erbauten Plattformen ineinander übergehen, einander überlagern, um eine neue, globale Landschaft zu erschaffen. Dies sieht man im Preisträger-Entwurf *Anamorphosis of landscape* (B. Bouchet, J. Lafond, T. Nouailler, Y.

Raum-Sharing
Tenerife, España
Juana Sánchez Gómez (E), Diego Jiménez López (E), Jose Patricio Antequera (E), Lisardo Garcia (E), Jesus Torres (E), Architekten

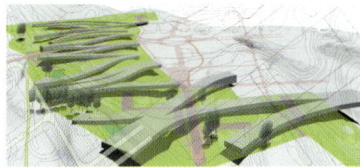

Anamorphosis of landscape
Andenne, Belgique/België/Belgien
Boris Bouchet (F), Jérôme Lafond (F), Thomas Nouailler (F), Yvan Okotnikoff (F), Architekten

urban cultivation
Zagreb, Hrvatska
Sergio Rodriguez Estevez (E), Architekt und Stadtplaner, Mario Tonossi Gian (I) Architekt, Salas Mendoza Muro (E) Architekt und Stadtplaner, Stephan Jung (D) Architekt, Sabrina Colombo (I) Stadtplaner

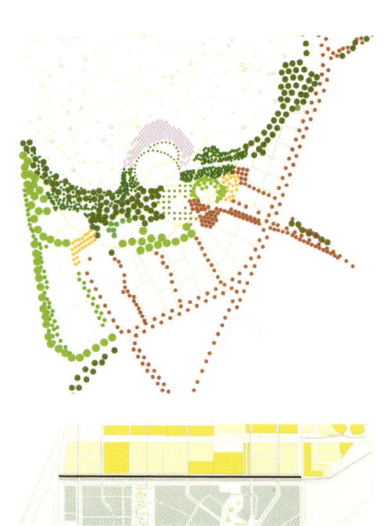

Med_house
Carbonia, Italia
Mario Casciu (I), Francesca Rango (I), Architekten, Lorenza Baroncelli (I) Architekt und Stadtplaner, Simone Lacobis (I), Sara Trippanera (I), Architekten

Ex-citizens
Kapfenberg, Österreich
Enrique Arenas Laorga (E), Luis Basabe Montalvo (E), Architekten, Alejandra Climent (E), Luis Palacios (E), Architekturstudenten

The continuity of the Park
Almere, Nederland
Adrian Pfiffer (RO) Architekt

Pangea
Zagreb, Hrvatska
Maria Francesca Piscitelli Gotovina (HR), Guiseppe D'Alo (I), Margareta Magdi (HR), Architekten

Grünkern
Babenhausen, Deutschland
Thorsten Erl (E), Andreas Bartels (D), Stefan Werrer (D), Architekten

France, Bordeaux
Standort „Cracovie-Latule"
Bevölkerung 219.000
Betrachtungsgebiet 34 ha
Projektgebiet 7,4 ha

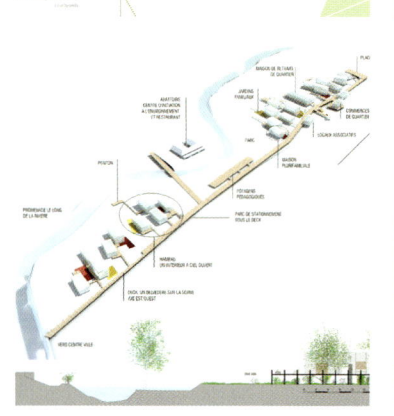

Lakeside living
Delémont, Schweiz/Suisse Svizzera/Svizra
Jean Angelini (F), Julie-Laure Anthonioz (F), Architekten

Okotnikoff) in Andenne (Belgien). Schließlich das letzte Thema, das mehr architektonisch ist, das des begrünten Gebäudes. Ein echter und metaphorischer Entwurf von hoher ökologischer Qualität, der bewirkt, dass Gebäude und Natur sich vereinen, nun jedoch über Konzepte, die in teils neuartige, teils außergewöhnliche Architekturen münden, die aber auch Konzepte sind, die oft durch die Verpflichtung geleitet werden, dass man den Energiehaushalt dieser Gebäude kontrollieren muss. Das ist der Falle beim Ankaufprojekt *urban cultivation* (S. Rodriguez Estevez, M. Tonossi Gian, S. Mendoza Muro, S. Jung, S. Colombo) in Zagreb (Kroatien).

Diese verschiedenen Themen bilden eine Art Kette, von der höchsten Stufe der „großen Landschaft" bis hin zum begrünten Gebäude. Aber natürlich schaffen viele der Europan-Entwürfen auch Übergänge zwischen den verschiedenen Gliedern dieser Kette.

Die Beziehung zwischen Natur und Stadt

Socrates Stratis, Architekt, Dozent, Nicosia (CY), Wissenschaftlicher Beirat Europan
Welche Rolle kann der Architekt in einem territorialen Entwurf und der Schaffung einer „großen Landschaft" in diesem Sinne spielen? Man kann heute feststellen, dass es viele Entwürfe vom Typ „Begrünung" in Städtebau und Architektur gibt, auch manchmal bei Europan. Wie kann man darüber noch hinausgehen?

Yttje Feddes, Raumplaner, Feddes / Olthof Landschaftsarchitekten (NL) Jury Europan Niederlande
Was ich in den meisten Entwürfen wiederfinde, ist der sehr starke Wunsch nach Harmonie mit der Landschaft. Die grüne Farbe ist in den Plänen sehr präsent! In den Niederlanden sind wir davon überzeugt, dass wir neue Landschaften realisieren können. Es geht nicht wirklich um den Gedanken, dass wir eine echte Natur haben, sondern es ist eine Natur, die sehr von den Interferenzen des Menschen mit der Landschaft beeinflusst ist. Es stellt sich die Frage, ob man in Harmonie mit der Landschaft sein kann, indem man einfach nur die Natur bewahrt? Ich denke, es ist komplexer als dies. Die Entwürfe von Europan 9 zeigen den Weg. In Carbonia in Italien geht beispielsweise der Entwurf der engeren Wahl *Med_house* (M. Casciu, F. Rango, S. De Lacobis, S. Trippanera, L. Baroncelli) von der folgenden Frage aus: wie kann man ein neues Modell der Landschaft ausgehend von den umliegenden Bäumen, Böden und Hügeln erschaffen und wie kann man es anschließend in die Bebauung integrieren? Dieser Ansatz ähnelt dem traditionellen niederländischen Ansatz. Es gibt einen weiteren preisgekrönten Entwurf *Ex-citizens* (E. Arenas Laorga, L. Basabe Montalvo), der auch die Kontinuität der Landschaft zeigt, in Kapfenberg (Österreich). In dieser schönen Bergwelt, einer sehr starken und präsenten Landschaft, in der die Natur und die Landschaft verschmelzen, macht der Entwurf aus der Natur das wichtigste Element, sie verteilt die urbane Installation. Die Gebäude steigen an den Hängen empor, aber sie zerstören nicht das Bild des Waldes. Man kann sich aber die Kontinuität und Identität der Landschaft sogar bei sehr starken Interventionen des Menschen bewahren. Die Kanäle in Amsterdam sind dafür ein gutes Beispiel. Es ist die komplette Umwandlung einer Landschaft, aber immer noch mit derselben Identität.

Frédéric Bonnet, Architekt, Raumplaner, Dozent Paris (F) Jury Europan Frankreich
Um die Formel von Bill Viola wieder aufzunehmen, wohnen wir dem Ende der kontemplativen Wahrnehmung der Natur bei, einer erbauten, gezähmten Natur, die von der Architektur oder eher von der Architektur ausgehend gesehen wird. Man stellt fest, dass es verschiedene Stufen natürlicher Umgebungen in den Entwürfen von Europan 9 gibt: die gezähmte, die urbane und die territoriale Natur. Die territoriale Natur – das sind im Allgemeinen Berge und Flüsse. Die urbane Natur ist die Stufe der Gemeinde und schließlich die gezähmte Natur, das sind die Gebäude, die immer wieder Räume aufweisen, in denen die gezähmte Natur in Form von Gärten Einzug hält. Man kann diese Ausprägung der Stufen in Zagreb sehen, im Entwurf der engeren Wahl *Pangea* (M.F. Piscitelli Gotovina, G. D'Alo, M. Magdi). Wir haben hier Inseln, die nicht ganz bebaut sind, wir haben eine Natur, die sich in den Zwischenräumen, in Nischen Platz verschafft, wie eine Serie räumlicher Fraktale. Oder nehmen wir den Entwurf der engeren Wahl *The continuity of the Park* in Almere (A. Pfiffer). Dieser Entwurf scheint

auf territorialer Ebene immens zu sein, aber in dieser immensen Ausprägung findet man immer kleinere Räume... So ist eine der Antworten auf die urbane Fragmentierung, dass drei oder vier verschiedene Beziehungen zur Natur entstehen können: die Pflanzen im Wohnzimmer, gemeinsam genutzte Gärten in der Nachbarschaft, und schließlich die größere Landschaft, die vorhanden ist, das Wasser, das Meer, aber auch Berge, Flüsse, wie wir bereits gesehen haben... Das ist relativ neu, denn die urbanen Inselchen waren bisher sehr bebaut und vom Gebäude eingenommen.

Yttje Feddes
Ich denke, dass die interessantesten Pläne diejenigen sind, die eine sehr klare Haltung zu ihrem Thema auf die Stufe ihres Entwurfs einnehmen. Handelt es sich um eine Stufe, die der Natur oder der urbanen Entwicklung die Führung überlässt? Was ist das Tonangebende? Wenn es die Natur auf dieser Stufe ist, dann ist die urbane Entwicklung nur ein Mitspieler, den man eingeladen hat. Auf einer anderen Stufe hingegen ist es wahrscheinlich die urbane Entwicklung, die dominiert und die Regeln vorgibt. Die Natur ist dann zwar da, aber nur zur Verfügung gestellt. Die besten Entwürfe sind diejenigen, die diese Rolle mit variablen Positionen klar definiert haben, und zwar auf allen Stufen. Ein Beispiel für einen Entwurf, bei dem die Natur nicht auf allen Stufen dominieren muss, ist *Grünkern* des Preisträgerteams (T. Erl, A. Bartels, S. Werrer) für den Standort Babenhausen in Deutschland. Dieser Entwurf weist auf großem Maßstab eine sehr starke grüne Struktur auf, eine sehr gute Zusammensetzung, die ausreichend Kraft haben kann, um seine innewohnenden Funktionen zu bewahren, und in welcher sich Nischen mit urbaner geprägten Zonen einfinden werden, die ihre eigene Beziehung zur Natur organisieren können.

Michel Bergeron, Generaldirektor Raumplanungspool Urban/Habitat, Stadtgemeinde Bordeaux (Frankreich)
Die Frage der großen Landschaft ist sehr aktuell für die urbane Entwicklung von Bordeaux. Die Stadt befindet sich im unteren Bereich des Mündungsgebietes. Ein Viertel des Geländes liegt unter dem Höchststand des Wasserspiegels für den Fluss Garonne. Die große Landschaft der Garonne weist also eine starke Präsenz mitten in der Stadt auf, das Wasser spielt eine große Rolle. Man versucht daher, in der Stadtentwicklung Flutungsbereiche freizuhalten, während man zuvor wie in den Niederlanden Feuchtgebiete trockenlegte. Wir sind also in einem Verhältnis Stadt/Natur, das sich heutzutage komplett gewandelt hat. Es ist paradox, dass der Standort, den wir dem Wettbewerb vorgelegt haben, rund um den Lac de Bordeaux liegt. Dies ist ein künstlicher See, der zur Gewinnung von Baumaterial angelegt wurde, das für die Erweiterung der Stadt in einem Bereich benötigt wurde, der von Natur aus einen eher feindseligen Charakter hatte. Dieses sehr nahe Verhältnis zum Wasser hat uns dazu gebracht, sehr spezielle Lösungen für die Bebauung zu übernehmen, ähnlich dem System der schwimmenden Städte.

Socrates Stratis
In Delémont (Schweiz) haben wir einen Entwurf mit dem Titel *Lakeside living* (J. Angelini, J.-L. Anthonioz). Dabei handelt es sich um die Erbauung einer Art Fußgängerplattform, die über dem Boden schwebt, um so einen öffentlichen Raum im Freien zu schaffen, der dann die Wohnquartiere bedient.

Hubert Jaquier, Leiter des Bauamts, Delémont (CH)
Der Standort am Zusammenfluss zweier Flüsse ist ein Flutungsgebiet, das noch nicht beherrscht ist und große Schwierigkeiten bereitet. In den für unseren Standort eingereichten Entwürfen gelang es den Wettbewerbsteilnehmern nicht immer ausreichend, die Frage zu berücksichtigen, die sich auf die große Landschaft bezieht, auf die Beziehung, die sich zwischen den verschiedenen bestehenden Wasserläufen bilden könnte. Verschiedene Entwürfe schlugen zusätzliche Eindeichungen vor, die einen Bruch zwischen dem Wasserlauf und dem zu urbanisierenden Gebiet bilden. Bei anderen Entwürfen wurde ganz im Gegenteil eine Beziehung zum Wasserlauf aufgebaut, die diesen in den öffentlichen Raum einbezieht, für Erholung und Freizeit. Meiner Meinung nach besteht die Gefahr bei der ersten Lösung, dass der öffentliche Raum von den natürlichen Elementen des Geländes komplett getrennt wird.

Bernard Reichen
Diese Frage ist sehr wichtig, denn viele Jahre lang betrachtete man die Eindeichung als die Lösung zwischen Wasser und Trockengebiet. Man weiß jetzt, dass alle großen Katastrophen im Bereich Überschwemmungen, wie beispielsweise in New Orleans, durch einen Bruch der Deiche verursacht wurden. Man hat endlich begriffen, dass ein Deich zwangsläufig eines Tages zerstört wird, man weiß leider nur nicht, wann und wie. Es handelt sich heute darum, die Sichtweise umzukehren, um Nutzungen zu finden, die das Risiko als eine Komponente des Problems integrieren. So realisiert man in Montpellier eine Senke mit einer Tiefe von 1,50 m, einer Breite von 150 m und einer Länge von 4 km, um eine Welle von 750 m^3/s aufnehmen zu können, die wahrscheinlich niemals eintreffen wird. Aber wenn sie heute käme, würden statistisch gesehen etwa 200 Menschen in dieser Stadt des Flussdeltas sterben. Ich denke, dass dieser Begriff der zweckbestimmten Flutungslandschaften eine starke Reflexion der urbanen Agrikultur ist, der Freizeitgestaltung und auch des ökologischen Schutzes der Flussufer.

Frédéric Bonnet
Wenn wir ein Gelände der Natur überlassen, kann das brutal sein. Dann sind wir nämlich im natürlichen Gelände nicht mehr willkommen, man muss es einfach beherrschen und kontrollieren. Gewisse Gebiete in der Welt sind nicht bewohnbar, weil die Natur die Oberhand über eine städtische Besiedlung gewonnen hat. Wir erkennen also, dass es sehr schwierig ist, Millionen von Quadratkilometern zu beherrschen mit einem einfachen Gartengerät, wie es im achtzehnten und neunzehnten Jahrhundert verwendet wurde. Heute entstehen neue Arten von öffentlichen Parks, die die Kraft der Natur zur Schaffung von „Umweltmilieus" nutzen. Ein andere probates Mittel ist die urbane Agrikultur. Auch das ist ein Mittel zur Beherrschung sehr großer Gelände, aber es beschränkt sich nicht auf reinen Gartenbau.

Socrates Stratis
In Ihrem Buch „Mixed Farming", Yttje Feddes, haben Sie die neuen Beziehungen zwischen Landwirtschaft, Land und Stadt analysiert. Welche Typen sind dort vorhanden?

Yttje Feddes
Der Entwurf der engeren Wahl *Urban farms* (C. Rebocho Vaz, M. Dos Santos, B. Oliveira) in Poio (Spanien) und der Entwurf *Città Pi-adica* des Vorauswahlteams (M. Riccobelli,

Schweiz/Suisse
Svizzera/Svizra
Delémont
Standort Gros Seuc
Bevölkerung 12.000
Betrachtungsgebiet 5,5 ha
Projektgebiet 3,5 ha

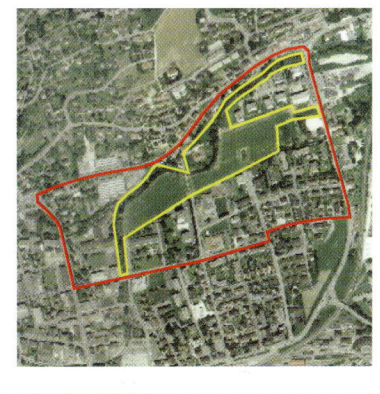

Urban farms
Poio, España
Camilo Rebocho Vaz (P),
Marlene Dos Santos (P),
Bruno Oliveira (P), Architekten

Città Pi-adica
Italia, Siracusa
Marco Ricobelli (I), Francesco Cingolani (I), Architekten und Stadtplaner, Sante Consiglio (I) Architekt, Ingenieur,
Maria Concetta Sangrigoli (I) Architekt und Stadtplaner

NATUR UND ÖFFENTLICHER RAUM

NATUR UND ÖFFENTLICHER RAUM

urban cultivation
Zagreb, Hrvatska
Sergio Rodriguez Estevez (E), Architekt und Stadtplaner, Mario Tonossi Gian (I) Architekt, Salas Mendoza Muro (E) Architekt und Stadtplaner, Stephan Jung (D) Architekt, Sabrina Colombo (I) Stadtplaner

Nederland, Almere
Standort Almere Poort, IJmeerkwartier
Bevölkerung 180.000
Betrachtungsgebiet ca. 10 ha
Projektgebiet ca. 2 ha

Continuity of the park
Almere, Nederland
Adrian Pfiffer (RO) Architekt

Green Wall
Almere, Nederland
Florian Heinzelmann (D), Daliana Suryawinata (RI), Architekten

F. Cingolani, S. Consiglio, M.C. Sangrigoli) in Syrakus in Italien setzen den Schwerpunkt auf die Tatsache, dass man auf dem Land und in den Gärten spazieren gehen können soll. Damit entsteht ein neues stufenartiges Verhältnis. In den Niederlanden dachte man lange Zeit, dass die gesamte Natur die Landschaft ist und die Landschaft die Natur. Aber die Stadtbürger suchen Möglichkeiten, um aus dieser Verwirrung zwischen Natur und urbaner Landschaft herauszukommen und möchten Zugang zu ländlichem Gebiet haben. So erzeugen die Landwirte nicht nur unsere Lebensmittel, sondern auch Landschaften und damit Möglichkeiten der Freizeitgestaltung für die Stadtbürger. Aber auch hier ist es eine Frage der Ebenen, ich denke nicht, dass ein kleiner Raum in der Stadt einem landwirtschaftlichen Nutzer ausreichen würde, wie es bei dieser Insel von 10 Quadratmetern in Zagreb im Entwurf der engeren Wahl *Pangea* (M.F. Piscitelli Gotovina, G. D'Alo, M. Magdi) der Fall ist, wo man urbanen Raum mit Wiesen und Bauernhöfen vermischt. Man muss sich über die Nutzung dieses Raums im Klaren sein. Diese Insel ist nicht groß genug, um ökologische Funktionen übernehmen zu können. Muss man die Landschaft als System behalten? Wenn sie ausreichend stark ist, ja, andernfalls kann man zum Gartenbau zurückkehren, der eine Aktivität ist, die von der Natur ausgeht.

Frédéric Bonnet
Kann eine Grünfläche oder zumindest ein Stückchen Natur es ermöglichen, einem Wohnviertel oder einer Gemeinde Identität zu verleihen? Es ist möglich, aber das hauptsächliche Problem, vor dem wir heute stehen, ist, wie die verschiedenen Räume miteinander interagieren? Wer kümmert sich darum? Wer hat die Verantwortung? Wer bearbeitet diese natürlichen Räume? In Poïo bringt der Entwurf die individuellen Ansätze der Pflege der Natur in den Vordergrund und schafft damit eine kollektive, kultivierte und gepflegte Landschaft. Die Menschen, die dort leben, teilen sich die Landschaft, und jeder agiert auf seiner Ebene, in seinem Garten, um die Landschaft zu erzeugen. Das ist sicher völlig anders als die Parks, die man in Städten findet und die von der Allgemeinheit gepflegt werden. Mit dem Ende der ländlichen Kultur vor weniger als 100 Jahren sind wir aus einer Lebenswelt herausgekommen, in der fast jeder mit Fragen des Gartenbaus beschäf-

tigt war. Von der Aussage „Es hat geregnet, meine Tomaten sind verfault" bis zu einer sehr viel abstrakteren Beziehung zur Natur und zum Klima. Wir lesen in den Zeitungen, dass wir uns um den Klimawandel sorgen müssen, aber unsere Tomaten finden wir im Supermarkt oder auf dem Markt, und wir wissen gar nicht, dass wir sie selbst in nächster Nähe finden könnten. Die Entwürfe, die sich wieder auf die Idee der Gartenarbeit oder auf den direkten Umgang mit der Natur konzentrieren, bieten einen Vorschlag zur Lösung eines Teils dieser Krise.

Socrates Stratis
Wie kann man in einer individualisierten Gesellschaft wie der unseren hier einen gemeinschaftlichen Effekt und eine landschaftliche Einheit herstellen? Ist die Privatisierung der Grünflächen in Gärten wirklich eine gute Lösung?

Yttje Feddes
Ja, das muss eine Landschaft ergeben. In Almere in den Niederlanden stehen sich an dem Standort, der auch vor dreißig Jahren gepflanzte Wälder enthält, zwei Haltungen in den Entwürfen gegenüber: zum einen *Continuity of the park* (A. Pfiffer, engere Wahl), der an die Kultur der Gärten und die Integration des Waldes in die Parzelle glaubt, zum anderen *Green Wall* (F. Heinzelmann, D. Suryawinata, engere Wahl), der die Wälder der Stadtentwicklung opfert, indem er eine bebaute Grenze erschafft.

Wim Beekhuis, Leiter Stadtplanung, Almere (Niederlande)
Wir in Almere leben nicht in der Natur. Das grüne Netz dieses Standorts, die Bepflanzung mit Bäumen vor dreißig Jahren, hatte immer das Ziel, diesen Standort einmal in eine urbane Entwicklung zu überführen. Tatsächlich sind die beiden Entwürfe sehr unterschiedlich, da der eine mitten in die Bäume geht, der andere die Stadt begrenzen möchte. Aber wenn man beide vergleicht, ergibt sich die Frage der Pflege des Waldes. Derzeit ist eine Forstbehörde mit der Pflege beauftragt. Bei dem Entwurf, der die Bäume behält, müsste die Pflege selbst organisiert werden. Beim anderen ist die Pflege einfacher und einige Apartments haben auch Meerblick. Hier ist das Problem, den öffentlichen und privaten Räumen Grenzen zu geben, nicht nur als Grenze zwischen Natur und Stadt.

Komplexität zwischen Kulturerbe, Gebautem und Biodiversität steuern

Socrates Stratis
Diese Idee der Osmose zwischen Boden und Gebäude zeigt sich in zwei Entwürfen, dem des Preisträgerteams von Andenne (B), *Anamorphosis of landscape* (B. Bouchet, J. Lafond, T. Nouailler, Y. Okotnikoff), wo der Boden den Gebäuden einen anderen Charakter geben kann, und dem am Standort Ama (E), wo der Entwurf *The hills have eyes* (C. Rodríguez Cedillo, D. Pérez García, R. Pina Isla) versucht, Gebäude und Landschaft wieder zu vereinen. Ist die Suche nach dieser Verschmelzung nur eine formelle Geste oder ergibt sie wirklich einen Sinn?

Frédéric Bonnet
Diese beiden Entwürfe vermischen die Probleme der Bebauung und der Infrastruktur, aber in einer Art und Weise, die vielleicht wirtschaftlicher ist, mit einem eher „nachhaltigen" Ansatz im Sinne der Nutzung der Ressourcen eines Standorts für die Bebauung selbst. In Ama nimmt man die Parzelle und modelliert diese. Man kann aus den Schnitten lesen, wie die topographische Situation genutzt wurde, um eine große Diversität der Gebäude zu schaffen und das Gelände selbst aufzuwerten. Es gibt eine Verbindung zwischen diesem Standort und dem Rest des Geländes. In diesem Entwurf von Andenne nutzt man den Fluss, um das Material für die Bauphase zu transportieren. Alles, was nicht zum Standort selbst gehört, wird über den Wasserweg transportiert, eine wichtige Idee im Sinne einer nachhaltigen Entwicklung.

Claude Eerdekens, Bürgermeister, Andenne (Belgien)
Die Anordnung der Wohnbebauung in der Nähe der Meuse ist eine gute Idee. Blick auf einen Fluss zu haben, ist immer sehr angenehm, um so mehr als sich an dieser Stelle des Flusses eine Insel befindet, die ein Naturschutzgebiet ist, Natura 2000. Was den öffentlichen Raum betrifft, der das zur Zeit noch unzugängliche Hafengelände ersetzen soll, muss man wirklich genau definieren, wie ein für alle Bewohner offener Raum von den örtlichen Behörden gepflegt und organisiert werden soll, und er muss vom halböffentlichen, von Eigentümergemeinschaften gepflegten Räumen trennbar sein. Auf diese Art sollen der örtlichen Gemeinde keine zu hohen Kosten für Personal und Pflege aufgebürdet werden. Das muss klar im Bebauungsplan und den Dokumenten der Stadtentwicklung festgelegt werden, um zwischen den von der Gemeinde zu unterhaltenden Orte und dem Privateigentum in Eigentümergemeinschaften zu unterscheiden.

Pascal Amphoux, (F) Stadtplaner, Wissenschaftlicher Beirat Europan
Der Entwurf von Andenne zeigt anschaulich die Komplexität der Beziehung zur Natur, die man zu steuern versuchen muss. Wenn man die Entwürfe des Wettbewerbs beurteilt, besteht die Gefahr, dass man sehr schnell von der Landschaft oder eher der Natur redet und dabei so tut, als wäre die Natur nur eine Landschaft, etwas, zu dem man eine Beziehung im Hinblick auf Wahrnehmung, Ästhetik und Kultur hat... und man vergisst dabei völlig, dass die Natur eine Maschinerie ist. Dass heute, wie es der Landschaftsplaner Gilles Clément erklärte, der Garten planetenartig ist. Und dieser Garten muss wie eine Maschine zum Funktionieren gebracht werden, ausbalanciert werden... Danach gibt es die dritte Dimension, die des Territoriums, der Nutzung, der Praxis. Nun denke ich aber, dass für das Territorium bei dieser Art von Standorten ausschlaggebend ist, dass eine Kreuzung oder Hybridisierung, die Erfüllung und Beantwortung dieser drei Arten von Herausforderungen erzeugt werden können. Beispielsweise die Hypothesen, dass Privatpersonen eine Beitrag zur Unterhaltung öffentlicher Räume leisten, denn es gibt Wiederaneignung. Es gibt Erfahrungen dieser Art in allen Ländern Europas. In Lausanne gibt es Bepflanzungen, die von den Bewohnern der Stadt erstellt werden. In der Schweiz gibt es ökologische Subventionen, um die Landwirte dazu anzuregen, landwirtschaftlich genutzte Fläche brach liegen zu lassen.
Es gibt hier die Tendenz, ein Thema durch ein anderes zu ersetzen, und man muss Unterscheidungen herausarbeiten. Die Biologen sprechen von drei Arten von Flächen: Primärflächen, Sekundärflächen und Tertiärflächen. Primärflächen sind zu einem klimatischen Gleichgewicht gekommen, in dem es wahre Biodiversität gibt, ein autark funktionierendes System, es sind geschützte Flächen, die nicht angefasst werden dürfen. Sekundärflächen sind komplett künstlich, mit Monokultur, einer intensiven Landwirtschaft, ohne jede Biodiversität; und schließlich gibt es die Flächen, in denen die Biodiversität sich regeneriert, neu entsteht und in denen sich Leben entwickelt. Das sind Brachen, und diese sind genau die Zwischenräume, die die Beziehungen zu den anderen beiden Flächenarten festlegen. Diese Dreifach-Klassifizierung der natürlichen Welt kann man auch auf die Stadtentwicklung anwenden. Im Bereich der Primärebene ist es das historische Erbe, das man museal gestalten kann, weil es 500, 1.000 oder 1.500 Jahre alt ist. Man wird diese Flächen des Kulturerbes nicht umwälzen. Es gibt Produktionsflächen, die komplett künstlich sind. Und es gibt Industriebrachen. In Andenne handelt es sich genau um eine solche Hafenbrache, aber man hat alle drei Situationen. Es gibt die der Öffentlichkeit „verbotene" Insel, die geschützt ist und wo sich die Vegetation von selbst regeneriert. Ein Biologe schaut alle paar Jahre vorbei und beobachtet die Entwicklung. Es gibt die Industriebrache mit ihren künstlichen, sehr dauerhaften Gebilden, die Hafenmole, aber auch dies ist ein Andenken an einige Dinge, die hier geschehen sind. Und schließlich gibt es die neuen öffentlichen oder halböffentlichen Räume, in denen Gärten entstehen und die gut abgegrenzt werden müssen. Es ist sehr interessant, das Potenzial dieses Entwurfs voranzutreiben, nicht nur in einer Dimension, sondern in allen drei. Das zeigt jedenfalls, dass ein ökologisches und ein vom Menschen gemachtes System auf kleinen Flächen Raum greifen kann. Der Übergang vom urbanen zum territorialen Entwurf ist auch der Übergang von der zentral-peripheren Stadt zur territorialen Stadt. Und er impliziert die Umwälzung in Richtung anderer konzeptueller Werkzeuge. Das Wort „Brache" ist hier sehr interessant, denn es kann sowohl für natürliche als auch für industrielle Flächen verwendet werden. Das ist der Ort, an dem sich die Biodiversität regeneriert.

Anamorphosis of landscape
Andenne, Belgique/België/Belgien
Boris Bouchet (F), Jérôme Lafond (F), Thomas Nouailler (F), Yvan Okotnikoff (F), Architekten

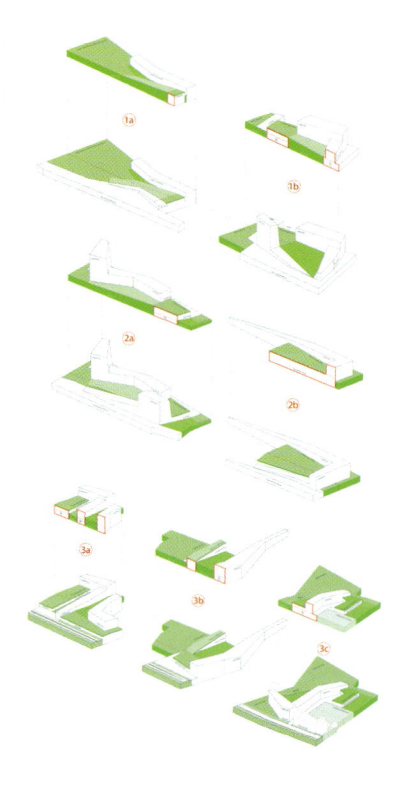

The hills have eyes
Ama, España
Carmelo Rodríguez Cedillo (E), David Pérez García (E), Rocío Pina Isla (E), Architekten

Belgique/België/Belgien
Andenne
Standort Andenne-Seilles station
Bevölkerung 24.407
Betrachtungsgebiet 16 ha
Projektgebiet 5,5 ha

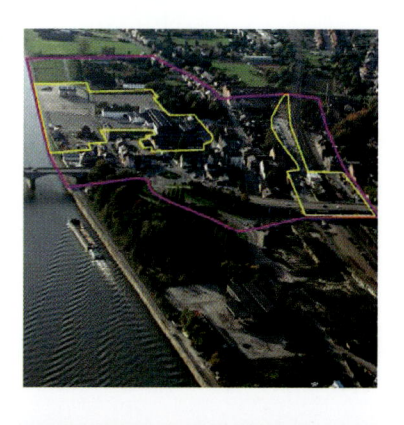

Ortsspezifische Veränderungen Sollten für eine nachhaltige Stadt, die ein städtisches Erbe für zukünftige Generationen bilden soll, bereits bebaute Gebiete verdichtet werden, indem obsolete suburbane Enklaven (Militärkasernen, Industriegebiete) umgewandelt werden? Welche Art von städtebaulichem Projekt kann vorgeschlagen werden, um diese Areale in multifunktionale Nachbarschaften zu transformieren?

INFILTRIEREN	98
BABENHAUSEN, DEUTSCHLAND	99
STRAUBING, DEUTSCHLAND	102
AMA, ESPAÑA	106
SAINT-CHAMOND - SAINT-ETIENNE MÉTROPOLE, FRANCE	110
ZAGREB, HRVATSKA	114
CARBONIA, ITALIA	118
GYOR, MAGYARORSZÁG	122
AMSTERDAM, NEDERLAND	126
WARSZAWA CZYSTE, POLSKA	130
GENÈVE, SCHWEIZ/SUISSE/SVIZZERA/SVIZRA	135
INTENSIVIEREN	138
SELB, DEUTSCHLAND	139
POIO, ESPAÑA	143
LE HAVRE, FRANCE	147
MULHOUSE, FRANCE	151
DUBLIN, IRELAND	155
ERICE, ITALIA	159
PISTOIA, ITALIA	163
GRONINGEN, NEDERLAND	167
SHEFFIELD, UNITED KINGDOM	170
STOKE-ON-TRENT, UNITED KINGDOM	173

2. Ortsspezifische Veränderungen
infiltrieren
intensivieren

2. Ortsspezifische Veränderungen infiltrieren

Können neue Funktionen und städtisches Leben in bislang introvertierte Gebiete eingeführt und diese Areale gleichzeitig an die bestehende Stadtstruktur angebunden werden?

Deutschland Babenhausen
Wie konvertiert man Kasernen in einen Bezirk mit Stadtanbindung?

Stadt Babenhausen
Standort Stadteingang Ost
Bevölkerung 16.500
Betrachtungsgebiet 70 ha
Projektgebiet Stadtumbaugebiet und Kasernenareal

Babenhausen liegt als Unterzentrum und prosperierender Wohnstandort im südöstlichen Rhein-Main-Gebiet an der Nahverkehrs- und Siedlungsachse Darmstadt–Aschaffenburg. Der Flughafen Frankfurt ist 35 km entfernt. Etwa 60% der 16.500 Einwohner leben in der Kernstadt. Das Wettbewerbsgebiet liegt 1,5 km südöstlich des Stadtkerns und bildet durch Kaserne und nördliche Gewerbebrache den östlichen Stadteingang. Das Gebiet ist vom Stadtkern durch den Bahndamm der Bahnstrecke Darmstadt–Aschaffenburg und die B 26 räumlich getrennt.

Mit der Aufgabe des Standortes durch die US-Armee wird die hundertjährige Kaserne dem Zivilleben übereignet. Aufgrund der ehemaligen Funktion ist das Gebiet derzeit stadträumlich isoliert, wobei es flächenmäßig die Situation am östlichen Stadtrand dominiert. Das Areal soll zusammen mit der gegenüberliegenden Gewerbebrache im Rahmen eines Umstrukturierungsprozesses in die Gesamtsituation eingebunden werden und so den neuen östlichen Stadteingang bilden.

Der denkmalgeschützte Verwaltungsbereich der Kaserne stammt aus den Jahren 1900-1903. Versorgungsbereich, Kino, Sport- und Technikhallen sowie der Wohnbereich sind neueren Datums und zum Teil komplett saniert. Die Altlastensituation ist ungeklärt.

Nördlich der Kaserne zwischen B 26 und Bahndamm liegen verschiedene Brachen, u. a. die Fläche einer ehemaligen Gussarmaturenfabrik. Im Süden und Osten grenzt der Flugplatz an diverse Naturschutzflächen. Westlich des Areals sind Wohn- und Freizeitnutzungen angesiedelt, eine geplante Umgehungsstraße wird hier entlang führen. Es soll ein langfristiges Konzept erarbeitet werden, das in Entwicklungsabschnitten umgesetzt werden kann. Langfristig ist das Gebiet in den Stadtzusammenhang einzubinden.

Die Kaserne soll mit einem Nutzungsmix aus Wohnen, Gewerbe und Bildung unter Berücksichtigung des Denkmalstatus des historischen Areals ausgestattet werden. Es wird nach Nutzungen und Strukturen gesucht, die zukunftsfähige Dienstleistungs- und Gewerbeunternehmen anziehen. Hierzu könnten umfeldverträgliche Projekte auf dem Sektor alternativer Energien einer nachhaltigen Versorgung des Areals dienen und das Image des Standorts prägen.

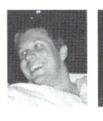

Grünkern

Thorsten Erl (D), **Andreas Bartels** (D), **Stefan Werrer** (D), Architekten

metris architekten wurde 1999 von Thorsten Erl und Andreas Bartels und das Architekturbüro 711Lab im Jahr 2000 von Stefan Werrer gegründet. Sie arbeiten seit 2006 bei verschiedenen Forschungs- und Planungsprojekten auf dem Feld der Architektur und des Städtebaus zusammen.

Sie lieben Kontext. Klassifikationen und Konzepte in der Stadtkultur verschwimmen. So wird es immer wichtiger, sich mit Kontext im weiteren Sinne zu beschäftigen. Kontext bedeutet Mehrschichtigkeit. Diese Komplexität muss nicht nur analysiert werden, sie kann auch neue Interpretationen inspirieren.

Basierend auf Analyse und Intuition können maßgeschneiderte Konzepte und flexible Strategien für urbane Transformationsprozesse entstehen und verständlich gemacht werden. Dieser undogmatische und optimistische Ansatz versucht die Balance zwischen Freiheit und Regulierung zu halten. Ziel ist die Aufdeckung von Möglichkeiten, die über die bloße Realität des Bestehenden hinausgehen.

metris architekten & 711Lab
Alte Eppelheimer straße 23
69115 Heidelberg, Deutschland
T +49 62216593241
info@metris-architekten.de
www.metris-architekten.de

Grünkern ist das Herz des südlichen Stadtgebietes von Babenhausen. Drei neue Quartiere werden zu diesem Freizeitgebiet hin ausgerichtet, das sich durch Wartungsarmut trotz intensiver Nutzungsmöglichkeiten auszeichnet. Die Quartiere werden für neue Nutzungen geöffnet. Designeingriffe zielen auf die Anregung einer marktbestimmten Entwicklung. Primärmaßnahmen schließen die Neuparzellierung als Voraussetzung für Privatisierung und die Erweiterung öffentlicher Flächen für erfolgreiche Vermarktung ein.

Grünkern ist als offene Fläche entworfen, die sich im Zentrum potenzieller Entwicklungsflächen befindet. Die jeweiligen Grenzen werden durch neue Wohntypologien gebildet, die sich aus dem einzigartigen Charakter jedes Quartiers ergeben. Für die historischen Kasernengebäude wird eine Mischnutzung vorgesehen. Die Umwandlung des früheren Exerzierplatzes in einen Marktplatz schafft ein neues Zentrum für dieses Quartier. Der Wohnbereich bietet die Möglichkeit zum Erwerb von Wohneigentum. Der südliche Teil ist für Piloten geplant, die ihre Kleinflugzeuge direkt vor ihrem Haus parken können. Der Technikbereich wird in ein Innovationsgebiet umgewandelt, welches grüne Start-up-Unternehmen anziehen soll.

Die Strategie urbaner Inversion basiert auf zwei radikalen Voraussetzungen: dem rigorosen Abriss aller bestehenden Strukturen innerhalb der Grenzen der zukünftigen öffentlichen Flächen und somit ein vollständiges Öffnen der Oberflächen, sowie der vollständigen Erhaltung bestehender Strukturen außerhalb der Grenzen mit der Möglichkeit zur Neunutzung, Modernisierung oder Nachrüstung. Somit schafft die Strategie der urbanen Inversion neue öffentliche Flächen mit hohen Raumqualitäten zum Leben und Verweilen.

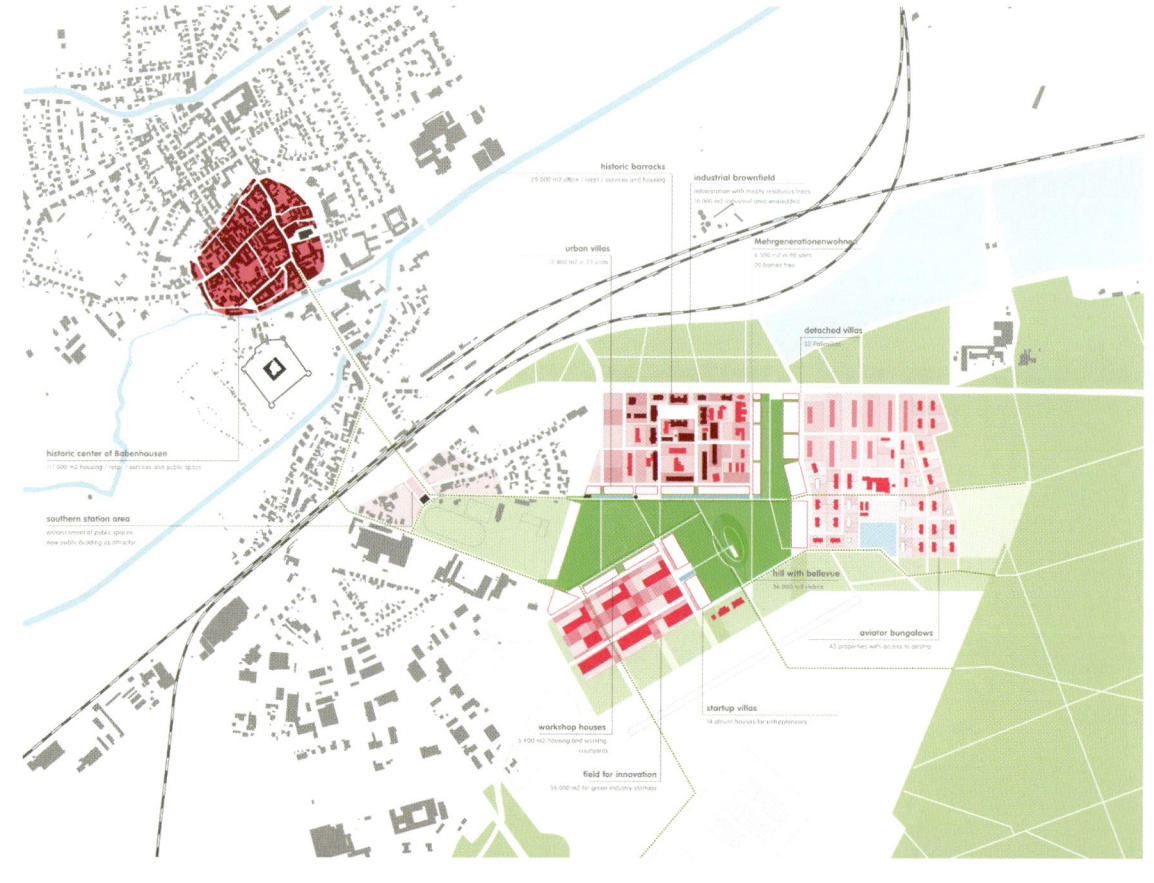

BABENHAUSEN, DEUTSCHLAND

PREIS

ORTSSPEZIFISCHE VERÄNDERUNGEN INFILTRIEREN

101

Typ Gründervilla

Typ 1 Reihenvilla

Typ 2 Reihenvilla

Typ Stadthäuser

Gartentyp

Typ Stadtreihenhäuser

Deutschland
Straubing
Wie erzeugt man Urbanität auf einem ehemaligen Industrieareal?

Stadt Straubing
Standort Völkl-Gelände
Bevölkerung 45.000
Betrachtungsgebiet ca. 30 ha
Projektgebiet ca. 4 ha

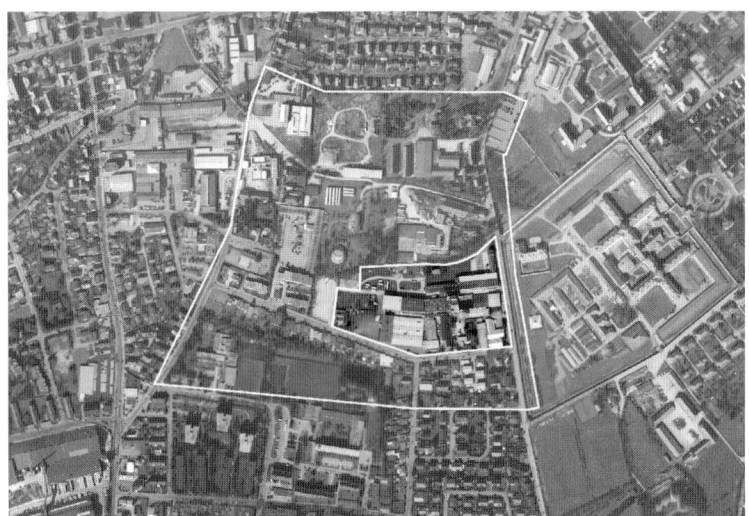

Die kreisfreie Stadt Straubing liegt im Osten Bayerns und ist kultureller und wirtschaftlicher Mittelpunkt der Region zwischen Gäuboden und Bayerischem Wald. Die verkehrsgünstige Lage an der Donau ermöglichte eine prosperierende gewerbliche Entwicklung, in den letzten Jahren vor allem im Bereich der Forschung, Produktion und Verarbeitung nachwachsender Rohstoffe.

Das Areal liegt etwa 2 km südlich der Straubinger Innenstadt. Südlich der Bahnanlagen, in unmittelbarer Nachbarschaft zur Justizvollzugsanstalt entwickelte sich in den Nachkriegsjahren eine der ersten zusammenhängenden Gewerbeflächen der Stadt. Der weltbekannte Sportartikelhersteller Völkl ist nicht nur ein Beispiel für die Entwicklung eines bodenständigen Handwerks- zu einem innovativ/produktiven Industriebetrieb – Völkl wird auch mit Sport, Freizeit und „Jugend-Kultur" assoziiert. Nach der Auslagerung des Betriebs an den Stadtrand stehen die ehemaligen Fabrikationsanlagen heute größtenteils leer. Heute, umgeben und durchmischt von Wohnnutzungen, hat sich hier eine äußerst heterogene städtebauliche Struktur entfaltet. Ein Stück Stadtgeschichte ist hier noch präsent, dessen Revitalisierung in einem übergeordneten städtebaulichen Kontext angestrebt wird. Der Wandel von der Industrie- zur Dienstleistungsgesellschaft und die demografische Entwicklung zu einer immer älter werdenden Sozialgesellschaft stellt im Konfliktbereich zwischen Gewerbe und Wohnen eine besondere Herausforderung für die künftige Stadtentwicklung dar. Unter Berücksichtigung erhaltenswerter Gebäudestrukturen und unter Einbezug bzw. Entwicklung bestehender Grünstrukturen soll ein multifunktionales Quartier entstehen, das eine innovative Form von Urbanität bietet. Die Strukturierung und Aufwertung des öffentlichen Raums wird ebenso als wesentlicher Bestandteil der erforderlichen Stadtreparatur angesehen, wie die Steigerung architektonischer Qualitäten auch im Bestand. Gemeint ist die Verknüpfung von Arbeiten und Wohnen auf der einen Seite und von Freizeit, Bildung und Kultur andererseits.

Camilo Hernandez (D), **Nataly Granados** (D), Architekten, **Sonja Knapp** (D) Stadtplanerin

urban3 arbeitet in den Bereichen Architektur, Stadtplanung und Landschaftsgestaltung. Die drei Partner im Team streben in einem interdisziplinären, ganzheitlichen Ansatz durch innovative, nachhaltige Konzepte mit hohem Design Standard die Aufwertung urbaner Zonen an.

urban3
architektur städtebau freiraum
granados hernandez knapp GbR
Nobelstrasse 15
70569 Stuttgart, Deutschland
T +49 071165691870
urbandrei@web.de
www.urban3.eu

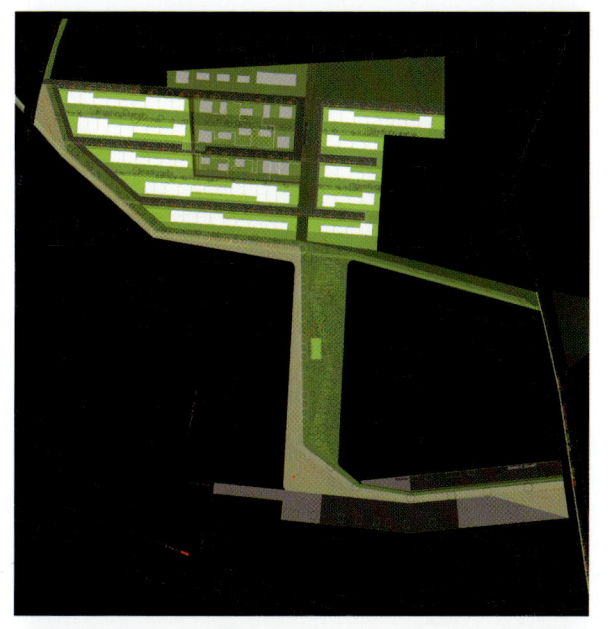

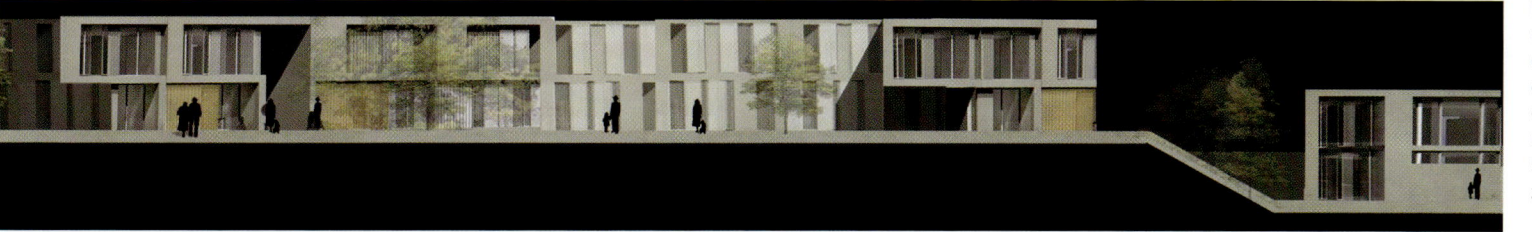

Come together!

Der Stadtbezirk ist mit variabel strukturierten und gestalteten Grünflächen und öffentlichen Räumen verknüpft; sie vermitteln zwischen Raum, Nutzung und Menschen durch die Berücksichtigung räumlicher, kreativer, sozialer und kultureller Interessen. Unterschiedliche Nutzungsmöglichkeiten sind gegeben: vernetztes Biotop, städtisches Grün, Aktions- und Erholungsgebiete und mehr.
Die nachhaltige Nutzung von Ressourcen erfolgt u. a. durch ein konsequentes Regenwassermanagement im gesamten Gebiet, in dem Auffangbecken, Dachbegrünung und durchlässige Oberflächenmaterialien eingesetzt werden, damit das Regenwasser der Zone nicht verloren geht. Solarzellen optimieren in Verbindung mit Niedrigenergie-Standards und einer konsequenten Südausrichtung der Neubauten die Nutzung regenerativer Energien.

Readymade

Anita Sinanian (D), **Marc-Philip Reichwald** (D), **Peter-Karsten Schultz** (D), Architekten

Sinanian Reichwald Schultz entstand 2003 mit einem zweitplatzierten europan 7 Projekt für Halle. Das überarbeitete Wettbewerbsvorhaben wurde im Rahmen des Entwicklungsplanes für Heide-Süd Halle/Saale realisiert. Nach ihrem ersten Preis für ein Projekt in Straubing bei europan 9 nannte sich das Team „topotonic". Die Philosophie blieb unverändert.

Vor dem Entwurf steht die gründliche Analyse des Standorts – „topos". In diesem Prozess impliziert der „tonische" Effekt für den Standort das Herausheben seiner Stärken und die Überwindung seiner Schwächen.

Die studierten Architekten und Stadtplaner von „topotonic" konzentrieren sich auf eine große Bandbreite von Fragen: Programme der Stadt- und Landschaftsplanung ebenso wie detaillierte Lösungen für unterschiedliche Bautypen.

Danziger Straße 22
10435 Berlin, Deutschland
T +49 3025325480
mail@topotonic.com
www.topotonic

Readymade beschreibt einen integrativen städtebaulichen Prozess, der den ortsimmanenten Charakter der drei unterschiedlichen Stadträume gleich einem *objet trouvé* aufgreift, ihn auf einer ästhetischen und funktionalen Ebene neu definiert und für den Stadtkontext zurückgewinnt.

Die ehemalige Völkl-Fabrik wird als „readymade" visuell und funktional durch einfache, kreative Mittel neubewertet. Der Gebäudebestand wird ergänzt durch Studios sowie einen Eingangsbereich mit einer Mehrzweckhalle mit Anbindung an Parkplätze auf der obersten Ebene.

Der „Canyon" der alten Fabrikhallen wird zu einem von urbaner Vielfalt geprägten Ort mit einer Kombination kultureller und freizeitorientierter Nutzungsmöglichkeiten, Studios, Wohneinheiten, Werkstätten. Damit wird die traditionelle Trennung zwischen Arbeiten, Leben und Freizeit aufgehoben. Die Grünzone, der „Garten im Zentrum", bleibt als extensiv gestaltete Landschaft erhalten. Sie dient der Erholung und erstreckt sich zwischen den beiden ausgewiesenen Bauzonen.

Im neuen Wohnquartier im Norden entsteht eine Plattform für unterschiedliche Wohnungsbauszenarien, die durch einen Sockel mit einem Meter Höhe von der Umgebung abgehoben ist und eine eine klare Nachbarschaft definiert, die sich zum Grünraum orientiert und diesen durch die Bündelung der Erschließung gleichzeitig befreit.

Die Galerie wirkt als raumbildende Kante und betont durch den Kontrast den Standort selbst. Die Galerie stellt durch die Integration der am Standort vorhandenen atmosphärischen Wegpunkte die Verbindung zwischen den drei Stadtlandschaften dar.

STRAUBING, DEUTSCHLAND — PREIS

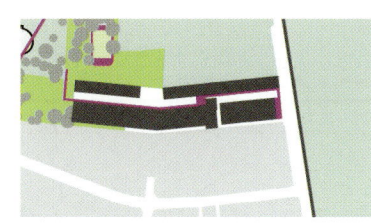

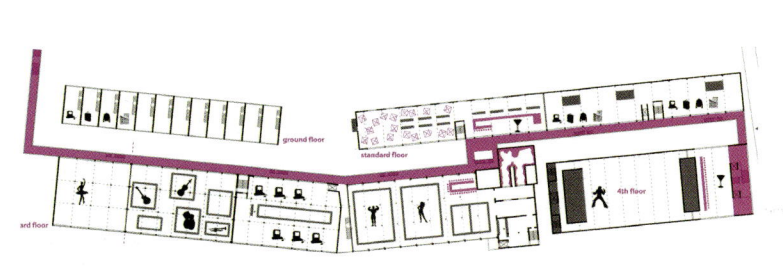

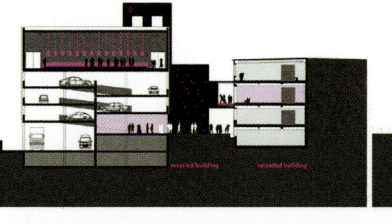

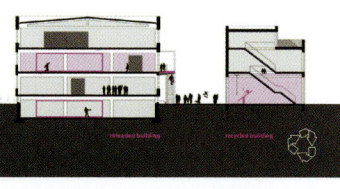

105 ORTSSPEZIFISCHE VERÄNDERUNGEN INFILTRIEREN

España
AMA (Área Metropolitana de Asturias)
Wie transformiert man eine ehemalige Mine in ein dynamisches, urbanes Gebiet?

Stadt Área Metropolitana de Asturias
Bevölkerung 850.000
Betrachtungsgebiet 11,6 ha
Projektgebiet 2,5 ha

Das AMA-Gebiet ist ein urbanes System mit vielen Zentren, das durch drei größere Städte und eine Reihe kleinerer urbaner Kerne mit 5.000 bis 50.000 Einwohnern strukturiert ist. Alle Siedlungen liegen innerhalb eines Radius von 30 km. Das AMA-Gebiet hat große regionale Bedeutung, weil dort ca. 85% der Bevölkerung der Region leben.

In den Tälern des Kohlegrubenbeckens im städtischen Ballungsraum Asturien (AMA) liegen 30 stillgelegte Kohlegruben auf einer Fläche von ca. 390 ha. Die Schaffung von Beschäftigungs- und Wohnmöglichkeiten für die 120.000 Bewohner des Beckens ist ein Schlüsselfaktor für eine ausgeglichene Entwicklung im AMA-Gebiet. Besondere Bedeutung für einen nachhaltige Entwicklung hat die Umstrukturierung von ehemals industriell genutztem Land als Alternative zur Neuansiedlung auf der „grünen Wiese".

Zwischen den urbanen Gebieten Moreda und Caborana liegt eine städtische Randzone im Gemeindegebiet Aller. Entlang des engen Tals, das vom Fluss Aller durchzogen wird, befinden sich lineare Siedlungsstrukturen und eine kürzlich gebaute Hauptstraße, die das AMA-Gebiet mit dem Skigebiet an der Flussquelle verbindet. Die hier zu lösenden Probleme sind vielen ehemaligen fruchtbaren Talauen gemeinsam, die während des Wirtschaftsbooms in den 60er Jahren im Kohlegrubenbecken entwickelt wurden: fehlende Stadtplanung, räumliches Chaos, Nebeneinander von Nutzungen, Erschließungsprobleme, Industriebrachen, urbane Lücken etc. Deshalb sollen Kriterien und Werkzeuge entwickelt werden, mit denen urbane Formen und Grenzen geschaffen werden können, die diesen chaotischen Landschaften eine Identität verleihen.

Bei dem Standort handelt es sich um eine Kohlegrube, die in Kürze stillgelegt werden soll. Standortgrenzen: im Norden die Landstraße und der Fluss; im Süden die Verbindungsstraße zwischen Moreda und dem Dorf Boo; im Osten ein Wohnquartier mit neu gebauten öffentlichen Wohnungen und im Westen der örtliche Friedhof und ein Beerdigungsinstitut. Auf dem Areal befindet sich eine Reihe von Gebäuden, von denen jedoch lediglich zwei denkmalgeschützt sind. Ein komplexes Programm wird ins Auge gefasst, das die Schaffung von bezahlbarem Wohnraum und von Gemeinschaftseinrichtungen beinhaltet.

Julio De La Fuente (E), **Natalia Gutierrez Sanchez** (E), Architekten

gutiérrez-delafuente.com... Zwei Architekten aus Madrid mit weiterführenden Studien an der ETSAM. Das Team verfeinerte seine Ausbildung in der Praxis durch verschiedene Projekte in Madrid und Paris und gründete 2006 ein eigenes Büro. Wettbewerbe, Bauvorhaben. Architekten mögen Stadtplanung und kleine Objekte. **Das team tut was es kann.**

Julio De La Fuente Martinez
c/ Pintor Rosales 9 (local)
28100 Alcobendas-Madrid, España
T +34 629529498
julio@gutierrez-delafuente.com
www.gutierrez-delafuente.com

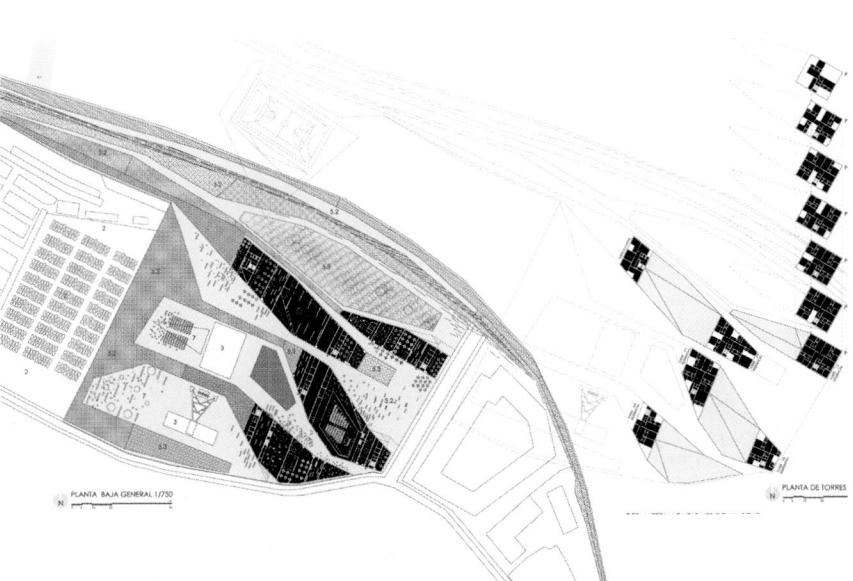

Entmaterialisierung – zwischen „orbayu" und „hulla"

(Orbayu heißt in Asturien Nebel, Hulla ist eine in asturischen Minen geförderte Kohle.) Dieser Vorschlag für AMA arbeitet mit einem System zur Schaffung von dreißig Brunnen. Zunächst werden die determinierenden Faktoren extrapoliert und Lösungen für die einzelnen Standorte entwickelt, dann wird das System an einem Brunnen erprobt. Begonnen wird im territorialen Maßstab, ein virtuelles Netz wird definiert, versehen mit einem Programm, einer Morphologie und der Fähigkeit zur Anpassung. Im nächsten Schritt erhält das System eine eigene Identität. Dies erfolgt über Land Art und eine für Kohlebergbau, Klima und Geschichte des Standorts sensible Materialität.

Reise zum Mittelpunkt der Erde

Adelais Parera (E), **Karla Diaz** (MEX), **Pablo Gil** (E), Architekten

Das Team fand sich – zufällig – in London: drei Architekten mit unterschiedlichem Hintergrund und architektonischer Praxis. Adelais Parera studierte in Barcelona, Karla Diaz in Toluca, Pablo Gil in London und Madrid, wo sie auch ihre Projekte realisieren. Aktuell arbeiten sie in London. Architektur sieht jeder von ihnen aus einer anderen Perspektive. So entsteht die kreative Dynamik im Team.

13 Dawson Road
Kingston Upon Thames
KT1 3AU Surrey, United Kingdom
T +44 7809834843
arke.team@gmail.com

Der Bergbau verschwindet und in AMA entsteht **ökonomische Leere** und Identitätsverlust. Bei diesem Wettbewerb geht es um eine Alternative für die Region, die auf die alte, vom Bergbau geprägte Infrastruktur zurückgreift und auf ihre physischen und kulturellen Bedingungen aufsetzt. Es gibt Beispiele für die Umnutzung nicht mehr genutzter Minen. Manche Projekte heben ihre archäologische, historische und kulturelle Bedeutung hervor, es entstehen Museen und Besucherzentren. Andere Projekte konzentrieren sich auf die Umweltbedingungen in der Zeit vor dem Bergbau. **Der hier vorgestellte Ansatz** verbindet beides und möchte zugleich auf der Grundlage der **Möglichkeiten** der alten Mine **eine ökonomische Alternative schaffen**, der **Gesellschaft neue Werte vermitteln** und die Identität der Region ebenso prägen, wie es der Bergbau einst tat. Die Realisierung erfolgt in zwei **Phasen**. Phase 1 initiiert die Wiedernutzung des dritten und elften Stollens. Dabei bieten die inneren Stollen, Schächte und Aufzüge die besten Bedingungen für ein neues Nutzungskonzept. Oberirdisch soll die Anpassung und Umwidmung der wichtigsten Bestandsbauten erfolgen. So entsteht – als Folge der unterirdischen Intervention am Standort – eine Kombination aus Park, Markt und öffentlichem Raum. In Phase 2 kommt es im Rahmen der Realisierung des DUSEL-Programms (Deep Underground Laboratories – unterirdische Labors) zur Ergänzung eines neuen, vertikalen Schachts und Stollens in einer Tiefe von 3.000 und 5.000 Metern.

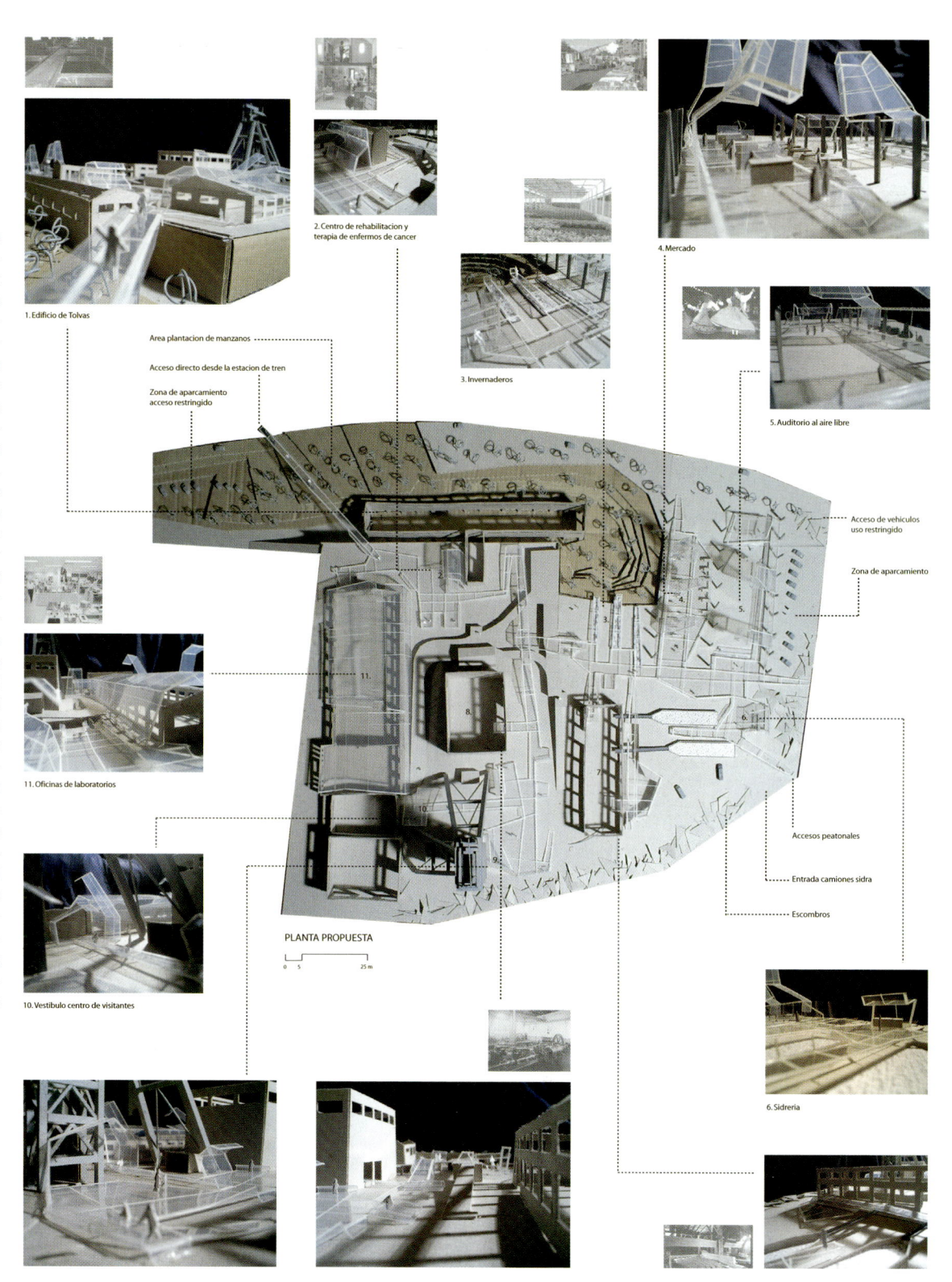

1. Edificio de Tolvas
2. Centro de rehabilitacion y terapia de enfermos de cancer
3. Invernaderos
4. Mercado
5. Auditorio al aire libre
6. Sidreria
10. Vestibulo centro de visitantes
11. Oficinas de laboratorios

Area plantacion de manzanos
Acceso directo desde la estacion de tren
Zona de aparcamiento acceso restringido
Acceso de vehiculos uso restringido
Zona de aparcamiento
Accesos peatonales
Entrada camiones sidra
Escombros

PLANTA PROPUESTA
0 5 25 m

CONTEXTO URBANO _ PLANTA PROPUESTA

ESTADO ACTUAL AREA DE PROYECTO

PREIS

AMA, ESPAÑA

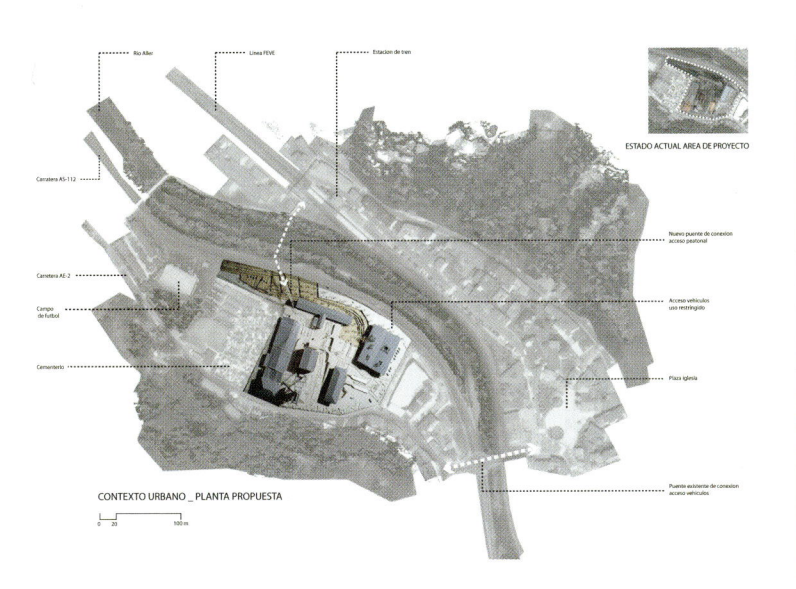

109 ORTSSPEZIFISCHE VERÄNDERUNGEN INFILTRIEREN

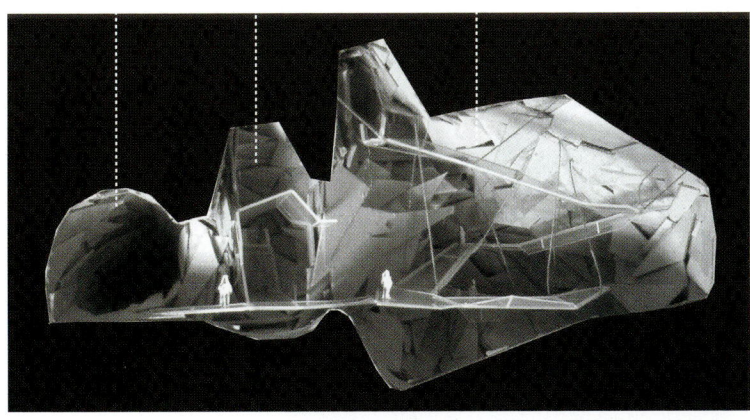

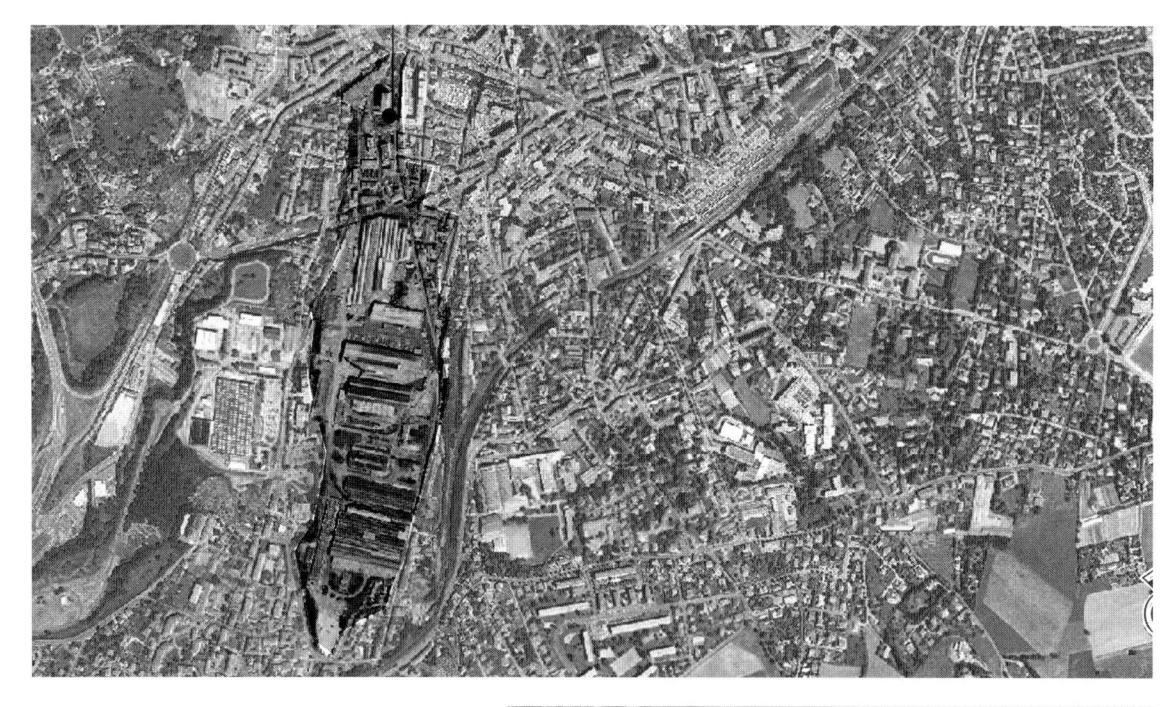

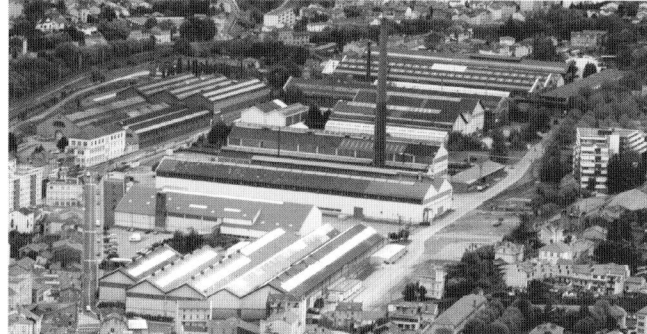

St. Etienne zählt 500.000 Einwohner und liegt im Großraum Lyon. Saint-Chamond liegt mit seinen 35.000 Einwohnern im Osten von St. Etienne und hat sich entlang dem Tal der Gier entwickelt, einem Rhône-Zufluss, der die Großräume Lyon und St. Etienne verbindet. Es handelt sich um eine Industrieregion, die in den 1980er Jahren in eine ernsthafte Wirtschaftskrise geraten ist. Seitdem ist St. Etienne einem wirtschaftlichen und urbanen Veränderungsprozess unterworfen, der sich heute durch Konversion der letzten industriellen Produktionsstätten in Saint-Chamond und St. Etienne vollzieht. Dabei versucht man die Attraktivität des Gebiets durch die Schaffung großer kultureller Einrichtungen wie das von Norman Foster entworfene „Zénith", die „Cité du Design" von Finn Geipel und Le Corbusiers Projekt in Firminy zu stärken. Der Standort „Altes Stahlwerk" in Saint-Chamond, heute eine Industriebrache, die auf Erneuerung wartet, liegt im Tal des Flusses Gier und am Beginn des regionalen Naturparks Pilat, im Südwesten des Stadtzentrums, von dem es jedoch völlig abgeschnitten ist. Eine Erneuerung erfordert zunächst eine Einbindung in das urbane Gewebe. Die Schaffung eines neuen Verkehrsknotens im Westen des Standorts und einer Bahnstation sollen eine bessere Erreichbarkeit des Gebiets gewährleisten. Es soll ein eigenständiges Quartier entstehen. Durch die Neustrukturierung des urbanen Geflechts und den Bau von Wohnungen wird der nördliche Teils des Standorts aufgewertet und an das Stadtzentrum angebunden. Im südlichen Teil werden unterschiedliche Einrichtungen und Freizeitaktivitäten untergebracht, die die Nutzung der großen Hallen verbessern. Eine grüne Längsachse wird die zukünftige städtische Nachbarschaft strukturiert. Die Entwicklung der Halle 1 mit einer Größe von 6,8 ha, im nördlichen Bereich des Betrachtungsgebiets gelegen, stellt die Frage nach einer Vermittlung zwischen dem Alten Stahlwerk und dem Stadtzentrum von Saint-Chamond. Die großen Hallen stehen für gewerbliche, sportliche und kulturelle Aktivitäten sowie für öffentliche Einrichtungen zur Verfügung. Ein Sportstadion mit 4.000 Plätzen soll ebenfalls gebaut werden. Die Errichtung von 60 neuen Wohneinheiten wird die Anbindung des Standorts Altes Stahlwerk an das Stadtzentrum stärken.

France Saint-Chamond Saint-Etienne Métropole
Wie kann eine in Entwicklung befindliche Industriebrache in eine Stadt inkorporiert werden?

Stadt Saint-Chamond
Standort „Altes Stahlwerk"
Population 35.000
Study site 28,3 ha
Site of project 6,8 ha

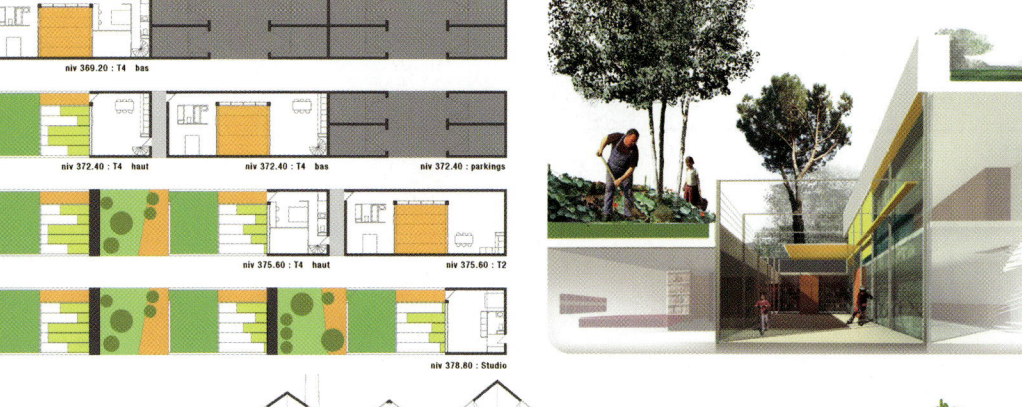

Fabrice Galloo (F), **Marie Dal-Col** (F) Architekt und Stadtplaner, **Alice Flavigny** (F) Architektin und Landschaftsgestalterin, **Denis Bouvier** (F), Architektin

Flloo, gegründet 2006. Hauptinteresse: Architekturentwürfe, die auf die Stimme der Nutzer hören, funktionell sind und für das Schöne und unser aller Träume stehen..

Flloo atelier d'architecture
33 rue d'Alembert
38000 Grenoble, France
T +33 476232806
flloo@orange.fr
www.flloo.fr

Geschichte(n) der Hügel

Ein Entwurf für Landschaftswege, die ein historisches, hermetisch abgeschlossenes Gebiet erschließen und zugleich eine strukturierende Nord-Süd-Achse darstellen. Im Osten schieben sich Plattformen für verschiedene Aktivitäten unter die Hallen des alten Stahlwerks. Im Westen kombinieren bebaute Hänge Gärten und Wohnraum. Kompakt, modulierbar und evolutionär besteht das Habitat aus Mehrfamilienhäusern, die die natürlichen, durch die Landschaft geprägten Abhänge zu regenerieren scheinen und als Echo auf den benachbarten Naturpark urbane Lebensqualität bieten. Der Entwurf fördert den Austausch auf individueller und kollektiver Ebene und ermöglicht verschiedene Lebens- und Wohnformen. Er reflektiert die Arbeitertradition der Vergangenheit und die Metamorphosen der Zukunft.

Entfaltung

SAINT-CHAMOND, FRANCE

Eva Helft (F) Architektin, **Rozenn Duley** (F), **Grégory Dubu** (F), Landschaftsarchitekten, **Gaspard Pinta** (F) Architekt

Drei Mitglieder des Teams lernten sich an der Ecole Nationale Supérieure d'Architecture de Belleville kennen, an der Eva Helft und Gaspard Pinta zusammen studierten. Rozenn Duley ist Absolventin der Ecole Nationale Supérieure du Paysage de Versailles, an der auch Grégory Dubu seinen Abschluss machte.

Der Wettbewerb brachte sie zusammen und ermöglichte ihnen, neben ihrer Arbeit für verschiedene Büros, die Entwicklung gemeinsamer theoretischer Überlegungen. Die Industriebrache am ehemaligen Standort des Stahlwerks von Saint-Chamond war ihnen Anlass zu Reflektionen zum sensiblen Umgang mit Landschaft, Stadt und Architektur in einem multidisziplinären Projekt.

Eva Helft
24 rue de Turenne
75003 Paris, France
T +33 142773871
deconvolution@hotmail.fr

Im Prozess der Entfaltung restauriert sich das klare Bild, das durch eine Vielzahl verschwommener Impressionen verzerrt wurde. Der Entwurf beinhaltet die Präsentation, Interpretation und Aufwertung der konstituierenden (historischen, geografischen, geologischen, topografischen und architektonischen) Schichten des Standorts in einem zeitbestimmten Prozess und verleiht ihm eine explizite Identität. Die folgende Mutation respektiert Umwelt und Umfeld (Recycling und Wiederverwendung der abgeräumten Anlagen und Abrissbauten) als Verweis auf alternative Lebensweisen.

Le Giers ist das konstitutive Element der Stadt. Die Erinnerung an Le Giers überall am Standort wird zum Leitbild des Projekts. Eine in Nord-Süd-Richtung verlaufende Promenade stellt die Verbindung zwischen Stadtzentrum und der weitläufigen Landschaft der Monts du Pilat dar. Sie ist ein Verweis auf die Rekolonialisierung des Standorts, von der Peripherie bis ins Zentrum. Es geht um die Wiederherstellung einer zentralen Leere, die an ein Flussbett erinnert. Am Ostufer erfolgt ein kontrollierter Eingriff in den Baubestand und den öffentlichen Raum. Es entsteht ein Kontrast gegenüber dem anderen Ufer, wo eine spontane Wiederbepflanzung durch experimentelle Techniken gefördert wird. Neue Programme für die Allgemeinheit nutzen die bestehenden Fabrikhallen. Wohnraum (vom Typ Passivhaus) verortet sich im neu urbanisierten Sektor. Der Entwurf beinhaltet für den Nordbereich des Standorts einen Ausbau des Straßennetzes und eine Aufwertung der Grundstücke, die den Blick aus der Stadt in Richtung von Halle 1 lenken. Ihre Zurücknahme konstituiert einen städtischen Platz bzw. den Zugang zu diesem neuen Quartier.

SAINT-CHAMOND, FRANCE — PREIS

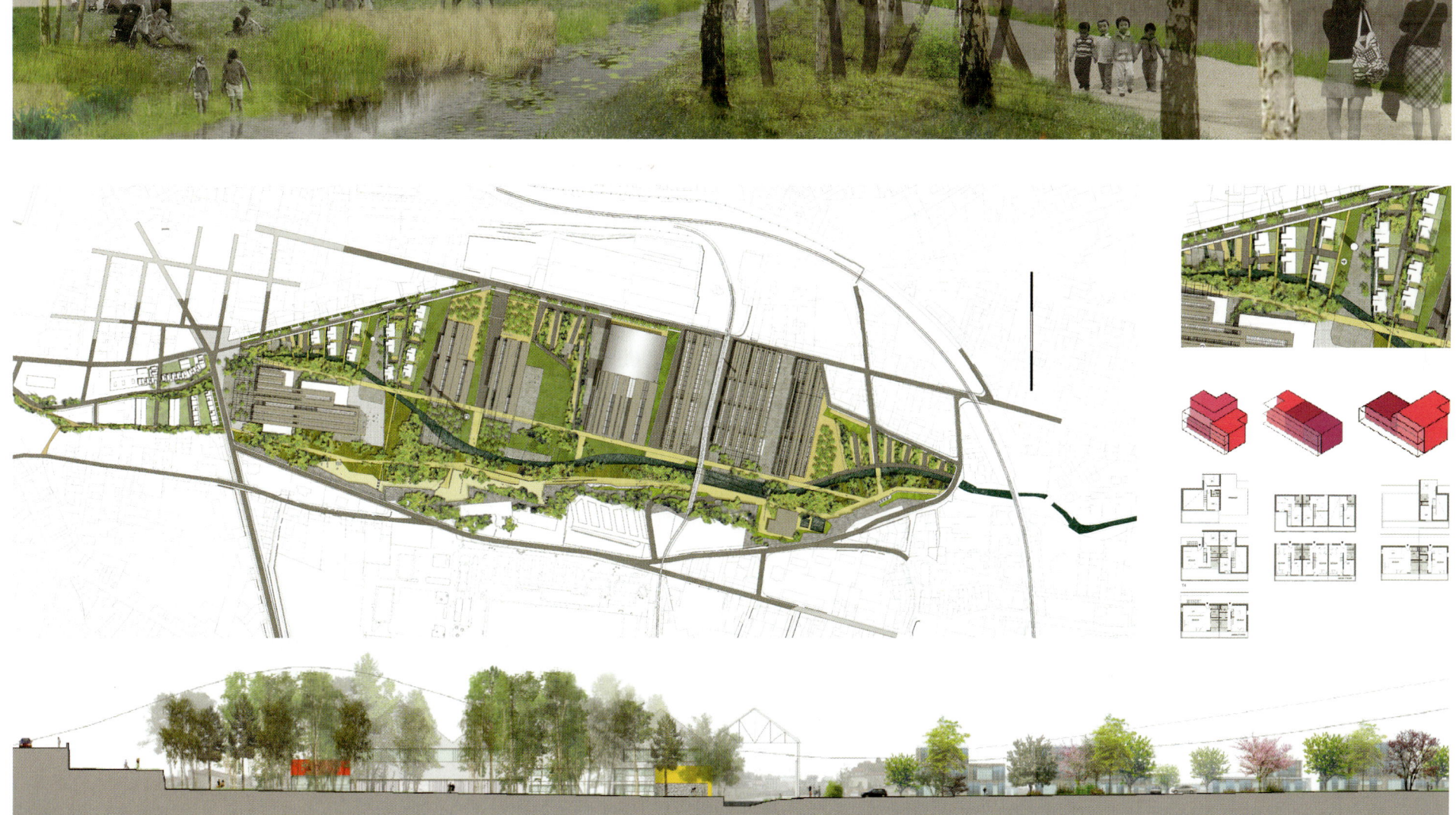

ORTSSPEZIFISCHE VERÄNDERUNGEN INFILTRIEREN

113

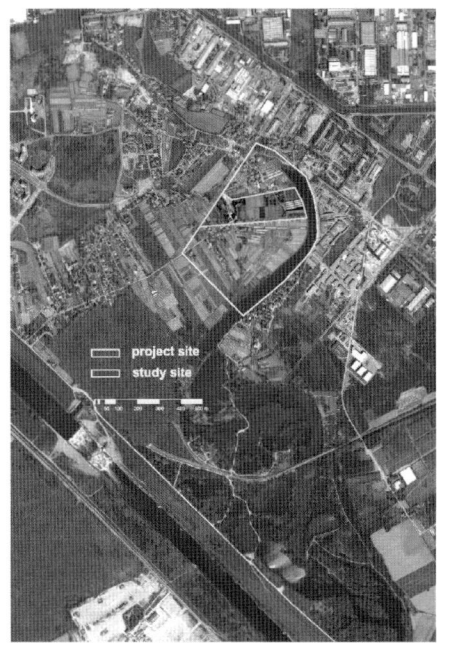

Hrvatska Zagreb
Wie verdichtet man eine Stadt durch Mischung öffentlicher und privater Räume?

Stadt Zagreb
Standort Savica Sjever
Bevölkerung 779.145 (im Jahr 2001)
Betrachtungsgebiet 27,6 ha
Projektgebiet 5,3 ha

Zagreb wächst und wird zur Millionenstadt. Die Expansion folgt zwei Grundsätzen: Verdichtung der Bebauung im heutigen Stadtgebiet und Zersiedelung über die Stadtgrenzen hinaus. Beide Prozesse finden in einer Zeit des Übergangs statt und werden vom Markt und den Besitzverhältnissen bestimmt. Die Eigentumsverhältnisse und die Geometrie der Grundstücke bestimmen die Morphologie ganzer Zonen im Umland, und zwar sowohl in Wohn- als auch in Gewerbegebieten. In den neuen wechselseitigen, sozialen Beziehungen führte der Unwillen des „Privaten", sich mit dem „Öffentlichen" auseinanderzusetzen, zu einem Unausgewogenheiten bei den Bauvorhaben. Der private Bereich hatte Priorität, der öffentliche Raum wurde vernachlässigt. Wohnhäuser entstanden ohne jeden Bezug zum urbanen Umfeld. Savica Nord ist ein neues Stadtgebiet in Planung am östlichen Rand von Zagreb, das sich dem Ziel der expandierenden Stadt innerhalb bestehender Grenzen verschrieben hat („Verdichtung der Stadt", Masterplan 2006). Hier werden verschiedene, über das ausschließlich „Private" und die „Marktorientierung" hinausgehende Kriterien respektiert. Das Betrachtungsgebiet ist einer der urbanen „Zwischenräume". Er liegt zwischen dem alten Industriegebiet im Osten und den Wohnsiedlungen am Stadtrand. Das Gelände liegt heute weitgehend brach. Ein größerer Teil wird zu landwirtschaftlichen Zwecken genutzt. In einer weiteren Zone befinden sich illegal errichtete Bauten. Der Masterplan Zagrebs weist das Gebiet für Mischnutzung aus, in erster Linie aber zu Wohnzwecken. Eine detaillierte Planung muss weitere Parameter und Bautypen festlegen. Die Wettbewerbsergebnisse für das Betrachtungsgebiet sollen als Pilotprojekt einer die Planung für das Gebiet als Ganzes verwendet werden. Die Verdichtung orientiert sich an den natürlichen Ressourcen (Aufstau des Flusses Sava). Der Masterplan sieht einen größeren öffentlichen Raum (Park am Wasser) und Multifunktionalität vor. Das Projektgebiet (ca. 5,5 ha) wird durch die Reste des Sava-Rückstaus, ein Naturschutzgebiet und ein Vogelreservat geprägt. Der Standort liegt außerdem in einem neu urbanisierten Bereich. Die Nähe des Naturschutzgebietes macht ihn besonders attraktiv. Das Projektgebiet umfasst einen Teil des Flussufers, öffentliche Grünanlagen, Wohnbebauung und komplementäre Dienstleistungen.

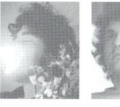

Sergio Rodriguez Estevez (E), Architekt und Stadtplaner, **Mario Tonossi Gian** (I) Architekt, **Salas Mendoza Muro** (E) Architekt und Stadtplaner, **Stephan Jung** (D) Architekt, **Sabrina Colombo** (I) Stadtplaner

Keine Stabilität. Architekten begegnen sich und kommen zusammen. Mailand, Sevilla, Paris, Weimar, Barcelona. Architektur als ein, jedoch nicht einziger Vorwand, damit Begegnung möglich wird. Das Team sieht Architektur als Instrument, mit dem eine Beziehung zur Umwelt aufgebaut wird.

calle Ruiseñor 10b 4ºd
41010 Sevilla, España
www.coopair.net

urban cultivation

Ein fruchtbares Ökosystem kann latent in einer Stadt bestehen, obwohl es den störenden Einfluss des Urbanen gibt. Hier besteht die Chance, das urbane Muster wiederherzustellen, das soziale Komplexität, Biodiversität und Effizienz kreativ realisiert.

Der Entwurf zielt auf hybride Transformation ab. Neue Allianzen entstehen in einem städtischen Raum, der nicht nur konsumiert, sondern auch produziert. Förderung des pflanzlichen Gewebes zwischen den Anbauflächen und dem Land. Stadtleben beginnt. Zwischen Membranen eingeschlossene Pflanzungen werden als Sonnenschutz und Duftquellen, zur Gewinnung von Nahrung etc. aktiviert. Sie absorbieren das CO^2 des „urban farmers".

Landstrip

Isabel Concheiro (E), **Julia Maria Capomaggi** (RA), **Raphaël De Montard** (F), Architekten

Isabel Concheiro, Absolventin der Universitäten La Coruña, Lille und Barcelona, seit 2002 bei der ETSA Barcelona, seit 2006 Dozentin an der EsArq.

Raphaël de Motard, Architekt, Studium in Clermont, La Coruña und Lille, Diplom 2001, Master Kritik und Projekt in Barcelona 2002, Teilnehmer der CASM 2007, einer Ausstellung von 44 jungen Architektinnen und Architekten, zusammen mit I. Concheiro.

Julia Capomaggi, UN-Architektin 1999, Master Kritik und Projekt in Barcelona 2002, 2000 bis 2000 UNR-Dozentin, Doktorat an der ETSAB. Preisträgerin des Flag Park Wettbewerbs, Rosario 2000, nominiert für den Prix AJAC 2004.

In Prefix-Re /LUP-Land und Urbanscape Projekte experimentiert das Team mit dem Konzept Landschaft als Modus Operandi und Ausgangspunkt für eine spezifische Logik des Bauens und Erschließens. Erwähnung im Wettbewerb Parc Sportif, Parda 2004.

c/ Aulèstia i Pijoan 9, 1º
08012 Barcelona, España
T +34 932177847
concheirodemontard@yahoo.com
www.prefix-re.blogspot.com

4 Bedingungen
Dicht ist gleich Urbanität. Mehrfachnutzung ist gleich Urbanität. Soziale Mischung ist gleich Urbanität. Vernetzter öffentlicher Raum.

3 Strategien
Öffentlicher Raum als Infrastruktur. Durchlässiges urbanes Gewebe. Stadtentwicklung als Landschaft.

Der öffentliche Raum beruht auf drei Grundsätzen: 1) Einen offenen Raum bestimmen, einen Park, der natürliches Umfeld und Stadt verbindet; 2) Garantie ausreichender Dichte an den Rändern, damit Nutzungsvielfalt möglich ist; 75 Wohnungen/ha; 3) Lokale und städtische Angebote.

Der Park bietet die Infrastruktur, auf die sich zwei komplementäre Typologien stützen: 1) Patio-Häuser als kumulierbare Randstruktur, ein dehnbarer Landstrich und eine Erschließung durch alternierende Gärten und Gebäude als wiedererkennbares Landschaftselement; 2) Hochbauten für Mischnutzung zur stärkere Verdichtung. Sie aktivieren den öffentlichen Raum sowohl räumlich als auch programmatisch und sorgen für den sozialen Mix.

Die Struktur der Randbebauung lässt eine durchlässige Membran zwischen der Kfz-Zufahrt an der Parkseite entstehen. Die Lücken im Gewebe funktionieren als Zwischenorte für die Fußgängerverbindung auf der Ebene des unmittelbaren Wohnumfelds und als Zugang zu den Wohnungen und Häusern.

Die vorgeschlagene Erschließung lässt eine neue Stadtlandschaft entstehen. Die Neuinterpretation der Bedingungen des Standorts, weite Sichtachsen und große Maßstäbe durch die ländliche Parzellierung, bringen neue Wohnformen mit sich.

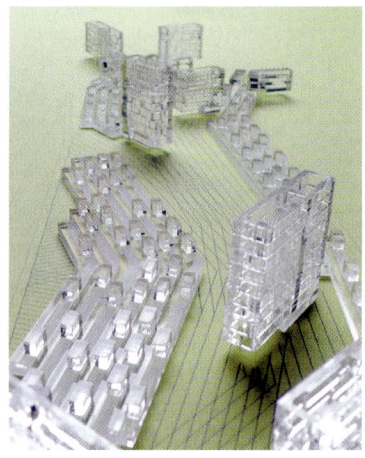

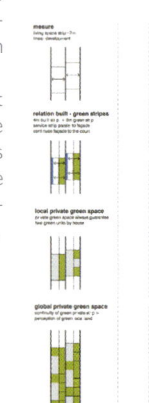

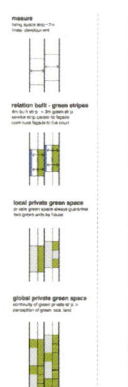

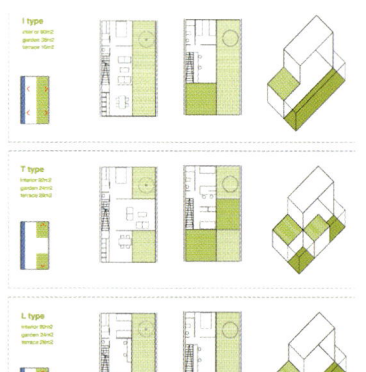

PREIS

ZAGREB, HRVATSKA

ORTSSPEZIFISCHE VERÄNDERUNGEN INFILTRIEREN

117

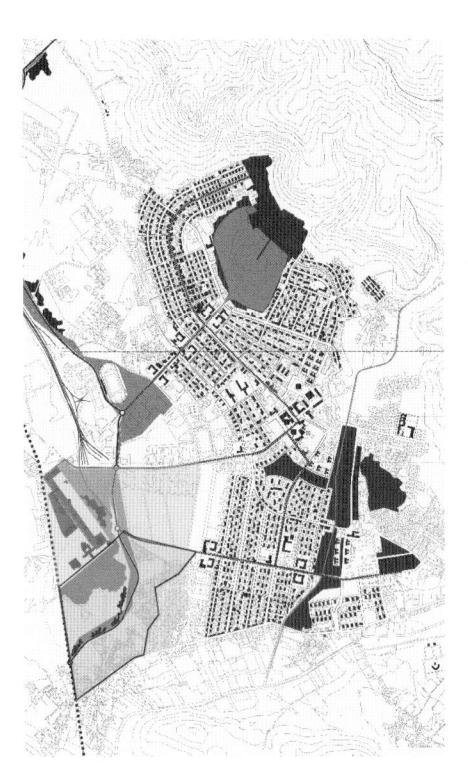

Italia
Carbonia
Wie kann man in einer dequalifizierten Bergbauregion einen attraktiven Wohnbezirk planen?

Stadt Carbonia
Standort Serbariu Südwest
Bevölkerung ca. 30.263
Betrachtungsgebiet 90 ha
Projektgebiet 40 ha

Carbonia ist die „unvollendete" Hauptstadt einer schnell verschwindenden Bergbauregion. Das Gebiet ist durch den Bergbau insgesamt, sowohl positiv als auch negativ, deutlich gekennzeichnet. Heute muss sich Carbonia als neue Hauptstadt der Provinz Sulcis neuen Aufgaben stellen. Hier sind Geschichte, Wissen und Knowhow ebenso verankert, wie die Bergbausiedlungen. Diese geben damit den Weg für eine neue Stadtplanung in diesem Bereich vor. Bei diesem Projekt geht es um Multifunktionalität und Integration in der Aufwertung einer Zone im städtischen Kontext, die von den Folgen des Bergbaus und Resten alter Besiedlung geprägt ist, und die Charakteristika des Verfalls in den Randgebieten und bei Sekundärnutzungen aufweist. Größere Infrastruktureinrichtungen begrenzen und queren die Zone, unter anderem eine als bedeutender Beitrag zur Rationalisierung der Mobilität in der Stadt im Bau befindliche Verkehrsachse. Das Betrachtungsgebiet liegt, mit dem Projektgebiet im westlichen Sektor, im Südwesten der Stadt und ist die Schnittstelle zwischen der Wohnstadt und dem Bergwerk. Es umfasst wichtige Kultur- und Service-Angebote und stellt den Ausgangspunkt der Erweiterung ins städtische Umland dar. Geplant ist die Wiederherstellung einer Umgebung, die von der Beziehung der Gründerstadt zur „großen Mine" geprägt ist. Wesentliche negative Faktoren in diesem Gebiet sind der Abraum aus dem Bergbau und die unstrukturierte Stadterweiterung. Das Projektgebiet umfasst den Vorstadtbereich der Bergbausiedlung Serbariu, ein hügelloses Gelände, das von kleineren Resten des stillgelegten Bergwerks umgeben und von den Verkehrshauptachsen, der Bahn und der Hauptstraße, begrenzt und durchzogen wird. Am Rande der Zone stehen die in der Instandsetzung befindlichen Großbauten der Mine. Die Vorstadtsiedlung (die es zu sanieren gilt) mit ihrem kleinen, historischen Zentrum (das zu rehabilitieren ist), schließt den Standort nach Osten hin ab. Der Umbau des Gebiets soll zur Qualitätsverbesserung und Förderung der Nachhaltigkeit im städtischen Umfeld durch die Aufwertung des Randes des Wohngebiets, die Anlage eines Parks und die Planung einiger, dem Beherbergungsgewerbe vorbehaltener Bereiche beitragen.

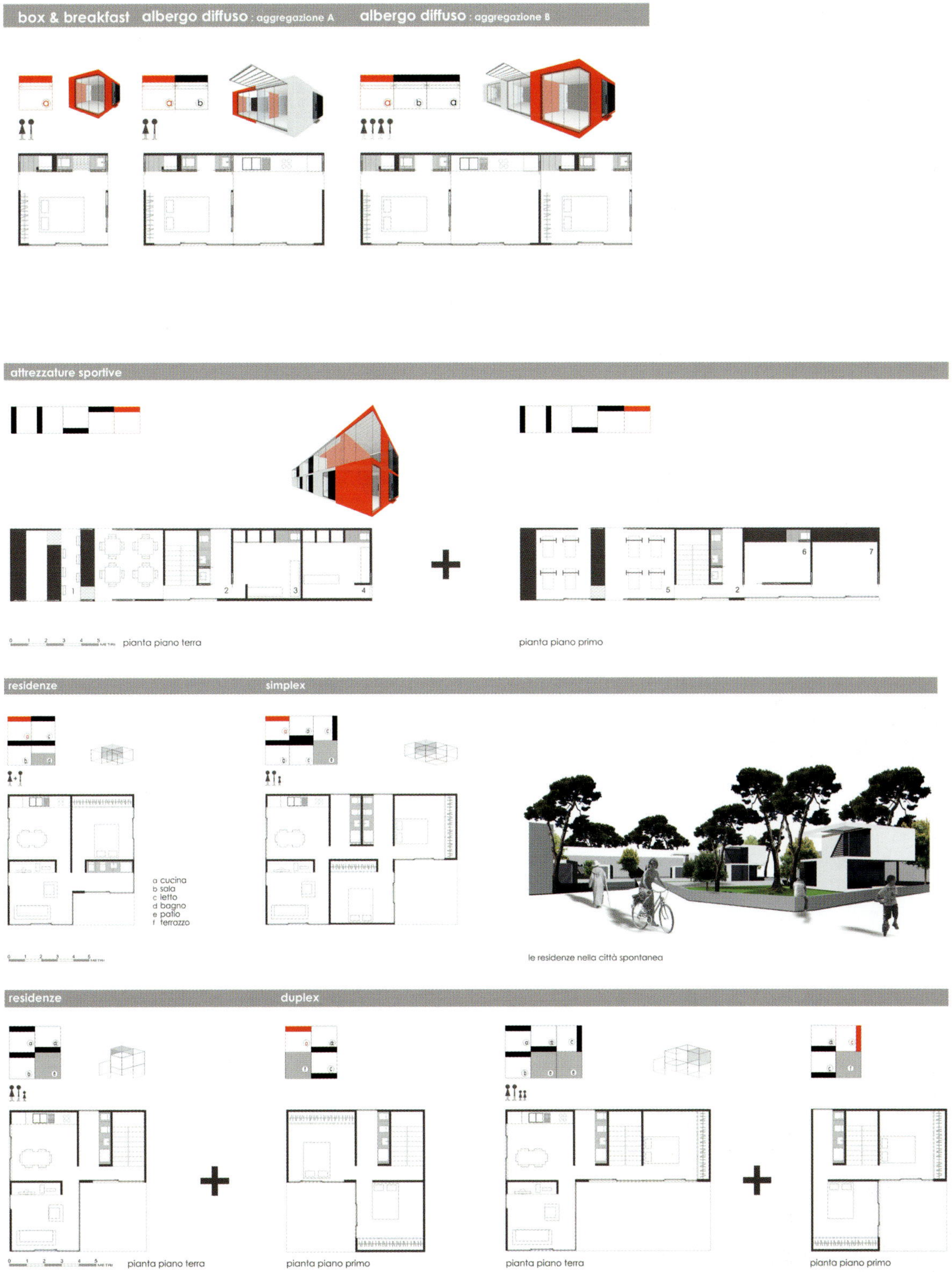

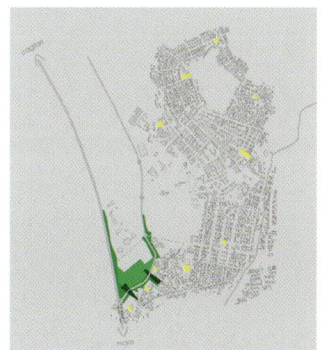

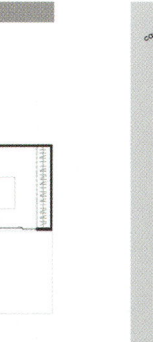

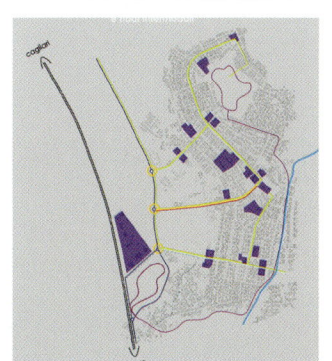

Mirko Giardino (I), **Mario Michetti** (I), **Giovanna Pizzella** (I), **Paola De Lucia** (I), **Tonino Bucciarelli** (I), **Toni Mattioli** (I), Alessandro Iovine (I), Cristina Cellucci (I), Architekten

Die Gruppe entstand durch die Fusion zweier Büros (**zero85 studio** und **home mbdstudio**) in Pescara und die Verbindung zu einem Kollegen aus Genua mit der Idee, verschiedene fachliche Kompetenzen in ein umfassenderes Planungsprogramm einzubinden.

zero85 studio
corso Umberto I, 483
65015 Montesilvano – Pescara, Italia
T +39 0854455529
mirko.giardino@gmail.com

Cube libre

Eine neue räumliche Konfiguration, verschiedene Beziehungen und Sozialisationsgrade lassen sich durch die Idee modularer Volumen festlegen, die in der Kombination und Reproduktion verfügbar und infiltrierbar werden. Der *Cube libre* ist der Vorschlag für eine serielle Anordnung, welche die vorgefundene Stadt mit ihren zahlreichen privaten und öffentlichen Funktionen durchdringt. Die Bedeutungs- und Rollenzuweisung erfolgt über die gestellte Aufgabe: Aufwertung der Gartenstadt – Relikte überkommener Strukturen werden durch ein funktionales, flexibles System ersetzt. Damit einher geht die Qualitätssteigerung der urbanen Funktionen, der Service-Angebote, des Wohnwesens. Der Prozess wird bestimmt durch typologische Variation und die Nutzbarkeit der Umweltressourcen.

Manipulation of urban texture

Carlo Atzeni (I) Bauingenieur und Stadtplaner, **Adriano Dessì** (I) Stadtplaner, **Silvia Mocci** (I) Stadtplanerin und Architektin

2007 gründeten die drei Ingenieure und Architekten **TyPe Architettura**. Durch die Teilnahme an einer Reihe von nationalen und internationalen Projekten und Wettbewerben konzentrieren sie sich in ihrer Arbeit auf Gebäudeplanung und Sanierung, Wohnbau, Architektur und Landschaftsgestaltung. Zusätzlich erforschen sie die Beziehung zwischen verdichtetem Bauen, dem urbanen Kontext und den alten Stadtstrukturen. Sie lehren und forschen über die genannten Schwerpunkte an der Fakultät für Architektur der Universität Cagliari und haben mehrere Artikel veröffentlicht. Als Tutoren und Lehrer waren sie an einigen internationalen Workshops beteiligt (Cagliari, Salvador, Marrakesch, Mindelo, Santiago Chile, Kairouan, Serpa). Zuletzt gewannen sie 2007 den ersten Preis beim nationalen Innovationswettbewerb, dem *Via Santa Vitalia* in Serrenti, zusammen mit M. Manias.

Carlo Atzeni
via Salvatore Quasimodo 2
09170 Oristano, Italia
T +39 3288349312
carlo.atzeni@unica.it

Das Projekt für eine neue urbane Struktur für Carbonia beruht auf der festen Überzeugung, dass jede programmatische Auswahl innerhalb des Systems der Stadtentwicklung und Neuzuweisung die gesamte Stadtstruktur mit allen sie charakterisierenden Mehrdeutigkeiten und Gegensätzen einbeziehen muss. Demzufolge darf der Projektvorschlag die soziale und urbane Schichtung in allen ihren Formen nicht vernachlässigen.

Hauptziel des Entwurfs ist die nachhaltige Besiedlung, die den ursprünglichen Status von Carbonia als Gartenstadt durch eine neue urbane Struktur, welche auf der ursprünglichen Bebauungsstruktur beruht, wieder herstellt.

Das Konzept beruht auf Analyse, Bewertung, neuer Ausarbeitung und Infiltration. So werden die verschiedenen konsolidierten Elemente der urbanen Struktur durch einen Eingriff, der neue nachhaltige urbane Szenarien entwerfen kann, im Gleichgewicht gehalten.

Das Projekt geht von der sorgfältigen Betrachtung der dringendsten aktuellen Problemstellungen aus, denen moderne europäische Städte ausgesetzt sind; im Hinblick auf nachhaltige Infrastruktur, Prüfung der neuen Beziehungen zwischen Stadt und Stadtrand, hauptsächlich dort, wo die Grenzen verschwimmen und die Anbindung an das Stadtzentrum und andere Stadtbezirke nicht ausreichend ist.

Demzufolge stehen das neue Wohngebiet, welches die Stadt mit der Peripherie verbindet, die Parks, die Besiedelung und Neugestaltung der Abraumhalden durch Kulturzentren und Tourismusinfrastruktur sowie die nachhaltige Neuzuweisung der vorhandenen Infrastruktur im Brennpunkt des Entwurfs.

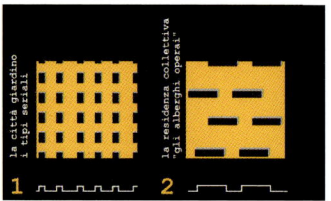

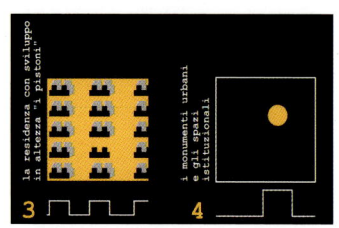

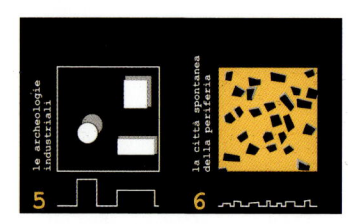

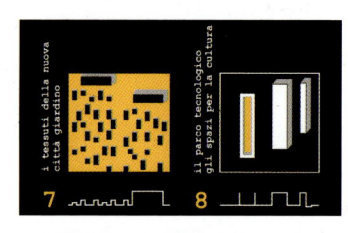

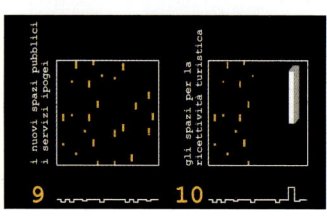

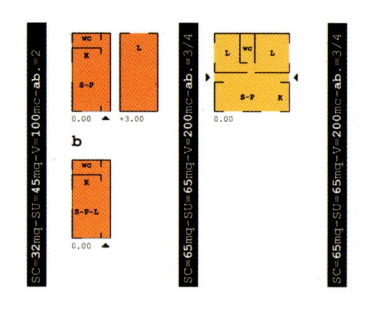

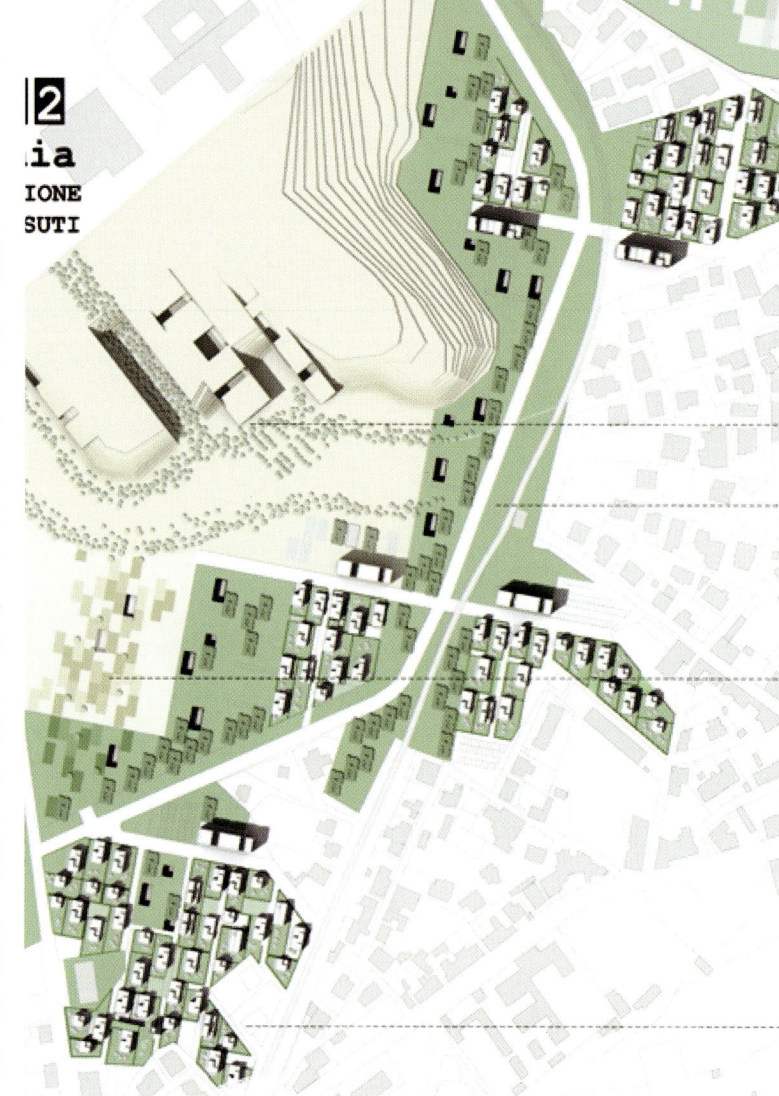

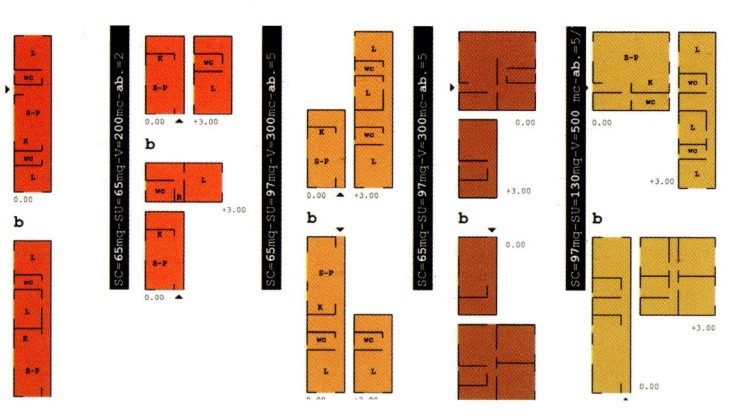

CARBONIA, ITALIA

PREIS

ORTSSPEZIFISCHE VERÄNDERUNGEN INFILTRIEREN

121

Magyarország
Gyor
Kann ein obsoletes Industriegebiet ein städtischer Anziehungspunkt werden?

Stadt Gyor
Standort Gyor-Sziget
Bevölkerung 130.000
Betrachtungsgebiet 5 ha
Projektgebiet 1,5 ha

Gyor ist eine der dynamischsten Städte Ungarns. Es ist Wirtschafts-, Verkehrs- und Tourismuszentrum des westlichen Donaugroßraums und Teil des Wirtschaftsraums im Dreieck Wien-Budapest-Bratislava. Der internationale Industriepark weist ein signifikantes wirtschaftliches Potenzial auf. Die Universität steht für Innovationstechnologie, Forschung und Entwicklung. Eine der sensibelsten Zonen der Stadt findet sich im Bezirk Sziget (Insel). Der Stadtteil entwickelte seinen spezifischen Charakter im Verlauf des 19. Jahrhunderts. Verschiedene Nationalitäten und religiöse Minderheiten wurden aus der Stadt vertrieben und bildeten den multikulturellen Hintergrund, vor dem ein kleinstädtisches Milieu entstehen konnte. Im 20. Jahrhundert folgte die Ansiedlung von Industrie (Milch, Pflanzenöl, Keksproduktion), die heute ihre Produktion eingestellt oder an andere Orte verlagert hat. Obwohl dieser Bezirk zu einem Viertel mit eigener Atmosphäre geworden ist, fehlt es ihm an öffentlichen Plätzen mit städtischen Funktionen und einer lebendigen urbanen Nachbarschaft. Die Uferböschungen sind als Grünflächen mit der Stadt verwoben. Der Bereich der früheren Keksfabrik (Kekszgyár) liegt im Zentrum einer kleinstädtischen Struktur. Es ist ein Industriegebiet, dessen Industrie kurz vor der Schließung steht. Es liegt sehr nah an der Donau. Der Campus der Universität befindet sich am anderen Donauufer, die Anbindung erfolgt über eine Fußgängerbrücke und künftig, mittels eines Tunnels oder einer Brücke, auch für Fahrzeuge. Dieser sich verändernde Bezirk soll in naher Zukunft der Universität und den Anwohnern eine multifunktionale Mischung anbieten. Der Standort stellt ein wenig organisches Segment in der vorstädtischen Struktur dar. Die typische industrielle Silhouette ist jedoch zu einem integralen Bestandteil des Bezirks geworden, der auf seine Kathedralen stolz sein kann. Am Rand des Gebietes befinden sich ungenutzte, ambivalent wirkende Brachen direkt neben den grünen Uferböschungen der Donau. Das Projektgebiet soll die Rolle eines Katalysators bei der Entwicklung übernehmen, indem dort 20.000 m² Wohnraum mit einem Anteil von 30% studentischem Wohnen, 20% Studios und 50% Wohnungen geplant werden. In dem Rest des Gebiets sollen andere Funktionen untergebracht werden: 2.500 m² Halle für Veranstaltungen, 3.500 m² Sportanlagen, 4.000 m² Geschäfte und Restaurants.

Gustavo Romanillos Arroyo (E), **Germana De Donno** (I), Architekten

Gustavo Romanillos Arroyo studierte und arbeitete in Madrid und Paris, und traf dort Germana, die in Rom, Paris, Barcelona und Madrid studierte und arbeitete. Gemeinsam beteiligten sie sich an mehreren Architekturwettbewerben.

Gustavo Romanillos Arroyo
c/ Conde de Miranda 1 1º 16
28005 Madrid, España
T +34 913658554
gustavoromanillos@gmail.com
germanadedonno@hotmail.com

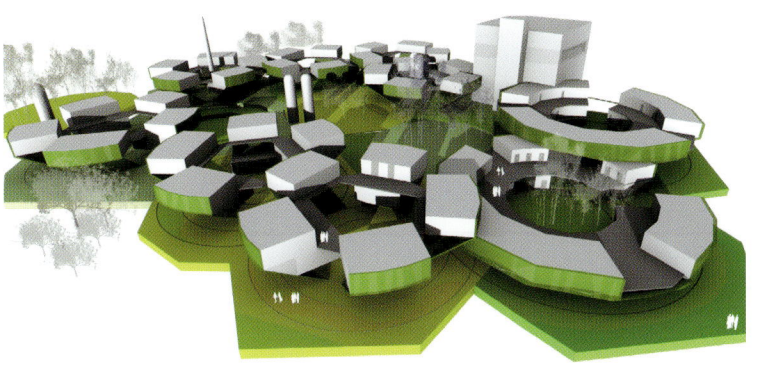

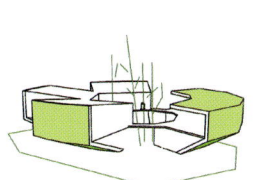

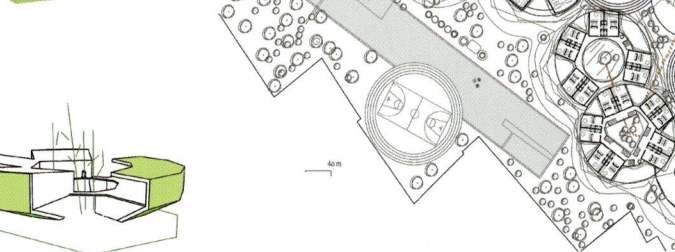

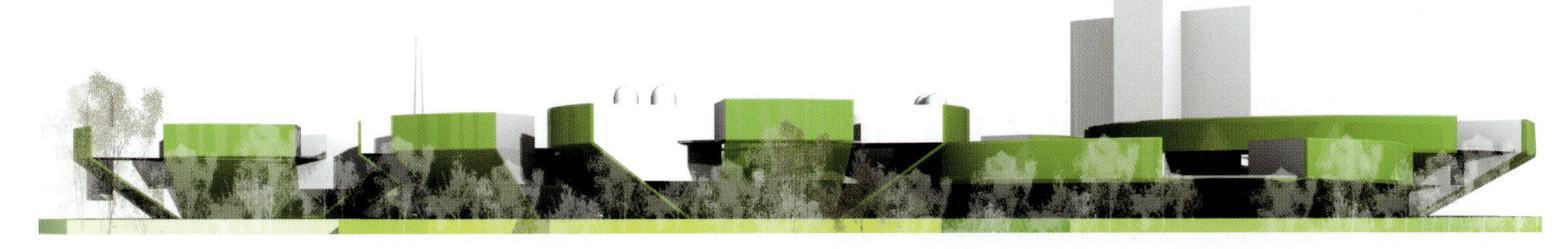

Wet side

Ein Fluss, der über die Ufer tritt. Ein Stück Natur, das nach eigenen Regeln wächst. Die Wasserlilie ist die dominierende Wasserpflanze der Donau. Ein spezielles System mit exponentiellem Wachstum sammelt Elemente um Familien zu bilden. So entstehen Gemeinschaften von variabler Dichte in einem offensichtlichen Chaos.

Die Neunutzung der gesamten Keksfabrik ist ökonomisch nicht sinnvoll, daher fiel die Entscheidung, nur einige ihrer Teile, umgeben von der neu heranwachsenden Spezies, zu erhalten. Einige Industrieelemente bleiben als symbolische und wertvolle Vertreter der Vergangenheit erhalten. Als Bewahrer der Spuren des Vergangenen, das dem Wasser weichen musste und in den Fluten verschwand.

Urban magma

Juan Tur (E), **Ana Arriero** (E), **Carlos Higinio Esteban** (E), **Carmen Paz** (E), Architekten

Madhoc Studio, ein Architekturbüro in Madrid, wird betrieben von einem Team von Absolventen verschiedener Akademien, darunter Chicago IIT, TU DELFT, TU BERLIN, SAPIENZA ROMA und ETSAM (Architectural School of Madrid). Madhoc Studio entwickelt architektonische und urbanistische Projekte und fokussiert dabei auf die diffusen Grenzen des Wesens der Stadt und ihre Beziehung zur Umwelt. Madhoc arbeitet mit einem doppelten Ansatz: pragmatisch und symbolisch. Der offene Raum versammelt Kooperationspartner und bindet unterschiedliche Disziplinen ein. Madhoc akzeptiert Architektur als Instrument des Wandels und verteidigt die Rolle des Architekten bei der Schaffung von städtischem Raum. Madhoc sieht den urbanen Raum als komplexen Schnittpunkt unterschiedlicher Realitäten, auf die sich Architektur stützt und in denen sie sich reflektiert. Jeder Raum ist ein öffentlicher Raum. Ein Baum gerät nie selbst auf das Pflaster.

MADHOC
Architecture & Urban design
Ribera de Curtidores 27, 4º1
28005 Madrid, España
T +34 627987435
madhoc@madhoc.es
www.madhoc.es

Die Projektvorgaben des Standorts – Entstehung einer Mischnutzung, öffentlicher Raum und Wohnbebauung auf einem aufgegebenen Fabrikgelände – wirft die Frage auf, wie neue Programme auf einer Fläche von 30.000 m² mit dem Lebensstil der grünen Stadtstruktur in der Umgebung in Einklang zu bringen sind.

Die ehemalige Fabrik besteht aus heterogenen Gebäuden unterschiedlicher Qualität und Bedeutung. Tabula rasa oder Recycling? Die Frage wird pragmatisch und symbolisch beantwortet. Die räumliche und strukturelle Konfiguration des Gebäudebestands erlaubt eine Vielzahl neuer, öffentlicher Nutzungsformen. So entstehen städtische Plätze in Innenräumen, der öffentliche Raum der Stadt dehnt sich aus. Gleichzeitig werden die großvolumigen Bauten mit niedriger Höhe in der Zone zum Markenzeichen der urbanen Silhouette und prägen die Identität des Quartiers.

Ergänzt wird die Struktur durch das „urban magma", das das Gelände mit einer Vielzahl unterschiedlicher Wohntypologien füllt, die die Industriegebäude umgeben und absorbieren und sie wie treibende Eisberge wirken lässt.

Das „Magma" wächst in die Höhe und Breite und erreicht über drei Maßstabstypologien die Dimensionen der alten Fabrikgebäude: S-Terassenhäuser, M-Studio Flachbau und L-verankernde Türme.

Drei grüne Korridore verbinden Knotenpunkte der Stadt (Zentrum, Universität, Natur, Donau), durchschneiden das „Magma", konfigurieren das urbane Netz neu und wandeln den Standort zu einem neuen Knotenpunkt. Eine Stadt, komprimiert auf fünf Hektar.

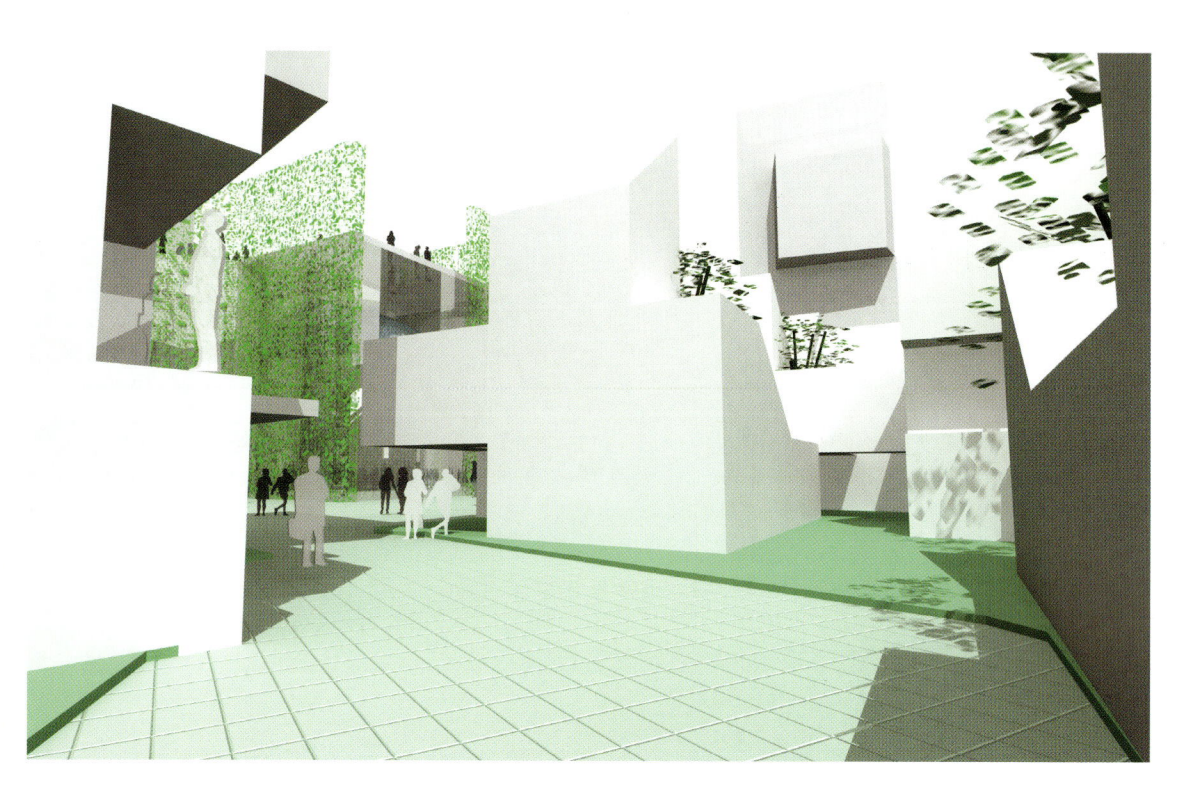

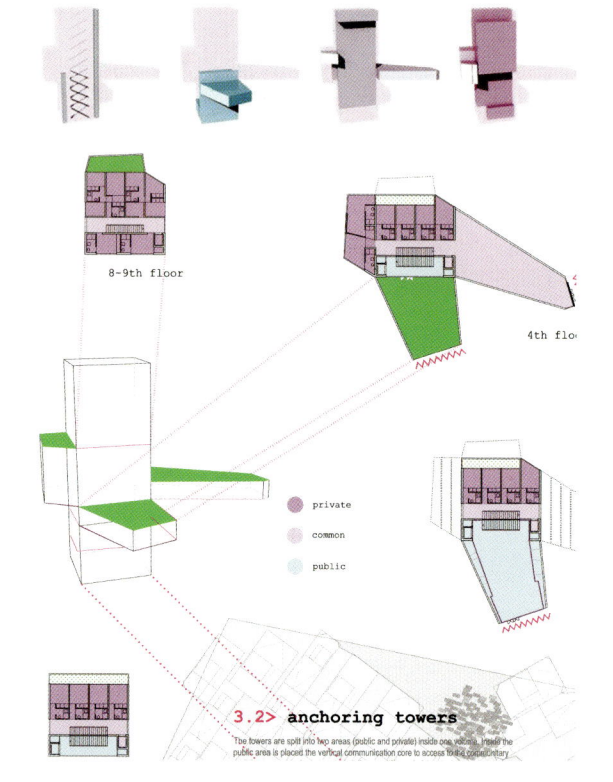

GYOR, MAGYARORSZÁG — PREIS

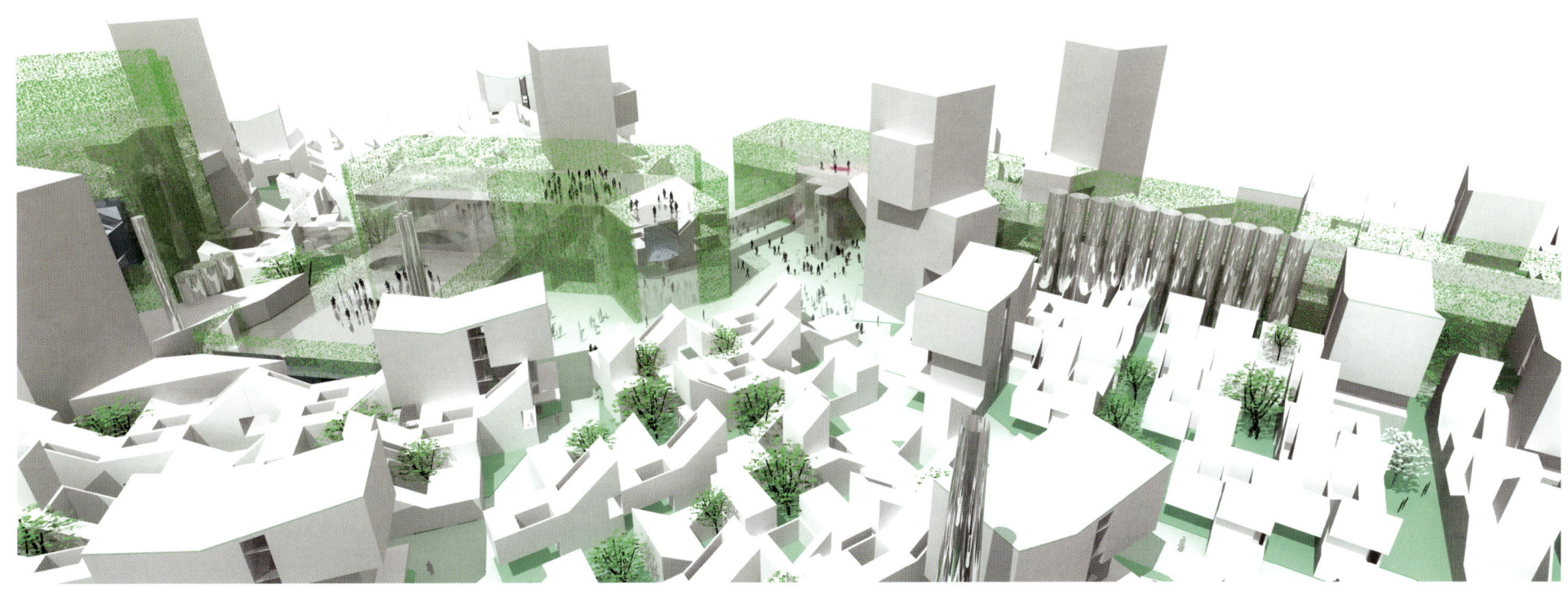

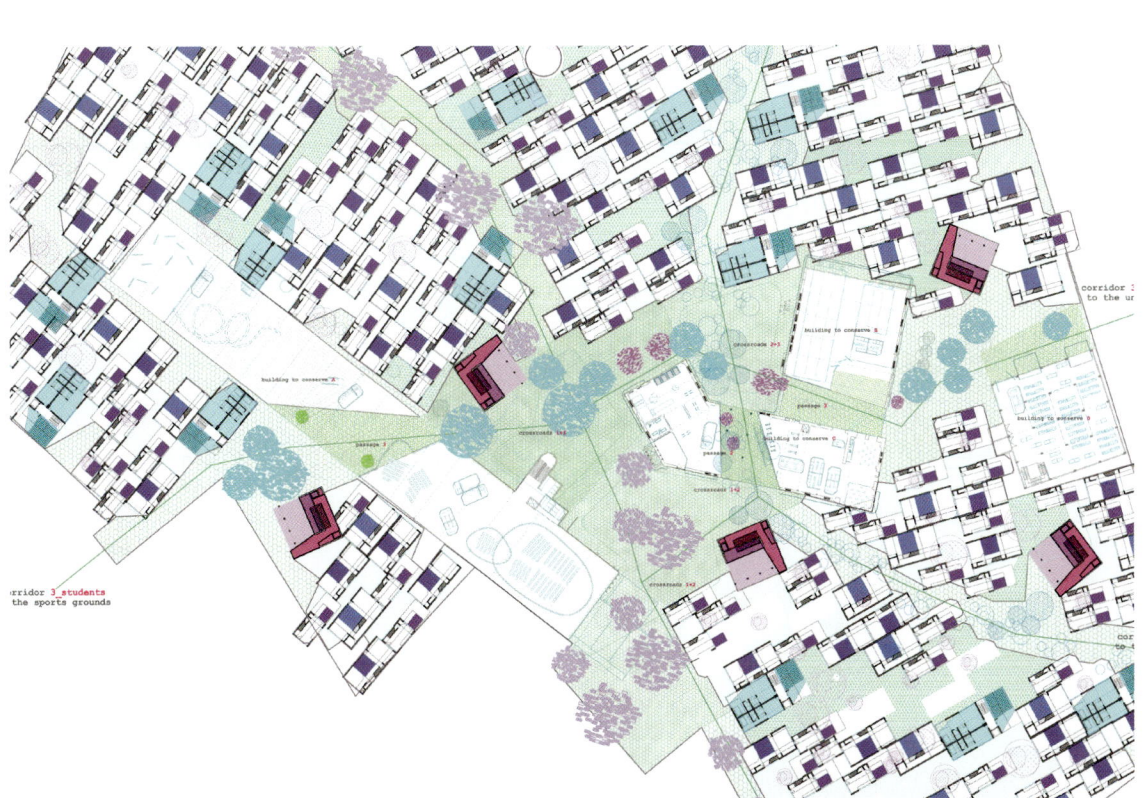

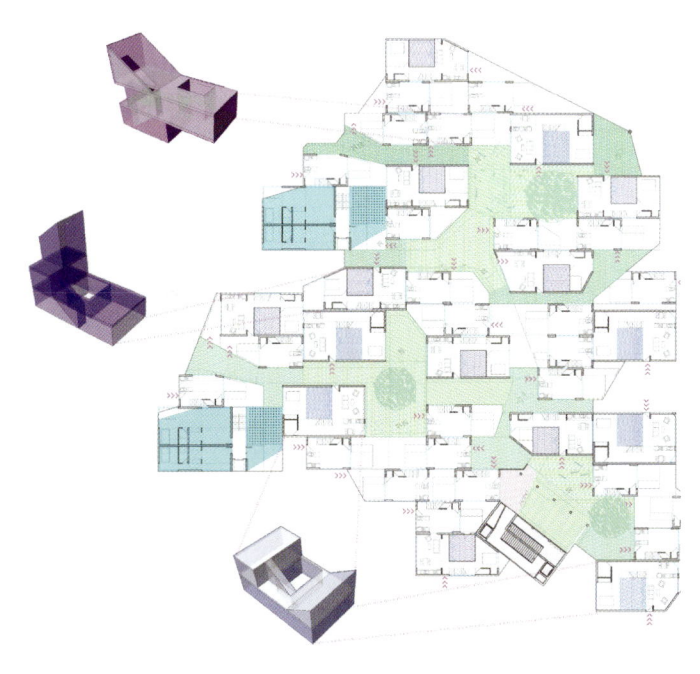

ORTSSPEZIFISCHE VERÄNDERUNGEN INFILTRIEREN

125

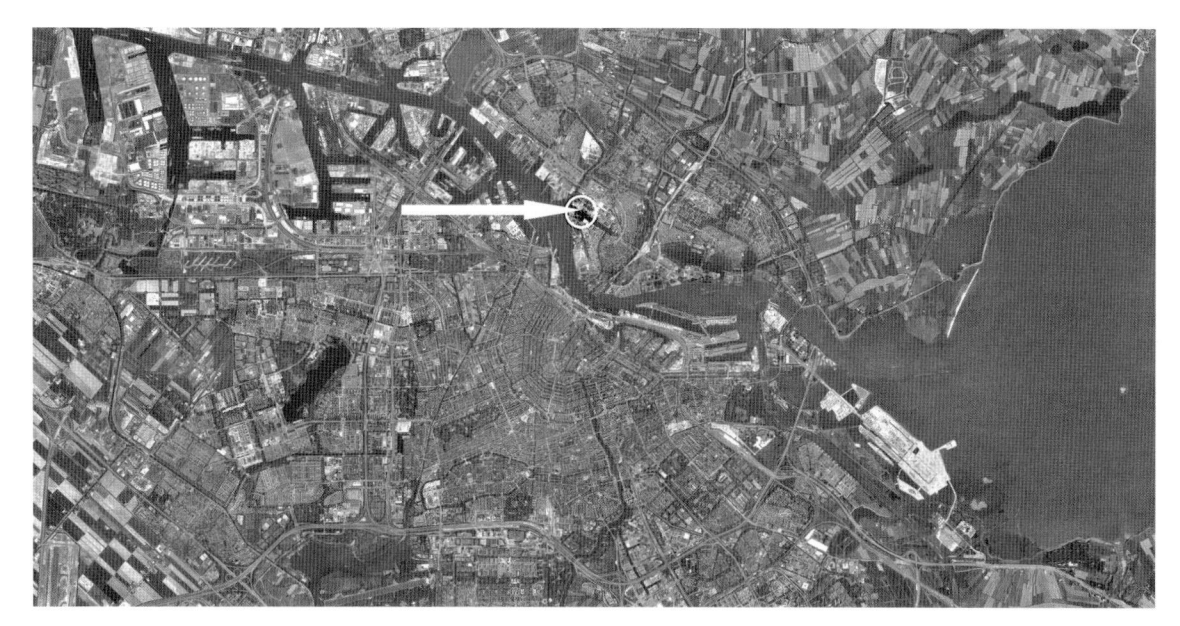

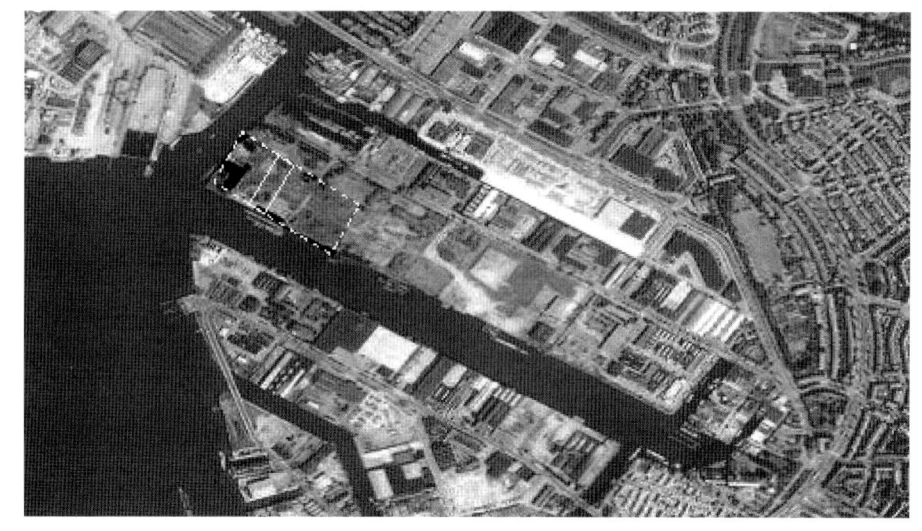

Nederland Amsterdam
Wie kann ein Flussufer in einen Bezirk mit Wohnen und Arbeiten verwandelt werden?

Stadt Amsterdam
Standort Buiksloterham „Kop van Hasselt"
Bevölkerung 750.000
Betrachtungsgebiet ca. 6 ha
Projektgebiet ca. 1 ha

In den Niederlanden ist die Politik der Ballungsgebiete und Städte auf staatlicher Ebene teilweise charakterisiert durch eine Intensivierung der Flächennutzung und durch die Aktivierung und Erneuerung früherer Industriestandorte. Amsterdam ist die Hauptstadt der Niederlande. Zur Erfüllung der Anforderungen an den Wohnungsbau und das Gewerbe – über Neubaugebiete wie IJburg hinaus – werden vorhandene Gebiete und (frühere) Industriestandorte ständig umstrukturiert. Die Umsetzung eines Stadtentwicklungsplans am Südufer des so genannten „blauwe plein" (des IJ) ist bereits im Gange. Das Betrachtungsgebiet „Buiksloterham", ein Industriegebiet, soll in den kommenden 20 bis 25 Jahren allmählich in ein Mischgebiet aus Wohnbebauung und Gewerbe umgewandelt werden. Es ist zu Fuß, per Fahrrad, Fähre, Schiff, Bus und Auto gut erreichbar. Das Ziel ist es, die Attraktivität der Wasserlage zu steigern. Dementsprechend bilden für die Erholung nutzbare Kais und Uferstraßen, wo immer möglich, einen Bereich des öffentlichen Raums. Infrastruktur für wasserbezogene Aktivitäten sowie Schiffsliegeplätze werden ebenfalls geschaffen. Neben der Nutzung vorhandener Flächen ist die Nachhaltigkeit im Gebiet nicht nur durch die Wiederverwertung vorhandener Industrieanlagen charakterisiert, sondern auch durch das Design und den Einsatz von Gebäuden, die eine Nutzungsänderung zulassen. Eine neue Art der Wohnbebauung wird gefördert, die sich neben und zwischen diesen Gewerbeeinheiten entwickeln soll. Das Betrachtungsgebiet verfügt über ein Verhältnis von 70% an Wohnbebauung und 30% zu anderen Zwecken. Infrastrukturen werden im Hinblick auf ein mittelgroßes urbanes Gebiet mit einer breiten und vielschichtigen Basis erweitert. Die Intensivierung der Nutzung in diesem Gebiet erfordert Veränderungen am öffentlichen Raum. Parkplätze und Ladezonen müssen auf dem Grundstück mit nur einer Zufahrt von Kais oder Straßen realisiert werden. Das Projektgebiet liegt in der Mitte des Betrachtungsgebietes. Eine Vielzahl von Wohnungs- und Eigenheimformen, speziell für Menschen mit unterschiedlichen Lebensstilen, kommen in Betracht. Attraktive Wohnungstypen für eine breite Öffentlichkeit, die Wohnen und Arbeiten verknüpfen will, lebhafte, außergewöhnliche Wohnformen wie das Wohnen am Ufer, das Wohnen in der Nähe oder auch über dem Arbeitsplatz oder Kombinationen aus Wohn- und Geschäftshäusern sind gewünscht.

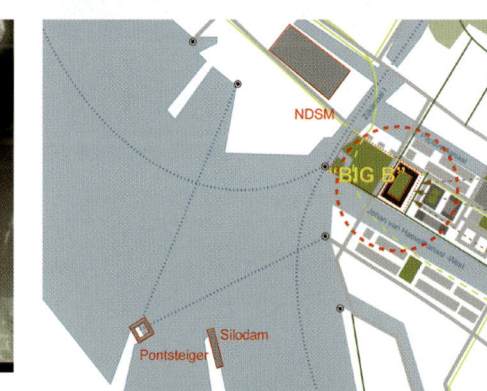

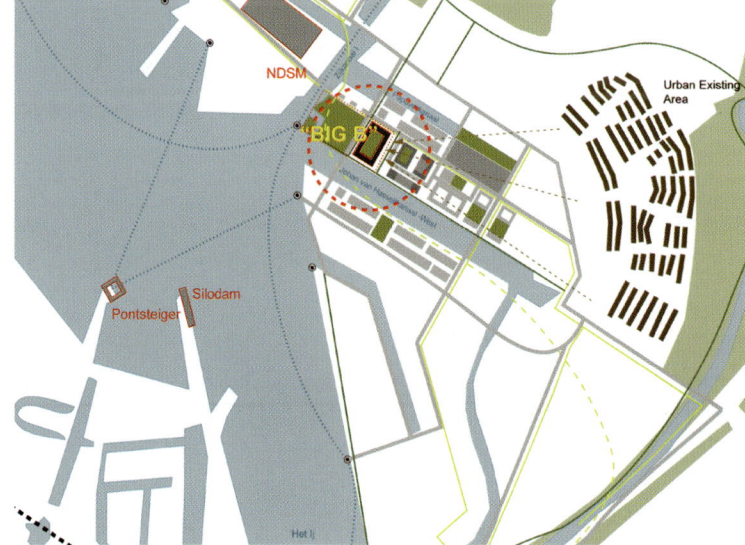

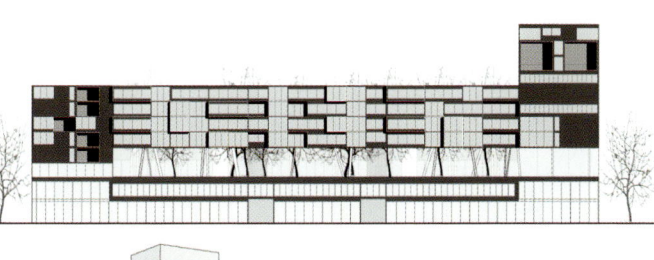

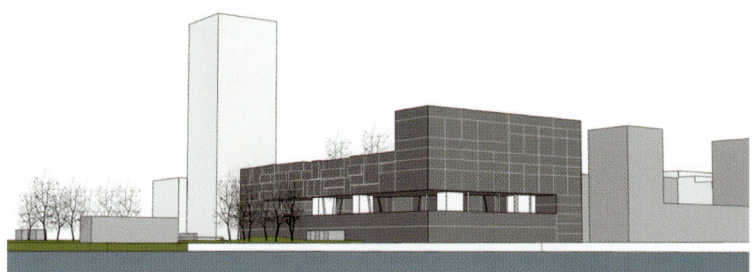

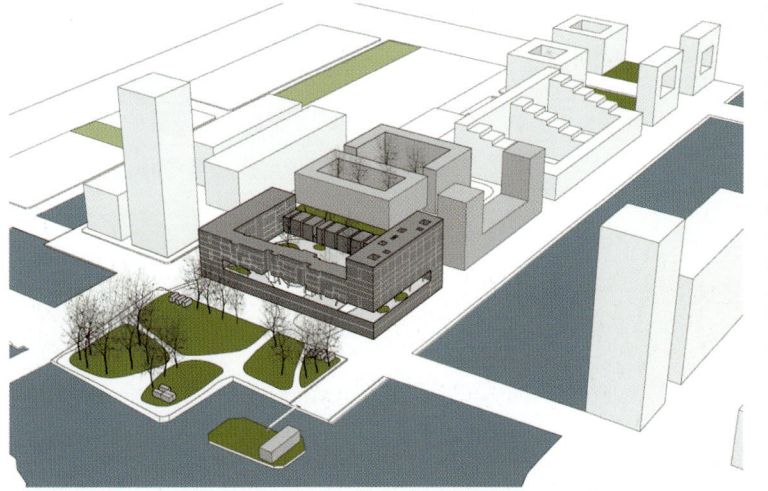

Beatriz Ramo López de Angulo, (E) Architektin, Astrid Rovisco Suzano (E), Joana Garcia De Oliveira (E), Assistenz

Studium in Valencia und Eindhoven, Arbeit für Rem Koolhaas bei OMA in Rotterdam, Leitung von STAR Strategies + Architecture, mehrfach ausgezeichnetes Büro für Architektur, Urban Design und Forschung.

Beatriz Ramo López de Angulo
STAR- Delftsestraat 27
3013AE Rotterdam, Nederland
T +31 102400171
beatrizramo@s-t-a-r.nl
www.s-t-a-r.nl

Großes B

Um eine intensive Beziehung zum Wasser zu erreichen und den industriellen Charakter des Ortes zu bewahren, wird in einer großen Geste das gesamte Programm in einem Gebäude untergebracht. Vor Wahrzeichen wie dem Silodam unterstreicht *Big B* am Nordufer den einzigartigen Charakter dieses Teils des Ij. Das Projekt umfasst vier Blöcke und einen verbindenden Sockel, der verschiedene Nutzungsoptionen bietet und u. a. drei Parkebenen bietet. Zehn Meter oberhalb der Straße befindet sich eine Dachbegrünung, die sich an zwei Seiten zum Wasser öffnet. In den vier Blöcken ist Arbeiten und Wohnen in 16 Bautypen möglich, sie sind so ausgerichtet, dass jedes Apartment Blick auf das Wasser bietet.

020-00

Auguste Van Oppen (NL), **Marc Van Asseldonk** (NL), Architekten

O+A ist ein junges Büro, das seinen Ursprung in Europan 9 hat. Seine zwei Gründer sind Architekten, die an der TU Delft studierten und 2006 ihren Abschluss machten. Marc Van Asseldonk arbeitete kurzzeitig für Erik Blits, bevor er bei Urban Fabric, einem Stadtplanungsbüro in Rotterdam angestellt wurde. Auguste Van Oppen sammelte während seines Studiums erste Berufserfahrung beim Architekten Jan Jonkers und bekam dort eine Stelle nach seinem Abschluss.

Zu der Zeit, als sie ihre Abschlussarbeiten fertig stellten, kam zum ersten Mal das Ziel zur Sprache, ein eigenes Büro zu gründen. Der Europan-Wettbewerb bot ihnen die Chance, an einer herausfordernden Aufgabe zusammenzuarbeiten. Die Kooperation war harmonisch, produktiv und führte zur Entscheidung, ein eigenes Büro zu gründen.

O+A
Domselaerstraat 7-I
1093 JL Amsterdam, Nederland
T +31 614244042, +31 642215138
info@oplusa.nl
www.oplusa.nl

Seit seiner Gründung hatte Buiksloterham einen industriellen Charakter, aber mit der Verlegung des Hafens westwärts ist es jetzt ein Gebiet im Wandel. Am Standort wurde die gewünschte Dichte erreicht, gleichzeitig wurde das industrielle Erbe respektiert wurde. Einige formale, behauene Steinblöcke wurden in einer sich langsam auflösenden lockeren Komposition platziert. Von den Rändern des Gebietes nach innen ist die Komposition in einem konstanten Dialog mit der unmittelbaren Umgebung. Mit niedriger Dichte entlang der Hafenmauer und höherer Dichte zum Rand der Stadt hin erschafft diese Komposition von Blöcken verschiedene graduelle Abstufungen öffentlicher Räume.

So wurde zum Beispiel ein offener Raum, der reich mit lokaler Flora bewachsen ist, in das Gebiet einbezogen und wird langsam mehr und mehr städtisch. Die Schwere der behauenen Steinblöcke wurde durch zwanglose Elemente kompensiert. Freie Grundstücke wurden in dem Planungsgebiet so verteilt, dass eine Zwischenebene geschaffen wurde. So entsteht eine sehr visuelle Form der Lebendigkeit, die für Amsterdam typisch ist.

Um die Forderungen der Grundstücksentwickler zu erfüllen, ist Flexibilität immer wichtiger geworden. In diesem Gebiet wurde ein Wohnblock entwickelt, bei dem Flexibilität nicht durch eine offene Planung, sondern durch einen rigiden und doch anpassungsfähigen Rahmen erreicht wird. Dieser erlaubt vielfache Durchbrüche, die mit der Zeit vertikal, horizontal und diagonal eingeführt werden können. Obwohl hier eine Vielzahl von verschiedenen Elementen geplant ist, halten sie sich gegenseitig im Gleichgewicht. Paradoxerweise ist dieses Gleichgewicht in der Lage, Veränderungen zu absorbieren und sich zu bewähren. Der Einsatz von Maßstab, Komposition und Material hat Kop van Hasselt zum „kollektiven Symbol" gemacht, welches sich gegen zukünftige, größere Projekte in der Nachbarschaft durchsetzen kann.

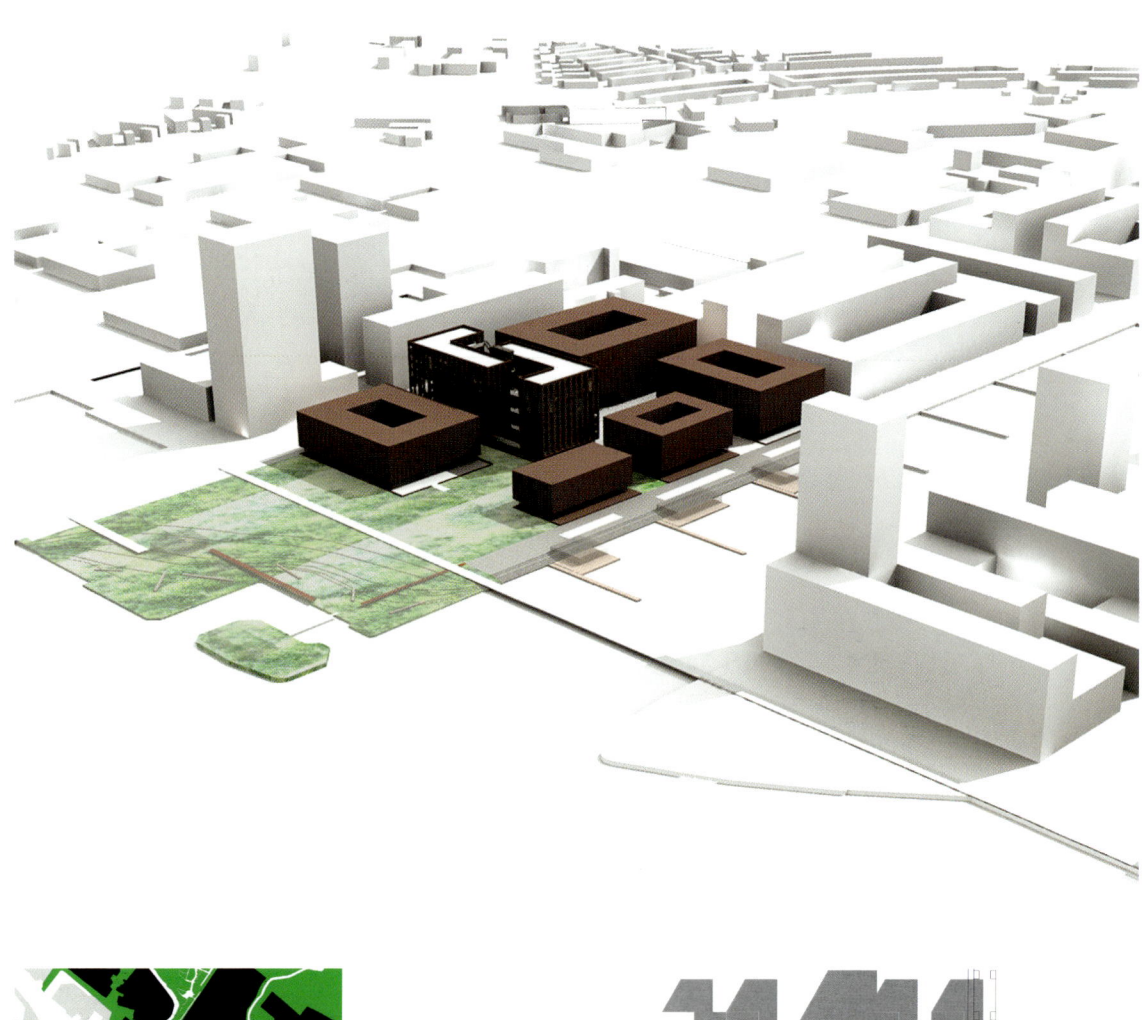

AMSTERDAM, NEDERLAND · PREIS

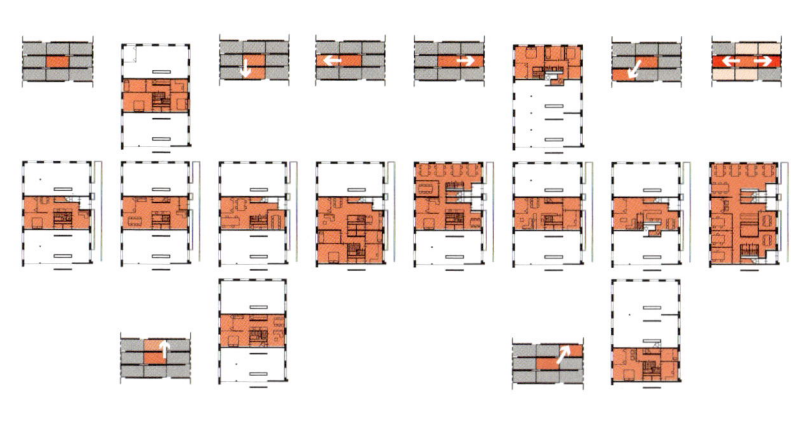

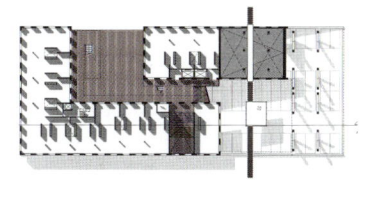

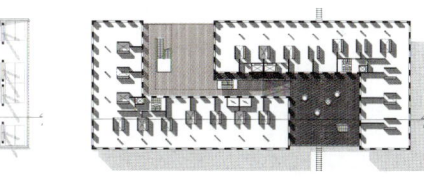

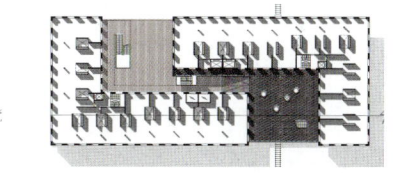

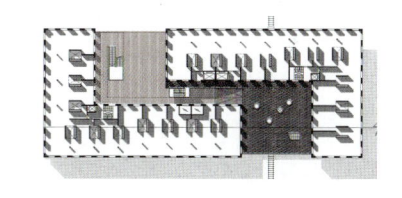

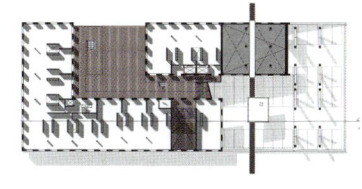

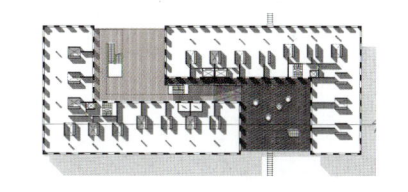

ORTSSPEZIFISCHE VERÄNDERUNGEN INFILTRIEREN

Polska
Warszawa
Czyste
Wie kann man industrielle Relikte und urbane Identität in einem neuen Subzentrum verbinden?

Stadt Warszawa
Standort Czyste
Bevölkerung 1.700.000
Betrachtungsgebiet 50 ha
Projektgebiet 6 ha

Die Hauptstadt Warschau ist das Verwaltungs-, Finanz- und Bildungszentrum Polens und, an Einwohnern und Beschäftigten gemessen, die größte polnische Stadt. In den vergangenen Jahren entstanden zahlreiche Bürogebäude und Einkaufszentren. Aktive Bautätigkeit ist vor allem in jüngerer Zeit im Wohnungsbau festzustellen. Das einst von Industrie und Schienenverkehr genutzte Bauland umfasst große, gut gelegene Stadtgrundstücke, denen teilweise neue Funktionen gegeben wurden, wodurch umgekehrt neue öffentliche Bereiche entstanden.

Das Betrachtungsgebiet umfasst eine traditionell von Industrie, Bahn und als Wohngegend genutzte Zone mit Lagerhäusern, Produktionsanlagen sowie Einzelhandel, Büros, medizinischen Einrichtungen und Wohngebäuden. Die Bebauungsdichte ist gering, die Häuser sind überwiegend von geringer Höhe, ausgestattet mit großen Grünflächen und einem Park entlang der Brylowska-Straße. Die Gebäude des alten Gaswerkes und das Ensemble stehen unter Denkmalschutz. Die Anbindung an das Hauptverkehrsnetz ist ausgezeichnet; sie verläuft über das lokale Straßennetz der Kolejowa, Pradzynska, Brylowska und Bema-Straße. Die Nähe zur Warschauer Innenstadt bietet adäquate Voraussetzungen für die Entwicklung multifunktioneller Nutzungsmöglichkeiten und die Schaffung öffentlicher Räume als Vorbedingungen für die Entstehung eines Subzentrums mit Beschäftigungsangeboten, auch in Form kommerzieller Projekte: beispielsweise Büros, Einrichtungen im Bereich Kreativität und Kultur sowie ein Zentrum für private Gesundheitsversorgung. Einige der nicht mehr benötigten Gebäude können hierfür umgenutzt werden – beispielsweise die Gasometer.

Für das Projektgebiet an der Pradzynskiego-Straße, dessen Gebäudebestand vor allem Provisorien und Lagerschuppen umfasst, die abgerissen werden sollen, sind Funktionen mit Büros und Einzelhandel auf den unteren Etagen, Wohnnutzung in den oberen Etagen geplant. Parkplätze sollten unterirdisch untergebracht werden. Das Minimum für biologisch-aktive Freiflächen liegt bei 25%, bei einer maximalen Bebauungshöhe von dreißig Metern und einer GFZ von 2,5. Die Stellplatzrichtlinien sehen einen Stellplatz pro Wohneinheit vor, für Büros dreißig Stellplätze pro 1.000 m².

Salvador Ubago Palma (E), **Francisco Antonio García Pérez** (E), Architekten, **Anna Klimczak** (PL) Künstlerin, **Piotr Dryja** (PL) Grafiker, **Dorota Kurazynska** (PL) Künstlerin

Ambiguität in der Vorstadt, originäre Architektur, Gegenständlichkeit, visuelle Kommunikation. Die Manipulation der räumlichen Logik ist Gegenstand der vier Studien zweier spanischer Architekten (Granada) und drei polnischer Künstler (Warschau).

Tórtola 7, 1ºe.
18014 Granada, España.
T +34 958092126
fagp77@gmail.com

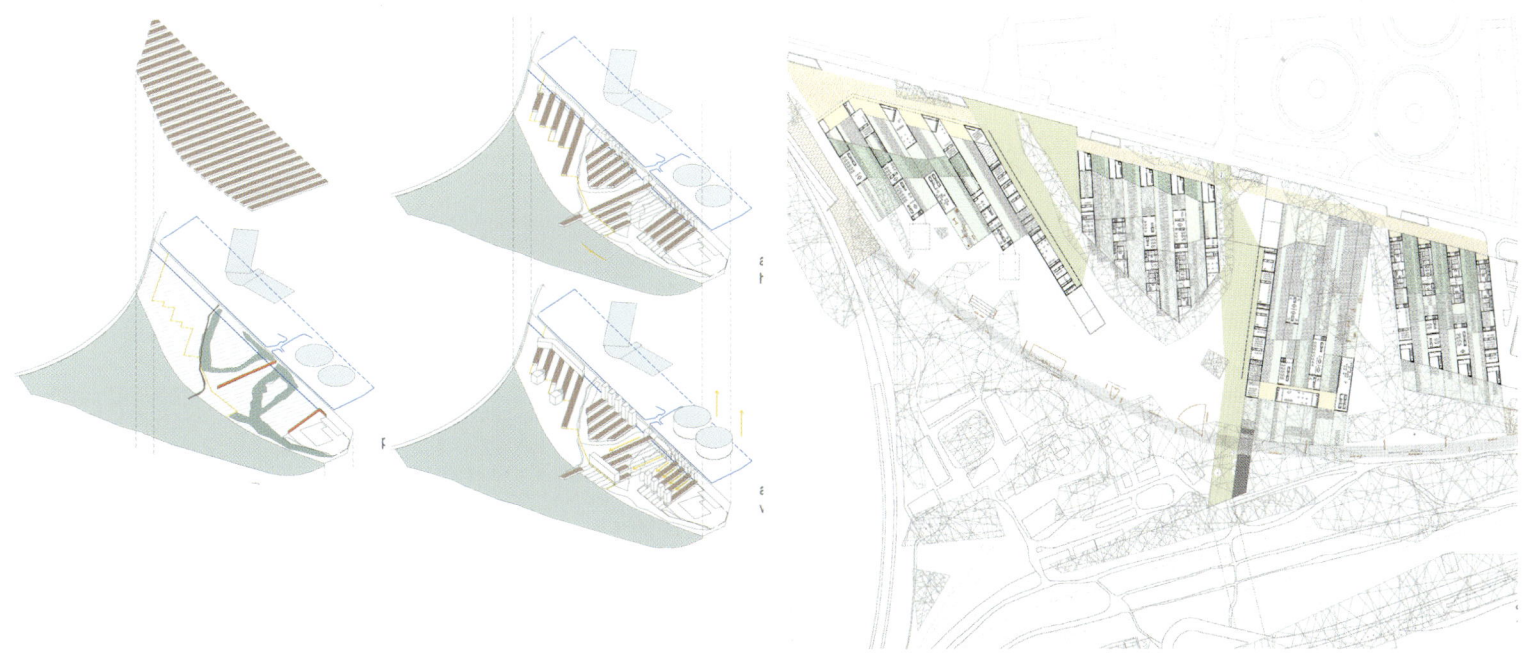

WW

Der Vorschlag versteht sich als räumliches *Medium*, ein intermediärer Standort, an dem gebaute Stadt und Bahnbrache in einen Grenzdialog miteinander eintreten. Es entsteht eine poröse Zone, in der durch die Verkehrsverlagerung in den Untergrund Verbindungswege für Fußgänger entstehen. Große Gewächshäuser werden als spannende Mutationen des öffentlichen Raumes eingefügt, damit der natürliche Übergang vom Stadtgarten zur Biodiversität einer sich selbst überlassenen Naturzone gelingt. Eine Zonierung gemäß dem Lauf der Sonne bestimmt Position und Art der Pflanzen ebenso wie die verschiedenen räumlichen Energiespeicher der vier gemischt genutzten Hauszeilen.

Urban cocktail

Mateusz Adamczyk (PL), **Michal Palej** (PL), **Artur Michalak** (PL), **Patrycja Okuljar-Sowa** (PL), Architekten und Stadtplaner

Das Team besteht aus jungen Architekten und Stadtplanern, die sich während ihres Studiums in Krakau, Polen, kennenlernten. Mateusz Adamczyk und Michal Palej studierten Architektur in Krakau und Deutschland, Finnland und den USA. Sie haben beide Berufserfahrung durch die Arbeit in niederländischen Büros gesammelt. Im Jahr 2007 gründeten sie ihr Büro mit dem Namen BudCud in Krakau. Das Büro nahm bereits an zahlreichen polnischen und internationalen Wettbewerben teil. Artur Michalak studierte Architektur in Krakau und Trier und sammelte Berufserfahrungen in Luxemburg. Patrycja Okuljar-Sowa studierte Architektur in Krakau und Madrid, wo sie auch Berufserfahrungen sammelte. Beide arbeiten zurzeit in Architekturbüros in Krakau.

ul.Zbrojów 12/42
30-042 Kraków, Polska
T +48 607226706
adamczyk@budcud.org
www.budcud.org

Der Plan für „**urban cocktail**" basiert auf einem subjektiven Verständnis von Warschau und gleichzeitig auf den gegenwärtigen sozialen und räumlichen Veränderungen, die typisch für die postsowjetischen Metropolen sind. Cocktail ist der Versuch einer Entwurfsstrategie zur Aufwertung aufgegebener, postindustrieller Stadtquartiere. Für ein Gebiet wie Czyste, das durch städtebauliches Chaos und räumlichen Unordnung geprägt ist, erscheint ein strategischer Ansatz überzeugender als ein festgeschriebenes Bebauungskonzept.

Die **Entwurfsstrategie** versucht, die positiven Merkmale des Standorts, die aus seinem suburbanen Kontext auf kleinem und mittlerem Maßstab abgeleitet sind, aufzugreifen und zu stärken. Bereiche mit geringen Qualitäten werden aufgewertet oder ersetzt. Großer Wert liegt auf der Balance zwischen sozialem und kommerziellem Aspekt der Strategie durch eine Reihe von Regeln, mit deren Hilfe künftige soziale Investitionen teilweise von der gewerblichen Entwicklung profitieren können. Eine lebhafte Atmosphäre rund um die Uhr wird durch die so genannten „Hot Spots" eingeführt, Orte, die ihre Funktion je nach Tageszeit verändern.

Das **Modellszenario** basiert auf einer puzzleartigen Entwicklung durch Vermischen verschiedener Funktionen und Gebäudetypen, die zusammen ein attraktives und lebendiges Wohnviertel erzeugen und den suburbanen Ursprung des Standorts widerspiegeln. Eine hohe Qualität, Diversität und durchgehende öffentliche Räume mit Integration in die Wohnbereiche waren die wichtigsten Ziele. Die Komplexität des Standorts Czyste aufgrund seiner enormen Größe und des längerfristigen Investitionszeitraums zwingt zu einer phasenweisen Entwicklung. Zuerst geht es um Verdichtung, Variierung und Reparatur des vorhandenen urbanen Gewebes, was später in einen sich selbst organisierenden Organismus mündet, der erbaut werden kann oder auch nicht.

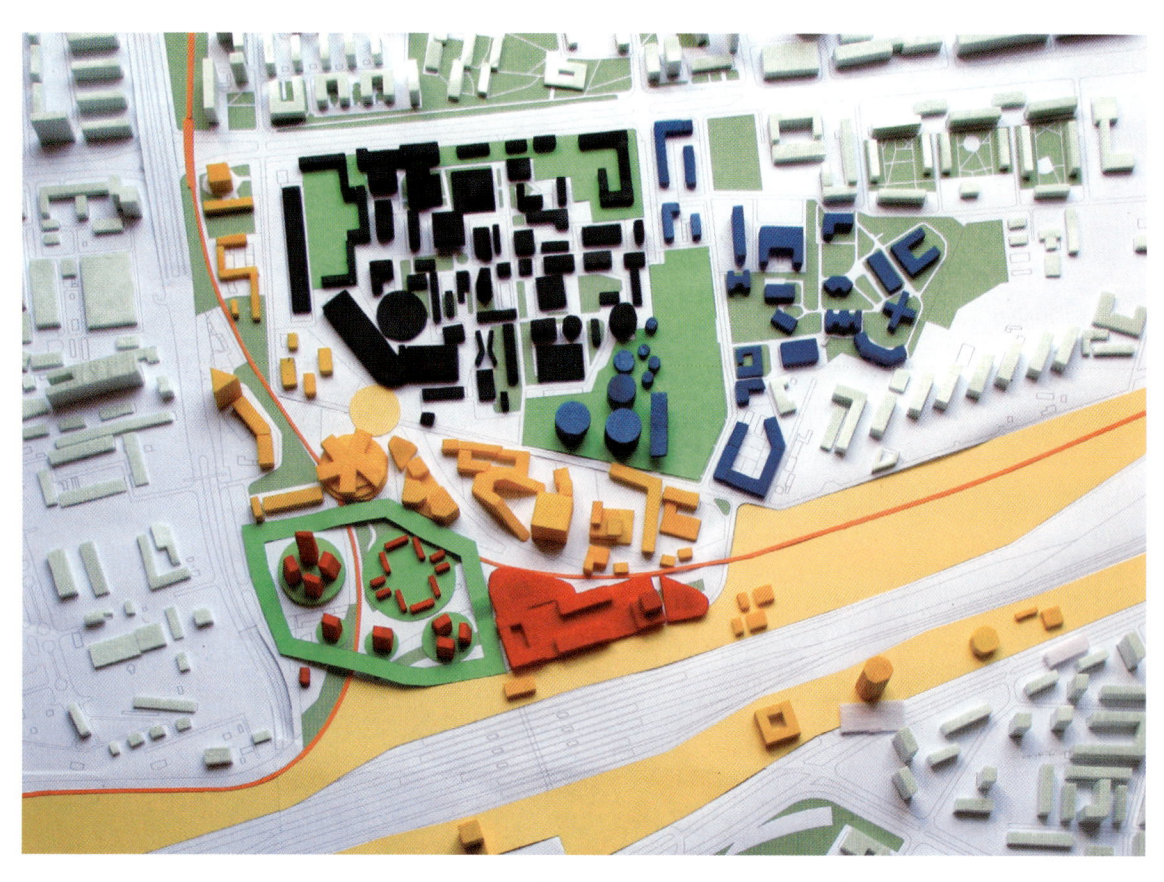

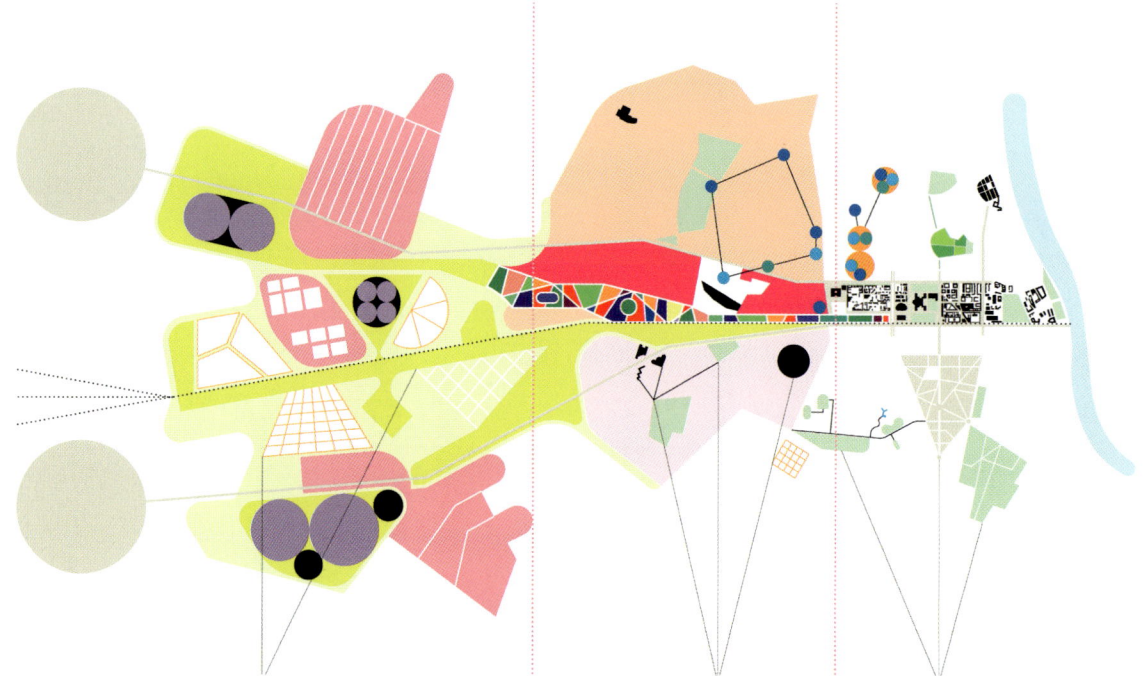

PREIS

WARSZAWA CZYSTE, POLSKA

133 ORTSSPEZIFISCHE VERÄNDERUNGEN INFILTRIEREN

134 **ORTSSPEZIFISCHE VERÄNDERUNGEN** INFILTRIEREN | **GENÈVE, SCHWEIZ/SUISSE/SVIZZERA/SVIZRA** STANDORT

Schweiz/Suisse Svizzera/Svizra
Genève
Kann der Zusammenfluss zweier Flüsse die Basis einer städtischen Landschaft bilden?

Stadt Genève
Standort Pointe de la Jonction
Bevölkerung 190.000
Betrachtungsgebiet 11 ha
Projektgebiet 3,5 ha

Der Kanton Genf bildet den südwestlichen Zipfel der Schweiz, hat eine 103 km lange gemeinsame Grenze mit Frankreich, zum Rest der Schweiz ist sie nur 4,5 km lang. Das vorwiegend städtisch geprägte Gebiet ist umgeben von landwirtschaftlicher Nutzfläche und einem internationalen Flughafen. Mit einer durchschnittlichen Bevölkerungsdichte von 112 Einwohnern pro Hektar ist dieser Raum das am dichtesten besiedelte Gebiet der Schweiz. Ferner ist Genf Sitz zahlreicher internationaler Organisationen, darunter die UNO, was der Stadt einen multikulturellen Charakter verleiht. Die Stadt bildet das Zentrum einer Agglomeration von 700.000 Einwohnern. 40% der Arbeitsplätze der Region konzentrieren sich hier auf einer Fläche von 1.600 Hektar, die gleichzeitig rund 190.000 Einwohner ein Zuhause bietet. Der Stadt wird von der Rhône und ihrem Nebenfluss, der Arve, durchflossen. Der Stadt ist außergewöhnlich reizvoll am Genfer See gelegen. Auch die geografische Lage ist günstig. Genf ist nur vier Stunden vom Mittelmeer und eine Stunde von Chamonix entfernt. Der Bau einer S-Bahn, welche die gesamte Region, einschließlich Frankreich, erschließen soll, befindet sich im Realisierungsstadium.

Wettbewerbsaufgabe ist es, das Gebiet, das unter dem Namen Pointe de la Jonction bekannt ist, zu regenerieren. Es handelt sich um eine Halbinsel, die am Zusammenfluss der die Stadt durchquerenden Flüsse liegt. Begrenzt im Osten von einer Zubringerstraße, ist die Anbindung des Gebiets gut und wird demnächst noch durch eine neue Straßenbahnverbindung verbessert. Das Gebiet bildet die äußerste Spitze der Halbinsel: ein beschaulicher und magischer Ort, wo sich das klare Wasser der Rhône mit dem trüben Wasser der Arve vermischt. Gegenwärtig gibt es Parzellen an der äußersten Westspitze des Planungsstandortes, die mit Gebäuden bebaut ist, die entweder abgerissen oder umgebaut werden können. Aufgabe ist es, Uferpromenaden und Parkanlagen, sowie Wohnungen für Familien und junge Leute, Künstlerwerkstätten, Kulturstätten, Räume für die Ansiedlung von Nichtregierungsorganisationen zu planen, um städtische Dynamik hervorzurufen.

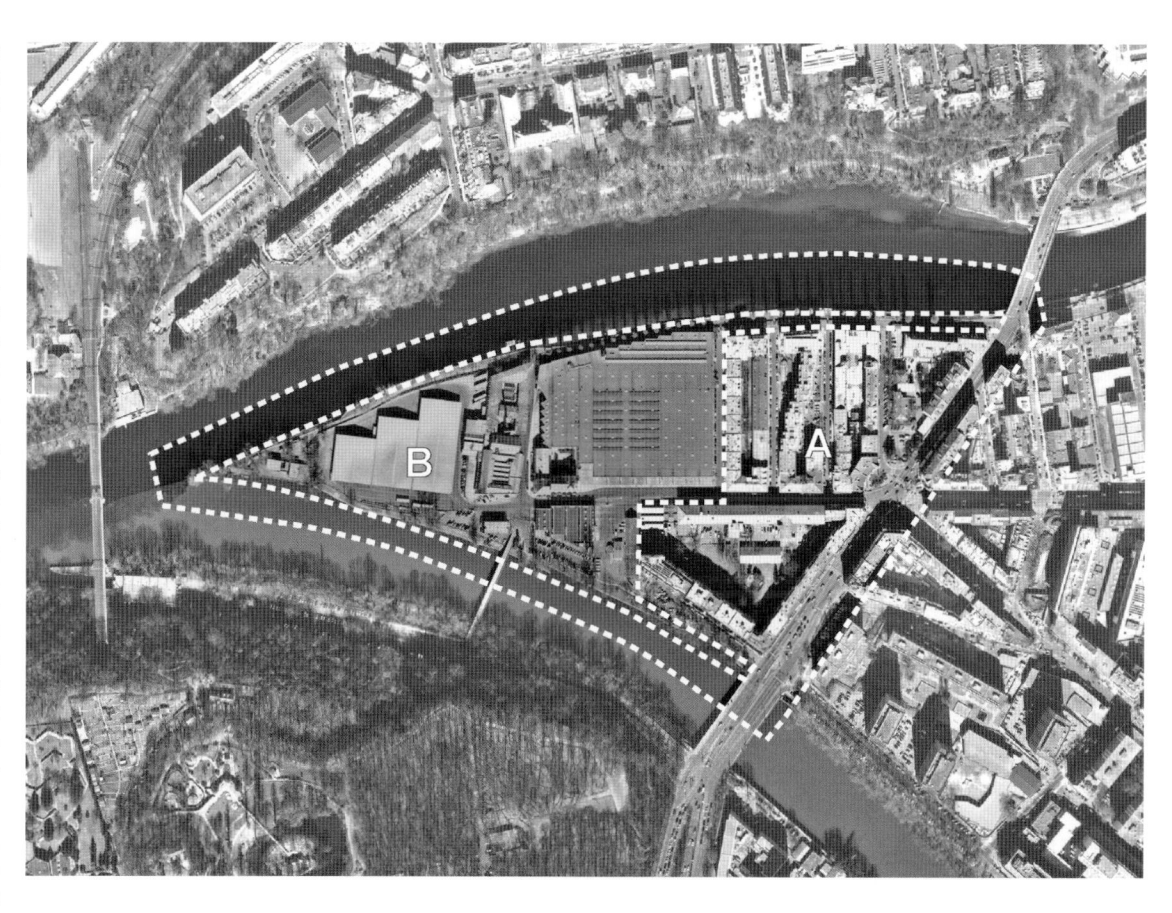

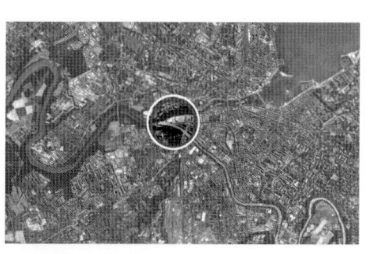

Natural transitions

Marcel Lok (NL), **Berry Beuving** (NL),
Architekten

Nach einer Ausbildung zum technischen Zeichner studierte Marcel Lok Architektur an der Technischen Universität Delft. Er sammelte Berufserfahrung in Architekturbüros wie dem von Koen van Velsen und Wingender Hovenier Architecten. Seit 2002 arbeitet er an verschiedenen Projekten und Wettbewerben, erhielt einen Ankauf bei Europan 7 sowie ein Stipendium der niederländischen Stiftung für bildende Künste, Design und Architektur. Berry Beuring ist Absolvent der Amsterdamer Akademie für Architektur und war bei einigen Architekturbüros tätig, wie z. B. Meili Peter Architekten (CH) und Rob Hootsmans, Koen van Velsen und Wingender Hovenier Architecten. 2007 gründete er sein eigenes Architekturbüro.

Unter dem Namen BBML arbeiten beide Architekten in einem Joint Venture an Projekten und Wettbewerben zusammen, um das Wesen zeitgenössischer Architektur und ihre Wiederspiegelung in der Realität zu erfassen.

BBML
Waagdragerhof 68
1019 HB Amsterdam, Nederland
T +31 642120762, +31 645516562
www.bbml.nl, www.berrybeuving.nl,
www.marcellok.nl

Die Flüsse Rhône und Arve und ihre reichen grünen Ufer sind geradezu perfekt. Aber erst da, wo sie aufeinandertreffen, wird die volle Schönheit ihrer wahren Natur den Einwohnern und Besuchern Genfs offenbart. Wenn man hier genau zwischen diesen beiden starken Charakteren steht, ihren Kampf und Tanz in ewigem Widerstreit beobachtet und ihre Gewalt spürt, offenbart sich das als Erfahrung von derselben Größe wie beim Betrachten der mechanischen Kraft des Jet d'Eau.

Diese Qualitäten sollen genutzt und verstärkt werden, indem Schritt für Schritt die bestehenden städtischen Strukturen in ein urbanes Areal umgewandelt werden, das seinem einzigartigen Umfeld gerecht wird. Der Hauptbestandteil des Konzepts besteht in der Ausweitung der Grünflächen von der Spitze, wie in der Gebietskarte der Stadt dargestellt, bis hin zu den existierenden Wohnblocks, die sich an das Wettbewerbsgebiet im Osten anschließen. Das gesamte Gebiet wird in den „Parc Culturel de la Jonction" umgewandelt. In diesem neuen Park soll sich die Stadt zu den beiden Flüssen und ihren grünen Rändern, die das Gebiet umschließen, hin öffnen und so allmählich die umliegende Natur enthüllen.

Eine „grüne Urbanität" wird geschaffen, welche eine große Vielfalt öffentlicher Funktionen einschließt. Durch die präzise Integration der neuen Blöcke mit verschiedenartigen Nutzungen – einschließlich eines Theaters, einer Schule, eines Schwimmbades, einer Kindertagesstätte, einem Restaurant – wird das Gebiet so strukturiert, dass viele verschiedene Ebenen öffentlicher Räume entstehen. Zwischen den neuen und den schon existierenden Bauten, zwischen den Häuserblöcken und der Natur und innerhalb der Gebäude werden öffentliche, halböffentliche, gemeinschaftliche und private Flächen auf formaler, psychischer und psychologischer Ebene geschaffen.

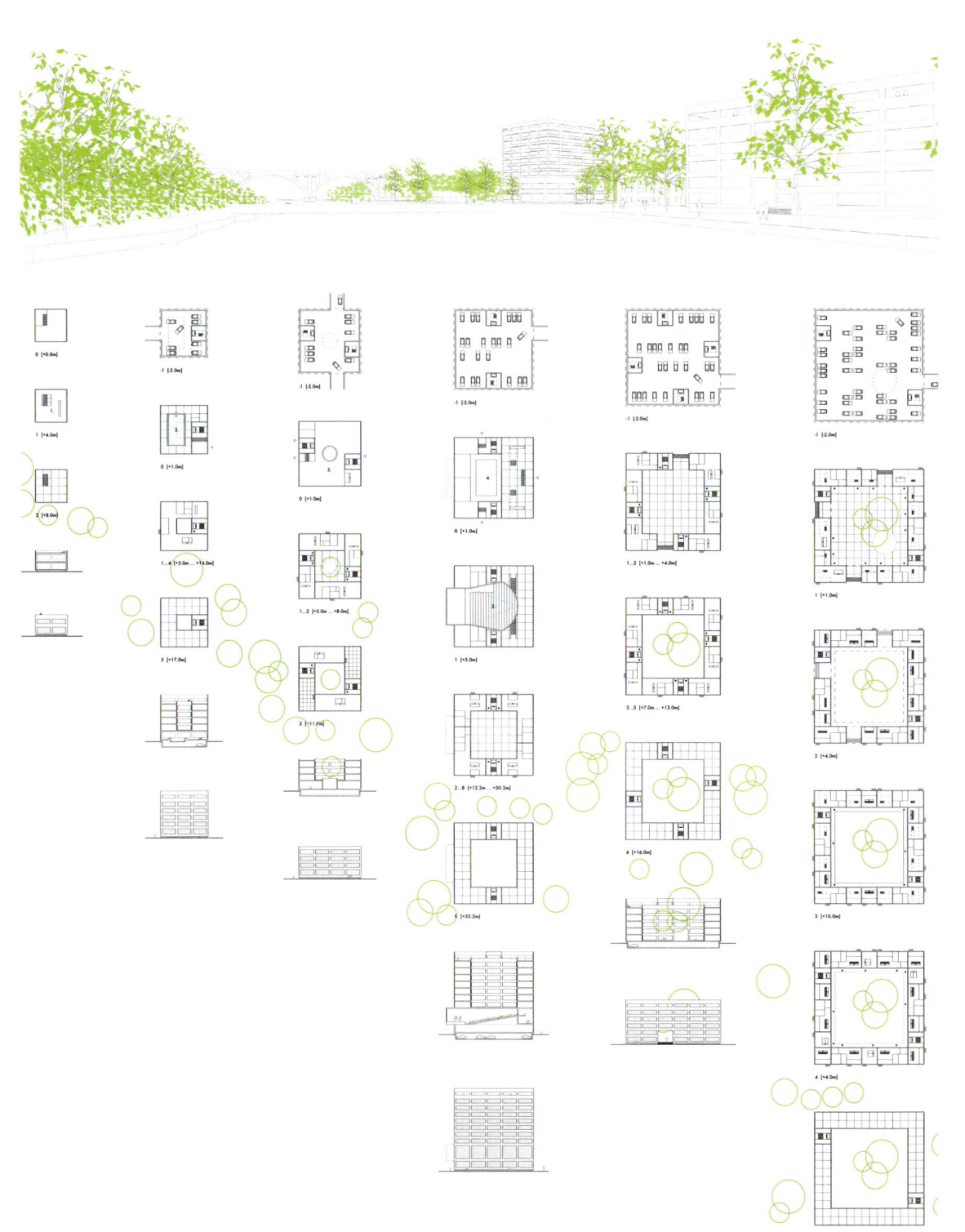

PREIS

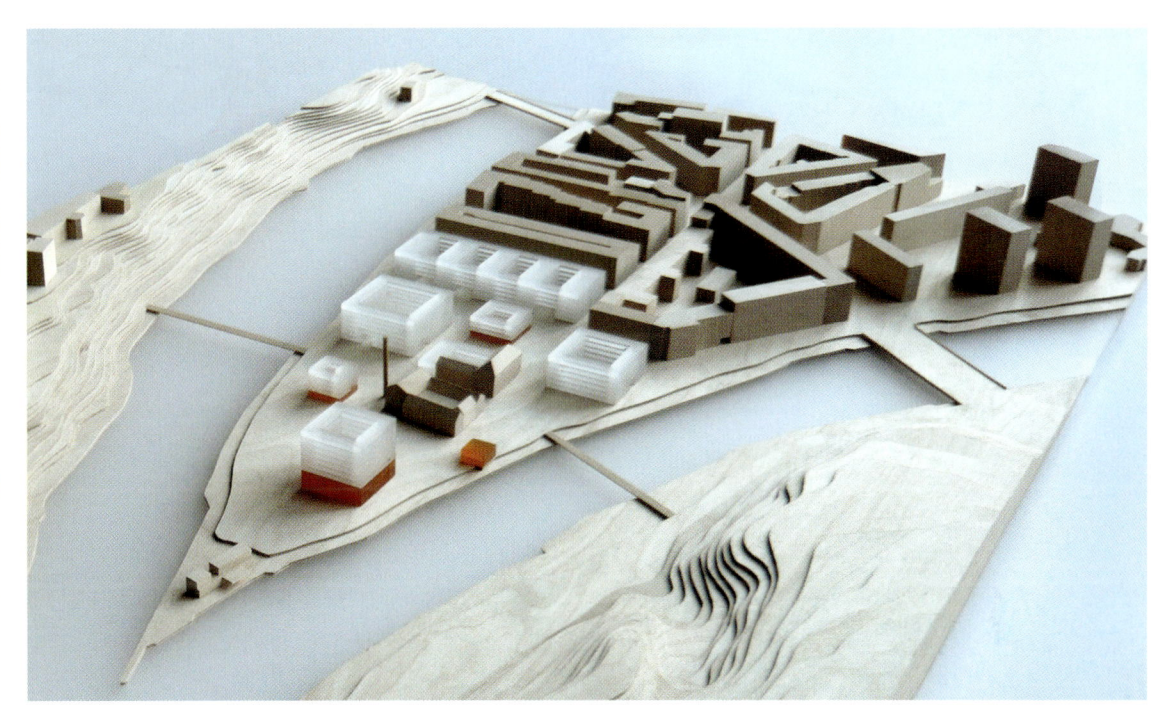

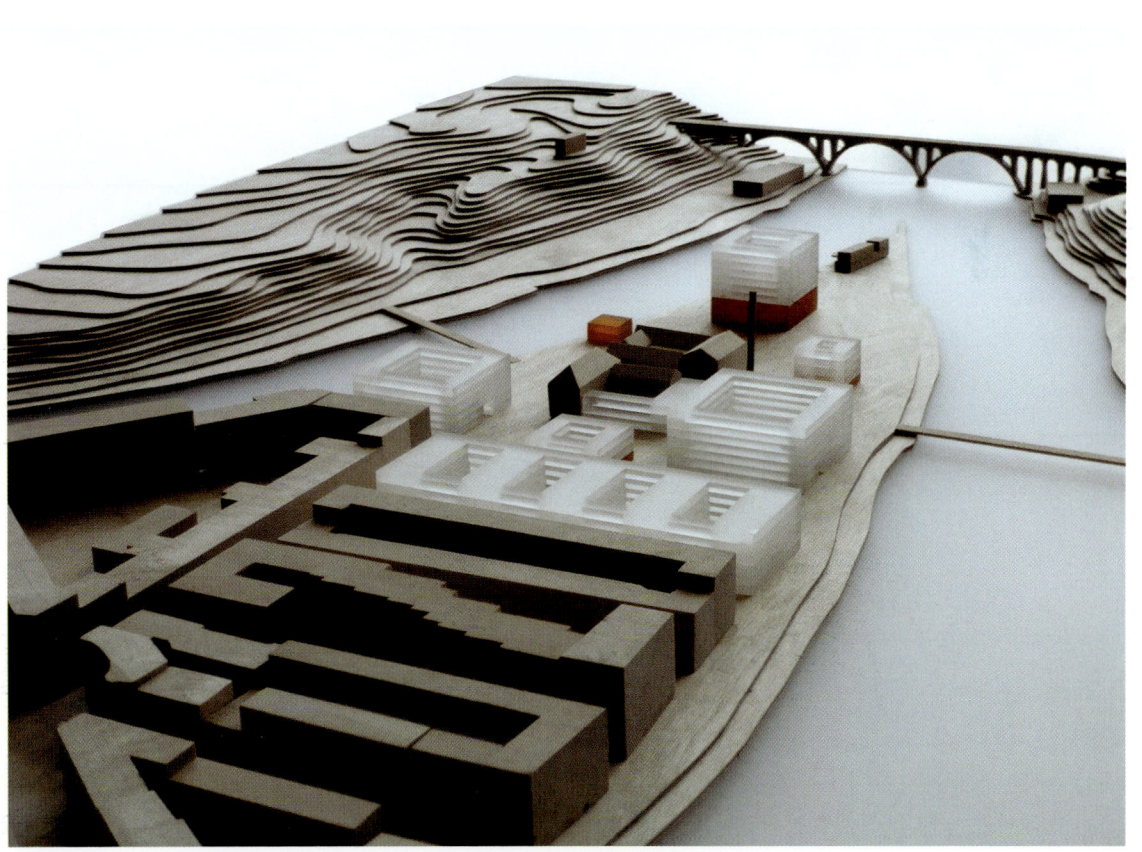

GENÈVE, SCHWEIZ/SUISSE/SVIZZERA/SVIZRA

ORTSSPEZIFISCHE VERÄNDERUNGEN INFILTRIEREN

137

2. Ortsspezifische Veränderungen intensivieren

Kann durch das Hinzufügen städtischer Vielfalt eine neue Dynamik in bestehenden Quartieren generiert werden?

Deutschland
Selb
Wie wertet man einen obsoleten Wohnbezirk auf?

Stadt Selb
Standort Nördliche Innenstadt
Bevölkerung 7.500
Betrachtungsgebiet 11 ha
Projektgebiet 1,3 ha

Die Stadt Selb liegt im Norden Bayerns an der Grenze zu Tschechien. Wirtschaftlich durch die Porzellanindustrie dominiert, erlitt sie Mitte der 90er Jahre durch eine Absatzkrise der keramischen Industrie eine drastische Zäsur in der Stadtentwicklung: die Beschäftigtenzahl sank um 19%, die Einwohnerzahl um 9% (Tendenz sinkend). Die Arbeitslosenrate von 10% wird begleitet von Überalterung (42% älter als 50 Jahre). Zentrales städtebauliches und wirtschaftliches Ziel ist daher die nachhaltige Stadtentwicklung unter Berücksichtigung des demografischen und wirtschaftlichen Wandels.

Die von Schrumpfung und Überalterung betroffene Stadt Selb soll durch eine Neuordnung der nördlichen Innenstadt Wohn- und Freiraumqualitäten erhalten, die diese Thematik entwurflich mit einbeziehen: die Gewährleistung von Mobilität, barrierefreie Erschließung sowie ein abgestimmtes Programm kultureller Einrichtungen sind Teil der städtebaulichen Anforderungen. Insbesondere wird Wert auf ein umfassendes Freiraumkonzept gelegt, das einzelne städtische Bereiche miteinander verknüpft und der Stadt neue Qualitäten für Fußgänger bietet. So ist für das Areal ein schlüssiges Verkehrskonzept zu entwerfen, das wirtschaftlich und ökologisch sinnvoll ist und den ruhenden Verkehr berücksichtigt. Der architektonische Teil des Entwurfs beinhaltet sowohl den Umbau vorhandener Wohnungen nach behindertengerechten Standards, als auch die Planung kostengünstiger neuer Haustypen, die in innovativer Art und Weise barrierefreies Wohnen, sowohl für junge Familien, als auch für ältere oder behinderte Menschen ermöglichen. Die Gestaltung des Wohnumfelds und eine Differenzierung der Außenräume ist wichtiger Bestandteil.

Im Planungsgebiet ergibt sich erhebliches Konfliktpotenzial durch die Altlasten einer aufgelassenen Bahntrasse und versiegelte Parkplatzflächen in unmittelbarer Nähe. Auch die in direkter Nachbarschaft zu Autoreparaturwerkstätten angesiedelte Wohnnutzung, leer stehende Gewerbe- und Wohnflächen und unattraktive Einblicke in die Freiräume der angrenzenden Wohnbebauung machen eine umfassende Aufwertung des Umfelds nötig, um die von der Stadt vorgesehene Nutzung als attraktives Wohnquartier zu ermöglichen.

Catalog for dwelling on the time

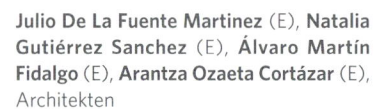

Julio De La Fuente Martinez (E), **Natalia Gutiérrez Sanchez** (E), **Álvaro Martín Fidalgo** (E), **Arantza Ozaeta Cortázar** (E), Architekten

Zwei Büros, 40 Minuten Autofahrt, Vorort und Stadt: zwei Systeme der Arbeit, Augenblick und Reflektion; viele Realitäten. **Ein büro und eintausend**.
gutiérrez-delafuente.com... zwei Architekten aus Madrid. Back up ihres Architekturstudium an der ETSAM, nach der Ausbildung Arbeit in verschiedenen Büros in Madrid und Paris. Gründung eines eigenen Büros 2006. Wettbewerbe, einige Projekte. Sie mögen Urbanistik und kleine Objekte. **Sie tun was sie können**.
taller De2.com... Wünsche, Suche, Finden, Hinterfragen, Fantasie, Räume, Träume, Ideen, Objekte, Details, Realitäten, Irreales, Trips, Szenarien... und sie gestalten, formen, austesten, ausschließen, aufmischen, beschreiben, vermessen, definieren, bauen... und arbeiten. **Das ist kein witz**.

Julio De La Fuente Martinez
c/ Pintor Rosales 9 (local)
28100 Alcobendas-Madir, España
T +34 629529498
julio@gutierrez-delafuente.com
www.gutierrez-delafuente.com

4 Maßstäbe für 4 Strategien in der Zeit
1. Europan 9 – Europäischer Maßstab Die Idee eines neuen Arbeitsbereiches: lokal/global. Diese Schnittstelle im europäischen Maßstab macht die gleichzeitige Interaktion und Partizipation von 12 autonomen Teams möglich. Es entsteht eine neue Dynamik auf der Grundlage von Interkonnektivität, und damit die Möglichkeit interaktiver Beteiligung der Nutzer aus Selb.
2. Gebietsbezogener Maßstab. Der öffentliche Raum in Selb wird auf verschiedenen Ebenen neu definiert und öffentlich/kollektiv/halbprivat/privat verwaltet. Die Baudichte konzentriert sich entlang der Peripherie der Blöcke. Urbane Fronten bilden sich heraus und verbinden die Zone mit dem Rest der Stadt. Wärme, Wind und Regenwassermanagement werden als Gestaltungsparamter integriert.
3. Maßstab Rathaus. Öffentlicher Raum. Rathäuser sind Einheiten der Stadtentwicklung. Sie werden definiert als geografische Zonen, in denen sich Aktivitäten und Infrastruktur konzentrieren. Konnektivität ist für sie elementar und essenziell. Diese autonomen Systeme der Kommune sind Teil eines Netzwerks im Maßstab des Quartiers.
4. Maßstab Wohnraum. Lösung durch einen Katalog programmatischer „bagsstripes", die als „Prothesen" der bestehenden Wohnbebauung wirken. Ein neues, urbanes Gewebe lässt sich durch die Ergänzung der Streifen problemlos realisieren. Zeit ist wichtig. Der Eingriff erfolgt in drei Schritten: Renovierung und Erweiterung des Gebäudebestands; Schaffung neuer städtischer Strukturen; Integration der Streifen mit Gemeinschaftsangeboten.
Das Spiel ist ein offenes System, die Regeln sind aufgestellt. Ein neues, zeitgemäßes Stadtmodell kann entstehen.

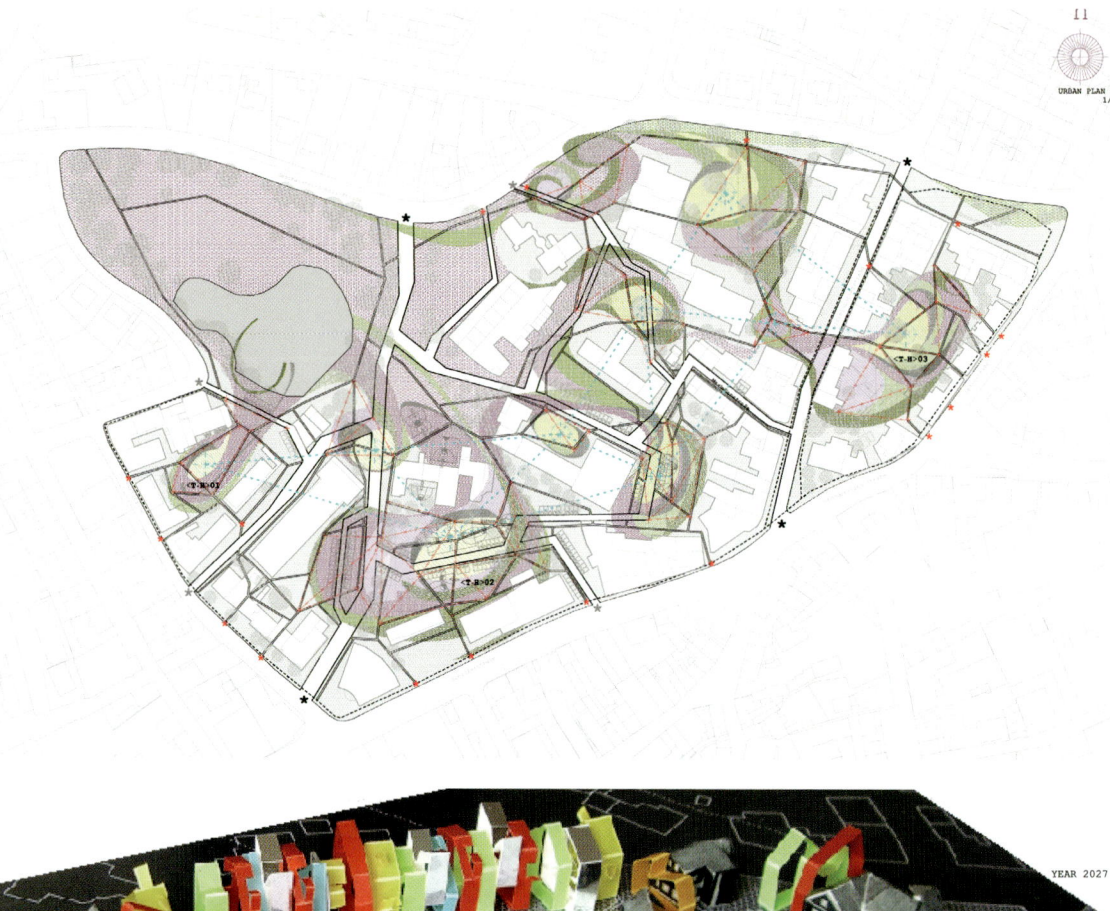

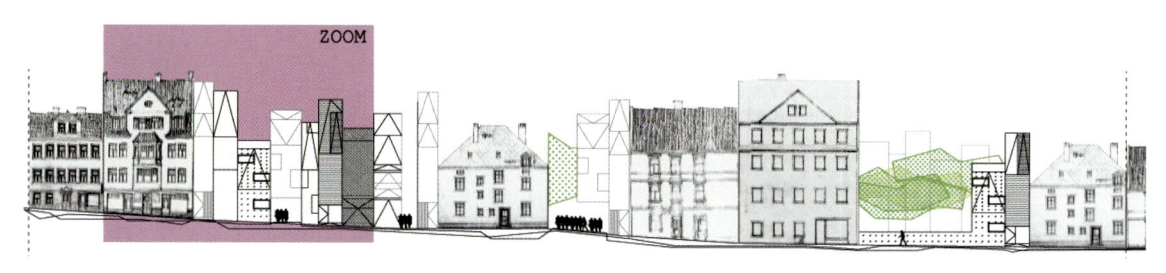

PREIS

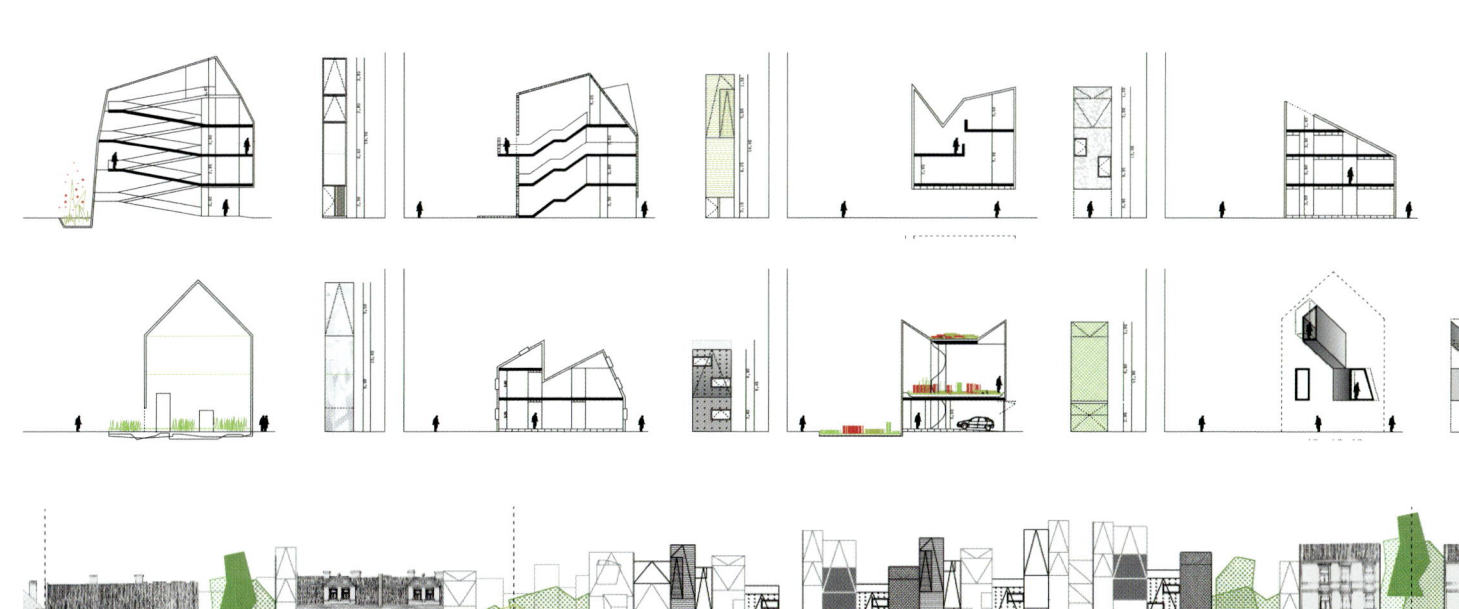

SELB, DEUTSCHLAND

ORTSSPEZIFISCHE VERÄNDERUNGEN INTENSIVIEREN

Susanne Pietsch (D) Architektin und Innenarchitektin, **Hannes Ochmann** (D) Innenarchitekt und Fotograf

Als Absolventen der Innenarchitektur an der gleichen Universität in Deutschland haben die beiden Architekten den gleichen kulturellen Hintergrund und eine ähnliche Auffassung von Architektur. Ihre Erfahrungen in den Niederlanden prägen, wie ihre Studien in Architektur und Fotografie, ihre jeweiligen Gestaltungskonzepte.

Susanne Pietsch
Louis Pregerkade 498
3071 AZ Rotterdam, Nederland
T +31 653804142
susannepietsch@gmx.net

Luxus der Leere

Selb entsiedelt sich. Was andernorts als Luxus gilt, ist in Selb ein wenig beachtetes Gut. Die durch den Bevölkerungsrückgang provozierte Leere ist eine Chance: Holen wir die Landschaft des Umlands zurück in die Stadt!
In einer Strategie der schrittweisen Defragmentierung des urbanen Gewebes fusionieren Wohnzonen mit einem großen Park oder werden zu differenzierten privaten Bereichen verdichtet. Das räumliche Vakuum ist zentrales Thema. Die Anwohner genießen das Gefühl von Geborgenheit. Die Neigung des Geländes ermöglicht zwei ebenerdige Erschließungsebenen. Das erleichtert den Zugang und erlaubt die Kombination von Wohntypen für ältere und jüngere Bewohner.

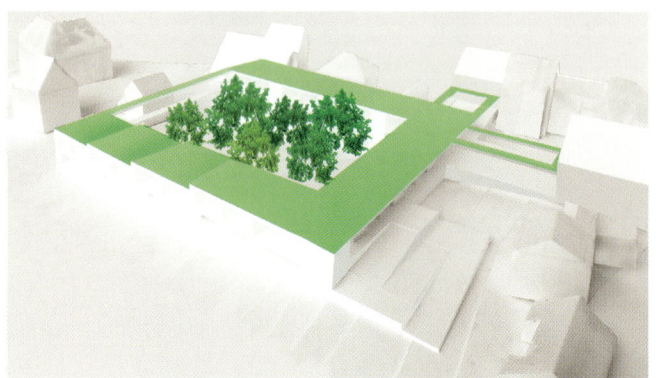

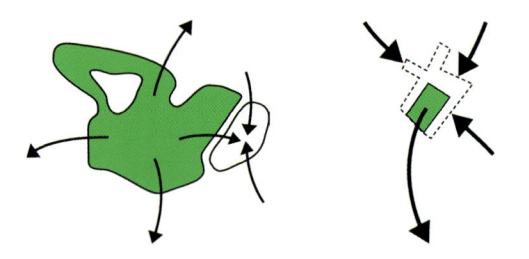

España
Poio
Wie integriert man landwirtschaftliche Nischen in eine städtische Entwicklung?

Stadt Poio (Pontevedra)
Standort San Salvador estate 2
Bevölkerung 15.000
Betrachtungsgebiet 8,50 ha
Projektgebiet 2,23 ha

Am nördlichen Ufer der Pontevedra Ria liegt die Gemeinde Poio als schmaler Gürtel am Ufer der Flussmündung und bildet ein durchgehendes Geflecht ineinander übergehender Orte. Das Stadtgebiet von Pontevedra erstreckt sich entlang der Verkehrsinfrastruktur. Die Stadt liegt an der westlichen Achse Galiziens, wo auch die höchste Bevölkerungsdichte der Region herrscht. Die Achse besteht aus einer Autobahn (in der Nähe des Projektgebietes), der Landstraße und einer Eisenbahnlinie. Die Bevölkerung von Pontevedra und Poio zählt zusammen ca. 100.000 Einwohner. Das städtische Wachstum der beiden Gemeinden vollzog sich kontinuierlich und parallel. In den letzten Jahren sind eine Reihe von Wohnbausiedlungen in Poio entstanden, von denen die meisten als ständiger Wohnsitz genutzt werden.

Das zentrumsnahe Projektgebiet gehört zur Stadterweiterungszone. Es befindet sich 2 km entfernt von der Innenstadt von Pontevedra und wird durch Wohnblocks eines Arbeiterwohngebietes von der regionalen Landstraße abgetrennt und liegt in der Nähe der Autobahn, welche die wichtigen Städte der Region verbindet. Der Bereich ist als Wohngebiet für die in Pontevedra beschäftigte Bevölkerung geplant. Im Betrachtungsgebiet befinden sich entlang der Landstraße kürzlich erbaute Wohnbaublocks mit Ladenzonen im Erdgeschoss. Der Bebauungsplan für dieses Areal sieht viergeschossige Wohnbebauung sowie den Bau neuer Straßen vor, die Verbindungen zur Landstraße und zur örtlichen Schule schaffen sollen.

Es handelt sich um eine Reihe von kleinen, landwirtschaftlichen Flächen an einem sanften, südwärts ausgerichteten Hügel. Es gibt keine städtebaulichen Entwicklungen und die Bahnschienen definieren einen engen Rahmen. Der Bebauungsplan sieht den Bau von Wohnbaublocks auf einer Fläche von maximal 36.795 m² Grundfläche sowie eine Grünzone vor. Der Entwurf zielt auf eine stadtplanerische Entwicklung des Gebietes und seine Anbindung an die umgebenden Bezirke, die teilweise ebenfalls bebaut werden oder deren ländlicher Charakter beibehalten werden soll. Die Verbindungsstraße zur Landstraße und die Anbindung an das Netz städtischer Dienstleistungen sind im Bau.

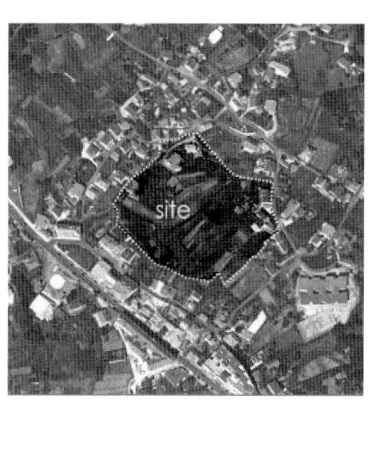

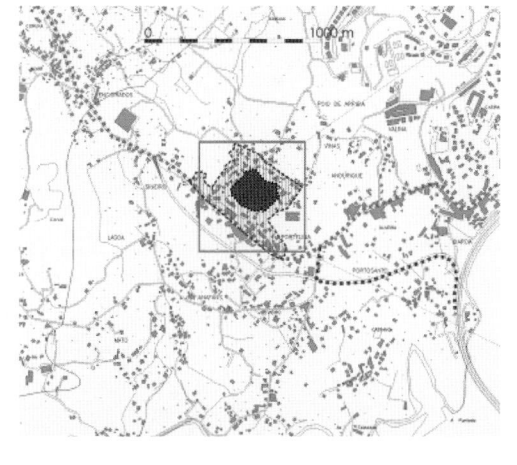

Urban farms

POIO, ESPAÑA

Camilo Rebocho Vaz (P), Marlene Dos Santos (P), Bruno Oliveira (P), Architekten

Seit dem Beginn ihrer Studienzeit an der Universidade de Évora arbeiten Marlene Dos Santos und Bruno Oliveira eng zusammen. Sie studierten und arbeiteten gemeinsam zwei Jahre lang in Spanien. Die beiden „Architekturnomaden" glauben, dass der Weg zu zeitgenössischer Architektur in einer Kombination aus der Zusammenarbeit mit einem multidisziplinären Team und den daraus entstehenden experimentellen Konzepten besteht. Die Teilnahme an Europan bot die erste Gelegenheit, diesen Ansatz zu testen. Zusammen mit Camilo Vaz, einem jungen Architekten mit eigenem Büro in Silves entstand dieses Joint Venture aus drei Personen, hauptsächlich zu dem Zweck, eine Lösung für die Stadt Poïo zu suchen und zu entwickeln.

rua Afonso III, nº 3 R/C Esquerdo
8300-149 Silves, Portugal
T +351 956548998, +351 963748308
dosantosrodrigues@gmail.com

Die Landschaft ist das Erscheinungsbild, das dem Land durch die Menschen aufgeprägt wird. Stromleitungen, Bahnlinien, Dämme und Häfen müssen ebenso als Landschaft angesehen werden wie die landwirtschaftlichen Nutzflächen, die Städte, Dörfer und überhaupt alle Spuren, die menschliche Gemeinschaften hinterlassen haben. Hier stellt sich die Frage, wie man den Gestus dieser Landmarken identifiziert, welche die Verkörperung der Überzeugungen jeder Generation, jeder Gemeinschaft und jeder Kultur sind, und wie man Entwicklungen schafft, welche die Bedürfnisse der jetzigen Generation befriedigen, ohne die Möglichkeiten künftiger Generationen zur Erfüllung ihrer Bedürfnisse zu beschneiden. Viele diffizile Orte wie Poïo sind das Resultat unkontrollierter Entwicklungen, bei denen man sich keine Gedanken über zukünftiges Wachstum gemacht hat. Die Lösung von Problemen wie diesen erfordern Kenntnisse über den Standort und seine ökologischen und kulturellen Probleme sowie über das Potenzial natürlicher Ressourcen, gewissermaßen zur Bildung und Bewusstseinserweiterung der Gesellschaft und Vorbereitung auf zukünftige Generationen. Der Kern des Entwurfs versucht, das Umfeld zu berücksichtigen. Die landwirtschaftlichen Nutzflächen für Getreide- und Weinanbau spielen eine große Rolle für die Erwirtschaftung des Lebensunterhalts sowie als prägendes Merkmal in diesem Gebiet. Vorhandene Ackerflächen bleiben erhalten und neue werden als „urbane Bauernhöfe" vorgeschlagen. Das vorhandene System landwirtschaftlicher Betriebe korrespondiert mit Einfamilienhäusern in der Nähe großer Grundstücksflächen, während die neuen Grundstücke autonomen Mehrfamilienhäusern zugeordnet und in ein neues Konzept öffentlicher Flächen integriert sind. Urbane Landwirtschaft spielt eine bedeutende Rolle in der zunehmenden Begrünung der Stadt, unterstützt die Verbesserung des Mikroklimas und trägt entscheidend zur Erhaltung lokaler Biodiversität bei.

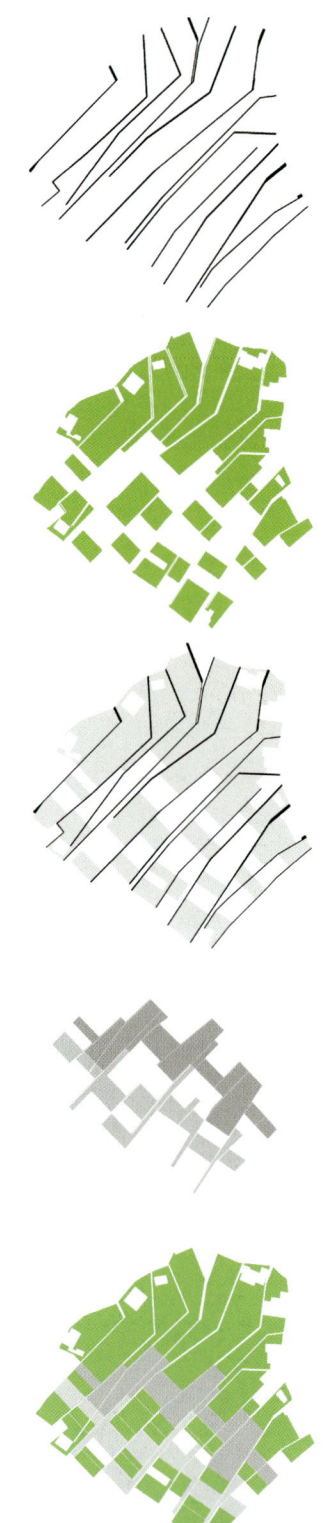

PREIS

POIO, ESPAÑA

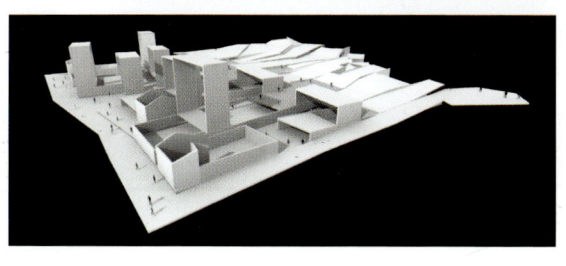

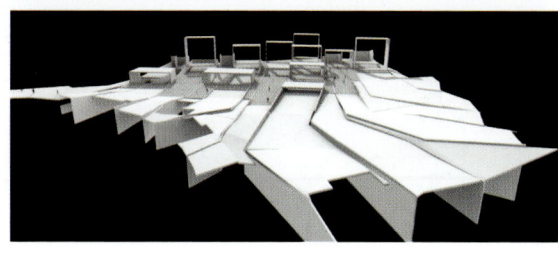

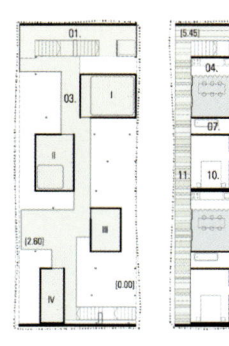

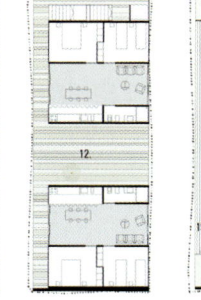

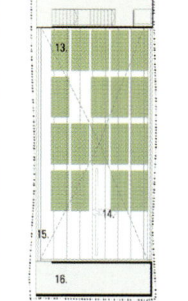

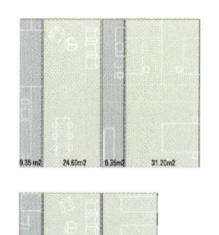

ORTSSPEZIFISCHE VERÄNDERUNGEN INTENSIVIEREN

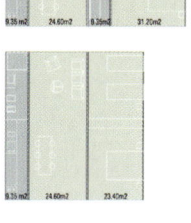

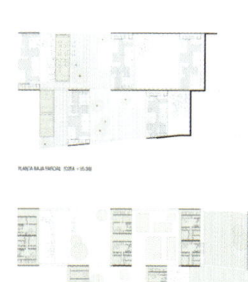

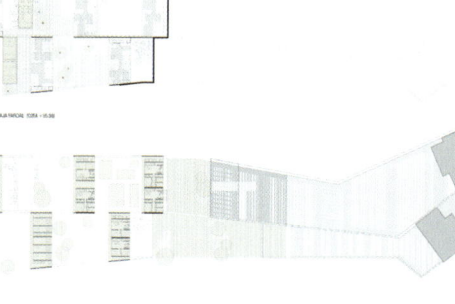

145

ANKAUF

POIO, ESPAÑA

Emmanuel Romero Parra (E), **Eva Olalla de Juan** (E), Jae-Hyoung Park (ROK), Architekten

Olalla & Romero Partner von Andrés Perea, beteiligt an verschiedenen Projekten. Das Team arbeitet an einer Architektur der Wahrheit, die sich vom Bild absetzt und die Annäherung an die konstruktiven Bedingungen anstrebt.

c/ Pintor Ribera 22
28016 Madrid, España
T +34 914136984, +34 699794357
oficina@emrarq.e.telefonica.net

ORTSSPEZIFISCHE VERÄNDERUNGEN INTENSIVIEREN

Ersilia bewohnen

Der Vorschlag sieht eine intermediäre, artifizielle, hybride Landschaft vor. Die Dächer, als vierte Fassade, werden für den Anbau von Gemüse und Pflanzen (in einer Genossenschaft) genutzt. Auf der Ebene des Erdgeschosses erfolgt eine Erweiterung des Wohnraumes.

Die stärkere Verdichtung und Förderung der Nutzungsvielfalt dient zur Verbesserung städtischer Lebensqualität und Nachhaltigkeit. Zwischen den Gebäuden entstehen Räume – Zwischenorte – als Zugangswege zu den Häusern, jedoch nicht als Abgrenzung von privatem und öffentlichem Bereich.

Die Einbettung alternativer Programme, u. a. die Bereitstellung von Räumen und Einrichtungen für Vereine, fördern die Partizipation der Bürger, die zu aktiven Nutzern des Quartiers werden.

France
Le Havre
Wie wird aus einem Hafengebiet ein urbanes Wohnquartier?

Stadt Le Havre
Standort Sud Marceau
Bevölkerung 193.000
Betrachtungsgebiet 22 ha
Projektgebiet 9 ha

Der Hafen Le Havre wurde im 16. Jahrhundert gegründet und verlagerte sich im 19. Jahrhundert vom Stadtzentrum weg, Richtung Süden an die Seine-Mündung. Als Bestandteil der Hafenerweiterung mit dem Projekt Port 2020, Nachfolger des Projekts Port 2000, das zur Zeit umgesetzt wird, plant die Stadt die Rückgewinnung der Schnittstelle zwischen Hafen und Stadt durch eine Aufwertung der nicht mehr als Hafenareal genutzten Flächen. Diese Entwicklung gehört zu dem Qualifizierungsprozess, der unter dem Namen PIC URBAN, einem europäischen Programm für benachteiligte Stadtgebiete, bekannt ist und beinhaltet die Umgestaltung des Docks Vauban in ein Geschäftszentrum von Reichen und Robert, den Bau eines „Zentrums für Meer und nachhaltige Entwicklung", sowie ein von Jean Nouvel entworfenes Schwimmbad. Der Standort „Sud Marceau" hat in diesem Umstrukturierungsprozess der Industrie- und Hafenanlagen Scharnierfunktion. Als Bestandteil der zweiten Erneuerungsphase der 800 ha umfassenden südlichen Stadtquartiere erstreckt sich das Betrachtungsgebiet mit einer Größe von 22 ha über ein Areal, das heute vorwiegend von wirtschaftlichen Aktivitäten geprägt ist. Die Mischung zwischen Wohnen und Gewerbe soll beibehalten und durch die Ansiedlung von Dienstleistungen, Büros und Hotels gestärkt werden. Geplant ist außerdem, eine neue Schule für die Handelsmarine auf dem Gelände unterzubringen. Es ist ausdrücklicher Wunsch, den Anteil an wirtschaftlichen Aktivitäten zu erhöhen, um den Standort besser mit dem aktiven Hafen zu verknüpfen, während parallel dazu das Projekt Port 2020 darauf abzielt, die Küste des Bellot-Beckens im Süden des Standorts für den Containerverkehr wiederzugewinnen. Das 9 ha umfassende Wettbewerbsgrundstück grenzt im Süden an Hafenbecken an, welche die derzeitige Schnittstelle zwischen Stadt und Hafen markieren. Die Rue Marceau, eine der Hauptzufahrtsstraßen zum Hafen, durchquert den Standort in Nord-Süd-Richtung. Auf beiden Seiten der Straße befinden sich Werksgelände. Einige Gebäude müssen in ihrer Gänze oder teilweise erhalten bleiben – wegen ihrer außergewöhnlichen architektonischen und historischen Qualitäten. Auf dem Areal sollen 400 Wohnungen und zwei bis drei Gewerbekomplexe mit 3.000 m² für Büros und Dienstleistungen entstehen.

Plug & ply

Pauline Normier (F), **Chrystel Canonne** (F), **Christelle Besseyre** (F), **Enora Postec** (F), **Philippe Reach** (F), Architekten

Beginn einer Freundschaft unter den Absolventen des gleichen Kurses der Ecole d'Architecture de Paris-Malaquais: Chrystel Canonne, Enora Postec, Pauline Normier und Philippe Reach. Christelle Besseyre studierte an der Ecole d'Architecture de Clermont-Ferrand.
Pauline und Enora gründen ein Büro. Philippe, Christelle und Chrystel arbeiten für verschiedene Auftraggeber in Paris (J.F. Laurent, Marc Barani, TOA Architectes, X'tu, Manuelle Gautrand, Jean-philippe Pargade). Im Austausch und in der Begegnung entsteht die Idee, gemeinsam an einem Thema zu arbeiten. Dies führt die fünf Architekten zum Wagnis Europan. Es bildet sich ein Kollektiv, zu dem Christelle Besseyre + agence Normier/Postec + agence Canonne/Reach gehören.
Die Fortsetzung der im Verlauf des Wettbewerbs begonnenen architektonischen Erkundungen ist ein Plan für die Zukunft.

23 rue Firmin Gémier, Hall 18
75018 Paris, France
T +33 146274066, +33 684538916
pliplug@hotmail.fr

Zwischen Stadt und Hafen erstreckt sich der Standort am noch genutzten Bellot-Becken entlang. Es entsteht eine künstliche Landschaft, eine architektonische Reminiszenz an die Burg von Vauban. Der Entwurf gestaltet den Raum in der Umgebung ebenso wie die bebaute Zone. Reliefelemente bilden Sockel und Hohlteile aus mineralischen und pflanzlichen Sequenzen.

Auf dieser ausgeprägten Faltung (PLI), die als unveränderlich definiert wird, positioniert sich PLUG, architektonische Pfropfen, die auf die Fassaden in der Bewegung der gegenüber liegenden Container reagieren. So etabliert sich ein Prozess, in dem die Stadt entsteht bzw. sich regeneriert, wo sich, mit der zunehmenden Befreiung vom Boden, die Faltung reguliert und arbeitet. Qualifizierung des Bodens und des öffentlichen Raumes werden so möglich, noch bevor Programme für Aktivitäten geplant oder Wohnungsbaumaßnahmen erfolgt sind.

Sequenzbestimmung und Dehnung der Faltung erlauben eine variable Verdichtung, Atmosphäre und Perforation als Blickbeziehung zwischen Stadt und Hafen. Der einzelne Zwischenraum der Faltung ist abhängig von der Nutzung der Sockel (Aktivitäten, Handel, Parkplätze, Wohnungen, Ausstattung) über Mineral- oder Pflanzengärten, Plätze, Alleen, Wege, Terrassen, kleine Plätze, gemeinsam genutzte Orte mit öffentlichem, halböffentlichem und privatem Charakter.

Der Entwurf möchte die Stärken des Standorts aufwerten und die populäre Tradition des Quartiers hervorheben, das ein urbaner Pol ebenso wie ein symbolisch dem Meer zugewandtes Stadtviertel darstellt.

LE HAVRE, FRANCE

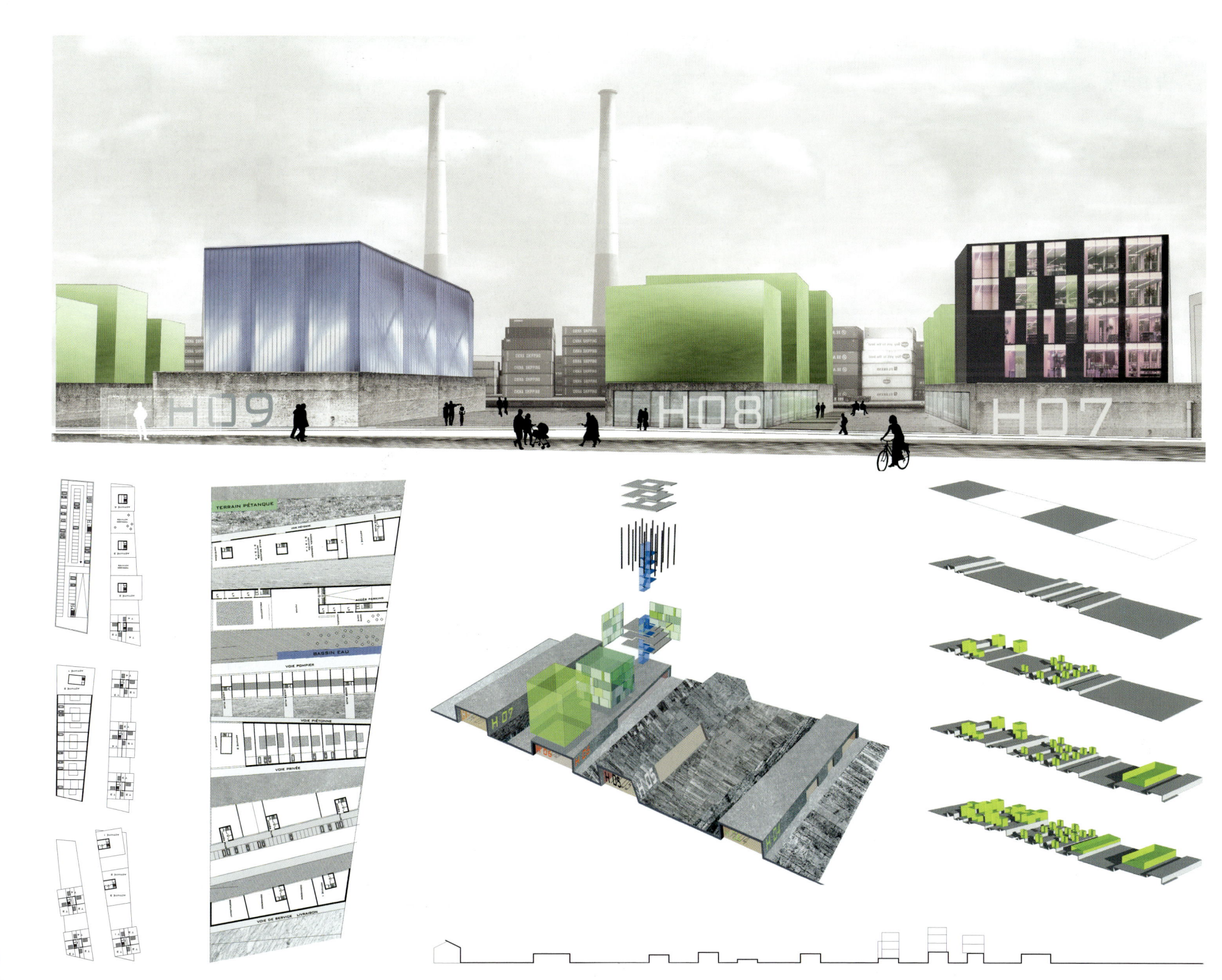

PREIS

ORTSSPEZIFISCHE VERÄNDERUNGEN INTENSIVIEREN

149

ANKAUF

LE HAVRE, FRANCE

Anne-Gaëlle Cléac'h (F) Architektin und Stadtplanerin, **Mathias Debien** (F), **Jonathan Deschamps** (F), **Golven Pottier** (F), **Philippe Leroy** (F), Architekten, François Goulet (F) Architekt und Schiffskonstrukteur

Das Team der sechs Architekten, darunter Experten für Schiffsbau und Stadtplanung, pflegt den Pluralismus der Positionen und Maßstäbe in seinen Projekten für private und öffentliche Auftraggeber. Büros in Nantes und Paris.

Jonathan Deschamps
39 rue des Postes
93300 Aubervilliers, France
T +33 68668082
six.easyworkers@yahoo.fr

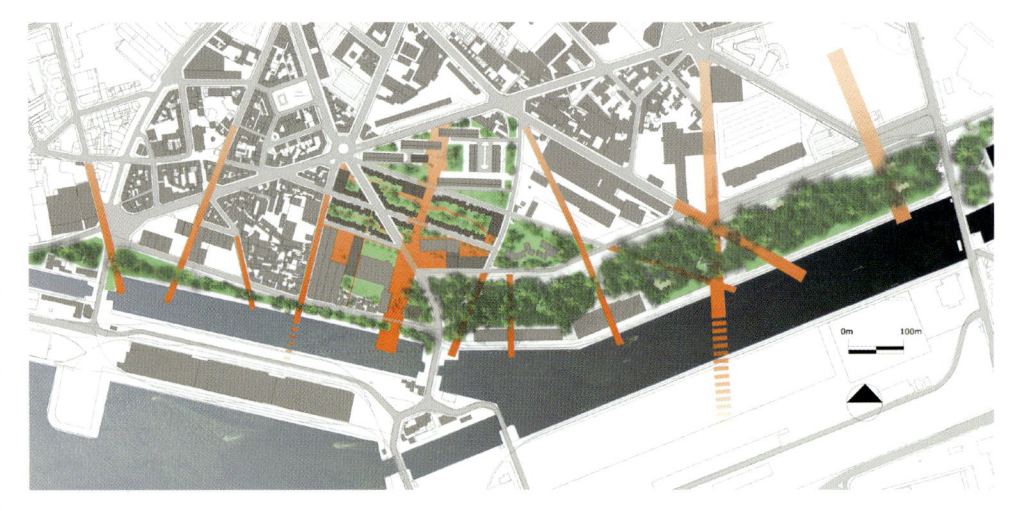

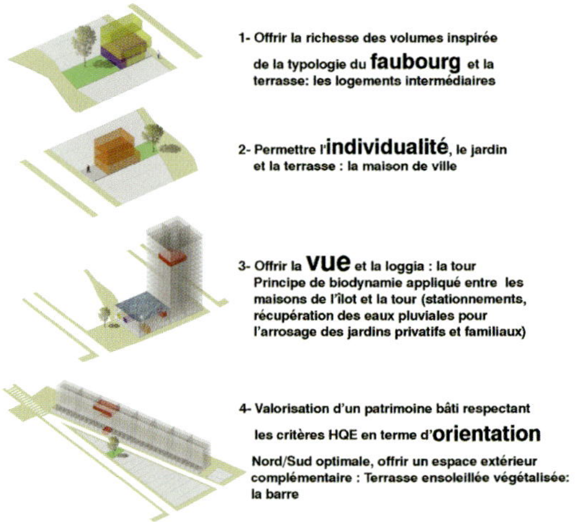

1- Offrir la richesse des volumes inspirée de la typologie du **faubourg** et la terrasse: les logements intermédiaires

2- Permettre l'**individualité**, le jardin et la terrasse : la maison de ville

3- Offrir la **vue** et la loggia : la tour
Principe de biodynamie appliqué entre les maisons de l'îlot et la tour (stationnements, récupération des eaux pluviales pour l'arrosage des jardins privatifs et familiaux)

4- Valorisation d'un patrimoine bâti respectant les critères HQE en terme d'**orientation**
Nord/Sud optimale, offrir un espace extérieur complémentaire : Terrasse ensoleillée végétalisée: la barre

Pier to pier

Der Respekt vor dem bestehenden architektonischen Erbe und der sozialen Dimension, dient als Basis des Projektes, das neue Strukturen um das wiederbelebte Stadtquartier legt. Das Wegenetz wird bis zu den Kais verlängert und erfüllt die Funktion einer Aussichtsplattform. Das urbane Gefüge strukturiert sich um die städtischen Molen herum, die zugleich als Brücken die Stadt und den Hafen miteinander verbinden.

Zwischen der vom Hafen bestimmten Vorstadt und Perret wird das Wohnen in kleinen, miteinander verbundenen „biodynamischen" Häuserblöcken organisiert. Auf diesen Inseln entsteht eine Mischung von individuellen und intermediären Wohnformen, mit Gärten und Terrassen um einen Turm, dessen erweiterter Sockel Fahrzeuge aufnehmen und als Regenwasserspeicher dienen kann.

France
Mulhouse
Wie erzeugt man frische Dynamik in einem Gebiet des sozialen Wohnungsbaus?

Stadt Mulhouse
Standort Cité Sellier
Bevölkerung 110.000
Betrachtungsgebiet 20 ha
Projektgebiet 6,1 ha

Die Stadt Mulhouse, im südlichen Elsass gelegen, hat seit dem 18. Jahrhundert abwechselnd Perioden von Industrialisierung und Deindustrialisierung durchlebt, und zwar in den Bereichen Textilindustrie, chemische Industrie, Eisenbahn- und Automobilbau.

Der Großraum Mulhouse, in der Nähe von Basel, dem internationalen Flughafen und auf der Industrieachse Rhein-Süd gelegen, versucht heute, den wirtschaftlichen Veränderungen Rechnung zu tragen, die Attraktivität der Region zu verbessern und den gesellschaftlichen Zusammenhalt durch eine gezielte Wohnungsbaupolitik (5.500 neue Wohnungen sollen bis 2010 entstehen) im Rahmen zahlreicher städtischer Großprojekte zu stärken.

Durch den vor kurzem umgesetzten Bau der Straßenbahn ist eine eine Aufbruchstimmung zur Erneuerung vieler Stadtquartiere entstanden. Das Betrachtungsgebiet mit einer Größe von 20 ha liegt am nördlichen Rand der Innenstadt und grenzt im Osten an die gemischte Entwicklungszone des von Claude Vasconi gestaltete Nouveau Bassin mit dem Centre culturel de la Filature (Spinnerei), das sich entlang der Straßenbahn erstreckt, und im Westen an die Umgestaltung des Viertels Vauban-Neppert durch Nicolas Michelin. In diesem Kontext gibt es Überlegungen für ein Erneuerungsprojekt der Wohnstadt Cité Sellier, durch das insbesondere eine bessere Verbindung zu den anderen großen Projekten der näheren Umgebung hergestellt werden soll. Das Projekt soll die Möglichkeit der Neudefinition eines Quartiers des sozialen Wohnungsbaus in einem Prozess von Wiederaufbau und/oder Abriss untersuchen, ohne jedoch endgültige Fakten zu schaffen, sondern um die Wohnqualität für aktuelle und künftige Bewohner durch eine bessere Verbindung des Standorts mit der Stadt zu sichern. Die Cité Sellier befindet sich im Eigentum der OPAC Mulhouse Habitat und nimmt einen Großteil des 6 ha großen Projektgebiets ein. Es besteht aus zwei Komplexen zu beiden Seiten der Rue des Merles: dem Wohngebiet Sellier mit 4- bis 6-geschossigen Gebäuden – mit insgesamt rund 400 Wohnungen – und dem Schulkomplex Henri Sellier. Die Wettbewerbsaufgabe besteht darin, eine Diversifizierung der Funktionen zu schaffen, um die Nutzungsqualität und die Service-Einrichtungen für die Bewohner zu verbessern.

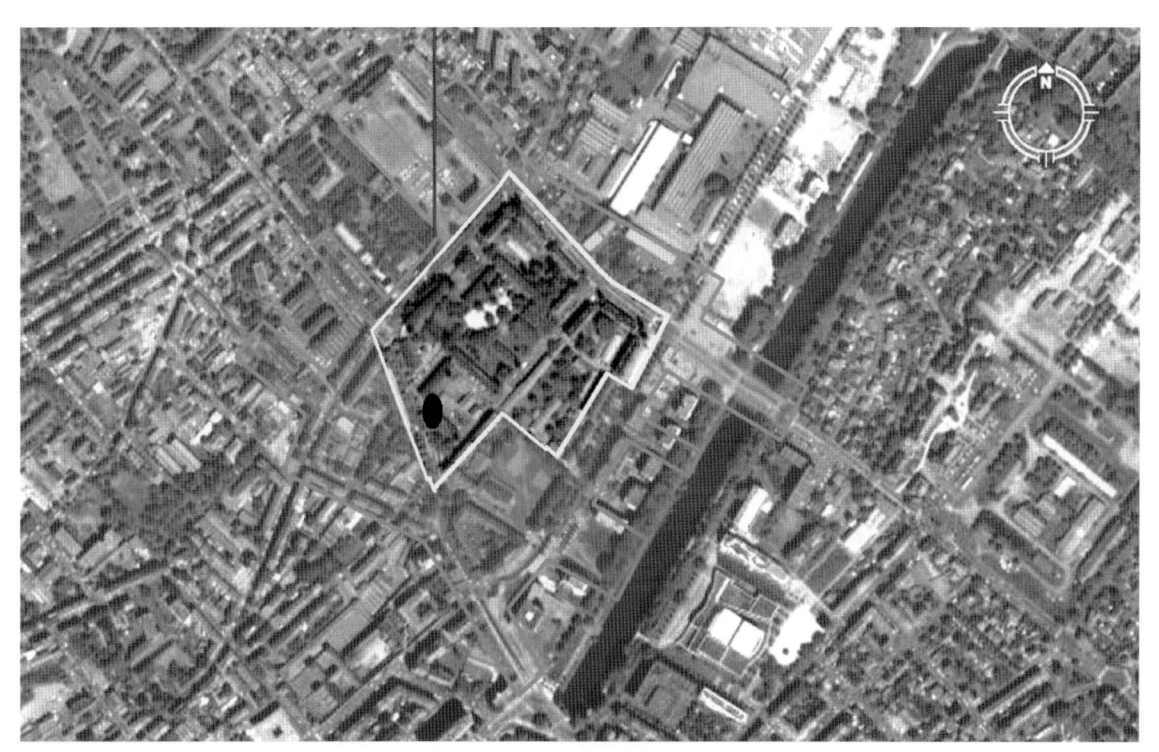

Mix-cité du sellier

MULHOUSE, FRANCE

Julien Coulombel (F) Architekt, **Stella Isola** (F) Soziologin

Sensibel für die Identität des Ortes, verschiedene Wohnformen und insbesondere für die Bewohner der Häuser, arbeitet das Kollektiv in erster Linie an urbanen und architektonischen Projekten. Das Team besteht aus einem Diplomarchitekten der Ecole d'Architecture de Marseille-Luminy und einer Diplomsoziologin der Université des Sciences Humaines de Strasbourg. Sie sehen es als ihre Berufung, Architektur und Soziologie zu verbinden, um unterschiedliche Perspektiven aufzugreifen und umsetzbare Lösungen für verschiedene Problematiken zu entwickeln. Ihr Architekturkonzept beinhaltet die Verteidigung ökologischer Werte und zielt insbesondere auf die Produktion einer Mischung ab.

mix
71 Cours Pierre Puget
13006 Marseille, France
T +33 675977842
collectif@mix-architectes.com
www.mix-architectes.com

Der Entwurf der gemischten Stadt, „Mix-cité du Sellier" lädt zum Nachdenken über die Verdichtung des Standorts ein und geht einher mit der Idee, die Stadt um die Qualität individualisierten Wohnens zu erweitern, ohne dass das Gefühl der Urbanität verloren geht. Es handelt sich um einen Prozess progressiver Rekomposition der Insel und stützt sich auf drei wesentliche Grundsätze der Stadt: Verdichtung, Kontinuität und Mutation. Der Entwurf reorganisiert den Standort und webt daraus eine neue Struktur, die das Vertraute des Bestehenden aufgreift und Kontinuität im Umfeld sucht. So wird die urbane Kohärenz des Quartiers gewahrt. Der Entwurf hinterfragt die Mobilität des Standorts und beinhaltet die Aufwertung eines Landschaftsparks an der Peripherie der Stadt, angebunden an ein sanftes Verkehrssystem für den Standort. Gefördert werden Dichte und Mischung in der Stadt über verschiedene Modi, die auf dem Bestehenden aufbauen. Die Dekomposition erfolgt in drei Phasen, damit der Standort im Verlauf seiner Mutation funktionsfähig bleibt. Die erste Phase besteht aus Zacken, die in die Altstadt eingefügt werden und in die gemischte Plots zur Wiederansiedlung der Bevölkerung eingefügt werden. Die zweite Phase strebt einer Intensivierung des Baubestandes zu, um diesen modernen Lebensformen anzupassen. In der dritten Phase folgt die Architektur der Neuzusammensetzung, die über das bestehende Grün gleitet, Fragmente des Bestehenden umfasst und sich in verschiedenen Bau- und Wohnungstypologien artikuliert.

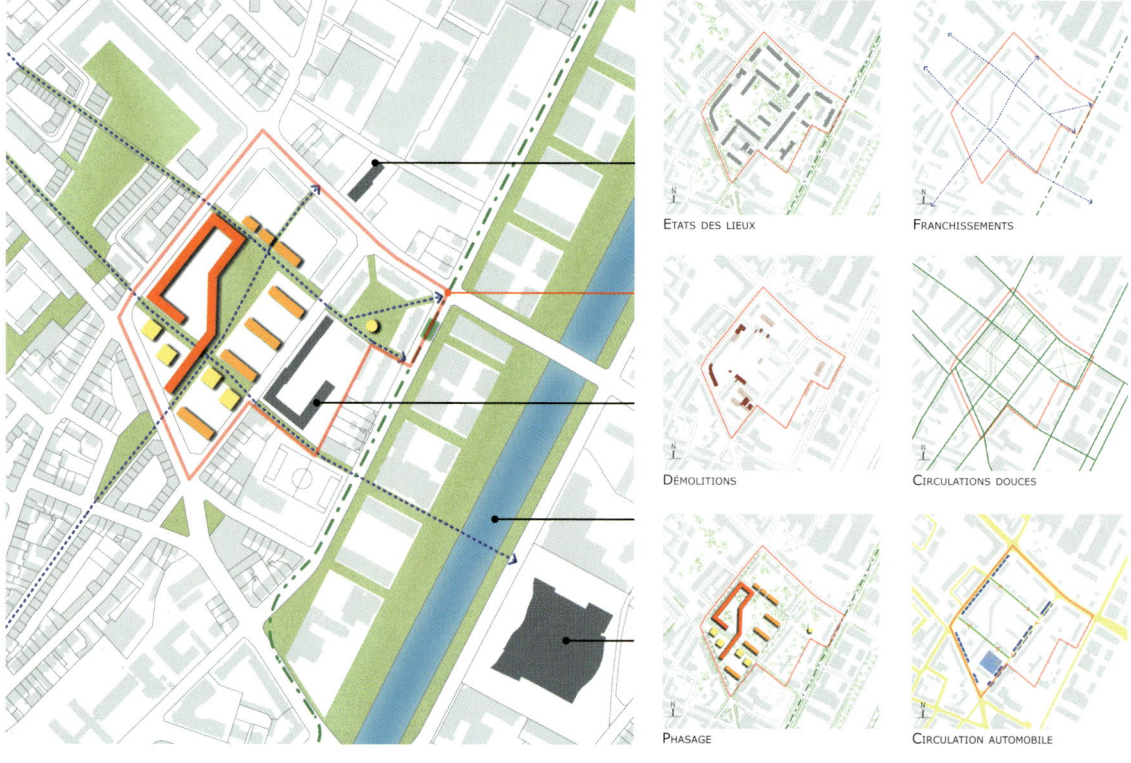

ETATS DES LIEUX

FRANCHISSEMENTS

DÉMOLITIONS

CIRCULATIONS DOUCES

PHASAGE

CIRCULATION AUTOMOBILE

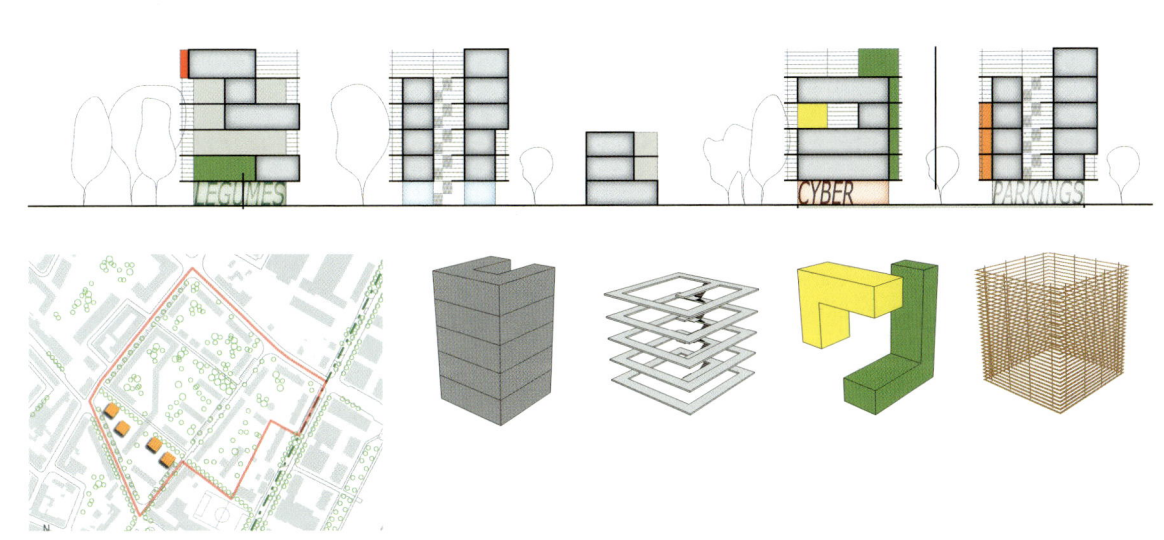

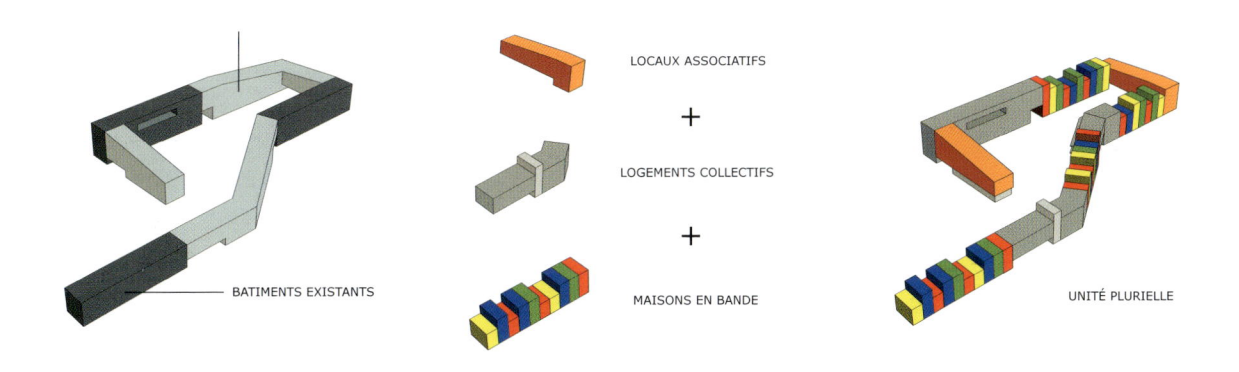

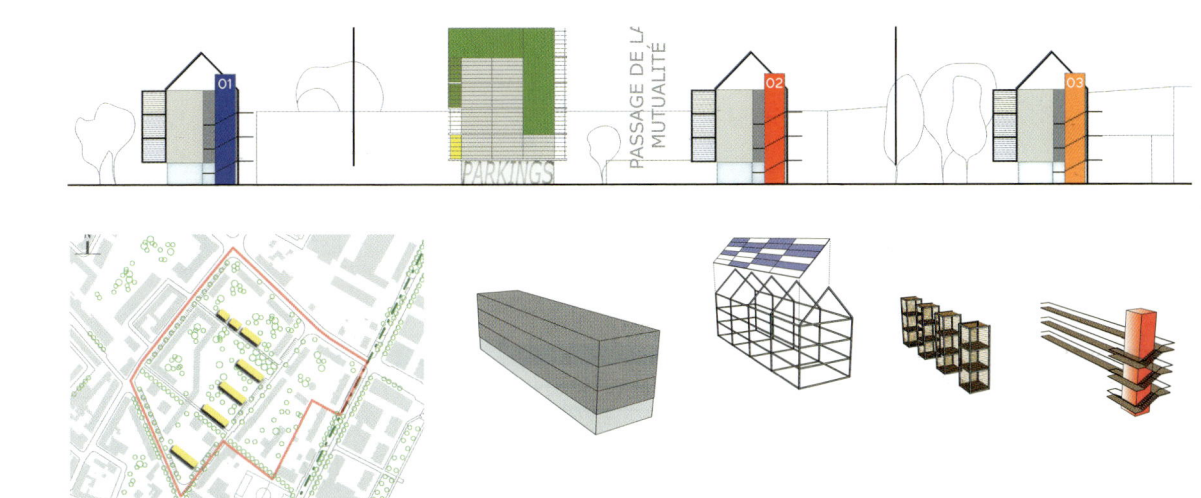

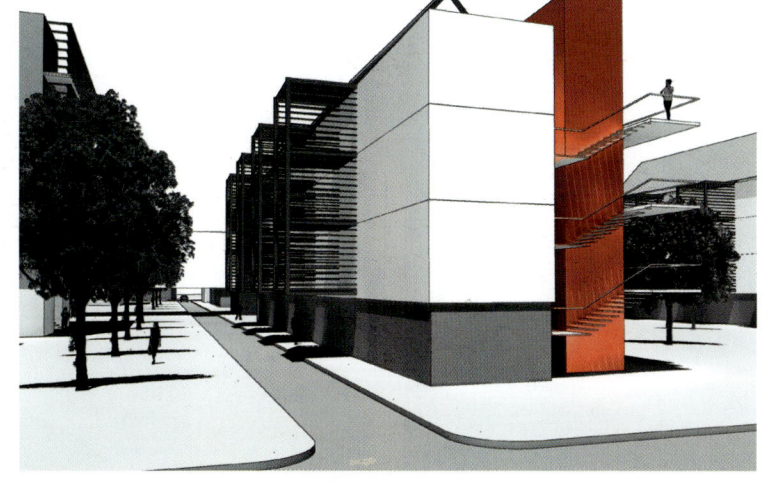

MULHOUSE, FRANCE

PREIS

ORTSSPEZIFISCHE VERÄNDERUNGEN INTENSIVIEREN

LEGUMES · CYBER · PARKINGS

BATIMENTS EXISTANTS + LOCAUX ASSOCIATIFS + LOGEMENTS COLLECTIFS + MAISONS EN BANDE = UNITÉ PLURIELLE

PASSAGE DE LA MUTUALITÉ · PARKINGS

Maarten Baeye (B) Architekt, **Karen Kesteloot** (B) Theoretikerin für Architektur und Stadtplanung, **Lauren Diericks** (B) Ingenieur

Das Team entstand an der Universität Gent. Seine Mitglieder arbeiten in verschiedenen Architekturbüros. Gemeinsame Inspiration: Überlegungen zu den kleinen Facetten der Architektur als humanes und innovatives Alltagsumfeld.

Gandastraat 23
9000 Gent, Belgique
T +32 486073203
maartenbaeye@pandora.be

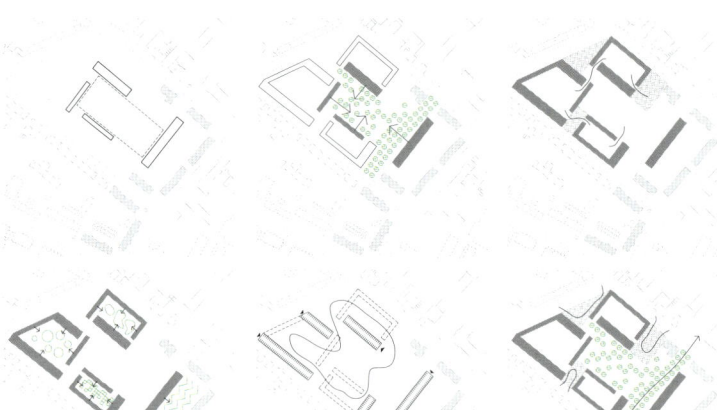

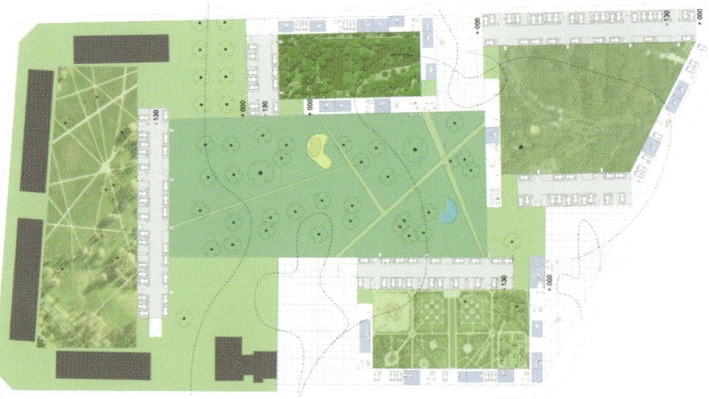

u&i blocks

Sanierungsbedarf und die Notwendigkeit der Verdichtung des Wohnungsbestandes wird als Chance zur Neubestimmung des bebauten und offenen Raumes der Cité Sellier genutzt. Rückgrat des Bebauungsplans sind vier abgeschlossene Blöcke, die die Einheit des bestehenden, parkähnlichen Raumes im Zentrum des Standorts definieren. I-förmige Scheiben, von U-förmigen umgeben, betonen das Konzept der innen liegenden Gärten für die einzelnen Baukörper.

Im Verlauf von Abriss und Neubau werden die Blöcke schrittweise zu qualitativ hochwertigen, morphologischen Einheiten, während im Innenbereich unterschiedliche Gartentypologien entstehen. Das Ergebnis ist ein Teppich kleiner Wohnquartiere, die sich in ein größeres Ganzes einfügen.

Ireland
Dublin

Wie kann ein obsoletes suburbanes Gebiet in ein dichtes städtisches Fragment verwandelt werden?

Stadt Dublin
Standort Lorcan O'Toole Park
Stanaway Park, Kimmage
Bevölkerung 505.000 Dublin (Stadt)
Betrachtungsgebiet 8,047ha
Projektgebiet 0,781ha

Dublin ist die Hauptstadt der Republik Irland und liegt an der Ostküste in der Provinz Leinster. Die Stadt Dublin ist das urbane Zentrum im Großraum Dublin, in dem 1.186.159 Menschen leben. In der Gesamtperspektive werden eine Verbesserung der Lebensqualität und eine positivere Wahrnehmung der Stadt durch ihre Bürger, Beschäftigte, Pendler und Besucher, die Konsolidierung ihrer urbanen Form und der Ausbau des öffentlichen Nahverkehrs angestrebt. Dublin soll ein attraktiver und dynamischer Standort für Industrie, Handel, Freizeit und Tourismus bleiben und auch künftig im Mittelpunkt des Booms der irischen Wirtschaft stehen.

Das Betrachtungsgebiet liegt inmitten der südwestlichen Vorstadt. Der Dublin City Development Plan (2005-2011) umfasst die neue Raumplanung, durch die das künftige Wachstum der Innenstadt und des Umlands bewältigt werden sollen. Der Plan beinhaltet drei wesentliche Initiativen: Expansion und Konsolidierung des Stadtzentrums, Fortsetzung von Sanierung und Instandsetzung in östlicher und westlicher Richtung, Ausbau und Entwicklung wichtiger suburbaner Hauptzentren sowie die Entwicklung und Wiederaufnahme von Rahmenentwicklungsbereichen, das heißt, strategisch wichtiger Zonen in der Innenstadt und im Umland. Zur Förderung einer Strategie für die Vorstädte und zur Effizienzsteigerung bei der Flächennutzung und in der Verkehrsplanung wurden einige Hauptzentren ausgewählt.

Das Projektgebiet liegt in den zentralen Vororten von Kimmage, etwa sieben Kilometer vom Stadtzentrum Dublins entfernt. Am Standort befinden sich ein Stadtpark, dreistöckige private Wohnanlagen sowie ein Seniorenheim mit zwei Etagen. Die Umgebung weist vor allem zweistöckige Mehrfamilienhäuser aus den 1950er und 1960er Jahren auf. Das Projektgebiet am Lorcan O'Toole Court ist ein typisches Beispiel für eine obsolet gewordene Typologie und einen nicht ausreichend genutzten Standort in einem traditionellen Vorstadtgebiet. Die Aufgabe besteht hier in der Verdichtung der bestehenden Baustrukturen. Der Standort ist nicht durchlässig. Die Typologie muss sich ändern. In der Gemeinde sollen außerdem weitere Unterkünfte im Bereich Seniorenwohnen entstehen.

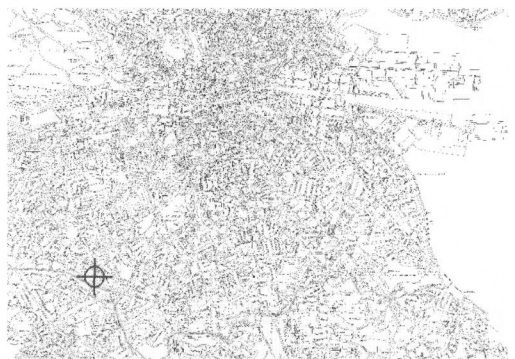

Besser und preiswerter wohnen

DUBLIN, IRELAND — PREIS

Hugo Lamonte (IRL), **Andrew Griffin** (IRL), Architekten

Zwei Architekten finden zusammen, um Dublins schwierige Wohnungsfrage zu lösen. Europan wird zum optimalen Testfeld für die Entwicklung von Ideen. Andrew Griffin und Hugo Lamont sind summa cum laude Absolventen der Dublin School of Architecture. Sie erhielten die Ormonde Medal for Excellence in Architecture, den OPUS Preis für das beste Abschlussprojekt in Irland und gehörten 2007 zu den besten Universitätsabsolventen in Großbritannien und Irland. Andrew Griffin ist seit heute Partner der Julien De Smedt Architects in Kopenhagen. Zuvor arbeitete er für PLOT und OMA/Rem Koolhaas. Hugo organisiert aktuell den EASA Jahreskongress in Irland 2008.

T 353 872427605
andrew@jdsarchitects.com
www.easa008.ie, www.jdsarchitects.com

Better Cheaper Housing entwirft ein neues Programm für die Verdichtung Dublins. Der Vorschlag: Neue Wohnbauten werden in nicht vollständig erschlossene Parks integriert. Dublin hat aktuell ein massives Problem, bezahlbaren Wohnraum für Familien in zentraler Lage anzubieten. Viele leben in Pendlerstädten, mit Anfahrzeiten von bis zu zwei Stunden. Die Idee: Verdichtung neuen Typs und durch vorgefertigte Module. Es entsteht preiswerter Wohnraum, der, da nur 15 Minuten vom Stadtzentrum entfernt, nachhaltig und umweltfreundlich ist. Das durchschnittliche Haushaltseinkommen in Dublin liegt bei 32.000 Euro pro Jahr; ein Haus kostet im Schnitt 400.000 Euro. Für die Rückzahlung der Hypothek braucht eine durchschnittliche Familie 42 Jahre. Es entsteht hochwertigerer Wohnraum, der den Menschen zugleich hilft, sich von dieser Kreditlast zu befreien. Vorgefertigte Module tragen zur Kostensenkung bei. Der Preis pro Wohneinheit soll 200.000 Euro nicht übersteigen!

Vorgeschlagen wird, die nicht ausreichend genutzten Parkränder mit einem Band zweiseitig angeordneter Wohnungen zu bebauen. Dabei oszilliert das Band je nach Kontext. Der Zugang zum Park für die umliegenden Gebiete wird ebenso gewährleistet, wie die Sicht auf die Dublin Mountains. Das Gebäudedach wird begrünt und das durch die Bebauung verloren gegangene Grün durch üppige Bepflanzung ersetzt.

DUBLIN, IRELAND — PREIS

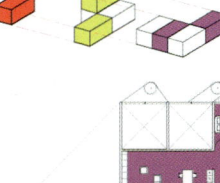

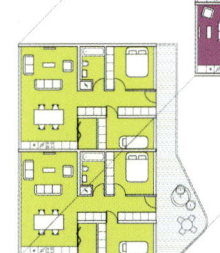

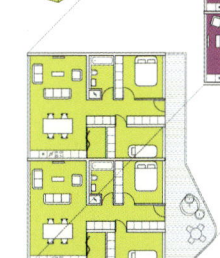

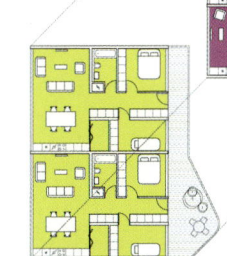

ORTSSPEZIFISCHE VERÄNDERUNGEN INTENSIVIEREN

Daryl Mulvihill (IRL) Architekt und Stadtplaner

dmau-digital media architecture urbanism Architektur auf verschiedenen Ebenen, in verschiedenen Maßstäben, Kombination von Projekten der Stadtplanung, Architektur und Fotografie. Jeder Auftrag erfordert eine andere Antwort und eine alternative Methode und Interpretation von Urbanität und der Transformation der Landschaft durch den Menschen.

T +31 6 5203 6681
daryl@dmau.com
www.dmau.com

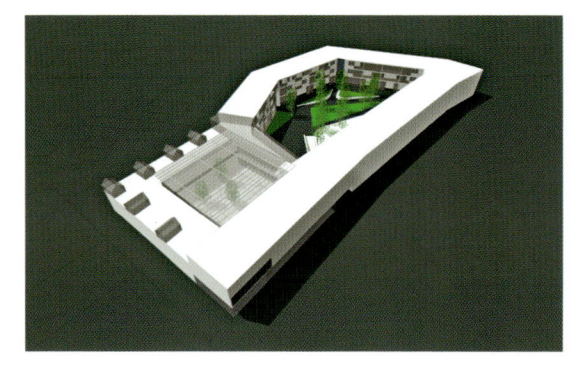

Suburban consolidation

Die rasante Entwicklung in Dublin hat zu einer großen Zahl gering verdichteter Vorstädte geführt, die durch tendenziell minderwertigen öffentlichen Raum miteinander verknüpft sind. Diese monofunktionale Zersiedelung ist nicht nachhaltig. Die Erneuerung der Stadt hinterlässt nur einen kleinen ökologischen Fußabdruck durch eine hochverdichtete Struktur mit angepassungsfähigen Bautypen, qualitativ hochwertigen öffentlichen Räumen und einen, von biologischer Vielfalt geprägten Park. Die urbane Strategie definiert eine neue räumliche Hierarchie für den Wandel der Vorstadt. Der Komplex bildet eine Straße und eine Binnenwelt mit Sommer- und Wintergarten, verbunden durch einen Gemeinschaftsraum. Der Park wird zum neuen Ökozentrum mit einer von der Ogham-Schrift inspirierten Landschaft.

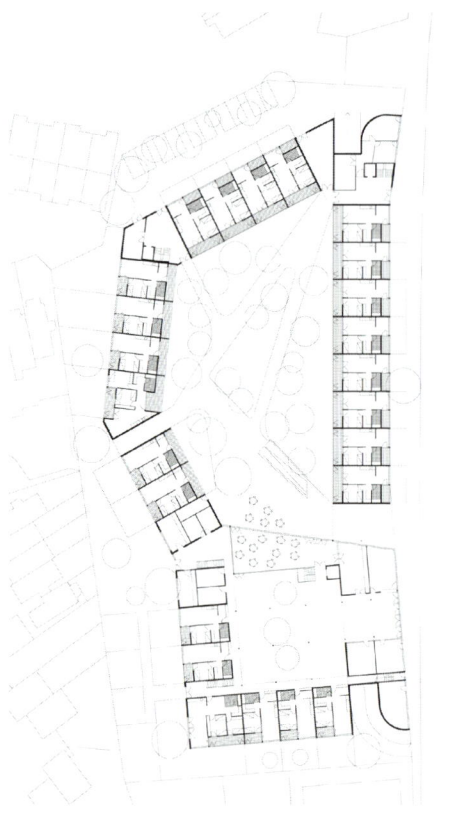

Italia
Erice

Wie kann ein historisches Zentrum, das vor einer natürlichen Landschaft liegt, erweitert werden?

Stadt Erice
Standort Bereich Porta Spada
Bevölkerung ca. 29.000
Betrachtungsgebiet ca. 70 ha
Projektgebiet ca. 30 ha

Das Stadtgebiet von Erice erstreckt sich von den Höhen des historischen Zentrums Erice Vetta, auf einem Felsen in 756 Meter Höhe gelegen, bis zum Meer. Die besondere Schönheit des alten Stadtkerns zieht heute zahlreiche Touristen an. Das Gebiet am Fuß des Berges entwickelte sich in jüngerer Zeit zur Stadt. Das schwierige Verhältnis zwischen den von den Planungen betroffenen Gebieten und dem historischen Zentrum lässt sich über neue Dienstleistungsangebote wiederbeleben, die den Expansionsbereich um die wertvolle Substanz des Altstadtzentrums von Erice aufwerten sollen. Es geht in bei diesem Projekt um die Sanierung eines suburbanen Bezirks zwischen Porta Spada und der Kirche San Giovanni im Altstadtzentrum von Erice. Der komplexe Eingriff erstreckt sich auf höchst sensible Zonen, die zum Teil in großer Nähe zum historischen Zentrum liegen. Angestrebt wird eine Intensivierung der Beziehung zwischen öffentlichem und privatem Raum. Das Betrachtungsgebiet liegt strategisch am Rande des alten Stadtzentrums. Aus landschaftsplanerischer Sicht ist das eine besonders interessante Lage, sowohl mit Blick auf das Panorama als auch unter Berücksichtigung der historischen und architektonischen Entwicklung der Stadt und ihrer Monumente, wie des jüdischen Friedhofs, der Kirche von Sant'Antonio, des spanischen Viertels (das aktuell konserviert, restauriert und saniert wird), der Kirche der Heiligen Ursula, der Kirche San Giovanni und der Route entlang der Elimo-Puniche-Mauer. Der aktuell in der Prüfung befindliche Plan zur Rehabilitierung beinhaltet die Identifizierung von Zonen für „Einrichtungen und Dienstleistungen" für die Altstadt von Erice. Der Baubestand ist einzubeziehen. Das Projektgebiet ist ein Teil des Betrachtungsgebiets, in dem die Möglichkeit gesehen wird, einen seit langem vergessenen Teil der Stadt neu zu gestalten. Gegenstand sind eine öffentliche Wohnanlage, ein leer stehendes Gebäude, das aktuell renoviert wird, und eine Reihe von zur Zeit unbebauten und ungenutzten Brachen. Diese Elemente haben zu einem Wertverlust der Stadtlandschaft und ihrer Architektur und Monumente beigetragen. Die neue Entwicklung von öffentlichen Räumen soll eine urbane Qualität für das Gebiet, das sich um die alte Stadtmauer erstreckt, sowie eine Rehabilitierung des vorhandenen Wohnungsbestandes durch ergänzende Wohnanlagen definieren.

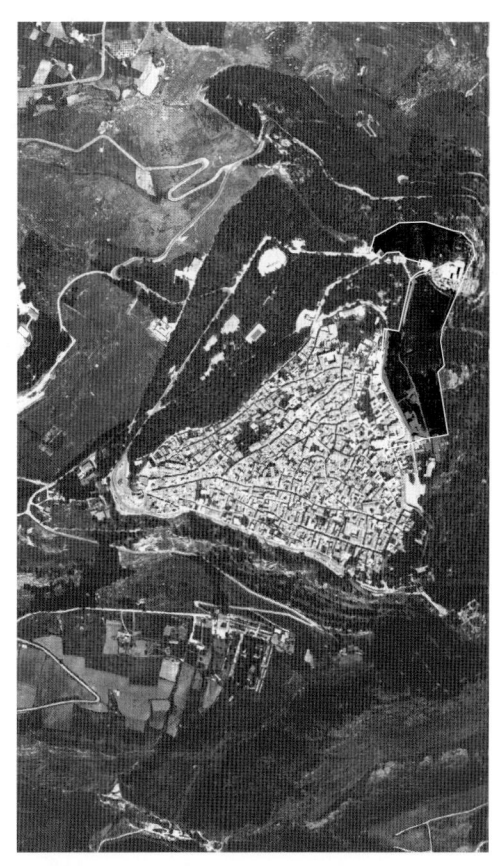

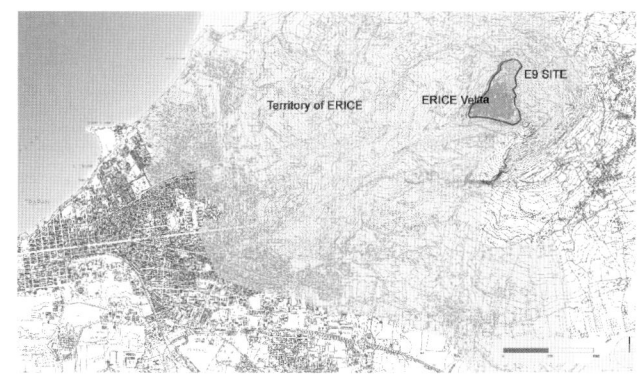

„Serata di estate"

Eugenio González Benito (E), **Beatriz Fierro Garcia** (E), Architekten

Architektur als Chance, Probleme zu lösen. Ein langsamer Prozess mit Unterbrechungen: Innehalten, um zu hören, was fehlt, was gebraucht wird. Und sich dann öffnen, um mit Freude eine Lösung zu finden. Der Blick aus der Distanz erhellt uns die universelle Dimension, während wir nach einem neuen Gleichgewicht in Materie und Zeit streben.
Der gemeinsame Nenner findet sich in der Einführung einer bestimmten Ordnung. Architekten treten auf den Plan, als Instrument und Mittler. Sie lassen Konstruktion zu, physisch und mental, sind die Resonanzkörper für den Klang der Welt in jedem Augenblick. Sie lernen, zu verzichten.

Pez Volador 38 10A
28007 Madrid, España
T +34 654740298
gonzalezfierro.arquitectos@gmail.com

Der Entwurf basiert auf der Anwendung einer fundamentalen Strategie, einer Übergangsordnung, die die Kontinuität der historischen und konsolidierten urbanen Fläche zulässt. Interpretation des „Konzepts Grenze", die asymmetrische Stadtkante:

Übergang außen–innen: Erste Entscheidung: Vorschlag für eine direkte Beziehung zwischen Wohnraum und Bauland durch Wiederverwendung der unveränderlichen und typischen Morphologie in Erice, beispielsweise der Innenhof. So entsteht eine große Zahl von Zwischen-Räumen, die den ersten Übergang zwischen Bau und natürlichem Umfeld ermöglichen und dank der Öffnung für den Blick in die Landschaft eine bessere Beziehung zur Landschaft möglich machen. Bekräftigung der topologischen Richtungsvorgabe.

Übergang öffentlich–privat: Der Weg als strategische Chance, als Ende von Nutzung und Maßstab. Erweiterung der bestehenden Bauten bis zum Untersuchungsgebiet als neue Grenze des Wachstums und Freizeitangebot für die Beschäftigten. Synergie der Gebäude mit dem Ziel differenzierter Skalen der öffentlichen Nutzung.

Übergang langsam–schnell: Schaffung eines geschützten Fußgängerbereichs, der die wichtigsten Punkte des Projektbereichs mit den bestehenden städtischen Strkturen verbindet. Kontinuität der Straßen. Versuch der Schaffung einer Schnittstelle der Verkehrsbewegung in Richtung Wohnbauten und Erweiterung durch Zwischen-Orte, die bis zu dem Augenblick, in dem man die Wohnbauten erreicht, die Gebäude zu Teilnehmern des gesamten Umfelds machen,

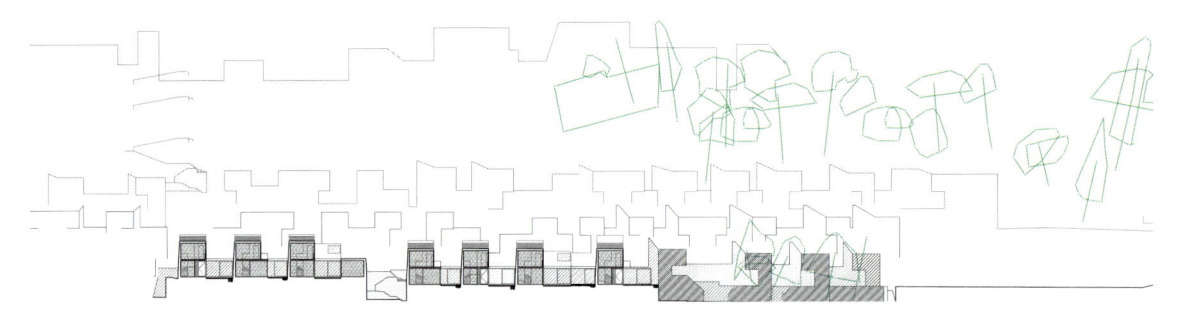

ERICE, ITALIA — PREIS

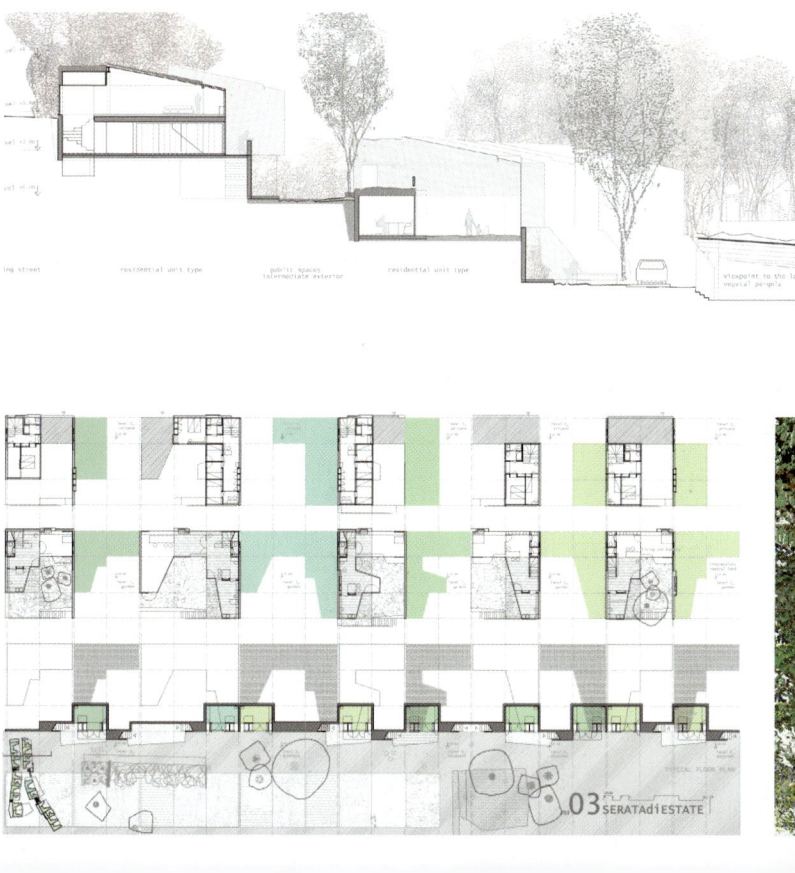

ORTSSPEZIFISCHE VERÄNDERUNGEN INTENSIVIEREN

ANKAUF

ERICE, ITALIA

Gernot Kupfer (A), **Roland Pabel** (D), Architekten, Peter Ngo Thanh Ho (A), Johannes Jagersbacher (A), Philip Präsoll René (A), Tina Kimmerstorfer (A), Wolfgang Weissberg (A), Matthias Salzmann (A), Architekturstudenten

Beide Architekten sind Dozenten am Institut für Architektur in Graz. Nach seinem Abschluss in Graz machte sich Gernot Kupfer 2004 selbstständig. Roland Pabel, Absolvent der TU Braunschweig, ist seit 2006 freiberuflich tätig.

Rechbauerstrasse 12
8010 Graz, Österreich
T +43 3168736805
kupfer@at.tugraz.at, pabel@at.tugraz.at

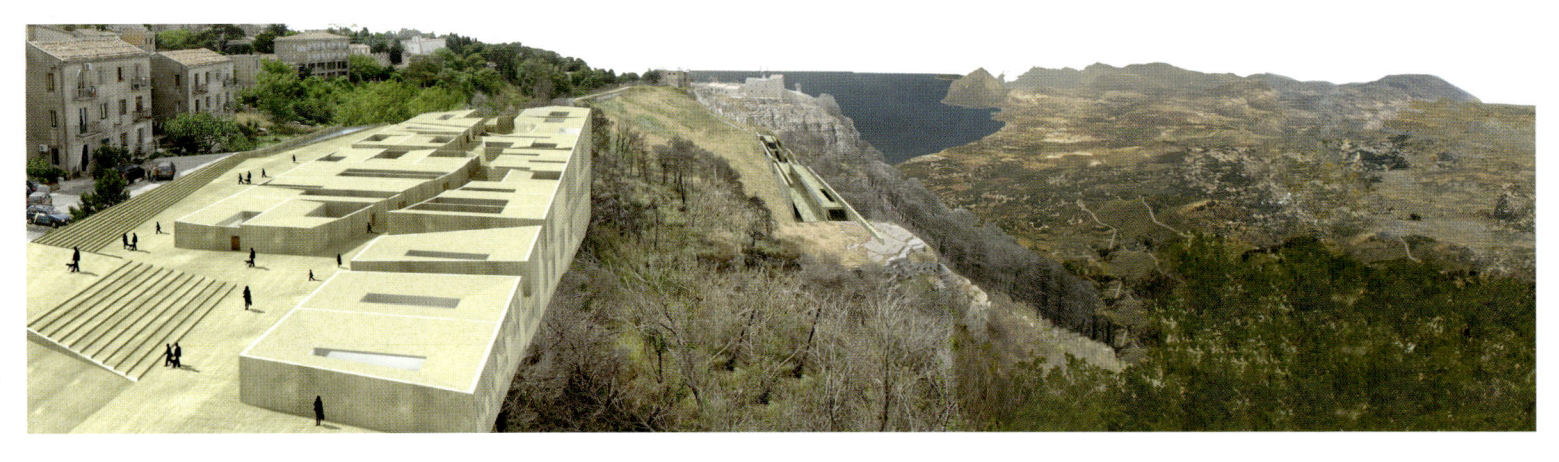

ORTSSPEZIFISCHE VERÄNDERUNGEN INTENSIVIEREN

Stadtrand San Giovanni

Das Quartier besteht aus einem geschlossenen Baukörper, der die Stadtmauer ergänzt. Die Topografie erlaubt die Anordnung einstöckiger Bauten, die an der Stadt ausgerichtet sind, sowie ein zweistöckiges Gebäude an der Stadtkante. Ergebnis ist eine stark verdichtete urbane Terrasse, auf der sich öffentliche und private Zonen befinden. Straßen und Plätze, die als autonomer und vertikaler Stadtrand wahrgenommen werden, stellen die Verbindung dar. Die Landschaft des „Gartens für jeden Tag" verläuft zwischen zwei Mauern, die vertikale und horizontale Linien thematisieren. Eingebettet sind ein Kongresszentrum und ein Freilufttheater. Im Bereich des jüdischen Friedhofs befinden sich der „Garten der Religionen" und die Kirchen St. Antonio Abate und Sta. Orsola. An der Stadtmauer entlang zieht sich ein Grünstreifen, der zum innen gelegenen Park hin schmaler wird und sich am Friedhof auflöst.

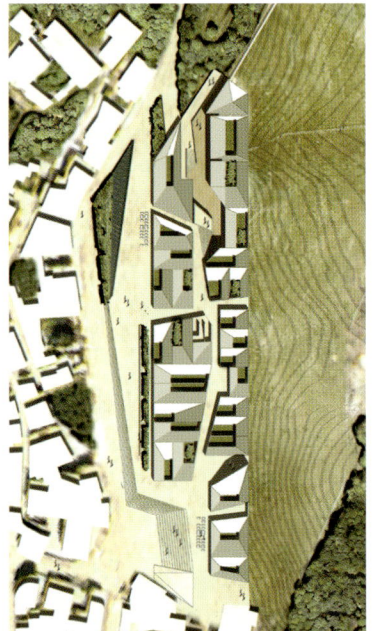

Italia
Pistoia
Wie kann Urbanität für eine surbane Gegend entwickelt werden?

Stadt Pistoia
Standort Bereich DANO
Bevölkerung ca. 88.500
Betrachtungsgebiet ca. 45 ha
Projektgebiet ca. 33 ha

Die Provinz Pistoia liegt in einem weitläufigen, geografisch vielfältigen Gebiet mit mehreren Städten. Charakteristisch sind das bedeutende historische Zentrum innerhalb der Mauern aus der Zeit der Medici, sowie einige Bauten aus jüngerer Zeit. Trotz der Begrenzung durch die umgebendes Landwirtschaft verfügt die Stadt über einige ungenutzte Zonen, für die eine neue Urbanität entwickelt werden soll, die die Beziehung zu den umliegenden ländlichen Kulturen bewahrt.

Pistoia wuchs vor allem entlang der historischen Routen. Dadurch entstand hier und da ein „Vakuum" zwischen den Hausparzellen, die die wichtigste Ressource für die urbane Entwicklung darstellen. Die Neustrukturierung von Funktionen, Dienstleistungen, Mobilität, urbaner Morphologie und der Bezug zum privaten Raum soll durch die Entwicklung neuer öffentlicher Räume gefördert werden: Plätze, Gärten, Fußwege und die Aufwertung der Naturzonen, der Müllkippe und Brachen (DANO-Fabrik und eine Betonmischanlage). Das Areal liegt am Standrand, südlich der Bahnverbindung Florenz-Lucca und wird von der Via Fiorentina, der Ringstraße und landwirtschaftlich genutzten Flächen begrenzt. Die gemischt genutzte Zone ist vorwiegend von Wohnen geprägt, gleichzeitig befindet sich hier die Müllkippe, die demnächst abgetragen wird, sowie zahlreiche offene Räume. Die Dienstleistungsangebote für die Anwohner sind knapp. Es gibt darüber hinaus Probleme mit den Querungen des Straßennetzes. Das Ziel ist, Strategien und Möglichkeiten zu erarbeiten, wie das Gebiet über vorstädtischen Charakter hinaus, eine neue Urbanität entwickeln kann und besser an die Altstadt angebunden werden kann.

Das Projektgebiet ist ein Ödland, auf dem eine Kinderkrippe, die DANO-Fabrik und eine Zementmischanlage liegen und wird vorwiegend von privaten Häusern umgeben. Das Gebiet grenzt an die Bahnlinie, eine Bezirksstraße und zwei Schnellstraßen. In der Nähe befindet sich ein Supermarkt mit einer Fläche von 1.600 m², der umgesiedelt oder umgestaltet werden soll. Aufgrund der Nähe zur Medici-Mauer, der Festung Santa Barbara und einigen anderen Bereichen, in denen aktuell bedeutende Umbauarbeiten stattfinden, soll der Standort zunehmend die Rolle des urbanen Pols in der Stadt übernehmen.

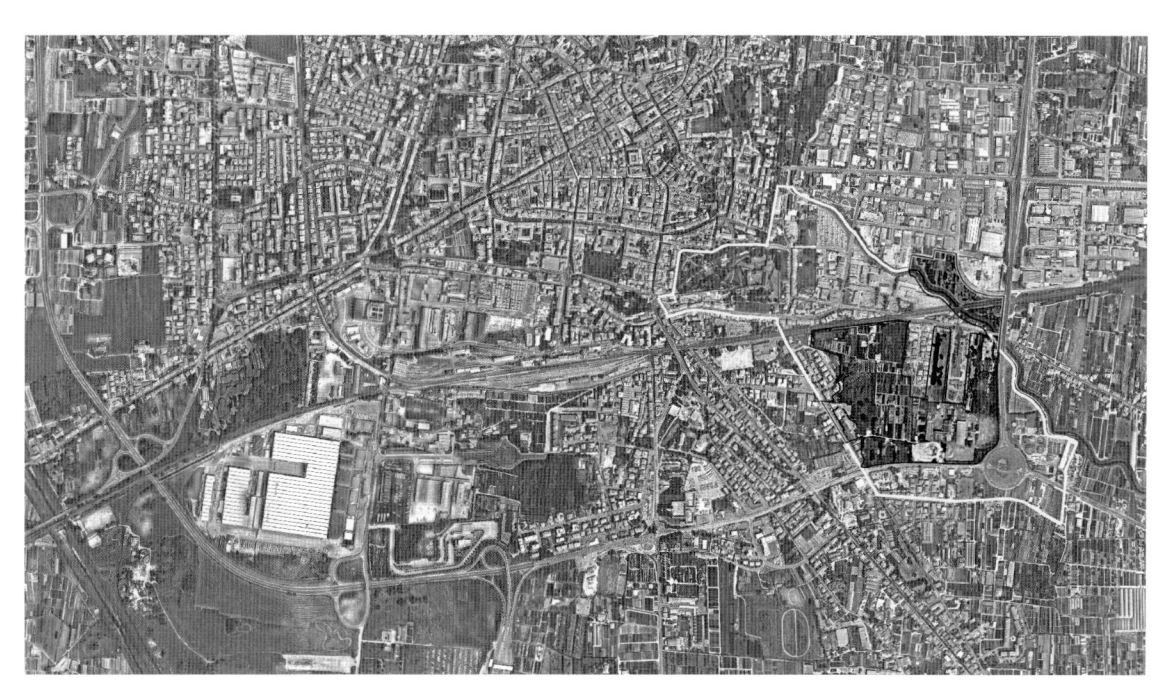

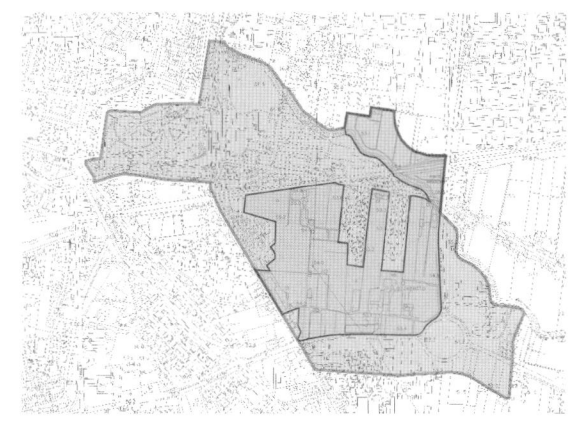

Vegetable chromosomes

Lapo Ruffi (I), **Antonio Monaci** (I), Architekten

Seit 1998 arbeitet Lapo Ruffi als Architekt, im Jahr 2002 gründete er sein eigenes Büro in Pistoia: LRA. Er arbeitet an der Planungsforschung und experimentiert mit Projekten verschiedener Art und Maßstäbe als urbanen Entwürfen für Einfamilienhäuser sowie als Innenarchitekt. 2007 wurde seine Arbeit in dem Buch *1000 x European Architecture* veröffentlicht und auf der *FlorenceEXIT* Ausstellung gezeigt. Antonio Monaci ist seit 1999 Architekt und widmet sich Architektur und Design. Seine Projekte basieren auf der Erforschung der *multiplicities of living*, groß angelegter Stadtarchitektur, semi-nomadischer Strukturen, Pläne für Einzelobjekte und Innenarchitektur ebenso wie Skulpturen. Seine Inneneinrichtung wurde ausgestellt in *Neue Räume '05* und *'07* in Zürich. Wenn er nicht in Florenz ist, arbeitet und wohnt er in Zürich.

Lapo Ruffi
via A. Cammelli 47
51100 Pistoia, Italia
T +39 0573975363
lapo.ruffi@tin.it
www.europaconcorsi.com/pro/lra

In diesem periurbanen Raum zwischen Stadt und Land wird die Kultur der Landschaftsplanung die erste Analyse des Entwurfs. Im Hinblick auf den Text von P. Donadieu *La société paysagiste* wird das Verhältnis zwischen Gesellschaft und Landschaft ausgelotet. Die ländliche Gesellschaft wie die urbane Gesellschaft „trägt die Werte der Gemeinschaft unter den konsolidierten Bedingungen der Bildung einer Gemeinschaft, des gemeinsamen Lebens in wiedererkennbaren Räumen, der Eignung für das neue Alltagsleben und der zeitlichen Begrenzung, was innovative räumliche Beziehungen erfordert, welche komplexere soziale Modelle schaffen können". Leben und Nachhaltigkeit des Territoriums sind die Richtlinien, durch Optimierung der natürlichen Ressourcen. Der hohe Prozentsatz an Grünflächen ist im betreffenden Gebiet gleichmäßig verteilt. Architekturen in und aus der Landschaft, Baukörper mit horizontaler Entwicklung, die Neuerrichtung von Treibhäusern und Baumschulen im ständigen Dialog mit neuen und alten Strukturen zeichnen das Profil des neuen urbanen Parks. **Semi-rurale Architekturen** und **semi-architektonische Agrikulturen** wie **vegetable chromosomes** rufen den Ursprung vergangener urbaner Gärten zurück, die in einer historischen Stadt vorhanden sind, in einer ständigen Variation von Formen, Materialien, Kapazitäten und pflanzlichen Bestandteilen. Die öffentlichen Strukturen und der soziale Wohnungsbau, die in die Grünflächen gesetzt sind – verteilt in diesem Raum der Stadt – stellen neue physikalische Fragmente der Landschaft dar, wie **Zeichen eines Ereignisses** und dienen der urbanen Gesellschaft, ihrer *mouvance*.

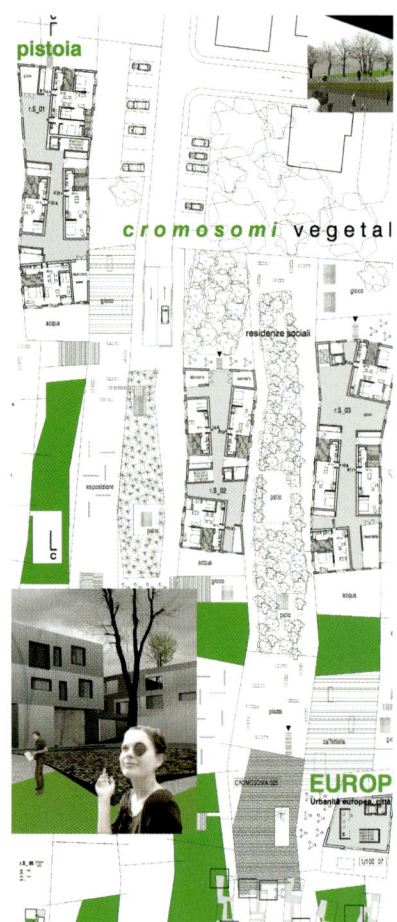

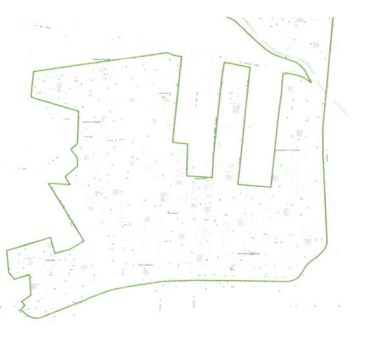

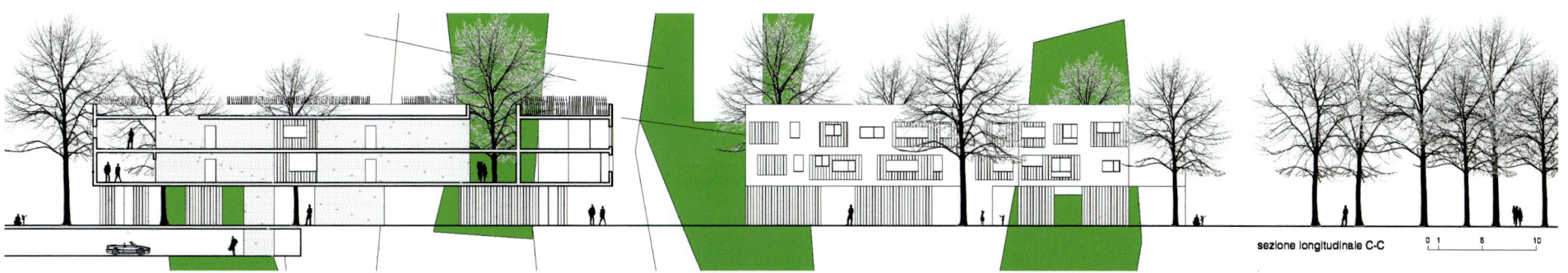

PREIS

PISTOIA, ITALIA

ORTSSPEZIFISCHE VERÄNDERUNGEN INTENSIVIEREN

sezione longitudinale C-C

165

ANKAUF

PISTOIA, ITALIA

Francesco Costanzo (I), Giuseppe Di Caterino (I), Claudia Sorbo (I), Architekten

Francesco Costanzo, Professor an der II. Fakultät für Architektur in Neapel. Forscht zum Thema „Extreme Beziehungen zwischen Menschenwerk und Natur, Architektur und Stadt". Das Thema seines Buches „Architettura del Campo" ist der Blick auf die Alltagserfahrung der Architektur als Weg zu Lösungen für den nicht steuerbaren Raum.

Costanzo e Lanini Architetti
via Monte di Dio 61
80132 Napoli, Italia
T +39 0812400809, +39 0812481153
francescocostanzo@gmx.net
www.costanzo-lanini.eu, www.composizione.net

ORTSSPEZIFISCHE VERÄNDERUNGEN INTENSIVIEREN

Das dritte Element

Europäische Urbanität als Suche nach der formalen Definition und klaren Schlussfolgerungen. Die nachhaltige Stadt als erzwungene Beziehung zwischen Konzentration und Leere, Konstruktion und Natur. Innovation des öffentlichen Raumes als Großraum, Ausdruckselement, Kontrollinstrument für die Beziehung zwischen Stadt und Land. Nachhaltigkeit heißt, eine Eingriffsmöglichkeit zu finden, in der diese Trennung aufgehoben ist, der Maßstab, in dem Stadt und Land gemeinsam auftauchen. Schritt für Schritt entwickelt sich die Vision eines Ortes mit einer Bucht, Medici-Mauern, einem Handwerker-Viertel, Kathedrale, die Linie Florenz-Lucca, die Autobahn und – als drittes Element – ein großes Loggia-Revier.

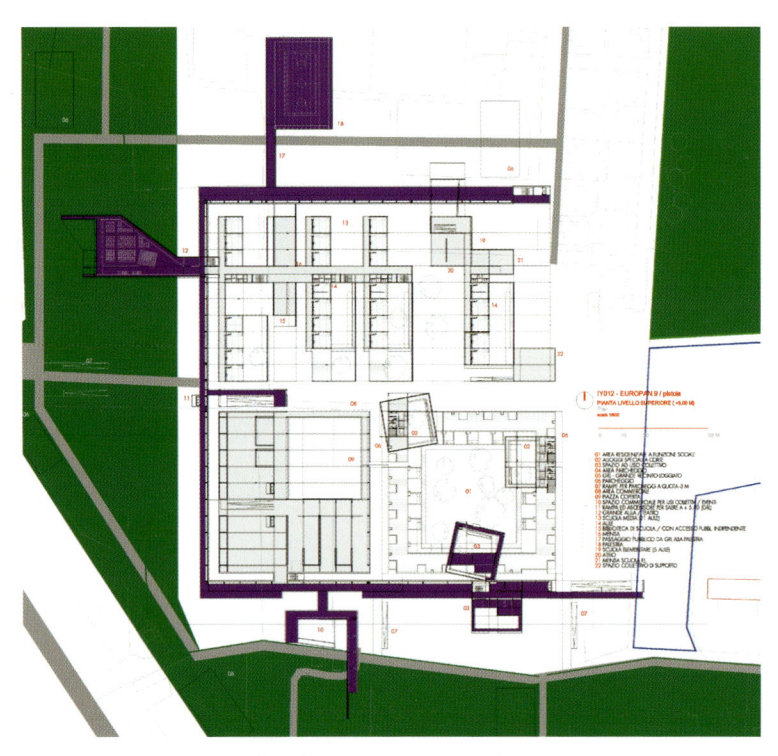

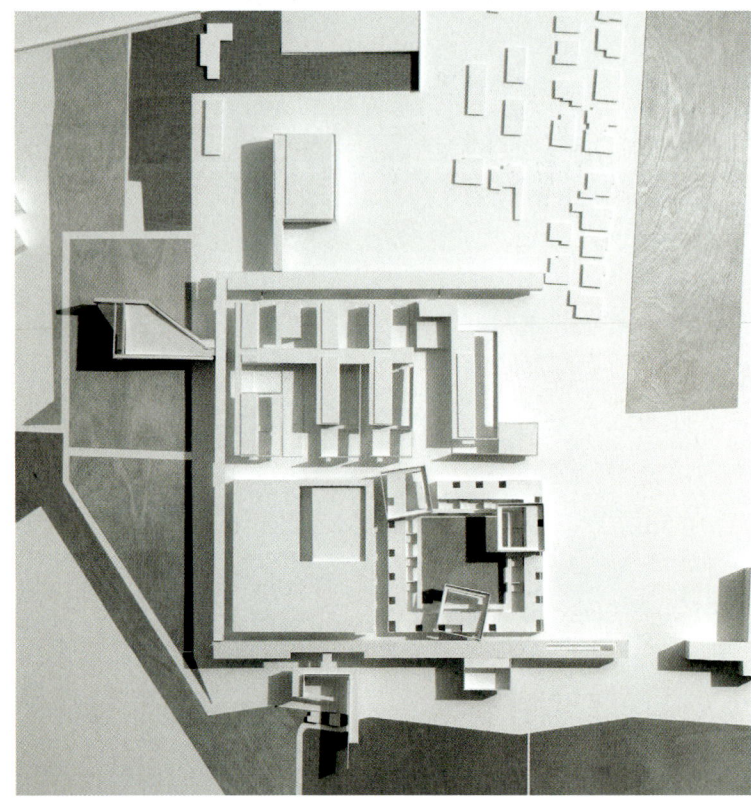

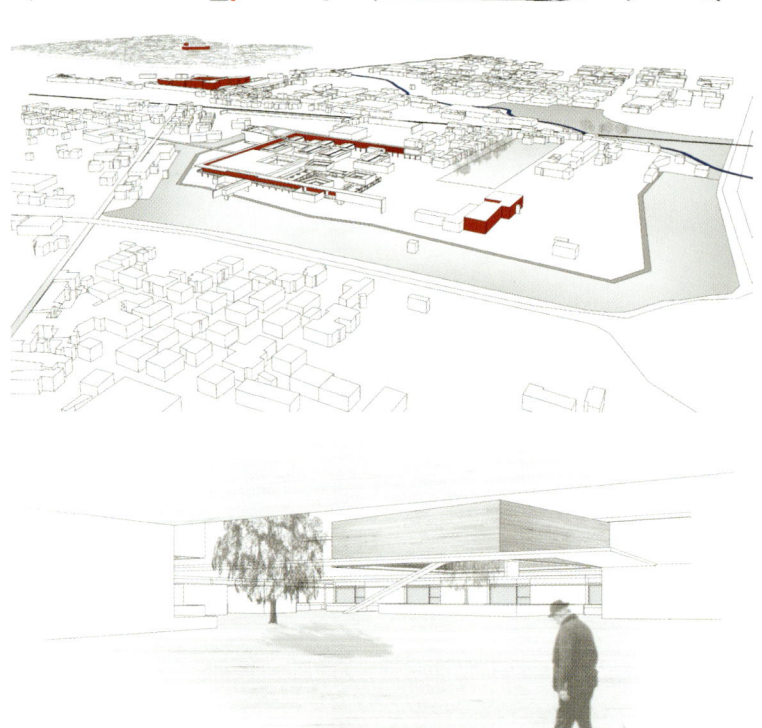

Nederland Groningen
Wie kann ein Hausboothafen zum städtischen Komplex werden?

Stadt Groningen
Standort Woonschepenhaven
Bevölkerung 200.000
Betrachtungsgebiet ca. 15 ha
Projektgebiet ca. 3 ha
(+ 2 ha Hafengewässer)

Die Stadt Groningen ist ein urbanes Zentrum in Europa, das auch Teile von Deutschland umfasst und gewissermaßen bis zum Ballungsgebiet Randstad, dem westlichen Wirtschaftszentrum der Niederlande, reicht. Die drei nördlichen Provinzen der Niederlande zählen 1,7 Millionen Einwohner. Groningen ist zusammen mit der benachbarten (kleineren) Provinzhauptstadt Assen auch ein nationales urbanes Zentrum. Das Industriegebiet zwischen Stadt und Land ist zur Zeit einem Wandel von monofunktionalen Aktivitäten zu städtischer Multifunktionalität unterworfen. Dieser Wandel wird bestimmt durch das Verlangen nach urbaner Umgebung und Möglichkeiten für attraktives urbanes Wohnen. Darüber hinaus besteht der Bedarf, eine sichere und attraktive Straße mit Freizeitangeboten nach Meestad, dem größten suburbanen Neubaugebiet der Stadt, das derzeit im Bau ist, zu schaffen. Das Wettbewerbsgebiet liegt in einer Stadtentwicklungszone, die sich auf beiden Seiten des Kanals, der die Stadt mit dem Delfzijl-Seehafen verbindet, erstreckt und ist zentral im Betrachtungsgebiet situiert. Neben dem privaten Programm soll auch kollektiver Raum erzeugt werden. Sowohl das Leben am Wasser als auch das Leben an Land zählen zu den attraktiven Wohnformen entlang der Straße vom Stadtzentrum zur Stadterweiterung Meerstad. Die Ansiedlung von kleinen Unternehmen, gekoppelt an die städtische Straße und die nautische Atmosphäre, ist möglich und erwünscht. Im Betrachtungsgebiet werden etwa 500 Wohneinheiten in verschiedenen Stilen, Dichten und Typen errichtet werden. Das Projektgebiet befindet sich praktisch im Zentrum des Stadtentwicklungsgebiets, inmitten anderer, stark miteinander kontrastierender Quartiere. Im nordöstlichen Quadranten des Wasserwege-Knotenpunkts ist ein zwanzig Stockwerke hohes Gebäude, gleich einem Wahrzeichen, geplant, westlich der Kanalkreuzung urbane, mittelgroße Komplexe. Rund um den Hausboothafen wird ein dicht bebauter Hafenbezirk bevorzugt, in dem die Höhe auf drei bis vier Geschosse mit gelegentlichen Ausnahmen begrenzt ist. Ziel der Umstrukturierung des bestehenden Hausboothafens ist die Verringerung der Anzahl der Hausboote und das Hinzufügen von etwa 150 bis 200 Wohneinheiten, teilweise zugunsten der Hausbootbesitzer, die an Land leben wollen, teilweise als finanzielle Basis für die Umstrukturierung des Hafens.

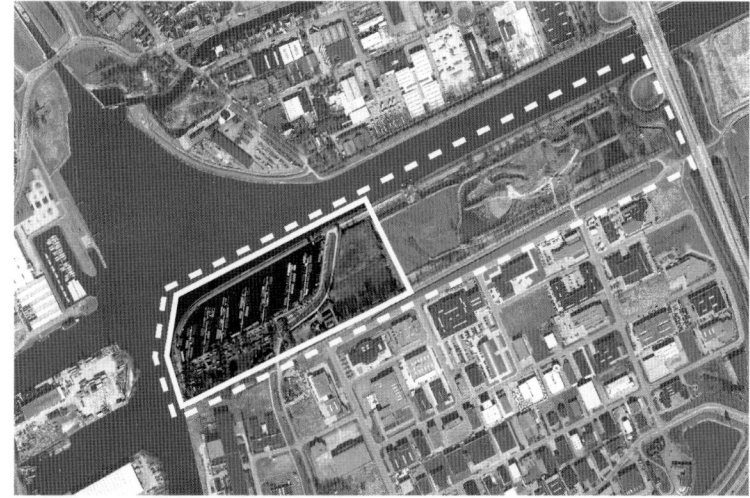

I've got a BITE

Nynke-Rixt Jukema (NL), **Jasper Van Zellingen** (NL), Architekten

Beide Architekten des Teams leben in Friesland, im Norden der Niederlande. Sie lieben Architektur und Architekturrelevantes, und schwören auf kontextabhängiges Design. Ihre Wettbewerbsteilnahme verstehen sie als Test: Ist Zusammenarbeit möglich und kommt ein gutes Ergebnis dabei heraus? „Nynke-Rixt ist quasi ein Generator, dessen Energie man immer wieder nutzen kann. Allerdings muss man aufpassen: Ein Generator darf nicht heißlaufen. Das Team denkt meist entlang der gleichen Linie. Das überrascht. Jasper hört gut zu. In der Regel genügt ein halbes Wort." Regeln setzen ihnen Grenzen und schaffen einen Raum, in dem sie arbeiten können. „Sie sehen es als Buch mit nur zum Teil beschriebenen Seiten. Ihr Input vollendet die Kapitel. Neuordnung lässt das Werk zu einem guten Buch werden."

Eewal 86
8911 GV Leeuwarden, Nederland
T +31 640173751
info@nrjarchitectuur.nl
www.nrjarchitectuur.nl

Der Plan unterscheidet zwei „Landschaften": die Zone der Hausboote und der Bereich des Flusses Hunze. Ein Gerüstsystem als Rückrat des Planes wird in beide Zonen eingefügt. Damit entsteht eine zweite Erdgeschossebene im Bereich der Hausboote, unter der Parkraum geschaffen werden kann. Am Fluss dient das Gerüst als Grundlage der Parzellierung. Der Entwurf folgt der Kultur der Freiheit, die sich hier über Jahre entwickelt hat und lässt eine zwanglose Beziehung zwischen Hausbooten und Neubauten entstehen. Damit finden sich drei Wohnungstypen vor Ort: Hausboote (alte Boote könnten durch neue ersetzt werden), Apartmenthäuser „housing sheds" und freistehende Häuser „wharf studios", die sich in Große und Material – Holz und Stahl – auf die Industrie beziehen, die es hier einst gab.

Die „housing sheds" und „wharf studios" stehen für urbanes Leben am Standort, in Beziehung zum Charakter des Gebiets und als Alternative für alle, die mit dem bestehenden Wohnungsangebot nicht zufrieden sind. Innerhalb des starren, durch das Gerüst bestimmten Systems befinden sich mehrere Ausstellungsräume. Hier können Nutzer ihre eigenen Initiativen und Projekte präsentieren – Kunst, Theater, ggf. dauerhafte Nutzung. Alternativ kann der Raum auch anderweitig bespielt werden. Der Standort erhält durch das Gerüst ein solides Fundament, das zum einen die Hausbootzone reguliert, gleichzeitig (im Laufe der Zeit) jedoch das Unerwartete möglich macht. Ein Ort, an dem sich niemand verstellen muss. **Bite.**

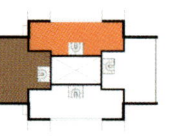

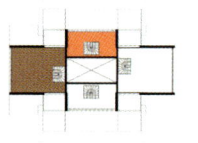

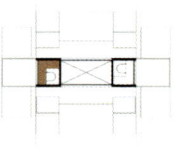

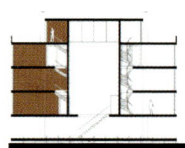

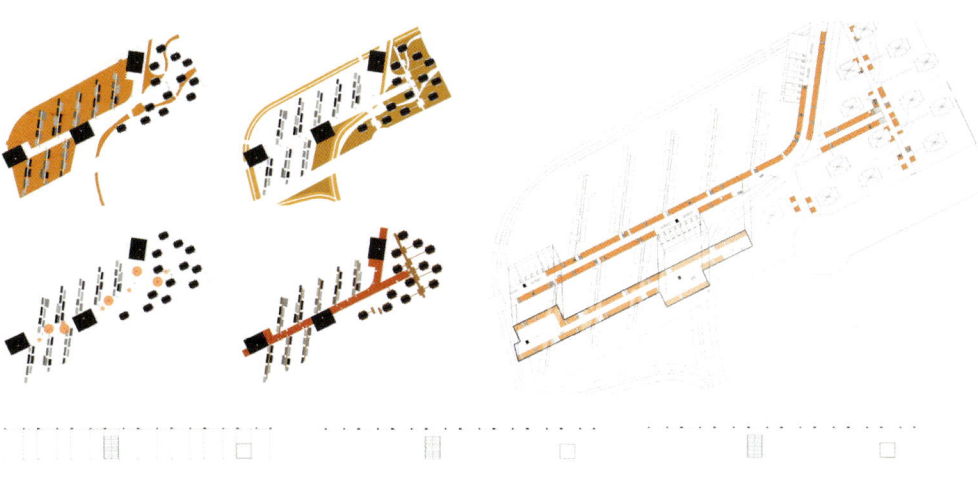

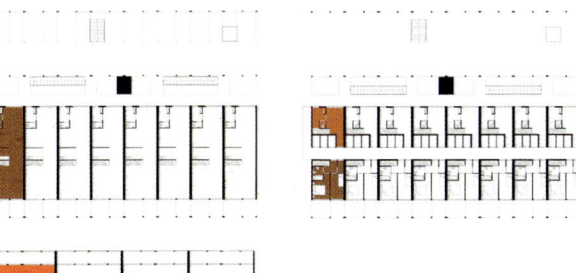

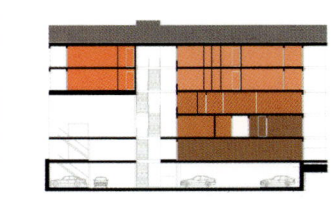

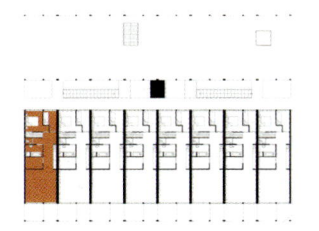

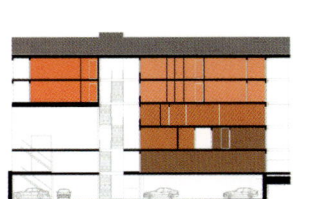

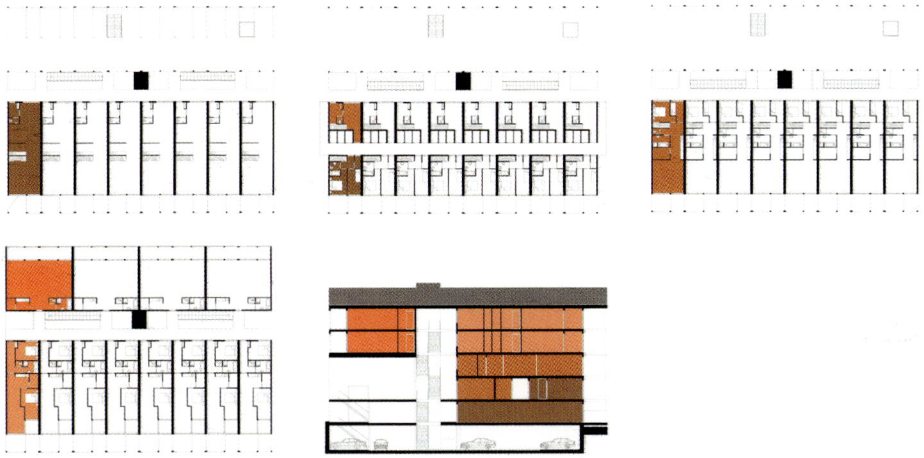

169 ORTSSPEZIFISCHE VERÄNDERUNGEN INTENSIVIEREN

GRONINGEN, NEDERLAND PREIS

> VRIJPLAATS BEET
>
> ROERLOOS AAN DE WATERKANT,
> STAREND OP ZIJN DOBBER
> ALS HIJ NIET VIST, ZAL HIJ
> NOOIT VANGEN, ZOEKEND NAAR
> ZICHZELF
> TOT RIMPELS HEM EEN
> VRIJPLAATS GEVEN, WAAR HIJ
> ZICH ZELF KAN ZIJN
>
> BEET!

United Kingdom
Sheffield
Wie kann die Lebensqualität in einem vorhandenen Wohngebiet verbessert werden?

Stadt Sheffield
Standort Skye Edge, Wybourn
Bevölkerung Sheffield 520.679 – Wybourn 6.015
Betrachtungsgebiet 20,24 ha
Projektgebiet Phase 1: 3,5 ha
Phase 2: 0,82 ha

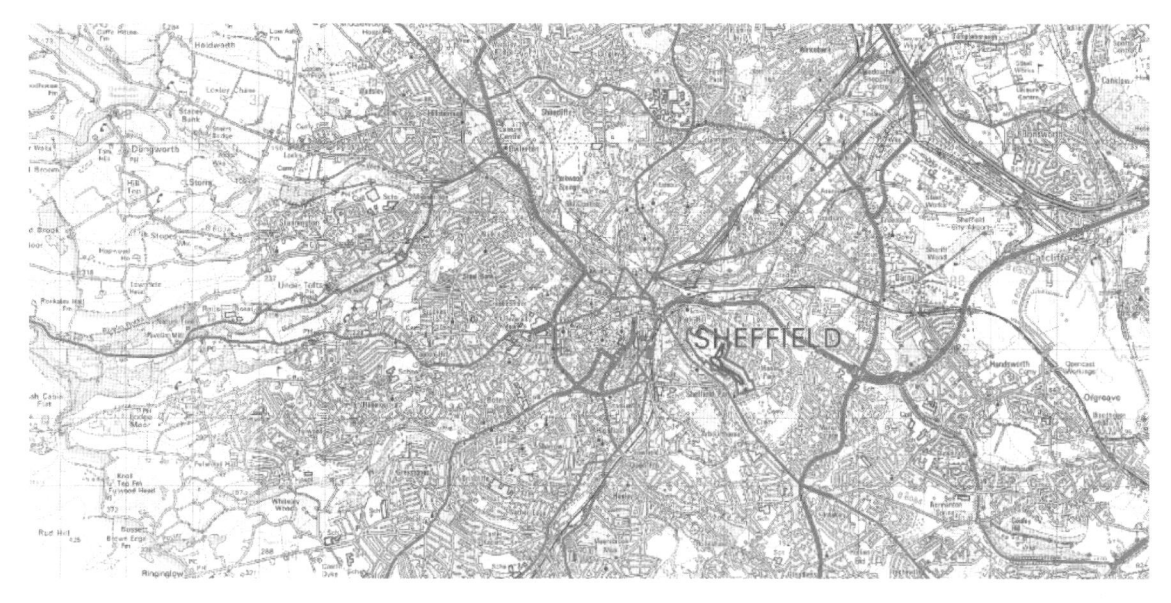

Die Innenstadt von Sheffield liegt in einem Tal, umgeben von sieben Hügeln. Der Standort befindet sich auf dem Kamm eines östlich Hügels. Ein langgestrecktes Gebiet, begrenzt von einem bewaldeten Steilhang und der großen, zwischen den beiden Weltkriegen erbauten Wohnsiedlung Wybourn. Von dort bietet sich ein weiter Blick über die Stadt und den weiter unten liegenden Peak District National Park. Wybourn wurde in den 1930er Jahren als Gartenvorstadt erbaut und bot 1.200 Wohnungen fernab von den Industrieanlagen. Die öffentlichen Einrichtungen müssen verbessert, das Angebot an bezahlbaren Wohnungstypen ausgeweitet werden. Der Standort war in den 1970er Jahren mit einem langen, monolithischen Block mit (Maisonette-)Wohnungen bebaut worden, der aber 2005 abgerissen wurde, da die Wohnungen nicht mehr attraktiv waren und teilweise leer standen. Das weitere Betrachtungsgebiet umfasst zwei parallele Straßen in der Wybourn-Siedlung, ein Gemeindezentrum, den Steilhang unterhalb des Standortes und die offene Landschaft im Norden. Dieses Projekt spielt eine entscheidende Rolle innerhalb eines breiter angelegten Sanierungsprogramms. Trotz der hervorragenden Lage gibt es keinen ausgeprägten Markt für private Immobilien. Die Herausforderung besteht darin, neuen, attraktiven Wohnraum zu schaffen und die Lebensqualität der vorhandenen Ortsteile zu verbessern. Skye Edge liegt an exponierter Stelle und bietet die einzigartige Gelegenheit, der Stadt eine neue Horizontlinie zu geben. Es sollen Voraussetzungen geschaffen werden, die Landschaftseinbindung sowohl der neuen als auch der bestehenden Wohngebäude grundsätzlich zu verbessern. Wegen seiner Parks und der baumbestandenen Vororte ist Sheffield berühmt als grüne Stadt. Der Entwurf soll die Gartenstadt modern interpretieren, indem starke Bezüge zwischen Wohnraum, Landschaft und zeitgemäßen Angeboten hergestellt werden. Die Verbindungsstraßen, die das neue Projektgebiet anbinden und der Zugang für die Bewohner müssen verbessert werden. Es sollen durchmischte Gemeinschaften entstehen und ein positives Identitätsgefühl aller Bewohner gefördert werden. Der Entwurf sollte die einzigartige Topografie und Landschaft der Stadt sowie des Peak Districts angemessen berücksichtigen. Es sollen mindestens 140 Wohneinheiten mit unterschiedlichen Typologien geplant werden. Eine zeitgemäße und nachhaltige Nutzungsmischung ist angestrebt.

Rob Prewett (UK), Graham Bizley (UK), Architekten

Studium an der Universität Bath. Gemeinsame Projekte seit den 1990er Jahren. 2005 Gründung von Prewett Bizley Architects. Ziel: Transformation des Profanen durch Freilegung und Betonung der latenten Poesie, die der menschlichen Existenz innewohnt.

Unit 3P, Leroy House
436 Essex Road
N1 3QP London, United Kingdom
T +44 2073592692
rp@prewettbizley.com
www.prewettbizley.com

Urban grafting

Der Entwurf reagiert auf die spezifischen Qualitäten der Landschaft von Skyedge und stellt sie in den Vordergrund. Spektakuläre Terrassen und ausdehnte Gebäudefronten definieren eine öffentliche Promenade. Sie folgen dem Kamm der Hügelkette und erreichen am westlichen Ende einen Höhepunkt, dort, wo der Blick ins nächste Tal fällt. Im Osten und Westen beziehen sich freistehende, großvolumigere Blöcke auf den größeren Kontext. Geschützte Gärten hinter den Terrassen kontrastieren mit der dramatischen Fassade der Vorderfront. Kürzere, tiefer liegende Terrassen kommunizieren mit bestehenden Gebäuden und nicht mehr genutzten Parkhöfen. Die Atmosphäre dieser Räume erfährt dadurch eine Wandlung. Es entstehen verkehrsberuhigte Zonen, die jeweils von etwa einem Dutzend Anwohnern genutzt werden.

ANKAUF

SHEFFIELD, UNITED KINGDOM

Sira Warneke (D), **Jonathan Crossley** (UK), **Adrian Truan** (UK), Architekten, John Bell (UK), Gael Galvez (FR), Matt Oliver (UK), Tim Saxon (UK), Wartungsingenieure, Samira Yacoubi (FR) Studentin des Ingenieurwesens

Ein internationales, multidisziplinäres Team von Architekten und ein ausgeprägtes Interesse an einer besseren Gestaltung für Großsiedlungen. Im Mittelpunkt des Interesses stehen Kontext, Nachhaltigkeit, Vorfertigung, Flexibilität/Anpassungsfähigkeit und die Erkundung modernen Lebens.

Sira Warneke
44 Allen Road Flat B
N16 8SA London, United Kingdom
T +44 7952494369
info@edgezip.eu
www.edgezip.eu

Edgezip

Kleine Gruppen von Baukörpern werden auf der Bergkuppe verteilt angeordnet. Eine Vielzahl öffentlicher Räume – Spielplatz, Obsthain, Park, öffentlicher Platz, Schrebergarten – verbinden reißverschlussartig Bestehendes und Neues. Sie sind Maßstab, Identität und Eigentum für kleine Gemeinschaften, neues Ziel bestehender Verbindungen, sorgen für Durchlässigkeit zwischen dem benachbarten Wohngebiet und dem Panorama auf Sheffield und darüber hinaus. Einfamilienhäuser in Ost-West- und Nord-Süd-Ausrichtung realisieren ein Gleichgewicht zwischen Nachhaltigkeit und der Topografie des Standorts. Die Entwürfe greifen die Frage der Anpassbarkeit und Langlebigkeit der Wohnungen für kommende Generationen auf, Freiräume, sorgfältige Materialwahl und Orientierung erlauben nachhaltiges Wohnen.

ORTSSPEZIFISCHE VERÄNDERUNGEN INTENSIVIEREN

United Kingdom Stroke-On-Trent
Wie transformiert man einen obsoleten Bezirk in ein urbanes Dorf?

Stadt Stoke-on-Trent
Standort Lichfield Street, City Waterside, Hanley
Bevölkerung Stoke-on-Trent 240.636
Gebiet City Waterside 3.983
Betrachtungsgebiet 7,99 ha
Projektgebiet 2,29 ha

Die Stadt Stoke-on-Trent ist ein Zusammenschluss von sechs Städten in den Midlands von England. Der Niedergang der Keramikindustrie in den 1920er Jahren hat zu einer Abwanderung aus den Wohngebieten der Innenstadt geführt. Leerstand von Häusern in zentraler Lage und ein radikaler Wandel der lokalen Wirtschaft waren die Folge. Das Gebiet liegt im Süden des Stadtzentrums im Sanierungsgebiet „City Waterside". Es ist der erste Standort, der entwickelt werden soll und übernimmt die Rolle eines „Flaggschiffes", das neue Bewohner anziehen und die Weichen für die Entwicklung des Gebietes und für das Programm RENEW in der Region stellen soll. Das Betrachtungsgebiet ist von einem breiten Kanal durchzogen. Es gibt eine neue Grundschule, einen Kindergarten, ein altes Schulgebäude und eine unter Denkmalschutz stehende Keramikfabrik, die umgenutzt werden kann. Es soll ein modernes, urbanes Dorf mit hochwertiger, moderner Architektur und offenen Räume entstehen. Es sollen Gewerbe, Freizeitangebote und Wohnungen am Kanal, sowie Büros, Wohn-/Arbeitsräume und hochverdichteter Wohnungsbau für Familien entstehen. Bestehende Industriedenkmale sollen als Charakteristikum des Gebietes entwickelt werden. Die Entwicklung soll die Anbindung an diverse Verkehrsstrukturen berücksichtigen. Der Standort ist eingebettet in unterschiedliche Maßstäbe und überlappende historische Strukturen. Im Laufe der Zeit wurden die meisten der verfallenen Reihenhäuser abgerissen, die bestehenden Häuser werden Schritt für Schritt abgetragen, was eine Anpassung des Straßenrasters zulässt. Der Standort wird im Westen durch eine Hauptstraße begrenzt, die in die Innenstadt führt und die von großmaßstäblichen Gebäuden gesäumt ist. Um einen Wandel der Maßstäblichkeit und der Aktivitäten zu erreichen, ist eine Reihe von Haustypen geplant, von variablen Gebäuden mit gemischter Nutzung bis zu Reihenhäusern in hoher Dichte. Eine Mindestanzahl an Wohneinheiten ist vorgegeben, so dass die räumliche Strategie für den Standort flexibel gestaltet werden kann. Der Entwicklung ist wegbereitend für die Gestaltung des Lebens in der modernen Innenstadt von Stoke und soll aktiv eine pulsierende Gemeinschaft und Mikro-Ökonomie unterstützen und fördern.

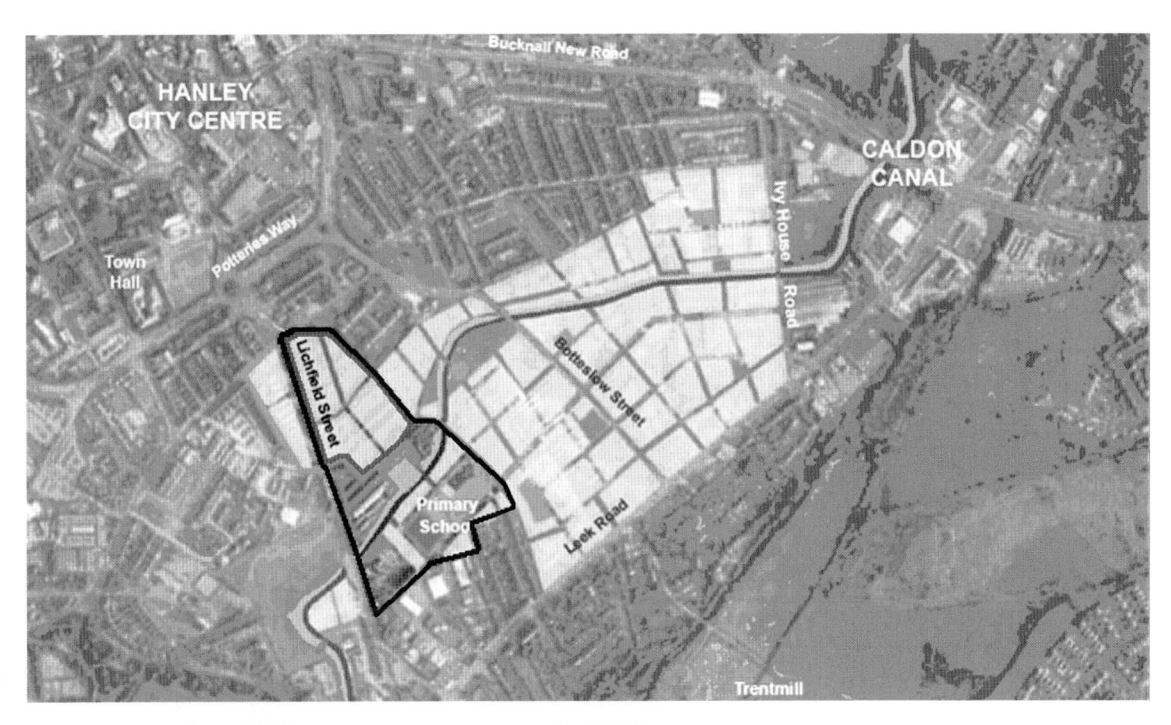

City helling

Russel Curtis (UK), **Tim Riley** (UK), **Dieter Kleiner** (UK), **Justin Bridgland** (UK), Architekten

RCKa ist ein Büro in London und europaweit tätig. 2006 von Tim Riley, Russell Curtis und Dieter Kleiner gegründet, vertritt es eine mutige und pragmatische Architektur: hochwertiges Material, Bau nach Bauherrenwunsch und kontextspezifisch, orientiert an Plan, Budget und Bautechnik. Mit ihrer insgesamt dreißigjährigen Erfahrung können die RCKa Gründer auf eine Reihe von mit Preisen ausgezeichneten Projekten verweisen, darunter Erweiterungs- und Anbauten für private Bauherren ebenso wie große öffentliche Gebäude und städtebauliche Projekte.

RCKa
29 Hunsdon road
SE14 5RD, London, United Kingdom
T +44 2070601930
contact@rcka.co.uk
www.rcka.co.uk

Mit dem Niedergang der Keramikindustrie erlebte Stoke-on-Trent einen massiven Bevölkerungsrückgang. Die Stadt bringt ein umfangreiches Erneuerungsprogramm auf den Weg, um Leute zu ermutigen, zurück ins Stadtzentrum zu ziehen. Wichtigster Faktor dabei: moderne Wohnformen, die sowohl für Studenten als auch für Pendler aus dem Umland attraktiv sind. Der Entwurf konzentriert sich auf ein Kerngebiet am Südrand der City und etabliert eine lebendige, neue Verbindung zwischen der Stadt und den Kanälen, die ein bedeutendes Element des industriellen Erbes in Stoke darstellen. Eine neue Helling für Fußgänger teilt das Erschließungsgebiet. Programme entlang der Strecke führen den Passanten in das tiefer gelegene, neue Kulturquartier: Verkaufsstände, Spielzonen, Performances und andere Angebote machen die Helling zu einer interessanten und belebten Route, die an einem neuen, von Bars, Restaurants, einem Industriemuseum und einem Hotel gesäumten Kanalbecken endet. Die Wohnbauten sind hochverdichtet und terrassenförmig angeordnet. Die oberen Ebenen werden privat genutzt. Die Gebäude auf abschüssigem Terrain sind nach Süden ausgerichtet und bieten den Blick auf die Landschaft. Am Nordende der Helling stellt ein imposanter Wohnturm ein neues Tor zur Stadt dar. Er symbolisiert ihre Erneuerung sowie ihren Mut und Ehrgeiz.

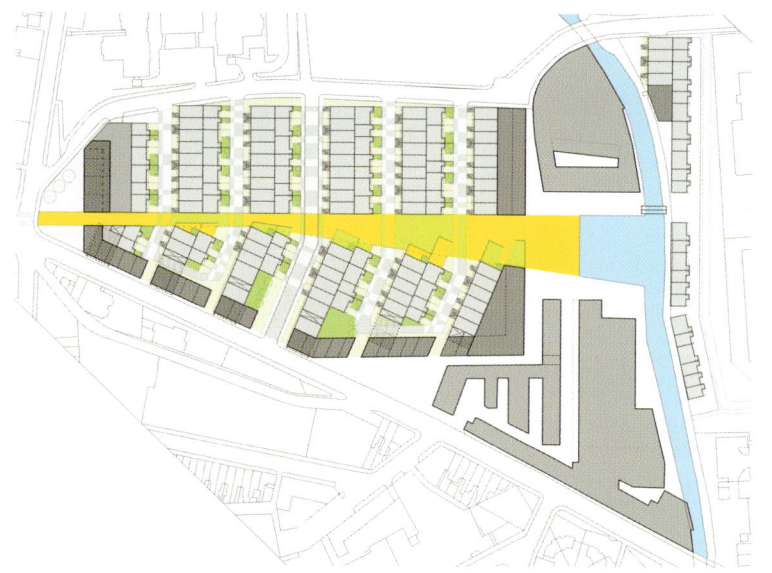

175 **ORTSSPEZIFISCHE VERÄNDERUNGEN** INTENSIVIEREN | **STOKE-ON-TRENT, UNITED KINGDOM** PREIS

Jan Schneidewind (D), **Stephanie Tunka** (D), Architekten, Thomas Bender (D) Consultant, Patrice Begin (CDN) Visualisierung

Beide Architekten arbeiten seit 2000 in den Niederlanden zusammen. Gemeinsam realisierten sie Projekte in Deutschland, den Niederlanden und Großbritannien. Ihr zweites Standbein, neben der Praxis, ist die Theorie. Im Mittelpunkt ihrer Aufmerksamkeit steht die Neubestimmung des öffentlichen und privaten Raumes in heutiger Zeit.

Schneidewind Tunka architects
206 Earl's Court Road
SW5 9QB London, United Kingdom
jsst.arch@gmail.com

Urban village

Stark verdichtete Bautypen mit unterschiedlichen Wohnformen schaffen ein ausgeprägtes Gemeinschaftsgefühl. Häuser und Gärten werden gestapelt, dadurch entsteht ein dichtes, urbanes Gewebe mit privaten Grünzonen für die einzelnen Wohneinheiten. Der private Bereich befindet sich entweder hinter dem Gebäude oder auf der Ebene der ersten Etage, und profitiert vom Gefälle des Geländes. Das Programm wird geprägt von der Idee der autofreien Straße im Zentrum einer Wohnanlage. Parkplätze finden sich an den Rändern der Siedlung. Der Entwurf kann Katalysator für eine zukunftsfähige lokale Gemeinschaft in Stoke-on-Trent sein

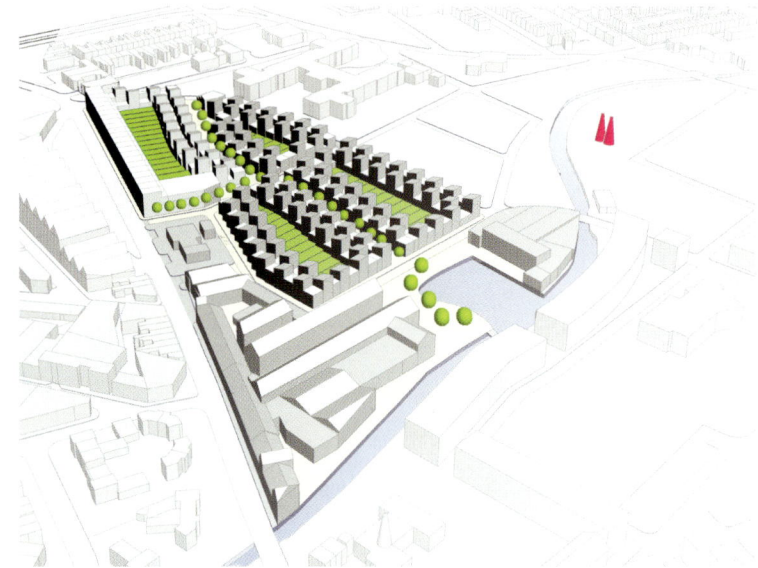

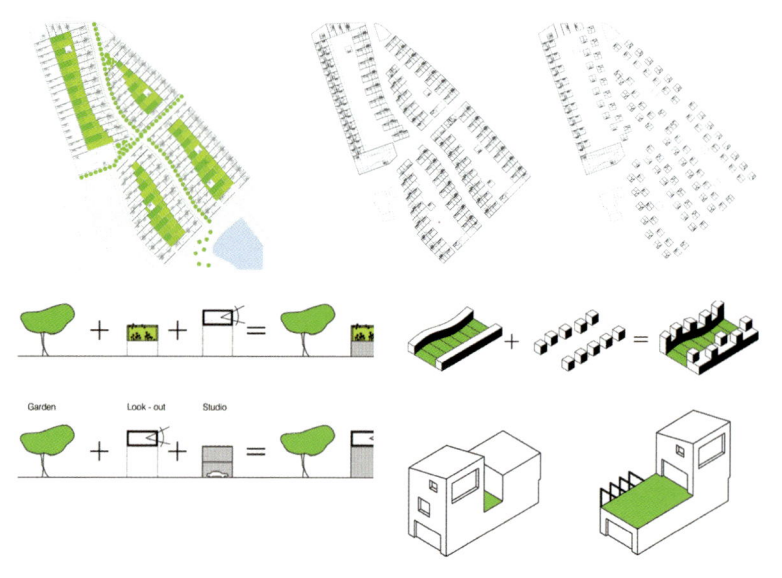

177 ORTSSPEZIFISCHE VERÄNDERUNGEN INTENSIVIEREN STOKE-ON-TRENT, UNITED KINGDOM

MOBILITÄT UND ÖFFENTLICHER RAUM

Norge, Trondheim
Standort Elgesetergate 49/Abels gate
Bevölkerung 161.000
Betrachtungsgebiet 9 ha
Projektgebiet 0,9 ha

Deutschland, Spremberg
Standort Innenstadt und Georgenberg
Bevölkerung 26.000
Betrachtungsgebiet 6,37 ha
Projektgebiet ca. 3,5 ha

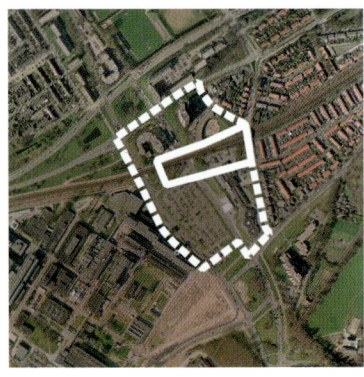

Nederland, Nijmegen
Standort Knoop Winkelsteeg
Bevölkerung 159.556
Betrachtungsgebiet 26 ha
Projektgebiet 6 ha

Suisse, Sion
Standort Bahnhofsvorplatz
Bevölkerung 27.000
Betrachtungsgebiet 23,5 ha
Projektgebiet 6 ha

Belgique/België/Belgien, Ottignies
Standort Bahnhof Ottignies
Bevölkerung 29.521
Betrachtungsgebiet 15 ha
Projektgebiet 6 ha

Norge, Oslo
Standort Grorud
Bevölkerung 500.000 in Oslo, 25.000 Grorud-Bezirk
Betrachtungsgebiet 15 ha
Projektgebiet 5,5 ha

Denmark, Herning
Standort Autobahn 18
Bevölkerung 83.500 (Kreis) 43.600 (Stadt)
Betrachtungsgebiet 300 ha
Projektgebiet 15 ha

Mobilität und öffentlicher Raum

Die Mobilität ist an öffentliche Räume geknüpft, stellt aber auch oft ein destruktives Element für die Elemente des Öffentlichen dar. Wie kann man die Transportnetze um den Gedanken einer Multimobilität herum steuern, und gleichzeitig die urbanen Ströme mit den öffentlichen Räumen kompatibel machen? Wie kann man die Mobilitätsräume in einem urbaneren Ansatz neu interpretieren? Das war das Thema der Debatte „Mobilität und öffentliche Räume", die im Forum der Städte und der Jurys im Dezember 2007 in Catania (Italien) stattfand. Es nahmen Fachleute und Vertreter der Standorte dieser Wettbewerbssession teil, die die von durch die nationalen Jurys ausgewählten Entwürfen besprachen.

Multimodalität und die Standorte von Europan 9

Pascal Amphoux, Architekt und Professor, Paris, Lausanne (Frankreich/Schweiz), Wissenschaftlicher Beirat Europan

Wie kann man die Multimodalität in die europäische Stadt einführen? Diese Frage stellt sich heute in vielen Städten, wir befinden uns in einer Phase der Umwälzung. Davor war das Leitmotiv das der Substitution eines Transportmittels durch ein anderes, mit einer Tendenz zum Gestalten per Verbot. So wollte man das Auto aus der Stadt verbannen, um Fußgängerzonen zu schaffen, oder man zog das Fahrrad aus dem Fahrzeugverkehr, indem man ihm einen separaten Weg gab. Diese Logik der Substitution führt dazu, ein Fahrzeug durch ein anderes zu ersetzen. Es scheint mir, dass seit einigen Jahren mehr Wert auf die Diversifizierung der Transportarten gelegt wird. Man versucht, Auto und Fahrrad zu hybridisieren, mit intermodalen Spielen von Fahrrad, Bus und Auto zu experimentieren. Einige Formen des früheren Individualverkehrs scheinen nun öffentlich zu werden, es finden Vermischungen statt, und das findet sich auch in den Entwürfen wieder. Wie kann diese Frage der Multimodalität in den Kontext der Standorte von Europan 9 gestellt werden?

Hilde Bøkestad, Mitglied des Exekutivkomitees Europan Norwegen, Vertreterin der Fakultät für Architektur und Schöne Künste, NTNU Trondheim (Norwegen)

Am Standort Trondheim haben wir das Problem der Verbindungen vom Campus in die Stadt. Wir suchen eine Schnittstelle zur Verknüpfung verschiedener Programme und Grünflächen, um eine urbane Entwicklung zu schaffen. Wir möchten diesem Campus eine gewisse Intensität verleihen. Wie ist es möglich, den öffentlichen Raum in einem skandinavischen Land mit seinen spezifischen klimatischen Bedingungen neu zu denken? Wie könnten die Bewohner, die zurzeit die öffentlichen Räume aus Witterungsgründen nicht häufig benutzen, dazu gebracht werden, dies zu tun, und zwar dank einer darauf angepassten räumlichen Ordnung?

Claudia Wolf, Leiterin Stadtplanung, Spremberg (Deutschland)

Der Fokus dieses Standorts liegt auf dem Management des Raums rund um den Bahnhof. Die Autofahrer müssen einfache Parkmöglichkeiten vorfinden, um die Bürger zur Nutzung der Bahn zu ermuntern. Man muss sich aber auch mit den übrigen Infrastrukturen, Radwegen und Fußgängerwegen, befassen. Es muss den Nutzern eine ganze Reihe an Möglichkeiten der Fortbewegung angeboten werden. Er soll sich entscheiden können, ob er sich langsam bewegt, den Park mit dem Fahrrad durchquert oder schneller fahren möchte... Man kann kurze schnelle Wege zur Stadt wählen, oder aber auch einen längeren Weg, der die Möglichkeit zur Durchquerung des Parks und zum Treffen anderer Menschen bietet.

Nathalie Luyet, Architektin, Leiterin Service de l'Edilité, Sion (Schweiz)

Wenn man wirklich in Zeitnot ist, dann durchquert man einen Park nicht mit dem Fahrrad, um zum Bahnhof zu gelangen. Es geht nicht nur um die Ordnung des Raums, sondern auch darum, verschiedene Lebensarten zu berücksichtigen. Als in Sion die Eisenbahn gebaut wurde, lag sie außerhalb der Stadt, auf der grünen Wiese, nun aber ist die Stadt um sie herum gewachsen und erstreckt sich bis zur Bahnlinie. Heute ist die Bahnlinie zur Barriere geworden. Man darf daher nicht nur Intermodalität anbieten, sondern man muss auch eine Gleisquerung schaffen, um beide Seiten zu verbinden. Man muss von einer Seite der Stadt in die andere gelangen können und eine neue Organisation des Geländes bieten, eine Möglichkeit zum Aufatmen und Entspannen.

Ben Verfurden, Leiter Stadtplanung, Nijmegen (Niederlande)

An unserem Standort ist es wichtig, ein Ziel zu definieren: die Schaffung eines dynamischen öffentlichen Raums. Wir haben keine Angst vor Infrastrukturen, sie bieten die nötige Dynamik im Sinne von Energie. Das Wichtige ist, die verschiedenen Teilorte eines Standortes miteinander zu verbinden. Das räumliche Ziel ist es, mit Park, Sportanlagen und Einkaufszentrum diese verschiedenen programmatischen Bestandteile zu vereinen und einen geteilten Raum zu schaffen, der zu neuen Begegnungsstätten führt. Man muss die Elemente vereinen, damit sie miteinander in Aktion treten. Das muss so erfolgen, dass ein Teil des Autoverkehrs erhalten bleibt, denn diese urbane Mobilität kann nicht einfach wegdiskutiert werden.

Jean-Luc Roland, Bürgermeister, Ottignies, (Belgien)

An unserem Standort geht es um die Frage, welche Umgebung in welchem Entwurf sich jenseits des Bahn- oder Straßenverkehrsknotenpunktes integrieren muss, und zwar in einem größeren urbanen Kontext. Das Paradoxe des Standorts ist, dass starke Infrastrukturen im urbanen Kontext vorherrschen, aber auch ein hohes Potenzial des intensiven Austauschs vorhanden ist. Man muss also Räume schaffen, damit die Menschen einander in einem urbanen Raum begegnen können, Läden aufsuchen und ihre Freizeit verbringen.

Ingard Hjelmberg, Beraterin, Büro für Raumplanung und urbane Erneuerung Oslo, (Norwegen)

Das Ziel der Stadt ist es, besonders an die Bewohner Oslos zu denken, an ihre verschiedenen Bedürfnisse, die man vereinen möchte: neue Wohnungen, Geschäfte, Kinos, öffentliche Räume, Orte der Begegnung und Neuorganisation der Verbindungen zwischen den Haltestellen von Bus und U-Bahn. Wir haben eine Rückführung der Gleiswege gegenüber dem Angebot neuer Möglichkeiten für das örtliche Straßennetz, neue öffentliche Räume in Betracht gezogen, die die Fußgänger und den Autoverkehr auf verschiedene Weise integrieren. Man muss keine separate Insel in Form einer Fußgängerzone schaffen. Die Aufgabe ist, das bestehende Zentrum zu integrieren und zu den neuen öffentlichen Räumen hin zu öffnen.

Helene Kjaersgaard, Architektin, Herning, (Dänemark)

Wie kann man eine neue Stadt programmieren, indem man eine Infrastruktur des Autoverkehrs integriert? Wir haben auch das Problem der Verbindung der Stadt mit ihren Vorstädten. Eine Autobahn ist ein sehr urbaner Ort. Es scheint klar zu sein, dass eine neue, begrünte Landschaft geschaffen werden muss, denn es ist sehr schwer, diese Schnellstraße zu urbanisieren. Man muss sich auch die Frage stellen: wie kann man entlang einer Schnellstraße leben? Muss man entlang der Straße bauen? Glücklicherweise haben unsere Städte diese schnellen Zufahrtswege, denn sie schaffen Wachstum. Nun liegt es an der Stadt zu entscheiden, wie sie reagiert, wie man sich dieser Wege im urbanen Kontext bedienen kann.

Eric Citerne, Leiter Stadtentwicklung, Reims Métropole (Frankreich)

In Reims liegt die Problematik in den, auf zwei urbanen Funktionen: zum einen die Frage der Intermodalität, zum anderen die Programmgestaltung dieser Funktionen. Allein die Rückführung einer Autobahn als Verkehrsweg erzeugt heute noch keine Multimodalität. Derzeit wird sehr stark das Verlagern von öffentlichem Nahverkehr, Fahrrad- und Fußgängerwegen auf die Trassen der Autobahnen diskutiert, ich hoffe jedoch, dass die Europan-Projekte uns helfen werden, dies auf ein höheres Niveau und in Richtung von Mehrfunktionalität zu bringen. Die Frage ist auch, verschiedene Sammelpunkte wie Bahnhöfe oder Haltestellen für unterschiedliche Transportmittel des öffentlichen und Individualverkehrs zu schaffen. Außerdem muss eine gewisse urbane Dichte erzeugt werden. Die Schwierigkeit ist die kritische Masse zur Schaffung des urbanen Charakters, der Stadt an sich. Man ging anfangs von einem Wohnungsbauprogramm aus, aber man müsste vielleicht hin zu Mischnutzungen mit wirtschaftlichen Aktivitäten.

Die Straße zu ihrem bebauten Umfeld bringen

Aglaée Degros, Architektin Artgenierie, Wissenschaftlicher Beirat Europan

Bei der Diskussion um die Verbindung zwischen Mobilität und Raum muss zunächst die Immobilität vorausgesetzt werden. In einem italienischen Film aus dem Jahr 1979, *L'ingorgo, una storia impossibile*, der in den Vorstädten Roms spielt, spricht Luigi Comencini über die Infrastrukturen und öffentlichen Räume und stellt die Straße als möglichen Ort der Begegnung vor. Die Geschichte dreht sich um einen Verkehrsstau, in dem verschiedenste Personen 36 Stunden lang feststecken. Dieser Verkehrsstau ist so absolut, dass das Leben sich innerhalb des Staus allmählich wieder organisiert. Die Insassen der Fahrzeuge kommen aus ihren „Behausungen" und treten mit den anderen Fahrzeuginsassen in Kontakt. Sie übernehmen den Raum der Autobahn, eignen sich diesen an. Ihre Kinder gehen spielen. Sie picknicken, reden auf der Autobahn. Es entwickelt sich eine Praxis des Wegeraums als vollumfänglichem öffentlichem Raum. Geht man das Problem des Staus an, so befasst man sich auch mit den Problemen des Verhältnisses zwischen Infrastruktur und öffentlichem Raum, denn der Begriff der Infrastruktur als Form des öffentlichen Raums erhält seinen ganzen Sinn in einer Situation des Staus, bei dem alle Fahrzeuge stehen. Die wirklichen öffentlichen Räume sind definiert durch die pragmatische und zur Aneignung hin offene Nutzung. Man findet an den Standorten von Europan 9 Straßen wie die rückgebaute Autobahn von Reims oder den Verkehrsknotenpunkt von Loures, aber auch andere infrastrukturelle Formen wie Bahnhöfe an den Standorten Sion oder Le Locle in der Schweiz, Stadtbahnen und Kanäle. Recht häufig verschwindet die Eigenschaft dieser Orte als kollektiver Raum durch einen technokratischen Aspekt, der sich aus den Vorgaben Geschwindigkeit, Sicherheit und Emissionsabwehr ergibt.

In einer Stadt mit öffentlichen Räumen, die immer mehr eingegrenzt werden, wo der öffentliche Bereich immer schwieriger zu finanzieren ist, birgt dort nicht die Infrastruktur, die ein Raum auf der Grundlage gemeinsamer Nutzung ist und die auch von der Gemeinschaft finanziert wird, ein unterschätztes Potenzial? Die Frage, die sich heute über eine vorübergehende Aneignung etwa eines Staus hinaus stellt, ist, Strategien zu entwickeln, die den Infrastrukturen ihren öffentlichen Charakter wiedergeben. Anders gesagt, um Vittorio Gregotti zu zitieren: „wie kann die Straße wieder zu ihrem bebauten Umfeld zurückgebracht werden?".

Ab dem Zeitpunkt, an dem man die Infrastruktur als Ort des Austausches nicht nur materieller sondern auch immaterieller Güter wie Kulturen und Gedanken betrachtet, an dem man der Infrastruktur eine soziale Dimension zuerkennt, definiert man nicht nur

France, Reims
Standort Chaussée Saint Martin
Bevölkerung 187.000
Betrachtungsgebiet 19,4 ha
Projektgebiet 6,8 ha

Boardwalking
Sion, Schweiz/Suisse
Svizzera/Svizra
Eli Grønn (NO), Ivar Lyngner (NO),
Eli Larsdotter Brynhildsvold (NO),
Architekten

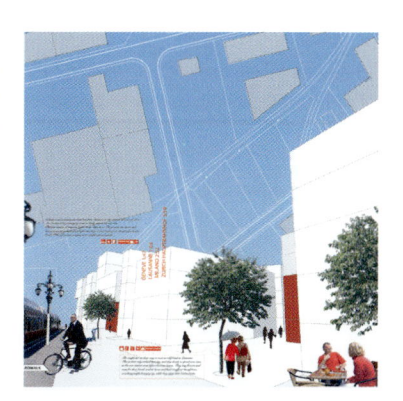

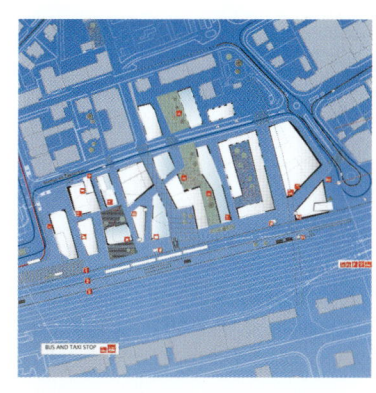

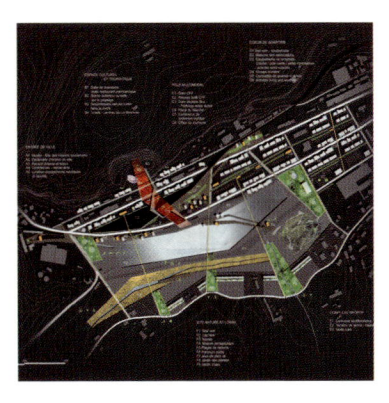

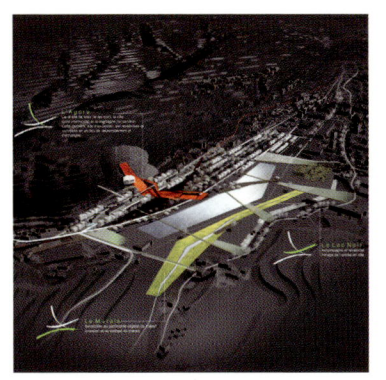

Empreintes
Le Locle, Schweiz/Suisse
Svizzera/Svizra

Anne-Lise Bideaud (F) Architektin
und Stadtplanerin, Matthieu Wotling
(F) Architekt

Trait d'union
Moudon, Schweiz/Suisse
Svizzera/Svizra

Barbara Ponticelli (I),
Cristina Razzanelli (I),
Architekten

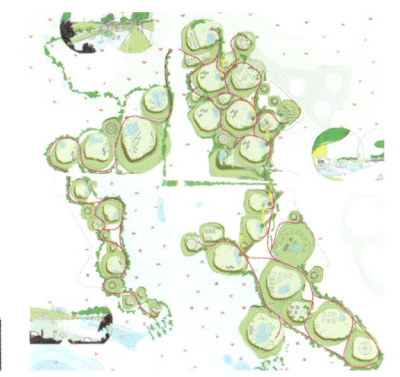

Natura Graphia
Herning, Danemark

Rodrigo Almonacid Canseco (E),
Daniel Marcos Antonio Reales (E),
Jose Carlos Abad Lopez (E),
Architekten

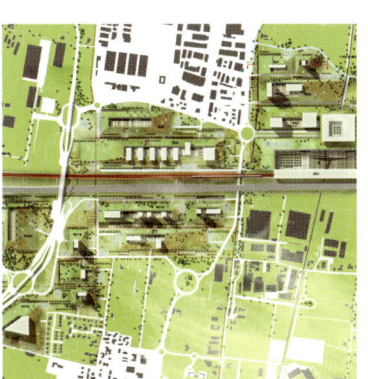

New excellence pole for the research and the technological development
Reggio Emilia, Italia

Mauro Merlo (I), Alessandro Ciocci (I), Architekten, Daria Dickmann (I) Architektin und Stadtplanerin, Paolo Di Giacomantonio (I), Roberto Mazzer (I), Architekten, Fransesca Veronica Rubattu (I) Landschaftsarchitektin, Daniele Serretti (I), Roberto Simeone (I), Lorenzo Spagnolo (I), Architekten

den Begriff Infrastruktur neu, sondern auch die daraus hervorgehenden Ideen. Das erfordert neue Werkzeuge und neue Strategien. Und genau diese Beispiele von möglichen Strategien zur Einbringung der Dimension des öffentlichen Raums in die Infrastrukturen zeigen uns einige Europan-Projekte.
Es gibt zunächst von vornherein spezialisierte Infrastrukturen, die man in das urbane Gewebe und die verschiedenen Netze wieder eingliedern will, es geht nicht nur um Fußgänger, sondern auch um Grünflächen, Wasser oder Gebäude, um ihnen einen öffentlichen, multifunktionalen und lebendigen Wert zurückzugeben. Der Standort Sion besteht aus urbanen Inseln, die ein Stadtzentrum bilden, das sich von Anfang an relativ weit entfernt von der Infrastruktur der Bahn entwickelt hat, fast, als ob sich die Stadt davor schützen wolle. Der Preisträgerentwurf *Boardwalking* (Eli Grønn, Ivar Lyngner, Eli Larsdotter Brynhildsvold) schlägt vor, das Fußgängernetz zu vereinen und die Nutzer über alle Arten kleiner Sträßchen zu den Bahnsteigen zu bringen. Außerdem erweitert es die Funktion „Bahnhof", indem es diesen in ein klassisches Gebäude verwandelt und einen Teil der Nutzung des Bahnhofs in den öffentlichen Raum verlagert. Es handelt sich hier wirklich um die Integration in den urbanen Kontext. Viele Bahnhöfe werden heutzutage über ihre gewerblichen Funktionen finanziert, und ein Ansatz wie dieser kann einen dynamischen Einfluss auf den öffentlichen Raum haben.
Der Preisträgerentwurf *Empreintes* (Anne-Lise Bideaud, Matthieu Wotling) in Le Locle versucht, mehrere Elemente der Landschaft über ein Fußgängerwegenetz zu verbinden, diese langen, weißen Straßen bilden im bebauten Umfeld eine richtige Struktur. Sie ermöglichen es, die vorhandene Infrastruktur zu vereinen, indem die vorhandenen Elemente integriert und die neuen Gebäude strukturiert werden.
Im Entwurf der engeren Wahl *Trait d'union* (B. Ponticelli, Cristina Razzanelli), in Moudon, wird das Phänomen der Mobilität und der Straße mit anderen Verkehrsflüssen kombiniert. Der Parkplatz als Vorposten ermöglicht den Blick auf die Infrastruktur. Durch das Mischen des langsamen Verkehrs mit dem schnellen gibt man den Fußgängern einen Teil der Stadt zurück.
Es gibt eine zweite Gruppe von Projekten, die sich stark durch ein Wiedererkennen, eine Identifizierung der Infrastruktur in der Art des *Learning from las Vegas* von Robert Ven-

turi inspirieren ließ. Hier erkennt man, dass die Infrastruktur gewisse Formen erzeugt. Viele Projekte haben die schlechten Auswirkungen der Straßen erkannt und suchen nach Möglichkeiten des Schutzes der Stadt, indem sie die Straße mit einem Grüngürtel umgeben, der die schädlichen Auswirkungen verzögern soll, ohne sie wirklich zu nutzen. Im Gegensatz dazu nutzt der Entwurf der engeren Wahl *Natura Graphia* (R. Almonacid Canseco, D. M. Antonio Reales, J. C. Abad Lopez) in Herning in Dänemark die Lärmemissionen, um dem Lebensraum eine Form zu geben und eine Landschaft zu schaffen, in der sich die Infrastruktur entwickelt. Der Entwurf *Nuovo polo di eccellenza* (M. Merlo, A. Ciocci, D. Dickmann, R. Mazzer, F. V. Rubattu, D. Serretti, R. Simeone, L. Spagnolo), in Reggio Emilia in Italien gibt einem Restraum der Infrastruktur eine neue Nutzung, indem die vorhandenen Böschungen der Autobahn zur Bebauung genutzt werden. Er benutzt die Emissionen für den Entwurf an sich.
Eine dritte Gruppe setzt eher auf Rückführung, ein Phänomen, das man immer häufiger in Europa findet. In den fünfziger und sechziger Jahren wurden außerhalb der Stadt, weitab vom Zentrum, spezialisierte Infrastrukturen geschaffen In vielen Fällen hat sich jedoch die Stadt seitdem bis zu den Infrastrukturen ausgebreitet. Man findet sich daher häufig in der Nähe von Autobahnen wieder, die nicht mehr sehr abgesondert sind, wie die in Oslo, die zwar riesig wirkt, auf der man aber nur mit 60 km/h fahren darf. Die Staus im niederländischen Randstad sind denen im Film von Comencini schon sehr ähnlich! In einem Kontext, in dem die spezialisierte Infrastruktur ihre Spezialisierung immer mehr verliert, scheint die Rückführung eine interessante Strategie zu sein, die es ermöglicht, dass die eher sozialen Aspekte die Nutzungsaspekte überwiegen. Der mit einer lobenden Erwähnung versehene Entwurf *South Park* (J. Sand, L. Gaetani, N. Shin, M. Mucciarelli, A. Bergamasco, C. Cloris) in Sion, zielt zunächst auf eine Begrünung der Ränder der Bahntrasse sowie eines Teils der rückgebauten Fahrbahnen. Man profitiert dann in einer weiteren Phase von dieser Rückführung, um einen Park zu schaffen und um diesen Weg herum zu bauen.
Im Fall einer Straßeninfrastruktur wie der rückgeführten Autobahn A8 am Standort Reims schlägt der Entwurf *On the road* (N. Reymond) vor, diese in einen Boulevard zu verwandeln, der als Radweg benutzt wird, mit punktuellen Plateaus für die Fußwege,

auf denen sich Mikrozentren befinden, die sich an die Infrastruktur anklammern. Der erwähnte Entwurf *Looop* (R. C. García Caballero, D. Alcázar Nieto, J. Álvarez Santana, S. Román Ojea), in Oslo geht ans andere Ende dieser Idee der Rückführung. Hier handelt es sich darum, die Autobahn in eine Art „XXL"-Kreisel zu verwandeln. Man enthebt sie so ihres technischen Aspektes und wandelt sie in eine Infrastruktur, die mit dem Standort zusammenarbeitet, eine Straße, die direkt mit den Gebäuden interagieren kann.

Die häufigste Haltung der Wettbewerbsteilnehmer in Bezug auf die Infrastruktur ist zunächst ein „Rühren wir nicht an". Sie wird oft als heilige Kuh gesehen, als stabile Gegebenheit in der Landschaft. Viele Entwürfe für Linz in Österreich sehen die Infrastruktur als gegeben und unveränderlich an. Das ist ja auch ein ziemlich realistischer Ansatz, denn alle, die direkt mit diesen Infrastrukturen arbeiten, wissen, dass dies eine langwierige und schwierige Arbeit ist, die viele Akteure erfordert. Es erscheint also normal, dass ein Wettbewerbsteilnehmer, der seinen Entwurf auch realisiert sehen will, die Infrastruktur nicht zu verändern versucht. Eine andere Schwierigkeit ist auch, dass sich zum lokalen durch die Infrastruktur gestellten Problem des Standorts eine weitere, häufig regionale oder gar nationale Ebene gesellt, was den Prozess enorm kompliziert. Trotz allem scheinen mir die wagemutigsten Lösungen auch der Ermutigung wert. Das schönste Beispiel ist der Urbanismus von Haussmann in Paris. Hätte er das Profil und die Gebäude nicht radikal verändert, gäbe es nicht die berühmten Pariser Boulevards.

Eine weitere Tendenz der abgegebenen Entwürfe ist die komplette Entflechtung der architektonischen Form von der infrastrukturellen Problematik. Im Entwurf *Nijmegen Glooit* (A. Trim, S. Lap, S. Lupini) in den Niederlande, hat man es mit einer Infrastruktur zu tun, in die man eine Platte einsetzt, und darauf entwickelt man eine Bebauung ohne viel Bezug zu dem, was sich darunter abspielt. Hier kann man sich die Frage stellen, ob das durch die Infrastruktur gestellte Problem tatsächlich derart vehemente Mittel benötigt, um sie zu verstecken. Der Entwurf der engeren Wahl *Rurban scape* (N. Maurice, D. Pommereul) in Ottignies in Belgien schlägt einen ähnlichen Ansatz vor. Wenn man die Infrastruktur aufwerten will, indem man sie umbaut, wird plötzlich klar, dass man ja auch die Züge umbauen, verkleiden muss. Bedauernswert bei dieser Art von Entwürfen, bei denen man die Infrastruktur vor der Bebauung versteckt und davon trennt, ist, dass man den strukturierenden Wert der Infrastruktur vernachlässigt. Wenn ich mich auf die Geschichte beziehe, so ist das selbstredende Beispiel dafür einfach das Straßendorf. Diese in Europa verbreitete Typologie ist ein klares Beispiel des Zusammenspiels zwischen Bebauung und Straße. Das hat sich in der modernen Zeit in andere Formen wie den Strip oder die Allee entwickelt. Aber es ist eine interessante Form der Versöhnung zwischen Gebäude und Infrastruktur.

Das Thema der sanften Mobilität tritt in vielen Entwürfen auf, aber oft in Schleifen, wie beispielsweise bei Langlaufloipen. Auch wenn deren Erholungswert berücksichtigt werden sollte, ist es interessant, die sanfte Mobilität als echtes Transportmittel zu erwägen, und dann ist der springende Punkt die bessere Integration der sanften Mobilität in das Netz. Jenseits der Rundwanderwege bieten sie dann einen alternativen Weg von einem Punkt zum anderen. Der Entwurf *Les rues de Delémont* (F. Chas, F. Long, P. Maitre Devallon, N. Guérin) in der Schweiz ist durch die Art und Weise interessant, wie der Fußweg in das Gebäude hineinreicht, mit einer Abstufung privater, gemeinschaftlicher und öffentlicher Räume durch eine langsame Infrastruktur.

Neue Landschaften der Infrastrukturen

Pascal Amphoux

Drei Tendenzen, die drei Arten von Infrastrukturen entsprechen, erscheinen in den Entwürfen zu diesem Thema. Die „geheiligte" Infrastruktur, eine recht häufige Tendenz, besteht daraus, die Infrastruktur nicht anzurühren und den Eingriff komplett auf den öffentlichen Raum zu begrenzen. Die Infrastruktur selbst betrachtet man hier als bestehendes Element, ihre Position, ihr Vorhandensein und ihr Einfluss werden nicht in Frage gestellt. Die „ignorierte" Infrastruktur ist eine Tendenz, bei der versucht wird, die Infrastruktur zu verkleiden und sie in die Landschaft zu integrieren, in einer neuen Topologie. Enorm viele Entwürfe schaffen eine neue Landschaft, damit man die Infrastruktur darin verschwinden lassen kann. Sie wird manchmal unsichtbar gemacht, und man muss sie lange in den Plänen suchen! Die dritte, und vielleicht anregendste und interessanteste Tendenz, ist die „wiedereroberte" Infrastruktur. Es handelt sich um die Reduzierung und Überarbeitung der Infrastruktur, aber in diesem Fall zur Erzeugung von öffentlichem Raum. Gleichzeitig variiert das Verhältnis zwischen Infrastruktur und öffentlichem Raum. Von diesen drei Ansätzen ist der erste ein eher technischer, der zweite eher perzeptiv, während der dritte eher sozial und ökonomisch daherkommt.

Max Rieder, Architekt Wien (A), Juryeuropan Österreich

Es handelt sich eigentlich um die Umwandlung von Un-Orten in öffentliche Orte, und um die Erzeugung einer Schnittstelle. Wir betrachten heute die Moderne mit kritischen Augen, denn sie hat den Transport geschaffen, und auch eine monothematische und funktionalistische Denkweise in Richtung auf die Optimierung von Systemen. Wir denken gegenwärtig über die diesen technischen Orten eigenen Phänomene nach, die mit dem Einfügen von Multimodalität verbunden sind. Für mich geht es um das Vermögen, sich auf das Erbe dieser Infrastruktur zu konzentrieren. In einer Situation, in der der Verkehr zusammenbricht, könnte man wieder zum Fußgänger werden und andere Alternativen der Fortbewegung entwickeln. Das Wort „Infrastruktur" selbst ist einer technokratischen Sprache entliehen, die ich gern vermeiden würde, da es die konkreten Begriffe der Autobahnen, Bahnstrecken, Straßen und Fußgängerwege privilegiert, die einer eher theatralischen Darstellung „à la Ionesco" aus dem Weg gehen. Der aus Sicht der Multifunktionalität wunderbarste Raum, der die Menschen mit verschiedenen Interessen vereint, ist einfach die Straße. Aber die Straße ist nicht nur eine Fußgängerzone. Es gibt Fahrzeuge, die von Le Corbusier als „die schönste Revolution des zwanzigsten Jahrhunderts" gefeiert wurden, es gibt Fußgänger und Fahrräder. Das ist die Mischung, aus der die Straße entsteht.

Pascal Amphoux

Wenn die Funktion die Nutzung übersteigt, entstehen schon daraus Probleme der Wahrnehmung. Das bedeutet, dass jeder von uns Autofahrern, sobald er das Fahrzeug verlässt, zum Fußgänger wird und dann ein öffentliches Verkehrsmittel wählt … Es ist diese Hybridisierung, dieser Übergang, der dazu beiträgt, den öffentlichen Raum zu beleben und aus ihm den Raum der Mobilität zu machen. Aus funktionalem Gesichtspunkt stellt sich dadurch auch technisch die Frage nach der Ausarbeitung der verschiedenen

Southpark
Sion, Schweiz/Suisse
Svizzera/Svizra

Jakob Sand (DK), Lorenzo Gaetani (I), Nan Shin (DK), Miza Mucciarelli (I), Antonio Bergamasco (I), Architekten, Charley Cloris (F) 3D-Künstler

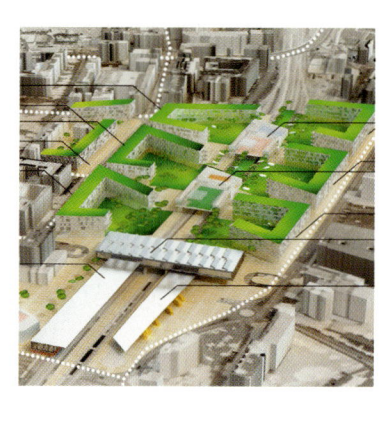

On the road
Reims, France

Nicolas Reymond (F) Architekt

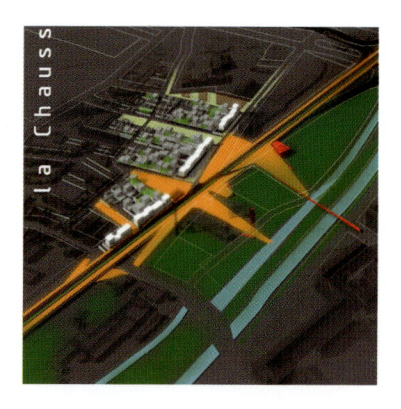

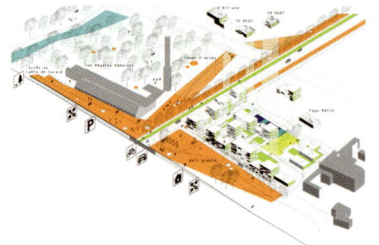

MOBILITÄT UND ÖFFENTLICHER RAUM

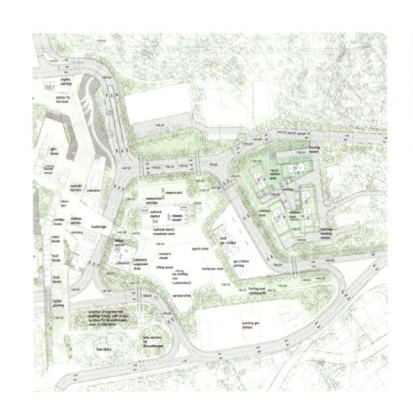

Looop
Oslo, Norge
Roberto Carlos García Caballero (E), David Alcázar Nieto (E), Jaime Álvarez Santana (E), Sergio Román Ojea (E), Architekten

Nijmegen Glooit
Nijmegen, Nederland
Aldo Trim (NL) Architekt, Sander Lap (NL) Designer, Silvia Lupini (I) Architekt

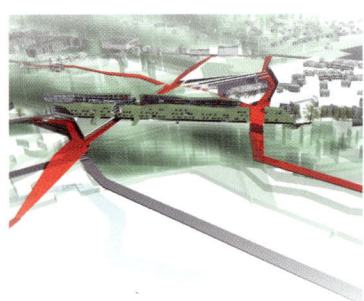

Rurban scape
Ottignies, Belgique/België/Belgien
Nicolas Maurice (F) Architekt, Delphine Pommereul (F) Grafik-Design-Studentin

Les rues de Delémont
Delémont, Schweiz/Suisse Svizzera/Svizra
François Chas (F), Fabrice Long (F), Paul Maitre Devallon (F), Nicolas Guérin (F), Architekten

Ebenen. Man hat einerseits die Stadtbahn oder Regionalbahn, die die Menschen in die Vorstadt bringt, dann den Hochgeschwindigkeitszug oder das Flugzeug, die sie weiter weg bringen, und sowohl Bahnhof als auch Flughafen sind bereits Teile des öffentlichen Raums. Andererseits hat man die Fußgängermobilität mit dieser Mischung der sozialen Klassen, was die Dynamik eines Raums ausmacht. Aus architektonischer Sicht stellt sich hier die perzeptive Frage. Das führt zu einer weiteren Frage: ab dem Moment, ab dem man über neuen Mittel zur Multimodalität verfügt, wie kann man da eine sensible Wahrnehmung einführen? Wie kann man von einer Logik des Kampfes gegen Emissionen, in Form von Schallschutzmauern, Isolierungen und Separierungen, einen Kampf um sensible, sinnliche und perzeptive Eigenschaften machen?

Alain Bertrand, Stadtplaner, Direktor von SEMAVIP Paris (F), Jury Europan Frankreich
Die Frage der Behandlung der Infrastruktur ist für die Entwürfe von grundsätzlicher Bedeutung, aber auch das Verhältnis zwischen Entwurf und Territorium, auf dem er sich befindet, ist wichtig. Das Eingliedern in den Kontext ist ein wesentliches Element für die Qualität des öffentlichen Raums, und die Entwürfe dieses Wettbewerbs sagen oftmals nicht viel aus zur Verhältnis zwischen Mobilität und Territorium. Das hat dazu geführt, dass einige Vorschläge im Hinblick auf das Erreichen der Ziele schwierig zu beurteilen waren. Die Kontexte sind sehr unterschiedlich, man hat es mit Situationen der Hyperzentralität wie in Sion zu tun, oder im Gegensatz dazu mit suburbanen Kontexten, wo man eher die Auswirkungen eines Knotens oder einer Polarität untersuchen muss.

Josep Parcerisa, Stadtplaner Barcelona (Spanien), Jury Europan Spanien
Die Frage der Ebenen im Sinne von Dimensionen ist entscheidend. In Spanien ist das einzige Gesetz, das man aus Südamerika zur Regelung neuer städtebaulicher Maßnahmen exportiert hat, ein Gesetz über die Abmessungen der Straße. Der Abstand zwischen zwei Straßen, die Breite der Straßen sind sehr wichtige Daten. Es ist nicht dasselbe, ob man einen Standort von einem Hektar oder von fünf Hektar und mehr bearbeiten muss. In Barcelona gibt es nach dem kanonischen Gesetz des Plans von Cerda alle 110 Meter einen Block. Im Gegensatz dazu gibt es am Standort in Prag in Tschechien mehr als 5 Hektar rund um den Hauptbahnhof. Auf diesem Niveau muss man sich die Frage des Managements einer globalen Einheit dieser verschiedenen Inseln führen. Es kann sich manchmal auch um das Spiel mit Raumgrößen handeln. Wenn die Stadtplaner lieber Entwürfe in großen Dimensionen haben, ist es auch interessant für die Städte, auf dem Niveau der Straße zu arbeiten, um den Wohnraum an die Straße anzupassen.

Max Rieder
Um zur Funktionalität der Straße zurückzukommen, wir brauchen ein optimales und multifunktionales System, und das erscheint mir interessant, wenn man die Wahrnehmung in Betracht zieht. Viele Entwürfe versuchen, auf den Landschaften zu arbeiten, auf dem Konzept der Topografie, um das Problem der Infrastruktur zu lösen, indem sie in das Gesamtgefüge integriert wird, das jedoch noch keinen öffentlichen Raum darstellt, dessen Definition noch präzisiert werden muss. Einige sind nicht unbedingt im Freien, sondern in Innenräumen, andere sind obsolet, wie die großen Markthallen. Wie kann man diesen Raum konzentrieren, um den Bürgern den Besuch zu ermöglichen? Viele Entwürfe von Europan 9 scheinen einen Park für die Freizeitgestaltung zu entwickeln, indem sie die Megastruktur (Straße, Eisenbahn, Fußgängerweg…) der Topografie entgegensetzen. Hingegen hätte man gern diese großen Strukturen von einem eher anarchischen und weniger hierarchischen Gesichtspunkt aus gesehen.

Pascal Amphoux
Man versucht tatsächlich immer in paradoxen Begriffen zu denken. Diese Mischung, die der Film von Comencini hervorruft, diese Ästhetik des Staus, hat die Debatte angeregt. Der Archetyp des öffentlichen Raums ist die griechische Agora. Diese aber verdankt ihren Stau, ihre Anhäufung einer Mischung aus Menschen und Statuen, es gab kaum Platz, sich zu bewegen. Genau dieses Anhäufen jedoch schafft Raum für Begegnungen, und so entsteht öffentlicher Raum. Man kann sich in andere Perspektiven stellen und sagen, nein, hier muss man Platz schaffen, säubern, die Fahrzeuge von Gehwegen entfernen. Dann stellt man aber andere Hindernisse auf. Wir befinden uns wirklich in paradoxen Situationen, aber das ist vielleicht eine schöne Perspektive aus einem rein sensiblen Gesichtspunkt.

Alain Bertrand

Die Entwürfe für den Standort Reims sind in dieser Hinsicht vollkommen emblematisch. Einige versuchen im Verhältnis zur Autobahn eine neue Polarität zu schaffen, indem sie maximal verdichten und die Funktionen mischen. Andere schaffen Transportknoten im Verhältnis zu Fluss und Natur. Diese diametral entgegengesetzte Position scheint eine Wohnqualität in Beziehung zur Natur zu entwickeln und schafft einen öffentlichen Raum im Sinne der Agora und zwar dank der Mobilität.

Aglaée Degros

Ich finde die Idee des Kulturerbes der Modernität sehr interessant, wobei man versucht, Elemente zu vereinen, indem Landschaft, Infrastruktur und gemeinschaftliches Leben gemischt werden. Ich frage mich, ob man an eine Art Versöhnung der Disziplinen denken sollte und die Entwürfe zum Beispiel für Reims sind interessant, weil sie den Landschaftsplaner, den Architekten und den Ingenieur vereinen.

Josep Parcerisa

Bestimmte Fragen sind tatsächlich mit der Ingenieurskunst verbunden, und die Architekten und Städteplaner sind nicht die einzigen, die Strategien entwickeln. Der Architekt muss in die Neukonzeption der Transportsysteme einbezogen werden, wenn es um die Vorüberlegung zu sozio-politischen Problemen geht. Das Wachstum der Städte hat die meisten Infrastrukturen ineffizient gemacht, weil sie linear sind. Ein Netz, gleich ob Fern- oder Nahverkehr, ist nicht linear. Da es sehr schwierig ist, in ein bestehendes Netz einzugreifen, müssen wir uns über die Vervielfachung von Netzen Gedanken machen. Es ist daher sehr wichtig, von der Modernität im Sinne einer Reihe von Eingriffen in den Raum zu sprechen, wie beispielsweise eine zusammenhängende Grünfläche. Es handelt sich nicht nur um einen vorgegebenen Raum, sondern um einen Raum, der Fließvermögen und Flexibilität aufweist. Die offenen und öffentlichen Plätze müssen bewusst gelenkt werden und sich von den landschaftlichen Plätzen unterscheiden.

Pascal Amphoux

Die Teilnehmer greifen in ihren Entwürfen oft auf etwas stereotype Nomenklaturen zurück. Es reicht manchmal aus Gewerbe, Wohnungen, Dienstleistung anzusiedeln, um eine Mischung und einen öffentlichen Raum zu erhalten. Aber wie kann man weitergehen und trotzdem den öffentlichen Räumen eine kontextuelle Besonderheit verleihen, die nicht in ganz Europa gleich aussieht? Das ist auch ein latentes Kriterium, das die Beurteilung dieser Entwürfe ermöglicht.

Alain Bertrand

Ich glaube, man muss mit diesem Konzept der Versöhnung von Straße und Stadt vorsichtig sein, denn die Versöhnung würde zu einem Projekt auf Basis einer Verhandlung führen, die häufig schwierig ist. Die Verhandlung mit der Infrastruktur kann auf Widersprüche stoßen. Für die Beteiligten ist es schwierig, zu wissen, worauf sie sich verlassen können, wenn es um die Intensität geht, mit der diese Verhandlungen geführt werden sollen. Welche Mittel stehen ihnen zur Verfügung? Diese Frage ist im Hinblick auf den öffentlichen Raum wesentlich. In Loures (Portugal) schlägt der Entwurf *Intermitencias continuidade a 80 km/h* (P. Reis, M. J. Alves Da Silva) die Abdeckung der Infrastruktur vor. Man kann sich fragen, welche Intensität der Nutzung daraus entstehen wird. Ein anderer Entwurf schlägt einen „prozessorientierten" Ansatz vor. Von dem Augenblick an, da die Verwaltungen eine finanziell schwerwiegende und langwierige Intervention beschließen, vermischen einige Antworten diese langfristige administrative Vision, den Begriff des Prozesses und die Zwischenschritte, die es erlauben, die fehlende Intensität einzubringen.

Pascal Amphoux

Die Wiedereinführung des Zeitfaktors in die Entwürfe bedeutet ja gerade, den Entwurf als öffentlichen Raum der Verhandlung zu betrachten. Wie kann man in den Vorschlägen diejenigen erspüren, deren Formen festgelegt sind und im Gegensatz dazu diejenigen, die trotz einiger noch sehr formalistischer Aspekte offen für die Möglichkeiten der Verhandlung in Bezug auf das Einführen von Nutzungen zu sein scheinen.

Max Rieder

Ich denke, der Prozess ist sehr wichtig, denn er führt den Zeitfaktor ein. Es scheint, als ob die Architekten eine Art Krise bekommen, wenn sie sich der Situation der Modernität gegenüber sehen, die die Optimierung zwischen Raum und Zeit sucht. Je mehr wir hier optimieren, desto mehr gelangen wir in den öffentlichen Raum. Es muss möglich sein, ohne große Anstrengungen über das Netz des öffentlichen Nahverkehrs hinauszugehen. Keiner ist mehr bereit, zwanzig Minuten zu Fuß zum nächsten Bahnhof zu gehen. Die Strukturen müssen auch flexibler sein, beispielsweise muss eine Autobahn sich wieder in eine Straße verwandeln und zum öffentlichen Raum werden können. Das ist eine experimentelle Basis, die uns ermöglichen kann, die neuen Räume zu definieren, an denen etwas Unvorhersehbares geschehen kann.

Pascal Amphoux

Das führt uns zu dem paradoxen Verhältnis zwischen dem Vorhersehbaren und dem Unvorhersehbaren. Die Kunst des Entwurfs ist das ent-„werfen", das Hinauswerfen in die Zukunft und Vorhersehen, was man machen wird. Die Herausforderung ist das Abstoppen, das Definieren von Etappen, gleichwohl wissend, dass diese zur Verhandlung stehen. Diese Etappen kann man zwar vorsehen, aber es kann sich alles noch ändern. Kurz gesagt, der Entwurf muss sich zwischen dem Vorhersehbaren und dem Unvorhersehbaren bewegen.

Aglaée Degros

Der Begriff der Flexibilität ist tatsächlich notwendig. Die Infrastruktur ist etwas, das sich entwickelt und verändert. Man muss dem Entwurf Platz für Veränderung lassen. Der Entwicklungsprozess der Infrastrukturen braucht enorm viel Zeit. Die Rückführung einer Autobahn ist ein langer Prozess. Man muss diese Frage der Zeit in die Planung einbeziehen und eine entsprechende Bebauung vorschlagen, die sich mit den Veränderungen entwickeln kann. Man muss sich auch die Frage stellen: Müssen Natur und Infrastruktur voneinander getrennt werden? Oder kann man eine neue Art Landschaft erschaffen, die eine Mischung aus beiden ist?

Ceska Republika, Praha
Standort Hradcanská
Bevölkerung 45.507
Betrachtungsgebiet 31,86 ha
Projektgebiet 14,15 ha

France, Reims
Standort Chaussée Saint Martin
Bevölkerung 187.000
Betrachtungsgebiet 19,4 ha
Projektgebiet 6,8 ha

Intermitencias continuidade
Loures, Portugal
Patrícia Reis (P) Architektin,
Maria João Alves Da Silva (P)
Landschaftsarchitektin, Célia Faria (P)
Architektin, Ana Filomena Pacheo (P)
Landschaftsarchitektin, João Rafael
(P) Architekt

MOBILITÄT UND ÖFFENTLICHER RAUM

Chancen für den öffentlichen Raum Wie kann mit Investment im öffentlichen Raum umgegangen werden, wenn möglicherweise eine Vorherrschaft des privaten oder privatisierten Raums zu Lasten der kommunalen Dimension der Stadt besteht? Wie können neue Modelle des öffentlichen Raums entwickelt werden – nicht als künstliche Gebilde, sondern in Beziehung zu den Lebensräumen, die Potenziale der bestehenden Räume nutzend?

WALKING	186
BERLIN, DEUTSCHLAND	187
LJUBLJANA, SLOVENIJA	192
DONAUWÖRTH, DEUTSCHLAND	195
SPREMBERG, DEUTSCHLAND	198
CLERMONT-FERRAND, FRANCE	202
TRONDHEIM, NORGE	205
WIEN, ÖSTERREICH	208
SANTO TIRSO, PORTUGAL	212
MILTON KEYNES, UNITED KINGDOM	216
TEILEN	220
SORIA, ESPAÑA	221
BORDEAUX, FRANCE	225
OPATIJA, HRVATSKA	229
BISCEGLIE, ITALIA	233
FIRENZE, ITALIA	237
SIRACUSA, ITALIA	241
LILLESTRØM, NORGE	245
ODIVELAS, PORTUGAL	247
DELÉMONT, SCHWEIZ/SUISSE/SVIZZERA/SVIZRA	251

3. Chancen für den öffentlichen Raum
walking
teilen

3. Chancen für den öffentlichen Raum
walking

Können Räume für eine „sanfte Mobilität" entwickelt werden, die durch die Verbindung von Wegenetzen unterschiedlicher Geschwindigkeiten und variabler Maßstäbe eine neue Wahrnehmung bisher unentdeckter Stadträume ermöglicht?

Deutschland
Berlin
Wie öffnet man ein Areal im Vorfeld der Urbanisierung für die Bürger?

Stadt Berlin
Standort Südkreuz
Bevölkerung 3,4 Millionen
Betrachtungsgebiet 170 ha
Projektgebiet von den Teilnehmern auszuwählende Einzelbereiche

Das südlich der Berliner Innenstadt gelegene Wettbewerbsareal ist etwa 3,5 km vom Potsdamer Platz und 1 km vom Flughafen Tempelhof entfernt. Als ehemaliger Versorgungsstandort der Stadt (Gas, Strom, Großgewerbe u. a.) ist das Gebiet verkehrlich gut angebunden: Neben der Zufahrt „Schöneberger Autobahnkreuz" (Umland-Innenstadt) verlaufen am neuen Bahnhof Südkreuz zwei S-Bahn-Linien und die Berliner Ringbahn sowie der Fernverkehr Richtung Norden und Süden. Als zweitgrößter Bahnhof Berlins stellt er den neuen Dreh- und Angelpunkt des Areals dar. Die innere Erschließung des Gebiets ist jedoch unzureichend. Von der Fernbahn wird der Bahnhof kaum genutzt. Um diese Insellage aufzubrechen, ist ein übergeordnetes Erschließungskonzept notwendig, das sowohl die Liegenschaften der öffentlichen Hand als auch die zahlreichen privaten Brachflächen mit einbezieht. Zur Einbindung in den städtischen Zusammenhang ist hierfür die „Schöneberger Schleife", ein Fuß- und Radweg, geplant, der ausgehend vom sogenannten Flaschenhals über das Südkreuz zurück zum Gleisdreieck/Potsdamer Platz/Tiergarten führen soll. Die Verknüpfung der öffentlichen Räume unter Einbindung bereits vorhandener Parks und Sportanlagen, soll so die mosaikartige Struktur des Quartiers zu einem zusammengehörigen Ganzen fassen und mit der Innenstadt verknüpfen. Das Wettbewerbsareal ist Projektgebiet des Förderprogramms „Stadtumbau West". Zur Unterstützung des neuen Weges (Schöneberger Schleife) durch das Quartier ist die Umnutzung einiger Gewerbestrukturen und die Schaffung von Ost-West-Verbindungen, auch in Form von Brücken über die Eisenbahntrasse, geplant. Es soll eine übergeordnete Gesamtkonzeption für die Schöneberger Schleife als Lückenschluss zwischen vorhandenen und geplanten Grünanlagen entwickelt werden. Im Rahmen einer städtebaulichen Voruntersuchung wurde das Gebiet zur schärferen Profilierung des Quartiers in einzelne Bereiche aufgeteilt, denen zukünftige Nutzungen zugeordnet werden: Büros und Wohnen (Schöneberger Linse), Dienstleistung, Gewerbegebiete, Freizeit/Kultur (Gasometer). Eine Verbesserung der Wohnqualität in angrenzenden Gebieten wird ebenso angestrebt, wie eine Positionierung des Quartiers im Tourismussektor Berlins.

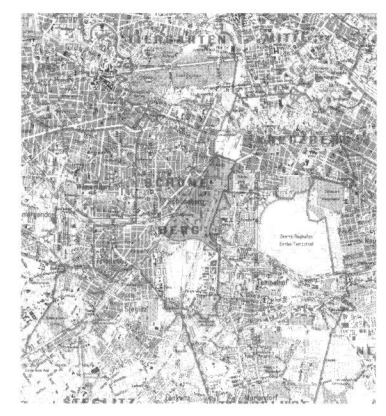

Lügengebäude

Wolfgang Koelbl (A) Architekt

Nach seinem Studium in Österreich, Großbritannien und den Vereinigten Staaten von Amerika, wurde der Architekt als Wissenschaftler an der Universität von Tokio und als Stipendiat am MAK Schindler House in Los Angeles bekannt. Seit 2001 ist er Assistent am Institut für Architektur und Entwerfen an der Wiener Technischen Universität. Er schrieb einige Publikation wie „Tokyo Superdichte" and „Architektur-Innereien" im Verlag Ritter, -2000 and 2003. Das Wiener Büro Koelbl-Radojkovic-Architekten gründet auf dem erklärten Optimismus, dass nur die Fusion von reiner Architekturtheorie mit den Niederungen der Baupraxis eine nachhaltige Innovation in den Bereichen Architektur und Städtebau schaffen kann.

Hollandstrasse 8/2
1020 Wien, Österreich
T +43 1218630099
office@kbr-architekten.com
www.kbr-architekten.com

Berlin ist seit hundert Jahren die europäische Hauptstadt der Außerordentlichkeiten. Nirgendwo sonst ist Stadt und Geschichte derart brachial verzahnt. Daraus folgt, dass es hier keine Architektur geben kann, die ganz bei sich ist. Das Gegenteil ist vielmehr der Fall: Architektur in Berlin ist immer außer sich.

Außer sich sein bedeutet, dass die Planung von Architektur ebensowenig bei sich selbst beginnen und enden darf. Architektur für Berlin muss jenseits der selbstreferentiellen Logik der üblichen Entwurfsroutinen ansetzen und jenseits davon anlanden. Übertragen auf die konkrete Entwurfsaufgabe folgt daraus, dass Architektur nicht als Problemlöser verwendet wird, weil bei geglückter Lösung die Problemstelle verschwindet. Es droht der Wortsinn, die Auflösung einer lokalen Brisanz in einen allgemeinen, indifferenten Zustand. Berlin hat seine besten Momente in den ungelösten Situationen, in den ungereimten Begegnungen von Differenz. Nur dort bleibt das Denken angespannt, die Aufmerksamkeit wach und die Situation selbst prototypisch. An den ungelösten Stellen muss dauerverhandelt werden.

Die hier aufgelisteten sieben Architekturen sind demnach konsequente Überhitzungen von brisanten Situationen im Bereich Südkreuz, alle aufgefädelt entlang einer zukünftigen Wegschleife. Die Wegmetapher wird für jeden Standort in zwei Weisen übersetzt: in ein für die jeweilige Situation relevantes kultur-anthropologisches Kommentarstück, kurz und gerade, und ein schweifend, labyrinthisches Erzählstück. Planen ist letztlich nur Archäologie mit verkehrt laufender Zeitrichtung, aber die Arbeitsverhältnisse sind die gleichen. Wer an die Substanz will, muss sich gern durchs Material wühlen.

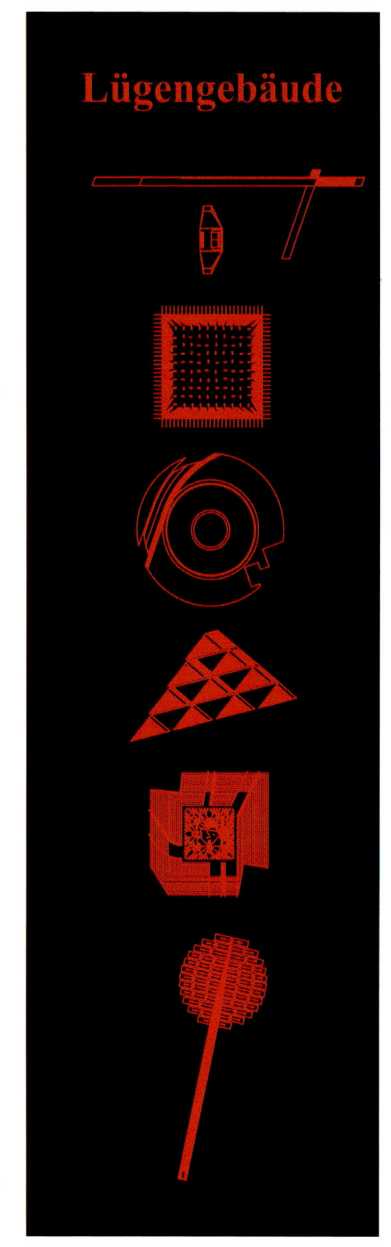

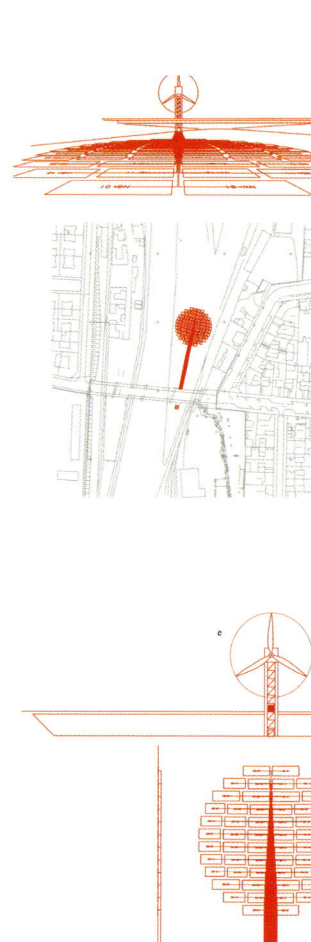

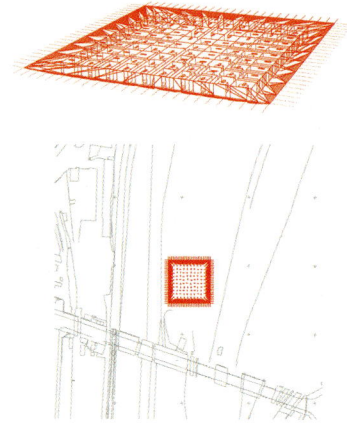

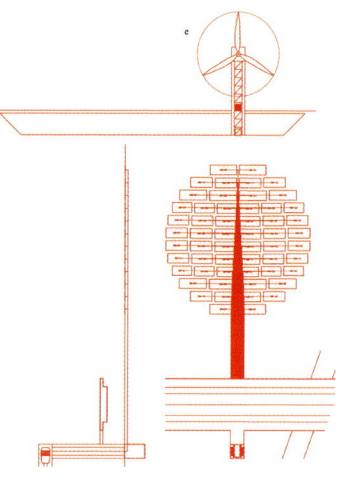

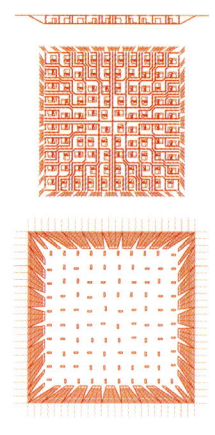

Enim-Park
Ein Windrad erzeugt Strom und speist damit zwei elektrische Serviceprogramme: Erstens einen Lastenaufzug vom Park auf das Brückenniveau und zweitens zahlreiche Felder mit Elektro-Bodensteckdosen im Park. Picknick mit Heizdecke und E-Gitarre möglich. Solange der Wind weht.

Xevious Motel
Ein unterirdisches Motel abseits der Bebauung für Besucher und Bewohner, die das Verschwinden lernen möchten. Exoterische Morphologie und troglodytische Labyrinthik in seltsamer Liaison. Jeder Passant wundert sich.

Frei Bad
Der Schwerbelastungskörper versinkt in einem Hochteich. Tauchende Archäologie und schwimmende Unbedarftheit möglich. In der Mitte, über dem Belastungskörper nichtschwimmertauglich, vorläufig, denn der Untergrund wird weicher und zieht den Betonkörper tiefer. Die Rache des gequälten Materials.

IBA-Satellit
Im ehemaligen Gewerbegelände wird existenziell gewohnt. In übereinander gestapelten Biosphere. Pyramiden mit streng geometrischen Grundrissen wird die inkubatorische Verdichtung von domestizierter Natur und radikaler Technisierung erprobt.

Habermas Brücke
Riskante Balance-Brücke: Abspannung und schräg hochlaufendes Gegengewicht. Zyklopische Treppen für Individuen, die hoch hinaus wollen. Unter der Rampe entlang der Straße kaskadenartige Katakomben mit diversen Waschräumen. Hysterische Hoch-Tief-Erlebnisse an einem Bauwerk.

Artaud Platz
Alle Wege vom und zum Bahnhof führen über den Theaterplatz. Jeder spielt, jeder wird zumindest für den Moment des Durchquerens zum Schauspieler, ob er will oder nicht. Standard-Stadtmöblierungen werden zur Kulisse: Baum, Brunnen, Lampe, Parkplatz, Radbügel, Sitzbank, Spielhügel, Werbetafel, etc.

Thoma Höhle
Im Verbindungstunnel unter der Bahntrasse wohnt ein riesiges Sofa und ein riesiger Fernseher. Der Tunnel ist dadurch aufgebläht und 24 Stunden aktiv. Es läuft immer jene Fernsehsendung, die zum jeweiligen Zeitpunkt in Berlin die höchste Einschaltquote hat.

Over the train

Marine Miroux (F), **Christoph Hager** (A),
Architekten

Studium der Architektur und Philosophie an der EAPB, Université Innsbruck und TU Berlin, Diplom und Beginn der Zusammenarbeit 2005 in Berlin. Ein Satz prägt und beschreibt ihr architektonisches Konzept: „Uns interessiert das Gewöhnliche und das Außergewöhnliche, und jede Beziehung zwischen A und B."
Mitarbeit an mehrere Publikationen, Beteiligung an verschiedenen Ausstellungen, u. a. „Architektur: Physis", „Your private Eye", „gewöhlich.aussergewöhlich@berlin2000/ ordinary.extraordinary@london2000" an der AA, „Bau+Gegenbau" Video F/D für ein Doctorat Européen d'Architecture, Paris 2005, „III Florence International Expo of the Best Diploma Projects" und „Ilha do Cajual", Brasilien 2006, „Autrement rue Rebière" für EM2N Architects, Paris 2007.

Berlin Süd
Waldemarstraße 108
10997 Berlin, Germany
T +49 15775733738, +49 1774860914
vousetesfoumonsieurartaud@yahoo.fr
www.berlinsud.com

Konzentration der Medien als Antwort auf die Weite und Heterogenität des Standorts. Entwurf von einzigartigem und ambitiösem ästhetischen Gestus, bestrebt, Anbindung zu provozieren und individuelles Handeln zu stimulieren. Beginn der Stadterneuerung in der Zone, die sich Zeit und Raum lässt, um Nachhaltigkeit zu erzielen.

Over the Train ist eine Brücke für Radfahrer und Fußgänger. Als Infrastrukturelement steht sie am Anfang einer Neuorientierung der Quartiere an der Peripherie und öffnet einen direkten Weg zwischen der dicht besiedelten Südstadt und dem Zentrum; zwischen Zentrum und den im Süden gelegenen Grüngebieten. Sie überwindet die Enklaven entlang der Bahntrasse und wandelt ihre rückseitigen Fassaden zu ausgesprochen attraktiven Zugängen.
Als öffentlicher Raum ist *Over the Train* ein Ort des Transits, des Aufenthalts und des Verweilens. Eine der größten Flächen Berlins wird praktikabel. Das darunter gelegene Biotop wird erhalten, die sich dort befindlichen Orte verbunden. Lokale Initiativen werden gegenüber dem großen Wurf privilegiert, denn die Brücke ist Einladung zu zufälliger Begegnung, spontaner Aktivität, Attraktion im Quartier und Symbol der Stadtökologie. Eine aktive Politik trägt dazu bei, dass zunächst Passanten und Neugierige, dann regelmäßige Nutzer und schließlich Anwohner und Investoren angezogen werden. Es obliegt der öffentlichen Hand, durch Aufwertung das Image des Quartiers zu ändern.

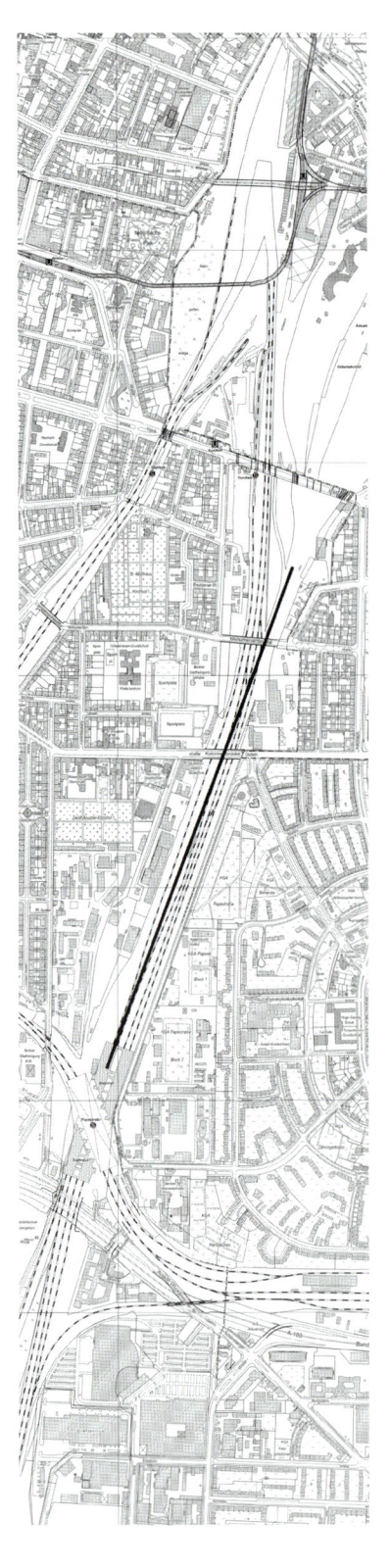

PREIS

BERLIN, DEUTSCHLAND

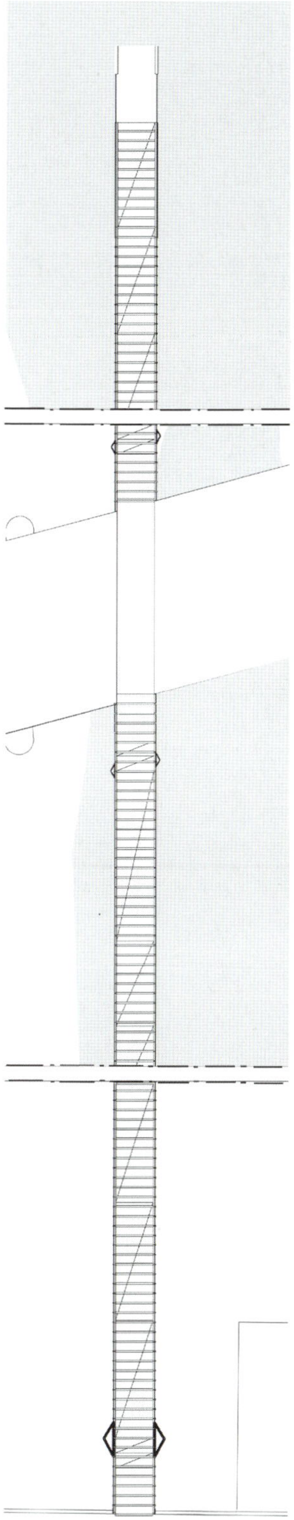

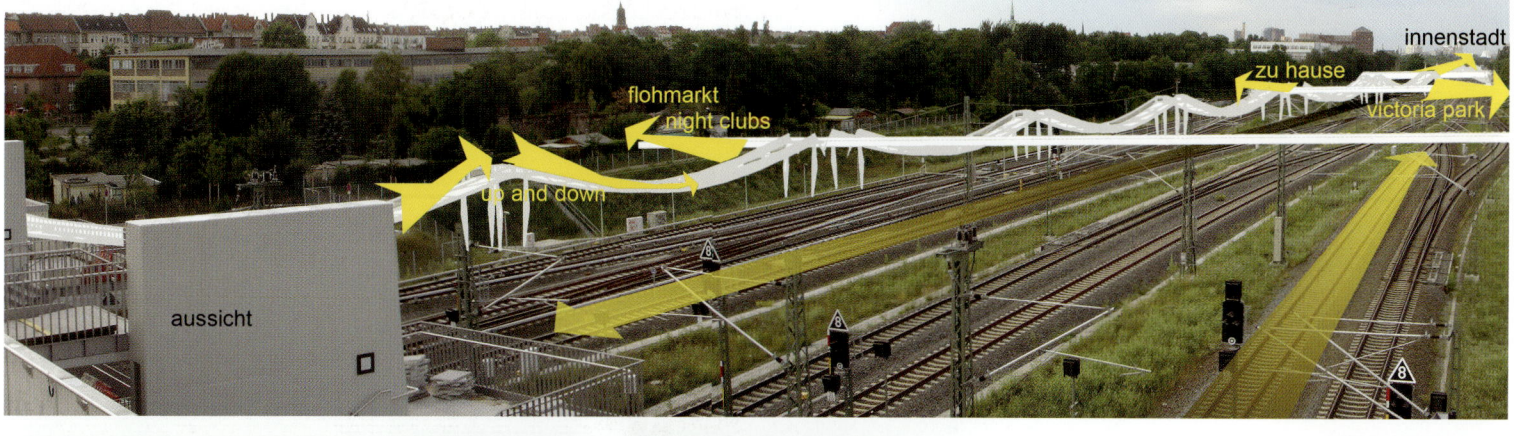

CHANCEN FÜR DEN ÖFFENTLICHEN RAUM WALKING

191

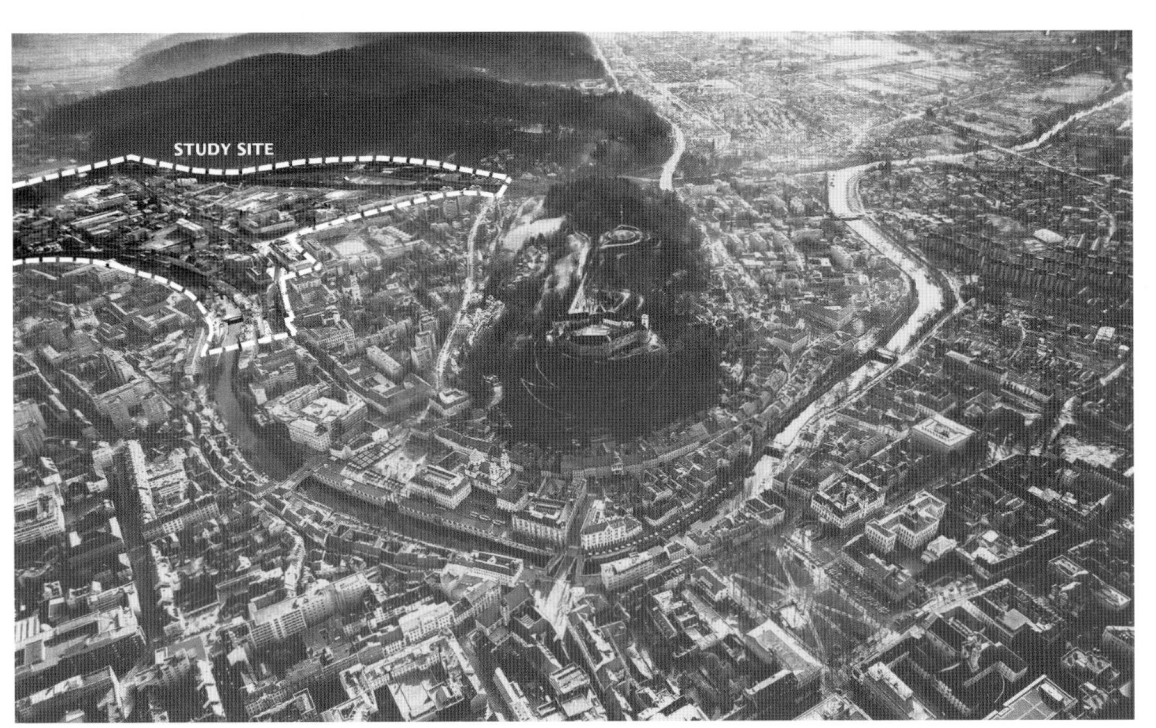

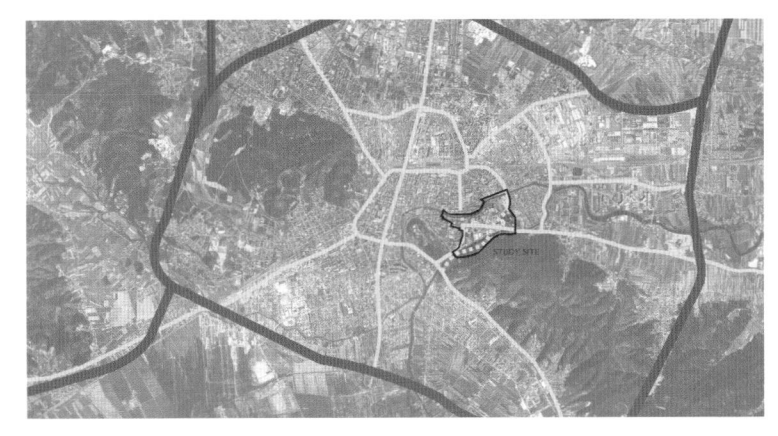

Slovenija
Ljubljana
Wie kann einem zentralen, fragmentierten Gebiet städtischer Zusammenhalt gegeben werden?

Stadt Ljubljana
Standort Poljane
Bevölkerung 270.000
Betrachtungsgebiet 40 ha
Projektgebiet A 5,2 ha
B 1,7 ha – C 0,3 ha – D 7,2 ha

Ljubljana, eine der kleinsten Hauptstädte Europas, liegt strategisch günstig am Kreuzungspunkt der Verbindungen zwischen Wien und Venedig sowie München und Zagreb. Mit dem Auto erreicht man in nur einer Stunde Triest, Graz oder Zagreb, in zwei Stunden Venedig. Wien liegt etwa drei und München vier Autostunden entfernt. In naher Zukunft wird Ljubljana an die Hochgeschwindigkeits-Bahntrasse V (Mailand-Venedig-Ljubljana-Budapest) angebunden. Ljubljana ist Kultur-, Regierungs-, Bildungs- und Finanzzentrum Sloweniens und spielt eine übergeordnete Rolle in der Region. Das Betrachtungsgebiet, das Poljane Areal, war bis vor etwa 10 Jahren ein heruntergekommenes Industriegebiet mit institutionellen Einrichtungen wie Militärkaserne, Schlachthof, Gefängnis und Nervenheilanstalt. Während der letzten zehn Jahre hat sich das Gebiet zu einem wichtigen innerstädtischen Wachstumsareal entwickelt, mit großen urbanen Potenzialen und einer hervorragenden Anbindung. Die Stadtverwaltung hat die strategische Qualität des Gebietes für die künftige Entwicklung als zeitgemäße Stadterweiterung des historischen Stadtzentrums von Ljubljana erkannt. Die Wettbewerbsaufgabe behandelt zwei Ebenen. Die erste Aufgabe besteht darin, auf städtischer Ebene mögliche Entwicklungsszenarien zu untersuchen, die zum Zusammenhalt des stark fragmentierten Gebiets (15 Fragmente, eingeteilt in Bereiche mit institutionellen Einrichtungen, Wohnnutzungen, Gewerbe- und Dienstleistungsbereichen, mit unterschiedlichen Besitzverhältnissen und verschiedenen Entwicklungsstrategien) beitragen. Die zweite Aufgabe ist unmittelbar verknüpft mit den vier unterschiedlichen Projektgebieten mit jeweils spezifischen programmatischen und räumlichen Anforderungen. Das Gebiet A soll überarbeitet und mit einem dichten, hybriden Block (Stellplätze, Hotel, Dienstleistungen, Sonderwohnformen) entwickelt werden. Die Planung für das Projektgebiet B, ein Wassergrundstück, soll sich eher am Erhalt der historischen Bauwerke orientieren. Das Gebiet C ist ein kleines unbebautes Eckgrundstück. Projektgebiet D, der große Anger, soll zum gemischt genutzten Gebiet werden. Von den Wettbewerbsteilnehmern werden konzeptuelle Vorschläge zur städtebaulichen Entwicklung des Gesamtgebiets erwartet, für mindestens eines der vier Projektgebiete soll ein architektonisches Konzept erarbeitet werden.

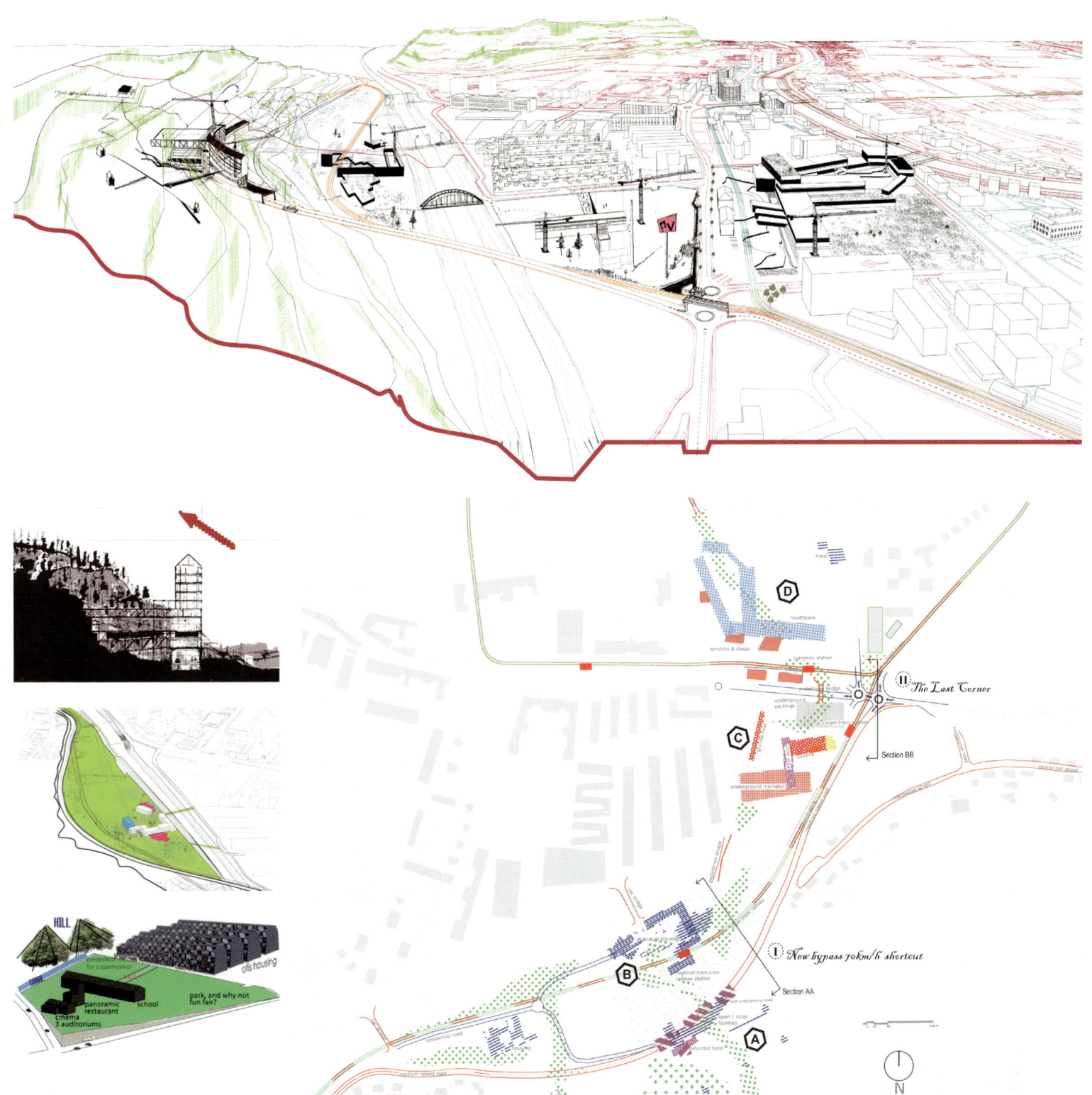

Jerome Boultareau (F), Pauline Barlier (F), Architekten, Nancy Roquet (F) Architekturstudentin, David Crambert (F) Architekt, Damien Heitz (F) Architekturstudent

Fünf Architekten der Staatlichen Hochschule für Architektur in Nantes, Beiträge für verschiedene Wettbewerbe für Architektur und Stadtplanung, wissenschaftliche Forschung und Do-it-yourself-Projekte (Web / Print / Modelle).

David Crambert
18 rue Philippe Lebon
1000 Bruxelles, Belgique
T +32 476071028
info@fouego.com
www.fouego.com

Heterotopia addicted, réminiscence future

Eine Sackgasse als optischer Fluchtpunkt am östlichen Stadtrand. Industrie, Schlachthäuser, Kasernen, Psychiatrie, Gefängnis. Poljane in Ljubljana ist Reservat, Inkubator, Ort der Zurückweisung, Wahnsinn. Das notwendige Andere des Zentrums. Die Erkundung dieser Heterotopien (Foucault, 1967) als retroaktive Mythen für Poljane impliziert die Re-Aktualisierung der Idee von Attraktion und Ablehnung. Poljane entwickelt sich zum wichtigen Pol in der städtischen Konstellation Ljubljanas. Vier *Moment-Orte* hinterfragen verschiedene Formen heutiger Urbanität. Sie lassen sich als Phasen der kollektiven Individualisierung lesen. Der fragile Status des „freiwillig Gefangenen" der diffusen Stadt bleibt gewahrt.

ANKAUF

LJUBLJANA, SLOVENIJA

Roberto Ferlito (I), **Alessandra Faticanti** (I), Architekten

Nabito ist ein interdisziplinäres Büro in Barcelona und realisiert Projekte im Mittelmeerraum. Dabei geht es um eine Neubestimmung des sich wandelnden Prozesses, in dem sozial und ökonomisch eine neue Alltagskultur entsteht. Aufgabe der Architekten: Kommunikation mit anderen möglichen Tools.

nabito arquitectura, SCP
c/ Ramon Turro',11 3°
08005 Barcelona, España
T +34 932257674
info@nabit.it
www.nabit.it

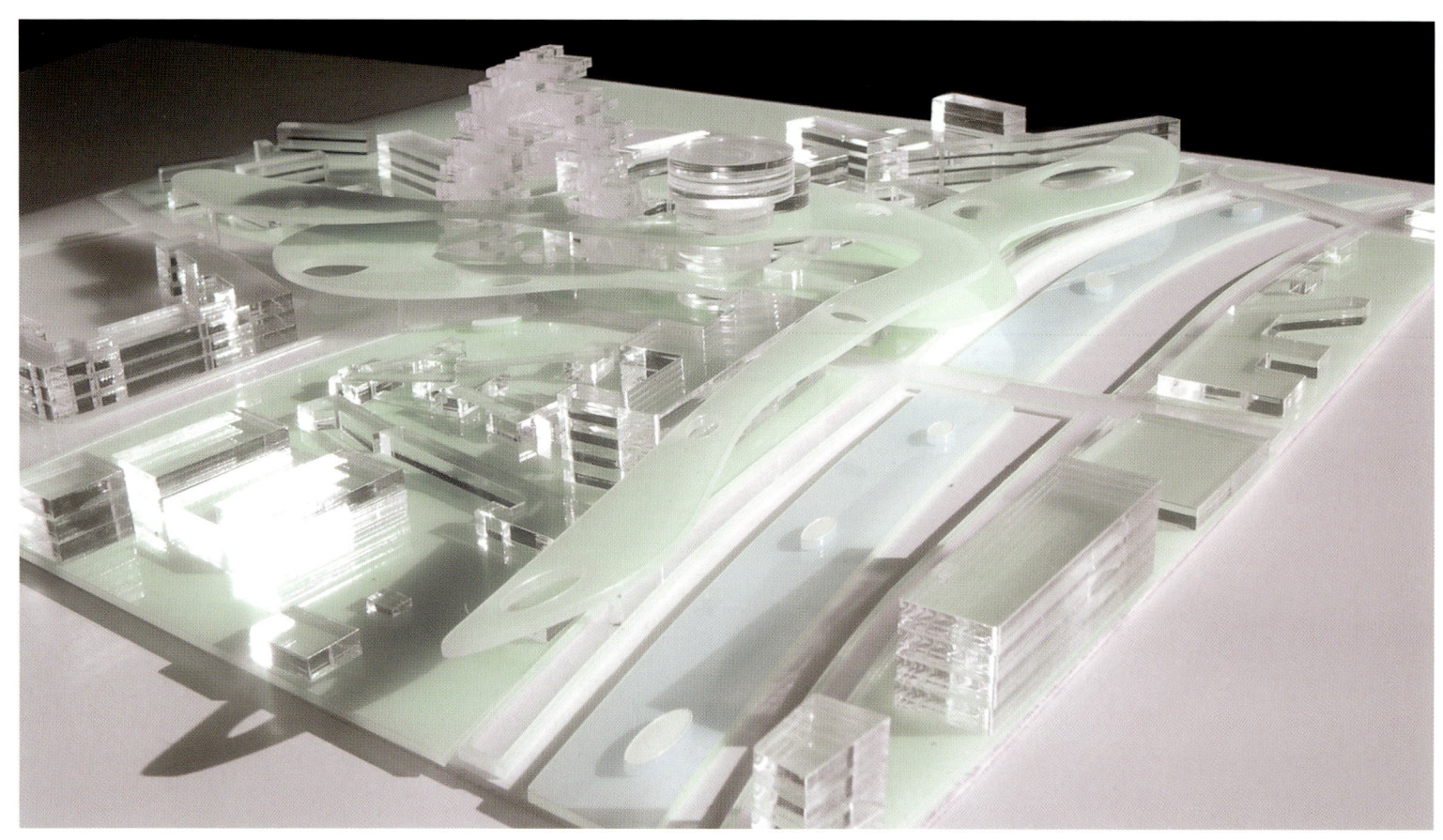

Intertwined systems

Städte lassen sich nicht mehr als lenkbare Organismen begreifen, die innerhalb bestimmter – physischer – Grenzen gesteuert werden können. Städte sind komplexe, dynamische Systeme, eine Überlagerung multipler Verbindungen. Ihre Identität ist eine Schichtung von Singularitäten und Wünschen, die verschiedene Möglichkeiten der Interpretation von Raum, Standorten, Gebäuden und ihrer Beziehung zu ihrem Kontext bieten. Das Konzept Landschaft löst sich im Konzept Stadt auf. Oft spielen beide Begriffe, mit wechselnden Regeln die gleiche Rolle und fügen sich in ein neues Verständnis von urbaner Geografie und der Infrastruktur der ökologischen Landschaft.

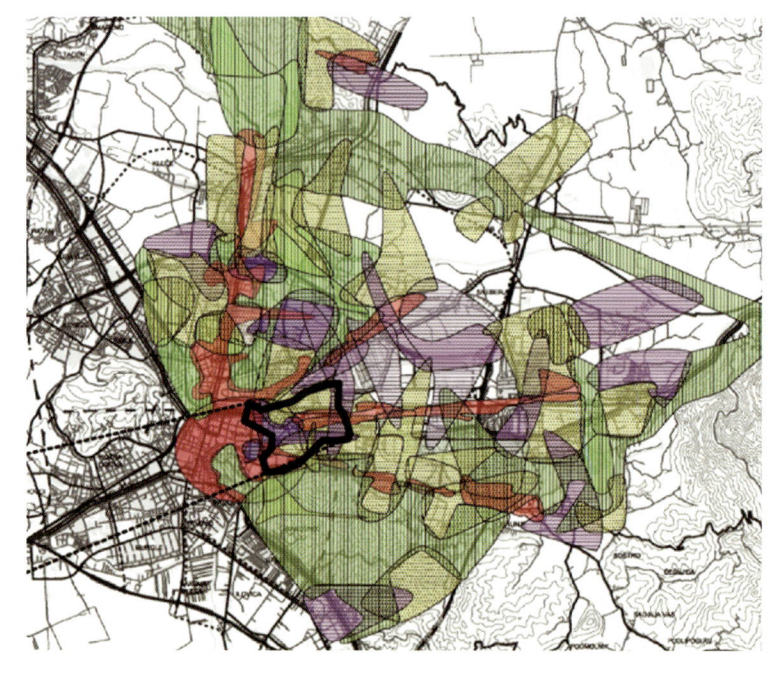

Deutschland Donauwörth
Wie fügt man öffentliche Räume in Gebiete des sozialen Wohnungsbaus ein?

Stadt Donauwörth
Standort Parkstadt
Bevölkerung 18.500
Betrachtungsgebiet ca. 4,7 ha
Projektgebiet ca. 0,56 ha

Die Große Kreisstadt Donauwörth liegt im Regierungsbezirk Schwaben, an der Mündung der Wörnitz in die Donau. Die Stadt ist Mittelzentrum für ca. 65.000 Einwohner. Donauwörth dient als Verkehrsdrehscheibe der Region und ist aufgrund der günstigen Lage auch an überregionale Wirtschaftsräume angebunden.

Der Stadtteil Parkstadt entstand ab Ende der fünfziger bis in die siebziger Jahre als geplanter Stadtteil zur Erweiterung der Siedlungskapazitäten der südwestlich gelegenen Kernstadt. Im Viertel leben derzeit etwa 4.200 Einwohner. Mit dem Zuzug von über 1.000 Aussiedlern aus der ehemaligen UdSSR Mitte der neunziger Jahre traten starke soziale Spannungen auf. Zusätzlich zu der geplanten Modernisierung der Bausubstanz wird angestrebt, den öffentlichen Räumen durch eine Neuorganisation neues Leben einzuhauchen.

Das Areal befindet sich auf dem Höhenrücken des sogenannten „Schellenberges", einem Ausläufer der waldreichen Höhen des fränkischen Jura, ca. 100 Höhenmeter über der eigentlichen Kernstadt. Die offene Parkstruktur bietet keinerlei zentrale Anhaltspunkte, dem Straßenraum mangelt es an Aufenthaltsqualität. Ein wichtiges Projekt der nächsten Jahre ist daher die Umgestaltung und Aufwertung des zentralen Bereichs der Parkstadt, der bereits über wichtige Infrastruktureinrichtungen verfügt, jedoch keinerlei Zentrumsfunktion entwickeln konnte. Eine Verbesserung der Zufahrtssituation ist ebenso zu entwickeln wie die Anpassung des Wegenetzes.

Das Planungsgebiet umfasst den zentralen Bereich der Parkstadt. In unmittelbarer Nachbarschaft sind hier die wichtigsten Infrastruktureinrichtungen des Stadtteils angesiedelt: Kindergarten, Schule, Kirche, Gemeindehaus, Läden, Ärzte, Apotheke, Einkaufszentrum, wie auch eine öffentliche Grünanlage. Ziel ist es, diesem vorhandenen Zentrum mit neuen Visionen zu begegnen, die sich wandelnden Bedürfnisse der Bewohner einzubeziehen und die Identität des Quartiers zu stärken. Im Rahmen der in den kommenden Jahren durchzuführenden Sanierung der Bausubstanz ist besonderer Wert auf Ökologie und Nachhaltigkeit zu legen.

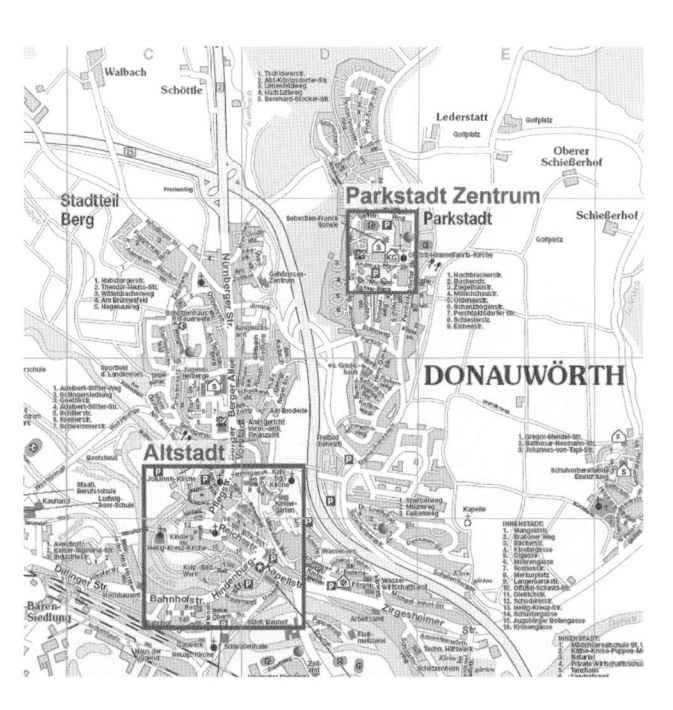

Recharging space

Dominique Dinies (D), **Markus Vogl** (D), **Robert Diem** (A), **Sandra Schiel** (A), **Irina Koerdt** (D), Architekten

Die vier Architekten kommen von vier verschiedenen Universitäten mit unterschiedlichen Schwerpunkten auf dem Gebiet der Architektur und des Städtebaus. Sie lernten sich in einem Architekturbüro mit Sitz in Wien kennen und arbeiteten gemeinsam bei verschiedenen Wettbewerben sowie an verschiedenen Studien und Projekten.

Die Teilnahme an Wettbewerben schuf eine Diskussionsgrundlage für Architektur und Städtebau, welche sie nutzten, um ihre Berufserfahrungen zu vereinen und beim Gestalten öffentlicher Räume mit Kunstinstallationen zu bündeln. Sie nutzen neue Formen der Planung, führen Studien über Stadtplanung und Geschichte durch und sind als Projektassistenten im Bereich Stadtplanung, bei Projekten des sozialen Wohnungsbaus bis hin zu Null-Energiehäusern tätig.

Um bei Raum und räumlichen Ansätzen „out of the box" zu denken, versuchen Architekten konsequent, die Grenzen der Projektbeschreibung neu zu bestimmen, mit dem Umfeld zu experimentieren, um so überzeugende räumliche Lösungen durch die Anwendung eines klaren und aussagekräftigen Designkonzepts zu schaffen.

Dominique Dinies
Rienösslgasse 24/7
1040 Wien, Österreich
T +43 6506324267
info@rechargingspace.com
www.rechargingspace.com

parkstadt donauwörth oder **parkstadt** und **donauwörth**
Eine unabhängige Identität ergibt sich unter dem städtebaulichen und morphologischen Ansatz. Recharging space will diese Eigenschaften herausarbeiten und durch die Entwurfselemente beleben.

parkstadt und **Typologie**
Viele kleine Einheiten befinden sich fragmentiert in einer grünen Landschaft. Das bestehende Straßennetz beeinträchtigt die Entfaltung des Potentials, da es die urbanen Flächen weder integriert noch miteinander vernetzt. Recharging spaces bezieht das vorhandene Straßennetz ein und schlägt eine Neuinterpretation vor.

parkstadt und das **Zentrum**
In der Parkstadt befindet sich alles, was ein Stadtquartier ausmacht. Aber das öffentliche Leben fehlt vollständig. Recharging space übernimmt die vorhandenen öffentliche Programme und städtischen Strukturen, verdichtet und variiert sie.

recharging space als urbane Strategie.
1) Sowohl von innen als auch von außen betrachtet soll die Struktur des Zentrum klar erkennbar und identifizierbar sein. 2) Die typischen täglichen Wege der Bewohner verlaufen lose in Richtung Stadtzentrum. Die bisherige Erschließungsrichtung wird um 90° gedreht. Der Bewegungsfluss nutzt die Topografie und schafft einen barrierefreien Zugang zum Stadtzentrum. 3) Durch die mit neuen Nutzungen ausgestatteten öffentlichen Flächen wird das „activity spine" verdichtet. 4) Die vorhandenen Platz- und Raumfolgen werden miteinander vernetzt. Der Marktplatz wird auf die benachbarten Stadtplätze verschoben und so selbst Teil des „activity spine". 5) Das Wohnumfeld im Zentrum der Parkstadt wird durch temporäre Nutzungen neu strukturiert und bewertet. Diese neuen Nutzungen sollen später in neue und verschiedenartige Wohntypologien übergehen.

DONAUWÖRTH, DEUTSCHLAND PREIS

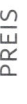

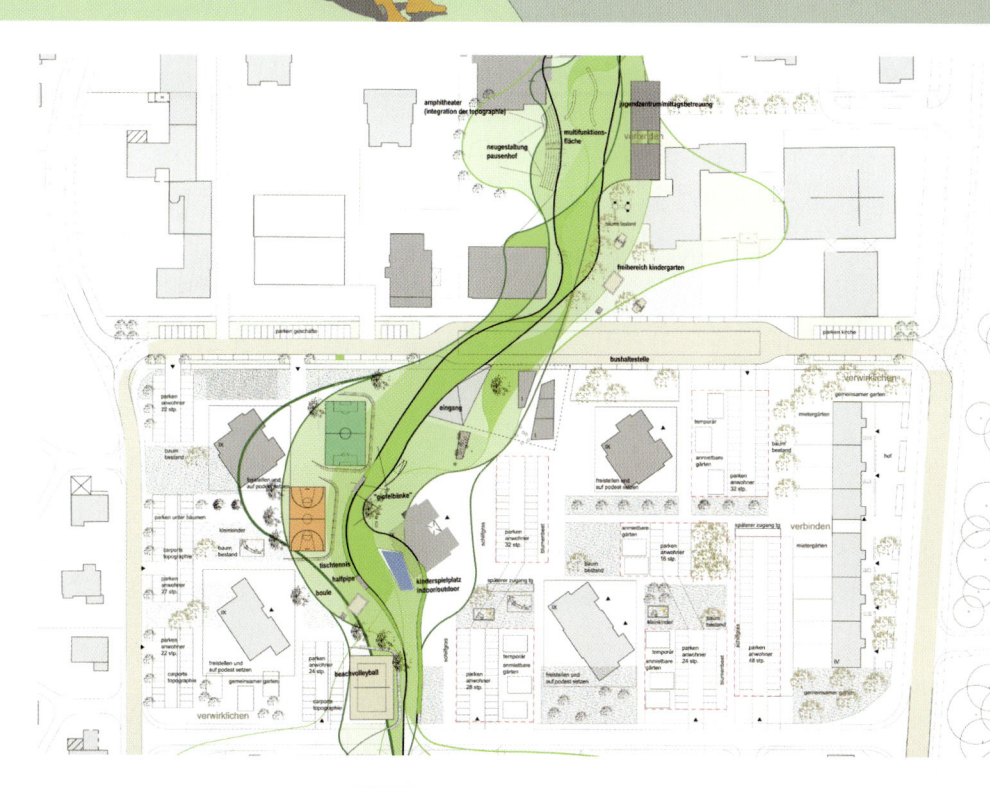

197 CHANCEN FÜR DEN ÖFFENTLICHEN RAUM WALKING

Deutschland
Spremberg
Wie verbindet man Zentrum und neue Stadt mit einem Park?

Stadt Spremberg
Standort Innenstadt und Georgenberg
Bevölkerung 26.000
Betrachtungsgebiet 6,37 ha
Projektgebiet ca. 3,5 ha

Spremberg ist eines der regionalen Wirtschaftszentren im Land Brandenburg und liegt ca. 100 km südöstlich der Bundeshauptstadt Berlin und ca. 30 km vom Nachbarland Polen entfernt. Die Entwicklung wird im Wesentlichen vom Industriestandort Schwarze Pumpe, der derzeit eine Renaissance erlebt, geprägt.

Die Stadt Spremberg bietet ein abwechslungsreiches städtebauliches und topografisches Erscheinungsbild. Die historische, kompakte Innenstadt wird von den zwei Armen des Flusses Spree umschlossen. Die Wasserläufe und vorhandenen Grüngürtel trennen die danach entstandenen Stadtteile vom Stadtkern. Im Zuge des Stadtumbaus kommt der Vernetzung der innerstädtischen Wohngebiete eine große Bedeutung zu. Der zwischen Bahnhof und Innenstadt gelegene Stadtpark am Georgenberg muss dabei zeitgemäß, entsprechend seiner Scharnierwirkung, entwickelt werden. Im Moment präsentiert sich der Park als eher diffuser Ort. Aufgabe ist es, den Raum erlebbar zu machen und die Aufenthaltsqualität durch eine bessere Verknüpfung und Belebung der Plätze zu erhöhen. Durch die Steuerung des fußläufigen Verkehrs zwischen der historischen Innenstadt und dem Bahnhof soll der Georgenberg in seiner Bedeutung als infrastrukturelles Erschließungselement aufgewertet werden und zur besseren Verknüpfung der Bereiche beitragen.

Innerhalb des Betrachtungsgebietes werden zwischen Bahnhof und Innenstadt vier Projektgebiete für eine vertiefende Betrachtung vorgeschlagen: Fassung und Neuordnung des Bahnhofsumfelds unter Einbeziehung des Bahnhofsgebäudes; multifunktionale Nutzung des Festplatzes durch Einführung neuer Programme; Aufwertung der bestehenden Freilichtbühne durch Anpassung an die technischen und programmatischen Anforderungen; Entwicklung der Industriebrache nördlich der Spree. Aufwertung des öffentlichen Raumes, Erweiterung der Angebotsvielfalt und Attraktivität der Innenstadt; Überwindung topografischer Hindernisse und Steigerung des Erlebniswertes „Spree" durch visuelle Einbindung; Bereicherung des Radfernwanderweges „Spree" um den Freizeitbereich Georgenberg.

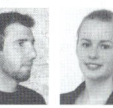

Sandra Neumann (D), **Stefan Amann** (D), **Mario Sobolewski** (D), Architekten, Jana Neumann (D) Landschaftsarchitektin, Sebastian Schultze (D) Architekturstudent, Johanna Walf (D) Landschaftsarchitektin

Unser sechsköpfiges Team ist eine Kooperation von Absolventen und Studenten der Fachrichtung Architektur und Landschaftsarchitektur. Dieser interdisziplinäre Ansatz und das jeweilige Fachwissen vereinen sich in unserem Entwurf. Eine auf den Ort und Menschen abgestimmte Planung war uns wichtig.

Sandra Neumann
Dresdner Chaussee 25
OT Schwarze Pumpe
03130 Spremberg, Deutschland
T +49 356431250
SandraNeumann79@web.de

Auf Tuchfühlung

Das Konzept greift eine alte Handwerkstradition auf. Die Tuchmacherei war seit dem frühen 16. Jahrhundert ein bedeutender Wirtschaftszweig der Stadt und ist es, wenn auch im kleinerem Maßstab, noch heute.
Unter dem Motto „Eine Stadt webt ihre Tuche" werden Fäden über Spremberg gesponnen, welche miteinander verbunden und verwebt werden und somit die verschiedenen Stadtelemente verknüpfen. Ein starker Verbund aus Maschen entsteht, welcher sich nicht nur auf das Betrachtungsgebiet beschränkt, sondern auch weitere Teile Sprembergs und seiner Umgebung umfasst.
Die Vergangenheit wird aufgegriffen, bewusst in die Gegenwart gezogen und für die Zukunft weiterentwickelt.

Brücke & Tor

Saskia Hebert (D) Architektin

Absolventin der UdK Berlin 1996. Zusammen mit Matthias Lohmann Gründung von <subsolar> 2000. Seit 2001 Dozentin an der TU Berlin.
In ihrem aktuellen Forschungsprojekt <Subjektive Landschaften> geht es um die Ausweitung des öffentlichen Raumes in einer schrumpfenden (ost)deutschen Stadt und die Beschreibung der Qualitäten des <gelebten Raumes>.
Mehr als auf Objekte und ihre Form konzentrieren sich <subsolar>-Projekte auf den Raum und die Möglichkeiten des Raumes. Nicht das Haus schafft die Stadt, sondern der Raum/die Räume, die es öffnet.

<subsolar>
Libauer Straße 20
10245 Berlin, Deutschland
T +49 3068893235
architekten@subsolar.net
www.subsolar.net

Die topografische Analyse des Standorts zeigt die klare Unterteilung des öffentlichen Raumes in Spremberg durch natürliche Grenzen, wie die in der Eiszeit entstandene Uferböschung der Spree, Dämme und Niederungen, die die Bahnhof- und Georgenstraße verbinden. Diese Barrieren isolieren den Georgenbergpark, den Festplatz, Stadtzentrum und Bahnhof und entziehen sie partiell der öffentlichen Wahrnehmung.
In einer Referenz an Georg Simmels 1909 entstandenen Text „Brücke und Tor" entstehen vier Gebäude **Wall**, **Steg**, **Passage** und **Kegel**, als mehrschichtige Verbindungen zwischen den vorgenannten „Inseln" im öffentlichen Raum und Gewebe der Stadt. Charakteristischerweise oszillieren die Objekte zwischen Land Art und Bauwesen. Funktional und für jeden Standort an der Bahnhofstraße variieren sie das Thema der Passage.
Durch das Angebot relativ kleiner, neuer Räume dienen die Bauten als Katalysatoren oder Vehikel im Sinn des von Vilem Flusser verwendeten Konzepts: Medien der „Erfahrung". Sie laden den Passanten ein, Passagier zu werden, Grenzen zu überschreiten, neue Wege zu entdecken, alte und neue Ansichten und Räume zu erleben und sich die zukünftige Entwicklung vorzustellen.
Bei wachsendem Interesse und Engagement der Bürger Sprembergs und ihrer Besucher entsteht ein neuer, optimierter Typus des öffentlichen Raumes: **gelebter Raum**.

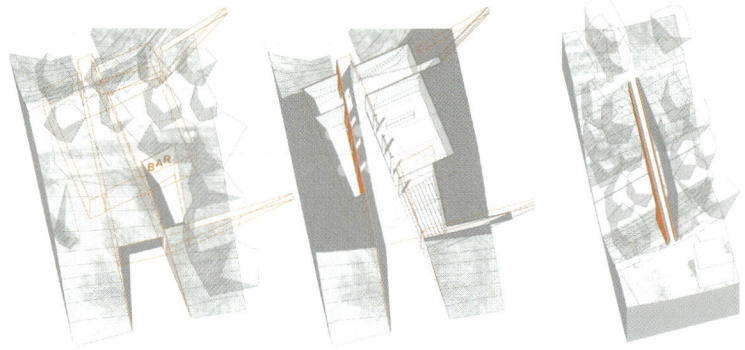

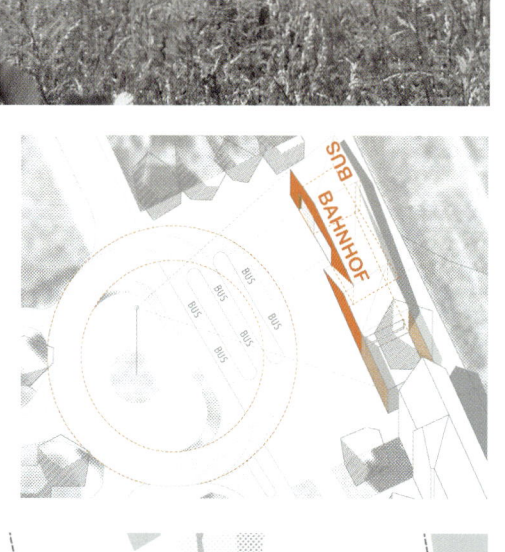

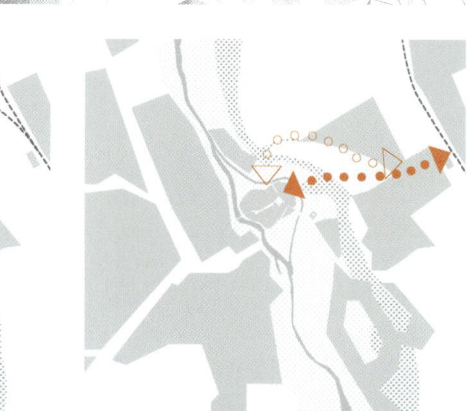

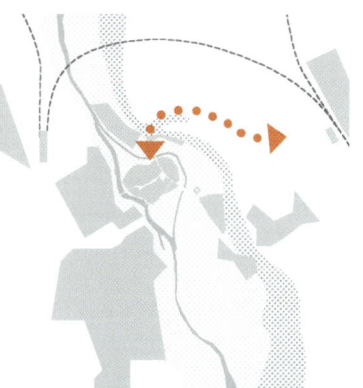

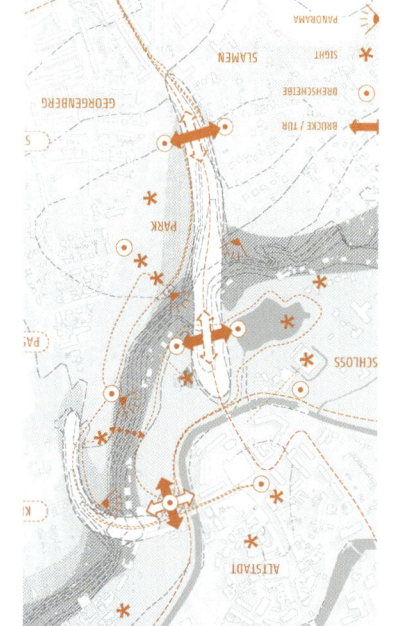

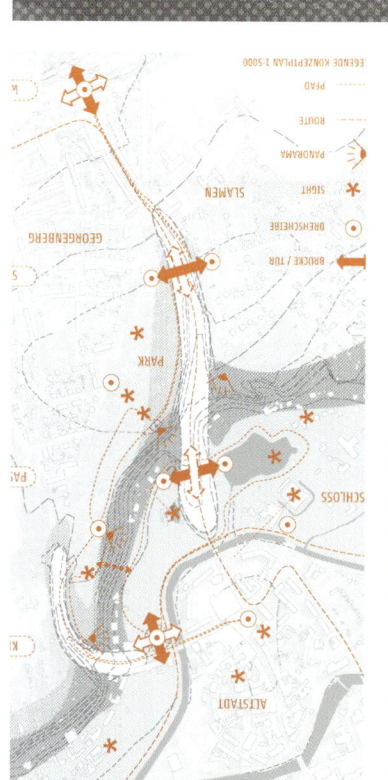

SPREMBERG, DEUTSCHLAND — PREIS

CHANCEN FÜR DEN ÖFFENTLICHEN RAUM WALKING

France
Clermont-Ferrand
Wie kann man ein ehemaliges Krankenhaus in ein kulturelles Zentrum verwandeln?

Stadt Clermont-Ferrand
Standort l'Hôtel-Dieu
Bevölkerung 141.000
Betrachtungsgebiet 27 ha
Projektgebiet 8.9 ha

Clermont-Ferrand liegt mitten im Zentralmassiv und ist die Hauptstadt der Region Auvergne. Im Großraum lebt ein Viertel der Bevölkerung der Region. Er bildet das Zentrum eines ausgedehnten urbanen Gebiets mit rund einer halben Million Einwohnern. Die Stadt beherbergt Industrie und Dienstleistungen, eine Universität und Forschungseinrichtungen und wurde lange Zeit durch die Automobilindustrie (Michelin) beherrscht. Dank der kürzlich erfolgten Anbindung an das Autobahnnetz, der Präsenz einiger großer Unternehmen von internationaler Bedeutung, der Rolle der Universitäts- und Forschungseinrichtungen und seiner lebendigen kulturellen Szene, besitzt Clermont-Ferrand tatsächliche Potenziale, die sie in Partnerschaft mit Lyon, Saint-Etienne und Grenoble weiter entwickelt. Das Stadtzentrum von Clermont-Ferrand ist heute bereits weiterentwickelt worden und von einer Straßenbahnlinie durchzogen. Der Krankenhauskomplex Hôtel-Dieu wird nach dem Umzug 2009 geschlossen. Das 27 ha große Betrachtungsgebiet umfasst das Krankenhaus und liegt innerhalb des ersten innerstädtischen Stadtrings. Es steht auf einem zentralen Hügel, der eine Rundsicht über die Kette erloschener Vulkane in der Auvergne bietet. Von strukturierenden Hauptachsen begrenzt, ist es ausgezeichnet erschlossen. Als Bindeglied zwischen dem Geschäftszentrum und dem Universitätsviertel stellt der Standort einen Schwerpunkt in der urbanen Erneuerungsstrategie der Stadt dar. Das Gebiet soll ein kultureller Knotenpunkt werden, ein „High-End-Bezirk", der jedes Element der urbanen Bandbreite beherbergen soll. Ende des 18. Jahrhunderts erbaut, schuf die Monumentalarchitektur des Hôtel-Dieu zunächst eine klare Raumordnung und qualitätsvolle Außenräume. Zahlreiche Erweiterungen verleihen dem Standort heute einen heterogenen Charakter, auch wenn einige Gebäude auf der Liste der denkmalgeschützten Bauten stehen. Der Standort des Hôtel-Dieu, mit einer Größe von 5 ha und einer Entfernung von weniger als 500 m vom Stadtzentrum, ist heute die einzige Liegenschaft Clermont-Ferrands, die Attraktivität der Stadt für Tourismus und Kultur mit einem gemischten Programm für 32.000 m² Wohnungen und 55.0000 m² Büroflächen und 7.000 m² für kulturelle Einrichtungen zu entwickeln. Eine behutsame Wegeführung soll das Gebiet durchziehen, die Waldatmosphäre der bestehenden Landschaft stärken.

Alessandra Swiny (UK), **Maria Hadjisoteriou** (KY), Architekten, **Aristotelis Dimitrakopoulos** (GR) Architekt und Stadtplaner, Georgia Gerogiou (KY), Martha Chrysostomou (KY), Innenarchitekten, George Kallis (KY) Architekturstudent

subterra-supraterra ist eine internationales Team (Griechenland, Japan und USA) und vereint verschiedene Professionen. Die drei Mitglieder sind praktizierende Architekten und Akademiker; aktuell unterrichten sie in Zypern. Ihr Hauptinteresse gilt Fragen der Komplexität, Verdichtung und Skalierung. Ihr Ziel: Minimale Umweltbelastung und maximaler Nutzen für die Menschen.

P.O box 24381
1703 Nicosia, Kypros
T +357 99867613
subterra.supraterra@gmail.com

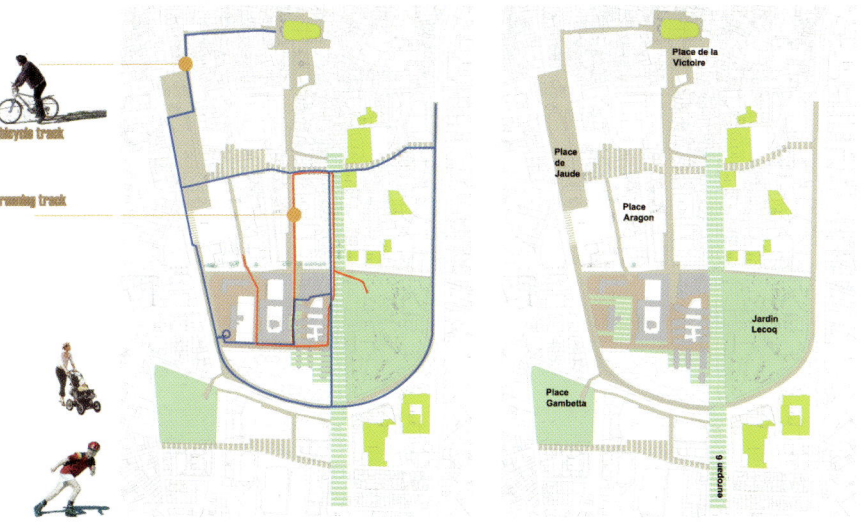

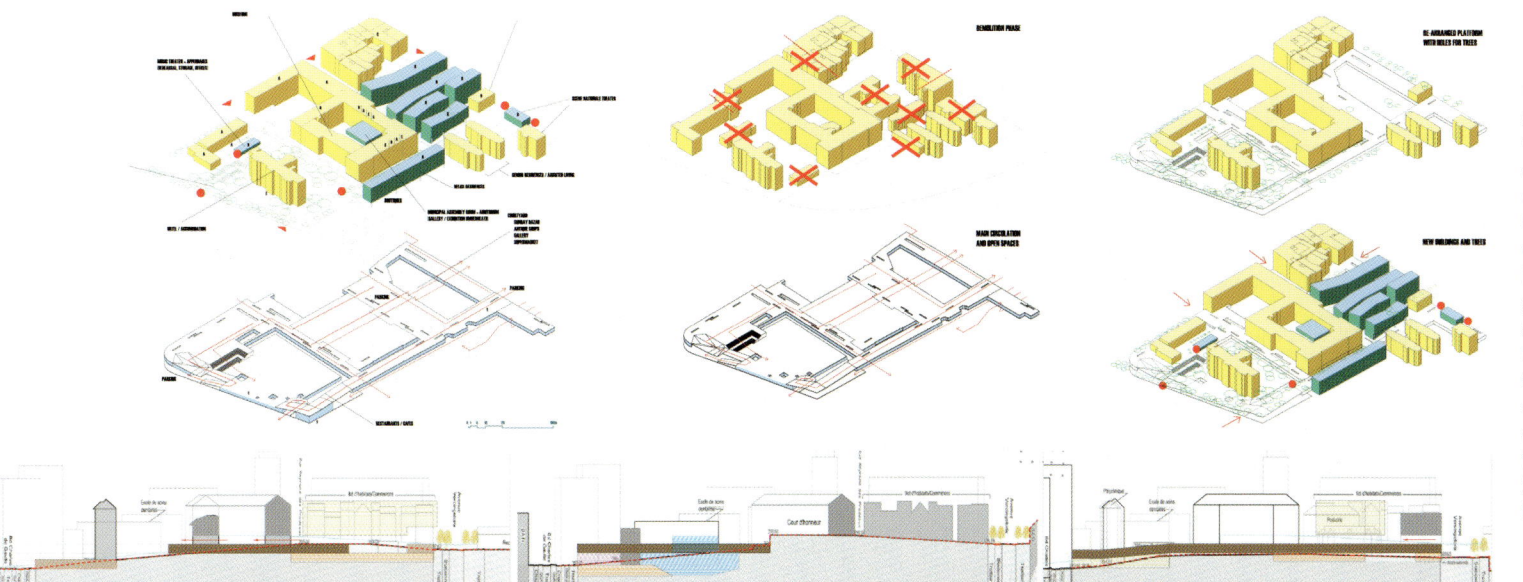

subterra-supraterra

[manipulation vulkanischer schichten]
Die urbane Strategie verfolgt das Ziel einer neuen Sequenz öffentlicher Räume. Es entsteht eine programmierbare Oberfläche in verschiedenen Schichten, die auf standortspezifischen Qualitäten aufbaut, auf die Komplexitäten reagiert und den Baumbestand erhält. Programmatische Zonen und öffentliche Räume werden in mehrere Ebenen eingebettet und bieten dem Fußgänger eine Vielzahl, sowohl visueller als auch tatsächlicher Zugänge und Optionen. So bewegt sich der Nutzer vom Unterirdischen zum Oberirdischen, subterra-supraterra. Der Effekt wird betont durch die Schaffung von drei Stadt-/Kulturhöfen, die in ein diverses und dynamisches System räumlicher Abfolgen und Konnektivität münden.

Guillaume Ramillien (F) Architekt

Ein Team auf Wanderschaft zwischen Frankreich, der Schweiz und Indien, ganz im Dienst des Territoriums und der Methode. Die Landschaft ist inhärente Qualität der Stadt, ihre Beziehung zum Boden und zum Horizont ist Allgemeingut. Die Forderung lautet auf der Grundlage dieser zweifachen Bedeutung: Aufwertung des gebauten und unbebauten Erbes.

123 boulevard de Ménilmontant
75011 Paris, France
T +33 670850198, +33 148065049
guillaume.ramillien@gmail.com
www.guillaumeramillien.fr

Patrimonium, Landschaft und Verdichtung

Um den komplexen und vielfältigen Anforderungen eines Krankenhauses, das mit einem Belvédère-Park ausgestattet ist und dessen Erbe es zu wahren gilt, gerecht zu werden, verfolgt das Projekt zwei Strategien. Die bestehende Verdichtung wird intensiviert, Alt- und Neubauten treten in einen Dialog mit dem mineralischen und tektonischen Untergrund und leichten, luftigen Erweiterungskonstruktionen. Freistellung und Erhalt großer, baumbestandener Flächen, die sich in die große Vulkanlandschaft der Auvergne hinein öffnen und damit zum „Leben im Park" einladen. Die Topografie wird respektiert. Der Grundsatz sozialer und generationenübergreifender Mischung wird in eine vielfältige, architektonische Typologie übersetzt.

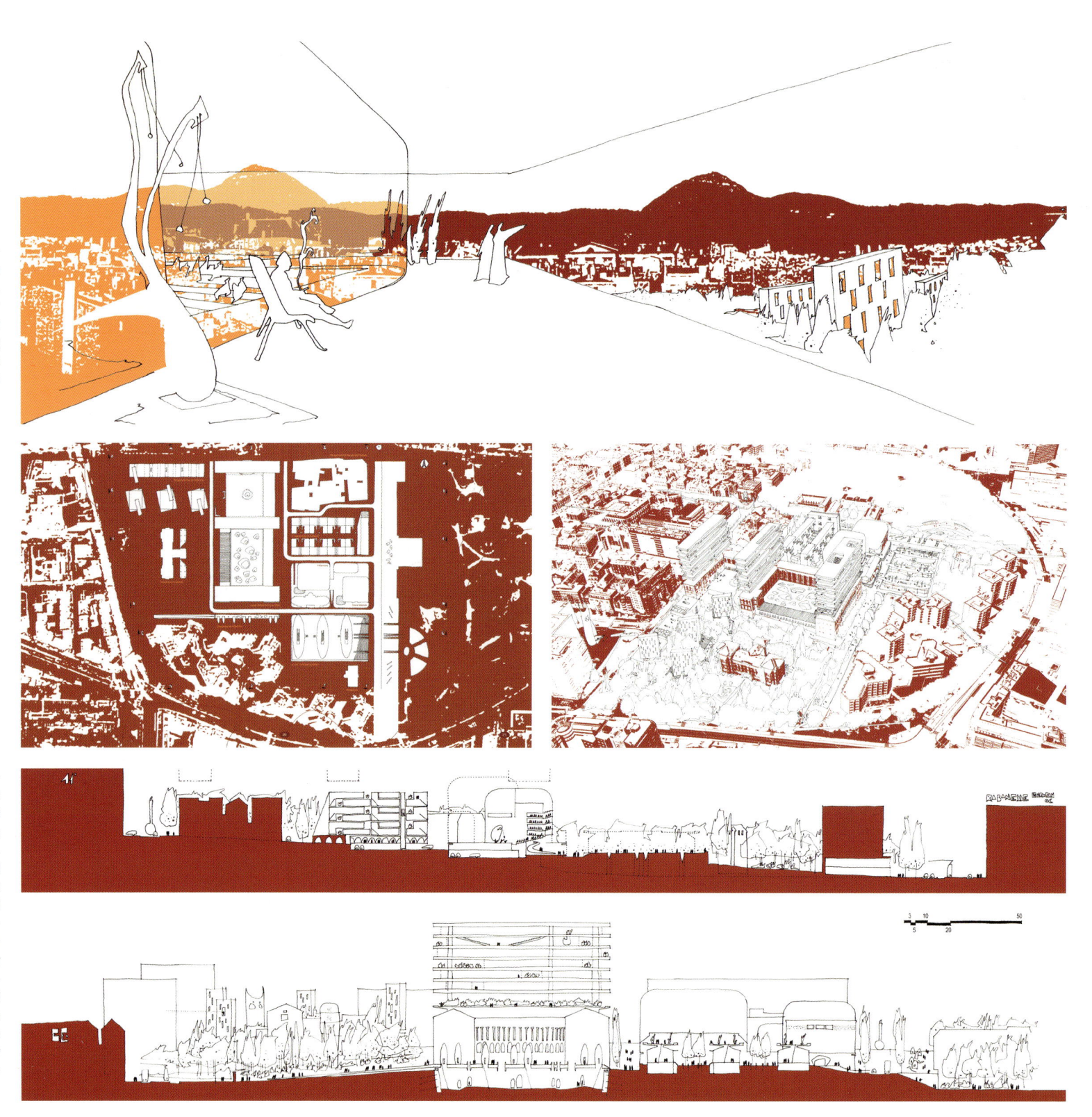

Norge Trondheim
Wie gestaltet man öffentlichen Raum rund um ein Studentenwohnheim?

Stadt Trondheim
Standort Elgesetergate 49/Abels gate
Bevölkerung 161.000
Betrachtungsgebiet 9 ha
Projektgebiet 0,9 ha

Die Stadt Trondheim befindet sich in Mittelnorwegen an der Mündung des Flusses Nidelva in den Trondheim Fjord und ist heute ein wichtiges Zentrum für Industrie und Handel, Bildung und Forschung. Im ersten Jahrzehnt des zwanzigsten Jahrhunderts entwickelte sich Trondheim auch zu einem Bildungszentrum, weil das Norwegische Institut für Technologie hier angesiedelt wurde. Dieses entwickelte sich zur Norwegischen Universität für Wissenschaft und Technologie, der zweitgrößten Universität Norwegens. Zur Zeit studieren in Trondheim 30.000 Studenten. Im südlichen Teil des Stadtgebiets, direkt an das Stadtzentrum angrenzend, ist das Gebiet von Elgeseter durch die Hauptstraße Elgesetergate, die von Süden in das Stadtzentrum führt, in zwei Teile geteilt. Elgesetergate hat ein durchschnittliches Verkehrsaufkommen von 30.000 Fahrzeugen pro Tag, daher ist die Belastung durch Emissionen sehr hoch. Das Betrachtungsgebiet befindet sich zwischen Fluss, Universität und dem Stadtzentrum. Die Universität macht als Motor für die soziale und physische urbane Entwicklung das Gebiet sehr attraktiv. Hauptaufgabe ist der Neubau einer innovativen, nachhaltigen, zukunftsorientierten Studentenwohnanlage und die Schaffung neuen öffentlichen Raumes, der dieses Projekt mit dem Universitätscampus und anderen Gebäuden der Universität, mit der Uferpromenade sowie mit anderen Funktionen in der umgebenden urbanen Textur verbindet. Es ist ein strategisches Projekt zur Schaffung einer grünen Achse vom Campus Gløshaugen bis zum Fluss Nidelva zu entwerfen, so dass die Hauptstraße Elgesetergate ihre Barrierewirkung verliert. Der Standort umfasst die Straße Abelsgate, die Kreuzung Elgesetergate, und zwei offene Räume beiderseits der Straße. Diese werden zur Zeit als Parkplatz benutzt. Von der Ostseite des Standorts aus ist eine offene Grünstruktur durch das Gebiet und hinüber zur anderen Straßenseite geplant, die am Fluss endet. Die Gebäude in diesem Bereich sind etwa vier- bis fünfgeschossig und zumeist Wohngebäude. Das Projektgebiet an diesem Standort ist der Hinterhof eines bestehenden Gebäudeblocks, der transformierte Block soll als eine Einheit betrachtet werden. Der Entwurf sollte ein Studentenwohnheim mit herausragender Qualität innerhalb eines neuen Gebietes mit Mischnutzung und einem neuen attraktiven öffentlichen Raum gestalten.

MySpace: Drei Phasen im interaktiven Raum

Clara Murado (E), **Juan Elvira** (E), **Enrique Krahe** (E), Architekten

Drei Architekten mit eigenen Studios in Madrid, wo sie an verschiedenen Universitäten lehren. Juan Elvira und Clara Murado studierten an der IUA Venezia und belegten Postgraduiertenkurse in Columbia. Enrique Krahe war in Paris. Seit 1988 immer wieder erfolgreich gemeinsame Entwürfe für nationale und internationale Ausschreibungen und Wettbewerbe, u.a. Europan 6 und 8. Außerdem Arbeit als Kritiker und Redakteure bei der Architekturzeitschrift „Oeste" und zahlreiche Essays in Fachbüchern und Journalen.

Murado & Elvira Arquitectos
José Abascal 28, 2º izq II
28003 Madrid, España
T +34 914452617
www.murado-elvira.com

1. Taschenwelt. MySpace Building verbindet extrem intime und private Situationen mit expliziter Extroversion. Mein Raum ist meine Welt. Ein Mechanismus, der die eigene Identität expandieren lässt und schließlich Wechselbeziehung und Austausch mit anderen möglich macht. Der eigene Raum ist ein Labor, in dem sich Fähigkeiten testen lassen, die in jedem interaktiven Akt eine Rolle spielen. Der beste Raum ist der, der unsere eigene kleine Welt bereitstellt.

2. Chatrooms. Virtuelle Chatrooms sind effektive öffentliche Räume im Kontext globaler Gesellschaften, deren Community Building zunehmend von der Suche nach Gemeinsamkeiten und Affinität abhängig ist. Hier begegnen sich Avatare, hier wechselt man die Identität, hier beschleunigt sich das Selbst. Man stelle sich vor: ein räumliches Medium, das subjektive persönliche Identitäten miteinander verbindet und integriert.

3. Raumkolonie. Outdoor oder Indoor... der Unterschied verschwimmt. Denken wir uns ein offenes Umfeld, einen frischen Außenbereich, in dem Straßen und Parks verschmelzen und in dem die Architektur des Inneren einen Platz findet. Denken wir uns das Interieur, das die Bedingungen des öffentlichen Raumes übernimmt: unprogrammierbar, multipel. Ein manchmal wilder Ort. Mischnutzung, eine Hyperlounge über zwei Etagen in unterschiedlichem Ambiente. Man kann spielen, während die Wäsche gewaschen wird, man hört einen Vortrag und backt dabei Brot.
Drei Fallstudien erkunden die neue Gemeinschaft und dienen dem Studentenwohnprojekt als Leitfaden.

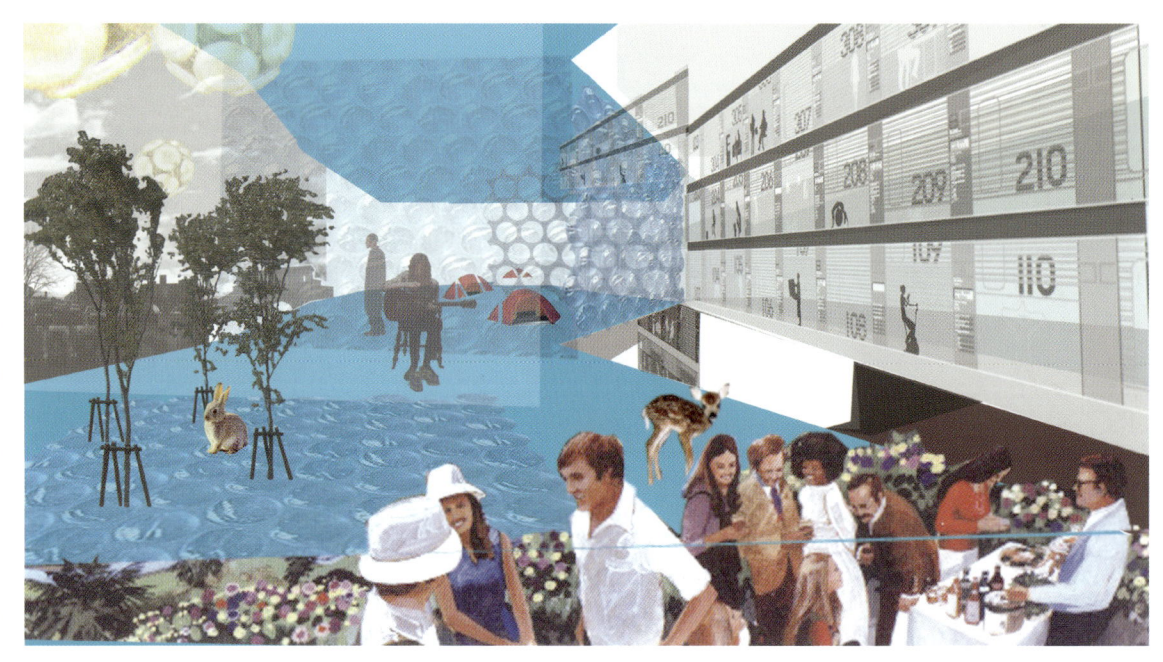

TRONDHEIM, NORGE — PREIS

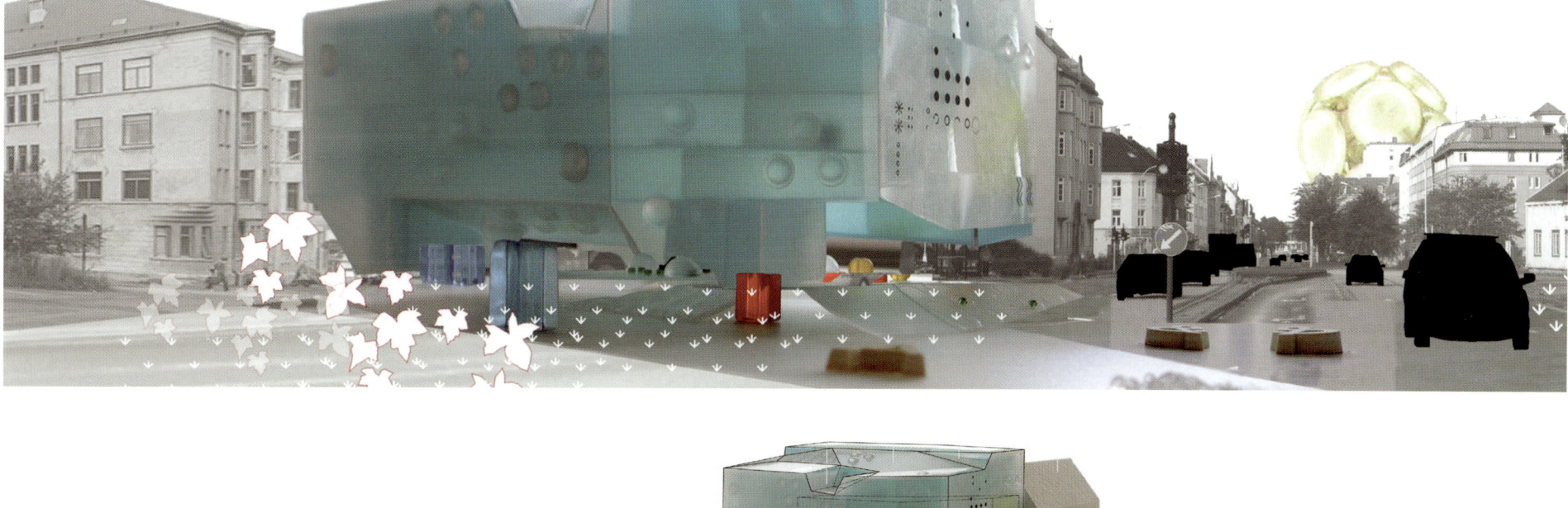

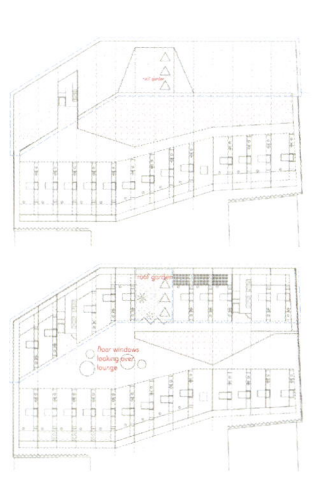

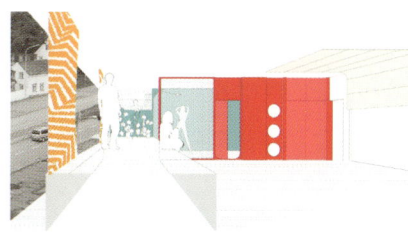

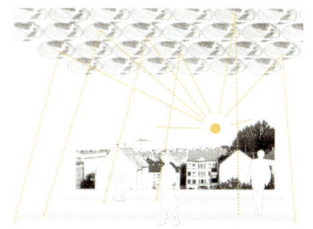

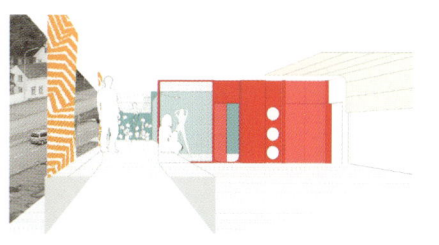

207 CHANCEN FÜR DEN ÖFFENTLICHEN RAUM WALKING

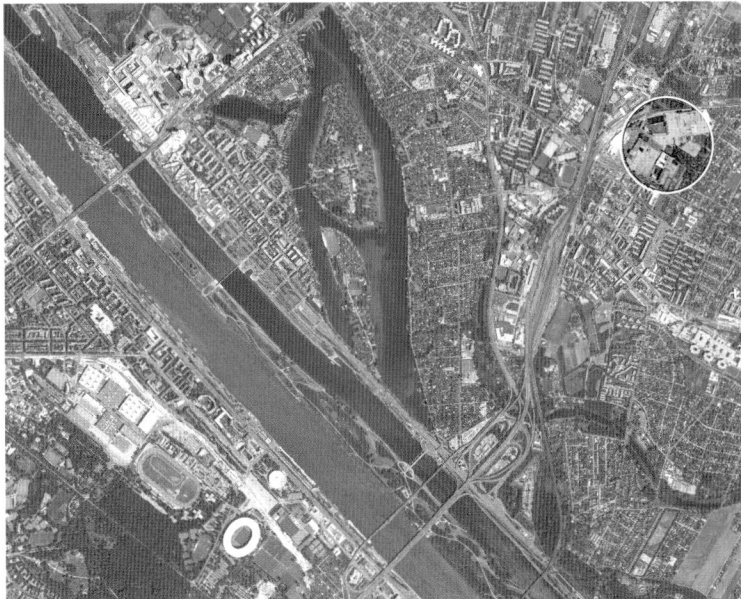

Österreich
Wien
Kann öffentlicher Raum eine soziale Mischung erzeugen?

Stadt Wien
Standort Neu Stadlau
Bevölkerung 1.600.000
Betrachtungsgebiet 24 ha
Projektgebiet 3,5 ha

Durch die EU-Erweiterung wurde Wien zum Zentrum einer Agglomeration zwischen Bratislava, Budapest und Brno. Wiens sozialer Wohnungsbau, der im Roten Wien der 1920er Jahre mythischen Status erreichte, hat den primären Nachfragebedarf in den Randgebieten weitgehend abgedeckt. Heute besteht die Aufgabe darin, einen fragmentierten Mix von Infrastrukturen, Wohnbaukomplexen, Industriearealen und landwirtschaftlich genutzten Flächen neu zu organisieren Deindustrialisierte Bereiche müssen revitalisiert werden und sich dabei mit den Fragmenten früherer Nutzungen auseinandersetzen.

Die Projekte „Star 22", „Oase 22" und „Base 22" und das Umweltzentrum werden „Neu Stadlau" bilden, einen neuen urbanen Pol mit einer Vielzahl an Nutzungen: Büros, Shopping, Wellness- und Freizeitaktivitäten, einem Markt, Betriebshof, Dienstleistungszentrum und unterschiedlichen Wohnformen inklusive betreutem Wohnen und Seniorenzentrum.

Eine ehemalige Maschinenfabrik hat eine riesige Fläche für eine ambitionierte städtebauliche Entwicklung freigesetzt. Das Areal nördlich der historischen Stadlauer Vorstadt ist etwa 900 m von der neuen U-Bahn-Station entfernt. Auf der Ebene des Städtebaus ist ein Konzept für die Verbindungen der einzelnen Entwicklungen, mit einem Fokus auf sanfter Mobilität, vorzuschlagen. Bei der Vermittlung zwischen unterschiedlichen Maßstäben und Nutzungen, sind die Geschwindigkeiten und Gewohnheiten unterschiedlicher Akteure im öffentlichen Raum zu berücksichtigen. Ein neues Konzept öffentlichen Freiraums soll zeigen, inwiefern Raum als Mechanismus der Integration agieren kann. Zur Verbesserung der lokalen Bedingungen gehören auch die Neuentwicklung eines bislang nicht funktionierenden Marktplatzes und die Überwindung starker Barrieren.

Das Projektgebiet ist als Wohnquartier mit Schwerpunkt auf den Bedürfnisse älterer Menschen zu entwickeln, in engem Kontakt mit jüngeren Generationen und den benachbarten Einrichtungen (studentisches Wohnen, Shopping, Fitness, Büros etc.). Zu planen sind 180 unterschiedliche Wohneinheiten, ein Tagespflege-Zentrum und eine Gartensiedlung. Das Projekt soll in den nächsten fünf Jahren umgesetzt werden und als Beispiel für die Integration älterer Menschen im urbanen Raum dienen.

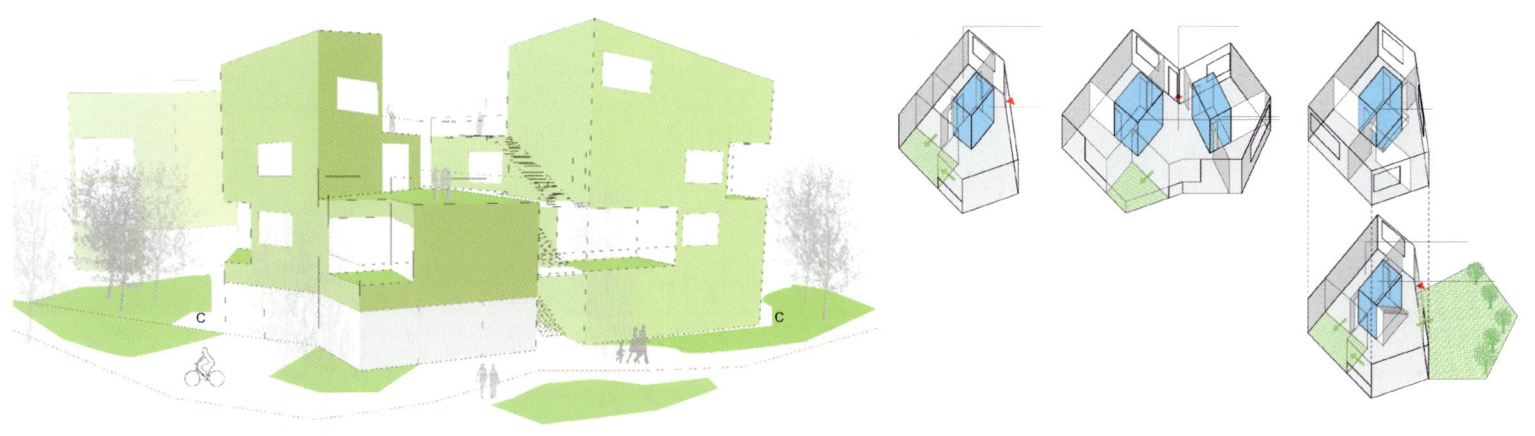

Sven Klöcker (D) Architekt

Architekturstudium in Wien, Diplom in Aachen. Lebte in verschiedenen Städten, u.a. in Amsterdam. 2008, im Jahr von Europan 9, war er in Lissabon. Sein Hauptinteresse gilt der Entwicklung und Konzeptionalisierung einer sich in die zeitgenössische Kultur integrierenden Profession.

skloecker@mokarch.com
www.mokarch.com

Urbane Ströme

Stadlau liegt zwischen Stadt und Land. Der Entwurf verknüpft Landschaft und urbane Strukturen durch Ströme, die die Donaulandschaft in der Nähe des Planungsgebiets verbinden. Inseln entstehen im Strom. Auf einer von ihnen wird ein Wohnungsbauprogramm realisiert, das als Garten gedacht ist. Die Baukörper bilden die Elemente des Gartens und lassen Vielfalt in den Zwischenräumen entstehen. Diese weisen einen von den Bewohnern kultivierten, jeweils eher privaten oder öffentlichen Charakter auf. Die Wohnbauten sind für unterschiedliche Nutzungskonzepte ausgelegt. Privatwohnungen, Gemeinschaftswohnen, Garteninsel, Felsen als Angebot für die Öffentlichkeit und Landschaftsströme bilden eine komplexe Raumstruktur und unterschiedlich skalierbare Funktionssysteme.

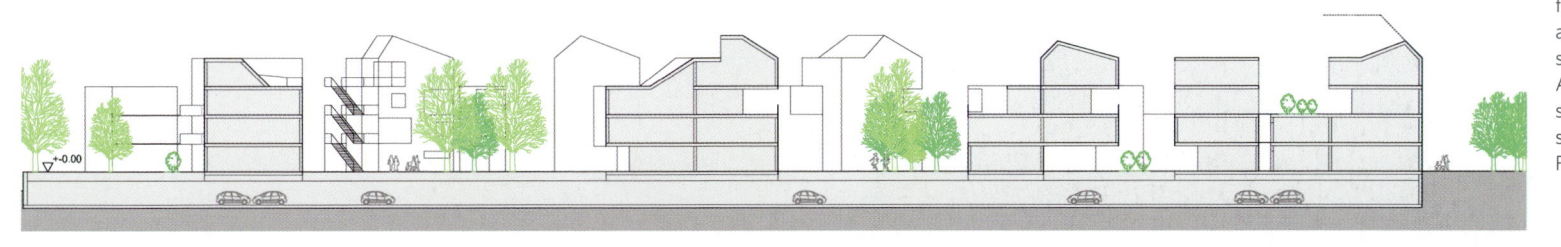

swobodas go neustadlau - zehn häuser für ein halleluja

Benni Eder (A), **Theresa Krenn** (A), **Katharina Urbanek** (A), Architekten

studio uek (aus Urbanek, Eder and Krenn) entwickelte sich aus einer losen Zusammenarbeit. Die drei Architekten verbindet das gemeinsame Interesse an interdisziplinären Projekten wie Studien zum Städtebau, Kleinprojekten und Gebrauchsarchitektur. Grundlage der Zusammenarbeit ist die gemeinsame Neugier, der bebauten Umgebung Sinn und Bedeutung zuzuordnen und das Bestreben, auf spezifische Situationen einzugehen, ohne verallgemeinernde Konzepte und Strategien aus der Vogelperspektive zu erstellen.

studio.uek@live.at

Das Projekt nähert sich dem Problem des öffentlichen Raums an der Stadtperipherie durch zwei Strategien mit Interventionen auf verschiedenen Ebenen.

Drei verschiedene Bewohnertypen mit ihren entsprechenden Bewegungsradien werden in Betracht gezogen, um den Ist-Zustand des Betrachtungsgebietes zu beurteilen. Diese Herangehensweise führt zu einer Neu-Bewertung auf der Ebene des Quartiers, so dass vorhandene, aber oft verborgene Eigenschaften herausgearbeitet und neu bewertet werden können. Ein Entwicklungsplan bringt die örtlichen und zeitlichen Beziehungen der verschiedenen Projekte kleineren Maßstabes zusammen und schafft die Bedingungen für die Zusammenarbeit zwischen den einzelnen Akteuren (z.B. öffentlich-private Partnerschaft für Stadtmöblierung).

Das Wohnbauprojekt selbst reagiert auf die Inselnatur der Peripherie: Eine neue Insel entsteht, welche sich klar nach außen abgrenzt und damit das Innenleben definiert. Der so entstandene Innenhof wird in individuelle, kleinere Parzellen aufgeteilt und – unter Einbeziehung der Bewohner – mit gezielt geplanten Programmen ausgestattet.

Das gesamte Projekt wird in zehn einzelne Häuser mit spezifischen Wohntypen und Gemeinschaftsflächen strukturiert, um eine gemeinsame Identität zu schaffen. Auf der bewohnten Dachfläche gibt es Gemeinschaftsflächen und Wege, die zum Spaziergang über die Dächer einladen.

Den Bau- und Planungsprozess begleitet ein partizipativer Aktivierungsprozess, um das Gemeinschaftsgefühl der neuen Bewohner zu fördern. Die breitgefächerten individuellen Bedürfnisse nach verschiedenen sozialen Infrastrukturen und Dienstleistungen werden mit einem modularen System von Einrichtungen erfüllt.

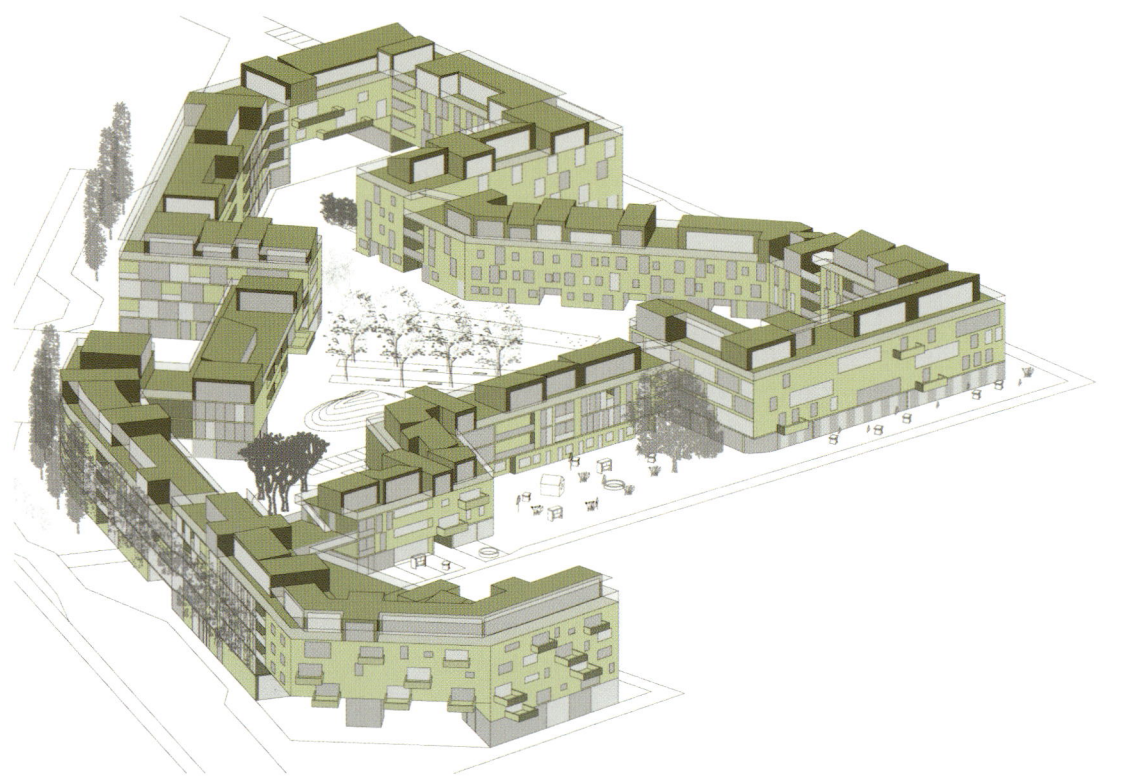

WIEN, ÖSTERREICH PREIS

211 CHANCEN FÜR DEN ÖFFENTLICHEN RAUM WALKING

Portugal
Santo Tirso
Kann aus der Verbindung von neuer Mobilität mit öffentlichem Raum urbane Kohärenz entstehen?

Stadt Santo Tirso
Standort Vale da Ribeira do Matadouro
Bevölkerung 24.649 (Stadt)
Betrachtungsgebiet 23,89 ha
Projektgebiet 5,83 ha.

Die Landschaft und das Potenzial des Kulturerbes von Santo Tirso prägen das urbane und ökologische System im Großraum von Porto. Die Bergkette und die Flusstäler des Ave und des Leça strukturieren auf bemerkenswerte Weise die Topografie der Metropole. Die Wirtschaft in der Region ist durch eine Mischung von Landwirtschaft, Industrie und Dienstleistungen gekennzeichnet. Die Erreichbarkeit ist über das nationale Hauptstraßennetz gewährleistet, dies steigert die Attraktivität der Stadt signifikant und in metropolem Maßstab, bezogen auf die Wohn-, Freizeit- und Erholungsfunktionen. Neben dem Verwaltungszentrum von Santo Tirso, wo sich das Rathaus und der städtische Sportkomplex befinden, in unmittelbarer Nähe des Flusses und des gegenüberliegenden Klosters aus dem 10. Jahrhundert, liegt das Betrachtungsgebiet. Der Stadtteil ist von unterschiedlichen Bauformen wie Mehrfamilienhäusern, Einfamilienhäusern und städtische Einrichtungen geprägt. Brachflächen und Bauland, zum Teil in städtischem Besitz, erlauben die Neudefinition der Grenze zwischen bebauten Grundstücken und Freiräumen, die es für urbane Funktionen zurückzugewinnen gilt. Es gibt zwei verschiedene Bereiche mit spezifischen Zielvorgaben: eine dem Verkehr gewidmete Zone (Autos und Fußgänger); ein weiteres (bebaubares) Gelände zur Requalifizierung und gegebenenfalls Implementierung städtischer Funktionen. Grenzen müssen verschwinden, neue Aktivitäten das Gebiet beleben, die ökologische Nachhaltigkeit der Naturressourcen und der Landschaft gilt es zu fördern. Eine gute urbane Integration in einen allgemeinen Prozess der Aufwertung ist das Ziel. Der öffentliche Raum ist von strategisch herausragender Bedeutung, als Bindeglied und privilegierter Ort, an dem ein eindrucksvolles Bild der Qualität der Zone vermittelt wird. Von daher sind eine klare Definition der Grünflächen in der Stadt und die Aufwertung des Images des urbanen Raumes die Hauptthemen. Konkret geht es um die Auseinandersetzung mit aktuellen Nutzungen und dem Bestand: mit einer Gruppe kleinerer Häuser und kleiner Geschäfte sowie Dienstleistungen im Stadtteil (eine Gärtnerei ist umzuwidmen/requalifizieren; eine Jugendherberge, eine Umweltschule/-studio und ein altes Schlachthaus sind neuen Nutzung zuzuführen/anzupassen) und den öffentlichen, natürlichen Räumen (Grünflächen und/oder kollektiv genutzte Bereiche unter Berücksichtigung von Fuß- und Radwegen).

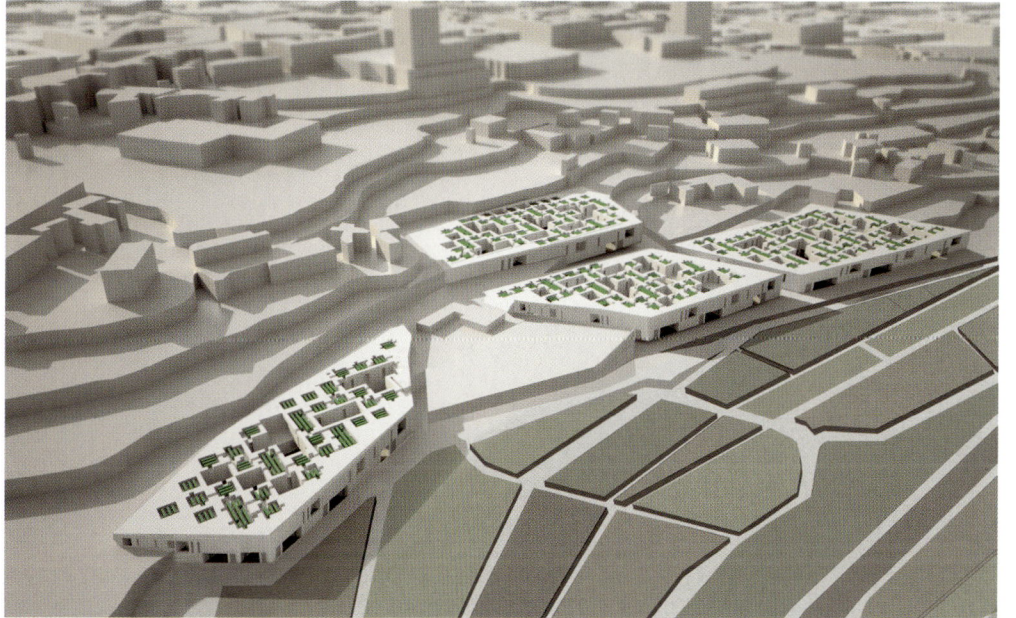

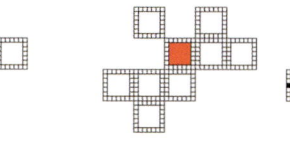

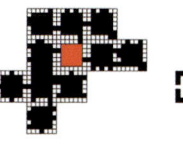

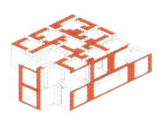

Joel M. Moniz (P), **Alexandre Branco** (P), Architekten und Stadtplaner, **Mário João Duarte** (P), **Emanuel De Sousa** (P), Architekt

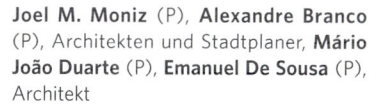

x.arquitectos – gegründet zum Erfahrungsaustausch und zur Debatte von Lösungen. Interessenschwerpunkt der beteiligten Architekten ist die Auseinandersetzung mit neuen urbanen Strukturen und Ansätzen, die soziale Beziehungen begründen.

x.arquitectos
rua Eça de Queirós
Ed. Natália Correia, n.º 581 B, 4º B
4760-141, V.N. de Famalicão, Portugal
T + 351 932218361
joel.m.moniz@gmail.com

Plateau und Landschaft – eine operative Topografie

Ausgangspunkt des architektonischen Konzepts ist der landwirtschaftlich genutzte Gemüsegarten. Es entsteht eine Reihe neuer, besiedelter Plattformen, auf denen das gesamte Wohungsbauprogramm untergebracht wird. Überdachungen und Höfe dienen der Privat- und Gemeinschaftsnutzung und fördern den Übergang vom Urbanen zum Ländlichen. Die multifunktionale Struktur ergibt eine hybride Plattform, die verschiedenen Programmen dient, die Integration produktiver Einheiten im Wohngebiet als Grundlage einer Familienökonomie unterstützt. Der harmonische Übergang vom urbanen Maßstab des Blockes zum ländlichen Maßstab des Ackers mit seinen Einzelhäusern resultiert aus der Verbindung aller Elemente.

Slow / fast landscape

Gilberto Pereira (P) Architekt (Stadtplanung), **Ana Sofia Pacheco** (P) Landschaftsarchitektin, **Bruno Sousa** (P) Architekt (Stadtplanung), **Jorge Barbosa** (P), **Vitor Esteves** (P), Landschaftsarchitekten

Aktuelle Probleme erfordern zeitgemäße Lösungen. Dazu gehört auch die Wettbewerbsaufgabe. Zur Überwindung der unartikuliert erfolgenden Expansion der Städte gegen natürliche Ressourcen und urbanes Leben muss es die Diskussion im multidisziplinären Team geben. So fand sich eine Gruppe junger Gestalter im Bemühen um innovatives Design, das natürliche und künstliche Elemente in ein umfassendes, multifunktionales und nachhaltiges urbanes System einbettet, das urbanen Lifestyle von hoher Qualität zum Element harmonischer Landschaften macht.

rua Visconde Bóbeda n.70 3º Andar
4000 Porto, Portugal
T +351 963275949
europan.sts@gmail.com

Der Entwurf umfasst verschiedene Phasen, Dimensionen, Rhythmen und Entwicklungsperioden. Er ist eine Chance zur Transformation eines „Nicht-Ortes", der Mehrwert für das soziale, urbane und natürliche Ambiente von Santo Tirso generieren soll. Das Vorhaben respektiert lokale Kultur, Ökologie und Tradition. Die Gestaltungsmethode gehorcht den Grundsätzen der Nachhaltigkeit und Integration. Der Raum wird zu einem lebenden Organismus, der einen Teil der Stadt in einem modernen Park-Stadt-Kontext regeneriert. Strukturierter öffentlicher Raum und ein neues natürliches und urbanes Image mit entsprechenden Funktionen bilden das Herzstück und die interaktive Grundlage für – gebaute, unbebaute, funktionale, vorhandene, natürliche, biologische, humane – Projektelemente.

Der Park ist Feuchtbiotop und fördert ökologische Nischen, die die Polyvalenz der lokalen und neuer Pflanzen fördern und zugleich Biodiversität möglich machen. Ergänzt durch ein Netzwerk umweltfreundlicher Systeme, Wege und (pädagogischer, kultureller, freizeitgestaltender) Programme entsteht eine Verbindung zwischen Natur und Umfeld. Die Attraktivität des Parks ist ebenso garantiert, wie seine ökonomische, soziale und ökologische Nachhaltigkeit.

Die Wohnbauten – multifunktionales urbanes Leben mit Nachhaltigkeitsmanagement – gewährleisten ständiges Leben im öffentlichen Raum und ergänzen es um eine neue form- und funktionsbestimmte Dimension.

Dieser Ort zeigt sich dem Nutzer, der zwischen den Zeilen lesen kann, in unterschiedlichem Tempo. Der Nutzer selbst ist Beobachter und aktives Landschaftselement.

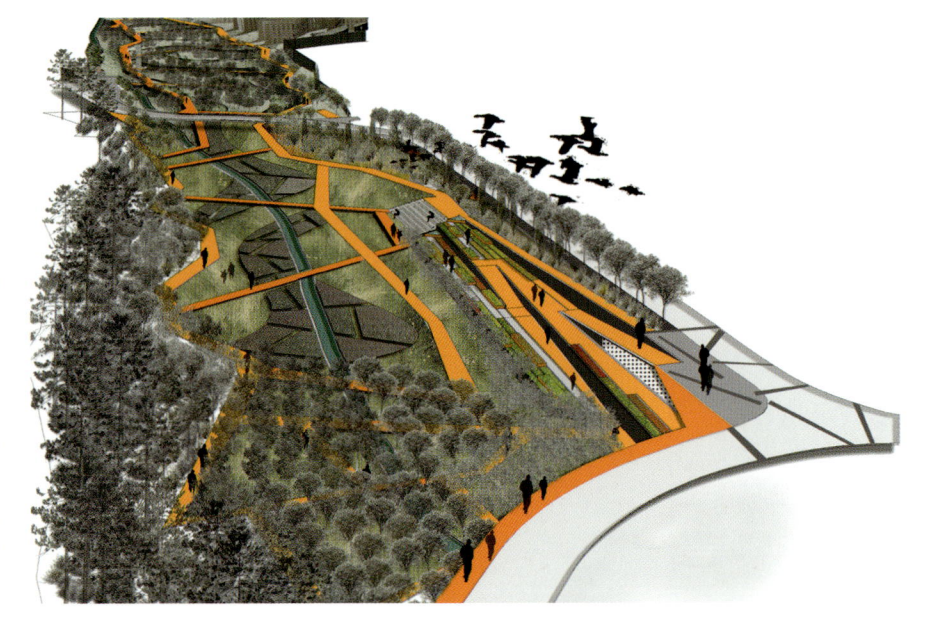

SANTO TIRSO, PORTUGAL

PREIS

215 CHANCEN FÜR DEN ÖFFENTLICHEN RAUM WALKING

United Kingdom
Milton Keynes
Wie kann man eine städtische Gemeinschaft in der Nähe von Straßen herstellen?

Stadt Milton Keynes
Standort Fairfield, westliches Erweiterungsgebiet
Bevölkerung 218.660
Betrachtungsgebiet 9,9 ha
Projektgebiet 2,4 ha

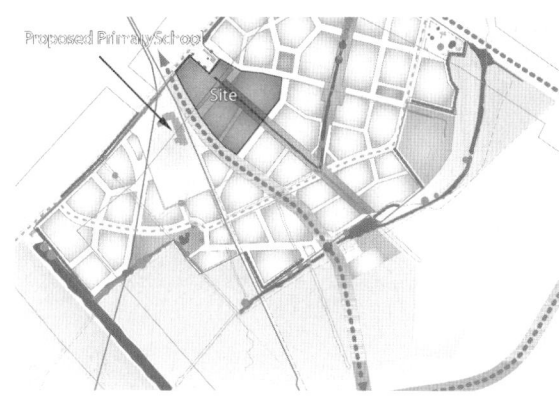

Milton Keynes wurde in den späten 1960er Jahren auf Agrarland mit sanften Hügeln unter Einbeziehung von drei bestehenden Städten und zehn Dörfern geplant. Innerhalb von 30 Jahren hat die Stadt eine Identität entwickelt und allmählich die soziale und ökonomische Kapazität erlangt, die Bedürfnisse ihrer Bewohner zu erfüllen. Der Erweiterungsstandort ist an den Grenzen der Stadt zu den Feldern angesiedelt, bis 2011 soll hier eine kleine Stadt mit 6.000 neuen Wohnungen entstehen.

Dieses Projekt soll einen Standard für künftige städtebauliche Entwicklungen setzen. In einer Stadt, die für das Auto konzipiert wurde, stellt die Förderung einer nachhaltigeren Entwicklung und einer verstärkten Nutzung öffentlicher Verkehrsmittel eine große Herausforderung dar. Die Vision für die westliche Stadterweiterung besteht darin, einen nachhaltigen Ort zu schaffen, der gut angebunden ist und in dem man gerne lebt, arbeitet, lernt und seine Freizeit verbringt. Das künftige Gebiet soll eine attraktive Identität ausstrahlen und über eine Vielfalt unterschiedlicher Haustypen und Dichten verfügen und in ein funktionsfähiges öffentliches Verkehrsnetz eingebunden sein. Die neuen Wohnbauten sollten einen modernen Charakter haben. Der Struktur der Entwicklung sollte leicht ablesbar sein, die besondere Landschaftsgestaltung ergänzen und die städtebaulichen Gestaltungsprinzipien exemplarisch darstellen. Die Einbeziehung einer Schule sowie eine gute Anbindung an das öffentliche Verkehrssystem lassen einen Ort mit einem breiten gesellschaftlichen und wirtschaftlichen Angebot entstehen.

Das Betrachtungsgebiet soll vorwiegend Wohnen nutzen und die City Street, eine öffentliche Schule und den lokalen Park einschließen. Es soll eine neue Grundschule in einem angemessenem Umfeld entstehen, die eine starke Präsenz zur Straße aufweist.

Der Projektstandort ist ausschließlich für Wohnnutzung bestimmt und soll eine Mischung von Wohnungen, Stadthäusern und Doppelhäusern anbieten, mehrgeschossige Wohnungsbauten sollten zur City Street orientiert sein. Es sollen unterschiedliche Haustypen in Eigentumsform entstehen.

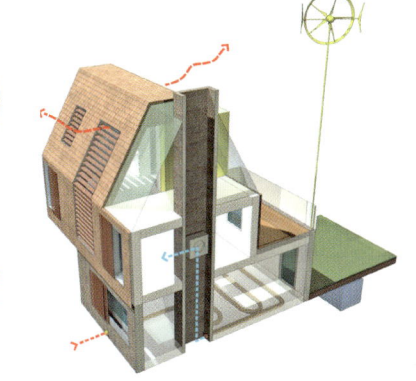

Alex Franklin (UK), **Phil Catcheside** (UK), **James White** (UK), Architekten, Roman Spur (CZ) Umweltingenieur, Nick Wharton (UK) Architekt, Simon Green (UK) Landschaftsarchitekt

Loop Architecture wurde im Juni 2006 gegründet. FF777 als Kooperationsprojekt mit den übrigen Mitgliedern des Teams. Das Motto: Bessere Gemeinschaften entstehen, wenn man den Menschen bessere Orte zum Leben, Arbeiten und für die Begegnung anbietet.

Loop Architecture/FF777
166b St Paul's Road
N1 2LL London, United Kingdom
info@looparchitecture.com
www.looparchitecture.com

Farmstead urban village

Es geht um einen neuen, urbanen Charakter für Milton Keynes und, entsprechend, um die Erschließung ländlicher und halbländlicher Zonen. Jede Form von Bauen in diesem Kontext kann nur mit Vorsicht erfolgen. Für die Natur gibt es keine Taste, um durchgeführte Operationen rückgängig zu machen. Der Entwurf wahrt so weit wie möglich den Charakter des natürlichen Umfelds. So entsteht eher eine Stadtlandschaft, als ein rein suburbanes Erschließungsmuster. Sechs Wohntypen finden sich in eine urbane Blockbebauung integriert, getrennt durch vorhandene Hecken. Das Konzept der nachhaltigen Energienutzung findet seinen Ausdruck in der äußeren Gestaltung der Gebäude.

A forest in the city

Tom Russel (UK), **Victoria Emmett** (UK), Architekten, Oliver Leonard (UK) Architekturstudent

Das Architekturbüro Tom Russell Architects wurde 2001 gegründet und entwickelte seinen Schwerpunkt im Verhältnis zwischen dem Entwurf von Wohnbebauung und dem Zusammenhalt einer Gemeinschaft. Diese Themen werden in der Lehre und in der Praxis erforscht. Die Praxis interessiert sich dafür, wie städtebauliche Planung und Wohnbebauung auf die aktuellen sozialen Veränderungen reagieren kann, um das Gerüst für starke Gemeinschaften zu bieten. Architektur wird nicht als Selbstzweck gesehen, sondern als eine Möglichkeit, unterstützenden Hintergrund für die Erfahrungen und sozialen Beziehungen zu bieten, die eine Stadt ausmachen. Tom Russell Architects hat zum Ziel, eine klare und flexible Architektur zu schaffen, die die Bildung sozial kompetenter und nachhaltiger urbaner Orte ermöglicht.

Tom Russel Architects
131 lower Cheltenham place, Montpelier
BS6 5LB Bristol, United Kingdom
T + 44 1179070492
mail@tom-russell.co.uk
www.tom-russell.co.uk

Als „neue Stadt" in den siebziger Jahren erbaut, ist Milton Keynes in einem breiten Raster von Straßen angelegt, an deren Rändern großzügige Grünanlagen entlanglaufen. Sie heißt heute „die Stadt im Wald", weil der Ort von fast zwanzig Millionen Bäumen umhüllt wird. Herausforderung für diesen Entwurf war es, ein Modell für die Erweiterung von Milton Keynes zu schaffen, das eine dichtere und urbanere Struktur für das Gemeinschaftsleben bietet und gleichzeitig das Charakteristikum von Milton Keynes als einer grünen Stadt bewahrt.

Der Vorschlag versucht, das Verhältnis zwischen Grünflächen und erbauter Struktur in Milton Keynes umzukehren. Anstelle einer „Stadt im Wald" geht der der Entwurf vom Blickwinkel des „Waldes in der Stadt" aus. Innerhalb der Struktur wird das Grünanlagennetz zwar aufrechterhalten, aber es wird innerhalb des städtischen Blocks und über eine Reihe linear geführter Parks entwickelt. Straßen werden eher durch Gebäude als durch landschaftlich geformte Straßenränder definiert. Klare urbane Straßenfronten bieten einen Hintergrund für das öffentliche Leben in der Gemeinschaft und anpassungsfähige Wohnungstypen bieten privaten Raum für das Familienleben. Die Grünfläche des „urbanen Waldes" fließt direkt in ein gemeinsam genutztes Rückzugsgebiet im urbanen Inneren ein.

Die am Standort vorhandenen Hecken und Bäume bilden den Anfangspunkt für das grüne Netz und bewahren so die historischen und ökologischen Spuren des Ursprungs dieses Standorts. Die Hecken bilden den Kern einer Reihe linearer grüner öffentlicher Räume. Von diesen zweigen eine Reihe neuer „urbaner Wälder" ab, die in das Zentrum jedes urbanen Blocks münden und so einen geschützten Gemeinschaftsraum unter einem Blätterdach bieten.

City in the Forest

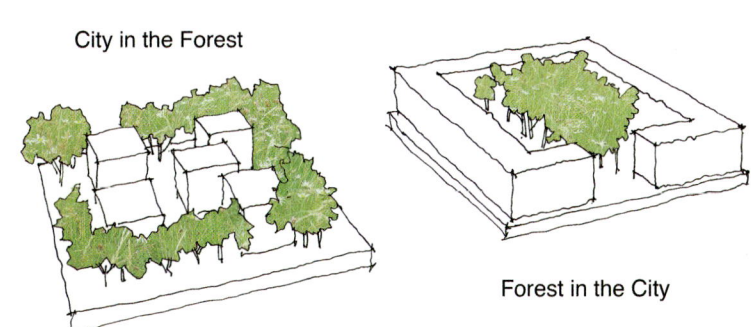

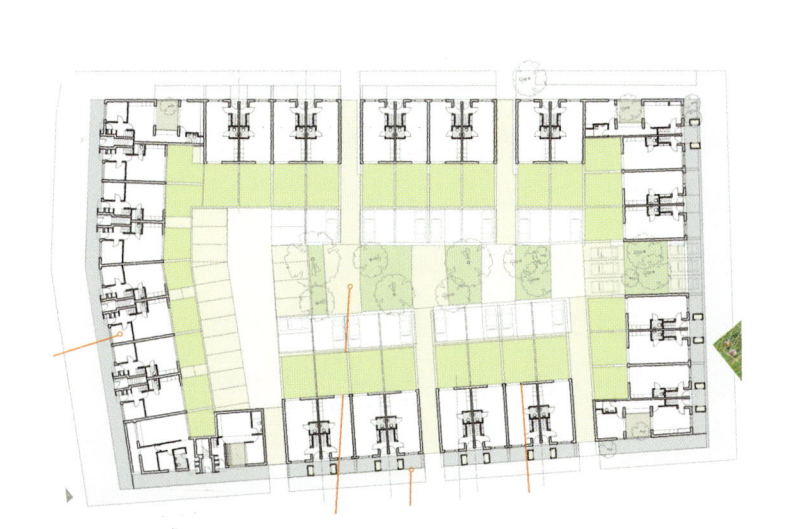

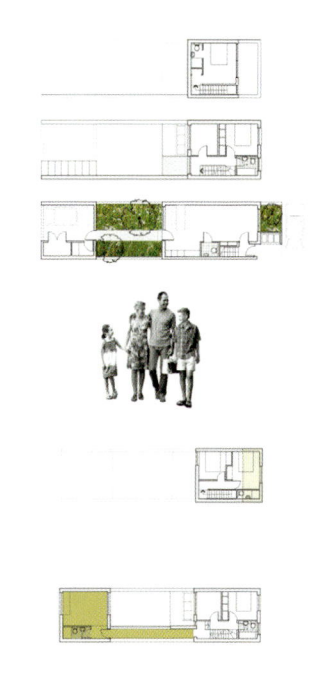

Forest in the City

MILTON KEYNES, UNITED KINGDOM — PREIS

CHANCEN FÜR DEN ÖFFENTLICHEN RAUM WALKING

3. Chancen für den öffentlichen Raum teilen

Wie kann mit einer städtischen Brachfläche umgegangen werden, um einen neuen Typus öffentlichen Raums zu entwickeln und Zwischensituationen neu zu überdenken: Muss die Trennlinie von Öffentlich und Privat noch einmal hinterfragt werden?

España
Soria
Wie verknüpft man Fluss und Stadt?

Stadt Soria
Standort Region östliches Castilla y León
Bevölkerung 37.568
Betrachtungsgebiet Flussufer des Douro 83,33 ha
Projektgebiet 5.301 m² + 6.389 m²

Die Provinz Soria umfasst ein Gebiet von 10.306 km². Sie liegt auf der nördlichen Hochebene im äußersten Osten von Castilla y León. Die Bevölkerungsdichte beträgt 8,9 Einwohner/km² und ist damit wesentlich niedriger als im regionalen Durchschnitt von 26,16 Einwohner/km². Die Provinzhauptstadt Soria ist eine ruhige und friedliche Stadt, in der noch alle historischen Bauwerke aus ihrer Blütezeit im Mittelalter erhalten sind. Das Gemeindegebiet erstreckt sich über eine Fläche von 271,8 km². Die Stadt liegt auf einer Höhe von 1.063 m und hat 37.568 Einwohner. Soria ist die bevölkerungsmäßig kleinste spanische Provinzhauptstadt. Die sehr unterschiedlichen geografischen Gegebenheiten reichen von alpinen Gebieten und tiefen Tälern bis zu den für die Region charakteristischen Weideflächen. Ein wesentliches Merkmal der Provinz ist der Fluss Douro. Für die historische Entwicklung der Stadt spielte der Fluss eine entscheidende Rolle. Heute ist er aufgrund seiner Randlage von der Entwicklung der Stadt abgeschnitten. Das Betrachtungsgebiet wird geprägt vom Douro, der durch die Stadt Soria fließt. Daher ist es das oberste Ziel, den Uferbereich wiederzubeleben und in das Leben der Stadtbevölkerung einzubinden; dies gilt sowohl für den angrenzenden Bezirk als auch für den Naturraum des Flusses. Das Projekt soll in einem städtischen Maßstab entwickelt werden; das vorhandene urbane Gewebe soll klarer verbunden und die Anbindung an das Stadtzentrum soll verbessert werden. Im Hinblick auf eine Wiederbelebung und eine weitere Diversifizierung des sozialen Lebens im Uferbezirk soll die Multifunktionalität der Wohnbereiche und die Kompatibilität unterschiedlicher Nutzungen untersucht werden. In den für Wohnen vorgesehenen Bereichen sollen innovative Typologien entstehen, die innerhalb der großen Bandbreite realisierbar sind, die die Planungsrichtlinien vorgeben. Der Schwerpunkt des Projekts sollte auf der Einbeziehung des Flussufers in das städtische Leben liegen: urbanes Leben unter Berücksichtigung ökologischer Qualität. Da es sich bei dem Standort um einen Naturraum handelt, sollten sich die Entwürfe an mikrochirurgischen Eingriffen oder Akupunkturbehandlungen orientieren, d. h. kleinmaßstäbliche Eingriffe, die eine Wiederbelebung der ufernahen Bereiche und deren Integration in das Leben der Stadt fördern.

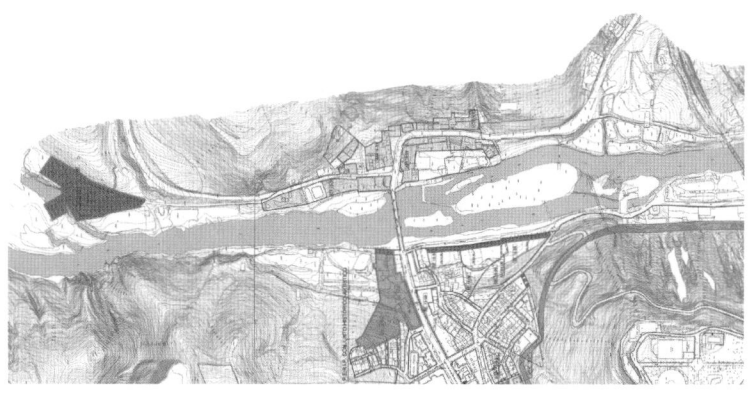

Fields of forces

Christian Sintes Midmore (E), **David Domínguez Fuster** (E), Nuno Miguel Lopes Mendes (E), Architekten

Als Ergebnis der Erfahrungen aus der Zusammenarbeit mit verschiedenen Architekten wurde 2007 Modo Studio ins Leben gerufen. Seitdem entstanden Projekte verschiedener Größenordnungen für den privaten und öffentlichen Sektor. Modo definiert sich als kreative Plattform, wo aus der Verbindung von Architektur, Städtebau und Innenarchitektur durch die Integration verschiedener Disziplinen die besten Ergebnisse entstehen.
Die Architekten von Modo glauben, dass Design eigenen Gesetzen folgt, die den Konventionen entgegenstehen, und dass die Erforschung formaler und programmatischer Abläufe grundlegende Werkzeuge für die Projektentwicklung sind. Sie glauben an den Einsatz neuer Designstrategien, die neue Verbindungen zwischen Medien und Benutzern etablieren.
Modo ist ein besondere Art und Weise, Ideen in die Tat umzusetzen.

MODO
c/ Mariana Pineda 6, Bajos 2ª
08012 Barcelona, España
T +93 4155685
www.modo-frames.com

„Wichtig ist die Form, aber weniger die Form der Dinge als die Form zwischen den Dingen."
– Die Strategie hier besteht darin, flexible antizipative Netzwerke für Bewegungen, Kommunikation und Austausch zu etablieren, die in der Gegenwart funktionieren und offen für Veränderungen sind. Starre Konstruktionen sind, außer bei der Errichtung des Gebäudes selbst, nicht vorgesehen. Feste und variable Größen erlauben dem System eine regelmäßige Neuinterpretation und -betrachtung. Die lokalen Regeln beeinflussen sowohl den Bau selbst als auch die angrenzenden Strukturen und schaffen so eine fließende Gesamtform.
– Der Eingriff besteht aus verschiedenen, räumlich und visuell vernetzten Teilen und versucht so der Idee der abgegrenzten Konstruktionen und der Trennung der Objekte von ihrem Standort entgegenzuwirken. Ihre generelle Ausrichtung wird als Folge von Ereignissen verstanden, wobei jedes Objekt einzeln innerhalb der Wiederholung steht und die Umgebung auf unterschiedliche Art widerspiegelt. So entsteht ein visuelles System von Beziehungen zwischen Punkten und Konstellationen zwischen Geometrien.
– Die Wachstumssequenz hängt von den Kraftfeldern ab, die jedes Teil generiert. Sie besteht aus einer Reihe von Eingriffen, in denen jede einzelne Phase den vorherigen Bauabschnitt reproduziert und bewahrt, indem ähnliche Elemente hinzugefügt werden. Die Struktur kann ohne entscheidende morphologische Transformationen wachsen und generiert so eine offene Komposition, wo Größe und Form durch den Status des Eingriffs und seine aktuelle Entwicklungsphase bestimmt werden.

SORIA, ESPAÑA

PREIS

223 **CHANCEN FÜR DEN ÖFFENTLICHEN RAUM** TEILEN

ANKAUF

SORIA, ESPAÑA

Nuria Bayó Molina (E), **Judit Taberna Torres** (E), Architekten

Gemeinsames Studium an der ETSAB (UPC) in Katalonien. Beide haben ihr Büro in Barcelona. Zusammenarbeit bei mehreren Wettbewerben in den vergangenen Jahren.

BAYO+TC Estudi
c/ Sant Agustí, 3 1-C
08012 Barcelona, España
T +34 933684783
nurju.concursos@gmail.com

Gärten, Plantagen

„Río Duero, río Duero,
nadie a acompañarte baja,
nadie se detiene a oír
tu eterna estrofa de agua".
G. Diego

Die Plantagen und der Fluss wurden verlassen, als die Menschen der Anziehungskraft der Stadt folgten. Der Entwurf möchte die Chancen nutzen, die der Duero für Soria bietet. Die alte Beziehung – **Mensch-Garten-Fluss** – muss neu gestaltet, die Ufer des Flusses sollen wiederbelebt werden. Ziel ist es, größtmöglichen Nutzen vom vorhandenen Land zu beziehen.
Zur Einbettung dieser neuen öffentlichen Räume in die Stadt entstehen neue, bessere Anbindungen. Dies fördert die Identifikation der Bewohner mit Fluss und Landschaft.

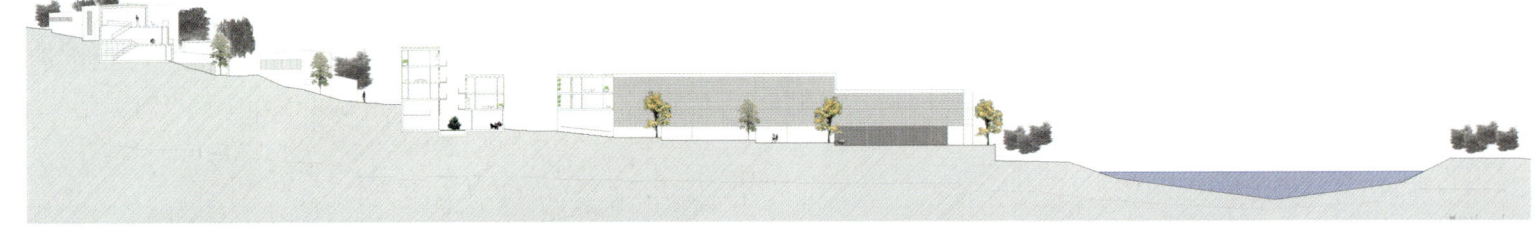

France
Bordeaux
Wie kann eine Eisenbahnbrache zum städtischen Knotenpunkt werden?

Stadt Bordeaux
Standort „Cracovie-Latule"
Bevölkerung 219.000
Betrachtungsgebiet 34 ha
Projektgebiet 7,4 ha

Bordeaux, das den Südwesten Frankreichs und die Atlantikküste dominiert, verdankt sein internationales Prestige seit dem 18. Jahrhundert seinem Hafen am Ufer der Garonne und seinen Weinbergen. Der Großraum Bordeaux mit seinen 700.000 Einwohnern erlebt momentan einen starken Bevölkerungszuwachs und muss Lösungen für die große Nachfrage an Wohn- und Gewerberaum finden. Dies führt, in Verbindung mit einem Zuwachs an Kraftfahrzeugen, dazu, dass sich die Stadt weiter ausdehnt und immer größere Flächen vereinnahmt. Bordeaux entwickelt folglich seine Verkehrssysteme weiter (Bau eines Straßenbahnnetzes mit drei Linien) und konzentriert seine Anstrengungen hauptsächlich auf die großen urbanen Erneuerungsaufgaben, die sich auf den Industriebrachen an beiden Ufern der Garonne eröffnen, einschließlich des Projekts Bordeaux-Nord, rund um den See, und die Schwimmdocks. Der Standort Cracovie-Latule liegt an der Schnittstelle zur Altstadt, ist umgeben von den Boulevards und dem Quartier Le Lac, das in den 1970er Jahren auf ehemaligem Marschland errichtet wurde und sich heute in einer Erneuerungsphase befindet. Die Herausforderung besteht in der Umwandlung dieses Gebiets, eines 34 ha großen Hafen-Brachlands, zu einem neuen öffentlichen Raum mit Kultureinrichtungen und Wohnungsbauten sowie der Schaffung einer neuen Zentralität, die auch durch bessere Zugangsmöglichkeiten verstärkt wird. Geplant ist eine große Sichtachse aus Pflanzen und Steinen zwischen dem See und der Garonne, bei der Wasser das verbindende Element sein soll. Südlich des Gebiets in Aubiers, soll ein großes denkmalgeschütztes Ensemble von Aubiers erhalten werden, das in den 1960er Jahren errichtet wurde. Es besteht aus einer Aufschüttung, die als „Pufferzone" fungiert, und einer Eisenbahnbrache, die sich mit 200 x 700 Metern zwischen zwei wichtigen Verkehrsknotenpunkten der Metropole erstreckt. Der Standort bildete eine Enklave und war durch die Gleisanlagen, die noch bis vor kurzem durch den Hafen von Bordeaux genutzt wurden, in seiner Entwicklung begrenzt. Der Ort ist geeignet für eine Studie darüber, wie man eine städtische Struktur weiter flechten und um 300 bis 500 Wohneinheiten erweitern kann, sowie um eine verbindende Kultureinrichtung (wie beispielsweise einen Konzertsaal mit 1.500 Plätzen) mit dazugehörigen Freiflächen für temporäre Veranstaltungen.

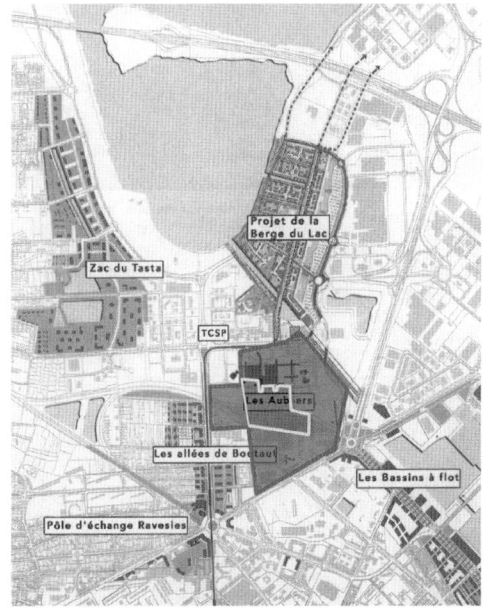

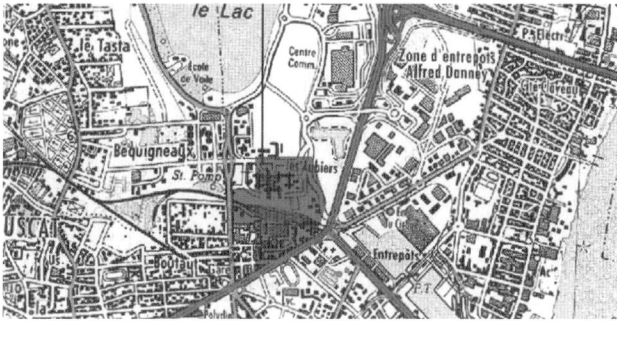

Fields

Tomà Berlanda (I), **Lorenzo Bronner** (CH), **Andrea Viglino** (CH), Architekten

lat45N ist ein Zusammenschluss von drei Architekten. Sie studierten und graduierten 2002 zusammen an der Accademia di Architettura in Mendrisio (Schweiz), bevor sie sich trennten, um unterschiedliche Berufserfahrungen zu sammeln. Die Zusammenarbeit bei Europan bot die erste Gelegenheit, sich mit den verschiedenen Auffassungen von Raum, Konstruktion und Stadt auseinanderzusetzen. Orte, an denen sie gern leben, die Erkundung des Territoriums und die Erschaffung von Ideen für seine Zukunft sind das, was sie erreichen wollen. Die Architekten im Team versuchen, ihre Arbeit zu hinterfragen, Raumgefühl und Raumqualität zu berücksichtigen, sich ihrer Rolle bei der Formung der urbanen Struktur bewusst zu sein und die Möglichkeiten zu untersuchen, wie man durch Architektur Städte verwandeln kann.

lat45N architects
3 rue Ferbos
33000 Bordeaux, France
T +33 633022496, + 39 3296351520,
+ 41 796933025
mail@lat45n.eu
www.lat45n.eu

In der Vorbereitung des Projektes wurde das Gebiet von Bordeaux untersucht, um die Probleme aus einem größeren Maßstab heraus zu formulieren. Wie auch anderswo wird die Ausbreitung der Stadt mit dem Problem konfrontiert, wie man Brachflächen in die urbanen Strukturen integriert, welche die Kontinuität öffentlichen Raums verhindern. Das Betrachtungsgebiet, ein brachliegendes Bahngelände, liegt in einer Randzone isoliert vom historischen Stadtzentrum.

Das Konzept besteht darin, das Potenzial des Gebietes als verbindendes Element zu vergrößern, indem ein linearer Park entworfen wurde, der den Fluss mit den Außenbezirken verbindet. Das „Feld" ist ein Element innerhalb der Sequenz, kein detaillierter Entwurf eines konventionellen Parks, sondern ein Schema. Die 87.000 m² große öffentliche Fläche wird somit durch das Layout der darin enthaltenen Strukturen definiert: Kleingärten, Erholungsorte, Kultur- und Bildungseinrichtungen für die ganze Stadt. Das Gebäude, das zur Definition des Raumes beiträgt, ist gleichzeitig der Rahmen für verschiedene Nutzungen. Der programmatische Holzcontainer mit drei Stockwerken und einer Länge von 750 m und einer Breite von 15 m bietet Raum für Wohnungen, verschiedene Aktivitäten und Geschäfte. Hier erlauben die verschiedenen Typologien verschiedene Raumvarianten und eine Komplexität in Beziehung zur Landschaft. Das zur Stadt ausgerichtete „Feld" dominiert das Bild, und die hölzerne Fassadenstruktur reflektiert die Aktivitäten innerhalb und außerhalb des Gebäudes. Der Rhythmus des Gesamten ist modular und ähnelt dem des Feldes sowohl vertikal als auch in der Dachfläche, die als Pflanzbeet und Solarzellenfläche angelegt ist.

BORDEAUX, FRANCE

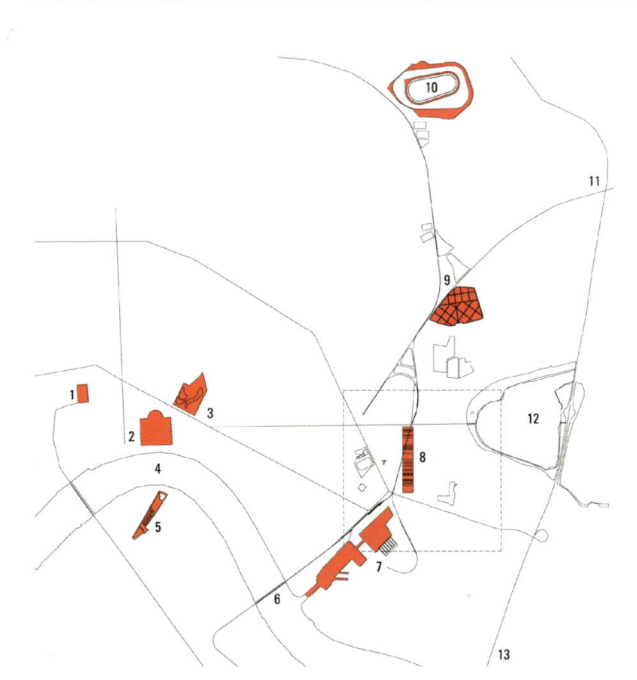

PREIS

227 CHANCEN FÜR DEN ÖFFENTLICHEN RAUM TEILEN

ANKAUF

BORDEAUX, FRANCE

Anne Bossé (F), **Nico Solenn** (F), Architekten

Nach ihrem Studium an der ENSA Nantes widmeten sich die promovierte Sozialwissenschaftlerin Anne Bossé und Solen Nico als Team der ständigen Debatte. Zwischen Stadtforschung und praktischer Arbeit für Büros arbeiten die beiden Architekten an der Entwicklung einer (selbst)kritischen Position, die das einzelne Projekt in den Mittelpunkt stellt.

5 bis boulevard Babin Chevaye
44200 Nantes, France
T +33 240355802
bosseanne@yahoo.fr

Die Stadt ganz nah

Der Entwurf hinterfragt die Möglichkeit eines öffentlichen Raum an diesem Standort und bewertet die traditionellen Instrumente der Konzeptionalisierung der Stadt kritisch. *La ville de plus près / Die Stadt ganz nah* ist eine Annäherung, ausgehend vom Bestehenden und mit dem Ziel, situative Projekte zu entwickeln: Der erste Bauabschnitt stellt eine langfristig angelegte Antwort auf die urbanen Strategien der nachhaltigen Stadt dar. Auf der nicht mehr genutzten Bahnbrache entsteht ein Projekt „mit Präsenz" und erzeugt einen Kontext, der dem Standort Zeit gibt, in der Maßstäblichkeit des Quartiers und der Stadt Komplexität zu entwickeln, Erfahrungen zu sammeln und das Zusammenleben zu organisieren, „Material" für die Zukunft.

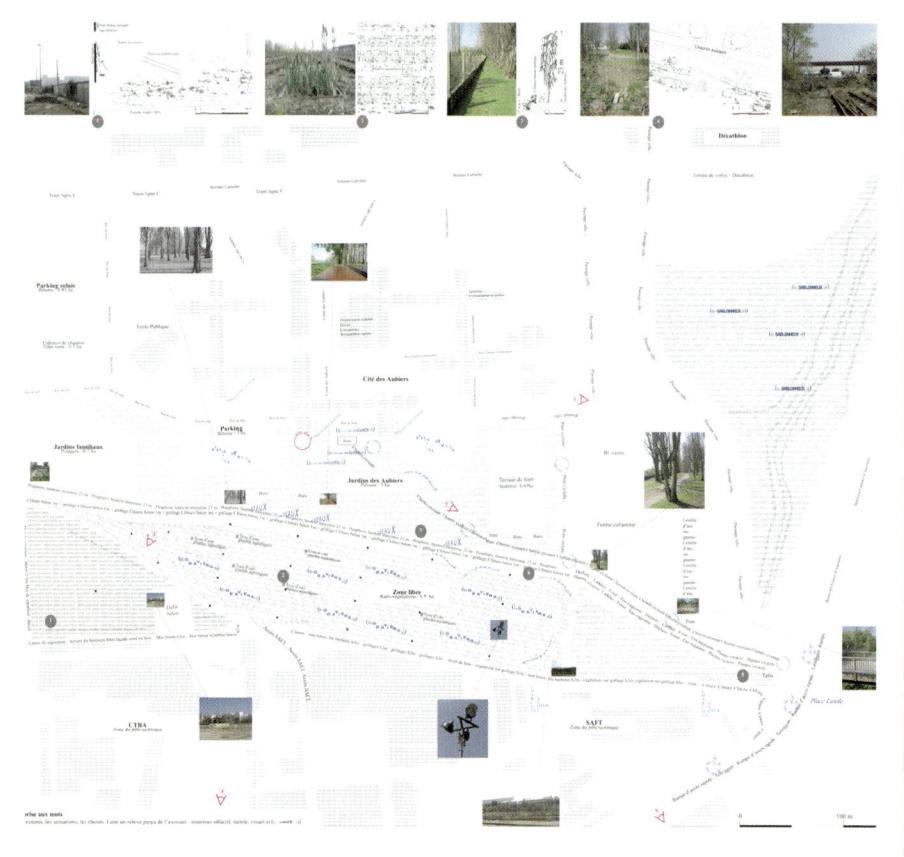

Hrvatska
Opatija

Wie kann ein Park in einen öffentlichen Raum am Meer umgewandelt werden?

Stadt Opatija
Standort Trg Vladimira Gortana – Slatina
Bevölkerung 12.719 (Stadt 7.850)
Betrachtungsgebiet 7,6 ha
Projektgebiet 0,8 ha

In Nordostkroatien in der Kvarner Bucht, unterhalb des 1.500 Meter hohen Bergs Ucka gelegen, der einmalige klimatische Bedingungen hervorruft, liegt Opatija, eine mediterrane Stadt mit mitteleuropäischer Seele. Opatija soll zu einer touristischen Stadt an der Riviera werden. Sie bildet das erste und bekannteste „geplante" Touristenzentrum Kroations. Ende des 19. Jahrhunderts wurde Opatija ein sowohl in Österreich-Ungarn als auch in Zentraleuropa beliebter, erstklassiger Badeort. Die Stadt wuchs, ohne erkennbares Zentrum beziehungsweise zentralen Platz, an der Küste entlang. Bedeutende Bauten entstanden im Stil des Neoklassizismus: Grand Hotels mit Dependancen und von Parks umgebene palladianische Villen, die zurückgesetzt von der Küste mit Blick zum Meer errichtet wurden. Opatijas Landschaft ist zudem von Badestränden, Musikpavillons, Kaufhäusern, Parks und Esplanaden geprägt. Ein spezifisches Merkmal der Parks sind importierte exotische Pflanzen, die als Kulturgüter geschützt werden. Das Projektgebiet im Zentrum Opatijas, direkt am Meer. Hier befinden sich zur Zeit eine Tankstelle und eine Bushaltestelle im Norden sowie ein kleiner Park mit Brunnen im Süden. Das gesamte Gebiet soll in einen öffentlichen Raum umgestaltet werden. Der gesamte Bereich soll zu öffentlichem Raum werden, mit einem zentralen Platz, der in erster Linie für Fußgänger und öffentliche Veranstaltungen vorgesehen ist. Neben einem breiteren Spektrum öffentlicher Angebote im zentralen Bereich von Opatija, geht es insbesondere um die Evaluierung und den Schutz der Parks als einem hochwertigen Element im urbanen Kontext sowie um die Regelung des Verkehrs um den Platz. Die Planungsunterlagen weisen Opatija als etabliertes Touristenzentrum mit einem hochwertigen Angebot aus Kultur, Unterhaltung, Gastronomie und Freizeitgestaltung für die Region aus. Die Tankstelle und die Bushaltestelle sollen verlegt werden und der Platz wird zu einem Fußgängerbereich umgestaltet, der in unterschiedlicher Weise für öffentliche und städtische Veranstaltungen genutzt werden kann (Spaziergänge, Freizeitgestaltung, Entspannung, Begegnung, Ausstellungen, Vorführungen und Shows). Der Platz hat eine Größe von 80 x 120 Metern und liegt aktuell rund drei Meter über dem Meeresspiegel. Eine geringfügige Anhebung ist möglich. Gastronomische und touristische Einrichtungen und/oder eine Garage können im Tiefgeschoss entstehen.

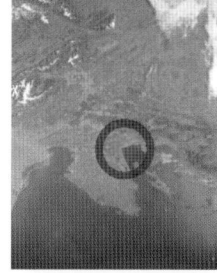

Public bay

OPATIJA, HRVATSKA

Aleksander Bednarski (PL), **Mariusz Komraus** (PL), **Tomasz Pokropowicz** (PL), Architekten

SLAS, Silesian Architecture Studio, ein informelles Architektenkollektiv. Selbstbestimmung als permanenter Prozess. Der Architekt strebt nach einem ausgewogenen Verhältnis von Pragmatismus und Utopie. Das Team arbeitet an Ideen, die beides kombinieren. Aktuell Tätigkeit für Büros im Ausland. Geplant ist ein eigenes Büro in Polen.

SLAS
68 Upper Rathmines Road 6
Dublin 6, Ireland
T +353 857184424
slas.info@vp.pl
www.slas.com.pl

Strand, Promenade, Plaza. Dreimal öffentlicher Raum mit eigener Kultur und Nutzung – Koexistenz am Standort in Opatija. Die Plaza markiert den Neustart der Stadt für ihre Bürger. Nie zuvor hatte es hier einen städtischen Raum dieser Größe gegeben. Bedauerlicherweise wird der ausgewählte Standort durch die stark befahrene Straße und den intensiven Verkehr der Bucht und des Strandes beeinträchtigt.

Public Bay erkundet die formalen und kulturellen Konflikte dieser kulturell divergierenden Räume und das Potenzial ihrer Koexistenz.

Das Projekt basiert auf einer archaischen und ökologischen Inbesitznahme – dem Pfad. Hierbei geht es nicht um die Neuordnung der gebauten Stadtstruktur, sondern um die Nutzung der Kräfte, die bereits wirken. Die bestehende, fragmentierte Promenade wird durch programmatische Intensivierung wiederbelebt und wird zum Mittler zwischen Strand und Stadt. Sie mäandert über die belebte Straße hinweg und umschließt und definiert den neuen, vielschichtigen Platz in der Stadt. Drei Fassaden, markiert durch die Promenade, und eine vierte als Fenster zum Strand und der dahinter liegenden Kvarner Bucht. Angebote unterhalb der Promenade diversifizieren den wenig abwechslungsreichen, sehr homogenen Hotelstreifen. Der Platz ist eine Station auf der elf Kilometer langen Lungomare Promenade mit ihrem nachhaltig touristischen Potenzial.

Public Bay verbindet die drei wichtigsten öffentlichen Räume Opatijas. Der Entwurf teilt ihr räumliches Potenzial gerecht auf und intensiviert die Beziehung zwischen den Bewohnern der Stadt und Touristen, Orten der Leere und der Bewegung, der Stadt und ihrer natürlichen Küstenlandschaft.

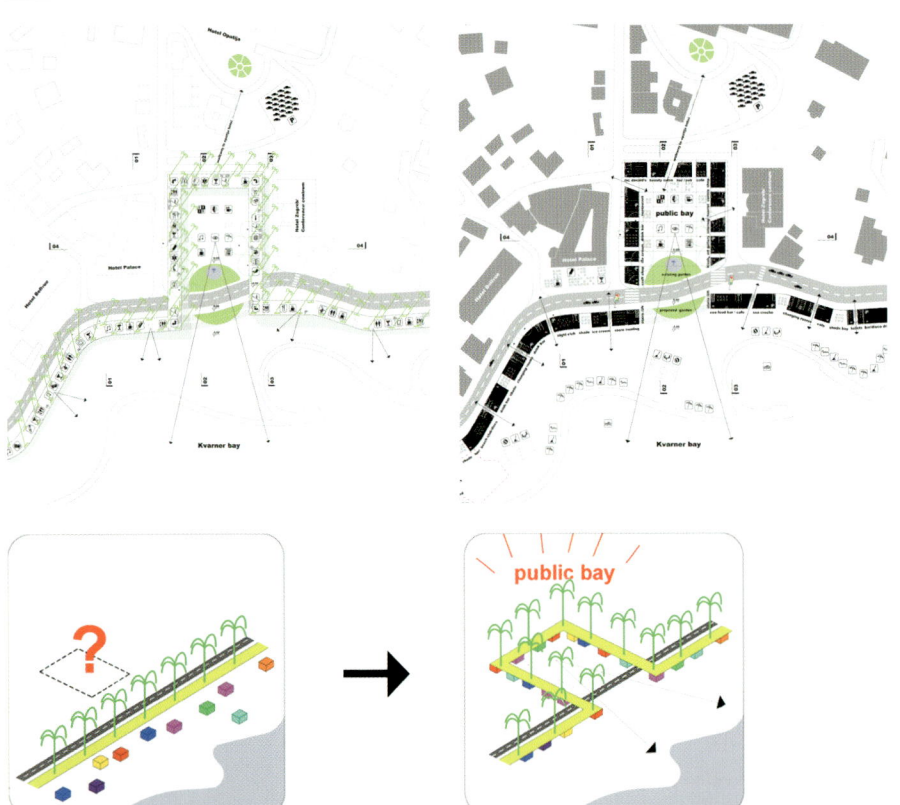

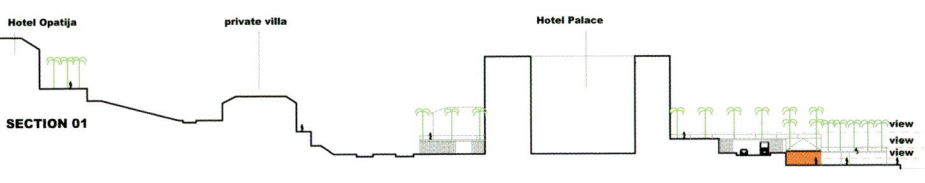

OPATIJA, HRVATSKA — PREIS

SECTION 01: Hotel Opatija | private villa | Hotel Palace

SECTION 02: Hotel Opatija | private villa | hotel Zagreb / conference centre | public beach

231 CHANCEN FÜR DEN ÖFFENTLICHEN RAUM TEILEN

OPATIJA, HRVATSKA

Luis Aguirre Manso (E) Architekt, **Eoin MacMahon** (IRL) Architekt, Lynn MacMahon (IRL) Architekturstudentin

Das Team gründete sich mit dem Ziel der Erkundung und Auseinandersetzung mit Nutzung und Rolle des öffentlichen Raumes in der Stadt. Ein Ressourcen-Pool im Interesse einer guten Lösung für die Probleme und Chancen an diesem Europan Standort.

AQSO
Apt. postal 18152
28080 Madrid, España
T +34 917710294
info@aqso.net
www.AQSO.net

Interaktive Flexibilität

Der Anreiz liegt in der Schaffung eines spannenden, dynamischen Raumes, der, wie die mediterrane Stadt, Interaktion, Konversation und Transaktion fördert, und zwar nicht nur zwischen den Menschen, sondern auch zwischen Menschen und Landschaft. Ein Raum der Freiheit. Ein Raum der permanenten physischen Veränderung, für die sich die Menschen bewusst entscheiden können und an der sie teilhaben. Eine eigene Welt. Eine kleine Welt, in der die Menschen gern sind. Ein Ort, an dem jeder er selbst sein kann. Wo man laufen, gehen, singen, tanzen, bauen, skaten, sich bewegen, formen, springen, sitzen, schlafen, lesen, schauen, essen kann. Ein Platz, der lebt und sich wandelt. Interaktiv und flexibel. Mit Blick auf die Adria.

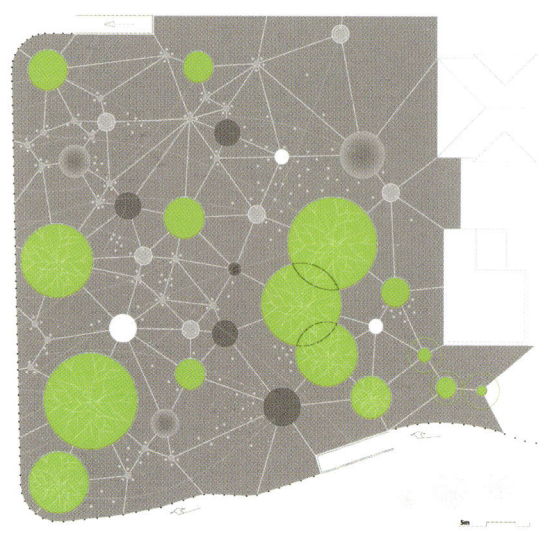

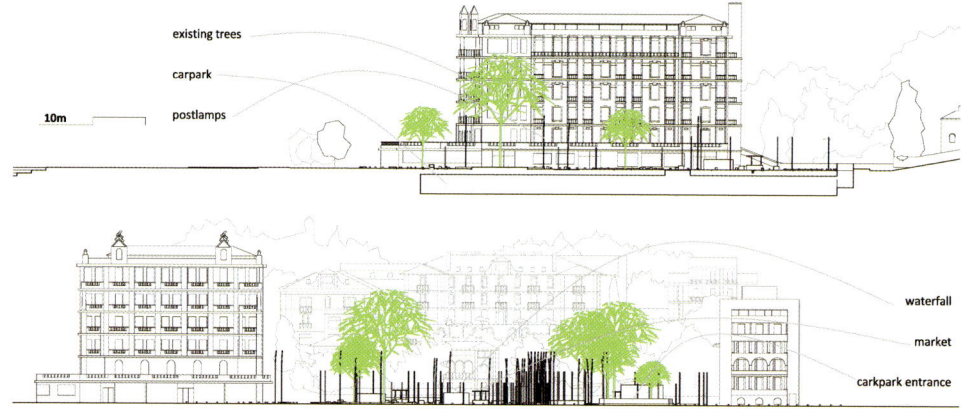

Italia
Bisceglie
Kann ein historischer Bezirk durch hochwertigen öffentlichen Raum neu evaluiert werden?

Stadt Bisceglie
Standort Borgo antico
Bevölkerung 53.000
Betrachtungsgebiet ca. 12.6 ha
Projektgebiet ca. 1 ha

Bisceglie liegt 34 km entfernt von Bari, 16 Meter über dem Meeresspiegel am Fuß der Murgia Costiera in einer Bucht an der Adria. Die Stadt verfügt über einen langen Küstenstreifen, einen gut ausgestatteten Hafen und ist auf die Produktion und den Handel mit Agrar- und Fischereiprodukten spezialisiert. Die Altstadt liegt leicht erhöht und weist zahlreiche Monumente auf. In den vergangenen Jahren trieb die Stadtverwaltung in verschiedenen Zusammenhängen Maßnahmen, Projekte und Programme zur Stadt- und Gebietsentwicklung voran, um das touristische Image zu verbessern und wichtige Interventionen in unterschiedlichen Kontexten zu realisieren. Das Betrachtungsgebiet umfasst den alten Kern des Borgo Antico innerhalb der Aragoner Stadtmauer. Trotz Sanierung und funktionaler Eingriffe an repräsentativen Gebäuden in diesem Gebiet in den vergangenen Jahren, zählt es aktuell zu den in der Stadtplanung am meisten vernachlässigten Teilen der Stadt. Das Betrachtungsgebiet weist eine Konzentration negativer Faktoren auf, die zu niedrigen Einschulungsraten, Prekarität, einer erhöhten Präsenz inaktiver Bevölkerung und Jugendkriminalität beitragen. Der Innenstadtbereich ist tagsüber zu bestimmten Zeiten von hoher Mobilität gekennzeichnet. Die massive Nachfrage führt zu überhöhter Nutzung der Verkehrsmittel. Eine neue Beziehung zwischen privatem und öffentlichem Raum soll die Rehabilitierung des Borgo Antico vorantreiben. Außer an der Peripherie innerhalb der Stadtmauern gibt es aktuell kein Interesse, im Borgo Antico zu bauen. Private Investoren orientieren sich mehr auf die Gebiete außerhalb des Zentrums. Die Anbindung des Areals an das urbane Gewebe soll dazu beitragen, dass dieser Teil der Stadt wieder stärker ins Blickfeld gerät. Die in Längsrichtung orientierte Piazza del Mercato markiert den Zugang zum inneren Bereich des Borgo Antico. Die Stadtbrachen des Duomo und des Largo Monastero Vecchio sind zum einen geprägt durch zunehmenden Verfall der bestehenden Bebauung, zum anderen weist das Gelände ein starkes Gefälle auf. Auf der Piazza del Mercato sollen eine Tiefgarage und Kulturangebote im Sockelgeschoss des „Norman Towers" geplant werden. Die Rehabilitierung der öffentlichen Räume, einschließlich der historischen Gebäude, mit Dienstleistungen und experimentellem Wohnraum soll helfen, das System der Stadtbrachen zu strukturieren.

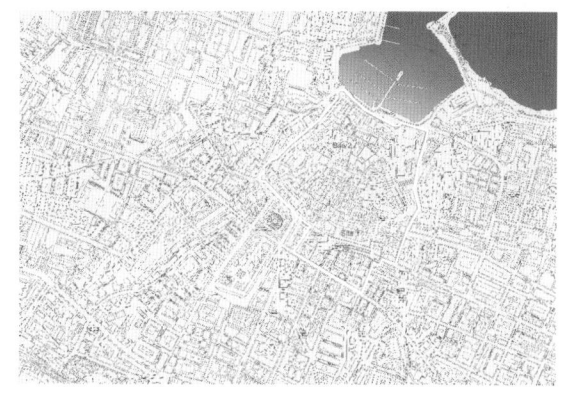

Slow spaces

Francesca Pignatelli (I), **Emanuela Balzani** (I), **Francesco Merla** (I), **Roberta Scocco** (I), Francesco Bruni (I), Attilio Ranieri (I), Architekten

SUDA wurde 2004 gegründet als Ort der Begegnung und Zusammenarbeit zwischen sechs jungen Absolventen der Pescara Fakultät für Architektur. SUDA ist das Resultat der gemeinsamen Erfahrungen, der Doktorandenseminare, Designworkshops und Berufspraxis.
Die Gruppe konzentriert sich nicht auf eine festgelegte Architektursprache, sondern zielt eher auf Projekte mit sozialer Verantwortung, die aus einem intensiven Dialog, einer Hinterfragung der Programme und dem engen Verhältnis zum Kontext entstehen. Die Architekturvorschläge sind sowohl pragmatisch als auch poetisch.
Die Gruppe hat ihre Standorte in Rom und Pescara.

SUDA
via Quarto dei Mille 4
65122 Pescara, Italia
T +39 3476282543
info@suda-architetti.com
www.suda-architetti.com

Im historischen Stadtzentrum von Bisceglie finden sich überall verfallene und aufgelassene Gebäude und Brachflächen. Diese Situation begünstigt soziale Konflikte, eine hohe Kriminalitätsrate und Anarchie. Jedoch sind diese ungenutzten Flächen auch die Chance, das Gebiet zu restrukturieren und mit einem neuen Lebensstil zu füllen.
Die verfallenen Flächen werden durch ein System von thematisch gestalteten „geschützten" Gärten integriert. Diese sind durch große Screens um die urbanen Parks und die neuen kulturellen und kommerziellen Nutzungen charakterisiert.
Im Herzen des Stadtzentrums entsteht ein Raum für Kultur und Bildung, der in drei unterschiedlich definierte Flächen aufgeteilt ist. Zunächst ist die zentrale Piazza, der größte Platz, auf der der Stadtrat eine neue Kindertagesstätte plant, als Standort für ein Gebäude vorgesehen, das als kultureller Punkt dienen und sich zu einem Garten mit Kirschbäumen hin öffnen soll. Zweitens wird der Platz neben der Kirche mit einem vertikal organisierten Bibliotheksgebäude besetzt. Drittens soll der kleine abschüssige Platz als Open-Air-Theater für Vorstellungen oder alltägliche Nutzungen durch Bewohner verwendet werden.
Zwischen dem historischen Stadtzentrum und der Neustadt entsteht durch eine einfache Methode der Marktplatz: durch eine geneigte Fläche wird der Platz von der vorhandenen Gebäudestruktur befreit und der Blick zum Normannischen Turm geöffnet. Diese neue Fläche dient zur Strukturierung der Marktstände und der neu entstehenden gastronomisch genutzten Pavillons, wie die Fisch- und Obststände und fördert die nächtliche Nutzung der Fläche. Obstbäume und Duftpflanzen bereichern die sensorischen Eindrücke, die man hier am Tag erfährt.

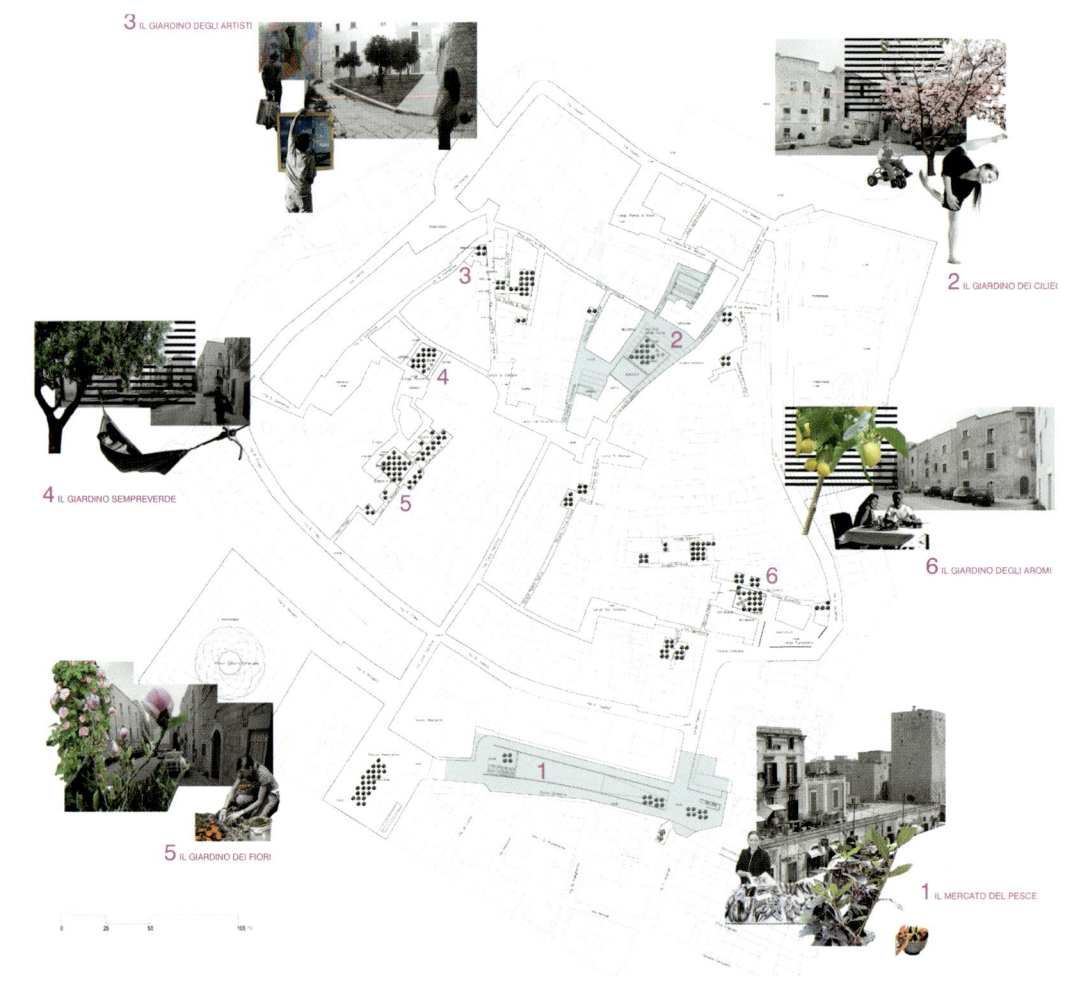

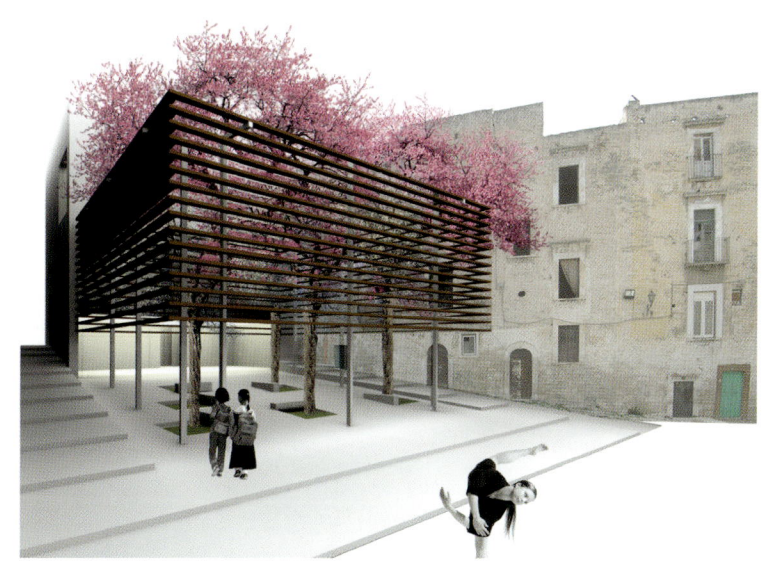

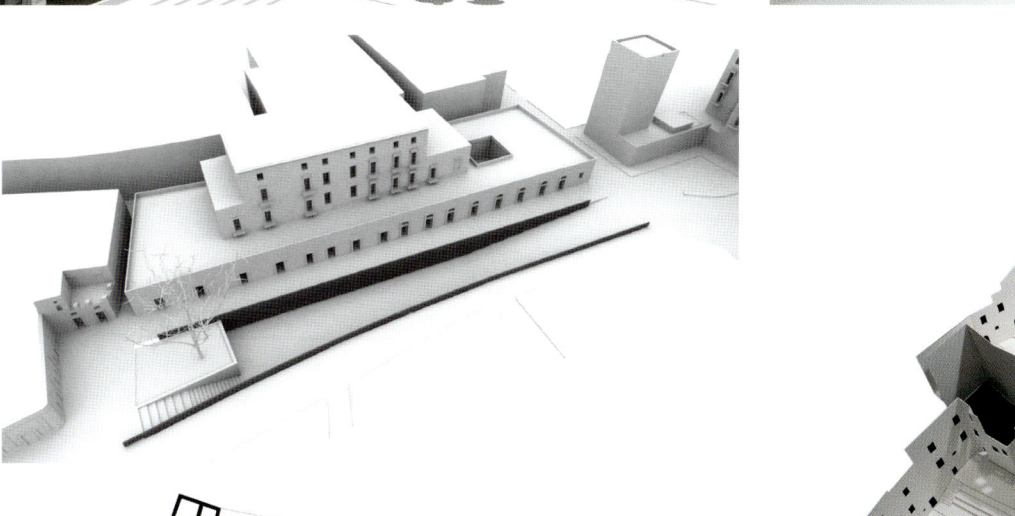

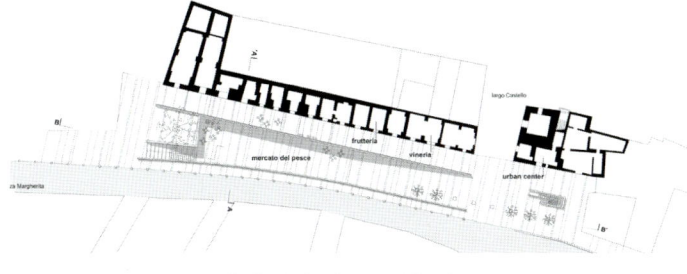

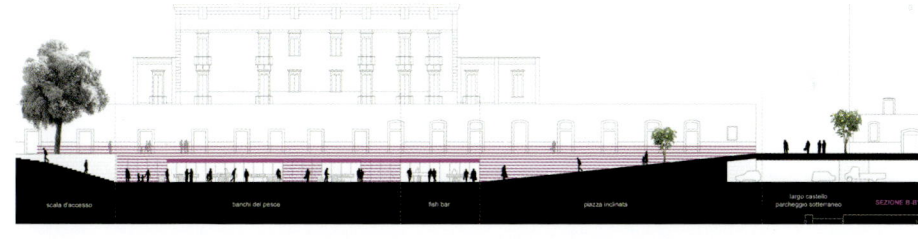

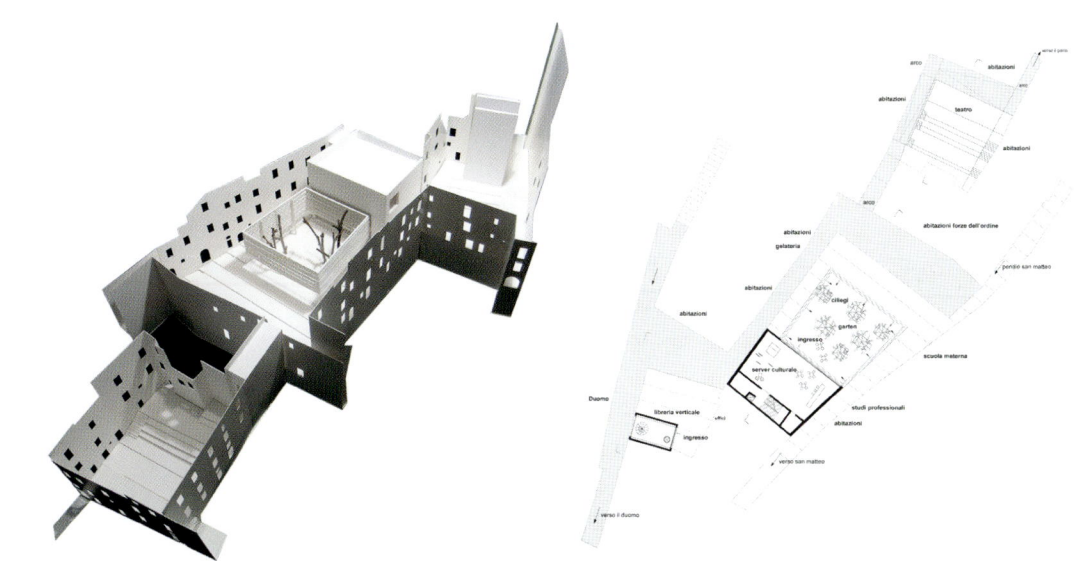

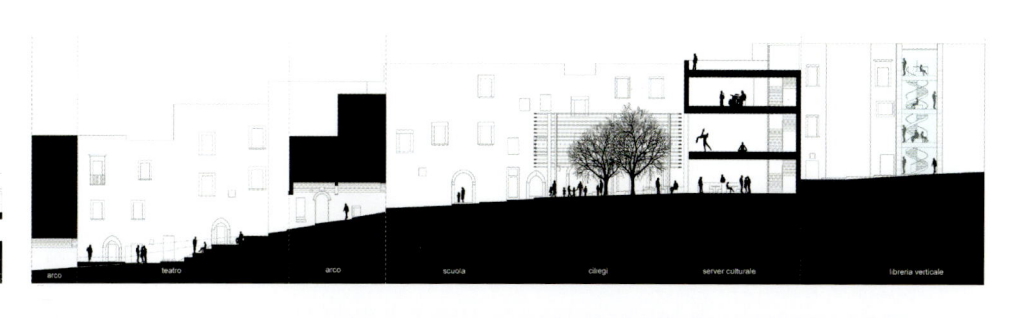

BISCEGLIE, ITALIA — PREIS

235 CHANCEN FÜR DEN ÖFFENTLICHEN RAUM TEILEN

Giulio Forte (I), **Gianpaola Spirito** (I),
Architekten

Beide Architekten leben und arbeiten in Rom, wo sie professionell und didaktisch im Bereich Forschung und Praxis tätig sind. Gemeinsame Beteiligung an nationalen und internationalen Wettbewerben. Preisträger. Publikationen in Katalogen, Fachzeitschriften und im Web.

Giulio Forte
via della Penitenza, 25
00165 Roma, Italia
giulio.forte@nextarchitetti.com
www.nextarchitetti.com

Poröse Urbanität

Der Entwurf basiert auf einer kritischen Würdigung des Standorts und schlägt folgende Schritte vor:

- **Bereinigung und Schichtung,** Einfügung einer Reihe von qualifizierten Leerräumen auf mehreren Ebenen, als Verbindungsstücke, die aus den einzelnen Teilen ein Bezugssystem entstehen lassen;
- **Implantation** einer Reihe von Funktionen und Aktivitäten in die verschiedenen Niveaus des leer stehenden Gebäudes
- **Konfiguration:** Unterschiedliche räumliche Konfigurationen infolge der Einstürze werden durch eine Serie von räumlichen Anordnungen aktiviert. Das Ziel: Den Spuren der Einstürze wird neue Bedeutung zugewiesen. Das Mittel: Extrusion, Nachzeichnen von Spuren, Formen, Neukomposition. Das Ergebnis: Ein neues Bild.

Italia
Firenze
Wie können Fragmente moderner Wohnbauten mit einem Park verbunden werden?

Stadt Firenze
Standort Le Piagge
Bevölkerung 370.000
Betrachtungsgebiet ca. 227 ha
Projektgebiet ca. 13.5 ha

Als Hauptstadt der Region Toskana erlebte Florenz seine Blüte als Zentrum der Kunst, Kultur, Politik und Wirtschaft in der Zeit der Renaissance. Nach der Vereinigung Italiens war sie von 1865 bis 1871 Landeshauptstadt. In der Zeit nach dem Zweiten Weltkrieg war die Stadtgeschichte, wie in ganz Italien, durch „spontanen", dynamischen Urbanismus mit einer Sättigung in der Bebauung, massiver Zersiedelung, sowie mangelnder Infrastruktur, Dienstleistungsangeboten und Grünzonen geprägt. Der erste Masterplan 1951 änderte wenig an diesem Ansatz. Le Piagge ist ein moderner Bezirk am westlichen Stadtrand von Florenz, der an den Fluss Arno angrenzt. Die übereilte Festlegung von Zonen in den 1980er Jahren ließ einen Bezirk entstehen, der von den historischen Stadtteilen in der Nachbarschaft abgekoppelt ist. Die Straßenführung verläuft atypisch. Dienstleistungsangebote fehlen ganz. An der gesamten Südseite blockiert eine Eisenbahnbrücke fast vollständig die Sicht von Le Piagge auf den Fluss sowie dessen Nutzung. Die Elemente, die das Gebiet bestimmen, weisen keine Kontinuität auf und erwecken insgesamt den Eindruck von sozialer Isolation. Eine übergeordnete „Identität" des Standorts scheint nicht möglich. Das richtungsweisende Projekt des Architekten Giancarlo De Carlo aus dem Jahr 2004 stellt die Grundlage für eine ökologische und soziale Aufwertung dieses Gebiets dar. Die strategisch geplante Einführung neuer Funktionen, die das Angebot adäquater Dienstleistungen unterstützen und den zukünftigen Park Le Piagge charakterisieren können, soll zur hier fehlenden urbanen und sozialen Verbindung werden. Dabei gilt es, eine Methode zu entwickeln, um die Verbindung zwischen diesem Gebiet und dem Ufer des Flusses wieder herzustellen. Das Projektgebiet liegt am östlichen Kopfende des Betrachtungsgebiets und muss sich mit Fragen auseinandersetzen, die den gesamten Bezirk Le Piagge betreffen. Das Gebiet wird überdies von Schnellstraßen begrenzt. In der Nähe befinden sich ein Friedhof, der Cascine-Park sowie das gegenüberliegende Flussufer. Hauptthema des Standorts ist das Konzept des Grats des Parks, über den eine Anbindung an die verschiedenen Umgebungen möglich ist. Geplant sind experimenteller, temporär nutzbarer Wohnraum für junge Menschen, Gewerbe und Geschäftsbereiche, Dienstleistungen und Freizeitangebote im Park, eine Überquerung des Bahndamms und die Nutzung des Flussbetts.

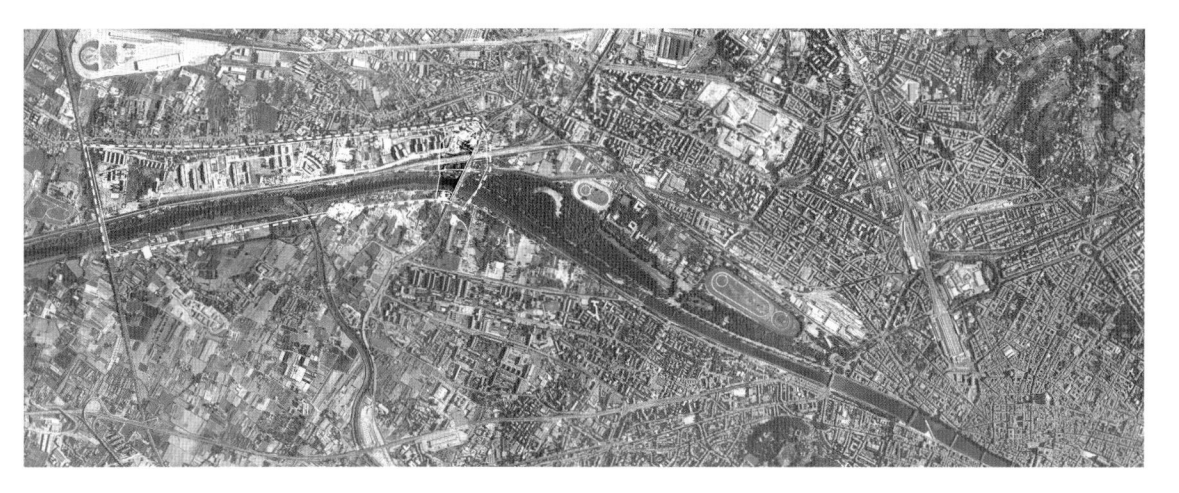

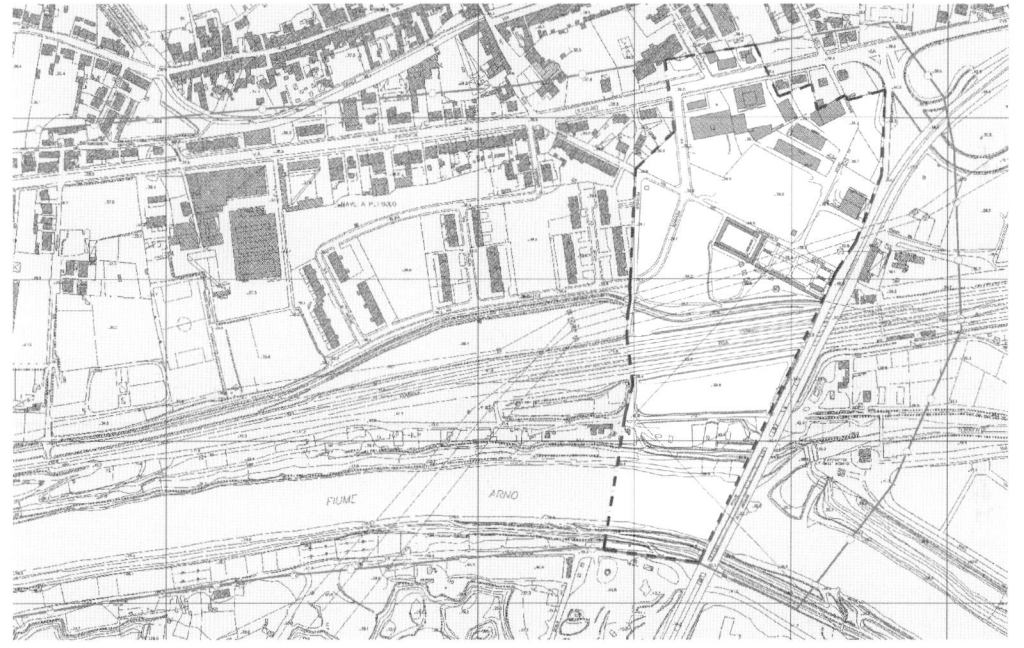

(s)piagge d'arno

Federico Bargone (I), **Francesco Bartolucci** (I), **Francesca Ascione** (I), **Valentina Castegini** (I), **Mauro Di Criscenzo** (I), **Zelda De Ruvo** (I), Architekten

Bargone Associates (Sbarch), Architekturbüro mit Sitz in Rom und Foligno, gegründet 2002 von Federico Bargone und Francesco Bartolucci.
Mauro Di Criscenzo beendete 2006 sein Architekturstudium an der Universität Pescara. Seine Abschlussarbeit im Bereich Stadtplanung trägt den Titel „Harbour landscape in post-industrial age: hybrid infrastructures as urban system in Montreal". Zelda De Ruvo machte einen Abschluss in Architektur an der Universität Bari. Ihre Studienarbeit zum Thema Stadtplanung trägt den Titel „Requalification of the seaside of Porto Cesareo". Francesca Ascione studierte Architektur an der Universität Rom und beendete ihr Studium 2007 mit der Stadtplanungsarbeit „The Daurade: where Toulouse meet the river". Valentina Castegini verließ ebenfalls 2007 die Universität Rom. Ihre Arbeit zum Thema Stadtplanung befasst sich mich „Latina and the sea: new opportunities".

S.B.Arch. Bargone Associati
via Luigi Lilio 68
00142 Roma, Italia
T +39 065918391
info@studiobargone.it

Der interpretative Entwurf betont die landschaftsgestalterische Kapazität des untersuchten Gebiets, das durch den Arno eine deutliche Prägung erfährt. Es geht um Umweltsanierung und die Neubestimmung der Beziehung zwischen Land und Flussufer. Wasser ist das verbindende Element zwischen dem natürlichen Ambiente und bebautem Land, ein Bindeglied zwischen den Ufern und dem Stadt entlang der Via Pistoiese.
Wasser ist nicht nur optisch und perzeptiv das Bindeglied, sondern charakterisiert auch das Landschaftsprojekt, das sich implizit mit der Requalifizierung und Definition eines Flussgartens auseinandersetzt, der in die Stadt „dringt". Wasser als bedeutungsgebendes Element für die Szenografie des Projekts, Stadträume generierend, die vom Fluss aus erschlossen werden und sich in Fußwegen erstrecken. Eine Folge hölzener Piers wird in die typische Uferbepflanzung integriert und stellt die Verbindungswege für die Neubauten dar. Sie reflektieren das Flusspanorama, Röhricht und Pfahlbauten.
Der Arno scheint in die Stadt zu fließen. Er überwindet die Ufer und die durch die Eisenbahn gesetzte Grenze. Wasser als richtungsgebendes Element in der Bestimmung von Wohn- und Gewerbegebieten, in der Definition des Stadtraumes und der Anlage von Grünzonen. Die Konfiguration des Projekts folgt dem Wasser, seinem Verlauf, dem bestehenden Straßennetz.

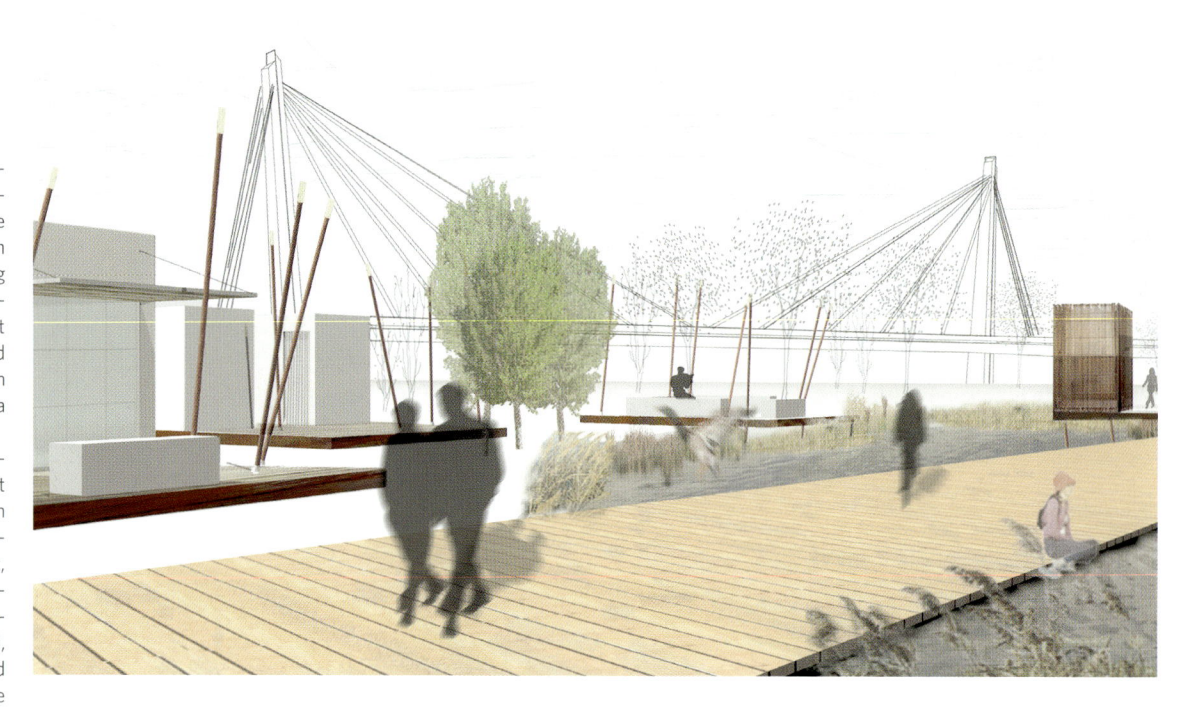

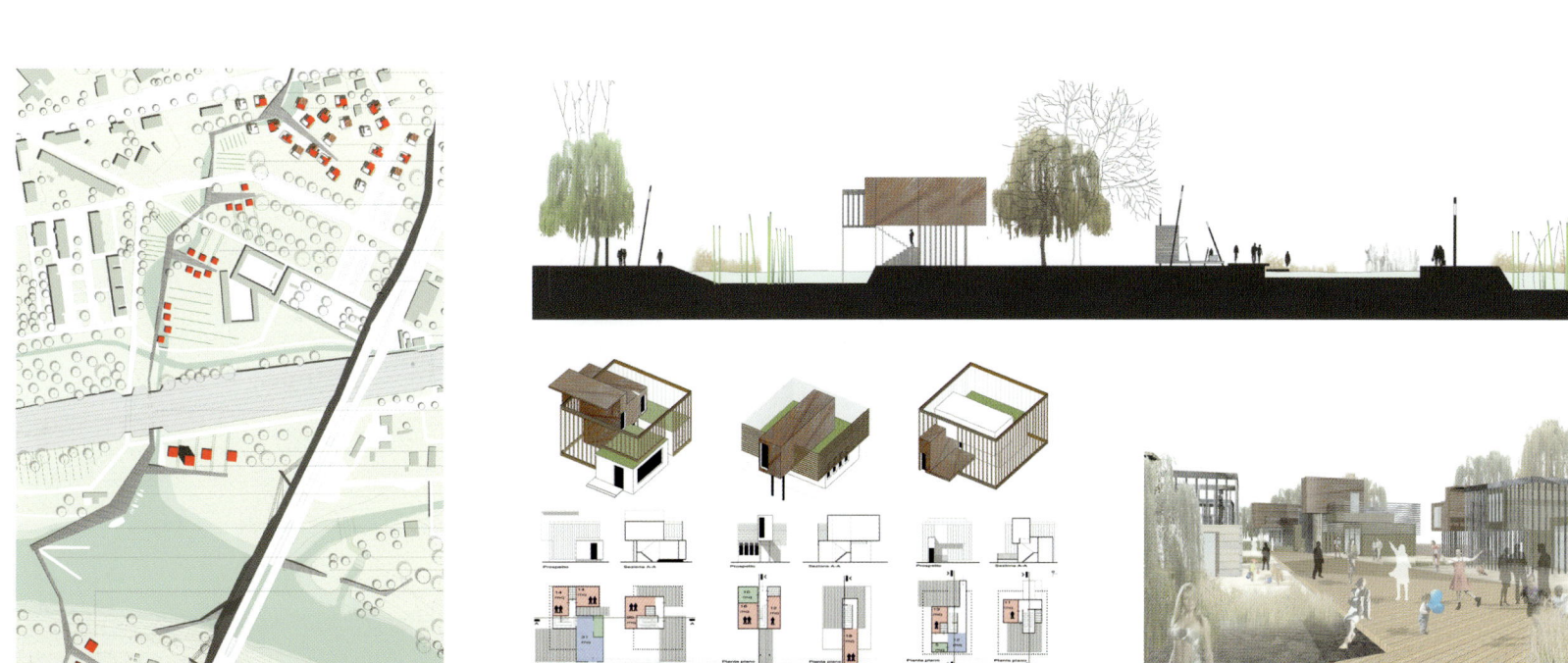

FIRENZE, ITALIA   PREIS

239 CHANCEN FÜR DEN ÖFFENTLICHEN RAUM TEILEN

FIRENZE, ITALIA

ANKAUF

Vincenza Carbone (I), **Paola Branciaroli** (I), Architekten, Ilias Fragkakis (GR) Architekturstudent

In Wettbewerben, Studien und Projekten konzentriert sich die Frage auf die Möglichkeit, in aktuellen Vorhaben eine neue, andere Beziehung von Form und Technik auszuprobieren.

Vincenza Carbone
via Vespucci n. 18
65126 Pescara, Italia
T +39 085 60941
cinzia_carbone@alice.it

A.ss.i.s.t.

Ein Instrument zur Entwicklung bildhaft-programmatischer Strukturen und neu gedachter Nutzungsstandards, indem verschiedene Konzepte (Flexibilität, Nachhaltigkeit, Öffentlicher Raum, Programm) und objektive Fakten (Luftgüte, Hydraulik, Risiko, Elektrosmog) zu komplexen Ebenen verschmelzen. Probleme werden zu Ressourcen. Wettbewerbsziele werden in den Prozess integriert: soziale Erneuerung, Einbettung verschiedener Stadtteile. Ein strukturelles „Exo-Skelett" generiert Stärke aus fünf interagierenden Schichten (Luft, Oberfläche, Infrastruktur, Raum, Land), die die fünf Brachen thematisch in „urbane Inkubatoren" verwandeln.

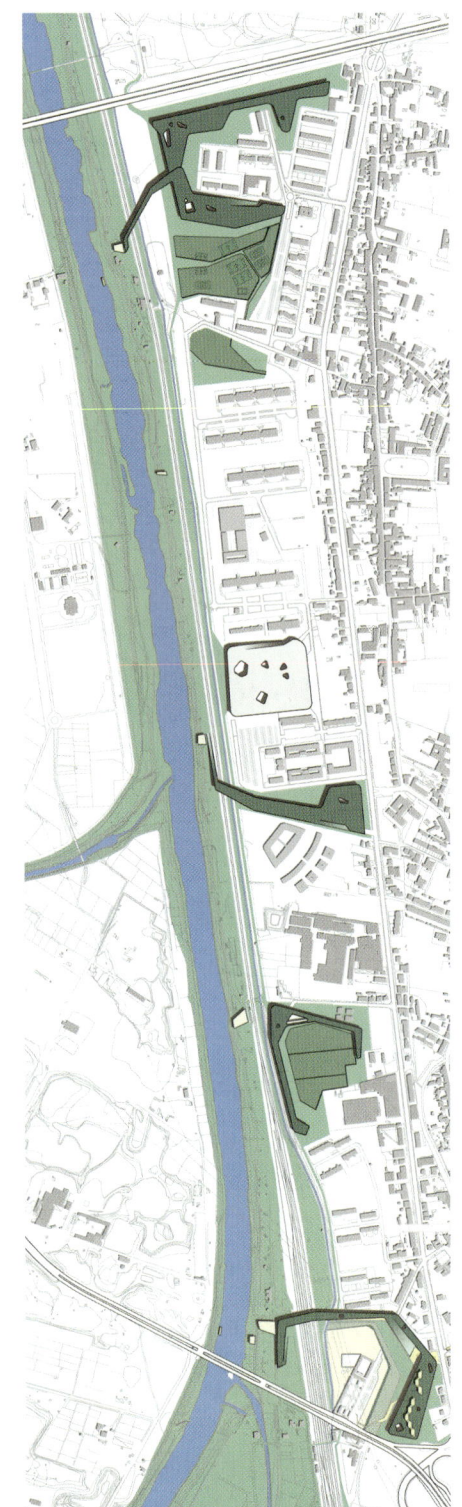

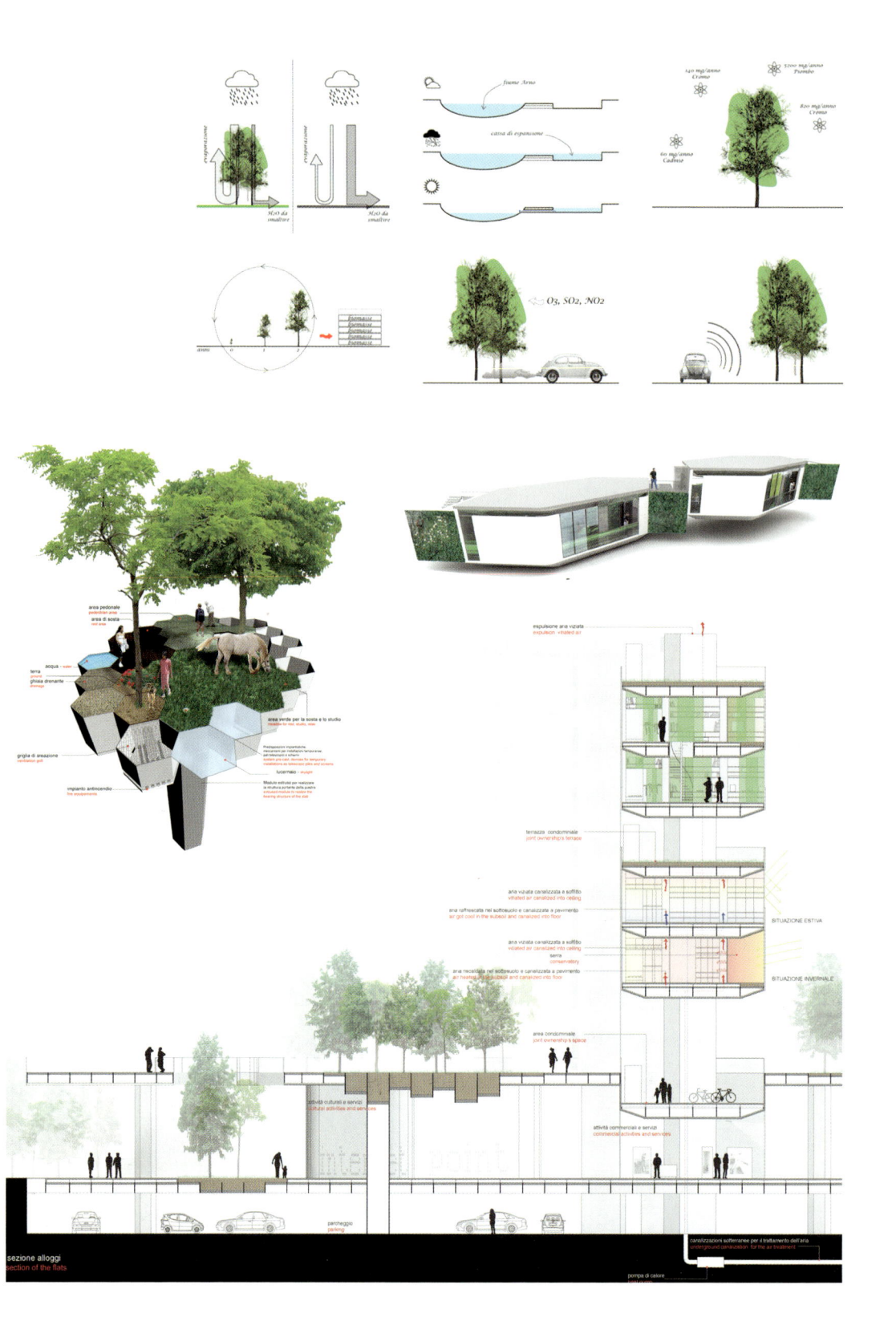

Italia
Siracusa
Wie kann man eine moderne Stadt an die Meeresküste anbinden?

Stadt Siracusa
Standort „Eisenbahnumgehung"
Bevölkerung 126.000
Betrachtungsgebiet ca. 127 ha
Projektgebiet ca. 40 ha

Geografisch gesehen in beneidenswerter Lage zwischen Porto Grande, dem einzigen Naturschutzgebiet an der Küste Siziliens, und den Höhen des Iblei, wurde Siracusa einst von griechischen Siedlern aus Korinth in einem bereits bewohnten Gebiet gegründet. Heute umfasst Siracusa fünf Verwaltungsbezirke. In der Nähe der Stadt wurde auf unbesiedeltem Gebiet eine Eisenbahn gebaut. Daher wurden seinerzeit bei der Errichtung nur topografische und geologische Faktoren berücksichtigt. Die Bahnstrecke verlief etwa neun Kilometer entlang der Küste und bildete eine Barriere zwischen der Hochebene und dem Meer. Die Gleise wurden kürzlich abgerissen.

Aufgrund der Verlagerung und Sanierung moderner Transportsysteme ist die Bahnlinie nicht länger in Betrieb. Dies stellt eines der wichtigsten Themen für die Stadt dar. In Abkehr von den Bahnarealen müssen sich die erschlossenen Stadtteile heute der Schaffung einer neuen urbanen Struktur widmen, die insbesondere die Beziehung zur Landschaft und zum Meer in den Mittelpunkt stellt.

Die Bahnstrecke sowie das bebaute Gelände an ihren Rändern verlaufen von dem im 19. Jahrhundert entstandenen Stadtbezirk bis in die nördlichen Stadtgebiete. Seit dem Beginn des Rückbaus der Bahn, die teils oberirdisch, teils unterirdisch verläuft, wurden mehrere Projekte in Angriff genommen. Zwei Programme laufen aktuell unter Einbeziehung der alten Bahnstrecke: zum einen eine Machbarkeitsstudie (Via Piave-Piazza Cappuccini), zum anderen die Anlage eines Fahrradweges (Piazza Cappuccini-Targia).

Vom Corso Gelone bis in das Industriegebiet von Targia befinden sich an der Küste konsolidierte Strukturen der modernen Stadt, in erster Linie Neubaugebiete, Zentren der Bezirksverwaltung sowie Zonen von ökologischer und archäologischer Bedeutung. Da es sich um ein sehr weitläufiges Gebiet handelt, wurden vier konzeptionelle Bereiche identifiziert, die damit vier relevante Themen bestimmten: nördlicher Zugang (Standort A, alter Schlachthof), Verbindung zum öffentlichen Raum (Standort C, Mazzarrona), Sport- und Freizeitbereiche (Standort B, S. Panagia; Standort D, Grotta Santa). Temporäre Unterkünfte für Touristen und Dienstleistungen sollen integriert und die Fußgängermobilität gefördert werden.

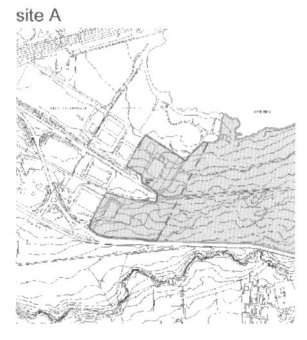

Erosioni pilotate

Andrea Bellodi (I) Architekt, Irene Tosselli (I), Lorenza Venturi (I), Architekturstudenten

Andrea Bellodi schloss 2005 sein Architekturstudium an der Università di Ferrara ab und gründete 2007 OQ PROJECT, ein Architekturbüro, das sich auf die Erforschung neuer Architekturszenarien konzentriert. Er nahm an 11 nationalen und internationalen Architekturwettbewerben teil, arbeitet an Aufträgen im öffentlichen und privaten Sektor, gewann 2004 den IUAG Architekturwettbewerb in Genf, beteiligte sich an 10 Design-Workshops, von denen er an sieben als Tutor [mit A. Ravalli, H. Nijric, E. Arroyo, M. Gausa, ...] teilnahm, war Lehrkraft in Ferrara und Lehrer in Venedig und arbeitete mit Antonio Ravalli Architetti zusammen. Seine beiden Mitarbeiter sind Architekturstudenten im Hauptstudium an der Facoltà di Architettura in Ferrara. Irene Tosseli ist derzeit an der Königlichen Akademie der Künste Kopenhagen und nimmt an internationalen Architekturwettbewerben und Designworkshops [bei A. Ravalli ...] teil. Lorenza Venturi nimmt an internationalen Architektur-, Design- und Photografiewettbewerben sowie an Architekturworkshops an der Facoltà di Architettura in Ferrara [bei A. Ravalli] teil.

oqproject studio
via Piretta Rovere 469/a
44017 Scortichino, Ferrara, Italia
T +39 3283032631
info@oqproject.com
www.oqproject.com

Die Landschaft um Syracus formte sich durch die Auswirkungen der Erosionen des Meeres auf die Karstformationen (Klippen, Höhlen, Karsttrichter). Dazu kommen antike Modifikationen anthropischer Herkunft (Steinbrüche, Aquädukte, Wasserspeicher).

Die Designstrategie arbeitet mit Analogien zu den Karstformationen durch den Einsatz kontrollierter Erosion, die darauf abzielt, die unkontrollierte Ausbreitung der Stadt umzukehren: durch das Studieren der starken Morphologie des Gebietes und durch die Systematisierung der Spuren im Territorium sollen die vier neuen Systeme (**Targia**, **Santa Panagia**, **Mazzarona**, **Grotta Santa**) in Brennpunkte der sich überschneidenden, territorialen Netzwerke umgestaltet werden.

Die vier Systeme funktionieren als **Vorposten** entlang des linearen Pfades in Flächen, die zurzeit keine öffentlichen Räume aufweisen: innerhalb ihrer Grenzen entsteht ein komplexes Nutzungsprogramm, das neue Fließlinien entlang der Küste aktiviert.

Durch die kapillare Infiltration innerhalb des Territoriums werden urbane Lücken schrittweise durch neue Nutzungssedimente besiedelt.

Wenn die Stadt das Resultat einer Vielzahl privater Initiativen ist, dann müssen diese in der Lage sein, sich um Gemeinschaftsräume zu strukturieren.

Die Entwurfsstrategie führt innerhalb des Pilotprojekts eine Anzahl privater und halböffentlicher Räume ein, deren tatsächlicher Anteil von den besonderen Merkmalen jeder Fläche abhängt. *Die bloße Existenz privater Räume schafft die ökonomische Chance, die für die Entwicklung und Organisation neuer öffentlicher Räume notwendig ist.*

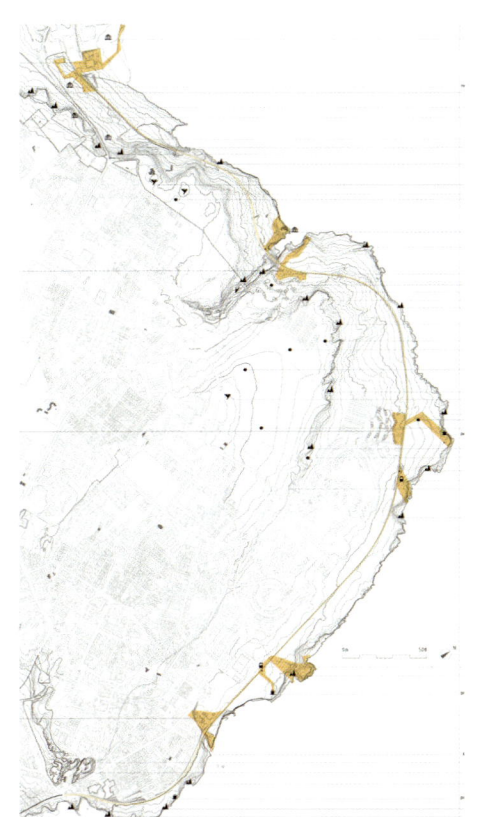

SIRACUSA, ITALIA — PREIS

243 CHANCEN FÜR DEN ÖFFENTLICHEN RAUM TEILEN

Matteo Zamagni (I), **Enrica Dall'Ara** (I), Architekten und Landschaftsgestalter, **Jessica Yvette Gamboa Cabazos** (MEX) Architekt, **Sara Vespignani** (I) Architektin und Landschaftsgestalterin, **Antonio Zamora Cabrera** (E) Architekt

Ein Team von Architekten und Landschaftsgestaltern, die davon überzeugt sind, dass Prozesse Landschaften formen. Die Landschaft ist die Tür, durch die Architekten einen Standort betreten: Diese Tür lässt sie nicht nur nach Spuren, sondern Antworten suchen und verführt eher zum fantasievollen Spiel mit Chancen denn zur Exploration der festgeschriebenen Form.

Studio P'ARC
via Cesare Battisti 3
47023 Cesena, Italia
T +39 0547402293
info@p-arc.it
www.p-arc.it

Geografie der Zeit

Die Küste von Syrakus stellt einen vitalisierenden Konflikt zwischen urbanem und geografischem Maßstab dar; die großen Dimensionen (und lokale Folgen) wirken dominant. Der Plan: Ausbalancieren einer räumlichen Dialektik durch Einflussnahme auf ökologische und perzeptive Prozesse. Hier liegt die Chance zur Überwindung der sozialen und physischen Verwahrlosung des öffentlichen Raumes.
Der Blick auf die Stadt vom Meer: Der Entwurf betont die Zeichen, die eine osmotische Membran zwischen Urbanität und dem Vakuum bilden, das mit Sinngehalt zu füllen ist. Landschaft, im Sinne von wahrgenommener Umwelt, ist ein Hilfsmittel zur Steigerung des Bewusstseins der unterschiedlichen Bewohner.

Norge
Lillestrøm
Wie transformiert man eine Straßenkreuzung in einen öffentlichen Raum?

Stadt Lillestrøm, Gemeinde Skedsmo
Standort 20 km östlich von Oslo
Bevölkerung 14.000
Betrachtungsgebiet 6,4 ha
Projektgebiet 2,0 ha

Die Stadt Lillestrøm liegt 20 km östlich der Hauptstadt Oslo im Süden Norwegens und ist Teil des Ballungsraumes. Die Entwicklung des Stadtgebietes von Oslo findet entlang der Infrastrukturen statt. Lillestrøm ist einer der Hauptknotenpunkte, der zudem auch in der Nähe des Osloer Flughafens liegt. Die Regionalplanung sieht innerhalb des vorhandenen urbanen Raums stärkeres Wachstum vor. Aufgrund der Holz verarbeitenden Industrie entwickelte sich Lillestrøm um den Bahnhof herum. Nach dem Niedergang dieser traditionellen Industrie wuchs die wirtschaftliche Bedeutung der Forschungs- und Entwicklungstätigkeiten in der Stadt. Dadurch und durch Ansiedlung regionaler öffentlicher Dienstleistungen entstand hohes Pendleraufkommen. Die Intensivierung und Umwandlung der urbanen Struktur zur Förderung weiteren Wachstums ist die Hauptaufgabe. Schwerpunkt dieses Projektes ist die Transformation eines vorhandenen städtischen Platzes in einen innovativen, nachhaltigen öffentlichen Raum unter Hinzufügung neuer Mischbebauung. Das Vorhaben ist Teil der Strategie der Stadt zur Ausdehnung des Stadtzentrums und zur Schaffung einer neuen Dynamik, um Zersiedelung zu vermeiden. Es soll eine urbane Strategie für ein kleines Wohngebiet geschaffen werden, das Teil einer neuen urbanen Struktur werden soll und eine Identität für Lillestrøm als nachhaltige und wettbewerbsfähige „Stadt des Wissens" erzeugt. Eine wachsende multikulturelle Bevölkerung innerhalb der natürlichen Stadtgrenzen verlangt nach neuen Lösungen. Die Entwicklung soll schrittweise erfolgen und muss die in diesem Gebiet wohnenden Menschen einbeziehen. Ein sanftes Mobilitätsnetz und Verbindungen zum neuen urbanen Park Stortorvet sollen geschaffen werden. Der Standort befindet sich am Rand des Geschäftszentrums in der Nähe eines der vier größeren Zugangspunkte. Das urbane Zentrum erfordert eine weitere Entwicklung, der Standort ist ein wichtiger öffentlicher Raum in der Nähe eines Wohngebietes mit Einfamilienhäusern und in der Nähe öffentlicher Gebäude. Das Areal ist Eigentum der Stadtverwaltung von Skedsmo, es sollen eine Gebäudestruktur Richtung Osten sowie ein innovativer, urbaner öffentlicher Park für spontane Aktivitäten Richtung Westen entstehen.

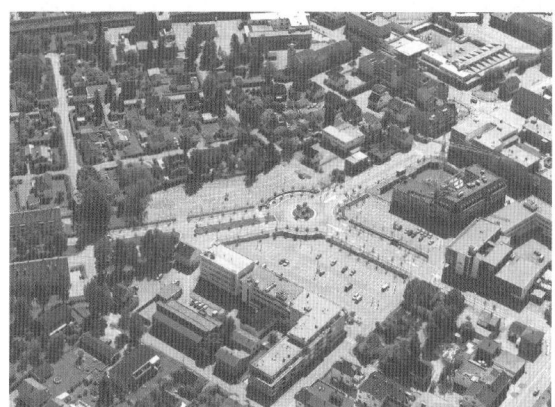

ANKAUF

LILLESTRØM, NORGE

Jesús Mateo Muñoz (E), **Maximillian Martinenghi** (I), Architeken

Zero Architects wurde 2004 gegründet und verfolgt neue Ansätze in Stadtraum und Landschaft. Die beiden Architekten waren seit 1999 vier Mal Europan-Preisträger mit Entwürfen in drei verschiedenen Ländern.

ZERO Architects
Ctra. Benítez 9
28224 Pozuelo de Alarcón,
Madrid, España
T +34 913520314
contact@areazero.info
www.areazero.info

Umbau des Raumes, Maßstab des Fußgängers, Miniatur, P-Platz

„Im Vorbeigehen stellte ich fest, dass ich in Gedanken die Wüste mit Wasser füllte. Dieser Trick reichte aus, eine Welt, die hoffnungslos trocken war, menschlicher zu gestalten, mich mit ihren Felsen, ihrem Schweigen und dem goldenen Sonnenstreifen am Firmament zu versöhnen" (Philippe Diolé). Leuchtende Flüssigkeit, dichte Materie fluten Stortorvet, werden dominant und machen Verkehr, Parken, Haltestelle, Kreisel etc. erträglich. Fließende Elemente beleben den Platz, modulieren den fluiden Raum, schaffen räumliche Bezüge. Die Miniaturen füllen und prägen die Landschaft, wie in den Bildern Hieronymus Boschs. P-Platz ist eine eingekapselte Miniatur-Landschaft.

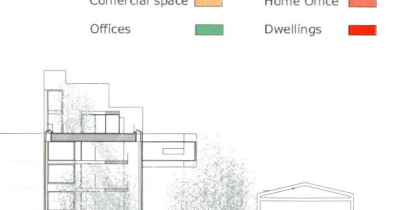

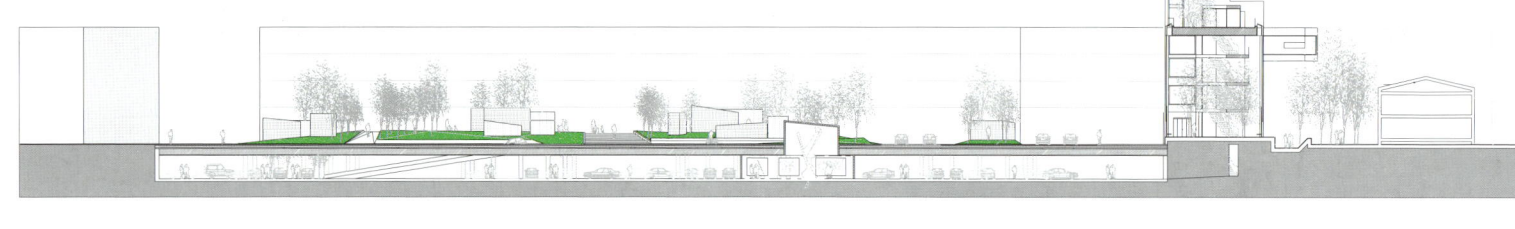

CHANCEN FÜR DEN ÖFFENTLICHEN RAUM TEILEN

Portugal
Odivelas
Wie kann die urbane Qualität eines sozial verarmten Bezirks verbessert werden?

Stadt Odivelas
Standort Sítio do Barruncho
Bevölkerung Sítio do Barruncho: 540 – Gemeinde: 14.704 – Kreis: 133.847
Betrachtungsgebiet 33,03 ha
Projektgebiet 7 ha

Die Stadt Odivelas ist Teil des Großraums von Lissabon, der, obwohl er als allgemein entwickelt gilt, nach wie vor einige von Verwahrlosung gekennzeichnete Pole umfasst, auf welche sich die Sanierungspolitik der Stadt konzentriert. Um die Konvergenz der Investitionen im Großraum von Lissabon zu gewährleisten, haben die Zentralregierung und die Kommune mit speziellen Bauträgern eine Zusammenarbeit vereinbart. Das Gebiet von Sítio do Barruncho ist von inadäquater Urbanisierung geprägt (mit der Folge schlechter Lebensbedingungen, sozialer Ausgrenzung, Kriminalität, geringer Effizienz öffentlicher Aktivitäten, beispielsweise im Bereich Mobilität und soziale Einrichtungen). Grundlegende Maßnahmen, insbesondere mit Blick auf eine nachhaltige Sozialentwicklung, sind im Interesse einer qualifizierten Entwicklung des Gebiets zu ergreifen, um ein besseres Gleichgewicht, urbane Durchlässigkeit, Solidarität und Nachhaltigkeit zu schaffen. Der Standort ist daher sowohl für soziale als auch für urbane Wohnumfeldmodelle eine strategische Option, und zugleich als Aufgabe für eine neue Praxis der Gebietsverwaltung zu betrachten. Das Projekt stellt eine Herausforderung der Innovation in der Referenz städtischer Projekte dar. Es ist beabsichtigt, die Kontraste zwischen konsolidierten und nicht erschlossenen Zonen/Räumen abzubauen und Mischnutzung aus einem kompatiblen Ansatz zu fördern, ökologische Strukturen zu sichern und die Stadtlandschaft aufzuwerten. Die Zugänglichkeit und räumliche Durchlässigkeit, sowie der Ausbau eines integrierten Netzes von Einrichtungen für Bildung und Orten der Begegnung soll unterstützt werden. Die Entwicklung eines Wohnprojekts mit Kostenkontrolle für die Umsiedlung aktuell unter prekären Bedingungen lebender Familien und anderer sozial Schwacher, vor allem junger Menschen, soll vorgeschlagen werden. Das Projekt soll die existierenden Komponenten, mit Priorität auf der Durchlässigkeit der Räume sozialer Beziehungen, auf entschiedene und nachhaltige Weise bewahren. Gebaut werden sollen multifunktionale Einrichtungen (Familienbetreuung, Gemeinschaftseinrichtungen etc.), Einzelhandel und Dienstleistungen, sowie öffentliche Räume, die zum Verweilen einladen und die für Freizeitaktivitäten genutzt werden können; das Wohnungsbauprogramm umfasst 198 Wohnungen (davon 98 Wohnungen im Rahmen besonderer Umsiedlungsprogramme, 100 preisgünstige Wohneinheiten).

Odi-vilas

Sílvia Benedito (P), **Clemens Alexander Häusler** (D), Architekten

BeneditoHäusler entwerfen effiziente Minimallösungen für komplexe Designfragen. Ihr Ansatz sind produktive Environments. Die Methode basiert auf dem Studium traditioneller Techniken, Stoffe und Produktionsweisen. Im Urban Design stehen die Standortspezifika im Mittelpunkt: Hydrologie, Geologie, Topographie und die Klimawirkung. Ziel ist die Schaffung einer nachhaltigen Umwelt. In der Architektur kreieren BeneditoHäusler perzeptive und funktionale Lösungen auf der Grundlage gegebener Bedingungen und mit einem kritischen Blick auf die Nutzungsmuster.
Beide Architekten begegneten sich 2002 an der Harvard University, wo sie ihren Master in Architecture and Urban Design machten. Silvia Benedito kommt aus Portugal, wo sie als Architektin und Urban Designer arbeitet. Clemens Alexander Häusler studierte Bildhauerei und Architektur. Er kommt aus Deutschland.

info@beneditohausler.net
www.beneditohausler.net

Entwurf eines zentralen Platzes für Odivelas. Aktuell ist der Standort nicht in das ihn umgebende fragmentierte Netzwerk eingebunden. Das unterbrochene Straßennetz wird ausgebaut und um einen Weg für Fußgänger, Radfahrer und Skater erweitert. Der Rundweg verbindet die verstreut liegenden, kulturellen, pädagogischen und sozialen Einrichtungen der Umgebung. *Odi-vilas* wird zum Kern einer neuen, städtischen Figur. Eine Plaza für die Öffentlichkeit, Versammlungsort und Verbindung zwischen dem Stadtmarkt und der geplanten Tramhaltestelle. Die poröse Oberfläche erlaubt den Durchfluss zweier bestehender Wasserläufe, die bei Regen breiter werden. Im anliegenden Flutungsgebiet befinden sich kleine Parzellen für den Gemüseanbau in Ergänzung zur bestehenden informellen landwirtschaftlichen Erzeugung am Standort. Dies fördert Selbstbestimmung und einen produktiven Ansatz bei der Schaffung einer ökologisch nachhaltigen, urbanen Zone. Die Gemeinschaftsnutzung der Plaza – Kindergarten, Spielplatz, Kioske und ein Bürgerzentrum – ist ein weiteres Element der Wiederbelebung des neuen Zentralbereichs. Verschiedenen Wohnungstypologien bedienen die Nachfrage auf einem von Niedrigeinkommen geprägten Markt. Ein ergänzendes Bauprogramm bietet Umsiedlungsraum für die Bewohner der bestehenden provisorischen Unterkünfte. Erweiterung im Lauf der Zeit ist möglich, und damit Wohnraum für wachsende Familien. Landwirtschaftliche genutzte Gärten dienen einer nachhaltigen Selbstversorgung. Traditionelle Low-Tech-Methoden – Zisternen, Sonnenschutzvorrichtungen, Windräder und nicht versiegelte Oberflächen – kommen zum Einsatz.

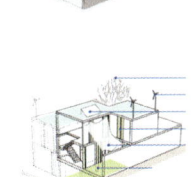

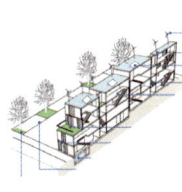

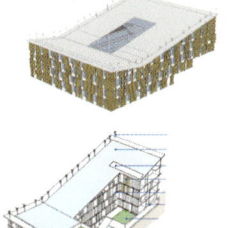

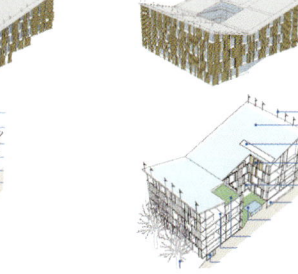

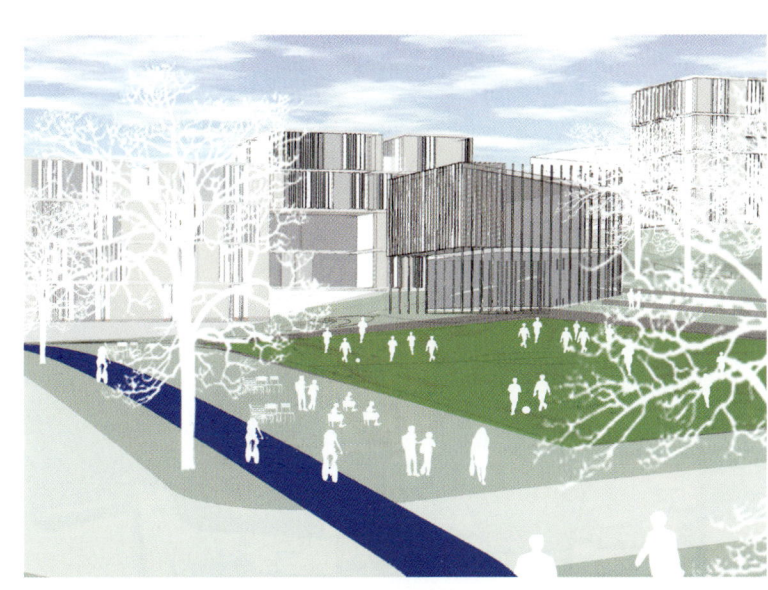

ODIVELAS, PORTUGAL

PREIS

249 CHANCEN FÜR DEN ÖFFENTLICHEN RAUM TEILEN

João Caria Lopes (P), **Tiago Dos Santos** (P), Architekten

Studium an der Universidade Autónoma de Lisboa, Beteiligung an mehreren Architekturwettbewerben mit Carlos Sequeira und Tiago Dos Santos, Absolventen der Fakultät für Architektur der Universidade Técnica de Lisboa.

rua Ferreira Borges, nº183 4ºA
1350-131 Lisboa, Portugal
T +351 936451725.
joaocarialopes@gmail.com
www.atelierbase.blogspot.com
www.tiagofilipesantos.com

Urbreen platforms
Stadtgrüne Plattformen

Der Entwurf basiert auf der Prämisse, dass öffentlicher Raum bei der Entstehung neuer Stadtquartiere und der Förderung dynamischer und nutzerfreundlicher Verbindungen zu anderen Teilen der Vorstadt ein wirkungsvolles Instrument ist. Die vorgeschlagenen Haustypen wollen so viel Baugrund wie möglich freilassen. Die gering verdichtete Bebauung geht einher mit einem natürlichen Umfeld, das ein Kontinuum des zentralen Parks darstellt. Die Polarisierung von Dienstleistungen und Handel erlaubt die Anlage von Fußgängerüberwegen, die Tag und Nacht zur Belebung der „urbreen" Plattformen beitragen und ein sicheres, angenehmes Lebensumfeld schaffen.

Schweiz/Suisse Svizzera/Svizra
Delémont
Wie trägt der öffentliche Raum zur Strukturierung eines zentralen Gebietes bei?

Stadt Delémont
Standort Gros Seuc
Bevölkerung 12.000
Betrachtungsgebiet 5,5 ha
Projektgebiet 3,5 ha

Der im Westen der Schweiz gelegene Kanton Jura deckt einen Teil des Jurabogens und des Espace Mittelland ab, das sich zwischen den größten Wirtschaftszentren Europas befindet: Baden-Württemberg und die Regio Basiliensis im Nordosten, die Region Rhône-Alpes und die Région Lémanique im Südwesten. Über die Stadtgrenzen hinaus, ist Delémont Hauptort des Kantons Jura, hat ein attraktives natürliches Umfeld und ist daher in gewisser Weise eine Stadt auf dem Land. Delémont verfügt über eine optimale Anbindung an das Schienen- und Straßennetz, auch durch die baldige Fertigstellung der A 16, die „Transjurane". Die Stadt zählt rund 12.000 Einwohner und bildet das Zentrum einer urbanen Agglomeration mit insgesamt 25.000 Einwohnern. Als Regionalzentrum und bedeutendster Wirtschaftsstandort des Kantons braucht Delémont ein städtisches Zentrum, in dem möglichst viele wirtschaftliche, kulturelle und Dienstleistungsaktivitäten gebündelt werden können.

Um die sanierte historische Altstadt haben sich Geschäftsviertel, Wohnquartiere sowie Erholungsräume entwickelt. Der Standort befindet sich in dieser strategischen Zone, zehn Minuten vom Stadtzentrum entfernt. Die betreffenden Grundstücke liegen in einem seit mehreren Jahrzehnten ungenutzten Gebiet, sind aber bisher unbebaut geblieben. Der Entwurf soll in ein Projekt zur Förderung der umweltverträglichen Verkehrsmittel zwischen den einzelnen Stadtvierteln unter Nutzung der in der Nähe liegenden, öffentlichen Räume integriert werden.

Der Standort wird im Norden und im Westen von dem Fluss Sorne, begrenzt. Er umfasst die Gebäude eines ehemaligen Schlachthofs (die erhalten und entwickelt werden sollen), einen als gemeinschaftlich definierten Bereich sowie bebaubare Grundstücke, wobei sich die gesamte Fläche in einem ausgewiesenen Überschwemmungsgebiet befindet. Die angrenzenden Wohngebäude müssen mit Parkplätzen ausgestattet werden, die den Bedürfnissen der Bewohner entsprechen. Die Herausforderung des Projekts besteht darin, den öffentlichen Bereich als Erholungsraum zu gestalten, Gebiete für eine Mischung von Aktivitäten inklusive eines neuen Typs von Wohnungen zu entwickeln und die bestehenden Gebäude in öffentliche Einrichtungen zu transformieren.

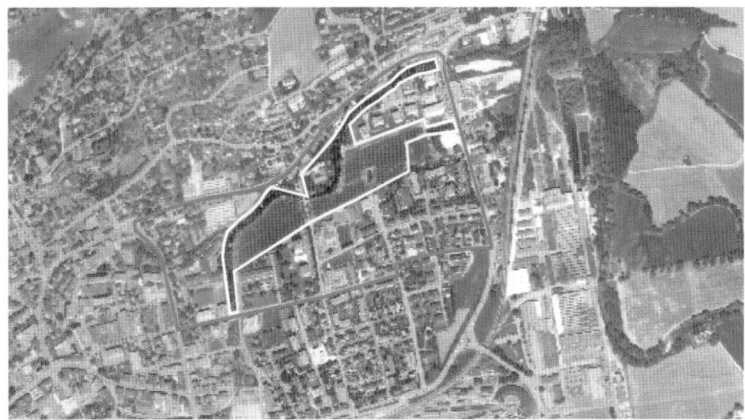

Maria Auxiliadora Gálvez Pérez (E)
Architektin

Studium an der ETSAM, Professorin in Madrid, Preisträgerin verschiedener nationaler und internationaler Wettbewerbe, nominiert für die 8. Architekturbiennale von Venedig. Gálvez Perez architektonische Entwürfe für Wohnungsbau und Facilities sind aktiv, sinnlich und naturverbunden.

c/ Leganitos, 1 1º derecha
28013 Madrid, España
T +34 915421046
auxi@bogwog.com
www.bogwog.com

The vacant room

Für den bestehenden Stadt-Natur-Kontext wird eine Hierarchie definiert. Ausgehend von Grad 0, mit einer vorsichtigen Intervention durch die Umlenkung der natürlichen Dynamik, bis zur rein architektonischen Maßnahme bei Grad 4.

Aus den vier Elementen – Wasser, Luft, Erde und Licht – entsteht ein System, in dem Natur und Architektur ineinanderfließen. Dieses Stadt-Natur-Konstrukt interagiert unterschiedlich dynamisch mit dem Umfeld und bewirkt damit die gegenseitige Stärkung von Architektur und Natur.

Ziel ist die Entwicklung eines urbanen und zugleich intimen Raumes als Sequenz von Wahrnehmungen der Varianten dessen, was wir als Räume bezeichnen, und ihre Aufladung mit Sinneseindrücken unter Wahrung des menschlichen Maßstabes.

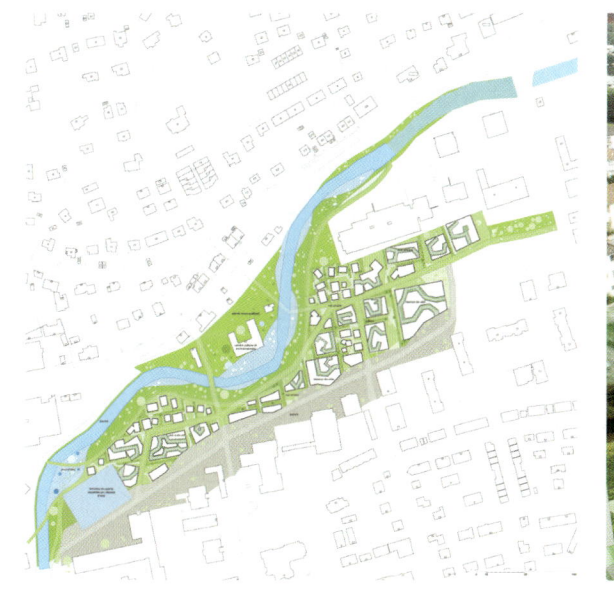

François Chas (F), **Fabrice Long** (F), **Paul Maitre Devallon** (F), Nicolas Guérin (F), Architekten

Im Mittelpunkt des Interesses des Teams stehen die Stadt und die Räume, die sie schafft bzw. aus denen sie zusammengesetzt ist. Das Team spricht vom räumlichen Gefühl, Praxis, Ansichten, Lebensqualität. Seine Antworten zwischen Architektur und Stadtplanung verweigern sich dem Denken in Schubladen.

François Chas
13 rue de la Grande-Chaumière
75006 Paris, France
T +33 632519563
lesruesdedelemont@gmail.com
www.NP2Farchitectes.com

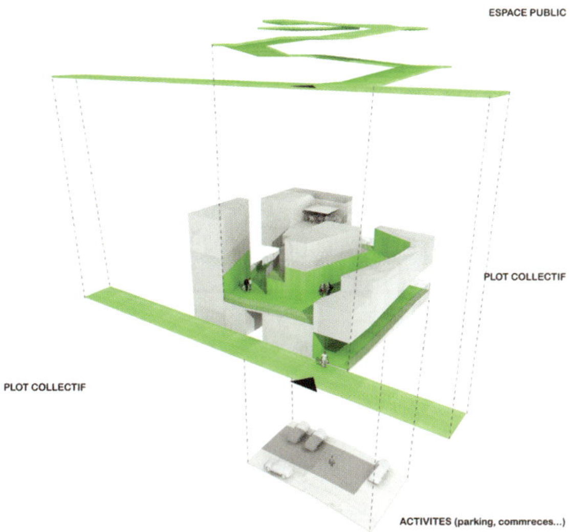

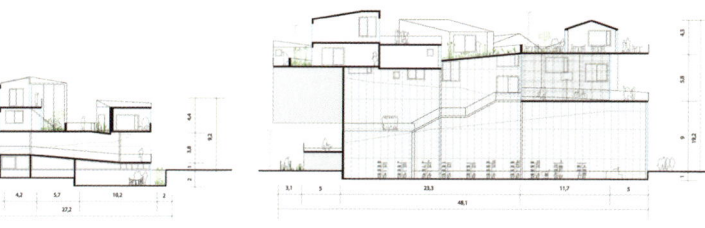

Die Straßen von Delémont

Die „spezifisch" schweizerische Bedingung zwischen „Performance" und dem Originären erscheint als Qualität, die die Entstehung separater Räume fördert, in denen das Alltagsleben im Haus mit den Interessen der Gemeinschaft kontrastiert, eine von Annehmlichkeiten gekennzeichnete Lebensweise, die sich verbreitet in der Schweiz wiederfindet mit geht mit einer bestimmten Vorstellung von Stadt einher. Sie verbindet Nähe und Ferne, Gemeinschaft und Individuum, Seltenes und Gewohntes. Ein Ensemble von Straßen gliedert Räume und verläuft in der Überlagerung von Wohn- und Gewerbezonen. Die Variationen sind vielfältig und zugleich einzigartig in ihrer Fähigkeit, eine kohärente, außergewöhnliche und wiedererkennbare Landschaft entstehen zu lassen: **die Straßen von Delémont**.

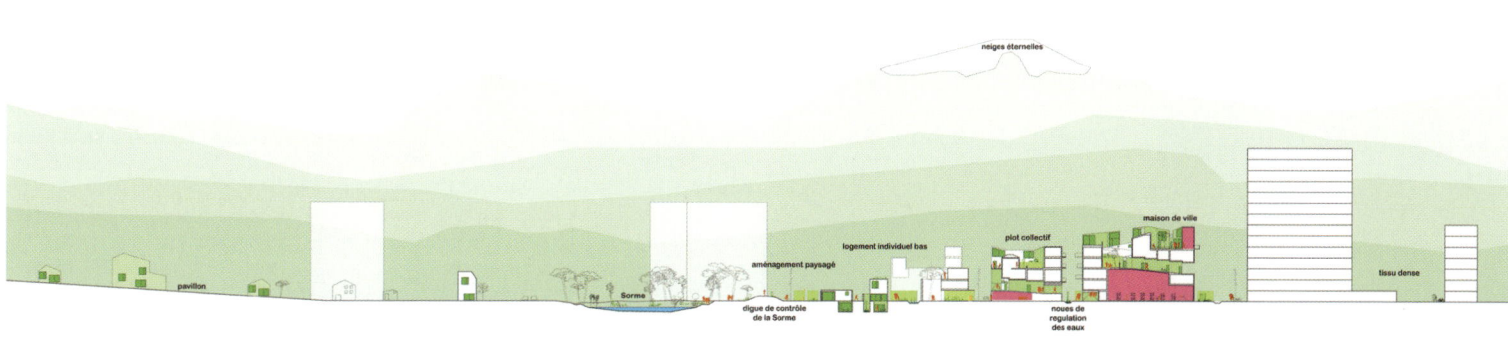

Nutzung und öffentlicher Raum

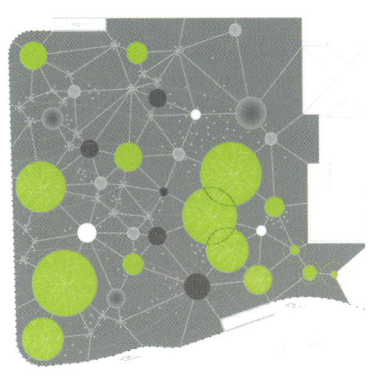

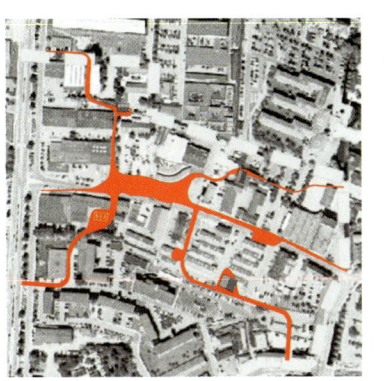

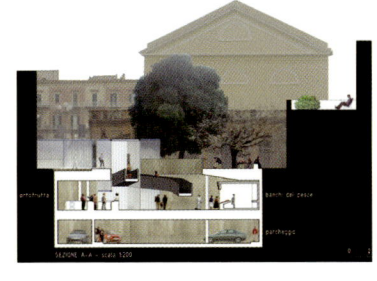

Interactive Flexibility
Opatija, Hrvatska
Luis Aguirre Manso (E), Eoin MacMahon (IRL), Architekt, Lynn MacMahon (IRL) Architekturstudentin

Public Bay
Opatija, Hrvatska
Aleksander Bednarski (PL), Mariusz Komraus (PL), Tomasz Pokropowicz (PL), Architekten

Urban Extract
Vejle, Denmark
Brigitte Holm (DK), Ellen Marie Aae Christensen (DK), Architekten, Laura Albeck Ibsen (DK) Architektin und Stadtplanerin, Melanie Ann Bech (DK), Marie Staallsoe (DK), Architekten

In/between factories
Vejle, Denmark
Eduardo De La Pena Pareja (E) Architekt, Gonzalo Aragon Olalla (E), Daniel Bazo Hernandez (E), Jaime De Paz Alvarez-Garcillan (E), Alexander Diaz Chyla (E), Juan Farina Cuevas (E), Architekturstudenten, Francisco Javier Fernandez Portal Del Rio (E) Ingenieur-Landschaftsplaner, Marta Martinez Gordo Martin (E) Architekturstudentin

Slow spaces
Bisceglie, Italia
Francesca Pignatelli (I), Emanuela Balzani (I), Francesco Merla (I), Roberta Scocco (I), Francesco Bruni (I), Attilio Ranieri (I), Architekten

Urbanita Porosa
Bisceglie, Italia
Giulio Forte (I), Gianpaola Spirito (I), Architekten

Living a praça loca
Odivelas, Portugal
Laura Martin Escanciano (E), Laura Cillóniz Merchan (E), Óscar Fernandez Aguayo Muñoz (E), Blanca Mora Calderon (E), Architekten

Bubbles
Odivelas, Portugal
Ana Belén Lopez Plazas (E), Joachim Kraft (D), Architekten

Die neuen öffentlichen Räume sind heutzutage sehr häufig eher leere Räume als belebte Orte. Wie kann man in die urbane Praxis Dynamik einfließen lassen? Welche Arten der Nutzung sollte man einführen: vorübergehende, wiederholte, dauerhafte? Wie kann man Konflikte zwischen den privaten Funktionen und dem öffentlichen Bereich vermeiden? Welches sind hinsichtlich der Räume die Konsequenzen eines neuen sozialen Ansatzes für öffentliche Räume? Das waren die Themen der Debatte „Nutzung und öffentliche Räume", die im Forum der Städte und der Jurys im Dezember 2007 in Catania (Italien) stattfand. Es nahmen Fachleute und Vertreter der Standorte dieser Wettbewerbssession teil, die einen Korpus von durch die nationalen Jurys ausgewählten Entwürfen besprachen.

Für welche Nutzer wird der öffentliche Raum gedacht?

Ellen Hellsten, Architekten Ghilardi + Hellsten, Dozentin, Oslo, Wissenschaftlicher Beirat Europan

Die prinzipiellen Themen, die sich in den Entwürfen rund um die Frage des öffentlichen Raums und seiner unterschiedlichen Nutzungsmöglichkeiten wiederfinden lassen, treten miteinander oftmals in Wechselwirkung, und es ist schwierig, eine spezifische Tendenz bezüglich der Programmgebung öffentlicher Räume herauszulesen. Man sieht tatsächlich viele verschiedene Ansätze in den Entwürfen dieses Wettbewerbs, die den öffentlichen Raum betreffen, von Entwürfen, bei denen es nur um die individuelle Nutzung geht, bis hin zu denen, die eher der kollektiven Nutzung zugewandt sind. Aber man muss auch feststellen, dass einige Entwürfe dieser Session öffentliche Räume gänzlich ohne programmatische Referenz schaffen oder im Gegenteil detaillierte Programme integrieren, mit sehr weit entwickelten Diagrammen, jedoch ohne beigelegte Pläne. Eine bemerkenswerte Eigenschaft ist übrigens die geringe Zahl von Entwürfen, die in Investitions- oder Gewerbeprogramme integrierte öffentliche Räume vorschlagen, was durchaus erstaunlich ist, da die jungen Architekten doch in einer von der Marktwirtschaft geprägten Gesellschaft leben. Auch scheint die klassische Debatte zur Unterscheidbarkeit zwischen privatem und öffentlichem Raum verschwunden zu sein: die Frage nach dem Eigentum wird kaum gestellt. Vor zehn Jahren wurde diese Frage in jedem Entwurf gestellt: wem gehört das Grundstück? Wer hat das Nutzungsrecht, wer nicht? Heute scheint diese Frage nicht mehr von Belang zu sein.

Wenn man vom öffentlichen Raum und seinen Nutzungsmöglichkeiten spricht, ist es das Wichtigste, dass definiert wird, wer die Nutzer sein werden. Um Nutzer zu finden, muss man definieren, was Öffentlichkeit ist. Tatsächlich gibt es verschiedene Öffentlichkeiten, und man darf sich nicht darauf beschränken, davon im Allgemeinen zu reden, man muss im Vorhinein wissen, für wen die Räume gedacht sind, wenn man einen erfolgreichen öffentlichen Raum schaffen will. Unter den Eingaben von Europan 9 gibt es Vorschläge, die sich wirklich für diese Frage der Definition der Nutzer interessieren und sich auf alle möglichen unterschiedlichen Thematiken beziehen: Programm der Aktivitäten, Verdichtung, je mehr Menschen den Raum frequentieren, desto besser ist er – Sicherheit, soziale Kontrolle, Klima, Flexibilität, Beteiligung…

In Kroatien bietet der Standort Opatija eine klassische Uferbebauung zur Restrukturierung an, die sich genau zwischen Meer und Strandpromenade befindet. Die beiden vorausgewählten Entwürfe sind sehr unterschiedlich, gleichsam zwei entgegengesetzte Pläne. Der erste Entwurf, das Ankaufprojekt *Interactive Flexibility* (L. Aguirre Manso, E. MacMahon L. MacMahon) schlägt einen Platz vor, jedoch ohne jede programmatische Definition. Es obliegt den Bewohnern, die verschiedenen Nutzungsweisen zu bestimmen. Wenn zwar Flexibilität der Nutzung dieses Raums gesucht wird, so ist es doch in der Realität ein festes Raumsystem, ein offener Platz, auf dem alles stattfinden kann. Der zweite Entwurf, der Preisträger *Public Bay* (A. Bednarski, M. Komraus, T. Popkropowicz) geht vom Programm aus, um neue Gebäude zu entwerfen, die dann einen neuen Raum bilden. Es gibt keinen zentralen Raum mehr, sondern eine größere Intensität, denn in einem einzigen Raum vereinen sich in einer einzigen großen Bewegung Platz, Strand und Uferpromenade. Durch die Stärkung der Promenade mit Hilfe neuer Aktivitäten wird auch die Dynamik des Platzes bewahrt.

In Vejle in Dänemark stehen sich auch zwei Entwürfe gegenüber, auch wenn bei beiden klar ist, dass Straßen als öffentliche Räume wahrgenommen werden. Der Standort befindet sich in einer industriell geprägten Vorstadt, die um die Straßen herum verdichtet und neu bewertet werden soll. Keiner der Entwürfe definiert ein neues Programm, ausgehend von der Hypothese, dass angesichts der aktuell vorhandenen Aktivitäten in den Erdgeschossbereichen und der vorhandenen Verdichtung ein gutes Funktionieren erreicht ist. Dennoch basieren beide Entwürfe auf dieser Verdichtung. Der erste Entwurf *Urban Extract* mit Vorauswahl (B. Holm, E. M. Christensen, L. Albeck Ibsen, M. Ann Bech, M. Staalsoe) definiert eine Reihe von Straßen, die krakenartig an einem Ort zusammenkommen. Der entgegengesetzte Entwurf *In/between factories*, ebenfalls mit Vorauswahl (E. De La Pena Pareja, A. Lleyda Delgado, G. Aragon Olalla, D. Bazo Hernandez, J. De Paz Alvarez-Garcillan, A. Diaz Chyla, J. Farina Cuevas, F. J. Portal Del Rio, M. M. Gordo Martin), stellt ein Netz aus voneinander unabhängigen Passagen dar. Die beiden Entwürfe werten dieses neue Quartier auf, denn die entstandenen Passagen oder Straßen verbinden es mit der Stadt, anstatt einfach einen neuen Platz zu bilden. Im Entwurf *In/between factories* werden die Straßen als öffentlicher Raum für verschiedene Nutzer je nach ihrer Interessensschwerpunkt definiert. Er erzeugt so einen Dialog mit der Stadt, denn einige der Passagen gehen vom Inneren der leer stehenden Fabrikgebäude aus, in denen verschiedene Programme stattfinden sollen.

In Bisceglie in Italien ist der Standort ein historischer Ortskern, der raschem Verfall unterliegt. Die Frage hier ist, wie man neue Bewohner an den verlassenen Ort zurückbringen kann. Es gibt eine gewisse Verdichtung, aber aufgrund des Zerfalls der Gebäude schwinden die Bevölkerungszahlen. Dieses Phänomen des Bevölkerungsschwundes in Städten ist heute an vielen Orten der Welt spürbar. Je stärker die Urbanisierung in Großstädten ist, desto mehr leiden andere Städte unter zurückgehenden Einwohnerzahlen. Es stellt sich die Frage, wie ein öffentlicher Raum hier eingreifen kann und zum Gegenmittel dieser Situation werden kann. Der Entwurf *Slow spaces* vom Preisträger (F. Pignatelli, E. Balzani, F. Merla, R. Scocco) geht grundsätzlich von einer Verschönerung aus. Das kann eine Lösung sein: man muss nur einen schönen öffentlichen Raum schaffen, dann kommen die Nutzer von Neuem. Es ist zwar eine eingeschränkte Strategie, aber die Planer haben sehr schöne Räume in Verbindung mit leichten Programmen wie Parks und Meditationsräumen geschaffen. Der andere Entwurf, das Ankaufprojekt *Urbanita Porosa* (G. Forte, G. Spirito) beantwortet die folgende Frage: Wie kann man einen alten historischen Ortskern in eine Gartenstadt verwandeln? Er geht das Problem sehr ernsthaft an und schlägt auch den Abriss der am meisten zerfallenen Gebäude vor. Dies führt zu einer Diskussion um die Bewahrung des kulturellen Erbes in Italien. Der Entwurf schlägt mehrere Programmabschnitte in verschiedenen Phasen vor, die Block für Block abgearbeitet werden. Es kommt Grün auf die Fassaden: einige Bauwerke werden begrünt. Die Betonung liegt auf der Tatsache, dass der Entwurf als Orientierung verstanden werden soll, als eine Methode und nicht als etwas Statisches, sondern im Gegenteil in offener Weise, wie eine Idee oder ein räumliches Potenzial. Aber man muss sich dennoch die Frage stellen, wie hoch wohl die Investitionen wären, um diese beiden Entwürfe umzusetzen. Beim ersten würde die Finanzierung der Stadt obliegen, beim zweiten wären es die gewerblichen Aktivitäten.

Zwei weitere Entwürfe im vorstädtischen Wohngebiet von Odivelas in Portugal berücksichtigen die individuelle Dimension im öffentlichen Raum, ohne sich jedoch groß um einen wirklichen Bebauungsplan zu kümmern. Die Frage der Interpretation des Individuellen im öffentlichen Raum ist sehr interessant, wenn man bedenkt, wie stark die Gesellschaft gegenwärtig das individualistische Modell bevorzugt. Die Nutzer sind vielleicht mehr daran interessiert, im Internet zu chatten als sich im öffentlichen oder urbanen Raum zu begegnen. Das bringt uns zur Frage der Realität des Zwecks dieser Räume heute und wir fragen uns, in welchen Arenen wir heute wirklich mit Öffentlichkeit konfrontiert sind. Der Entwurf *Living a praça loca* des Vorauswahl-Teams (L. Martin Escanciano, L. Cilloniz Merchan, O. Fernandez Aguayo Munoz. B. Mora Calderon) interessiert sich für den Raum zwischen den Gebäuden und was die Menschen mit diesem Raum machen, den Grenzen zwischen ihrer Privatsphäre und dem öffentlichem Raum. Es stellt sich die Frage, wie wichtig der Bürgerraum wirklich ist. Der andere Entwurf in Odivelas mit lobender Erwähnung, *Bubbles* (A. B. Lopez Plazas, Joachim Kraft), basiert auf der Idee einer Beteiligung der Nutzer am öffentlichen Raum durch die Selbstorganisation in verschiedene Arbeitsgruppen. Sie können so die eigene Fragmentierung des öffentlichen Territoriums anregen, sich an ihr beteiligen oder sie erzeugen.

Aufgrund des Niveaus der vorgegebenen Standorte richtet sich eine Vielzahl von Entwürfen auf einer sehr großen territorialen Ebene ein, das macht die Definition der Nutzungen noch komplexer. Doch in Syrakus in Italien ist das Projekt mit lobender Erwähnung *Ecoscarification* (B. Matalucci, F. Spano, G. I. López D., E. Crobu, C. Mavrou, L. Fraguada, G. Castellanos, K. De Soto Molina) interessant, da es sich auf einer sehr weiten Zone am Meeresufer erstreckt, aber einer gewissen Verwüstung durch die Trennung aufgrund der Bahn unterworfen ist. Das Verschwinden der Bahngleise gibt dem Gebiet seinen Sinn zurück, ein neuer öffentlicher Raum für die moderne, in der Nähe entstandene Stadt zu werden. Aber wie kann man sicherstellen, dass die Aktivitäten und Nutzungen in einem so großen Raum einmal stattfinden können? In vielen Entwürfen von Europan 9 findet man eine große Zahl schöner Räume, bei denen aber oft nicht klar ist, wie sie sich entwickeln können. Wer kann sie überhaupt bezahlen? Wie können sie mit den bereits vorhandenen lokalen Aktivitäten verbunden werden? Im Fall von Syrakus erzeugt der Entwurf einen öffentlichen Raum über öffentliche Aktivitäten. Man sieht die in der Landschaft entstandenen Narben, in die der Entwurf ein Programm nachhaltiger Entwicklung einzufügen versucht. Die Idee ist, dass die Bewohner sich beteiligen müssen, indem

Hrvatska, Opatija
Standort Trg Vladimira Gortana - Slatina
Bevölkerung 12.719 (Stadt 7.850)
Betrachtungsgebiet 7,6 ha
Projektgebiet 0.8 ha

Portugal, Odivelas
Standort Sítio do Barruncho
Bevölkerung Sítio do Barruncho: 540
Gemeinde: 14.704 – Kreis: 133.847
Betrachtungsgebiet 33,03 ha
Projektgebiet 7 ha

Denmark, Vejle
Standort Dalbyen
Bevölkerung 103.000 (Stadt)
50.000 (Altstadt)
Betrachtungsgebiet 48 ha
Projektgebiet 8 ha

Italia, Bisceglie
Standort Borgo antico
Bevölkerung 53.000
Betrachtungsgebiet ca. 12.6 ha
Projektgebiet ca. 1 ha

Italia, Siracusa
Standort „Eisenbahnumgehung"
Bevölkerung 126.000
Betrachtungsgebiet ca. 127 ha
Projektgebiet ca. 40 ha

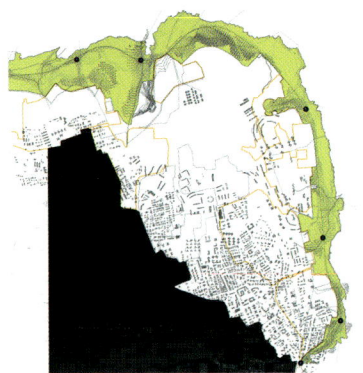

Ecoscarification
Siracusa, Italia
Berardo Matalucci (I), Fabiano Spano (I), Guillermo I. López D. (MEX), Architekten, Enrico Crobu (I) Bauingenieur, Chrysokona Mavrou (GR), Luis Edgardo Fraguada (USA), Gabriella Castellanos (DOM), Karlo De Soto Molina (MEX), Architekten

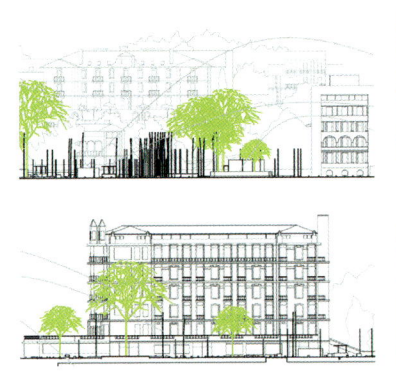

Interactive Flexibility
Opatija, Hrvatska
Luis Aguirre Manso (E), Eoin MacMahon (IRL), Architekten, Lynn MacMahon (IRL) Architekturstudentin

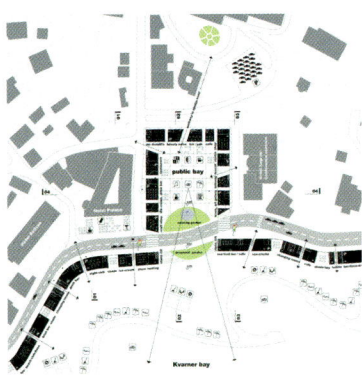

Public Bay
Opatija, Hrvatska
Aleksander Bednarski (PL), Mariusz Komraus (PL), Tomasz Pokropowicz (PL), Architekten

sie die Landschaft bilden und modellieren, um Schatten zu erhalten und selbst gegen die Verwüstung vorzugehen. Besonders wichtig ist auch, dass dies gleichzeitig eine Identität für die Menschen schafft und den später zu nutzenden Raum vorschlägt. Es ist ein sehr strategisches Projekt.

Marcel Smets, Architekt, Stadtplaner, Leuven, Belgien, Wissenschaftlicher Beirat Europan

Die Nutzung des öffentlichen Raums hat sich im Laufe der Zeit erheblich gewandelt. Bis vor kurzem war in den Städten alles, was nicht privater Raum war, mehr oder weniger öffentlicher Raum. Heute sind wir aufgrund der urbanen Entwicklung in unseren europäischen Städten Zeugen des Vorgangs, dass es mehr Räume unter freiem Himmel als bebaute Flächen gibt. Nun sind aber diese offenen Flächen nicht unbedingt gleich öffentliche Räume. Oftmals sind es verlassene Räume. Es stellt sich die Frage, woran der öffentliche Raum angebunden ist, um sich mit diesen offenen Räumen zu verknüpfen. Nehmen wir das Beispiel der beiden bereits zitierten Entwürfe in Opatija (Kroatien). Sie zeigen zwei Arten, wie ein Raum unter freiem Himmel ausgeführt werden kann. Der eine der Entwürfe geht davon aus, dass es Benutzer und bestehende Nutzungen gibt. Es geht nur darum, den Raum zu bestücken, um ihn attraktiver zu machen, ihn zu möblieren, damit er bequem wird. Die andere Haltung ist, diesen Raum als eine Leerstelle zu betrachten, als das, was bleibt, wenn man etwas darum herum entwickelt, ein Programm, das attraktiv für die Menschen ist. Hier wird der öffentliche Raum die Erweiterung des privaten Raums hin zum freien Himmel. Der erste Entwurf basiert auf öffentlichen Investitionen. Der zweite basiert auf der Tatsache, dass man öffentliche Investitionen nicht für nötig erachtet, denn er ist mit dem Markt und den entwickelten gewerblichen Aktivitäten verbunden. Was denken wir von diesen beiden Strategien, die sich heute in den europäischen Städten abzeichnen?

Maarten Hajer, Professor für Politikwissenschaften und Öffentlichkeitspolitik, Amsterdam, Niederlande

Wenn man die beiden Entwürfe von Opatija vergleicht, gibt es einen entscheidenden Unterschied. Im ersten Entwurf ist die Triebfeder, den öffentlichen Raum über einen Plan und über Städtebau attraktiver zu machen. Der zweite setzt auf die neuen Nutzungen. Der wirksame öffentliche Raum wird als etwas Aktives betrachtet. Wir müssen verstehen, dass dies ein guter öffentlicher Raum ist. Meines Erachtens ist es ein nützlicher Raum, in dem es möglich ist, gemeinsame, gemeinschaftliche und gemeindebezogene Erfahrungen zu machen. Ein städtischer Raum, der vorschlägt, über die individuelle Aktivität hinauszugehen. Was den Entwurf so wirksam macht, ist, dass die Verantwortlichkeiten gut zugewiesen und ausgeglichen sind. Er ist für eine Selbstverwaltung besser geeignet, da es Menschen gibt, die die Läden betreiben werden und sie haben ein Interesse daran, den Raum zu pflegen. In dem anderen Entwurf kann man sich fragen, wie die Behörden vorgehen werden, um sicherzustellen, dass das, was passieren soll, auch eintreten wird. Einen Markt für eine Woche organisieren. Bänke am Mittwoch nachmittag installieren. Ein guter öffentlicher Raum ermöglicht es, Ereignisse zu organisieren. Das bedeutet auch, sie zu kontrollieren. Der öffentliche Raum muss auch Erfahrungen in einem bestimmten Umfeld und mit der erforderlichen Sicherheit ermöglichen. Ein vollständig öffentlicher Raum ist nicht kontrollierbar. Diese Art von Erfahrung kann die Idee des Kollektiven herbeiführen, dass man sich als Bürger fühlt und stolz auf seine Stadt ist.

Marcel Smets

Breitet sich das Wirkungsfeld der Architekten in dieser Hinsicht aus? Die Architektur geht heute über den Entwurf des Erbauten hinaus, dieses wird zum Inhalt des urbanen Gewebes und einer Verwaltung, die versucht, eher eine gute Mischung aus Aktivitäten zu erhalten, als eine architektonische Grundlagenforschung zu betreiben.

Mirta Tomulic, Bauingenieur Hochbau, Abteilung für Städtebau der Stadt Opatija, Opatija (Kroatien)

Die beiden Entwürfe haben die Kriterien gefüllt, die das von der Stadt entwickelte Programm vorgab. Im ersten Entwurf ist es ein offener Raum, der Aktivitäten unter freiem Himmel erlaubt (Konzerte, Festivals...) Der zweite Entwurf entspringt dem im Wettbewerb vorgegebenen Standort, aber der Strand befindet sich im Betrachtungsgebiet. Es gibt Entwürfe für den Küstenbereich des Platzes, als eine Art „Walk of fame" am Strand entlang. Der zweite Entwurf orientiert sich sehr an einer touristischen Nutzung, während der erste einen mehr bürgerlichen öffentlichen Raum schafft.

Marcel Smets
Wie müssen Nutzungen von öffentlichem Raum heute sein? Erzeugen wir öffentliche Räume als eine Art Aktivitätsprogramm für den öffentlichen Bereich? Oder erzeugen wir öffentliche Räume, weil wir bestimmte Aktivitäten in der Stadt vereinen wollen, und zwar so, dass sie dem öffentlichen Raum auch Gewicht geben? Das ist die entscheidende Frage, die vielfältige Auswirkungen auf die Stadtentwicklung hat.

Sebastian Redecke, Architekt, Chefredakteur Bauwelt, Berlin, Deutschland
Der von der Stadt Opatija vorgegebene Standort ist ein relativ kleiner eingezwängter Raum, aber es ist kein Platz. Das Problem ist die Raumordnung eines Gebietes mit bereits vorhandenen Elementen, um es verschiedenartig zu besetzen und seine aktuelle Nutzung zu verändern. Der zweite Ansatz, *Public Bay*, ist interessant, weil der Entwurf mit dieser großen Geste der Bebauung einen Platz zu schaffen versucht, aber in Interaktion mit dem Meer und offensichtlich auch mit der Intervention durch den privaten Markt, der sich in dieser Kette von Aktivitäten installieren wird. Aber indem der Umfang ausgedehnt wird, bietet er eine echte Definition dieses Gebietes an, und ein viel klarerer Ansatz als das, was man aus diesem Raum in der Stadt machen kann.

Marcel Smets
In Vejle sind die beiden zur Diskussion gestellten Entwürfe überzeugend darin, dass man verdichten muss, um die Funktionen des zirkulären Raums wiederzubeleben. Aber die Art der Antwort auf diese Notwendigkeit zur Verdichtung ist ganz unterschiedlich. Einerseits ordnet der Entwurf *Urban Extracts* die Straße neu, die aus öffentlichem Raum hervorgegangen ist, um Investoren anzuziehen, und regt diese Investoren an, neue Aktivitäten in dieser offenen Zone zu installieren. Der andere Entwurf *In/between factories* geht von nach und nach entstehenden privaten Investionen aus, die schließlich den öffentlichen Raum privatisieren und neu aktivieren.

Der zweite Entwurf umfasst also eine Planungsphase, um die Einrichtung dieser privaten Beteiligungen zu erleichtern.

Henrik Stjernholm, Architekt, Leiter Stadtentwicklung, Vejle, (Dänemark)
Wir glauben sehr stark an die Architektur als Entwicklungselement. Die Stadt hat seit zehn Jahren ein Programm, das diesen Ansatz begünstigt. Jedes neue Gebäude, jeder neue Park und jeder neue Platz geht von der Frage aus: von welcher Qualität ist die Architektur? Es ist ganz egal, ob es öffentliche städtische oder private Projekte sind. In unseren Büros haben wir eine Vielzahl von Plänen und Modellen darüber, wie wir die Zukunft unserer Stadt entwickeln wollen. Wir stellen sie aus und organisieren bereits Workshops mit Politikern und Bürgern zu diesen Pilotprojekten. Von hier aus versuchen wir, ein gemeinsames Bild der gewünschten Qualität unserer Stadt zu entwerfen und den Wünschen unserer Bürger gerecht zu werden. Bei diesem Europan-Entwurf möchten wir daher denselben Weg gehen und die Bürger unter den verschiedenen Vorschlägen auswählen lassen. Der Entwurf *In/between factories* ist eine interessante „Prozessplanung", aber es gibt wenig zu sehen, und daher ist es für die Bürger und Entscheidungsträger der Stadt schwer zu vermitteln. Meinerseits denke ich, dass wir heute die architektonische Komponente stärken, die in einigen der Entwürfe sichtbar ist.

Marcel Smets
In vielen Städten Europas sucht man ein neues Bild des klassischen öffentlichen Raums, eine Erneuerung der Straße durch komplette Sanierung. Diese Politik wird seit den achtziger Jahren in Barcelona verfolgt. Die Frage zwischen Programm und urbaner Sanierung kann sich auch für den Standort Bisceglie (Italien) stellen. Der Entwurf *Slow spaces* schlägt eine Verschönerung der Stadt vor, das impliziert öffentliche Investitionen, um die Menschen wieder in die Innenstadt zu bringen. Es gibt die Hypothese, dass eine Verschönerung der Ansicht eines Platzes eine Verbesserung im Hinblick auf die Qualität des Wohnungsangebotes mit sich bringt. Anders gesagt: muss man Durchlässigkeit erzeugen wie im Entwurf *Urbanita Porosa*, indem man bestimmte Elemente wegnimmt, das urbane Gewebe durchlüftet, das Potenzial der Bewohnbarkeit privater Grundstücke verbessert, dadurch nicht nur den öffentlichen Raum erneuert, sondern auch die privaten Gärten, die privaten, gemeinschaftlich genutzten Räume, um so eine neue Qualität in die Stadt zu bringen?

Sebastian Redecke
In Bisceglie haben wir es mit einer anderen Ebene zu tun, mit einer Vielzahl kleiner Zonen, Mikrostrukturen in einem historischen Stadtkern. Es ist nicht neu, dass man versucht die Menschen in diese alte Stadt zurückzuholen, besonders die jungen Menschen, seit dreißig Jahren wurden verschiedene Ansätze ausprobiert. Häufig besteht die Lösung darin, die vorhandenen Strukturen zu erhalten. Hier aber versucht man wirklich, mittels verschiedener, sehr sensibler Eingriffe, diese alte Stadt neu zu ordnen und ihr eine neue Qualität für die Bewohner dieses Viertels zu geben. Der Entwurf *Urbanita porosa* öffnet diese alte Stadt und begrünt sie außerdem. Interessant im Rahmen von Europan ist, dass der öffentliche Raum von der Stufe der großen Landschaft bis hinunter zu kleinen, punktuellen Eingriffen gehen kann, wie es hier der Fall ist. Offensichtlich ist die Arbeit an diesen kleinen Zonen für eine Gemeinde viel konkreter und einfacher zu realisieren und zu steuern.

Maarten Hajer
Ich glaube, es ist eine große Herausforderung, Lösungen für den Bevölkerungsschwund in Städten zu finden. Was bedeutet öffentlicher Raum in dieser Art von Städten? Die Entscheidung, zu sehr verfallene Gebäude abzureißen, um die sozialen Probleme des Wohnungsbaus zu lösen und die Innenstadt dadurch zu redynamisieren, ist ein Ansatz. Aber bis zu welchem Punkt kann man den öffentlichen Raum nutzen, um die Städte vor dem Verfall zu bewahren? Das bedeutet, wie viel öffentlicher Raum verträgt eine Stadt im Verfallsprozess? Kann man eine Reprivatisierung dieser Räume in Angriff nehmen? Das ist aus Sicht der Politik ein höchst suspekter Ansatz. Wer bezahlt dafür?

Sebastian Redecke
Ich nehme an, dass ein großer Teil der Häuser leer steht. Die Familien sind gegangen, um in einer moderneren Stadt zu leben. Aber die Häuser sind noch da, und der Ansatz der Gemeinde ist es, bestimmte Bereiche neu zu ordnen, damit junge Fami-

Urban Extract
Vejle, Denmark
Brigitte Holm (DK), Ellen Marie Aae Christensen (DK), Architekten, Laura Albeck Ibsen (DK) Architektin und Stadtplanerin, Melanie Ann Bech (DK), Marie Staallsoe (DK), Architekten

NUTZUNG UND ÖFFENTLICHER RAUM

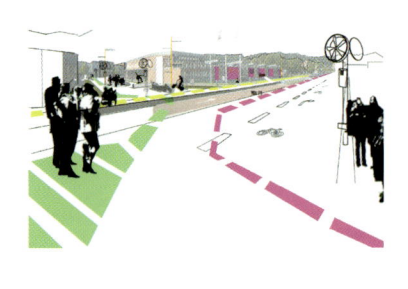

In/between factories
Vejle, Denemark
Eduardo De La Pena Pareja (E) Architekt, Gonzalo Aragon Olalla (E), Daniel Bazo Hernandez (E), Jaime De Paz Alvarez-Garcillan (E), Alexander Diaz Chyla (E), Juan Farina Cuevas (E), Architekturstudenten, Francisco Javier Fernandez Portal Del Rio (E) Ingenieur-Landschaftsplaner, Marta Martinez Gordo Martin (E) Architekturstudentin

Slow spaces
Bisceglie, Italia
Francesca Pignatelli (I), Emanuela Balzani (I), Francesco Merla (I), Roberta Scocco (I), Francesco Bruni (I), Attilio Ranieri (I), Architekten

Urbanita Porosa
Bisceglie, Italia
Giulio Forte (I), Gianpaola Spirito (I), Architekten

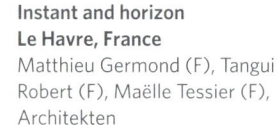

Instant and horizon
Le Havre, France
Matthieu Germond (F), Tangui Robert (F), Maëlle Tessier (F), Architekten

lien wieder zurückkommen und die leeren Häuser besiedeln. Wenn diese Lösung hier funktionieren soll, kann das ein Muster für andere italienische Städte sein, die sich in derselben Lage befinden.

Marcel Smets
Der Entwurf des Ankaufprojekts für den Standort Le Havre in Frankreich, *Instant and horizon* (M. Germond, T. Robert, M. Tessier), schlägt eine Vision des gemeinschaftlichen öffentlichen Raums vor als Raum im Hinterhof, der gleichsam seine Tür dem öffentlichen Raum von hinten präsentiert… Die Vision der bürgerlichen Gesellschaft ist die Ansammlung dessen, was jeder einzelne erschaffen hat, es ist überhaupt kein offener, konzipierter und strukturierter Raum mehr, sondern eine Art öffentlicher, selbstverwalteter Raum. Man findet dieselbe Haltung auch in dem Entwurf *Bubbles* in Odivelas (Portugal), wo angesichts verschiedener möglicher Programme ein Prozess der Beteiligung besteht, der großen, grünen, kollektiven Räumen Form geben soll. Unsere moderneren Städte erzeugen sehr viele vage, nicht definierte und brach liegende Räume zwischen den Gebäuden, denen Form und ein Status gegeben werden muss, damit sie öffentliche Räume genannt werden können. Die Autoren sprechen in ihren verschiedenen Entwürfen nicht mehr von „Form geben", sondern von der privaten, individuellen Form, die in den öffentlichen Raum investiert.

Susana Amador, Bürgermeisterin, Odivelas (Portugal)
Wir möchten ein schwieriges Gebiet umwandeln, in dem mehr als 500 Personen wohnen, die fast alle aus afrikanischen Ländern stammen, aus den ehemaligen Kolonien, von den Kapverden, und die Probleme mit Integration und Arbeitslosigkeit haben. Wir möchten eine sehr schöne Landschaft mit einem guten Wohnungsbauprojekt verbinden, um diese Menschen umzusiedeln und ein Programm sozialer, kultureller, bildungsbezogener und sportlicher Aktivitäten bieten. Schließlich wollen wir auch, dass dieses Gebiet mit dem Rest der Stadt verbunden wird. Die Menschen, die hier wohnen, müssen einen Bürgerraum haben, einen Raum der bürgerlichen Identifikation. Es darf nicht sein, dass die Bewohner auf ihrer kleinen „Insel" isoliert bleiben. Wir suchen einen Entwurf,

der kollektive Lösungen aufweist, wie der Entwurf *Odi-vilas* des Preisträgerteams (S. Beneditto, C. A. Häusler), der Lösungen für eine bessere Zugänglichkeit vorweist, für Straßen und Gassen, die gut miteinander verbunden sind.

Marcel Smets
Es ist seltsam, denn wenn man die von den drei Städten Opatija, Vejle und Odivelas favorisierten Lösungen für einzelne Probleme hört, votieren Sie alle für eine bürgerlichere Umgebung, eine zivilisiertere im Hinblick auf das Bild der Gemeinde, so dass eine neue Dimension der Entwicklung angeregt werden kann. Vor der Wahl zwischen Entwürfen, die sich auf die öffentliche Intervention richten, und Entwürfen, die auf privaten Initiativen basieren, scheinen Sie die erste Lösung zu bevorzugen.

Maarten Hajer
Ich bin überzeugt, dass einige private, sagen wir, gewerbliche Interventionen wie in Opatija mehr Bürgersinn erzeugen können, als ein von einer öffentlichen Behörde vorgegebener Platz. Wenn Sie die Qualität bewerten wollen, müssen Sie unbedingt analysieren, wie die Menschen diesen Platz nutzen und mit ihm experimentieren. Wenn ich Volksvertreter wäre, hätte ich gern, dass das, was im Entwurf *Bubbles* die Idee einer urbanen Belebtheit ausdrückt, in meiner Stadt passiert.

Marcel Smets
Am Standort in Berlin (Deutschland) ist der vorausgewählte Entwurf *Südparcours* (P. A. Devernois, F. Hertweck, M. Lott, M. Mercuriali, N. Le Toan) ganz klar umrissen. Es ist wie ein großer öffentlicher Raum, ein Park, Ergebnis einer Überlegung über das, was ein großer bürgerlicher Raum sein könnte. Es ist eine wichtige Frage, genauso wie die Größe des Platzes, und man kann sich die Frage stellen, welche Rolle der Architekt oder Landschaftsplaner bei dieser Art von Standort spielen kann?

Sebastian Redecke
Es ist der Wille der Stadt, eine Verbindung zwischen der bestehenden Grünfläche und einer sehr großen Fläche im Norden zu schaffen, die auf den Potsdamer Platz in Berlin mündet, außerdem auch eine grüne Verbindung zu dem heute bereits genutzten Gebiet des Flughafens Tempelhof, der bald stillgelegt werden wird.

Als ob man grüne Flächen in einer Stadt aufblasen möchte, die ich bereits schon recht grün finde. Diese Idee ist auch für mich problematisch, weil die Bahnlinien überwunden werden müssen. Man muss eine Art Brücke errichten. Aber es ist ein großes, noch nicht definiertes Gebiet. Es gibt keine geplanten Aktivitäten, außer in einer Grünfläche von 4,5 km spazieren zu gehen. Man muss sich wirklich fragen, um weiter nach vorn zu gehen, welche Funktionen diese öffentlichen Plätze noch haben können?

Maarten Hajer
Wenn der öffentliche Raum mit dem Bürgersein verbunden wird, kann man sich wirklich fragen, wie dieser neue Raum sich an das Bürgersein in Tiergarten anschließt... das kann für die Tiere gut sein, weil sie ganz einfach von einer in die andere Grünfläche wechseln können! Aber wenn dieser öffentliche Raum wirklich etwas mit Bürgerschaft zu tun haben soll, ist der Standort dafür viel zu groß. Hier muss es ein gewisses Engagement geben, eine Art Verdichtung, damit es wirklich zu einem Platz der Begegnung werden kann, ein Ort, an dem man leben kann, wie man möchte.

Pascal Amphoux, Architekt, Geograph, Dozent, Paris/Lausanne (Frankreich/Schweiz), Wissenschaftlicher Beirat Europan
Der von der Art der Nutzung unabhängige öffentliche Raum kann durch die Art der Aneignung definiert werden. „Ich bin gut gelaunt, also brauche ich einen belebten Platz" oder „Ich bin schlecht gelaunt, also möchte ich mich auf einen ruhigen Platz zurückziehen". Derselbe Raum kann völlig verlassen oder überbevölkert sein. Räume auf verschiedenen Stufen können dieses Angebot machen. Es gibt keinen Raum, der eine bessere Qualität hat als ein anderer. Ein physikalischer Raum kann ein Potenzial sein. Es ist das Kriterium der Diversität, das auf der Ebene der Stadt zählt. Vielleicht muss man bei der Lenkung eines sehr großen Raums auf der Ebene von Unterräumen arbeiten, die man in diesen einführt. Ich denke, dass man häufig in Bezug auf diese Entwürfe auf unteren Ebene, in den Mikroräumen der historischen Stadt, ein ungutes Gefühl hat, oder wiederum auf sehr großem Maßstab, bei dem Versuch, den Norden und Süden Berlins zu verbinden. Das Problem ist dasselbe, denn es handelt sich um eine immense Abstraktion, die über zwei Dinge geht: zum einen ein funktionales Refugium, man verdichtet und führt Gewerbe ein – aber hier besteht die Gefahr der Privatisierung – zum anderen die zweite Falle, die des Bildes. Man hat manchmal wundervolle Bilder, die verführerisch sind, und auf die man als Architekt oft sehr verärgert reagiert, denn man findet das schön und gut gezeichnet, aber gleichzeitig wird einem klar, dass man kein Indiz dafür hat, wo man sich befindet und was da wirklich passieren soll. Hier liegt die große Lücke, das müsste man bearbeiten, von Seiten der Entwerfer ebenso wie von Seiten der Städte, nämlich die Kenntnis der Orte, die Mikronutzung. Selbst wenn es ein Stereotyp ist, so gibt es doch beispielsweise die Realität des Picknicks. Wie kommt es, dass je nach Ort, Odivelas, Berlin oder Vejle, der Picknicker überhaupt nicht derselbe ist? Aber wie kann man diesen Unterschied wieder einsetzen? Hier ist etwas, das zum Kern des Ortes selbst gehört, wenn auch mit bescheidenen Mitteln, und wo man Spezialisten benötigt. Ein Team, das einen Stadtentwicklungspreis in Frankreich gewonnen hat, *Bazar Urbains*, rezitiert die Orte und nicht die Codewörter der soziologischen Marketingumfragen. Indem man umherspazieren und die Stadt sprechen lässt, um die Herausforderungen des Entwurfs hervorzubringen und die Nutzungen zu entwerfen, die eher von funktioneller Art sind. Man neigt also eher zum Funktionalismus, man neigt zum Bild und zum Entwurf von Dingen, aber was ist mit dem Sozialen? Eine besserer, sensiblerer Ausdruck des Sozialen ist erforderlich, und ich denke, das geht über die Formen des Rezitierens von Orten hinaus. Man muss es schaffen, die kulturellen Nuancen herauszuarbeiten. Hier spürt man, dass ein Projekt beginnt, einen Unterschied in der Strategie zu erzeugen, der allgemeiner sein kann und den Europan in Umlauf bringen kann. Die kulturellen Nuancen müssen auch Motoren des Entwurfs im öffentlichen Raum werden.

Südparcours
Berlin, Deuschland
Pierre Alexandre Devernois (F) Architekt, Florian Hertweck (D), Architektur- und Stadttheoretiker, Matthieu Lott (F), Mathieu Mercuriali (F), Architekten, Nam Le Toan (F) Architekturstudenten

Bulles
Odivelas, Portugal
Ana Belén Lopez Plazas (E), Joachim Kraft (D), Architekten

NUTZUNG UND ÖFFENTLICHER RAUM

Netzwerke in Veränderung Wie kann der Umgang mit Autos in der Stadt organisiert werden, um Stau und die Invasion von parkenden Autos im Stadtbild zu verhindern? Wie können verschiedene Fortbewegungsarten – öffentliche Verkehrssysteme, sanfte Mobilität – im öffentlichen Raum gefördert werden? Können die Verkehrsnetze neu interpretiert werden – nicht nur funktional, sondern als Impulsgeber für Intensität und Urbanität?

VERKNÜPFEN	262
PRAHA, CESKA REPUBLIKA	263
HERNING, DANEMARK	267
REIMS, FRANCE	270
LINZ, ÖSTERREICH	273
LOURES, PORTUGAL	277
SION, SCHWEIZ/SUISSE/SVIZZERA/SVIZRA	281
NACKA, SVERIGE	284
POLARISIEREN/ZERSTREUEN	288
ANDENNE, BELGIQUE/BELGIË/BELGIEN	289
OTTIGNIES, BELGIQUE/BELGIË/BELGIEN	292
REGGIO EMILIA, ITALIA	296
GRAZ, ÖSTERREICH	300
LE LOCLE, SCHWEIZ/SUISSE/SVIZZERA/SVIZRA	304
VANTAA, SUOMI-FINLAND	308
UPPLANDS VÄSBY, SVERIGE	311
OSLO, NORGE	315

4. Netzwerke in Veränderung
verknüpfen
polarisieren
zerstreuen

4. Netzwerke in Veränderung verknüpfen

Modifikation von Wegenetzen zur Verbindung städtischer Fragmente. Kann die Transformation von Verkehrsverbindungen eine Verknüpfung verschiedener Stadtgebiete ermöglichen?

Ceska Republika
Praha
Wie erzeugt man eine urbane Neuverknüpfung?

Stadt Praha
Standort Hradcanská
Bevölkerung 45.507
Betrachtungsgebiet 31,86 ha
Projektgebiet 14,15 ha

Prag ist die Hauptstadt und größte Stadt der tschechischen Republik und spielt in der europäischen Siedlungsstruktur eine herausragende Rolle. Der 6. Bezirk ist bekannt für seine gute Umweltqualität, Grünflächen, hohe Bebauungsstandards und Angebotsvielfalt. Zahlreiche öffentliche Einrichtungen und Universitäten haben hier ihren Sitz. Das Betrachtungsgebiet liegt im nordwestlichen Quadranten der Stadt Prag, im Zentrum des 6. Bezirks, am Rand der denkmalgeschützten Altstadt (UNESCO-Weltkulturerbe). Es handelt sich um einen Teil des geplanten Zentrums für den Bezirk. Es liegt an einem wichtigen Knotenpunkt des ÖPNV mit U-Bahn, Tram, Bus und Bahn und ist zugleich wichtiger Ausgangspunkt für die Besucher der Prager Burg. Aktuell wird das Gebiet in erster Linie durch den Bahnhof Prag-Dejvice und die dazugehörigen Anlagen genutzt. Die städtische Ringstraße durchquert es ebenfalls, was eine Einschränkung für eine mögliche spätere Erschließung darstellt. Die bestehende Blockbebauung wurde von Prof. Engel gemäß dem Regulierungsplan von 1930 entworfen und ist an den Bahnhof angebunden. Der Wettbewerb soll dazu beitragen, im Rahmen angemessener Strukturen historische Vorgaben aufzugreifen und eine harmonische Verbindung zwischen dem Gebiet und der bestehenden Architektur herzustellen. Dabei soll der umliegende urbane Kontext berücksichtigt werden, auch mit Blick auf die angrenzenden Gebäude im städtischen Eigentum. Hochwertiger öffentlicher Raum ist in diesem Zusammenhang ein weiteres wichtiges Element. Das Projektgebiet liegt auf dem Bahngelände und ist von nicht adäquat genutzten Parzellen umgeben. Der heute existierende Bahnhof wird aufgegeben. Neue Bahngleise mit zweigleisigem Bahnhof sollen unterirdisch entstehen. Im Süden verläuft angrenzend der zukünftig unterirdisch geführte Stadtring mit Zufahrten/Rampen. Die Grenzen einer Erdgeschossbebauung und die vorgesehene maximale Etagenzahl der Gebäude sind zu berücksichtigen. An der Dejvická-Straße wird es einen zweiten U-Bahn-Ausgang geben. Die Flächennutzung folgt der vorgesehen Funktion eines Bezirkszentrums, d. h. Einzelhandel, Dienstleistungen, Büros, Kultureinrichtungen, soziale Angebote und Wohnen.

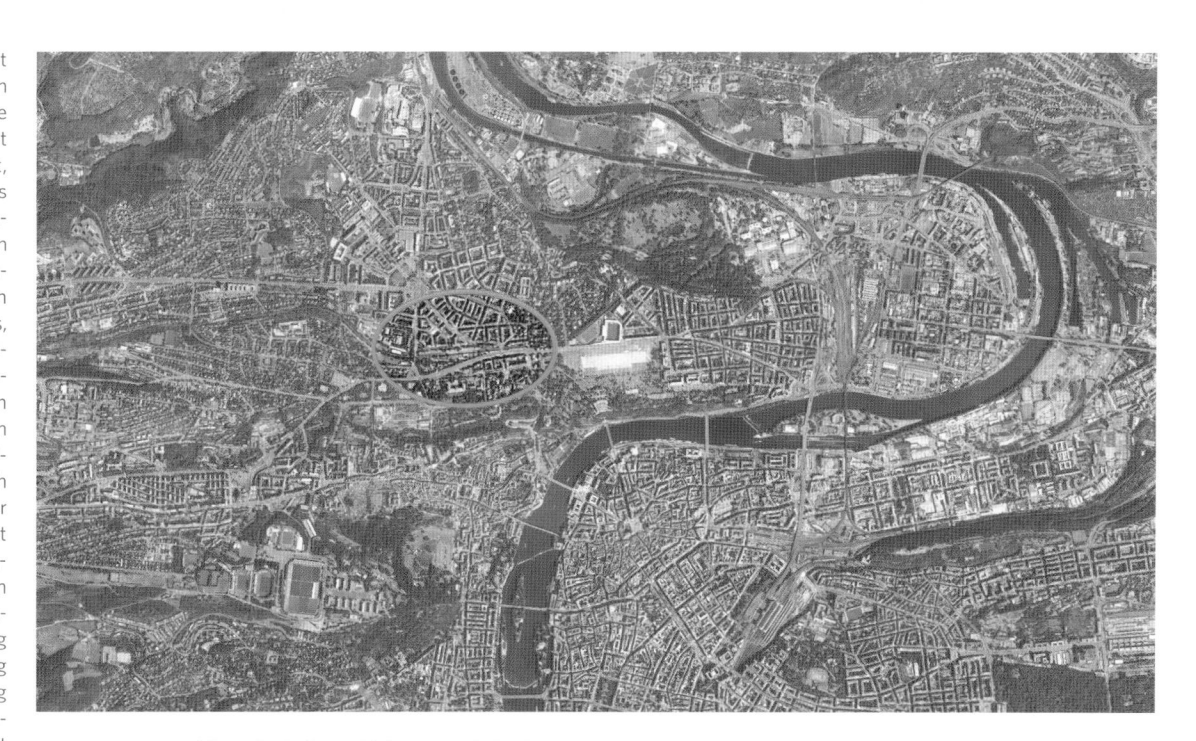

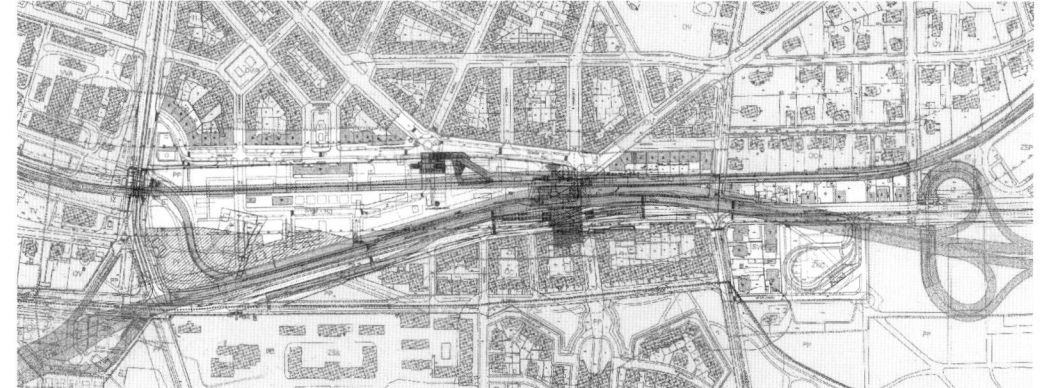

Bohemian pattern

Tim Prins (NL), **Nora Müller** (D), Architekten

Nora Müller: Studium an der TU Berlin und TU Delft, Arbeit für Berliner Büros – Zvi Hecker, Philipp Oswalt (shrinking cities) und Wilk-Salinas – sowie Projekte wie das „Winterbadeschiff" (ausgezeichnet vom BDA). In den letzten beiden Jahren Sitz in Oslo.

Tim Prins: Studium an der TU Delft und Sci-arc L.A, Arbeit in den Niederlanden und Deutschland, aktuell Senior Architect der Spacegroup (Oslo), beteiligt an internationalen Projekt im Bereich Stadtplanung mit komplexer Infrastruktur und kleinformatige, individuelle architektonische Lösungen – Restaurierung etc.

Auf der Grundlage ihres ersten gemeinsamen Projektes entstand die Idee, sich mit eigenem Büro in Holland niederzulassen. Ihre Projekte sind entschieden undogmatisch in ihrem Ansatz für Thema und Standort. Klar konfigurierter Inhalt fließt in individuellen Ausdruck ein.

on the move
Oude Veerstraat 2
6127AR Grevenbicht, Nederland
T +47 48291704
info@p-en-m.com
www.p-en-m.com

Überall in Europa entdeckt die Metropole zentrale ländliche Flächen in der Stadt. In Prag ist dies der Standort Dejvice, an dem die alte Bahntrasse von der Oberfläche verschwinden soll.

Es gibt keine festgelegte Struktur und entsprechend keine Orientierung. Die Beseitigung der alten Infrastruktur wird zunächst den Bruch im städtischen Gewebe hervorheben. Die künftige Erschließung unterliegt nicht länger den Restriktionen der mechanischen Bewegung. Unter ruralen Bedingungen können Gebäude besser auf den Nutzer und sein Territorium, als auf die Straße reagieren.

Der **shrink wrap** ist zusammengesetzte Baumasse und offener Raum. Er definiert Dejvice als Ort und präsentiert sich als adäquates Gegenüber der Grenze von Prag Eine autonome Einheit soll entstehen, mit einer „kritischen Masse" von Nutzern, die für lokale Belebung sorgen.

Im Innern funktioniert der **shrink wrap** ebenso inhärent, wie es der Grundriss der Stadt nach außen darstellt. Einzelne Elemente werden durch die Silhouette zusammengehalten. Jedes Gebäude dient einem spezifischen Zweck und prägt eine eigene Identität. Die Integration in das Umfeld erfolgt über Reflektionen zu Maßstab und Fortschreibung des offenen Raumes.

Drei wesentliche Design Elemente stehen am Anfang des Projekts. Die Erneuerung der Infrastruktur im gesamten unterirdischen Bereich soll so schnell wie möglich fertig gestellt werden. Die Bestimmung des Raumes lässt eine interpretierbare Einheit entstehen, die kohärent nach außen erscheint und die inneren „Organe" schützt. Drittens werden die beiden sanierten Gebäude zu Attraktionen auf der lokalen Ebene und zu Zeitzeugen der Gegenwart.

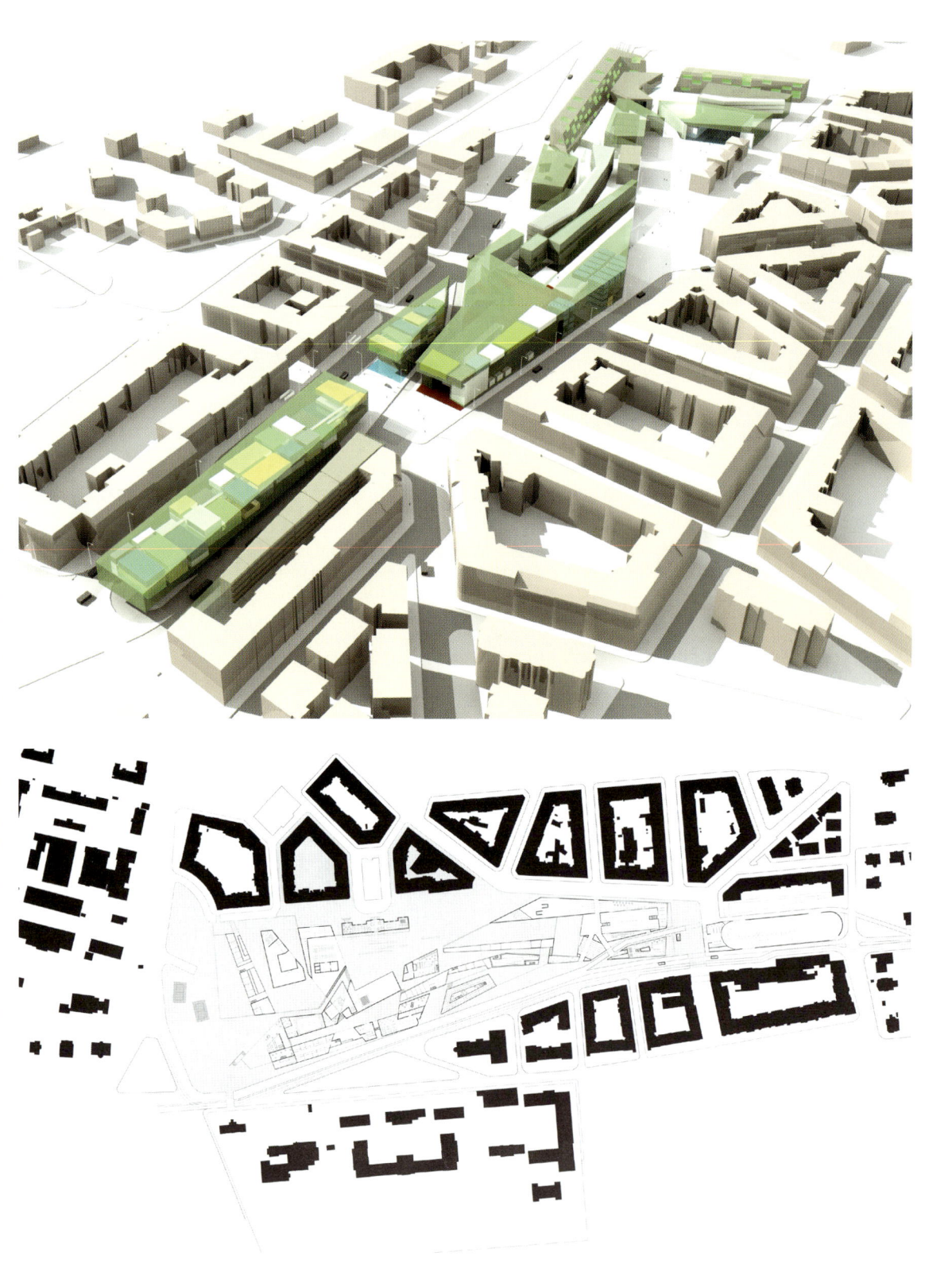

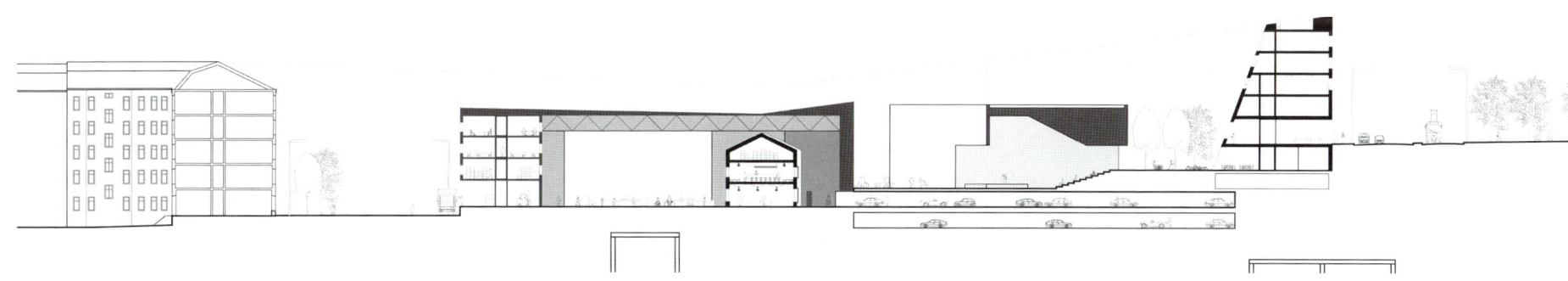

PRAHA, CESKA REPUBLIKA   PREIS

265 NETZWERKE IN VERÄNDERUNG VERKNÜPFEN

Michal Husek (CZ), **Pavel Stastny** (CZ),
Architekten

01 gegründet 2008 von zwei Architekten: Erkundungen ungewöhnlicher, auf Originalkonzepten basierender architektonischer Ideen. Dadurch Erweiterung der Architektur durch andere Disziplinen: Video, Grafik, Umweltdesign, experimentelle Architektur etc.

Kundratická 4497
Chomutov 43004, Ceska republika
T +420 605168172
aa.pavel.stastny@hotmail.com
www.01architects.com

Netzwerke in Bewegung Natur, Stadt und Architektur – artifizielles Terrain

Der Entwurf profitiert vom Charakter des Ortes, der interpretiert und in eine neue Struktur eingebunden wird – nicht Parasit, sondern als Organismus, der sich in sein Umfeld einfügt. Eine neue Struktur entsteht auf künstlichem Terrain. Natur formte die Erde bis zum heutigen Tag. Warum sollte sie also, nach so langer Zeit, verändert werden. Nur die Form und der spezifische Charakter erfahren Wandlung.

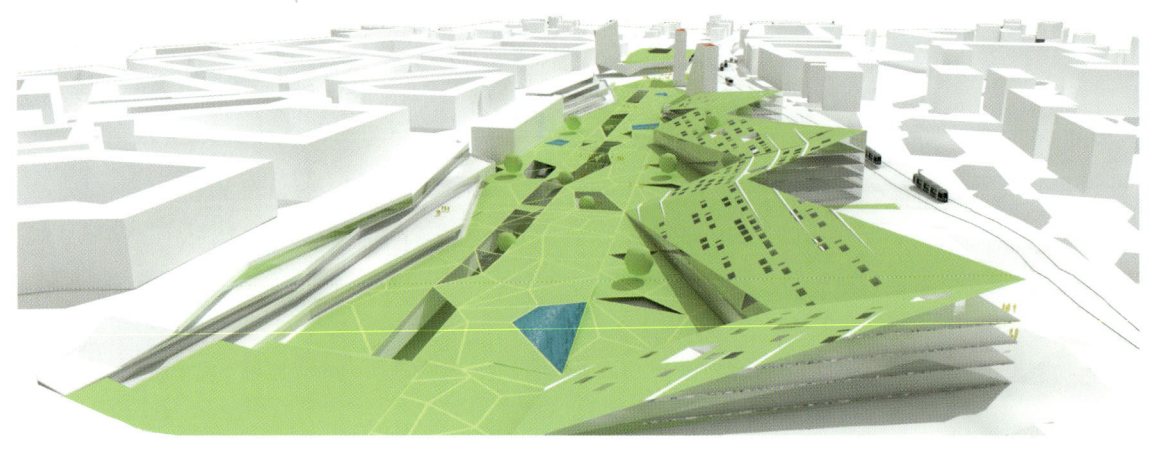

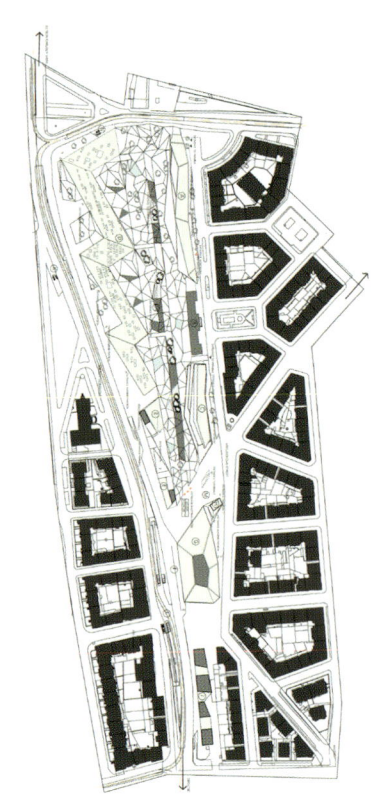

Denmark
Herning
Wie lässt sich eine Autobahn in städtische Entwicklungen integrieren?

Stadt Herning
Standort Autobahn 18
Bevölkerung 83.500 (Kreis)
43.600 (Stadt)
Betrachtungsgebiet 300 ha
Projektgebiet 15 ha

Herning ist eine junge Stadt in Mitteljütland mit ungefähr 43.600 Einwohnern. Herning ist ab 2007 Hauptstadt einer Gemeinde mit ca. 83.500 Einwohnern und einer Fläche von ca. 1.325 km² und hat sich im Laufe von rund 150 Jahren von einem Dorf zur zehntgrößten Stadt Dänemarks entwickelt, bekannt als Textil-, Messe-, Kultur- und Ausbildungsstadt. Unternehmergeist und ein schnelles Umsetzen von Ideen prägen die Stadt, in der es Tradition ist, dass Kultur, Wirtschaft und Ausbildungseinrichtungen zusammenarbeiten.

Im Zusammenhang mit dem Bau der Autobahn 18 östlich von Herning ist eine fragmentierte Landschaft entstanden, bestehend aus großen infrastrukturellen Überschussräumen, kleineren Wohnsiedlungen, Ackerland, Kleingärten, Läden, einer 15-geschossigen Volkshochschule und dem Stadtteil Birk Centerpark, in dem Ausbildungseinrichtungen, Wohnheime, Kunst-, Forschungs- und Gewerbeeinrichtungen angesiedelt sind. Die alte Hauptstraße, Silkeborgvej, läuft von Ost nach West durch das Gebiet und verbindet – quer zur neuen Autobahn – Herning und Birk.

Für das Gebiet entlang der Autobahn wird eine Planungsstrategie gesucht, mit Überlegungen zur die Platzierung von Gebäuden, zur Nutzung öffentlicher Räume und Programmierung. Die Städte Herning und Birk sollen sowohl physisch, als auch mental miteinander verbunden werden. An der Kreuzung von Autobahn 18 und der alten Ost-West-Verbindung sind völlig neue Ansätze denkbar. Die Aufgabe besteht hier in der Entwicklung neuer Strategien für die Räume entlang der Autobahn. Das Projekt soll Herning mit dem Kultur- und Ausbildungsstandort Birk verbinden. Das Gebiet soll einen urbanen Charakter erhalten und Wohnungen, Gewerbe und öffentliche und private Dienstleistungen miteinander kombinieren. Der Standort soll neue Hybridlösungen und Typologien von Wohnungen, Geschäften/Markt, privaten und öffentlichen Dienstleistungen enthalten. Gleichzeitig werden öffentliche Räume nachgefragt, die Spielraum für ganzjährige Aktivitäten bieten.

Take a lama walk with me

HERNING, DENMARK

PREIS

Karen Stub Christensen (DK), **Kristine Holter-Andersen** (NO), Architekten, **Signe Høyer Frederiksen** (DK), **Christine Vad Majgaard** (DK), Landschaftsarchitekten

Studium und Diplom der Danish Royal Academy of Fine Arts, School of Architecture, 2005 bis 2007. Arbeit für unterschiedliche Architekturbüros. Gründung eines Teams für den Wettbewerb.

Christine Vad Majgaard / BJØRN
Refsnæsgade 30 4.tv
2200 København N, Denmark
T +45 28304014
posr@tegnestuenbjorn.dk
www.tegnestuenbjorn.dk

Entwurf einer neuen Strategie für das von der Autobahn durchschnittene Gebiet zwischen Birk und Herning. Die „übrig gebliebenen" Räume werden zu einem offenen, positiven Typus eines Test-Areals umgebaut. Geplante Funktionen: Wohnen, Industrie, Gewerbe, Handel, Büros. Verschiedene Programme und Morphologien produzieren variantenreichen Austausch, Begegnung und Kollision. Gemischte, fragmentierte Räume sind Kennzeichen des Standorts. Ein Puzzle und seine Teile, da, wo Vergangenheit auf Zukunft trifft, und wo die Verbindung zwischen Herning und Birk hergestellt wird. Wo Globales und Regionales sich begegnen, überschneiden sich Nähe und Ferne. Es entsteht der Raum, in dem alles möglich ist.

Der neue Park umfasst eine Vielzahl von privaten und öffentlichen Räumen. Das Projekt testet aus, wo – mental und physisch – die beiden Stadtgebiete positiv miteinander verbunden werden können. Die neu entstehende Zone etabliert eine komplexe und flexible Verbindung zwischen zwei urbanen Territorien. Sie ist flexibel mit Blick auf bestehende und neue Maßnahmen.

Hauptkomponente ist der große Test-Areal-Park, in dem Elemente unterschiedlicher Größe den Raum markieren. Dazu kommt ein Berg, der sich über die Schnellstraße hinweg erhebt und - als riesiges Tor – die Verbindung zur regionalen Dimension ermöglicht. Das dritte Element ist ein Loch im Boden, an dessen Grund die Sterne des Himmels projiziert und reflektiert werden. Teil vier sind freistehende Industrie- und Gewerbeinseln. Bewohnbare Birkenhaine stellt Element fünf dar. Dazu kommen überraschende, nicht programmatisch festgelegte Zonen, entlang eines Pfades durch den Park. Diese Räume können nach belieben besetzt und genutzt werden. Auf gehts: Take a lama walk with me!

PREIS

HERNING, DENMARK

269 NETZWERKE IN VERÄNDERUNG VERKNÜPFEN

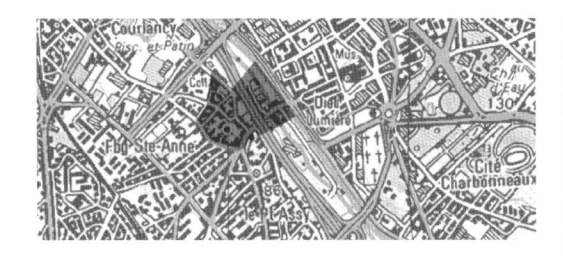

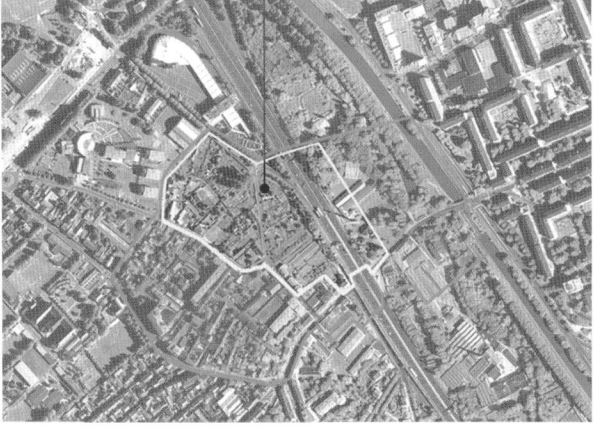

France
Reims
Wie kann ein Zentrum mit den Vororten über eine ehemalige Autobahn verbunden werden?

Stadt Reims
Standort Chaussée Saint Martin
Bevölkerung 187.000
Betrachtungsgebiet 19,4 ha
Projektgebiet 6,8 ha

Reims, die Krönungsstadt in der Champagne, ist der größte Ballungsraum zwischen Paris und Nancy. Früher Hochburg der Tuchfabrikation, liegt Reims heute im Herzen einer florierenden Landwirtschafts- und Weinbauregion (Champagne). Dennoch ist immer noch der Dienstleistungssektor der größte Arbeitgeber der Stadt. Reims ist Knotenpunkt mehrerer Autobahnen und wird ab Juni 2007 durch die neue Zugverbindung mit dem TGV Est nur noch 45 Minuten von Paris entfernt sein. Außerdem wird mit dem Bau der Straßenbahn, deren Baubeginn 2008 und Eröffnung für 2011 geplant sind, notwendigerweise ein Programm zur Aufwertung der Fassaden und der Neuentwicklung der Schnellstraßen, sowie der Umgestaltung des Kathedralenvorplatzes in eine Fußgängerzone verbunden sein.

Das Betrachtungsgebiet, das zum Viertel Saint-Anne, einer Vorstadt des 19. Jahrhunderts, gehört, liegt am linken Ufer der Vesle, gegenüber dem Stadtzentrum und entlang des Marne-Aisne-Kanals. Es liegt im Übergangsbereich zwischen dem Stadtzentrum und den großen Wohnblöcken am Stadtrand. Die Autobahn A 4, die rückgestuft werden soll, und der Kanal schneiden das Gebiet von der Innenstadt ab. Der Standort erstreckt sich in schwach bebautes Gebiet mit kleinen Sozialwohnungseinheiten und Einzelhäusern, Kleingärten und ehemaligen Industrieflächen, deren Gebäude größtenteils abgerissen sind oder in Sport-Einrichtungen umgewandelt wurden. Auf lange Sicht soll die neue Entwicklung einen Synergieeffekt für die Umgestaltung der gesamten städtischen Autobahntrasse auslösen und eine bessere Anbindung an das Stadtzentrum, das andere Kanalufer und die großen Wohnquartiere im Westen ermöglichen.

Das Projekt einer urbanen „Transplantation" erstreckt sich auf ein Gebiet von 6,8 ha, beiderseits der Autobahn, das nach der Rückstufung der Autobahn aufgewertet und für das eine Bebauung mit 350 bis 400 Wohneinheiten sowie sozialen Einrichtungen für den Freizeitsektor geplant ist und/oder Künstlerateliers vorgeschlagen werden können.

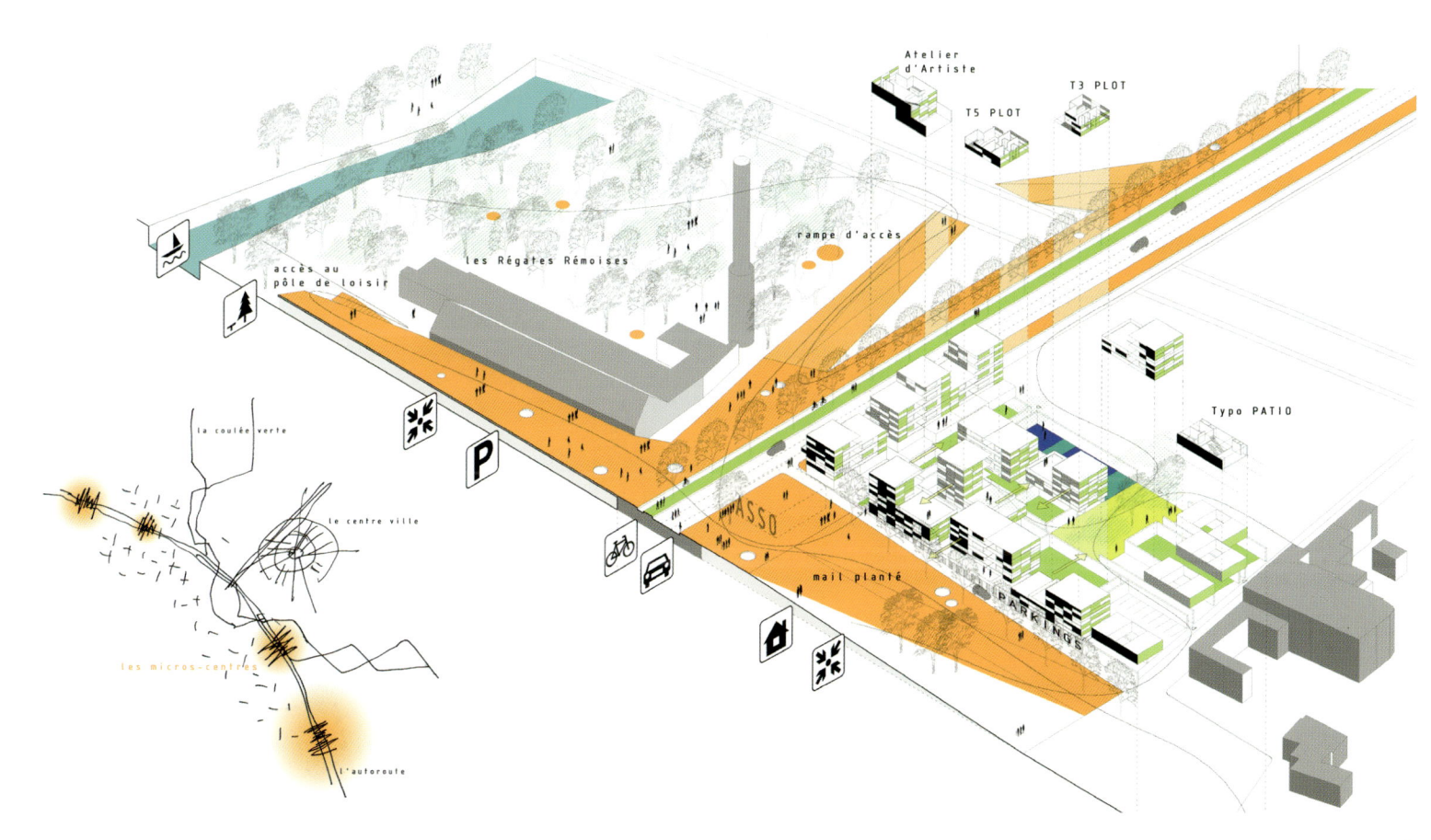

Nicolas Reymond (F) Architekt

2005 Abschluss an der Ecole de Paris-Belleville, Preisträger bei Europan 8 für seinen Entwurf für Leinefelde in Deutschland, arbeitet für Agenturen, Kooperationsprojekten und persönlichere Initiativen, u. a. Europan.

18 rue Louis Bonnet
75011 Paris, France
T +33 142007927
contact@nicolasreymond.com
www.nicolasreymond.com

Unterwegs

Der Standort in Reims ist Teil eines Grundstücks an der A4, in der Nähe des Stadtzentrums gelegen. Es geht um die Schaffung eines städtischen Boulevards, ermöglicht durch die Entwidmung der Autobahn.

Unter Erhalt der Substanz der Autobahn, die nicht „zerteilt" werden soll, stützt sich der Entwurf auf ein System vernetzter Mikrozentren im Umfeld dieses linear angeordneten Zubringers im öffentlichen Raum.

Der Vorschlag zur Chaussee St. Martin verdeutlicht den Ansatz: Die requalifizierte Autobahn wird zum Initiator für Transversalität und erstreckt sich mit ihrer landschaftsgestalterischen Konzeption einerseits bis ins Wohnquartier, zum anderen bis hin zum Park.

Camille Bour (F), **Aurélia Beau** (F) Architektinnen, Hélène Zelter (F) Landschaftsarchitektin, Vanessa Mattieu (F) Designerin, Emilie Chatel (F), Stadtplanerin

Beide Architektinnen sind Absolventinnen der Ecole Paris-Belleville. Dank Europan können sie sich weiter ihren Reflektionen zur Artikulation von Stadt und Architektur widmen. Für den Wettbewerb erweiterten sie ihr Team.

Atelier CAAB
30 rue de Fleurus
75006 Paris, France
T +33 662049654
bbbeuropan9@yahoo.fr
www.ateliercabb.fr

Diskrete Räume

Dort, wo das Quartier Sainte Anne an den Grünzug grenzt, wird der neue öffentliche, von Infrastruktur geprägte Raum zum Ort, an dem sich Mobilität großen Maßstabs artikuliert und auf das eher Private, Alltägliche trifft. Der Prozess der Urbanisierung basiert auf einer durchlässigen, transversalen Form, die sich in einem Viadukt unter den Infrastruktureinrichtungen hindurch bis zum Kanal zieht. Wo einst Brüche waren, entstehen neue Verbindungen. Eine schmale Parzelle auf den Spuren der Arbeitergärten funktioniert quasi als Kulisse für die Bauten. Ein Streifen Land, der mit Verdichtung versöhnt und Intimität, verschiedene Wohnformen und nachhaltige landschaftliche und ökologische Qualität möglich macht.

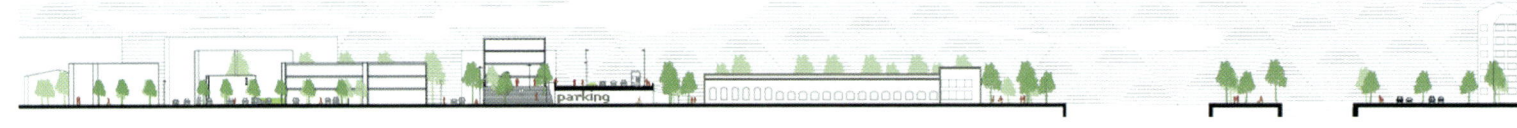

Österreich
Linz
Wie vermittelt man zwischen Verkehr und neuem Stadtzentrum?

Stadt Linz
Standort Neue Welt
Bevölkerung 203.000
Betrachtungsgebiet 8,1 ha
Projektgebiet 1,3 ha

Linz, Hauptstadt von Oberösterreich, ist das Zentrum von Österreichs zweitgrößtem Wirtschaftsraum. Zur Entwicklung von Handel und Industrie hat nicht zuletzt die Donau beigetragen. 2009 ist Linz Kulturhauptstadt Europas.

Die „Neue Welt Insel" ist rundum von Verkehr umspült. Ihre Lage an der Schnittstelle zwischen verdichteter Innenstadt und fragmentierter Peripherie markiert ein signifikantes Problem einer Kernstadt. In der „Neuen Welt" kollidieren unterschiedliche Maßstäbe, Ideen und Logiken: regionale Infrastrukturen, ein lineares Fragment der historischen Vorstadt, Wohnbaumodelle des 20. Jahrhunderts, wichtige Institutionen für Bildung und Wirtschaft und kleinteilige Einzelgebäude. Das Zusammentreffen zweier wichtiger regionaler Verkehrsadern bietet dem Standort die Chance, sich zu einem bedeutsamen Entree der Stadt entwickeln.

Die „Neue Welt Insel" liegt nahe an der VOEST, Österreichs größter Stahlindustrie, getrennt durch die Westbahn, die eine starke Barriere für das Gebiet bildet. Innerhalb und um die Insel herum haben sich unterschiedliche Maßstäbe und Nutzungen etabliert. Parkende Autos haben die Erdgeschosszone in weiten Bereichen okkupiert. Eine urbane Strategie soll Leitlinien für eine umfassende Neubewertung des Gebiets entwickeln. Zu konzipieren sind attraktive Bedingungen für die Koexistenz von Verkehr, Parken, öffentlichen Transportmitteln, kommerziellen Einrichtungen und Wohnen. Die Nutzungen sollen zwischen Bewohnern und Besuchern vermitteln – Ziel ist die Wiederherstellung eines attraktiven öffentlichen Raumes.

Eingezwängt zwischen den Straßen, beschreibt die Nordspitze des Gebietes einen geneigten Keil, der dem Verkehr stark ausgesetzt ist. Der südliche Teil hingegen erlaubt die Etablierung unterschiedlicher Nutzungen. Eine hohe Dichte soll den öffentlichen Raum und gemeinschaftliche Einrichtungen erschwinglich machen, um damit die künftige Umwandlung der gesamten Insel zu initiieren, deren südliche Flächen heute einen fragmentierten Charakter aufweisen. Neben einer attraktiven Koexistenz von Verkehr, Parken, öffentlichen Transportmitteln, kommerziellen Einrichtungen und Wohnen wird nach einem „ästhetischen Verhältnis" zum umgebenden Verkehrsfluss gesucht (Entree zur Stadt).

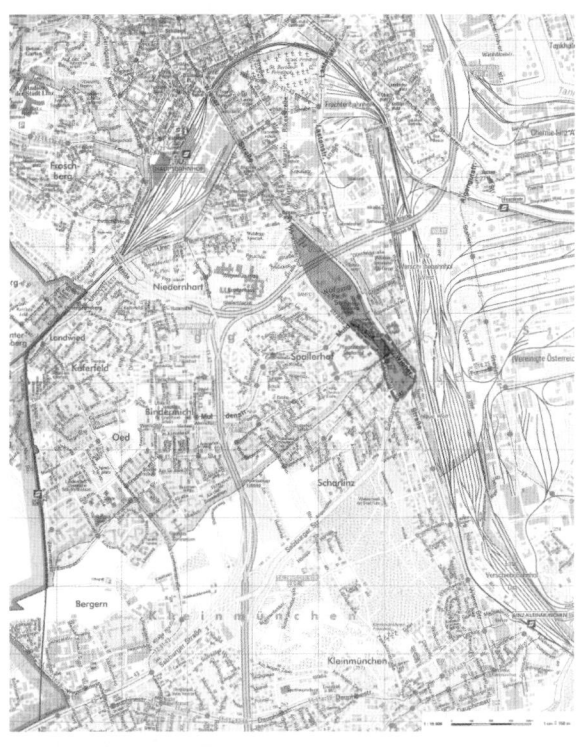

ANKAUF

LINZ, ÖSTERREICH

Thorsten Kuwatsch (D), **Christian Ebinger** (D), **Adrian Föllmi** (CH), Architekten

Der Ausgangspunkt für die Entwicklung der zentralen Strategie im Team ist die Evaluierung der Wettbewerbsanforderungen sowie des Kontexts von Standort und Programm. Aufbauend auf diesen konzeptionellen Rahmen erfolgt die Erarbeitung des idealen Arrangements für eine dynamische, städtische Struktur. Der Ort liefert das Konzept.

Christian Ebinger
Mainaustrasse 44
8008 Zürich, Schweiz
T +41 774168222
office@urbanact.net
www.urbanact.net

Carpaccio

Der Standort befindet sich in einem stark heterogenen Umfeld. Eine überlagerte, flexible Struktur in Nord-Süd-Richtung verlaufender Streifen betont den Inselcharakter. Sie greifen die Dynamik der das Areal umfließenden Verkehrsströme auf und ermöglichen eine schrittweise erfolgende Erschließung. An der Oberfläche der Streifen entstehen eine öffentlich zugängliche Landschaft mit gewerblichen und öffentlichen Nutzungsangeboten sowie Parkplätze. Im südlichen Segment der Zone ergeben die Streifen die Silhouette eines neuen Eingangsbereichs der Innenstadt. Der Hochhausbestand wird neu interpretiert und in eine Sequenz auf den Streifen angeordneter Hochbauten integriert.

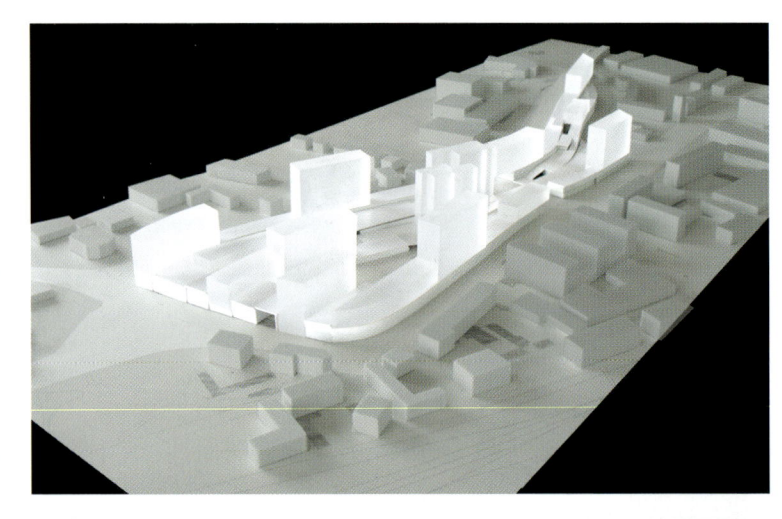

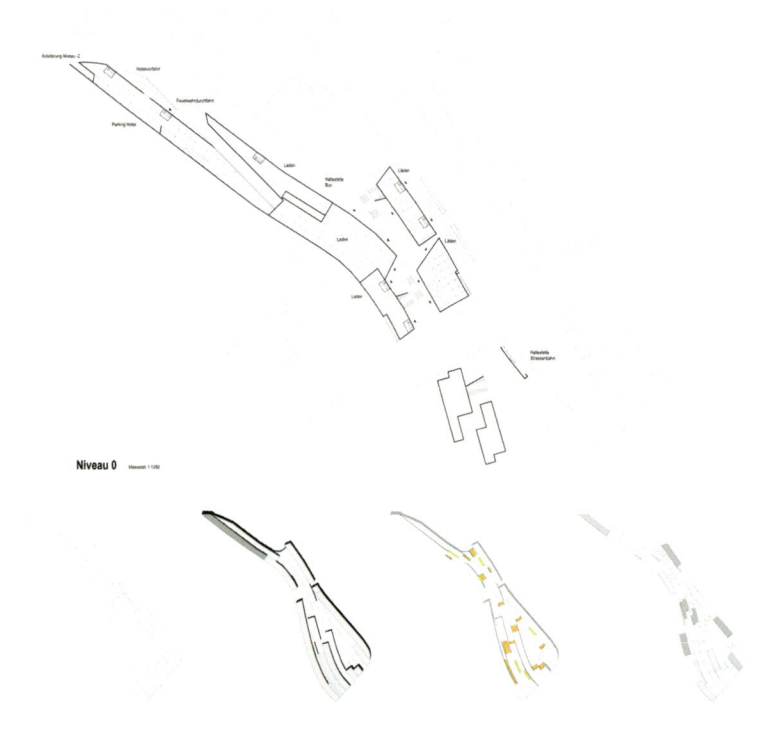

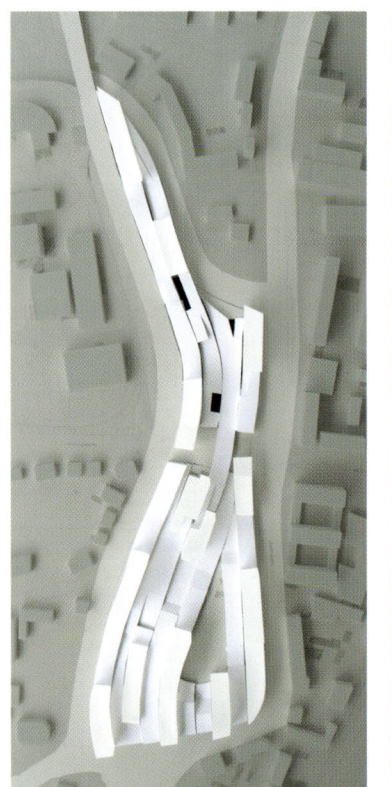

NETZWERKE IN VERÄNDERUNG VERKNÜPFEN

Carsten Jungfer (D), **Norbert Kling** (D),
Architekten und Stadtplaner

zectorarchitects Projekte verschreiben sich dem kritischen Verständnis des Kontexts im bebauten Umfeld und lassen sich auf Wohnen, Gemeinschaft, öffentlichen Bereich und Leben in der Stadt ein. Carsten unterrichtet an der Oxford Brookes University, Norbert ist Dozent der BTU.

zectorarchitects
Unit 51, Regents Studios
8 Andrews Road
E8 4QN London, United Kingdom
T +44 2071937247
info@zectorarchitects.net
www.zectorarchitects.net

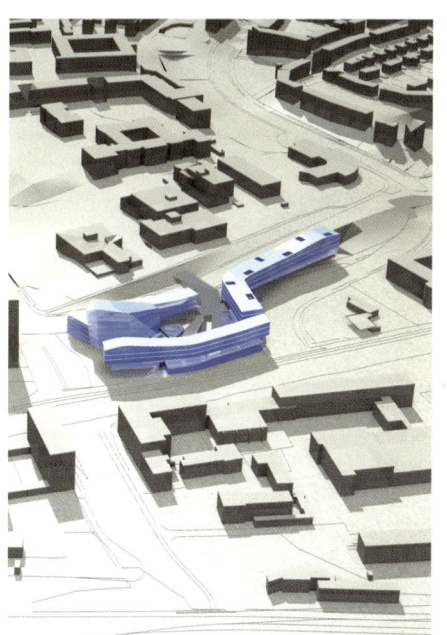

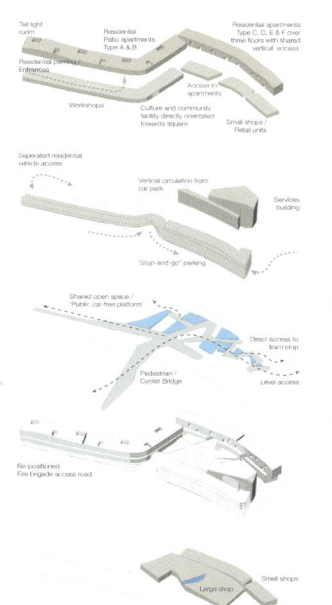

Pit stop: connected

Pit stop: connected ist multifunktional, lokal und regional inspiriert. Das Programm will die Verbindung zwischen Standort und Umland vertiefen. Es kombiniert die Mobilitätsanforderungen der Stadt mit dem ihnen entgegenstehenden Wunsch nach einem städtischen Umfeld, das Anwohnern und lokalen Nutzern hohe Qualität bietet. *Pit stop: connected* ist Ankerpunkt für das öffentliche Leben, städtische Angebote, Transport und andere Dienstleistungen. Komponenten urbaner Bautypen (Blockrand, Patio-Häuser) werden mit für den Fahrzeugverkehr optimierten Räumen kombiniert. Durch die kritische Anpassung an den topografischen, sozialen und ökonomischen Kontext entstehen neue Typologien.

ANKAUF

LINZ, ÖSTERREICH

Belinda Tato Serrano (E), **Jose Luis Vallejo Mateo** (E), Jaime Eizaguirre (E), Benjamin Castro (E), Michael Moradiellos (B), Domenico di Siena (I), Francisco Blanco (E), Architekten, Alejandra Albuerne (E) Ingenieurin

[**ecosistema urbano**] ist ein Team von Architekten und Ingenieuren mit dem Schwerpunkt Forschung und ökologisches Design für neue Architekturprojekte. Seit 2000 wurde [**ecosistema urbano**] mit über 25 Preisen ausgezeichnet. 2007 war das Team unter den Finalisten des von der EU ausgeschriebenen *Mies Van der Rohe Preises für zeitgenössische Architektur*. Für neue Architektur in London erhielt es den Architectural Review Award.

[**ecosistema urbano**]
Estanislao Figueras 6
28008 Madrid, España
T +34 915591601, +34 912977062
info@ecosistemaurbano.com
www.ecosistemaurbano.com or .org

Urban switch

Ein Schalter/**switch** wird, wie ein Samen, auf der Insel „Neue Welt" eingepflanzt, um den Prozess der lokalen Regeneration zu initiieren. Als Kombination aus öffentlichem Raum und multiplen, hochverdichteteten Nutzungen löst der Schalter Aktivität aus, erneuert und schafft ein innovatives Konzept urbaner Struktur als Referenz für die Entwicklung im Linzer Umland.
Maßstab und Flexibilität des Schalters und sein modulares Konzept sorgen für Exportierbarkeit des Programms. Auf der Grundlage desselben Modells entstehen jeweils unterschiedliche Schalter-Kombinationen, die unabhängig voneinander funktionieren, indem sie das richtige Maß an Dichte für einen optimalen Einsatz von Ressourcen und Infrastrukturen erreichen.

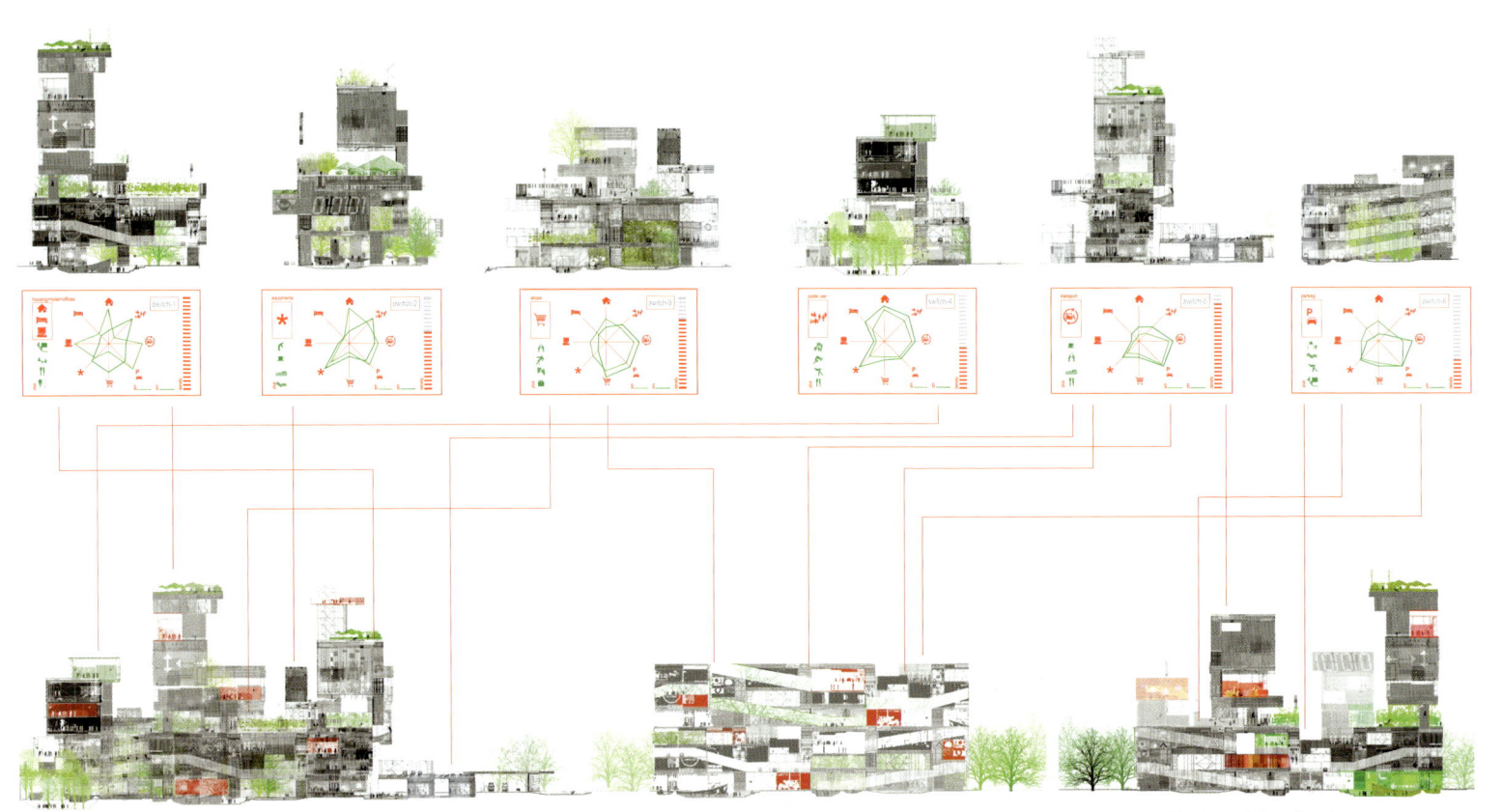

NETZWERKE IN VERÄNDERUNG VERKNÜPFEN

possible urban **switch** configuration 1

possible urban **switch** configuration 2

possible urban **switch** configuration 3

Portugal
Loures
Wie verbessert man die urbane Kohärenz an einem Autobahnkreuz?

Stadt Loures
Standort Prior Velho
Bevölkerung Projektgebiet: 322
Gemeinde: 6.683 – Kreis: 199.000
Betrachtungsgebiet 15,02 ha
Projektgebiet 8,67 ha

Das Gebiet befindet sich an der nördlichen Peripherie des Großraums von Lissabon. Die massive Verdichtung des urbanen Raums in den vergangenen dreißig Jahren brachte einen tief greifenden Wandel mit sich, der die Kohärenz der alten urbanen Morphologie zerstörte. Die Veränderungen führten, räumlich und zeitlich, zu Rissen im traditionellen Gefüge. Es entstanden verletzliche und zusammenhanglose urbane Fragmente und das heutige Bild einer Stadtlandschaft, die auf drastische Art und Weise aus ihrem Kontext gerissen wurde. Der Standort liegt im Osten der Gemeinde Prior Velho, begrenzt von einem Netzwerk großer Straßen und einem strukturell heterogenen, heruntergekommenen Wohngebiet im Norden. Im Süden befindet sich die Rua Mocambique, mit ein- bis zweigeschossigen Gebäuden und einer mit fünfgeschossigen Wohnhäusern bebauten Zone, die durch das neue Straßensystem vom restlichen Gebiet abgetrennt wurde.

Es soll ein innovatives Modell entwickelt werden, das eine qualitativ hochwertige Mobilität zwischen den einzelnen Segmenten fördert und die Fragmente in einen Kontext einfügt, der die konsolidierten Zonen ebenso umfasst, wie die Gebiete im Umbau. Das Projektgebiet wird durch die für die Zufahrt zur Stadt Lissabon wichtige Schnellstraße in zwei Teile zerschnitten. Der nördliche Sektor wird von ungenutztem, verwahrlosten Gelände und der Rua Mocambique geprägt, die vom südlichen Teil des Gebiets isoliert ist. Westlich schließt sich ein Industriegebiet an. Der südliche Sektor umfasst eine kleine Brache, die von Logistikfirmen/-anlagen begrenzt wird. Strategisches Ziel ist die Schaffung eines neuen öffentlichen Raumes, der die einzelnen Bereiche im Gebiet miteinander verbindet und den Verkehr regelt. Die Entwicklung soll durch Maßnahmen wie ein kleines Hotel (120 Zimmer), soziale Einrichtungen, Gebäudesanierung und -instandsetzung und Verbesserung der Zugänglichkeit unterstützt werden. Es wird ein integrierendes Modell von Stadt erwartet, das durch die harmonische Kombination verschiedener Werte der urbanen Landschaft nachhaltig gestaltet ist und die „Grenz"-Räume zwischen den verschiedenen sozialen und urbanen Strukturen dynamisiert. Die räumliche Qualifizierung soll mit sozialer und wirtschaftlicher Entwicklung gekoppelt werden.

Link the times

LOURES, PORTUGAL

Tiago Cardoso Tomás (P) Architekt,
Djamila Flor (P) Bauingenieur

Tiago Tomás ist Absolvent der Universidade Moderna Lissabon und sammelte Berufserfahrungen in seiner Arbeit mit verschiedenen Architekturbüros in dieser Stadt, beispielsweise bei Pedro Mendes und Pedro Reis. Djamila Flor schloss das Instituto Superior Técnico in Lissabon ab und arbeitete im Ingenieurbüro ARA.
Ihre architektonische Praxis entwickelte sich durch Erfahrungen in Wettbewerben und privaten Aufträgen für eine breite Vielfalt von Programmen, Maßstäben und Forschungsthemen. Aus diesen Erfahrungen entwickelte sich ein besonderes Interesse für die Evolution von Landschaft über die Zeit, den Einfluss von Architektur auf die sozialen Beziehungen, Nachhaltigkeit und die Umwandlung bestehender Bedingungen in neue expressive Umgebungen.

Tiago Cardoso Tomás
Rua Nova do Calhariz N.º 37 1º Esq.
1300-427 Lisboa, Portugal
T +351 210198748
tt@tct.pt
www.tct.pt

Es ist das Ziel dieses Entwurfs, die fehlenden Verbindungsstücke in den Fragmenten zwischen vergangenen und dazu im Widerspruch stehenden, neuen Realitäten zu schaffen.
Nun wird ein zentraler offener Raum durchquert und für informelle soziale Aktivitäten (Spiele, Treffen) genutzt. Seine Neubewertung und die Nähe des neuen Gemeindezentrums, Bildungs- und Freizeiteinrichtungen und grüne, beschattete Bereiche werden die Fähigkeit verstärken, informelle Aktivitäten aufzunehmen, die die bestehenden, fragilen sozialen Bindungen entwickeln werden. Vom zentralen Raum aus zweigt eine multifunktionale grüne Wand/Pfad ab, die das gesamte urbane Gebiet umgibt und Lärm- sowie Sichtschutz bietet und eine attraktive Verkehrsverbindung für Fußgänger- und Radfahrer, eine klare Landmarke und mehr Identifikation für die Bewohner vor Ort schafft.
Die Schaffung eines komplett neuen Systems öffentlicher Räume und Verkehrswege wird erreicht durch eine „Luftstraße", die sich auf den Flachdächern der neuen Wohngebäude bildet. Sie wird in einem durchgängigen Niveau über fortlaufende qualifizierte öffentliche Räume entwickelt, die durch den vertikalen Zugang zum Gebäude und den naheliegenden Einkaufs- und Dienstleistungsräumen definiert werden.
Unterhalb der „Luftstraße" sind die Wohngebäude so angelegt, dass sich zwei geschützte Plätze innerhalb des bestehenden natürlichen Tales ergeben, so dass weiterer Schutz gegen anhaltenden Verkehrslärm und für das private Umfeld entsteht. Im Erdgeschoss können private Gärten angelegt und bis zum öffentlichen Stadtpark ausgedehnt werden, so entstehen neue Arten von Nachbarschaft und Kontakt mit der Natur.

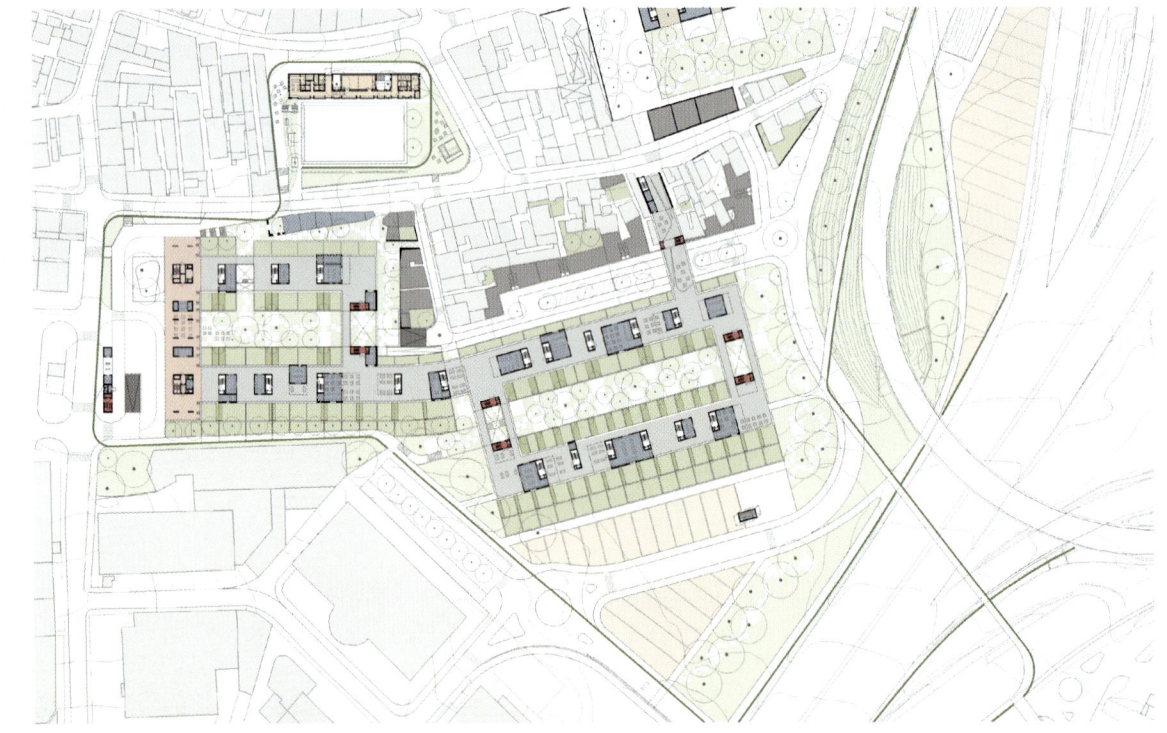

LOURES, PORTUGAL — PREIS

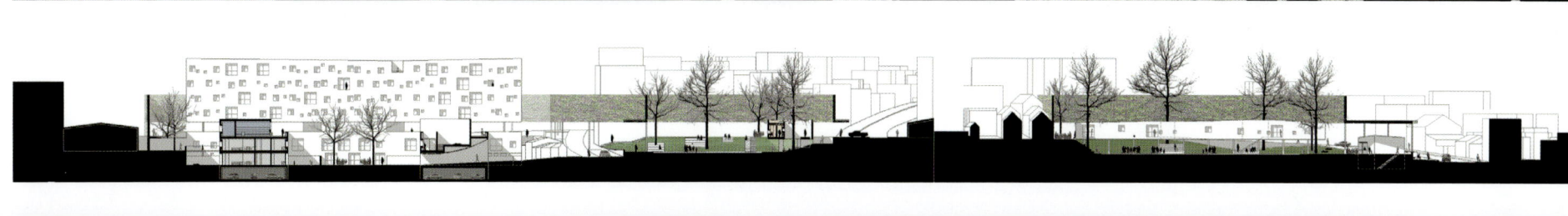

279 NETZWERKE IN VERÄNDERUNG VERKNÜPFEN

María Carmona (E), Manuel Monteserín (E), Luis Belda (E), Marta Catalán(E), Juan Chacón (E), Elisa De Los Reyes (E), Luis De Prada (E), Manuel Domínguez (E), Laura Flor (E), Lucía Martínez (E), Manuel Pascual (E), Pilar Pérez (E), Architekt

ZooHaus ist eine online vernetzte Plattform, ein Raum für die Anwendung neuer Methoden der Projektrealisierung, eine Möglichkeit für multiorganisatorische Experimente mit Optimierungs- und Feedback-Konzepten.

ZooHaus
c/ Amor de Dios 14, 3º (academia zener)
28014 Madrid, España
T +34 914293388
zoohaus2008@gmail.com
www.zoohaus.net

5 Bedingungen

1 - **Ungesättigte urbane Strukturen.** In Abhängigkeit von gesättigten Zonen. Rehabilitationsprozesse erzeugen sich kontinuierlich entwickelnde Lebensräume. 2 - **Netzwerk unprogrammierter Räume.** Räume ungesteuerten Verhaltens sind möglich. Schaffung unprogrammierter, vernetzter Räume in jedem Maßstab, geschützt durch Regulierung. 3 - **Urbane Re-evolution.** Energiesparen beim Bau. Priorität für alle Projekte, die urbanen Präzedenzen folgen. 4 - **Durchlässigkeit.** Die Stadt muss für alle „transparent" sein. Räume der Durchlässigkeit für alle „Natur"-Akteure. Das Gebaute dominiert nicht die natürliche Entwicklung des Landes. 5 - **Symmetrie der Verdichtung.** Zuweisung gleichberechtigter öffentlicher und privater Räume.

Schweiz/Suisse Svizzera/Svizra
Sion
Eine städtische Verbindung zwischen einem neuen Wohnviertel und Infrastrukturen herstellen

Stadt Sion
Standort Bahnhofsvorplatz
Bevölkerung 27.000
Betrachtungsgebiet 23,5 ha
Projektgebiet 6 ha

Der im Herzen der Schweizer Alpen gelegene Kanton Wallis wird von der Rhône durchflossen. Als Urlaubsgebiet par excellence bietet das Wallis Lebensqualität und vielfältige Freizeitangebote, aber nur beschränkten Zugang zu Arbeitsplätzen. Deshalb nehmen immer mehr Menschen lange Wege in Kauf, um gleichzeitig von dieser Lebensqualität zu profitieren und einer Arbeit nachzugehen, die ihren Anforderungen und Fähigkeiten entspricht. Die jüngste Entwicklung der Verkehrsachsen hatte diese Form des Nomadentums erst möglich gemacht. Die Stadt Sitten kann sich dem Phänomen der Pendlerströme in beide Richtungen, von Sitten in Richtung Lausanne und Genf und aus benachbarten Tälern in Richtung Sitten, nicht entziehen. So verdoppelt Sitten, als Hauptort des Kantons Wallis, tagsüber seine Bevölkerung auf bis zu 55.000. Sitten liegt am Schnittpunkt verschiedener Wege zu berühmten Skiorten wie Crans-Montana oder Zermatt.

Das erweiterte Planungsgebiet umfasst das Bahnhofsviertel, das sowohl eine strategische Lage für die künftige Entwicklung der Stadt als auch eine wirtschaftliche Bedeutung besitzt. Dieses Gebiet ist nicht nur ein multimodaler Knotenpunkt (Bahnhof und größter Autobusbahnhof der Schweiz), sondern auch der Bereich mit den größten bebaubaren Flächen im Stadtzentrum. Die Planung soll sich auf die großen Entwicklungsachsen dieses Stadtviertels mit ihren Einrichtungen ausrichten – Haupt- und Busbahnhof.

Die Grundstücke des Kernplanungsgebiets sind im Besitz mehrerer Eigentümer, darunter die Schweizer Eisenbahn. Der Standort erlebt täglich das Hin und Her von mehreren Tausenden von Pendlern, entweder am Bahnhof oder am Busbahnhof, der die Anbindung der Bewohner der Seitentäler gewährleistet. Die Zugänglichkeit des Gebiets ist sehr gut, aber öffentliche Räume fehlen. Die Herausforderung dieses Projekts ist es, den hohen Bedarf an Wohnraum zu erfüllen, um insbesondere die beruflich bedingte Nachfrage zu befriedigen, und gleichzeitig öffentliche Räume vorzuschlagen, die für die Infrastruktur wichtig sind.

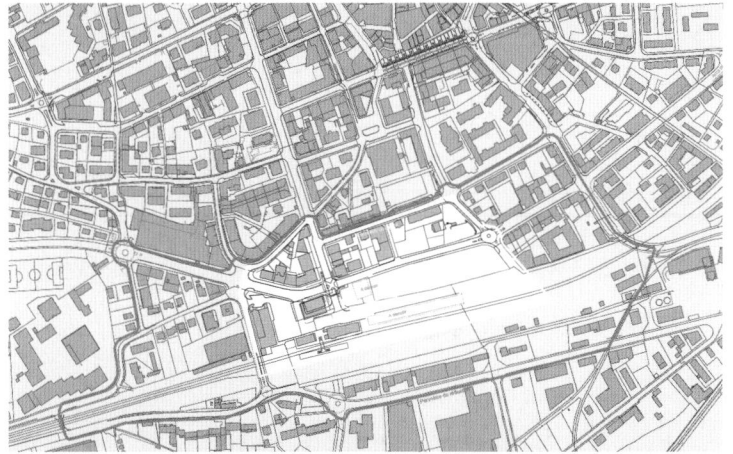

Boardwalking

Eli Grønn (NO), **Ivar Lyngner** (NO), Eli Larsdotter Brynhildsvold (NO), Architekten

Studium an der NTNU Trondheim, Master Degree in Architektur im März 2007, heute selbstständig in drei kleinen Büros in Oslo. In ihren Architekturkonzepten spiegelt sich das Interesse an Problemlösungen im Kontext. Die Situation formt Architektur und Urbanismus. Bestehende Faktoren werden eingebunden und wirken als Quelle des Handelns. So entstehen Dynamik und nachhaltige Projekte.

rodeo + migrant au
Youngstorget 2a
1081 Oslo, Norge
T +47 41542767
eli@migrant.no
www.rodeo-arkitekter.no

Sion ist die Hauptstadt und das wirtschaftliche Zentrum von Valais in der Schweiz. An einer zentralen Bahnstrecke gelegen und als wichtiger Bus-Bahnhof ist Sion zugleich intermodaler Verkehrsknoten.

Der Entwurf sieht eine Umstrukturierung des Verkehrsnetzes vor. Der Bahnhof wird neu definiert. Das alte Gebäude wird abgerissen, Bahn- und Bushaltestelle werden zusammengelegt. Die Situation wird lesbar durch die Trennung von „hartem" und „weichen" Verkehr. Damit vermindern sich die Konflikte zwischen Fußgängern und Fahrzeugen. Der bestehende Bahnhofsplatz wird durch eine Stadtpromenade ersetzt. Ein „Boardwalk" entsteht parallel zur linearen Bewegung der Züge als neues Gesicht der Stadt. Traditionelle Funktionen werden aus dem Bahnhof ausgegliedert und mit anderen kommerziellen/öffentlichen Funktionen auf der Promenade kombiniert. Die Bahnsteige werden östlich verlegt, das Terminal für die Busse entsteht an der Westseite der Promenade. Östlich befinden sich dann Taxihalte- und Parkplätze.

Flanieren ist nachhaltige Bewegung. Der Boardwalk fördert Nachhaltigkeit. Dominant ist die Bahn. Fußgänger, Behinderte und Radfahrer können sich frei in einem stimulierenden Umfeld bewegen. Öffentlicher Raum, Fußgängerwege und ein durchgängiger Grüngürtel begegnen den sich in diesem Gebiet aufhaltenden Menschen. Bürgersteige verbessern die Anbindung des Bahnhofs an die Altstadt. Eine Unterführung und eine Fahrrad- und Fußgängerbrücke durchbricht die Grenze zwischen den beiden Seiten des Bahndamms. Nachhaltigkeit wird angestrebt durch funktionale Vielfalt, hohe Verdichtung und Aktivität rund um die Uhr.

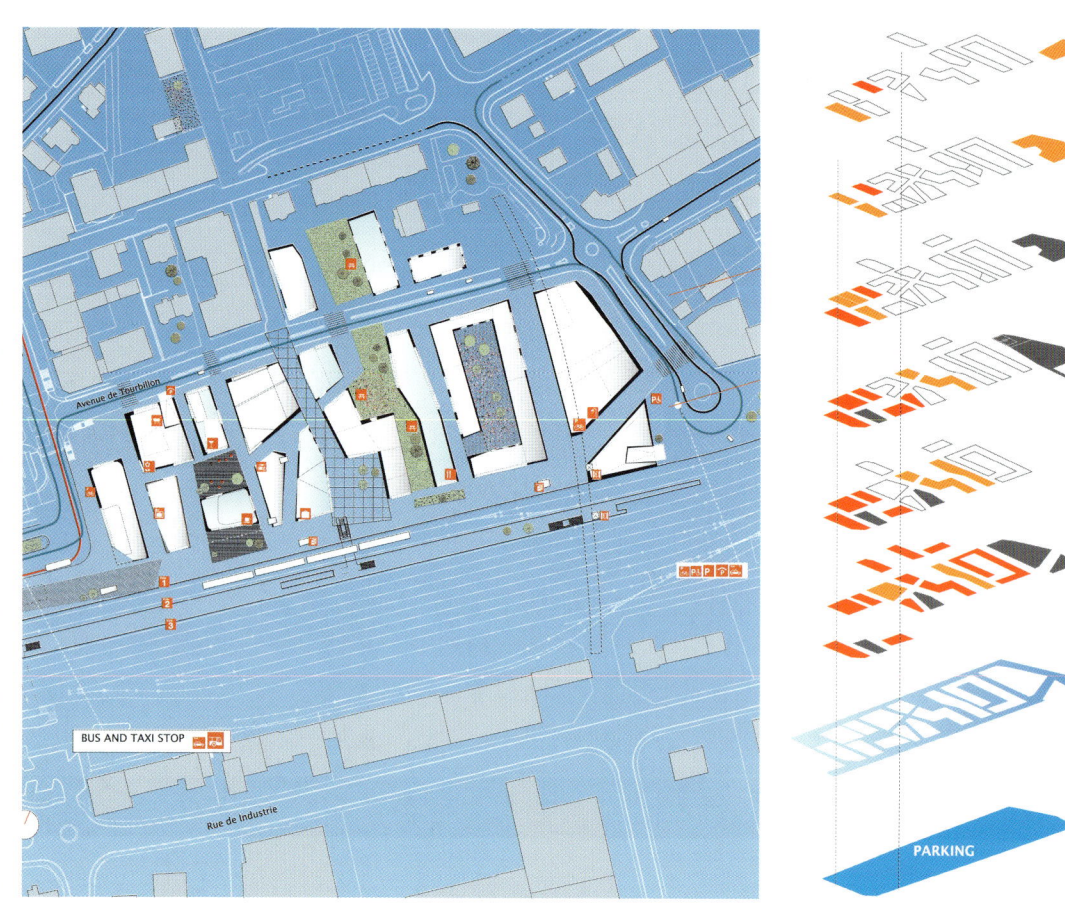

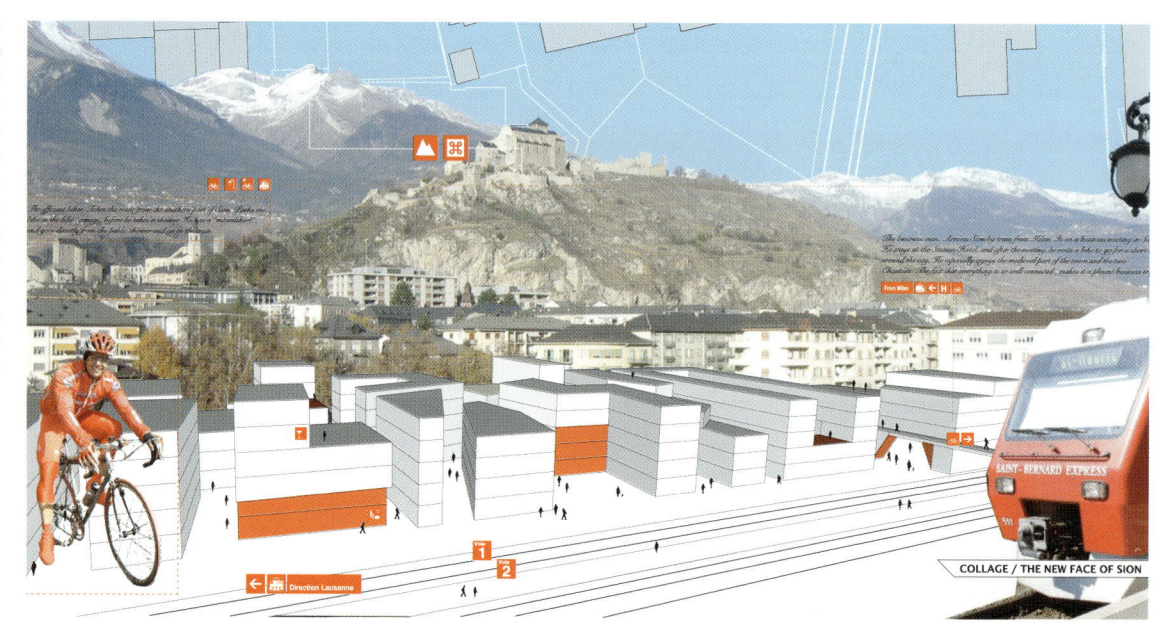

COLLAGE / THE NEW FACE OF SION

COLLAGE / THE BOARDWALK

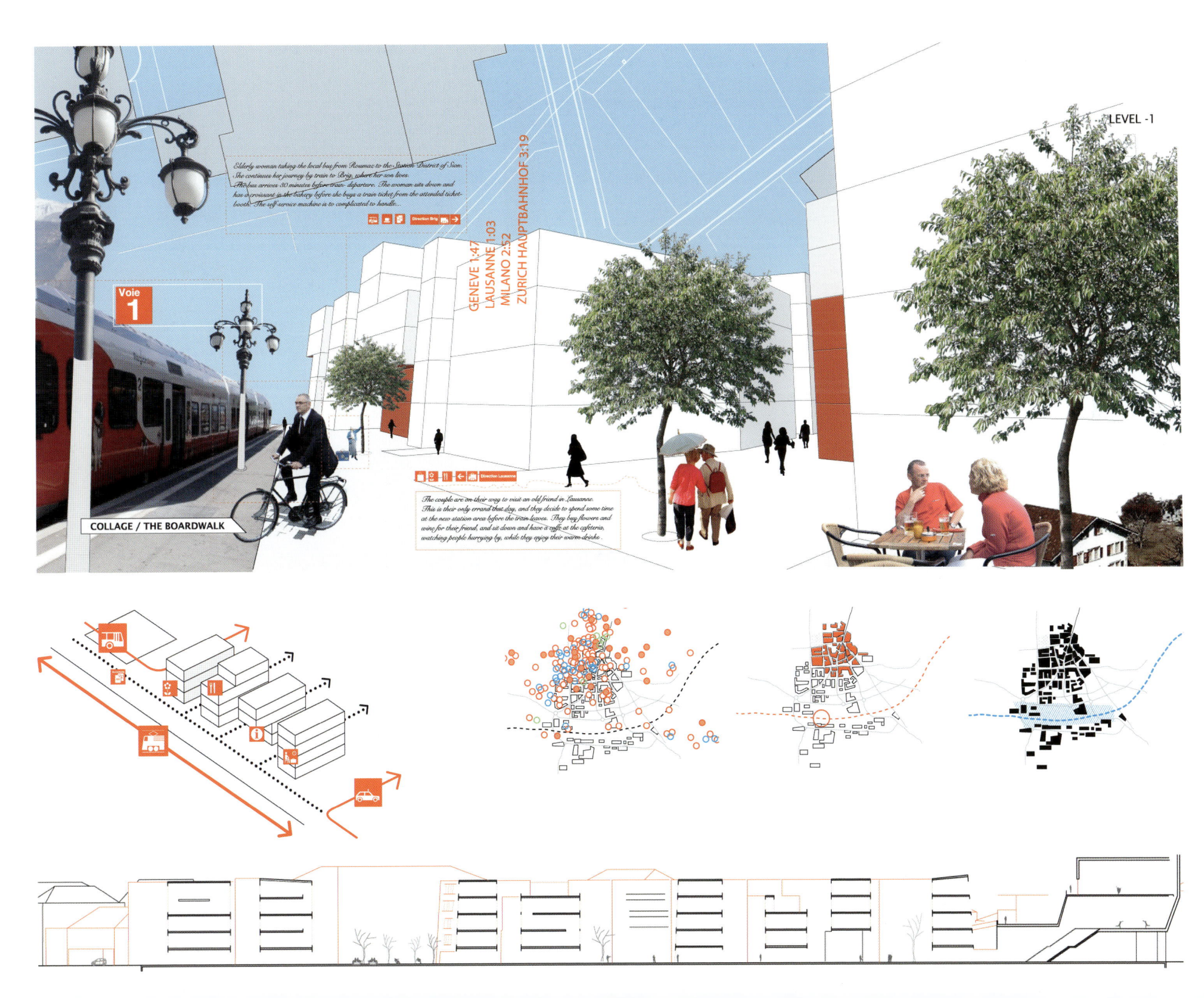

Voie 1

GENEVE 1:47
LAUSANNE 1:03
MILANO 2:52
ZURICH HAUPTBAHNHOF 3:19

LEVEL -1

Elderly woman taking the local bus from Roumaz to the Station District of Sion. She continues her journey by train to Brig, where her son lives. The bus arrives 30 minutes before train-departure. The woman sits down and has a croissant in the bakery before she buys a train ticket from the attended ticket-booth. The self-service machine is to complicated to handle...

Direction Brig →

← Direction Lausanne

The couple are on their way to visit an old friend in Lausanne. This is their only errand that day, and they decide to spend some time at the new station area before the train leaves. They buy flowers and wine for their friend, and sit down and have a cafe at the cafeteria, watching people hurrying by, while they enjoy their warm drinks.

SION, SCHWEIZ/SUISSE/SVIZZERA/SVIZRA

283 NETZWERKE IN VERÄNDERUNG VERKNÜPFEN PREIS

Sverige Nacka
Wie kann ein Straßenknotenpunkt zu einem verdichteten urbanen Zentrum werden?

Stadt Nacka
Standort Central Nacka
Bevölkerung 80.000
Betrachtungsgebiet 20 ha
Projektgebiet 12 ha

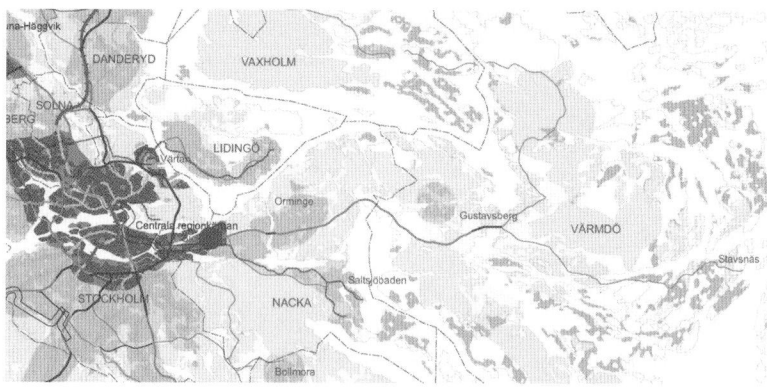

Die Gemeinde Nacka im Osten Stockholms ist das Tor zu den Inseln. Sie liegt zentral im Großraum Stockholms, der westliche Bereich wächst bereits der Stadt zusammen. Viele Bewohner arbeiten im Zentrum Stockholms. Nacka liegt auf einem zerklüfteten Felsplateau, in einer hügeligen Landschaft und verfügt auch über ausgedehnte Bereiche mit unbeeinträchtigter Natur und traditionelle Kulturlandschaften. Die höchsten Erhebungen liegen etwa 60 bis 70 Meter über dem Meeresspiegel. Die Straße Värmdöleden bildet die Hauptader, an die die meisten Gebiete angebunden sind. Die Bevölkerung der Gemeinde wächst stetig und es werden derzeit verschiedene Gebiete entwickelt.

Das Betrachtungsgebiet ist fragmentiert und weitestgehend von Infrastrukturen bestimmt. Die angrenzenden Bereiche müssen sowohl miteinander als auch mit dem Einkaufszentrum Nacka-Forum verbunden werden, das derzeit vergrößert und um Funktionen wie Wohnen erweitert wird. Ziel ist die Schaffung eines urbanen Gebietes, das einen zentralen Knotenpunkt für die Region im Südosten von Stockholm bildet. Das derzeitige Zentrum der Gemeinde soll erweitert werden und einen verdichteten, urbanen Kernbereich bilden. Der Umwandlungsprozess hat bereits begonnen, neue Straßen-, Bus- und Tramverbindungen und der Bau einer U-Bahn-Linie, die Nacka mit Stockholm verbindet, sind geplant. Der Bau einer neuen Multifunktionsarena soll in das Projekt einbezogen werden. Es soll eine nachhaltige, langfristige Strategie entwickelt werden, die vorhandene Merkmale einbezieht und gleichzeitig einen neuen Leitfaden für die künftige Entwicklung vorgibt.

Der Standort grenzt im Norden an die Fernstraße, im Westen an das Gelände der Oberschule, im Süden an die Värmdövägen und im Osten an die Vikdalsvägen Straße und an das Nacka-Forum. Im Zentrum des Areals befinden sich das Rathaus, eine Oberschule und mehrere Sporteinrichtungen. Einige dieser Einrichtungen können zwar verlegt werden, Ziel des Wettbewerbes ist jedoch, eine Verdichtung zwischen den bereits vorhandenen, baulichen Elementen herzustellen. Die natürlichen Qualitäten des Standortes sind zu berücksichtigen, wobei insbesondere die grünen, felsigen Hügel im Zentrum des Gebietes von großer Wichtigkeit sind.

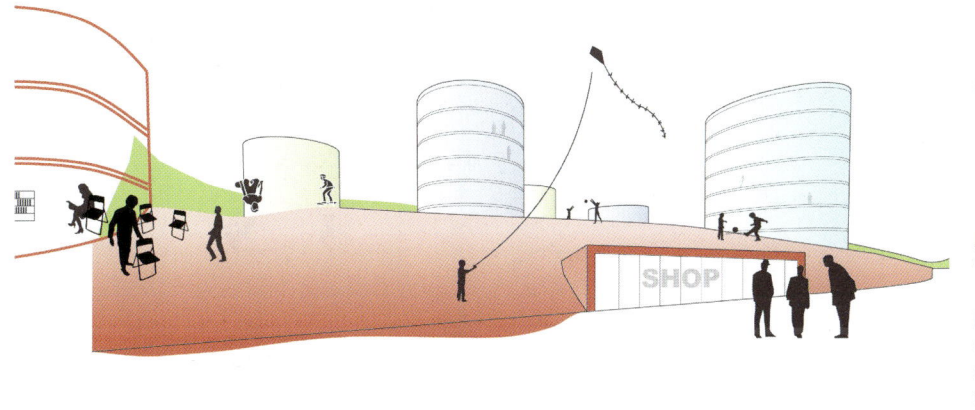

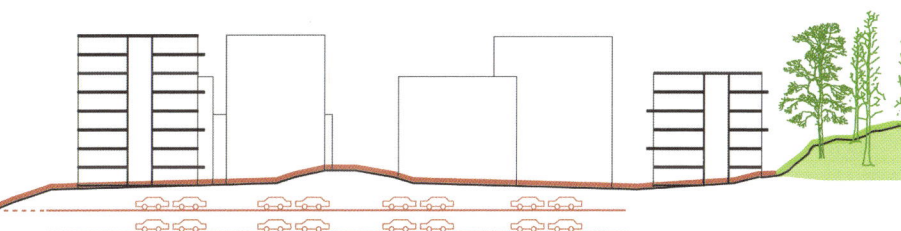

Josefine Wikholm (S), **Karin Ask** (S), **Lena Viterstedt** (S), Architekt

Ein Netzwerk von Architekten, die auf der Grundlage gemeinsamer Erfahrung und Inspiration aus Studienzeit und Berufsleben in Stockholm, Delft und Tokio zusammenarbeiten und an die Einbeziehung unterschiedlicher Professionen in die Realisierung von Projekten glauben.

Wideeyed
Tegelviksgatan 56
116 41 Stockholm, Sverige
T +46 701761775
info@wideeyed.se

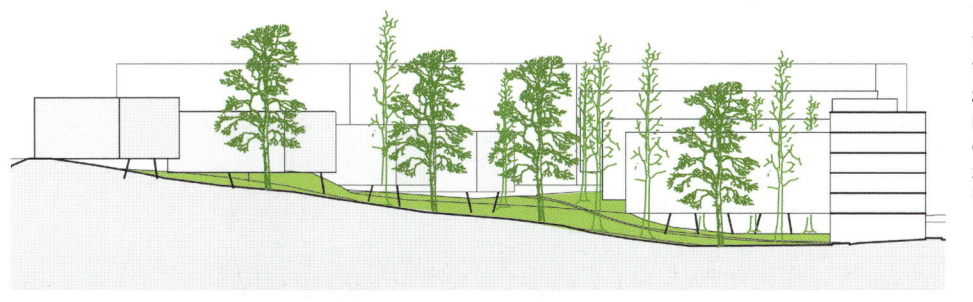

Nacka guide

1 Verknüpfte Vielfalt der Atmosphären am Standort. Eine neue Bewegung bringt eine reichere Urbanität hervor. 2 Leben in der Stadt/Leben im Grünen und drei Typologien mit äußerlich kommerziellen Gemeinsamkeiten und einem inneren, natürlichen und künstlichen öffentlichen Raum. Die Garten-, Wald- und Parktypen beziehen sich auf unterschiedliche Weise auf die Grünzone. 3 Nachhaltigkeit als Standard im Management der Folgen menschlicher Intervention und um Funktionen und Services an den Standort zu führen und zu vernetzen. Ressourcen sparen durch die gemeinsame Nutzung von „Maschinenpools" und multifunktionelle Projekte (z. B. die Sporthalle als Brücke und Arena). Parzellen bieten Wissen über Garten- und Pflanzenbau und natürliche Prozesse.

Nacka rings

Olimpia Merry Del Val Mariátegui (E),
Jacobo García-Germán Vázquez (E),
Architekten

Jacobo García-Germán, Architekt mit Abschluss des Madrider Polytechnikums und MA der Architectural Association von London, gründete im Jahr 2001 *jacobo garcía-germán arquitectos*. Parallel dazu arbeitet er als Lehrbeauftragter am Madrider Polytechnikum, an der Camilo José Cela Universität von Madrid, an der Universidad European de Madrid, an der Universidad Javeriana de Bogotá und bei der Architectural Association in London. Er war in Spanien bei Europan 6 bereits Preisträger und erhielt eine lobende Erwähnung beim Wettbewerb der Madrider „Rathauspreise" für die Ausstellung „ZOOM Madrid-Chigago" und für „78 Wohnungen in Carabanchel PAU II, Madrid". 2005 begann Olimpia Merry del Val ihre Zusammenarbeit mit dem Büro als freiberufliche Architektin. Sie wurde für die Ausstellungen „Emerging Generation" und „Freshmadrid" ausgewählt, die die Arbeit junger Büros in Madrid vorstellen.

Jacobo García-Germán Vázquez
c/ Arga 21
28002 Madrid, España
T +34 915638845
info@jacobogarciagerman.com
www.jacobogarciagerman.com

Der Vorschlag will mit den drei folgenden Themen umgehen:
1. Urbane Einzigartigkeit erreichen, ohne extravagant oder ikonenhaft zu werden.
2. Eine strategische Polarisierung unter dem Einfluss von Bewegungen und Aktivitäten zu planen, die den Charakter der Stadt von ihrem aktuell gewerblichen Schwerpunkt in eine Mischfunktion zurückführen können.
3. Einen modernen Dialog zwischen Stadt und Landschaft, zwischen Künstlichem und Natürlichem zu schaffen, der weg von den herkömmlichen „grünen" Klischees und von marktorientierten und opportunistischen Ansätzen führt.

Der Entwurf schlägt drei große, flache Mehrzweckgebäude vor, die die bestehenden Felshügel und Wälder einkreisen und so in einer einzigen Bewegung die beiden wichtigsten Probleme für den Standort Nacka lösen.
1. Die Aufwertung und „Beleuchtung" des Bestandes mit Mitteln der Architektur. Hier wird vorausgesetzt, dass es entscheidend für den Standort Nacka ist, dass er so unberührt wie möglich bleibt, ohne neue Blocks oder Infrastruktur einzuführen.
2. Die Bewahrung der drei Teile des geologischen und ursprünglichen Geländes, die durch den Vorgang erweitert werden. Durch das Einkreisen erscheinen die Wälder und Felsen selbst in neuem Licht und werden als unbebautes Landschaftswahrzeichen für die Stadt sichtbarer. In der Mitte der drei Ringe und des Rathauses ist ein neuer grüner Raum der Brennpunkt für sozialen Austausch unter freiem Himmel. Die neuen Gebäude fügen sich sanft in die Landschaft, folgen ihren Höhenlinien und nutzen Hänge und Unregelmäßigkeiten aus, um neue Ruhepunkte und Winkel zu schaffen.

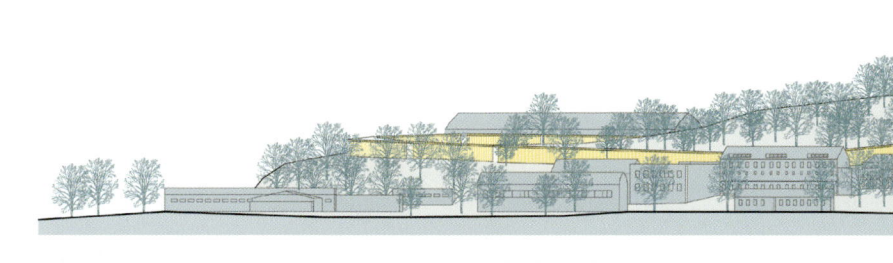

287 NETZWERKE IN VERÄNDERUNG VERKNÜPFEN — NACKA, SVERIGE — PREIS

4. Netzwerke in Veränderung
polarisieren zerstreuen

Können Aktivitäten, sowohl im Maßstab übergeordneter Verkehrsverbindungen als auch im lokalen Maßstab, an Verbindungspunkten konzentriert werden? Oder muss, damit ein Quartier entwickelt werden kann, die Belastung durch den Verkehr verteilt werden, indem man die Verkehrstrassen in der Umgebung zerstreut?

Belgique België/Belgien
Andenne
Wie ensteht ein Quartier zwischen Bahnhof und Fluss?

Stadt Andenne
Standort Andenne-Seilles station
Bevölkerung 24.407
Betrachtungsgebiet 16 ha
Projektgebiet 5,5 ha

Andenne liegt in Wallonien, die Entwicklung der Stadt ist auf ihre Bodenschätze zurückzuführen, heute sind jedoch eher kleine und mittlere Betriebe angesiedelt. Die Altstadt liegt am rechten (südlichen) Ufer des Flusses Meuse, während das linke Flussufer ist geprägt ist von Arbeiterwohnungen, Industriebrachen und dem Bahnhof. Beide Uferseiten bilden den Stadtraum, in dessen Mitte sich das Industriegebiet und die Verkehrsverbindungen (Autobahnen, Eisenbahn, Hafen) befinden. Um diesen multimodalen Kern herum soll sich die Stadt Andenne entwickeln.

Zwischen Gleisanlagen und dem linken Ufer der Meuse gelegen, ist das Betrachtungsgebiet Teil eines urbanen Geflechts mit einem aufgelassenen Industriegebiet. Einige ungenutzte oder anarchische Flächen müssen neu definiert werden. Die Stadt wünscht einen Bevölkerungsanstieg auf 40.000 Einwohner, verbunden mit der Schaffung von 1.000 Wohneinheiten bis 2012. Ziel ist es, ein gemischtes Wohngebiet zu schaffen, das auch Raum für kleine und mittlere Unternehmen anbietet. Die Industrieenklave soll aufgelöst werden. Ein zentraler Punkt ist die Lösung der Parkraum-Frage. Die Bahn hat bereits einige Parkplätze am Bahnhof geschaffen, ein alternativer Vorschlag wäre erwünscht. Für die unsichere Unterführung muss eine Alternative entwickelt werden.

Das Projektgebiet besteht aus drei Teilstücken: einer aufgelassenen Industriefläche ohne jeden Bezugspunkt, Grundstücke um den Bahnhof herum (nicht besonders geeignet unter dem Aspekt der Vielfalt) und dem Parkplatz entlang der Gleise, der zur Isolation des Bahnhofsgeländes, trotz des neuen Verbindungsplatzes und des neuen Kreisverkehrs vor der Brücke, beiträgt. Aufgabe ist die Entwicklung nachhaltiger Gebäude für den Wohnungsbau in unterschiedlicher Typologie und eine Mischnutzung des Gebiets mit Büro- und Gewerbeflächen sowie Freizeitaktivitäten. Außerdem muss der Bahnhof besser in die Umgebung eingebunden werden. Die Fläche unter dem Viadukt ist vernachlässigt und soll aufgewertet werden.

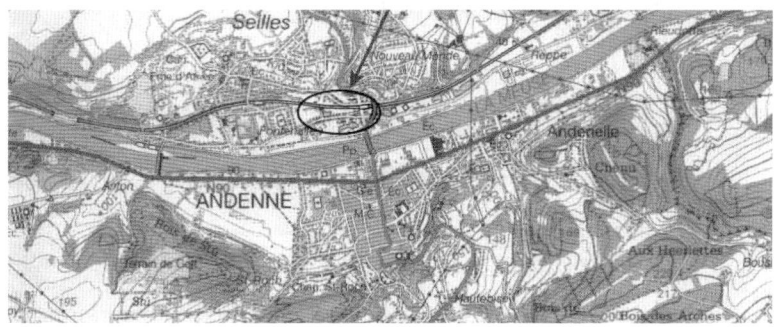

Anamorphose der Landschaft

Boris Bouchet (F), **Jérôme Lafond** (F), **Thomas Nouailler** (F), **Yvan Okotnikoff** (F), Architekten

Die vier OBRAS-Architekten – Gewinner des Preises für junge Stadtplaner 2005, einst Studenten, heute Dozenten an der Ecole Nationale Supérieure d'Architecture in Clermont-Ferrand – realisieren nationale Projekte und Projekte im ländlichen Raum. 2007 gründeten sie MILIEUX, ein Kollektiv von Akademikern verschiedener Disziplinen, die sich mit der Theorie und Realisierung einer Architektur des Ortes als Kontrapunkt einer generischen und akkulturierten Welt befassen.

Eine Kultur des Ortes agiert weniger territorial, als im Umfeld, in dem wir leben und für das wir uns im Sinn dieser Kultur des Ortes engagieren. Das Milieu oder der Punkt des Gleichgewichts in den Entwürfen des Kollektivs greifen die Diversität der Akteure auf und agieren mit ihr angesichts des Widerstands der Orte und Programme.

Tausend Orte wie tausend Agenturen, tausend Architekten, Gewerke, Ingenieure und Philosophen sind an der theoretischen und konstruktiven Auseinandersetzung des Kollektivs beteiligt.

An 1.000 Orten im Zentralmassiv oder Paris verweist das Interesse des Kollektivs auf die Vielfalt der Fragen, Programme, Territorien und Dimensionen der Projekte.

Collectif milieux
55 boulevard de Charonne
75011 Paris, France
T +33 607266506
contact@milieux.fr
borisbouchet@hotmail.fr

Zwischen Maas und Bahnlinie, in einem suburbanen, interurbanen, industriellen Kontext, entsteht ein neues Quartier, eine neue Landschaft.

Der Entwurf präsentiert sich als belebte Deformation des Ufers und kombiniert spezifische Charakteristika des Ortes mit der Nutzung zweier großer Netzwerke (Fluss und Bahn).

Der wichtigste öffentliche Raum ist die Uferpromenade, die das Bild des Treidelpfads urban dekliniert, um den sich Bodenbewegung, Pflanzenwelt und die der Zone eigene topografische Konfiguration artikulieren.

Die zahlreich vorhandenen, noch genutzten Steinbrüche im Tal und in der Umgebung vermitteln die Erfahrung eines neuen Weges hin zur nachhaltigen Stadt.

Das Konzept beinhaltet die Koexistenz des Globalen und des Lokalen innerhalb eines *Objekt-Motivs* auf der Grundlage der Idee der kulturellen Hybridisierung von Architektur und Infrastruktur und der Ablehnung der Unterscheidung zwischen öffentlichem Land und privaten Objekten.

ANDENNE, BELGIQUE/BELGIË/BELGIEN

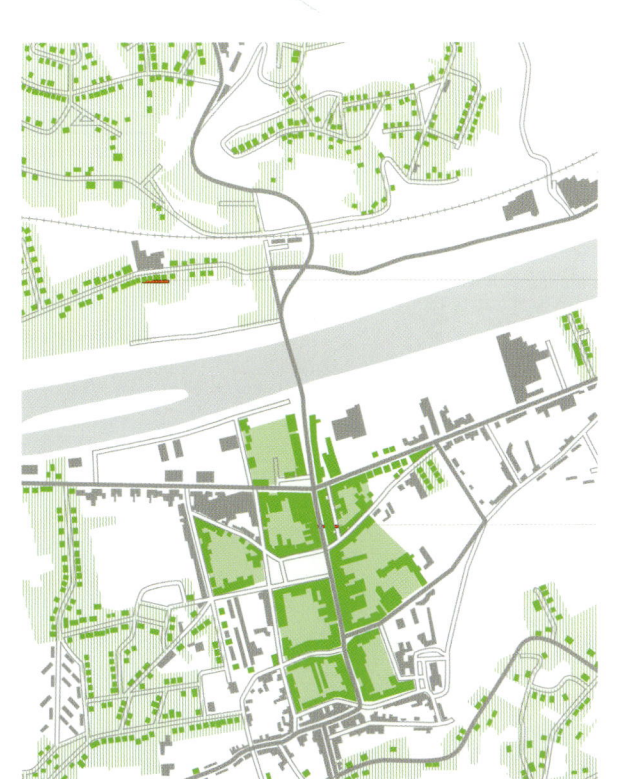

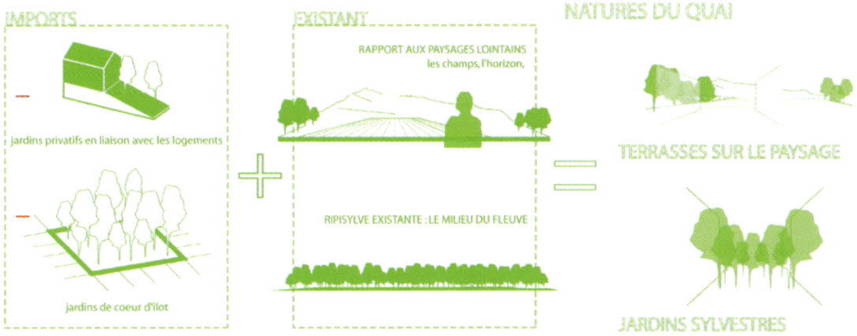

291 NETZWERKE IN VERÄNDERUNG POLARISIEREN/ZERSTREUEN

PREIS

IMPORTS
- jardins privatifs en liaison avec les logements
- jardins de cœur d'îlot

EXISTANT
- RAPPORT AUX PAYSAGES LOINTAINS : les champs, l'horizon
- RIPISYLVE EXISTANTE : LE MILIEU DU FLEUVE

NATURES DU QUAI
- TERRASSES SUR LE PAYSAGE
- JARDINS SYLVESTRES

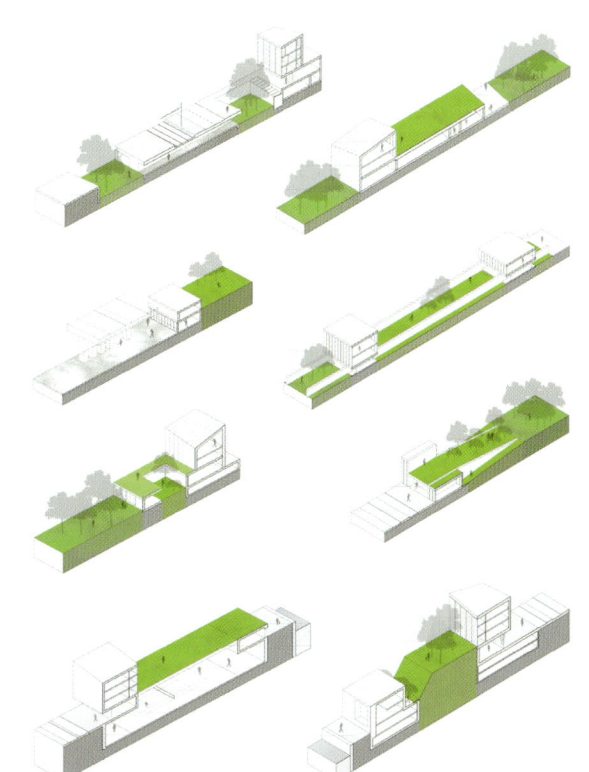

Belgique
België/Belgien
Ottignies
Wie plant man an einem intermodalen Bahnhof?

Stadt Ottignies
Standort Bahnhof Ottignies
Bevölkerung 29.521
Betrachtungsgebiet 15 ha
Projektgebiet 6 ha

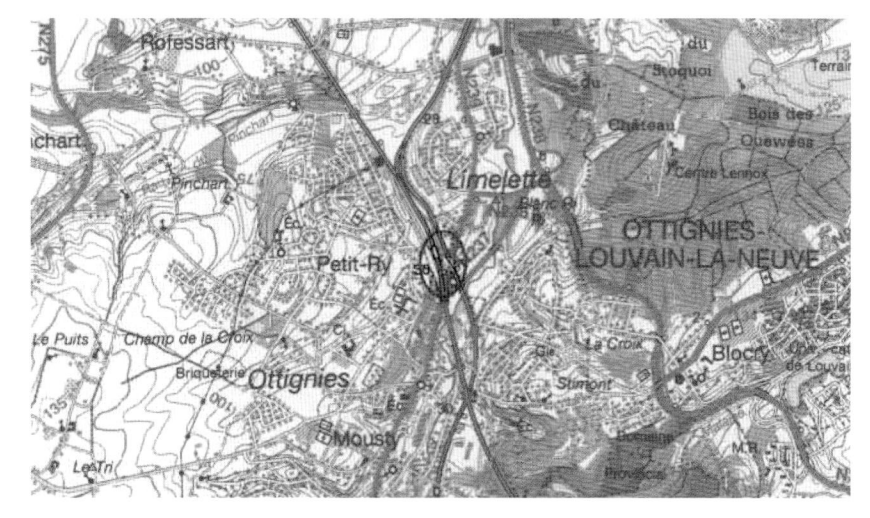

Ottignies liegt in der wallonischen Provinz Brabant, an der Dyle und gehört mit 3 Millionen Einwohnern zum Großraum Brüssel. Die Stadt verdankt ihre Entwicklung im 19. Jahrhundert der Lage an einem wichtigen Eisenbahnknotenpunkt, der lokale Bezirke voneinander abschneidet. Das Thema der Mobilität ist wichtig für Ottignies. Am linken Flussufer, einem Plateau, sind vorwiegend Wohnfunktionen angesiedelt. Am rechten Ufer ist um die Universität ein neues Stadtviertel vorgesehen. Der zentral liegende Fluss ist heute ein geschütztes Gebiet. Der Bahnhof ist momentan in einer Insellage eingeschlossen und soll ein modaler Knotenpunkt werden: Mit der Umsetzung der Hochgeschwindigkeitstrasse wird 2012 begonnen. Neben der Erweiterung der Gleisanlagen sind große Stellplatzanlagen, eine Überführung und eine Fussgängerbrücke zu den Bahnsteigen mit Geschäften, sowie der Abriss des bestehenden ebenerdigen Bahnübergangs geplant. Das wird eine steigende Anzahl an Reisenden und Einwohnern verursachen. Deshalb muss in der Nähe des Bahnhofs ein zentraler Platz entstehen, der neue Mobilitätskonzepte aufnimmt. Die Umgebung des Bahnhofs muss eine eigenständige urbane Nachbarschaft werden. Die Stadt möchte ihr Angebot an Wohnraum vergrößern und die Wohnqualität im Stadtzentrum erhöhen. Um jedoch ein vollwertiges Stadtviertel zu schaffen, müssen auch andere Funktionen (Büros, Geschäfte und Dienstleistungen) angesiedelt und unterschiedliche Gebäudetypen entwickelt werden, um eine eigene städtische Dynamik zu erzielen. Das Projektgebiet erstreckt sich rund um den Bahnhof und umfasst die Esplanade für den Zugang der Pendler und die Bushaltestelle, die angepasst und aufgewertet werden muss. Der bestehende Park entlang der Gleisanlagen soll in einen urbanen Park umgewandelt werden – mit einer Mischung von Aufwertungen und natürlichen Räumen, kombiniert mit unterschiedlichen Wohntypologien, umgeben von Bürogebäuden als Lärmschutz. Die Stadt erwartet ein strategisches Konzept für die Entwicklung des Bahnhofsbereichs, einschließlich einer Verbindung zu der bebauten und natürlichen Umgebung, die um die öffentlichen Räume herum besteht. Das Konzept soll einen neuen Ansatz zu der Intermodalität von Zügen, Fußgängern, Radfahrern, Bussen und Autos vorschlagen.

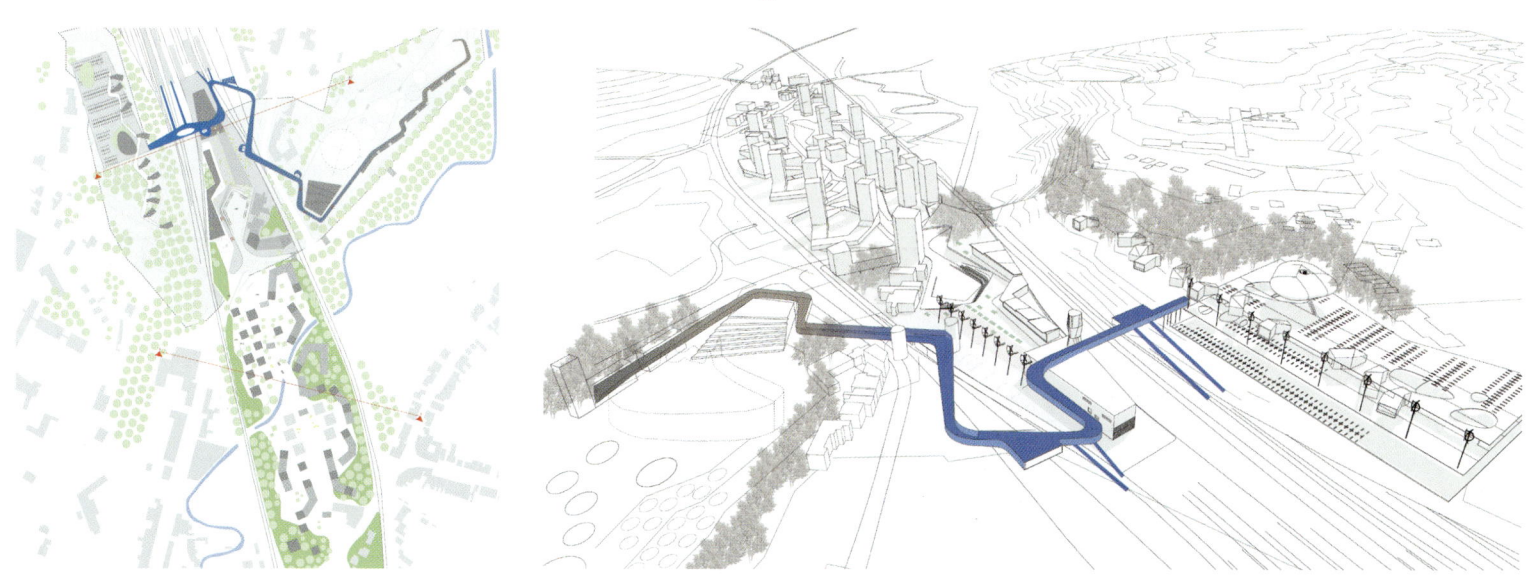

Alex Mowat (UK) Architekt, **Diana Cochrane** (UK) Innenarchitektin, Nathanaelle Baes-Cantillon (F), Petra Probstner (H), Architektinnen

Urban Salon, ein Architekturbüro in London, entstand 1997 und arbeitet in vier Bereichen: Architektur und Urban Design, Innenarchitektur, Ausstellungen und Forschung. Ihre Projekte sind die kombinierte, spezifische Kompetenz von Alex Mowat, Diana Cochrane, Petra Probstner und Nathanaelle Baes.

Urban Salon Architects
Unit A, Flat Iron Yard
Ayres Street
SE1 1ES London, United Kingdom
T +44 2073578800
www.urbansalonarchitects.com

Archipelago

Der „Archipelago-Masterplan" arbeitet mit den durch Bahnlinien, Straßen und Flüsse am Standort natürlich entstandenen „Inseln" des Archipels: Ein insularer Cluster mit jeweils eigener Identität und einmaligem Charakter.
Ebenerdig entsteht ein neues Bahnhofsgebäude, das als Turm und „Trichter" für die Passagiere fungiert. Eine bewohnte Brücke verläuft vom Bahnhof bis zur Grünzone und verbindet die verschiedenen Ebenen in Ottignies. Neue Treffpunkte und Aussichtsplattformen bilden sich heraus. Ein begrenzter öffentlicher Raum vor dem Bahnhof vermittelt dem Besucher das Gefühl des Ankommens. Die Wiese wird zum Veranstaltungsort.

An der Wegkreuzung

Christophe Lootvoet (B), Architekt und Bauingenieur

Einer der Gründer des kiosk_architecture, eines Architektenkollektivs, das sich mit allen Aspekten des Bauens auseinandersetzt (Architektur, Stadtplanung, Landschaftsplanung...), denn der Architekt stellt seine architektonische Praxis „in den Dienst der Menschheit". Durch die Entstehung von Räumen entsteht eine Welt, in der man leben, existieren kann. Fernab vom artifiziellen Bild arbeitet das Kollektiv an Dichte, Textur und Struktur des Ortes. Es orientiert seine Praxis auf die Grundlagen der Entwicklung des Lebens. Über die Vermittlung von Qualität und Reife inspirierende Erfahrung gibt sie die Richtung vor und bleibt ihren Überzeugungen treu.

Christophe Lootvoet
Lenneke Marelaan 38 bt 17
1932 St Stevens Woluwe, Belgique
T +32 478563863
clootvoet@hotmail.com
clootvoet@kiosk_architecture.be
info@kioskarchitecture.ne
www.kioskarchitecture.net

Bei der Betrachtung des urbanen Organismus der Stadt Ottignies fallen zwei Charakteristika ins Auge. Ottignies ist der Ort, wo sich die Wege kreuzen. Die Stadt entstand im Dyle Tal, an der Kreuzung zweier wichtiger Bahnverbindungen (Brüssel-Namur und Brüssel-Charleroi). Sie manifestiert sich im lokalen Kontext und wahrt zugleich die territoriale Dimension. Ottignies ist fragmentiert. Die städtische Infrastruktur kennzeichnet physisch die Landschaft und beeinflusst die Entwicklung der urbanen Form. Der Entwurf greift dies auf und präsentiert sich als Notwendigkeit, Position zu beziehen.

Durch die territoriale Verankerung und ein Erschließungsprogramm verhilft das Projekt dem Bahnhofsviertel zu realer Präsenz in der Stadt Ottignies.

Die Realisierung öffentlicher Räume („Deich" und „Bahnhofsplatz") lädt Passanten wie Anwohner zum Verweilen ein: Lebensraum in Bahnhofsnähe. Der Entwurf fördert sozialen Austausch und die Öffnung zur Umwelt. Es legt, ohne sie zu fixieren, die Grundlagen für eine nachhaltige Lösung an einem komplexen Standort.

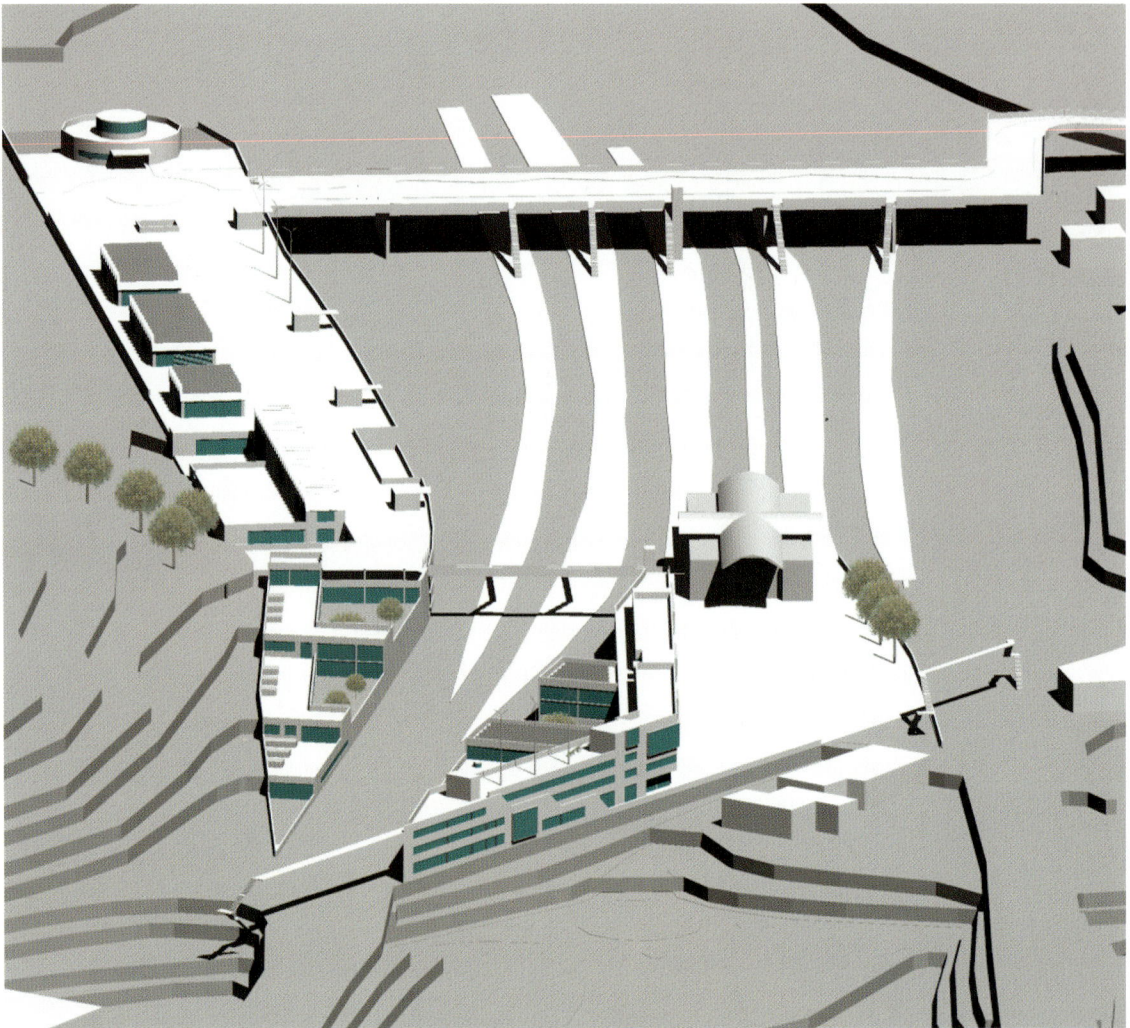

OTTIGNIES, BELGIQUE/BELGIË/BELGIEN

NETZWERKE IN VERÄNDERUNG POLARISIEREN/ZERSTREUEN

PREIS

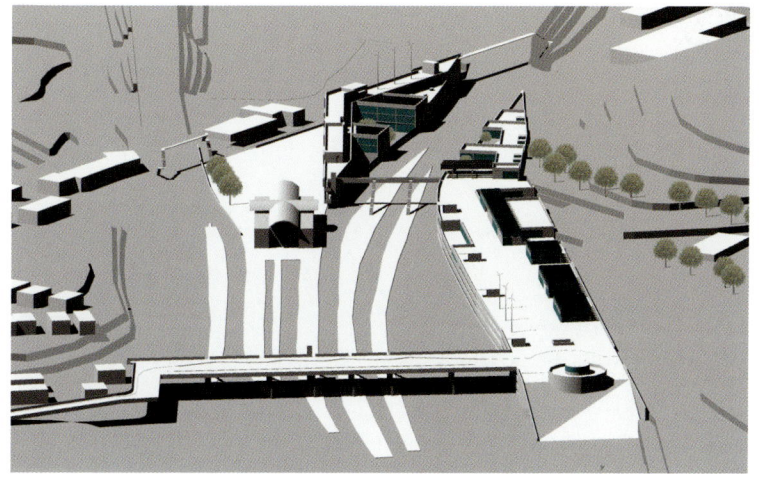

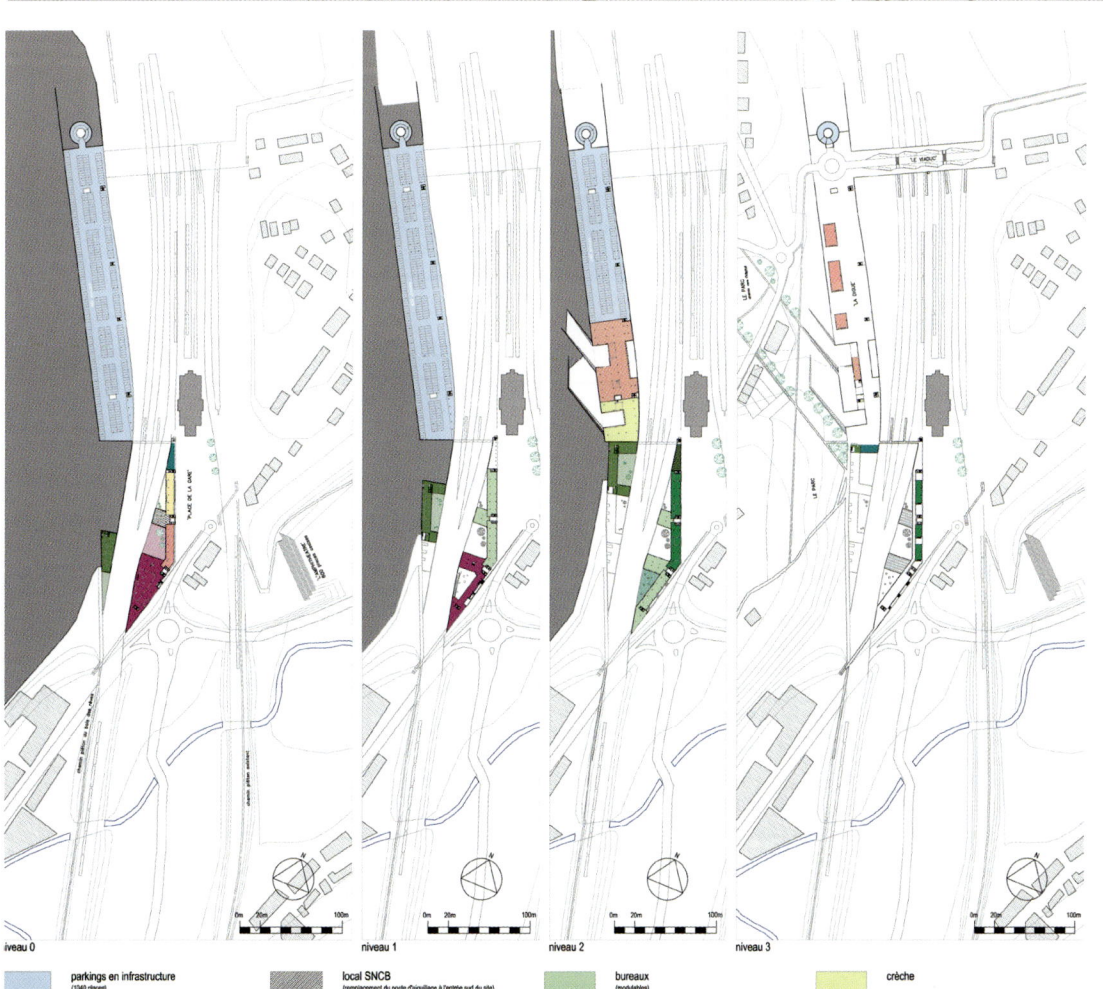

niveau 0 | niveau 1 | niveau 2 | niveau 3

- parkings en infrastructure (1040 places)
- parkings pour vélos
- 'café de la gare' avec cour et terrasse
- local SNCB (remplacement du poste d'aiguillage à l'entrée sud du site)
- médiathèque - ludothèque avec mezzanine et jardin
- incubateur d'entreprises
- bureaux (modulables)
- salle de séminaire
- bureaux en duplex (modulables, avec accès à la promenade en toiture)
- crèche
- centre de fitness-wellness
- bâtiments existants

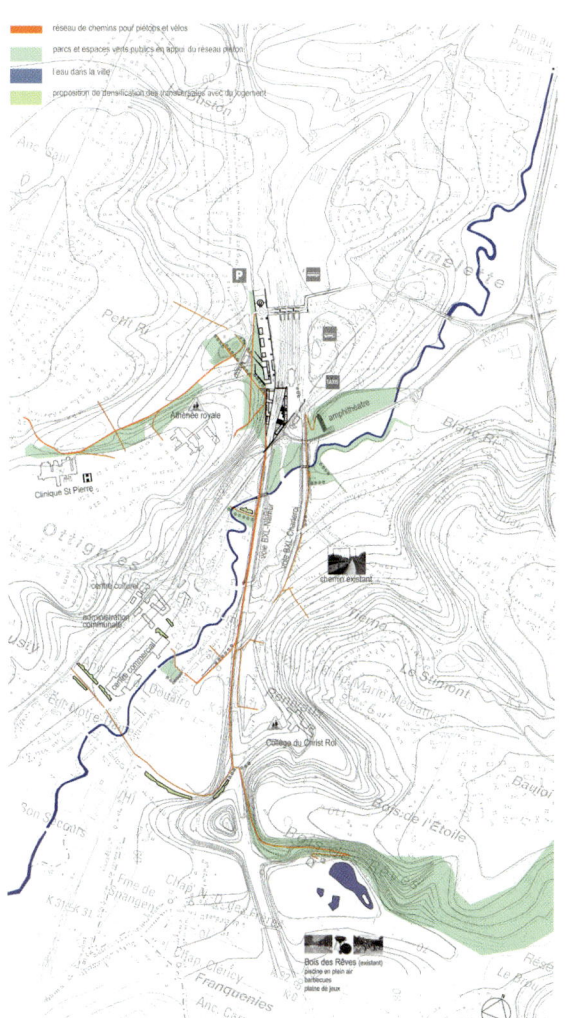

réseau de chemins pour piétons et vélos
parcs et espaces verts publics en appui du réseau piéton
l'eau dans la ville
proposition de densification des zones urbanisées avec du logement

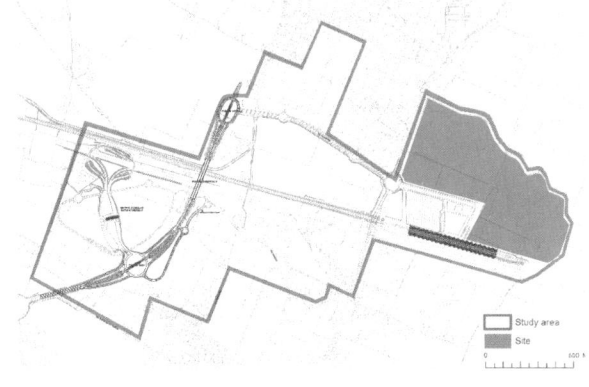

Italia
Reggio Emilia
Wie kann Intermodalität städtische Dichte erzeugen?

Stadt Reggio Emilia
Standort AV/AC Bahnhofsgebiet
Bevölkerung 157.000
Betrachtungsgebiet ca. 255 ha
Projektgebiet ca. 42 ha

Reggio Emilia weist gute soziale und ökonomische Bedingungen auf. Die Region war in den vergangenen fünf Jahren von drastischem sozialem und ökonomischem Wandel gekennzeichnet. Quantitativ stellt sich das Ergebnis durchaus positiv dar (Ansiedlung neuer Unternehmen, mehr Beschäftigung, Zuzug neuer Familien). Doch die ökologischen, sozialen und territorialen Folgen dieser Entwicklung dürfen nicht übersehen werden, und das hier gezeichnete Bild ist weniger freundlich. Obwohl Bologna das Zentrum von Verwaltung, Kultur und Management ist, spielt in einem so dynamischen Rahmen die boomende Baubranche natürlich eine große Rolle. Insbesondere der Wohnungsbau ist von schnellem Wachstum und einer Qualität gekennzeichnet, die nicht den Anforderungen entspricht. Der Norden des betrachteten Gebiets ist Teil des Infrastrukturprojekts für ein Netzwerk von Hochgeschwindigkeitszügen, das den urbanen Charakter dieses Teils der Gemeinde deutlich verändert hat. Der neue Stadtentwicklungsplan zielt auf eine Aufwertung wichtiger Plätze in der Stadt ab. Diese sollen zu Exzellenz-Polen werden. Im Norden stellt der Mediopadana-Bahnhof für die Stadt eine wahre Herausforderung dar. Der Bahnhof ist die einzige Halt des Hochgeschwindigkeitszugs auf der Strecke Mailand-Bologna. Er bietet die Chance, zum wichtigsten Zugang der Stadt zu werden und die Beziehung zwischen den nördlichen Gebieten und der Innenstadt neu zu definieren. Gleichzeitig entstehen, in Zusammenhang mit der Intermodalität, neue Funktionen. Das Gebiet unterliegt infolge der Hochgeschwindigkeitsstrecke der Bahn starken Veränderungen. Dies bedingt einen Entwurf, der gleichzeitig die Chancen der Mobilität, Multimodalität und Vielfalt der Verkehrsmittel nutzt und fördert und gleichzeitig Fragen der Multifunktionalität und urbaner Intensität berücksichtigt. Der Entwurf soll Lösungen zur Integration in den existierenden Ballungsraum beinhalten. Zu berücksichtigen sind dabei das Messegelände, das Industriegebiet von Mancasale, das Zollhaus, das Sportgebiet von Giglio, das Reggiane Gebiet und ähnliches, um eine Verbindung mit der Innenstadt und der Universität zu schaffen. Im Projektgebiet gibt es außerdem unbebaute Restflächen, die für einen Funktionsmix aus Gewerbe, Handel, Wohnen, Verwaltung, Freizeit- und Kulturangeboten und öffentlichen Einrichtungen verwendet werden sollen.

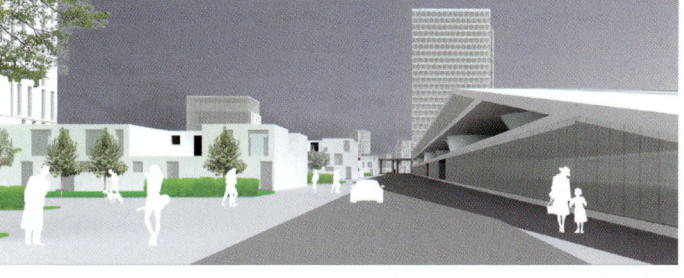

Anna Del Monaco (I) Architektin, Stadtplanerin, **Annunziata Del Monaco** (I), **Vincenzo Del Monaco** (I), **Zhai Fei** (PRC), **Mario Romano** (I), **Grazia Antonella Patruno** (I), Architekten

Das Team kam zusammen, um die Architektur-Konzeptionen seiner Mitglieder im Projekt zu realisieren. Anna Del Monaco unterrichtet an der Sapienza Universität in Rom, an der Zhai Fei Doktorandin ist. Annunziata Del Monaco, Vincenzo Del Monaco(I), Mario Romano(I) und Grazia Patruno(I) arbeiten bzw. arbeiteten als Architekten im Studio Fuksas.

viale del Vignola 12
00196 Roma, Italia
T +39 3384359134
anna.delmonaco@gmail.com

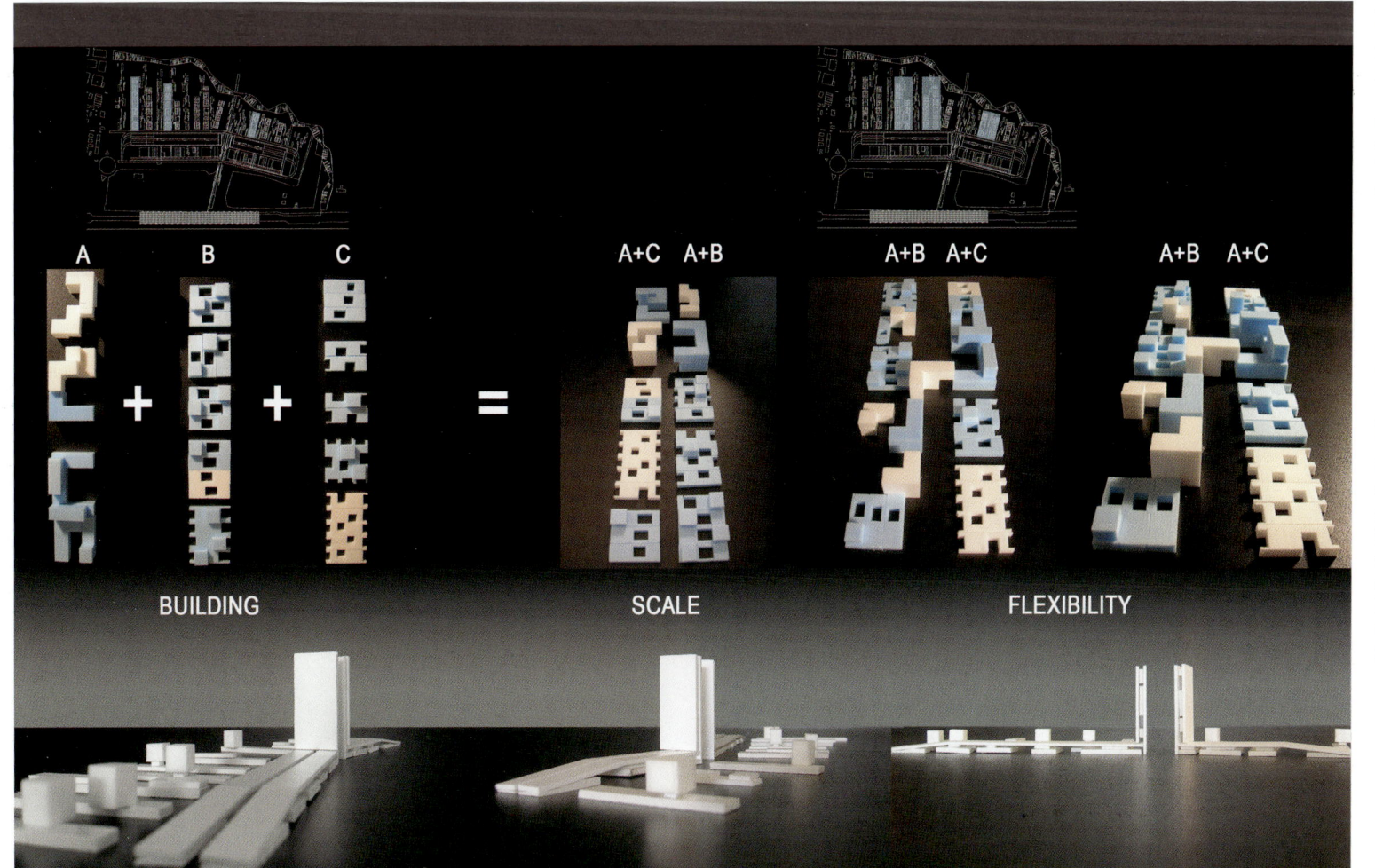

landscape - infrastructure - feedback loop

Landscape infrastructure feedback loop versucht die Vereinigung der vieldimensionalen Natur des Infrastruktursystems in der Region Emilia mit der Landschaftsstruktur der Padana-Ebene zu formulieren und zwar mit dem Dreifach-Konzept: Landschaft-Infrastruktur-Architektur. Das Manifest lautet: **Forschung**, **Produktion**, **Entspannung**.

Ein neuer Excellence-Pol

für Forschung und technologische Entwicklung

Mauro Merlo (I), **Alessandro Ciocci** (I), Architekten, **Daria Dickmann** (I) Architektin und Stadtplanerin, **Paolo Di Giacomantonio** (I), **Roberto Mazzer** (I), Architekt, **Francesca Veronica Rubattu** (I) Landschaftsarchitektin, **Daniele Serretti** (I), **Roberto Simeone** (I), **Lorenzo Spagnolo** (I), Architekten

Das Team vereint verschiedene Professionen, die Antworten auf komplexe Fragen des Designs suchen. Zusammenarbeit seit mehreren Jahren. Mehrfache Preisträger.
At studio wurde im Jahr 2000 gegründet und befasst sich mit architektonischen und urbanistischen Projekten und vertiefen seit 1990 kulturelle und berufliche Erfahrungen im Bereich ökologische Architektur.
Up studio entstand 1997 aus der Arbeit an unterschiedlichen Projekten in den Bereichen Innenarchitektur und komplexe Gestaltungslösungen.
LIRA Laboratorio Italiano Rappresentazione Architettonica konzentriert sich auf die architektonische Darstellung. Forschungsgegenstand: Ausdrucksmöglichkeiten durch digitale Technologie und Fortschreibung der italienischen Tradition repräsentativer Architektur.
Arch. Daria Dickmann, Dr. der Stadtplanung. Seit 1998 Arbeit an urbanen Entwürfen und insbesondere im Bereich komplexes Stadtdesign.

via della Magliana Nuova 272
00146 Roma, Italia
www.at-s.it

Welche Stadt wollen wir? Kann es die Stadt, die wir wollen, geben? Der Entwurf versucht diese Fragen durch ein urbanes Konzepts zu beantworten, das nicht nur eine reale räumliche Dimension, sondern virtuelle Bedeutung hat.
Vorgesehen ist die „Demokratisierung des Raumes" im Gegensatz zur Interpretation, die der Vielfalt des öffentlichen Raumes bzw. fortschreitender Abwertung ganzer Stadtteile nachgibt. Die Forschung orientiert sich am „Planungsinstrument", das als Modell von der Möglichkeit der Anpassung und Modifizierung in Zeit und Raum geprägt ist.
Das „Instrument" ist dabei der „Volcano", eine replizierbare Einheit, Stadtzelle, getrennt und verbunden zugleich mit den übrigen Vulkanen in mit dem Standort in Beziehung stehenden Zonen. Dieses „Element" lässt innere und äußere Plätze entstehen. Diese vermitteln zwischen Landschaft und (bestehender bzw. geplanter) Infrastruktur. Der Vulkan besteht aus drei Teilen: Orte und Gebiete, die durch Bodenerhebungen realisiert werden, „Terrassen" mit internem Habitat für verschiedene Funktionen; Innenhof, ein öffentlicher, städtischer Raum; Bereiche in Höfen und auf Terrassen zur öffentlichen und privaten Nutzung.

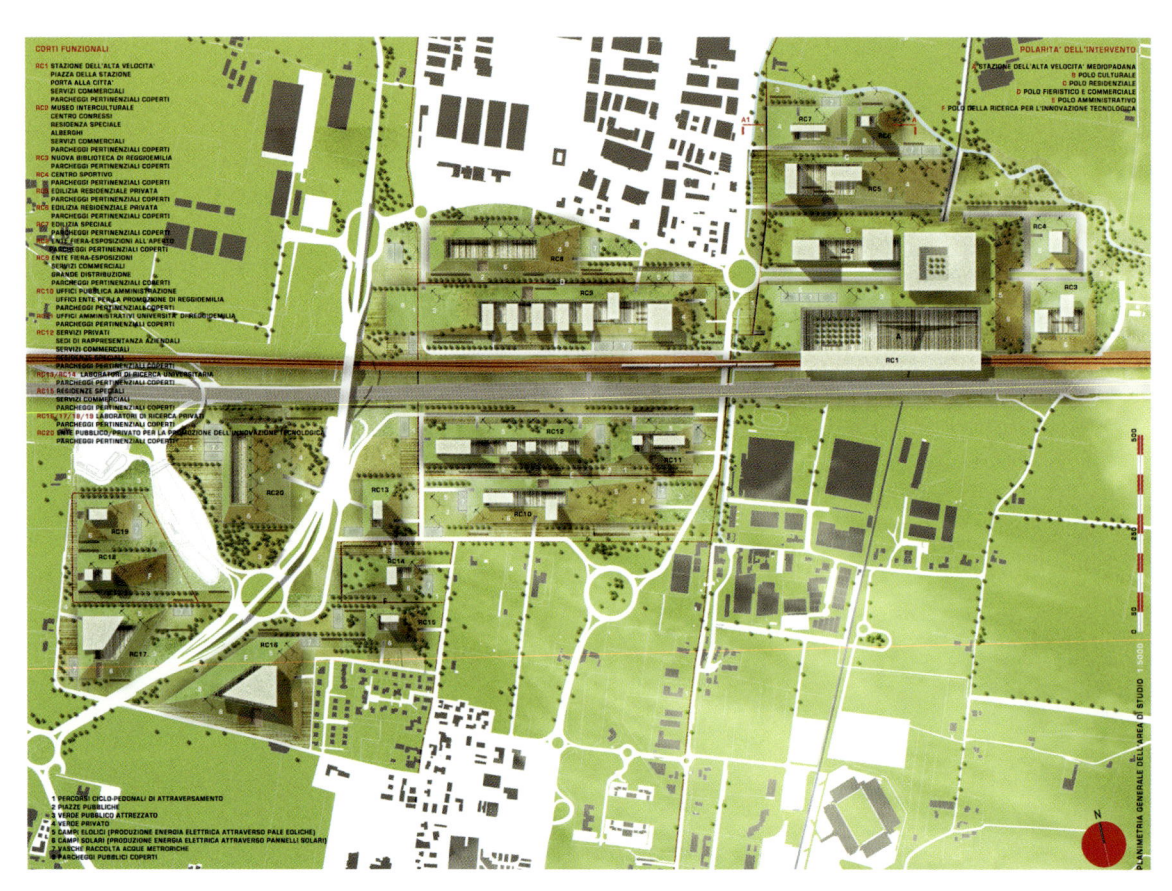

REGGIO EMILIA, ITALIA — PREIS

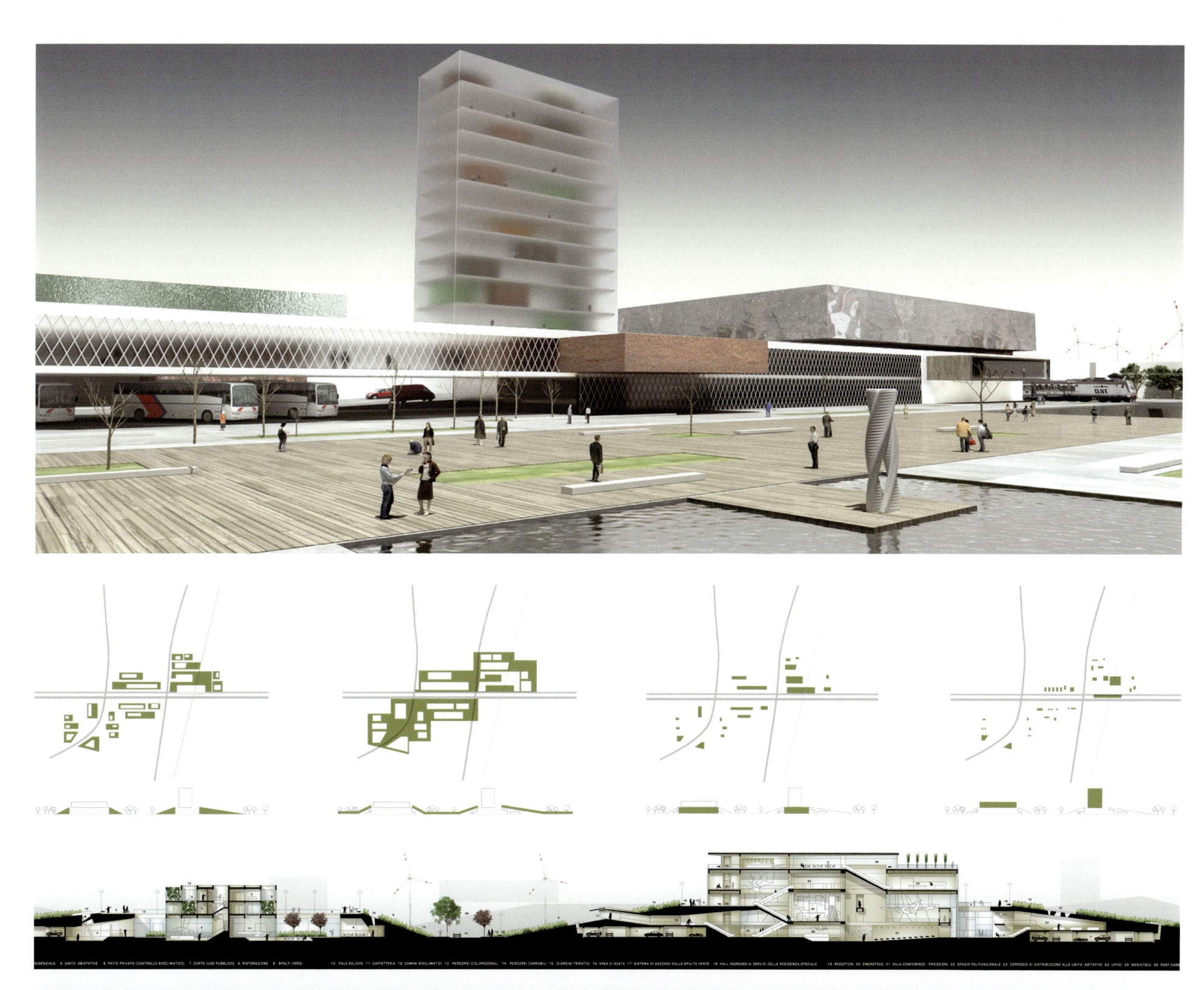

299 NETZWERKE IN VERÄNDERUNG POLARISIEREN/ZERSTREUEN

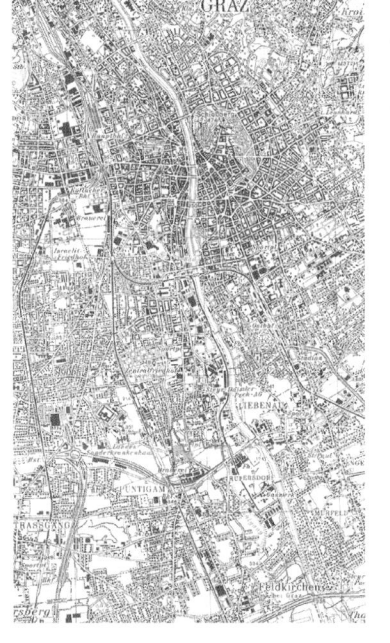

Österreich
Graz
Wie erzeugt man einen suburbanen Pol?

Stadt Graz
Standort Puntigam
Bevölkerung 280.000 Einwohner
Betrachtungsgebiet 23,8 ha
Projetkgebiet 2,9 ha

Graz ist die Hauptstadt der Steiermark und das Zentrum einer Agglomeration von beinahe 900.000 Menschen. Die Stadt entwickelte sich entlang der Mur, die Graz in zwei Seiten teilt: das historische Zentrum auf der einen, die Bahngeleise mit der industriellen Entwicklung auf der anderen. Auf dieser Seite gibt es eine Vielzahl neuer Projekte und es sind noch große Entwicklungsreserven verfügbar. Die Stadt ist strukturell nach Süden über ihre eigenen Grenzen hinausgewachsen, wo sich ein großes Feld bis nach Slowenien erstreckt. Dieser Siedlungsraum ist durch eine weitreichende Urbanisierung charakterisiert, dessen Einrichtungen der österreichischen und slowenischen Bevölkerung gleichermaßen dienen. Der Standort Graz-Puntigam zählt definitiv zu dem potenziell wertvollsten Erweiterungsgebiet im Süden von Graz. Neue Infrastrukturprojekte schaffen die einzigartige Gelegenheit, ein nachhaltiges Bezirkszentrum neu zu etablieren. Ein stark durchmischtes Programm soll über ein städtebauliches Konzept als urbaner Pol entwickelt werden. Grünräume und ein Netz sanfter Mobilität spielen dabei eine wichtige Rolle, wobei die bestehenden Grenzen und Barrieren in das Projekt zu integrieren sind. Die Qualitäten des neuen Pols werden zwischen Mobilität, Natur und Multifunktionalität agieren. An der Kreuzung zweier wichtiger Verkehrsstraßen, der Nord-Süd- und Ost-West-Verbindung, war die in Teilen sehr alte Brauerei Ausgangspunkt für die Entwicklung des gesamten Bezirks. Ein natürlich entstandener, grüner Korridor erstreckt sich entlang einer markanten Böschungskante und teilt das Grundstück in eine höhere und niedere Ebene. Die untere Ebene erweitert sich ostwärts in ein großes Agrarfeld (Betrachtungsgebiet). Auf ihr befinden sich verlassene Garagenschuppen und ein ebenfalls ungenutztes historisches Lagergebäude. Das obere Niveau reicht bis zur nord-südverlaufenden Hauptstraße, entlang derer eine Straßenbahnlinie in die Stadt bzw. zum neuen S-Bahn-Bahnhof auf der anderen Straßenseite führt. Direkt an das Grundstück angrenzend wird eine P&R-Anlage für 500 Autos mit einem kleinen Einkaufszentrum errichtet (Fertigstellung 2009). Eine Entwicklung mit Nutzungsmix und hoher Dichte soll eine örtliche Zentralität für das Gebiet mit sich bringen und kommunale Einrichtungen, kulturelle und kommerzielle Programme, Büros, Shops und Wohnnutzung beinhalten.

Gordan Dubokovic (D) Architekt

Kroatische Wurzeln, Studium an der TU Darmstadt, arbeitet als Architekt, Stadtplaner und Stratege in verschiedenen Netzwerken und lebt in der Sonne.

dubokovic architekten
Wacker Fabrik
Ober-Ramstädter Straße 96, Gebäude e.1
64367 Mühltal, Deutschland
T +49 61516064215
dubokovic@t-online.de

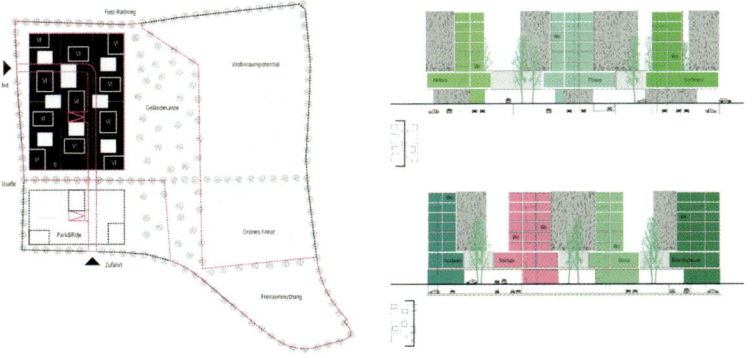

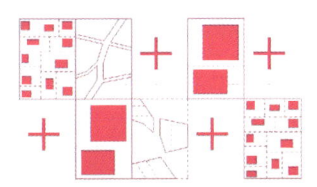

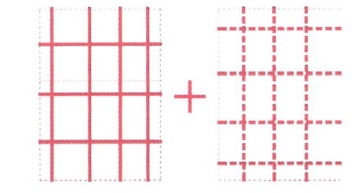

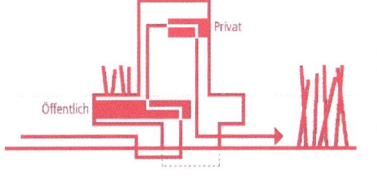

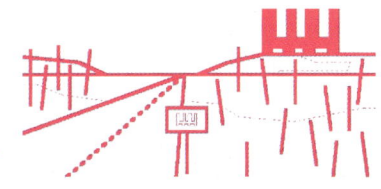

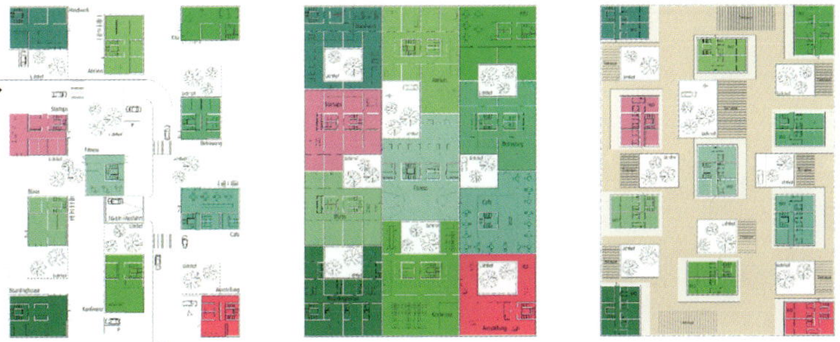

My home is my castle

Kern der Strategie ist der Gedanke der Überlagerung und Vernetzung.
Der Entwurf vereint drei Strukturebenen:
1. Bestehende Grünzonen werden zu einem umfassenden grünen Rahmen erweitert.
2. Das weit reichende regionale Transportnetz wird um eine strukturell verdichtete lokale Erschließungsebene ergänzt.
3. Zu den bestehenden monofunktionalen Nutzungsstrukturen kommen multifunktionale Cluster.
Die Intensivierung und Erweiterung funktionaler und offener Räume lässt eine suburbane Form von öffentlichem Leben in der Stadt entstehen. Urbanisierung im suburbanen Kontext bewirkt ein Gefühl von Vertrautheit, Schutz, Sicherheit und Geborgenheit. My home is my castle.

Polyvalente Identitäten

Martin Frühwirth (A), **Sonja Frühwirth** (A), Architekten

„Atelier Frühwirt" wurde 2006 gegründet. Beide Architekten verfügen über eine solide akademische Ausbildung auf verschiedenen Gebieten. Martin Frühwirth konzentriert sich auf das weite Feld der Architektur und Medien, Sonja Frühwirth forscht auf dem Gebiet der Landschaftsarchitektur und des Eco Designs. Diese Symbiose wurde geschaffen, um beide Bereiche für die Teilnahme an Wettbewerben zusammenzufügen.

Atelier Frühwirth
Liebiggasse 24/II
8010 Graz, Österreich
T +43 69910213719
office@mmf.cc
www.mmf.cc

Das neue Zentrum Puntigam wird durch eine besondere Qualität bestimmt, die sich zwischen Mobilität, Natur und Funktionalität bewegt. Der Brachfläche zwischen den suburbanen Strukturen wird für neue Potenziale zur Schaffung neuer Identitäten geöffnet. Als Identitätsträger dient der vorhandene Zwischenraum, der als gestreute „suburbane Vision" gedacht ist und ein ideales Entwicklungspotenzial bietet. Das neu entworfene Zentrum wird in einen ungenutzten Park gesetzt, strukturiert ihn durch verschiedene Felder und Landschaftsformen und ist im weiteren Sinne Teil des Maßnahmeplans „Grünes Netz Graz". Der Strategieplan weist vorhandene Werte und Defizite auf und zeigt den Handlungsbedarf durch die Verschiebung einzelner Maßnahmen in den urbanen Kontext. Synergien zwischen der vorhandenen Ästhetik der landwirtschaftlichen Nutzflächen, öffentlich genutzten Vorstadträumen und einem historischen Zentrum schaffen eine Überlappung dieser Netze und bringen eine Neuinterpretation und -bewertung auf lokaler, regionaler und nachbarschaftlicher Ebene mit sich.

Der Vorschlag kann als parasitäre Taktik auf der Ebene der lokalen Identifikation gesehen werden. 1 - Ein Park mit oszillierenden Feldern soll geschaffen und für die Vorstadtbewohner geöffnet, das Landschaftsdesign erneuert und neue ästhetische Elemente hinzugefügt werden. 2 - Die Strukturen entlang der Grenzen werden mit vertikal versetzten Programmen verdichtet; Infrastrukturen werden eingeführt, die ausgedehnt oder geschrumpft werden können; die Grenzen werden transparent und übergreifende Strukturen werden geschaffen. 3 - Die Typologie der schwebenden Wohnblöcke entspricht suburbaner Größe und wird eingeführt als „urbaner Wohnblock", der sich vorgeblich als Fremdkörper über dem darunter „fließenden" Park befindet.

GRAZ, ÖSTERREICH — PREIS

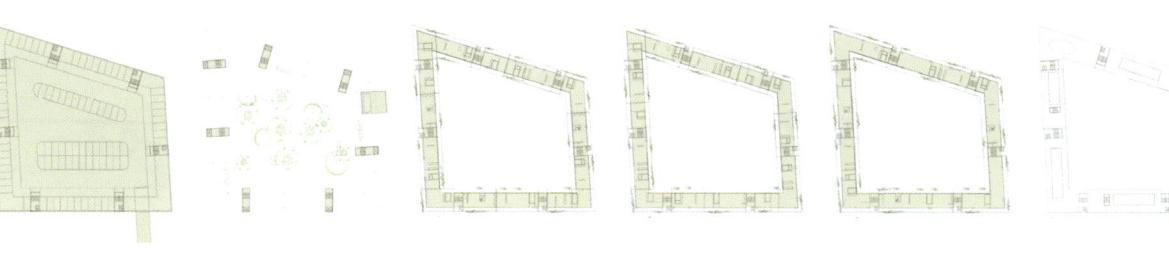

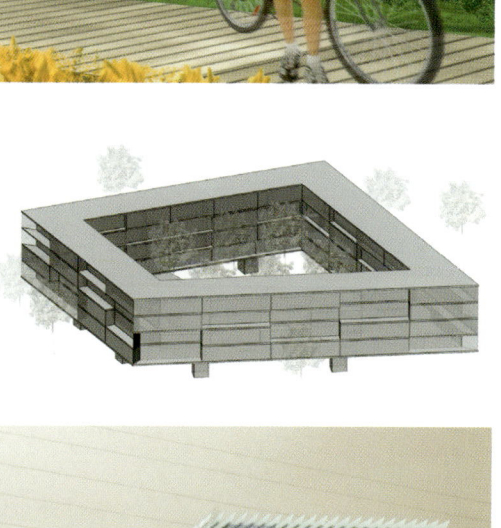

303 NETZWERKE IN VERÄNDERUNG POLARISIEREN/ZERSTREUEN

Schweiz/Suisse Svizzera/Svizra
Le Locle
Welches urbane Verhältnis zwischen Infrastruktur und Natur ist richtig?

Stadt Le Locle
Standort Col-des-Roches
Bevölkerung 10.300
Betrachtungsgebiet 46 ha
Projektgebiet 23 ha

Die Stadt Le Locle gehört zu einer Grenzregion, die sich von La Chaux-de-Fonds bis Morteau erstreckt. Der Austausch zwischen den einzelnen Ortschaften in Frankreich und der Schweiz ist sehr intensiv, insbesondere in Bezug auf Arbeitskräfte. Dieser Umstand bringt der Stadt Le Locle einen hohen Transitverkehr. Als zweitwichtigstes Wirtschaftszentrum des Kantons achtet die Stadt bei der Förderung und Entwicklung neuer wirtschaftlicher Aktivitäten besonders auf die Lebensqualität ihrer Einwohner und das Image der Ortschaft. Le Locle und seine Nachbarstadt La Chaux-de-Fonds haben sich als Stadtlandschaft, welche die Geschichte der Uhrenindustrie nachzeichnet, um die Aufnahme ins UNESCO-Weltkulturerbe beworben. Die beiden von grünen Tälern umgebenen Ortschaften sind gute Beispiele für kompakte Städte.

Der Projektstandort befindet sich am Col-des-Roches, in der westlichen Verlängerung der Stadt Le Locle, in der Nähe der schweizerisch-französischen Grenze. Er wird von einer Straße durchzogen, die beide Länder miteinander verbindet und täglich von Pendlern mit Arbeitsplatz in der Schweiz genutzt wird. Der Standort verfügt über einen Personen- und Güterbahnhof mit wenig Verkehr. Das Planungsgebiet wird von einem Bach mit begradigtem Verlauf, dem Bied, durchflossen.

Das Projektgebiet umfasst den Bahnbereich sowie die südlich des Bieds gelegenen Parzellen, die Eigentum des Kantons Neuenburg sind. Die östlichen Parzellen sind für eine gewerbliche Nutzung vorgesehen und der westliche Teil soll zu Erholungs- und Freizeitzwecken genutzt werden. Die Herausforderung besteht darin, ein Quartier zu gestalten, das Wohnen und Arbeiten mit einer Umgebung vereinbart, die durch Infrastruktur und Natur gekennzeichnet ist. Ein anderer Aspekt, den es zu bedenken gilt, sind städtische Parkplätze. Der Steinbruch, der bald stillgelegt werden soll, ist ebenfalls für eine Umnutzung im Zusammenhang mit dem Erholungsbereich oder zum Bau von terrassierten Gebäuden verfügbar.

Bakir Mustajbegovic (CH), **Didier Collin** (CH), **Nicolas Strambini** (CH), Architekten

Entstanden während der Studienzeit an der EPFL, teilt das Team das Interesse an der Erkundung neuer Ideen und versucht, bereichert durch unterschiedliche Horizonte und inspiriert von der Erfahrung des Wettbewerbs einen sinnlichen, spielerischen und engagierten Ansatz zu entwickeln.

Bakir Mustajbegovic
85 rue de Lausanne
1202 Genève, Suisse
T +41 792304658
m.bakir@bluewin.ch
www.swampcity.ch

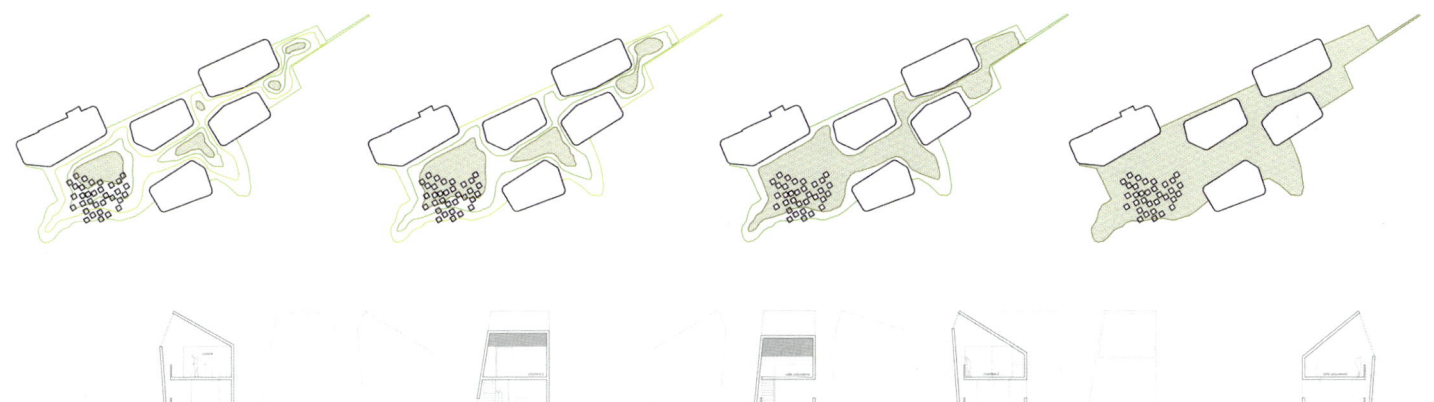

Swamp city

Auf einer Höhe von 1.000 Metern initiiert der Entwurf einen Prozess, der sich qualitativ in den jahreszeitlichen und hydrologischen Rhythmus der Stadt Le Locle einfügt. Der undurchlässige Untergrund ermöglicht die Realisierung eines starken, evolutionären Stückes Natur: sowohl Sumpf als auch Wasserspiegel. Diese Requalifizierung der Landschaft wird, in der Kontinuität der Stadt, ergänzt durch die Einbettung eines gemischten Programms: die Starter. Es handelt sich dabei um ein erweiterbares System, das Plattformen für verdichtete und fragmentierte Aktivitäten entstehen lässt. Als Prototyp einer neuen Beziehung zwischen Habitat und Natur entsteht eine Gruppe von Turmbauten, die aus den Niederungen des Moorlands herausragen. Die permanente Fluktuation des Bodens generiert ungewöhnliche räumliche Sequenzen. Die Ebene Null gibt es hier nicht.

Empreint3s

Anne-Lise Bideaud (F) Architektin und Stadtplanerin, **Matthieu Wotling** (F), Architekt

mwab entwickelt Projekte mit einem urbanistischen Ansatz, der Architektur, Landschaft und Stadtplanung kombiniert. Anne-Lise Bideaud konzentriert sich dabei auf die Landschafts- und Raumplanung, während Matthieu Wotling architektonische Konzepte mit starkem urbanen Impakt erstellt. Ihre komplementäre und von Diversität geprägten Arbeiten ergänzen sich und münden in den Fokus, der auf dem Potenzial des Standorts und der Konkretisierung des Projekts auf der Grundlage der Arbeit im leeren Raum gründet. Die größte Sinndichte eines Projekts findet sich im nicht bebauten Raum. Bideaud und Wotling sprechen hier von der „architektonischen Leere", die sie in ihren Entwürfen aufgreifen. Im Imaginären „Dazwischen" geht es bei ihren Arbeiten mehr darum, zu zeigen, als zu schaffen.

MWAB
115 rue Manin
75019 Paris, France
T +33 616582173
mwab@live.fr
www.mwab.eu

Der Entwurf für die Stadtzufahrt in Le Locle wird durch drei Elemente geprägt. Weite Öffnung dient als signifikanter Marker, der die Identität der Stadt enthüllt und in das vom Jura geprägt Umland und über die Grenzen hinaus ausstrahlt. Auf der Plattform des öffentlichen Raumes verbinden sich urbane Orientierungen eines nachhaltigen Projekts mit dreifacher Intention:
1- Blick auf den natürlichen Standort als große Landschaft: ökonomische und ökologische Nachhaltigkeit; 2- Erfassen des Flusses zur Förderung des lokalen Lebens: Ein Ort wird zum Ort der Passage und des Austauschs: ökonomische und soziale Gerechtigkeit; 3- Verdichtung des Kerns des Quartiers als urbane Strukturierung und zum Erhalt des Naturstandorts: ökologische und soziale Lebensqualität.

Als Orte des physischen Austauschs und der Identität finden sich diese drei Aspekte in die Landschaft eingraviert als Land Art:
1- Der schwarze See, Le Locle im Zentrum eines Seengebiets in den Bergen des Jura; 2- Das Marais, das für das lokale Biotop sensibilisiert; 3- Die „Verbindung" durch die Kombination von Wohnungsbau und Mobilitätsprogrammen in den drei wichtigsten Elementen des Standorts entsteht: Vegetation, Felsen, Wasser. Vom Steinbruch bis zum See vervielfältigen sich die Perspektiven auf diesen Ort und werden zum Belvedere, zur Szene, zum multimodalen Pol und zur Esplanade.

Um diese „Empreintes" herum entsteht eine neue, urbane Zentralität, in der Innehalten und Natur Schritt für Schritt Raum finden. Der Freiraum, als Grundlage des Entwurfs, belebt und verdichtet sich.

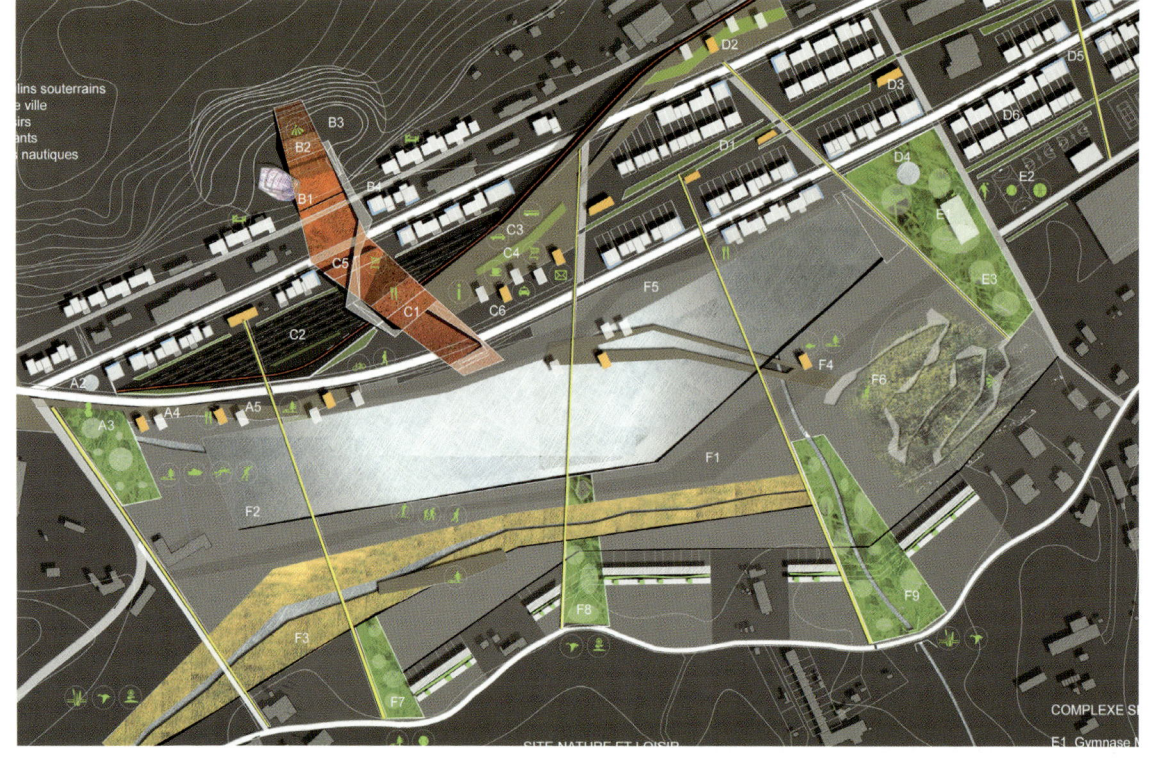

SITE

> Dimension territoriale : entrée en SUISSE
> Dimension géographique : ouverture sur la vallée de NEUCHATEL
> Dimension urbaine : seuil de la ville du LOCLE

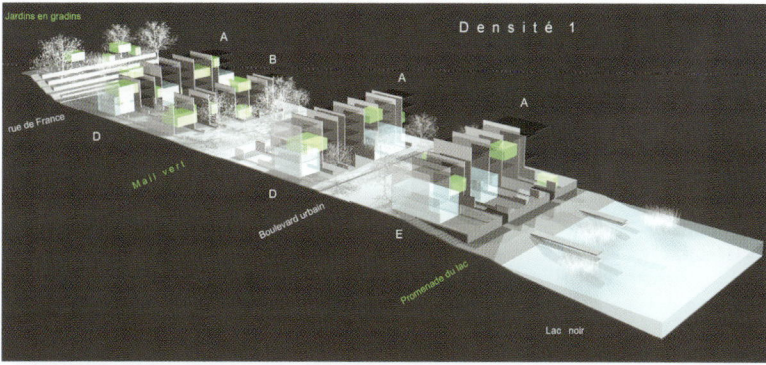

Densité 1

Densité 2

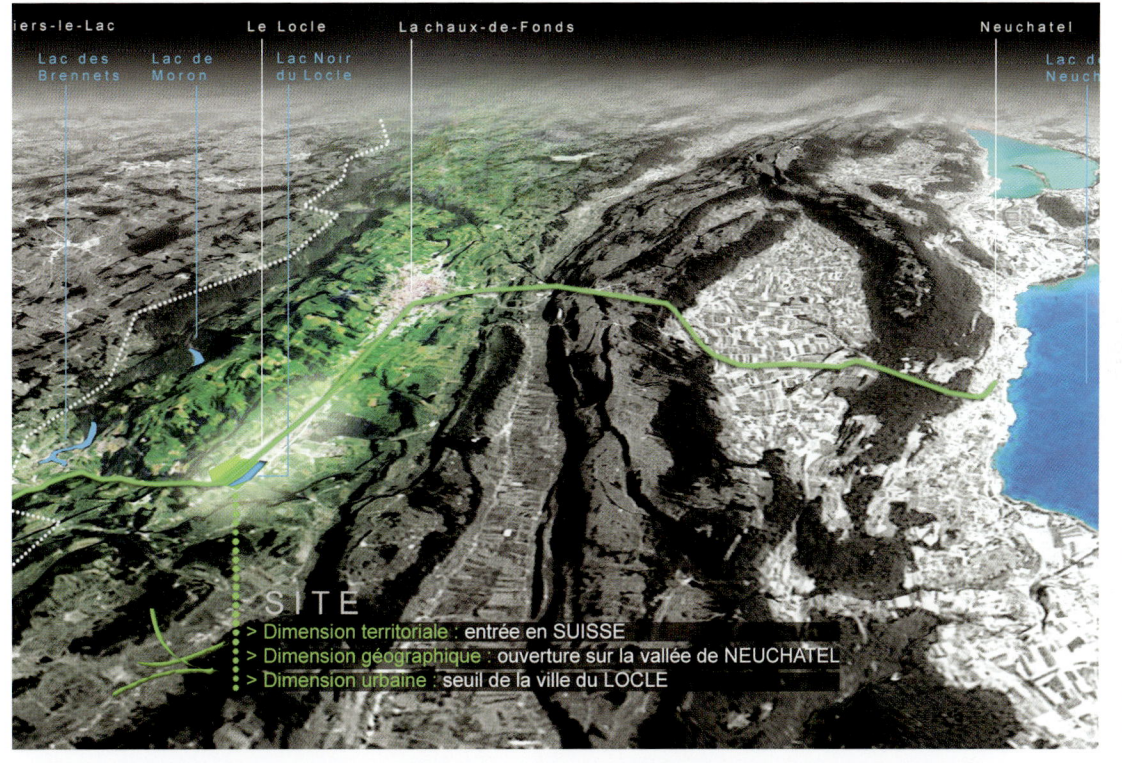

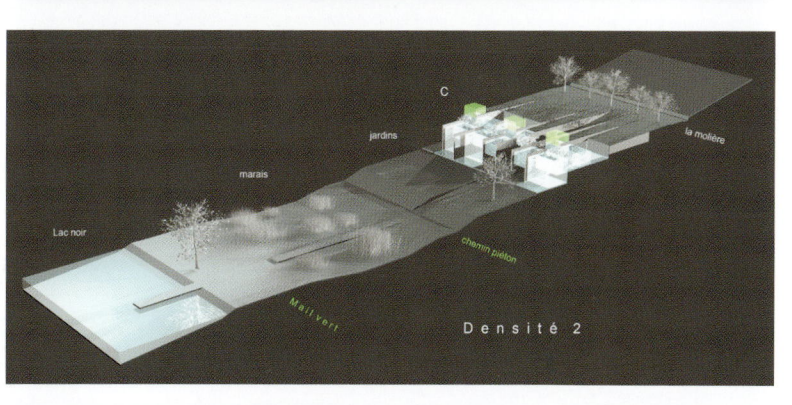

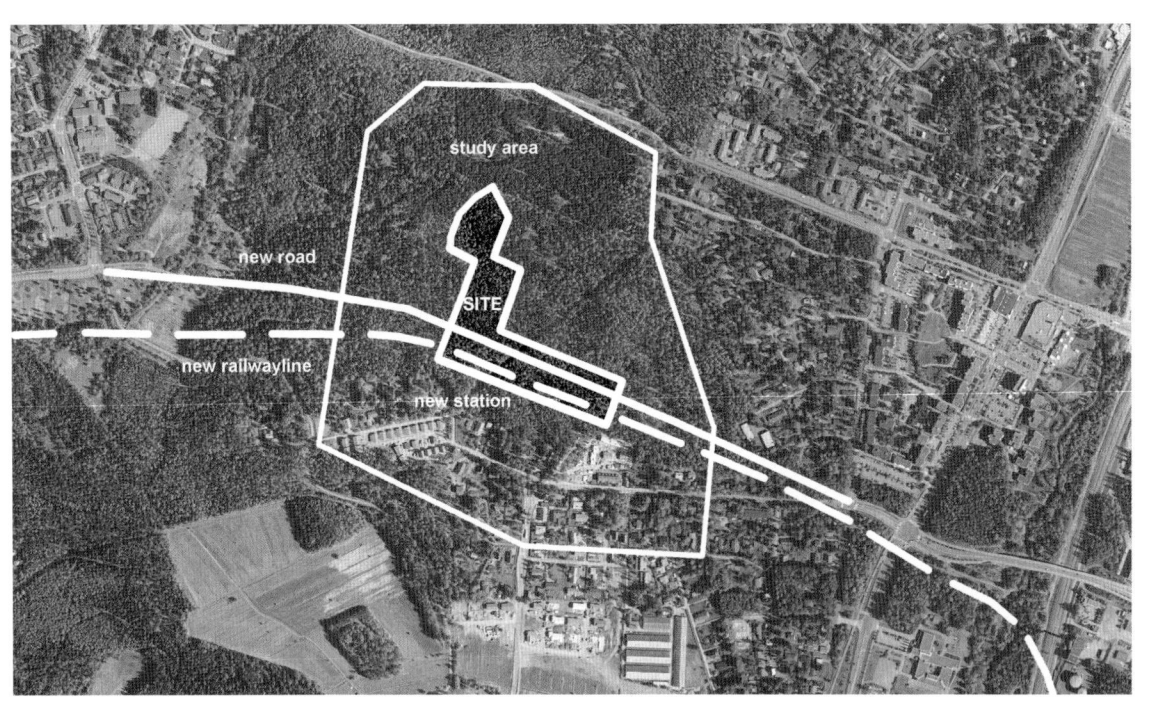

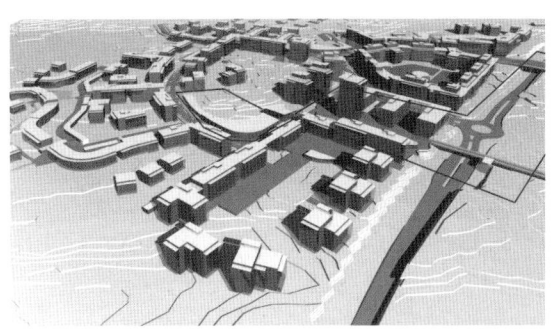

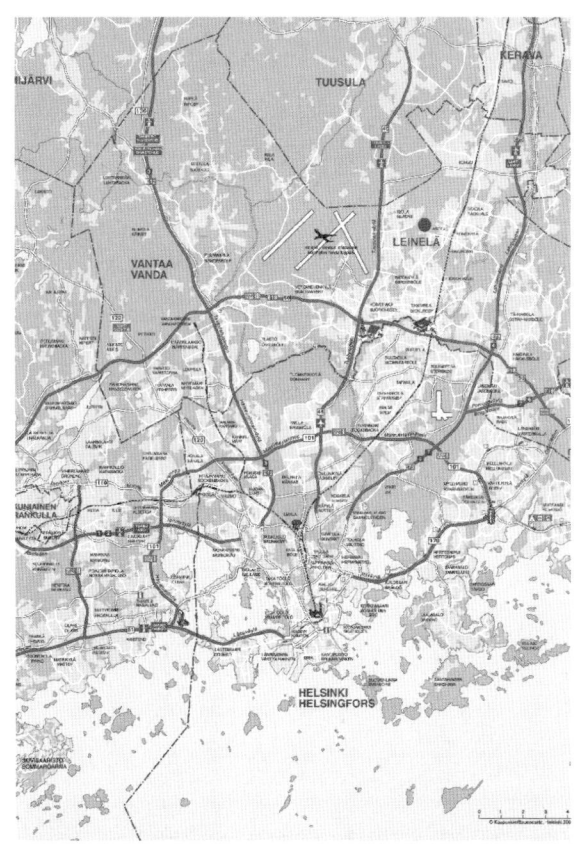

Suomi-Finland Vantaa
Wie schafft man ein neues Quartier in einem Wald?

Stadt Vantaa
Location Leinelä
Population 188 000
Study site 4ha
Site of project 4 ha

Durch Vantaa im Norden von Helsinki führen fast alle wichtigen Straßen und Eisenbahnlinien in die Hauptstadt. Im Herzen von Vantaa liegt der ständig expandierende Flughafen Helsinki-Vantaa. Diese Infrastrukturen unterstützen das Wachstum. Die Stadt zerfällt in mehrere regionale Zentren, der Verkehr verläuft hauptsächlich in Nord-Süd-Richtung zum Stadtzentrum von Helsinki. Da sich das Stadtgebiet ständig erweitert und neue Arbeitsplätze geschaffen werden, nimmt jedoch auch der Ost-West-Verkehr immer weiter zu. Die neue Ringbahn verbindet das Gebiet mit dem Zentrum von Helsinki, dem Flughafen und dem überregionalen Eisenbahnnetz. Die Ringbahn soll im Jahr 2008 fertig gestellt werden.

Die Stadt Vantaa stellt zurzeit eine detaillierte Planung für den neuen Wohnbezirk Leinelä auf. Das Gebiet verfügt über eine ausgezeichnete Verkehrsinfrastruktur und liegt in der Nähe des Flughafens. Auch die Naturräume des Standortes spielen eine wichtige Rolle, das Thema für dieses Gebiet lautet „Stadt der vier Jahreszeiten". Im Nordosten liegt der Vorort Koivukylä mit 11.000 Einwohnern, der in den 1970er und 1980er Jahren erbaut wurde. Im Süden liegt die im Bau befindliche Koivukylänväylä Straße, im Westen liegt Ilola, ein Gebiet mit niedrigen Wohnbauten, ebenfalls aus den 1970er und 1980er Jahren. Im Norden von Leinelä befindet sich Rekolanmäki, ein unbebauter Naturraum. Parallel zur Koivukylänväylä soll die neue Ringbahn gebaut werden. Die Gesamtfläche von Leinelä beträgt 32 Hektar, von denen 43% für Wohnzwecke, 16% für die Verkehrsinfrastruktur und 41% für Freizeiteinrichtungen vorgesehen sind. In diesem Gebiet sollen künftig rund 2.500 Menschen leben. Durch ein vielfältiges Dienstleistungsangebot, wie Car-Sharing oder neue Nachbarschaftsservices und Verteilernetzwerke soll der Individualverkehr minimiert werden.

Die zulässige Bruttogeschossfläche für das Wettbewerbsgebiet liegt zwischen 10.500 m² und 12.000 m², davon sind 2.000 m² bis 4.000 m² für Gewerbe- und Büroräume und 6.000 m² bis 8.000 m² für Nutzergruppen bestimmt, die keine Gartenflächen wünschen (junge Menschen, Studenten, Senioren und Behinderte). Familien mit Kindern sollten Wohnungen um den zentralen Bereich herum erhalten.

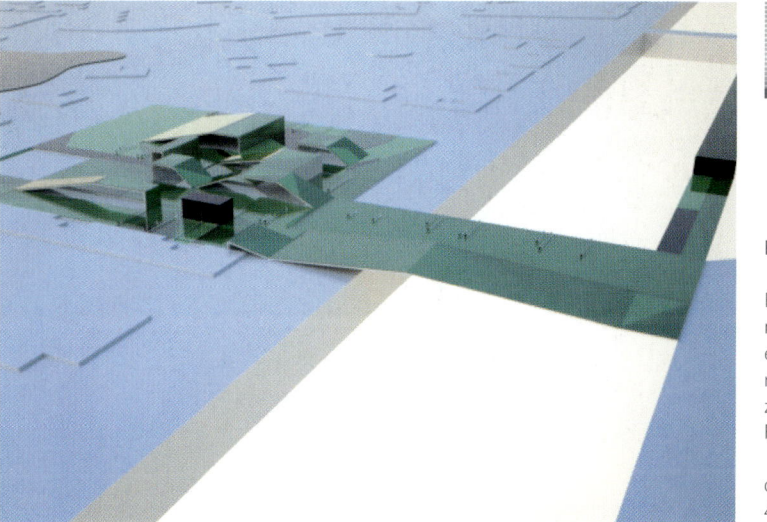

Pablo Allen (E) Architekt

Es geht um neue Instrumente für die Arbeit mit dem Raum und einen Prozess, in dem einfache Strategien aus erster Hand erfahren werden müssen, damit die Verbindung zwischen dem inneren und dem äußeren Raum hergestellt werden kann.

c/ San Martin 2. 2ºC
47003 Valladolid, España
T + 34 658883902
pallviz@hotmail.com
www.pabloallen.com

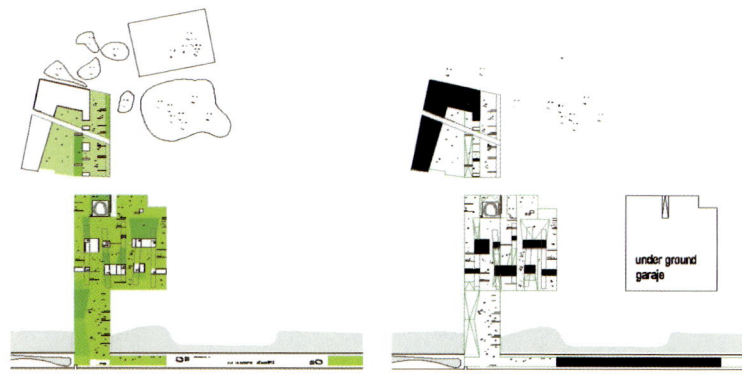

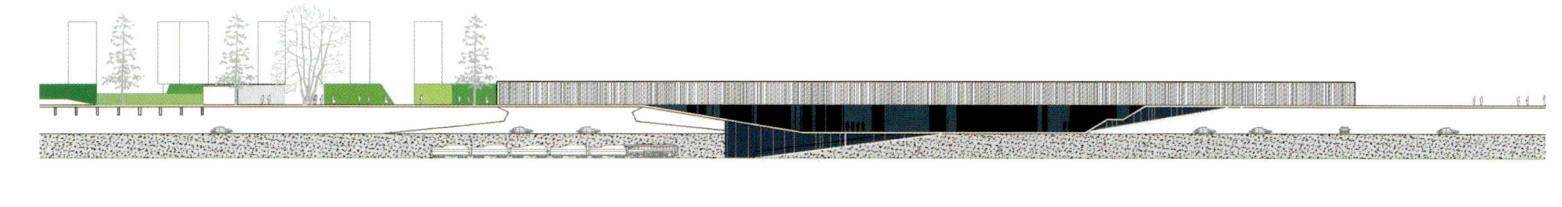

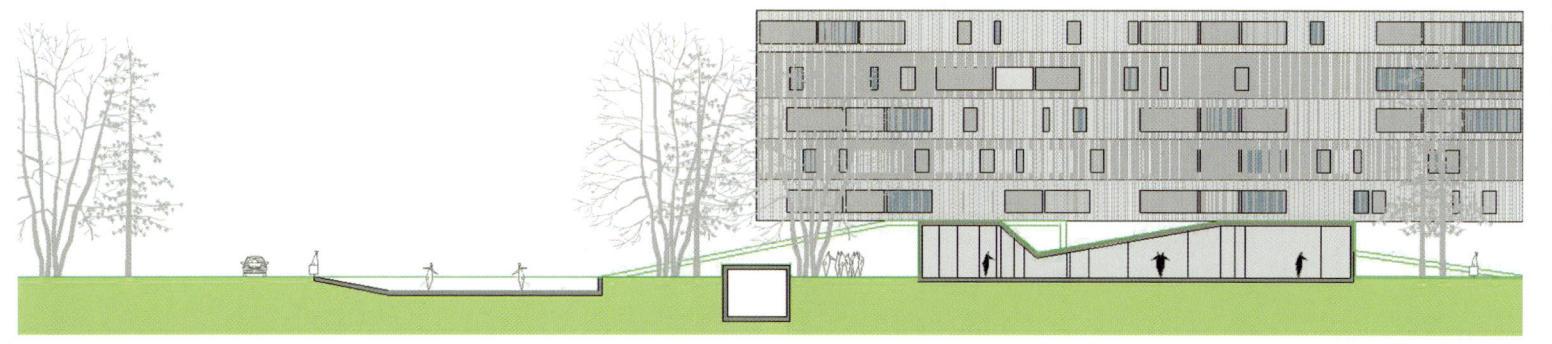

Wochenendwald

Auf den ersten Blick erscheint Leinelä gut angebunden. Man arbeitet in Helsinki (Bahn- oder Busverbindung) oder auch in einem anderen Land (Flugreise). Unter der Woche lebt man in Leinelä, wo man schläft und isst... Vielleicht sind Unterhaltungsangebote für das Wochenende denkbar? Grünzonen, Radwege, Stadtmöbel... Wohnung als Rohmaterial in der Zeit, in der man Unterhaltung sucht.
Verkehrsverbindungen? Problem gelöst.
Also denke ich als Yuppie: Was brauche ich im Haus? Wer ist mein Nachbar? Ein neues Umfeld, so natürlich wie der finnische Wald, wird zum Wohnraum.

ANKAUF

VANTAA, SUOMI-FINLAND

Vesa Oiva (SF), **Selina Anttinen** (SF), **Antti Lehto** (SF), Architekten

Anttinen Oiva Architects und Serum Architects sind Büros in Helsinki. In ihrem Portfolio finden sich Bauprojekte ebenso wie Studien zu urbanen Konzepten.

Eerikinkatu 2, 4th floor
00100 Helsinki, Suomi-Finland
T +358 504134414
info@aoa.fi, info@serum.fi
www.aoa.fi, www.serum.fi

Komfort

Wichtig für das Leben in der nachhaltigen Stadt ist nicht nur ihre physische Dichte, sondern auch die Dichte der Aktivitäten innerhalb der gebauten Strukturen. Die turmähnlichen Gebäude umfassen verschiedene Wohnungstypologien und präsentieren sich als Wahrzeichen des Gebietes. Terrassenhäuser bieten Außenraum, selbst im Zentrum des Bezirks. Vorgesehen sind unterschiedliche Einrichtungen, Gewerberaum und Treffpunkte zur Förderung menschlicher Beziehungen. Interaktion wird gefördert durch verschiedene, optisch verbundene Ebenen, auf denen sich öffentliche und private Höfe und Terrassen befinden. Der öffentliche Platz wird zu verschiedenen Tageszeiten und Jahreszeiten belebt und ist jederzeit ein lebendiger, sicherer Aufenthaltsort.

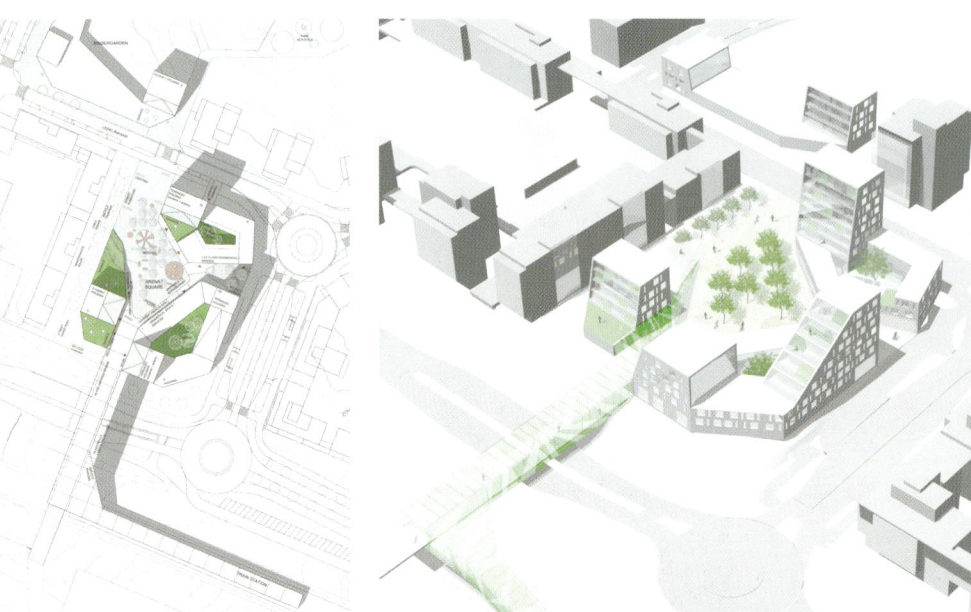

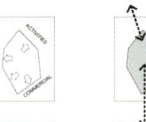

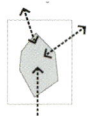

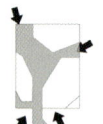

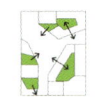

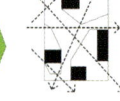

NETZWERKE IN VERÄNDERUNG POLARISIEREN/ZERSTREUEN

Sverige
Upplands Väsby
Wie kann ein neuer Infrastrukturknotenpunkt zwei getrennte Gebiete, Einkaufen und Wohnen, verbinden?

Stadt Upplands Väsby
Standort Bahnhofsgebiet
Bevölkerung 37.500
Betrachtungsgebiet 40 ha
Projektgebiet 8 ha

Upplands Väsby gehört zum Großraum Stockholm. Die Gemeinde hat rund 37.500 Einwohner. Obwohl das Gebiet schon sehr früh besiedelt war, ist Upplands Väsby eine eher junge Gemeinde, etwa 25 km nördlich von Stockholm und 45 km südlich von Uppsala, der viertgrößten Stadt Schwedens. Väsby zeichnet sich durch seine strategisch günstige Lage und ausgezeichnete Verkehrsanbindungen aus. Die Autobahn E 4 führt durch die Gemeinde, und Schwedens wichtigster Flughafen Arlanda liegt 15 km nördlich, Stockholm oder Uppsala sind über den Nahverkehrszug angebunden. Es ist nun beabsichtigt, dieses Gebiet von einem Vorort für Pendler in eine kleine Stadt umzuwandeln.

Die Eisenbahn verläuft durch das Zentrum und teilt die Gemeinde in einen östlichen Teil mit dem kommerziellen Zentrum und in einen westlichen Teil, der hauptsächlich Wohnzwecken dient. Ziel des Wettbewerbs ist die Entwicklung neuer Strategien zur besseren Verknüpfung der beiden Ortsbereiche. Es soll ein neues, dynamisches urbanes Zentrum mit Wohnen und einem zentralen öffentlichen Platz geschaffen werden. Das Zentrum der Gemeinde mit Einkaufsmöglichkeiten und Dienstleistungen im Osten liegt einen Kilometer von Bahnhof entfernt und ist mit diesem durch eine zentrale Straße verbunden. Das Betrachtungsgebiet umfasst beide Seiten entlang der Eisenbahn und den Bahnhofsbereich. Der Infrastrukturknotenpunkt bildet hier den Ausgangspunkt für die Entwicklung. Die Eisenbahn stellt zwar eine deutliche Barriere dar, ist jedoch gleichzeitig der Eingang nach Upplands Väsby mit den entsprechenden Dienstleistungsangeboten für die Pendler. Aufgrund der Schnellzüge und Gütertransporte ist es hier sehr laut. In der Nähe des Standortes werden bereits andere Projekte realisiert, die dieser Vorstadt einen urbaneren Charakter verleihen sollen. An den Standort schließt ein Areal mit leer stehenden Industriegebäuden an, das mit rund 500 neuen Wohnungen zum Wohngebiet umgenutzt werden soll.

Der Projektstandort bezieht beide Seiten der Eisenbahn ein. Die Planungsvorgaben umfassen Wohngebiete, durchmischt mit Dienstleistungen, Reise- und Informationszentren, einen Busterminal, Parkplätze für Pendler, Bewohner und Besucher sowie grüne Bereiche.

Follow the line

Anna Helamaa (SF), **Maija Perhe** (SF), **Jesse Weckroth** (SF), Architekten

Drei Architekten mit Abschluss der Technischen Universität von Tampere, wo sie aktuell auch tätig sind. Gemeinschaftsprojekte vor allem im Bereich Wohnungsbau und Urban Design. Im Mittelpunkt ihres Interesses stehen die Schnittstellen und Räume zwischen dem Lokalen und dem Globalen, Stadt und Peripherie, privatem und öffentlichem Bereich. Der ortsspezifische, lokale Charakter ist ihnen wichtig. Architektur kann vernachlässigten und vergessenen Standorten Bedeutung verleihen. In den Entwürfen für den Wohnungsbau konzentriert sich das Team auf architektonische Typologien, Individualität, Lebensstil und Raumerfahrung.

Anna Helamaa
Pyhäjärvenkatu 10 C 63
33200 Tampere, Suomi-Finland
T +358 407017797
anna.helamaa@kolumbus.fi
www.böle.fi

Die Bahntrasse durchschneidet Upplands Väsby und lässt zwei unterschiedlich geprägte Ortsteile entstehen. Der Entwurf will die Standorte verbinden und führt dazu zwei Mittel ein. Zum einen werden neue Verbindungen aus der existierenden Stadtstruktur entwickelt, die Marker: Hochbauten mit Mischnutzung, eine Fußgängerrampe, eine Unterführung. Das zweite Mittel ist der Seitenwechsel. Aktuell findet das Leben östlich der Bahn statt, während der Westen für Wohnen und Freizeit vorgesehen scheint. Westlich der Bahn auf den Zugangsachsen liegen überwiegend Neubauten. Im Osten wird ein Stadtpark erschlossen, eine Lösung, die Alltagsleben auf beiden Seiten der Trasse bedeutet.

Das Stadtzentrum befindet sich dort, wo Centralvägen und Eisenbahn aufeinander treffen. Hier sollen ein neuer öffentlicher Platz und ein Reisezentrum entstehen. Die alten Bahnhofsgebäude bleiben erhalten.

Das neue Reisezentrum wird zur Brücke zwischen den jeweiligen Stadtteilen. Eine Fußgängerbrücke und Unterführung mit Zugang zu den Gleisen realisiert die westliche Anbindung an Wohnbauten und Grünzonen. Im Osten besteht eine Anbindung an das Bürogebäude und Pendlerparkplätze. So ergibt sich eine trianguläre und kontinuierliche Bewegung zwischen Bauvolumen, Bahntrasse und den beiden Seiten der Stadt.

Die Wohnbauten sind mit dreifacher Thematik ausgelegt: Flexibilität, Lärmschutz und Typenmix. Einfache, langgezogene und schmale Bauformen lassen unterschiedliche Wohnungstypen zu. Sämtliche Wohnungen und Gärten sind nach Westen ausgerichtet. Der Grundriss weist einen schmalen „Servicebereich" und einen weitläufigeren „Wohnbereich" aus.

UPPLANDS VÄSBY, SVERIGE — PREIS

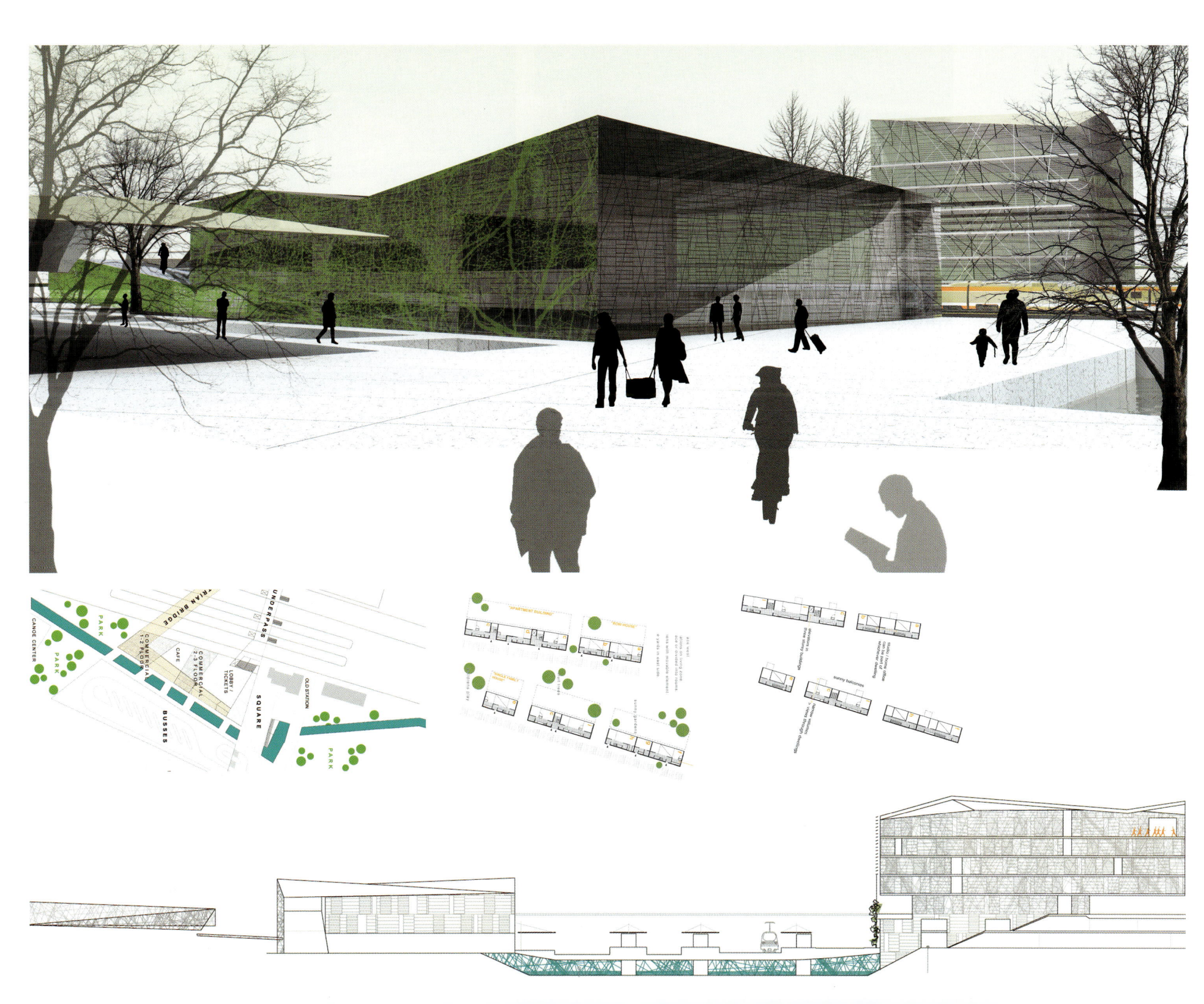

NETZWERKE IN VERÄNDERUNG POLARISIEREN/ZERSTREUEN

313

ANKAUF

UPPLANDS VÄSBY, SVERIGE

Nicolás Markuerkiaga (E), **Gorka Markuerkiaga** (E), **Francisco Muñoz** (E), **Alberdo Teixidó** (RCH), Architekten, Javier Asensio (E) Ökonom

Umwelt ist der wichtigste Aspekt in den Projekten dieses Teams. In seinen komplexen Systemen wartet jede Menge Energie darauf, freigesetzt zu werden. Es ist unsere Pflicht, Energieströme zu verstehen und einzusetzen. Architektur, die diese Reaktion bewirkt, trägt die Last ihrer eigenen Wirkung.

Passatge Madoz, 6. pral 2ª
08002 Barcelona, España
T +34 933012485
mrk@coac.es
www.markuerkiaga.com

Flow

Der Entwurf wandelt die störende Präsenz der Bahn zur Chance, urbane Qualitäten zu erhöhen und zu erweitern, indem die verschiedenen „Strömungen" (Wasser, Züge, Menschen, Energie, Informationen), die am Ort zusammentreffen, kanalisiert werden und in Beziehung treten.
Der Vorschlag artikuliert sich in drei unterschiedlichen, jedoch komplementären Segmenten, die parallel zur Bahnlinie verlaufen: im Osten befindet sich mehrere öffentliche Räume, die die Stadt mit den Bahnanlagen verbinden; im Zentrum befindet sich ein öffentliches Verwaltungsgebäude, das als neues, landschaftlich gestaltetes Dach über den Gleisen gedacht ist; im Westen liegen neue Wohnbauten und ein Parkplatz.

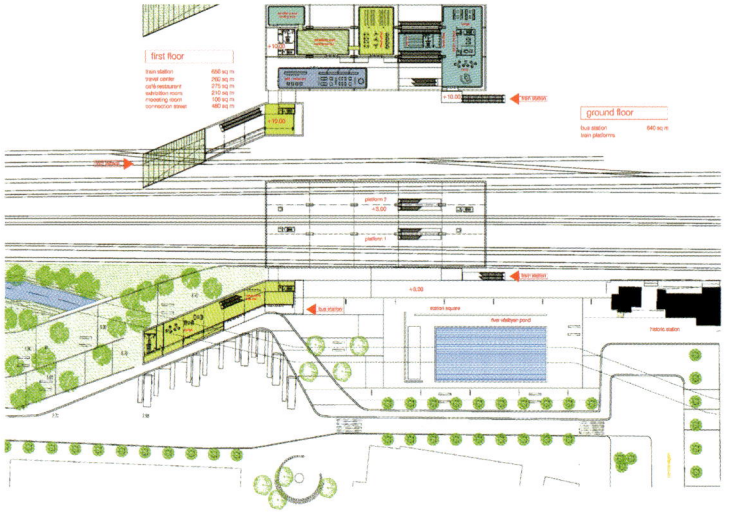

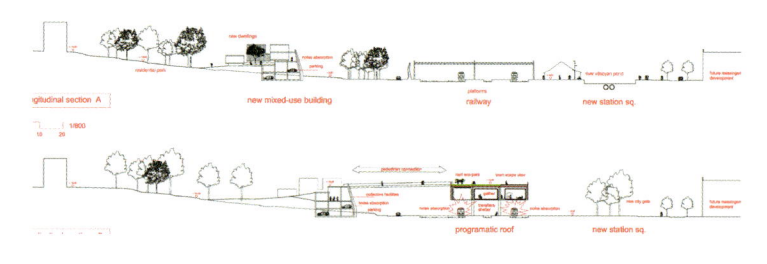

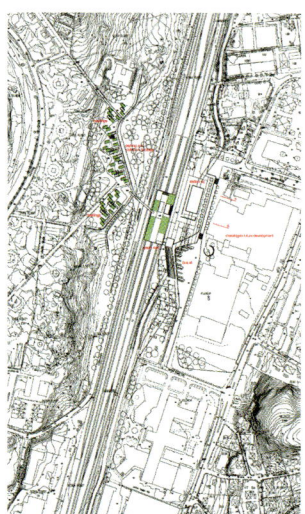

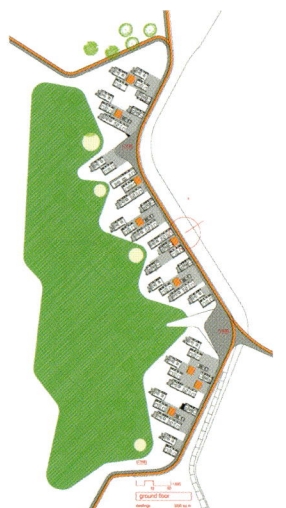

Norge
Oslo
Wie transformiert man einen suburbanen Infrastrukturknotenpunkt in ein städtisches Subcenter?

Stadt Oslo
Standort Grorud
Bevölkerung 500.000 in Oslo, 25.000 Grorud-Bezirk
Betrachtungsgebiet 15 ha
Projektgebiet 5,5 ha

In den sechziger Jahren dehnte sich Oslo in das Grorud-Tal hinein aus. Hier wohnen heute etwa 130.000 Einwohner. Das Tal ist vollständig urbanisiert, die Wohngebiete befinden sich beiderseits des Tals mit Blick auf die Natur. Der untere Teil des Tales besteht aus dem Haupt-Autobahnnetz und einem großen Industriegebiet. Durch das stetige Wachstum Oslos ist ein großes, staatlich finanziertes Stadterneuerungsprogramm für das Grorud-Tal geplant. Das Grorud-Zentrum weist einen Mangel an urbaner Intensität und Diversität in der Wohnbebauung auf. Es ist Verkehrsknotenpunkt, der die verschiedenen Enklaven, bestehend aus Wohngebieten, Einkaufszentrum, Tankstelle sowie Erholungs- und Sportanlagen, bedient. Der Knoten selbst ist Durchgangsraum, der die Enklaven und offenen Räume eher trennt als miteinander verbindet.

Der Wettbewerb konzentriert sich auf die Wiederbelebung des Zentrums durch Schaffung eines neuen Hauptplatzes und Errichtung von Gebäuden mit Mischnutzung in hoher Dichte. Sozialer Wohnungsbau ist um einen Marktplatz angelegt, den Grorud Torg, der heute ein überdachtes Einkaufszentrum ist. Der öffentliche Raum muss eine Schlüsselrolle bei der Verbesserung der räumlichen Beziehungen zwischen öffentlichem Nahverkehr, Fußgängern, Radfahrern und Autos, dem Zentrum und künftigen Entwicklungsprojekten spielen. Die vorhandenen Parkplätze im Zentrum nehmen eine große Fläche ein und sind nicht voll ausgelastet. Der Einfluss der Fahrzeuge im öffentlichen Raum soll verringert werden und das Zentrum und der Knotenpunkt des öffentlichen Nahverkehrs mit einem ausreichenden und gut zugänglichen Stellplatzsystem versehen werden.

Das Projektgebiet umfasst die alte Tankstelle (mit einzubeziehen in neue Entwicklungen), ein weiteres Entwicklungsgebiet Richtung Osten, Boulevard und Bushaltestelle. Der Standort erstreckt sich bis zur U-Bahn-Haltestelle, die Verbindung zwischen den Haltestellen und dem Zentrum selbst ist Teil der Aufgabe. Ziel der Stadtverwaltung ist es, das Grorud-Zentrum mit einer dichten urbanen Bebauung und einer Vielzahl kultureller und öffentlicher Funktionen zu entwickeln. Kulturelle Programme können neue Ideen bringen und wichtige Themen für die Zukunft des Zentrums aufzeigen.

Cumulus

Sabine Müller (D), Silvia Izquierdo (E), Felipe Flores (RCH), Architekten

SMAQ ist ein kooperatives Büro, das auf den Gebieten der Architektur, des Städtebaus und der Forschung tätig ist. Sabine Müller machte ihren Abschluss als Master of Science an der Columbia University New York und ihren Abschluss als Architektin an der Universität Kassel in Deutschland. Zur Zeit hat sie eine Stelle als Assistenz-Professorin an der Technischen Universität in Karlsruhe. SMAQs Designansatz beruht auf dem Konzept der Kontinuität im Städtebau, in der Landschaftsgestaltung, der Architektur und im Innendesign. Der Entwurf zielt darauf ab, die vorhandene Umgebung zu verdichten und soziale Relevanz durch Vielfältigkeit und Durchlässigkeit zu erreichen. Integrative Morphologien und Tektonik verbinden die Gegensätze der heutigen Stadt, während konventionelle Raumkonzepte hinterfragt werden.

SMAQ
Grosse Hamburger Strasse 28
10115 Berlin, Deutschland
T +49 3069208634
mail@smaq.net
www.smaq.net

„Cumulus" ist eine urbane Strategie, welche öffentliche Flächen in ihren Beziehungen zur Umweltdynamik des nördlichen Lebensraums betrachtet. Der Vorschlag für eine Mischnutzung verbindet (wieder) verschiedene soziale Sphären, Programme und Maßstäbe eines bestehenden Wohnviertels aus den 70er Jahren mit einem neuen Stadtzentrum durch ein, über die Jahreszeiten hinweg, organisiertes Wasserrecycling.

Eine wichtige lokale Umweltgröße – der Regen – wird auf Dächern und an Fassaden der eingefügten Wohntürme gesammelt; es reflektiert Licht und Himmel in die Wohnungen hinein, versorgt die gemeinsamen Waschküchen und wird schließlich als soziales Ereignis am Winteranfang in die öffentlichen Zwischenräume der Bebauung geflutet: erstarrt das Wasser, expandiert die Halleneisbahn zu einer offenen Eislauffläche. Während diese temporäre Eisfläche als Begegnungsstätte bestehender sowie zu integrierender Gemeinschaften dient, entleert der Frühling das Wasser in angrenzende Ökosysteme.

Das ist nichts Neues? Und doch propagiert „Cumulus" eine künstliche Herangehensweise, wobei das Fließen in der Umwelt und die Stadtbevölkerung sich gegenseitig verstärken und eine eigene Architekturtypologie hervorbringen.

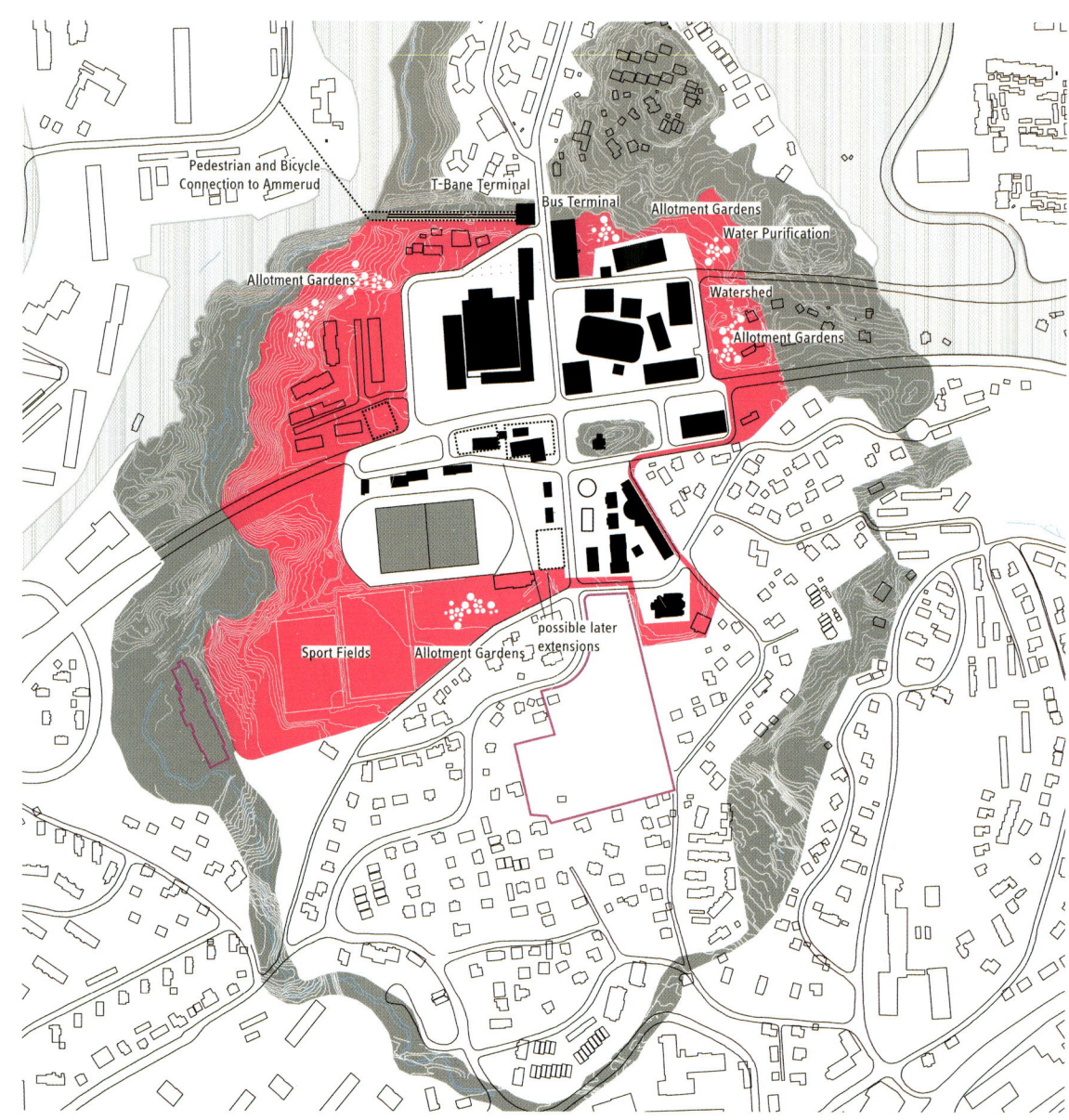

OSLO, NORGE — PREIS

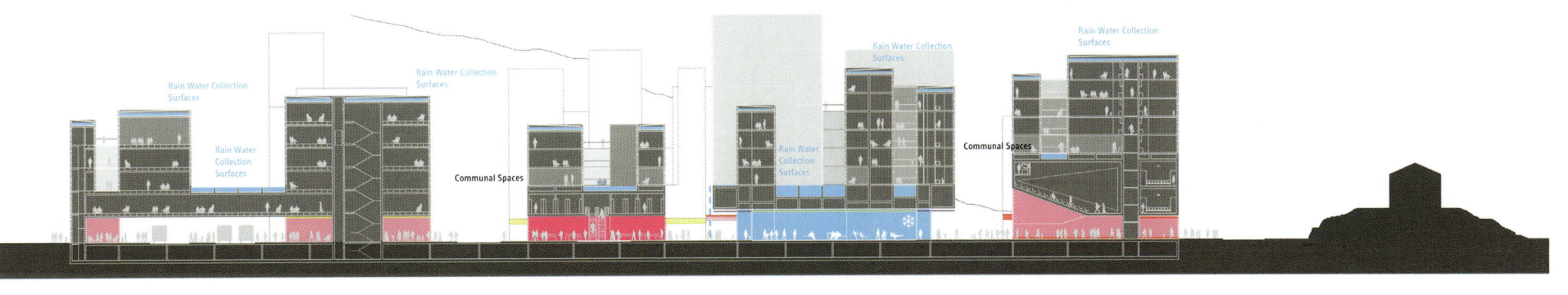

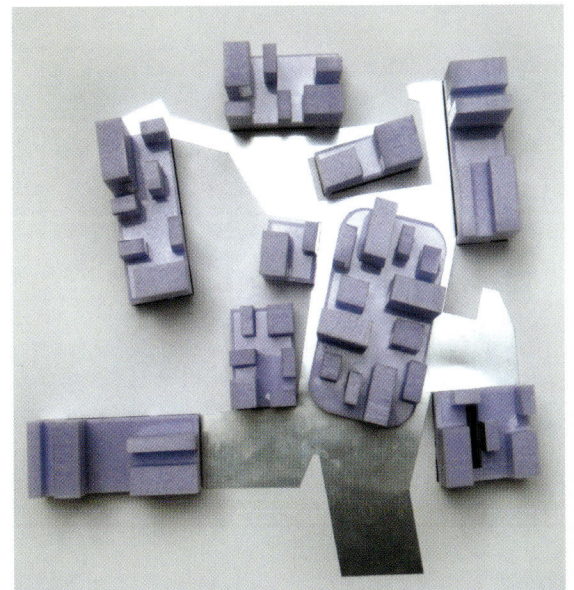

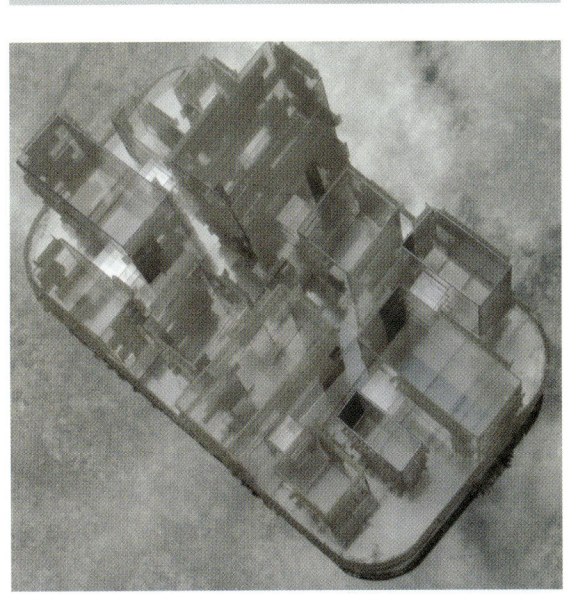

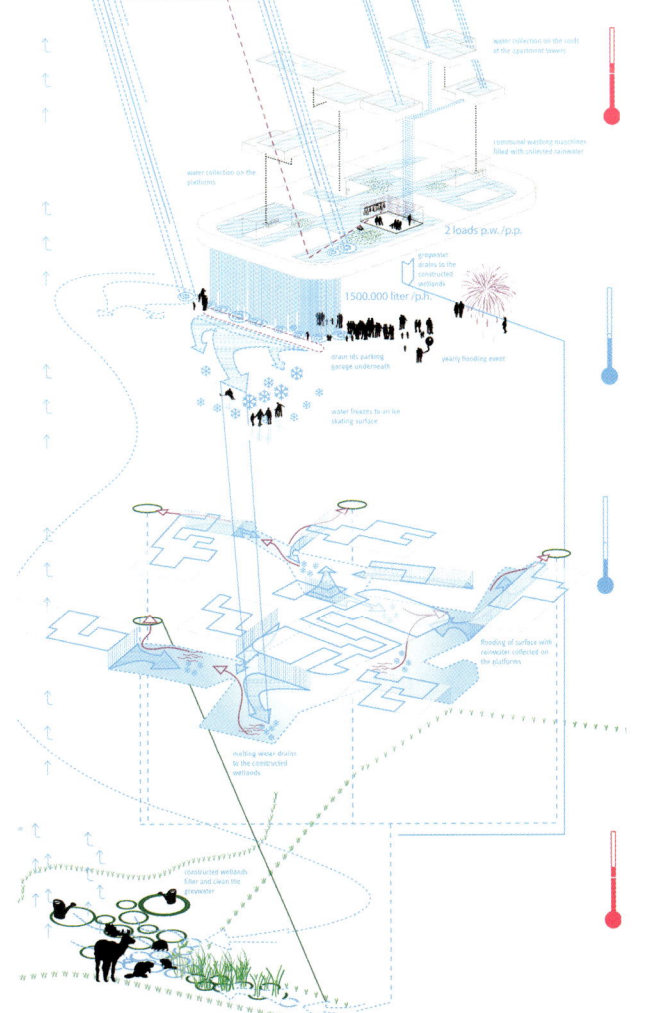

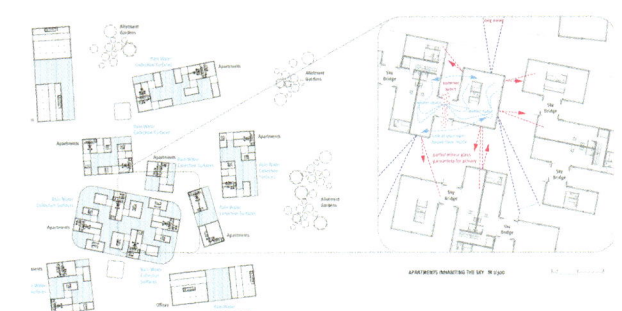

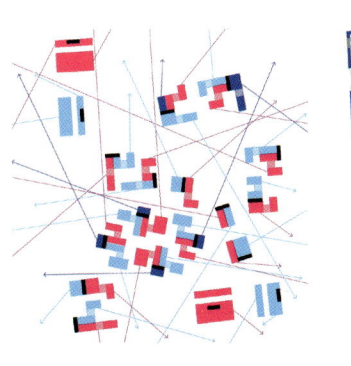

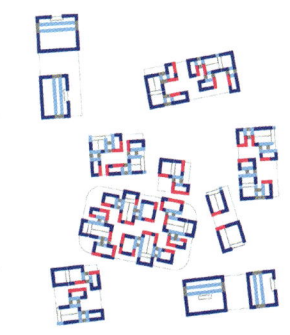

317 NETZWERKE IN VERÄNDERUNG POLARISIEREN/ZERSTREUEN

Lobende Erwähnung

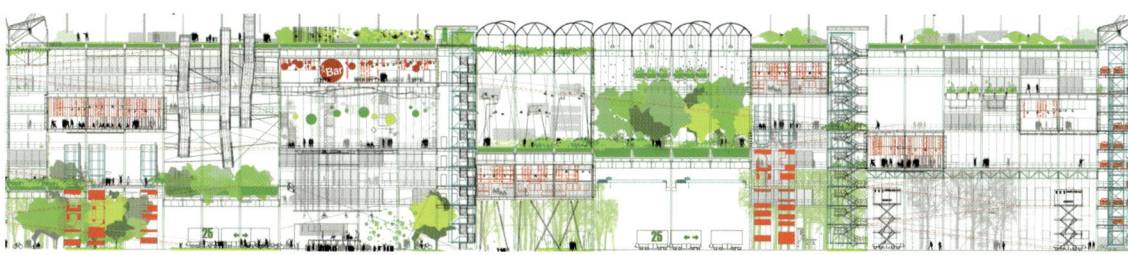

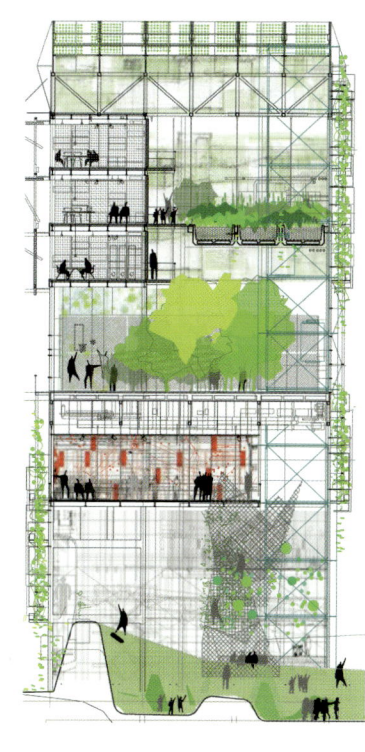

Regale

Die Strategie konzentriert Budget und Bemühen entlang einer durch Programme bestimmten linearen Stuktur. Es zeigt sich eine Vielfalt von Nutzungen und Aktivitäten durch eine durchlässige und interaktive Fassade.
Diese leichte und demontierbare Struktur ist ein offenes System, das das Nebeneinander von scheinbar unvereinbaren Programmen erlaubt: Wohnen, Sport, Büros, Grünflächen, Veranstaltungen etc. Es entsteht kein geschlossenes, privates Gebäude, sondern ein Mosaik aus öffentlichen Räumen, ein Netz von Angeboten, die von den jeweiligen Bewohnern genutzt werden.

Elena Prieto Palacios (E), **Constantino Hurtado Mingo** (E), Héctor Jiménez Álvarez (E), Architekten
c/ Antonio Pérez 7, 3º3
28002 Madrid, España
T +34 915633568, +34 915634756
tectum_ing@teleline.es

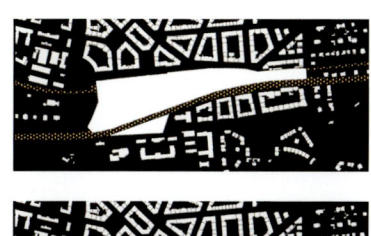

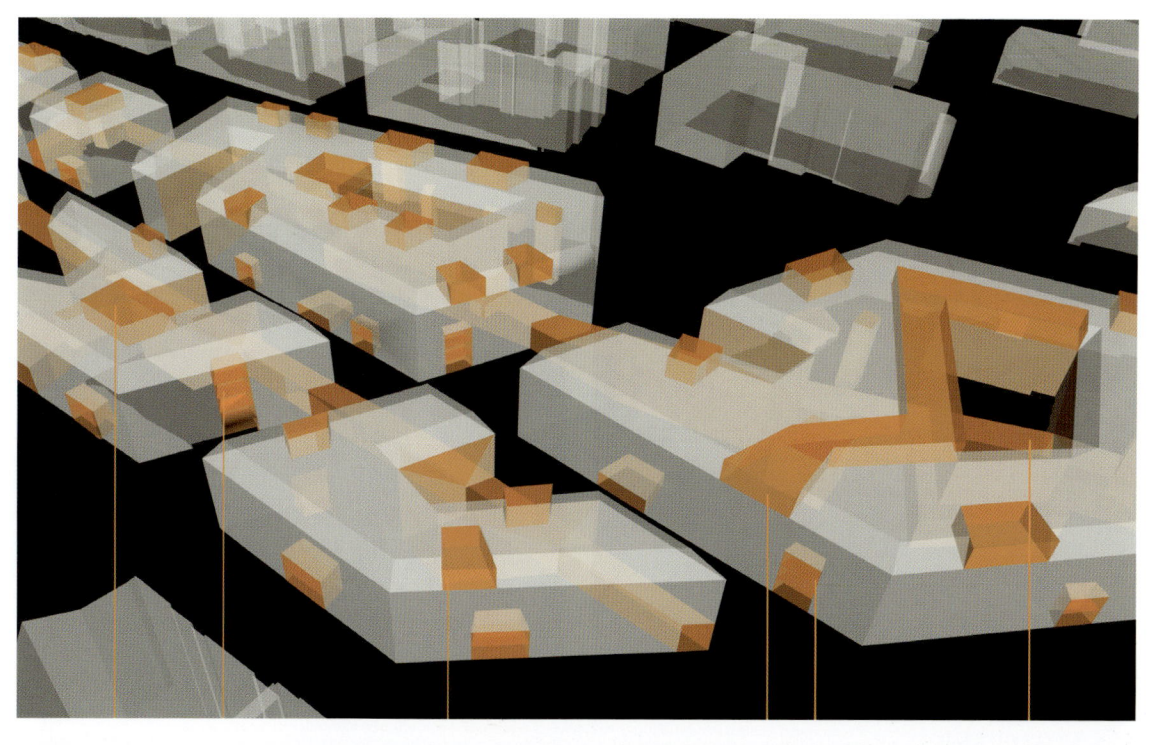

ANDENNE, BELGIQUE/BELGIË/BELGIEN

Easy voids

Von einem, bedingt durch Bahnschienen und eine Hauptverkehrsstraße, „nicht existenten" Gebiet zu einem hoch verlinkten urbanen Gewebe. Die Suche nach einem fließenden öffentlichen Raum, der das Netzwerk der vorhandenen öffentlichen Räume, Menschen und Aktivitäten verknüpft. Es ergibt sich ein hohes Maß an Durchlässigkeit, Barrieren, die früher überquert werden müssten, werden in den Standort integriert. Es entsteht eine neue Hierarchie zwischen öffentlichen und individuellen Räumen, schnell und langsam, offen und geschlossen.

Martina Tabò (I), **Daniele Baiotto** (I), **Maria Pilo Di Boyl** (I), Ileana Marchisio (I), Carlotta Cortese (I), Architekten
Martina Tabò
Piazza Cesare Augusto 7
10122 Torino, Italia
T +39 115217877
martinatabo@maatarchitettura.it

PRAHA, CESKA REPUBLIKA

PRAHA, CESKA REPUBLIKA

The displaced ghost castle

Der Entwurf emuliert das *Prager Schloss* und verschiebt es um 600 Meter an einen Standort gleicher Größe. An einem Verkehrsknotenpunkt verdichtet sich die Stadt in der allgemeinen Form der Burg. Dies reflektiert sich in einer Computersimulation der Anlage. Einzelne Teile sind erkennbar bzw. ihnen werden unterschiedliche mögliche Funktionen zugeordnet. Das erzielte Ergebnis unterliegt einem aktuellen, zeitgemäßen Register.

Stéphane Lagré (F) Architekt
DATA0.10
48 boulevard de la Prairie au Duc
44200 Nantes, France
T +33 680138310
data0.10@free.fr
data0.10.over-blog.com

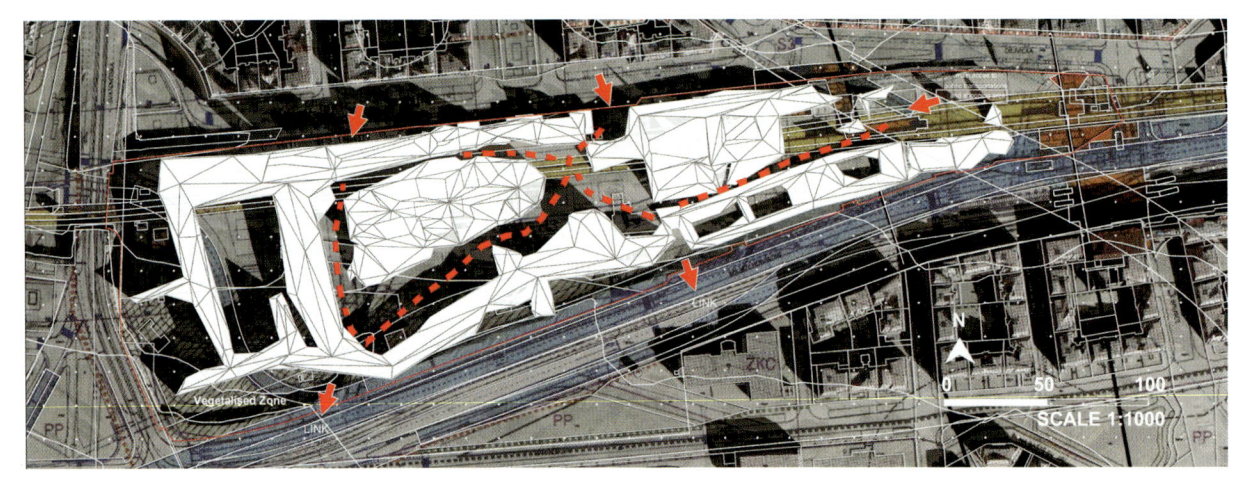

BABENHAUSEN, DEUTSCHLAND

A gardener's theory

„A gardener's theory" ist ein Entwicklungsplan für den gesamten südlichen Bereich der Stadt. In der Umgebung wird Ackerland abgegraben, um Kies zu gewinnen – das Gold von Babenhausen. Was bleibt, sind Wasserlöcher. Der Entwurf führt das Wasser als Entwurfsinstrument ein. Der dichte Wald soll teilweise ausgedünnt und abgeholzt und die jahrhundertealte Straße soll instand gesetzt werden. Die budgetneutralen Interventionen in die Landschaft sind aufwändig, führen aber zu einer interessanten und abwechslungsreichen Gestaltung der Natur.

Fieke Verschueren (NL) Architektin-Stadtplanerin, **Martijn Rauwers** (NL) Landschaftsarchitekt, **Peter Frost-Møller** (DK) Stadtplaner
Bigcake (Grounds)
Postbus 436,
6710 BK Ede, Nederland
T +31 318645326
info@grounds.nl

TALLINN, EESTI

Urb[L]an[D]

Differenzierung, Vielfalt, eine flexible Mischung aus Eigentum und Mietwohnungen sind Schlüsselthemen des Entwurfs. Die **funktionale Mischung** fördert Beziehungen zwischen Menschen und sorgt dafür, dass den ganzen Tag über Aktivitäten stattfinden. Ein ausgebauter Weg, das „**Sommerufer**", schafft eine bis nicht vorhandene Wahrnehmung des Meeres. Das „**Winterufer**" verläuft parallel zu diesem Weg, mit einem zweistöckigen Gebäude auf Pilotis, in dem kollektive Räume untergebracht sind.

Filippo Ortolani (I), **Emiliano Auriemma** (I), Architekten, **Francesco Bigi** (I) Ingenieur, **Carola Clemente** (I), **Barbara Del Brocco** (I), **Matteo Giannini** (I), **Ivan Esposito** (I), **Chiara Leone** (I), **Giulia Pedemonte** (I), **Francesco Lai** (I), **Carlo Peiser** (I), Architekten
SPSK+
via Messina 15
00198 Roma, Italia
T +39 0644266322
spsk@spsk.it
www.spsk.it

TARTU, EESTI

Community links

Ein Vordringen in das Gebiet ehemaliger Hafenstrukturen verlangt nicht nur einen großen kreativen Impuls, sondern auch eine strikte Balance bei der Definition von nachhaltigen urbanen Strukturen: soziale Gerechtigkeit und urbane Attraktivität sind von gleicher Wichtigkeit.
Der Entwurf führt ein in das vorhandene städtische Netz integriertes, innovatives urbanes System ein, das gleichzeitig als ständig belebter, urbaner Attraktor fungiert. Polaritäten und kleinmaßstäbliche Gewebe werden integriert, jedem kommt eine eigene Rolle zu. Das grüne Netzwerk außerhalb des Standorts dringt ein und berührt alle Entwurfsmaßstäbe.

Nuno Abrantes (P) Architekt
Nossa Senhora de Fatima 231, r/c a
4050 Porto, Portugal
na2002@sapo.pt

Die Hügel haben Augen

Die Bergbaugebiete, die auf AMA Gebiet restrukturiert werden sollen, zeigen alle die gleichen Merkmale, nämlich ihre Segregation aufgrund der Topografie der asturischen Täler. Wäre es nicht schön, einen Wohnblock zu gestalten, der von der Individualität und der Verstreutheit traditioneller Häuser auf der grünen Wiese inspiriert ist? Unser Entwurf fußt auf drei unterschiedlichen Maßnahmen: Verbesserung der inneren Verbindung und Mobilität je nach Lage, Netzverdichtung sowie punktuelle Interventionen im entsprechend den topografischen Bedingungen des Standorts.

Carmelo Rodríguez Cedillo (E), **David Pérez García** (E), **Rocío Pina Isla** (E), Architekten
PKMN [Pac-man]
c/ Donoso Cortés 76. 5º D
28015 Madrid, España
T +34 915431217
pkmn.es@gmail.com
www.pkmn.es

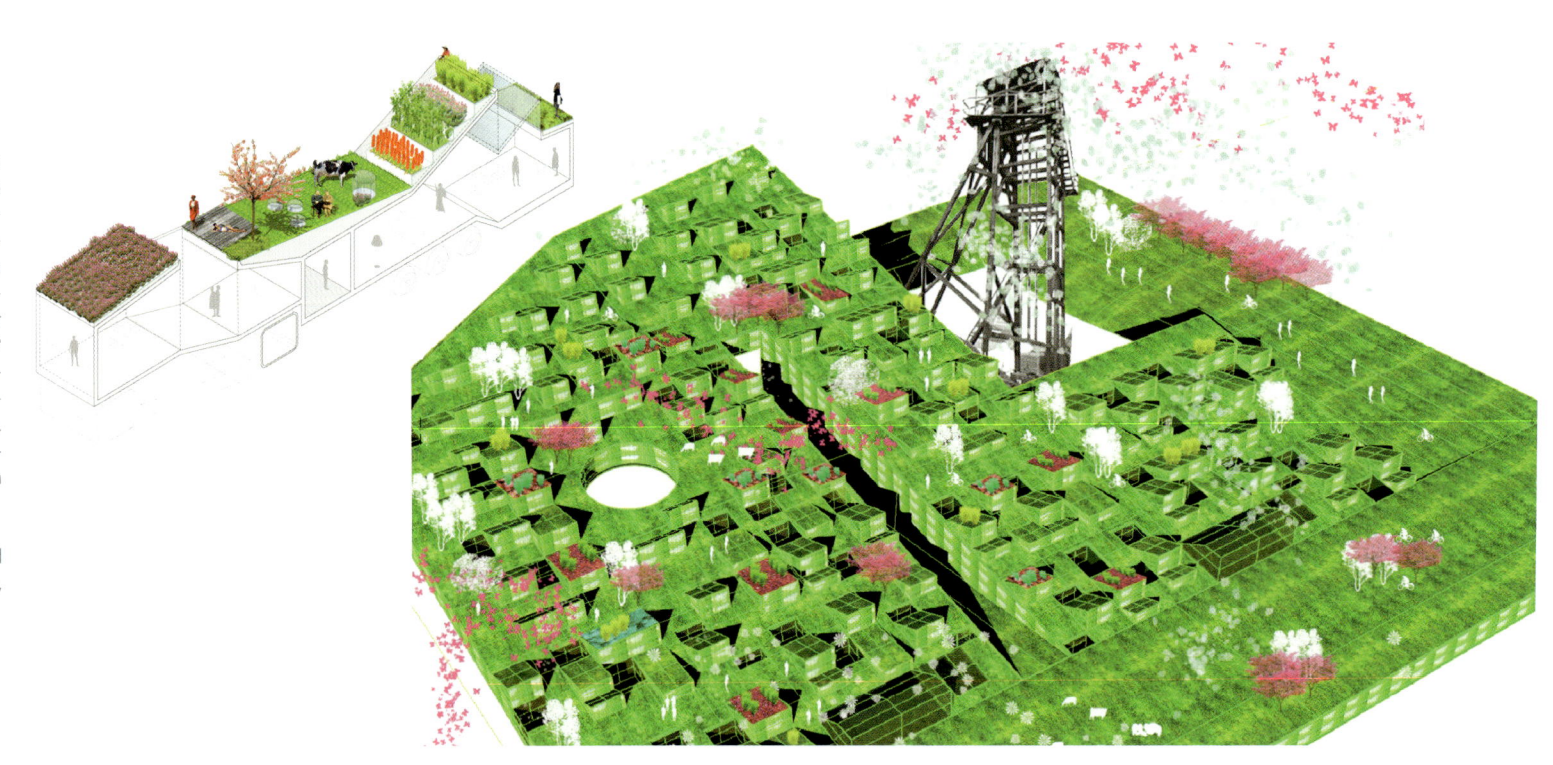

Wasser und Wald

Die Bergbautäler Asturiens sind entlang linearer Infrastrukturen urbanisiert, die einheitliche Gestaltung lässt keine lokalen Identitäten entstehen. Um Querverbindungen im Tal anzuregen und die Kontinuität aufzubrechen, arbeitet der Entwurf mit vier unterschiedlichen lokalen Strukturen: dem Fluss, dem Wald, den stillgelegten Bergbaustrukturen und dem Dorf. Der Wasserwiedergewinnungskreislauf, ein sehr produktives urbanes ökologisches System, verbindet alle diese Gewebe als vereinigendes Element und verleiht dem Standort eine Identität.

Jorge Martín Sainz De Los Terreros (E) Architekt, **Elena Mostazo Romeo** (E) Agronom, Miguel Martín Sánchez (E) Architekturstudent
Jorge Martín Sainz De Los Terreros
c/ Valencia 73, 4º1ª
08015 Barcelona, España
T +34 650616025
jorgemmst@yahoo.es

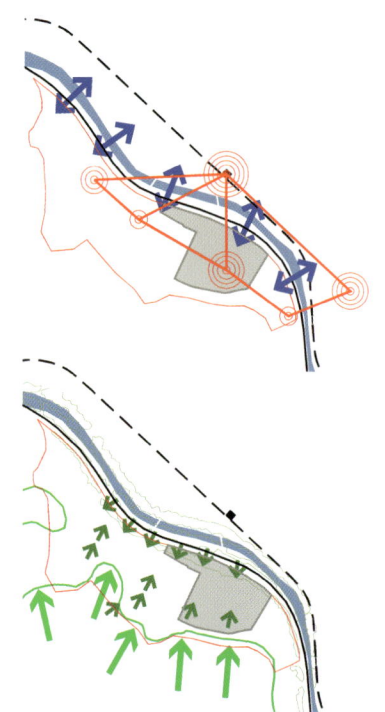

Sewing the water

Strategien tragen zur notwendigen Ordnung bei – eine allgemeine Struktur auf der in der Zukunft aufgebaut werden kann und die eine flexible Entwicklung erlaubt.
Als Basis dienen die traditionellen Elemente des öffentlichen Raums, Wege, Plätze und ihre Beziehungen. Daraus wird eine Struktur geschaffen, die attraktive Gebiete verbindet, über die das Netzwerk der öffentlichen Räume fließt. Dieses Netz zentralisiert soziale Aktivitäten und überträgt Schlüsselpunkte in eine Zone, die mit der vorhandenen Stadt verbunden ist.

Fermina Garrido López (E) Architekt, **Elena Escudero López** (E), **Irene Zúñiga Sagreda** (E), Stadtplanerinnen, Alejandro García González (E) Architekt, Ignacio Fernández Sanchidrián (E) Architekturstudent
c/ Húmera 37, bajo
28023 Madrid, España
T +34 917402014
www.ferminagarrido.com
www.arquilounge.com

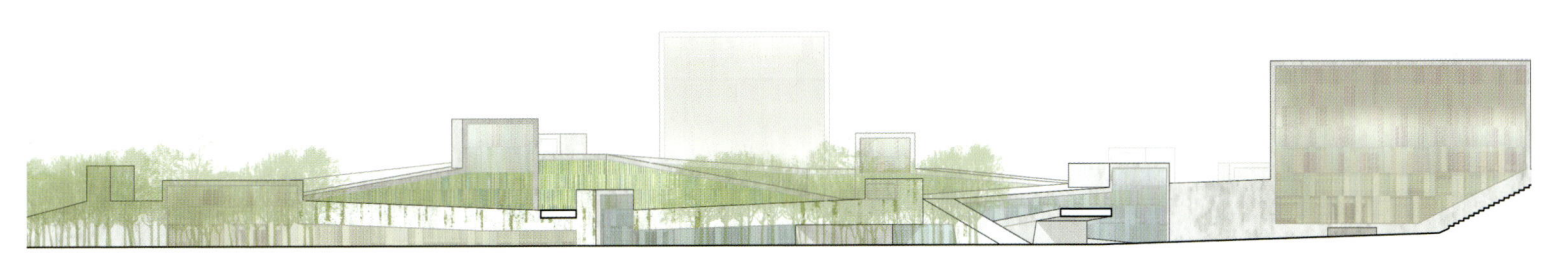

Up the street

Es wurden zwölf Teams zur Zusammenarbeit eingeladen, um zu sehen, wie sich der Entwurf durch die Vielzahl der Interpretationen der anfänglichen Ideen entwickelt. Der Entwurf legt den Stadtverkehr über die Dächer der Gebäude. Es findet eine Umkehrung von leer und voll statt. Die Straße, die normalerweise die urbanen Formen konfiguriert, wird nun selbst zur urbanen Form.

Miguel García-Redondo Villar (E), Héctor Flórez Carrizo (E), Pablo Alzola (E), Ana Arriero (E), Jesús Barranco (E), Jeremie Koempgen (F), Álvaro Maestro (E), José Antonio Martín (E), Verónica Melendez (E), Eduardo Espinosa (E), Alejandro Padilla (E), Ángela Ruiz (E), Belén Serrats (E), Isabel Catalina Steinkamp (E), Architekten
Miguel García-Redondo Villar
c/ San Andrés 12 3º Ext. B
28004 Madrid, España
T +34 915214861, +34 627506869
miguel@ysuscosas.jazztel.es

LA LAGUNA TENERIFE, ESPAÑA

Golf!
Die proletarische Kulturlokomotive

Wie stellen wir uns eine Stadt vor, wenn ihr Delirium durch den Vorstadtrasen besiegt scheint? Im Zenith der antiurbanen Immobilienblase, ist Golf der allgegenwärtige Tyrann. **Wir sagen, wir mögen golfplätze!** Nicht wegen des ökologischen Kollapses, der domestizierten Landschaft oder des Mangels an Geselligkeit, den sie fördern. Eher wegen des Utopianismus, der natürlichen/künstlichen Hybridisierung und der in ihrer Leere verborgenden Arglosigkeit. La Laguna, eine Insel der Urbanität im Vorstadtozean, ist das ideale Laboratorium, um Golf als modellhafte europäische Urbanität neu zu definieren.

Urtzi Grau (E), **Cristina Goberna** (E), Architekten
No-a Industries
170 Tillary street #103,
Brooklyn, NY 11201, USA
T +1 9177164413, +1 91727371414
cristina@no-afiles.com, urtzi@no-afiles.com
www.no-afiles.com

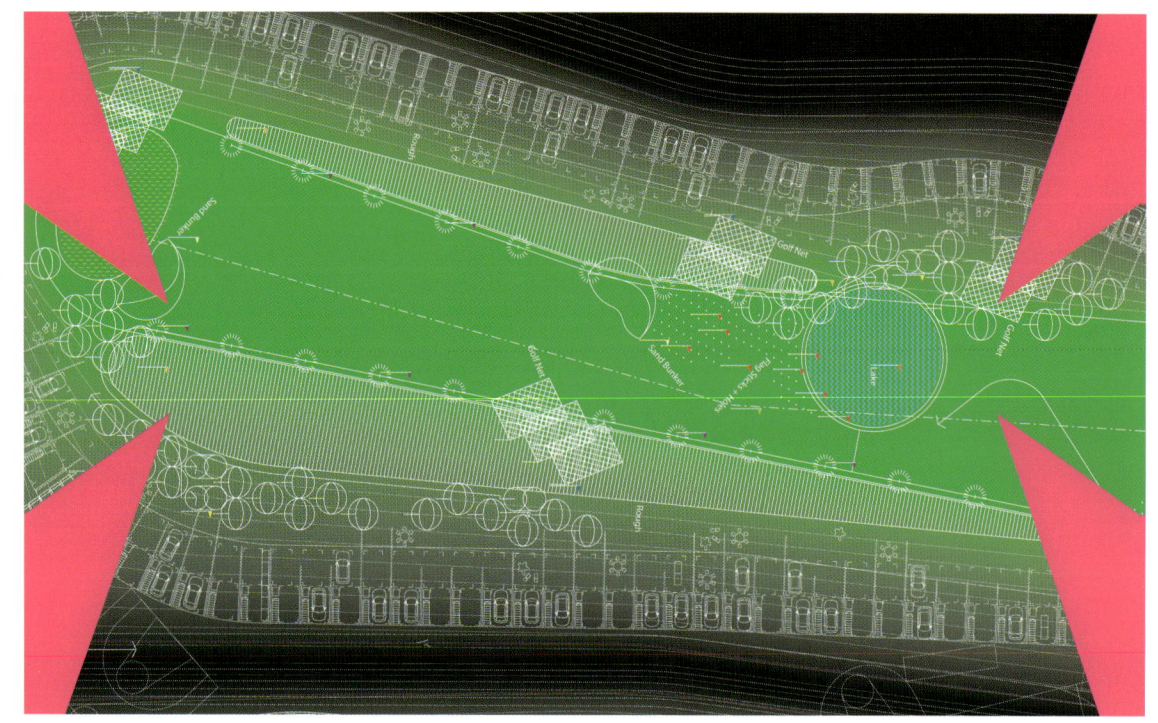

POIO, ESPAÑA

Deklination der Formen

In der urbanen Gestaltung der Castros gibt es, innerhalb der offensichtlichen Unordnung eine Linie, die eine Bebauungsform entstehen lässt, die der Landschaft folgt. Diese Verfügung und Aneignung der physischen Form bildet die „Idee" des Entwurfs. Wohnen, Räume und Formen spiegeln die Komplexität der natürlichen Ordnung, des Kontextes, der Tradition und der Kultur wieder. Bei der Strukturierung des Geländes wurde die leichte Hanglage berücksichtigt, die sich vom Nordosten Richtung Südwesten über einen axialen Weg erstreckt.

Rui Jorge Cavaleiro (P), **Carina Quintas Viana** (P), **Carlos Jorge Veloso** (P), **Rui Filipe Veloso** (P), **Susana Lages Correia** (P), Architekten
rua Formosa nº 168| 2º
4000-247 Porto, Portugal
T +351 962934906
brancocavaleiro.arq@sapo.pt

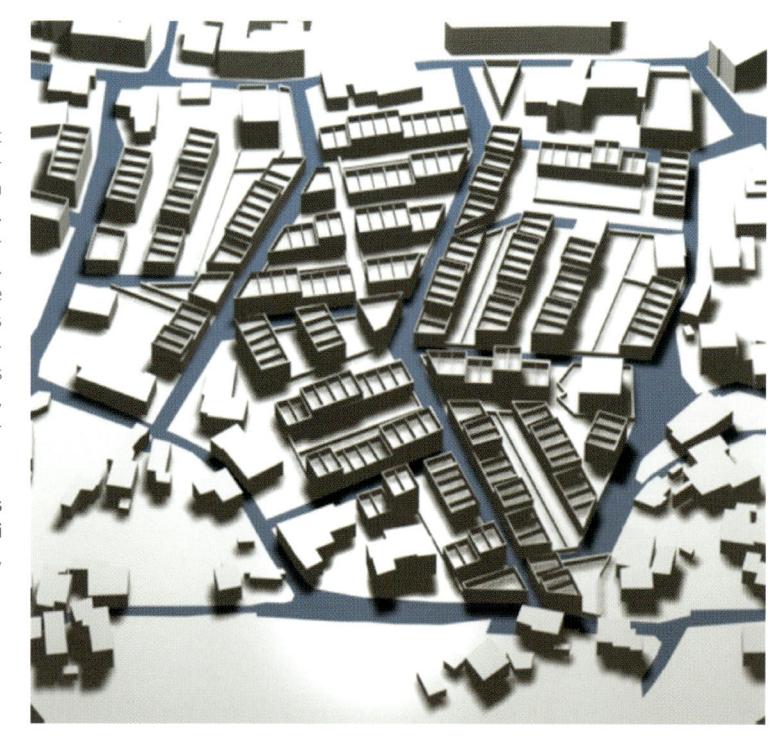

POIO, ESPAÑA

Inxertos in huertos

Inxerto/Transplantat = Fragment eines lebenden Elements, das zur Heilung einer Verletzung oder aus ästhetischen Gründen in den Körper implantiert wird.
Teil, der einem Netz hinzugefügt und besonderes Element wird.
Den Maßstab des Eingriffs liefert das Netz. Es entsteht eine neue Landschaftsstruktur, die durch die transplantierten Elemente definiert wird. Diese haben die Funktion, das vorhandene rurale Netz neu zu formen. So findet die neu geplante urbane Entwicklung durchmischt mit dem ländlichen Netzwerk statt. Ein erschaffenes System aus urbanem Management, mit dem die rurale Struktur des Standortes regeneriert wird.

Francisco Lozano Perela (E), **Carlos Montero Pelaez** (E), Architekten
c/ Ofelia Nieto 73 3º Izq.
28039 Madrid, España
T +34 676337997, +34 669020575
poioe9@gmail.com

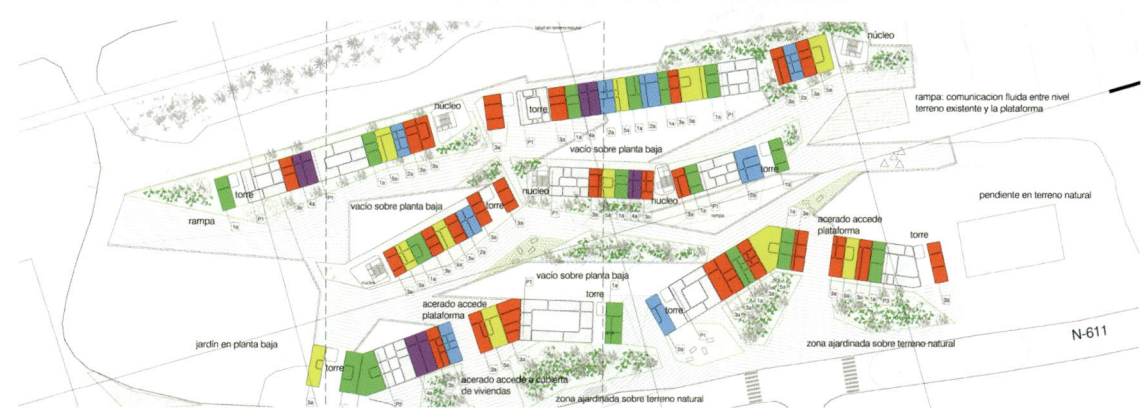

SANTANDER, ESPAÑA

Supertejido

Der Vorschlag nutzt andere Instrumente und sieht in den Widersprüchen den stärksten Ansatzpunkt des Projektes. Der Standort weist viele konfliktive Aspekte auf, unter anderem die Nähe von Blocks und ländlicher Bebauung. Die Bewohner empfinden den Unterschied als polemisch und betrachten andere Formen von Wachstum als eine Bedrohung ihres eigenen Lebensumfeldes. Das übergeordnete Ziel ist eine höhere Verdichtung und Multifunktionalität, die Strategie besteht in der Schaffung eines **Superpatchworks** aus überlappenden unterschiedlichen Mustern. Die dritte Dimension entsteht nicht durch Extrusion, sondern erfolgt als eine Überlagerung von unterschiedlichen Schichten.

Paolo Caleo (I), **Carlos Piantino** (I), **Lorenzo Maria Alfieri** (I), **Pablo Roveran** (I), Architekten
c/ Costanilla de los Desamparados 17, 4ª
28014 Madrid, España
epan.santander@gmail.com

SANTANDER, ESPAÑA

Central park

Der Entwurf vermeidet, das gesamte Areal zu füllen und bewahrt einen Teil, um den letzten freien urbanen Raum zu betonen. Den im Gebiet aufgespürten Regeln folgend, trägt die Konstruktion dazu bei, die Struktur dieses Unortes zu verstehen, der sich im Übergang zwischen Infrastrukturen gebildet hat. Die Verbindung erfolgt durch eine filigrane Fußgängerbrücke, die die Schnellstraße an ihrem niedrigsten Punkt überquert. Die Gebäude sind auf dem steileren Teil des Geländes geplant. Senkrecht zum Hügel bewahren sie die Sichtlinien zwischen dem Parkland und Peñacastillo.

Maria Sisternas Tusell (E) Architekt
marta oristrell + maria sisternas,
arquitectes
c/ Trafalgar 10 3r 2a A
08010 Barcelona, España
T +34 932680531, +34 652070571
msisternas@coac.net

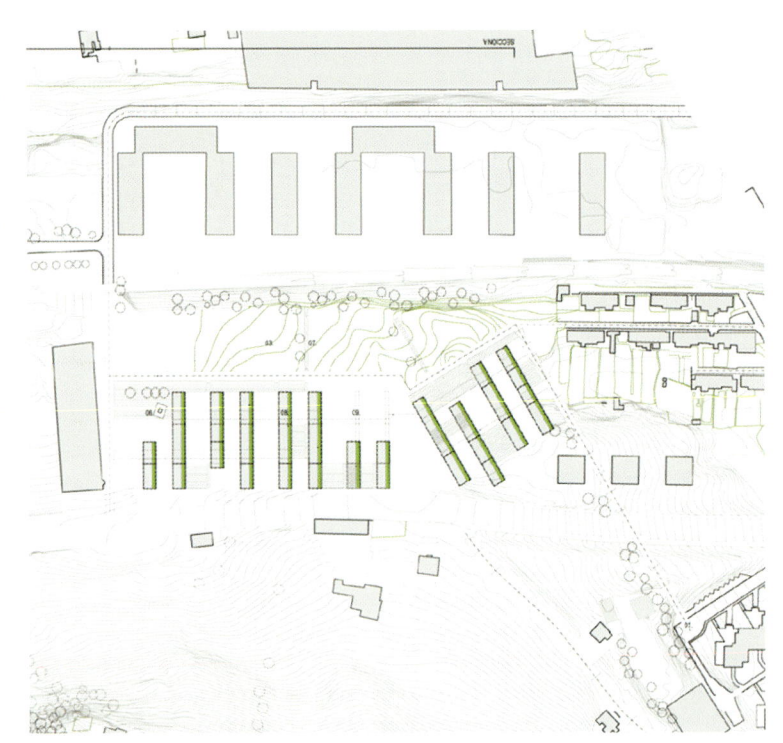

SORIA, ESPAÑA

Verstreute Muster

Die Intervention basiert auf einer Struktur neuer Pfade. Diese Wege erscheinen fließend, verknüpfen Punkte programmatischer Intensität und erzeugen weitere statische und dynamische Knoten.
Entlang dem Fluss sind im Laufe der Jahre viele kleinmaßstäbliche Gebäude entstanden, ohne offensichtliche Ordnung, oft ungenutzt und verfallen. Mit einer neu entwickelten Strategie werden sie in die Landschaft integriert. Die zerstreuten Muster ergeben einen Landschaftsentwurf mit abstraktem Layout und einem vielteiligen und doch einheitlichen Bild. Der Gebäudemaßstab wird aufgelöst, der Landschaftsmaßstab herrscht vor.

Manuel Cifuentes Antonio (E), **Juan Enrique Alvarez Cabezuelo** (E), Architekten
c/ Agustín Duran 39 local
28028 Madrid, España
T +34 678532197, +34 627001052
ad39arquitectura@gmail.com

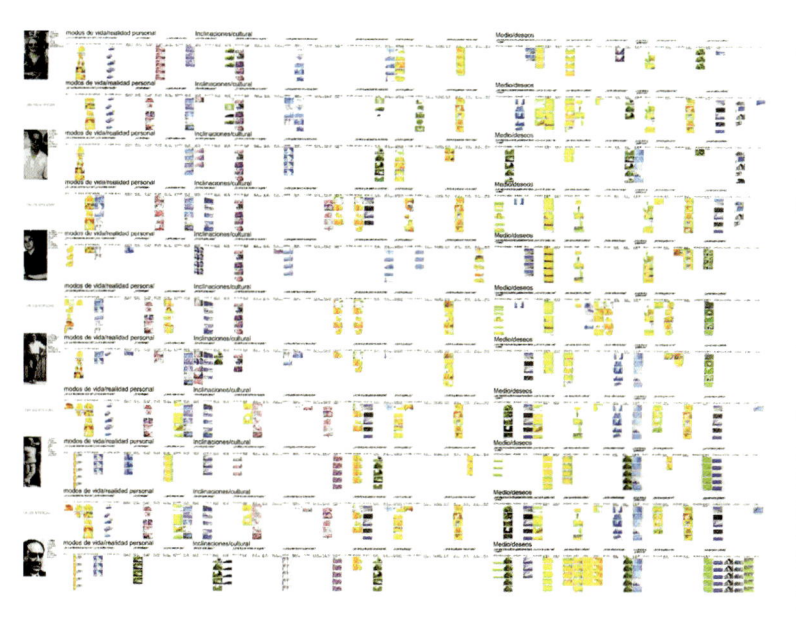

Es leben die Menschen von Soria

Entworfen wird eine Strategie, die die übliche Logik des Projekts umkehrt: An erster Stelle stehen die Lebensweisen realer Menschen, deren unterschiedliche Lebenswünsche in drei Typologien aufgegriffen werden: 1. Mensch und individuelle Lebensweise; 2. Kultur und Kulturtrends; 3. Wünsche in Abhängigkeit von der jeweiligen Besetzung des Ortes. Ein Entwurf ohne vorgegebene Form, Idee oder Metapher: ein atmosphärisches Projekt.

Marta Fernandez Valderrama Aparicio (E), **Luz Fernandez Valderrama Aparicio** (E), **Francisco Escudero Gilete** (E), **José Montes De La Vega** (E), Antonio Domínguez Valdés (E), Fernando Flores (E), Urbano Jiménez Guerrero (E), Cristina Ortega Cantos (E), Marisa Plaza Nieto (E), Francisco Pérez Ropero (E), Cristina Ramírez Balas (E), Elena Vilches Álvarez (E), Architekten
Plaza de Curtidores 5,1 B
41003 Sevilla, España
T +34 954534813
curtidores5@telefonica.net

SORIA, ESPAÑA

Moment und Horizont

Eine Vision von der Welt, vom bewohnten Raum, zu alltäglichen Momenten, Offenheit und Fantasie. Ausgehend vom Bestehenden, scheinbar Sinnvollen, nährt sich der Entwurf von der Heterogenität des Standorts und denkt das Urbane. Besondere Aufmerksamkeit genießt die gegenseitige Artikulation seiner Elemente. Es entsteht in der Wahrnehmung ein nicht festgeschriebener urbaner Raum, der eine Folge nicht geplanter Momente generiert.

Matthieu Germond (F), **Tangui Robert** (F), **Maëlle Tessier** (F), Architekten
15 rue La Tour d'Auvergne
44200 Nantes, France
T +33 240691392
defactoarchitectes@yahoo.fr
www.defacto-architectes.fr

LE HAVRE, FRANCE

LE HAVRE, FRANCE

Berieselung

Wie gelingt die frühere Anbindung an eine Stadt in Bewegung? In der Verlängerung und Neugestaltung bestehender Netze, vertiefen Fußwege die zahlreichen Spuren am Boden. Die verschiedenen Schwerpunkte des Standorts werden miteinander verbunden: öffentlicher Platz, Parksilos, Geschäfte, Wohnungen. Die Mutation der Stadt durch Berieselung ist hier die effektivste Möglichkeit, den riesigen Brachen neues Leben einzuhauchen.

Thomas Collet (F), **Romain Grégoire** (F), **Nicolas Thébault** (F), **Marie-Caroline Monat** (F), Architekten, **Clément Logereau** (F) Designer
30 rue de la Boucherie
56000 Vannes, France
T +33 297541194
studio02architectes@orange.fr
www.studio02-architectes.com

MULHOUSE, FRANCE

Doppelbelichtung

Zur Förderung des fortschreitenden Wandels in Sellier betont der Entwurf die Grenzen und die Identität der Altstadt, ohne sie von der Stadt zu isolieren. Zu diesem Zweck wird eine neue Fußgängerzone erschlossen, die bestehende und künftige öffentliche Räume in eine gemeinsame Perspektive integriert. Es entstehen zwei von Grund auf unterschiedliche urbane Einheiten: eine geprägt von Restaurierung, die andere gekennzeichnet vom Wandel. Letztere bettet sich ein in das organisiert Zufällige, das in den von der aktuellen Konfiguration freigelassenen Zwischenräumen entsteht.

Sylvain Mazaba-Mougani (F) Architekt
5 rue Danton
93100 Montreuil sous Bois, France
T +33 149881567, +33 617750880
sylvain.mazaba_mougani@wanadoo.fr

Dezentrale Urbanisierung im rehabilitierten Sumpfland

Der Entwurf basiert auf zwei Überlegungen. Mit Blick auf die Agglomeration entsteht ein Netz alternativer Mobilität, um den künftigen urbanen Boulevard herum, das die lokalen Stärken der Stadt hervorhebt. Im Quartier Fléchambault entwickeln sich in der Verbindung multimodaler Routen fragmentierte Makroinseln, deren grünes Herz eine sumpfähnliche Landschaft darstellt und an deren Rändern vom Gemeinschaftswohnen bis zu individuellen Lösungen drei architektonische Konzepte realisiert werden.

Romina Sanchez (F), **Cyrille Cuperlier** (F),
Eric Lehy (F), May Novelli (F), Architekten
210 rue Saint-Maur
75010 Paris, France
T +33 660759614
sanchez.romina@gmail.com,
e9.rc417@gmail.com
e9-rc417.blogspot.com

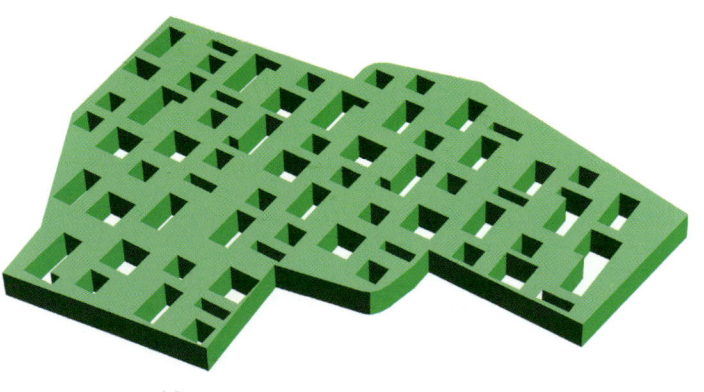

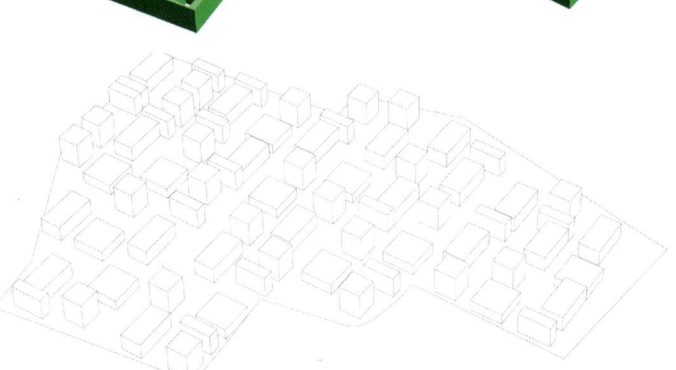

Pflanzliche Verdichtung

Immer mehr Menschen wollen jenseits der städtischen Zentren leben. Das Einfamilienhaus ist nach wie vor ihr Traum. Hier finden sich die drei untrennbar miteinander verbundenen Elemente Wohnen, Garten und Auto. Dies ist der Ausgangspunkt für einen Entwurf für das Untersuchungsgebiet. Die Dialektik von Natur und Gebautem ergibt eine gewagte, neue Typologie verdichteten Wohnens, in der die Grünzone zum strukturierenden Faktor des Projekts wird.

Cyril Desroche (F), **Caroline Binachon** (F),
Architekten
15, rue Jean Macé
75011 Paris, France
T +33 143702301, +1 3109137681
archi@cacy.fr
www.somelosangelesapartments.com
www.cacy.fr

DUBLIN, IRELAND

Wenn Sie heute runter in den Park gehen

Ein vernachlässigter Vorstadtpark wird zum Wald. Techniken der Baumbewirtschaftung, wie Unterholzpflanzungen, Kappen von Bäumen und Pflanzen von Hecken, werden genutzt, um den Raum zu gestalten und Blicklinien zu kontrollieren. Dies ermöglicht Lichteinfall und lässt geschützte Gebiete für die Tierwelt entstehen. Unterschiedliche Altergruppen kommen sich näher durch den Filter des Parks, aber jede Gruppe hat ihren eignen Raum, um Auseinandersetzungen zu vermeiden. Die räumliche Hierarchie von der privaten Terrasse über halbprivate zu halböffentlichen Räumen schafft eine Verbindung zum Park und gibt den Senioren ihren „Platz" in der „Öffentlichkeit".

Bobby Conroy (IRL) Architekt
155 The Tramyard
Spa Road, Inchicore
Dublin 8, Ireland
T +353 851448387
bobby.conroy@gmail.com

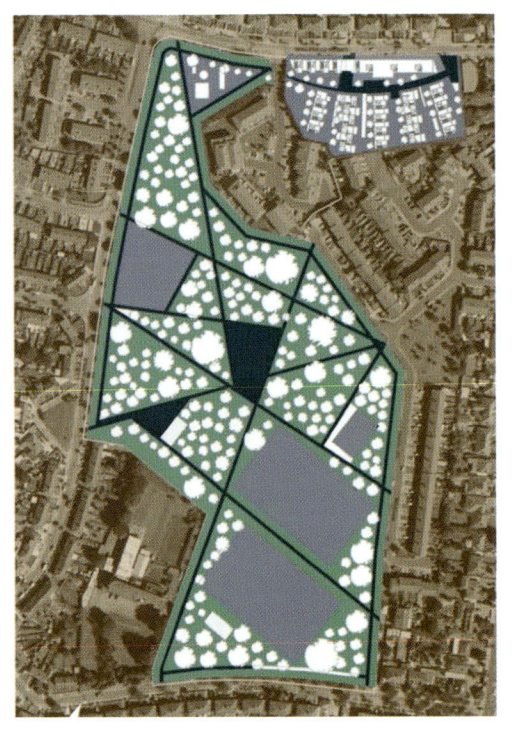

BISCEGLIE, ITALIA

Zenobia

Bisceglie ist ein Ort, der automatisch zu Tagträumen verleitet – eine offene Struktur, die ständig von zahllosen menschlichen Interpretationen überlagert wurde und die dazu durch starke typo-morphologische Merkmale definiert ist. Der Entwurf versucht die Ausprägung des Unsichtbaren zu begreifen – Leerstellen im dichten Stadtkern werden durch Überlagerung mit belebten öffentlichen Räumen transformiert und in Form von Wasser, Gerüchen, Bäumen, Gesängen und insbesondere der Menschen sichtbar gemacht.

Andrei Serbescu (RO), **Adrian Untaru** (RO), **Irina Bancescu** (RO), **Bogdan Bradateanu** (RO) Architekten, **Cristina Enuta** (RO) Architekturstudentin
Andrei Serbescu
adn ba - Ion Minulescu 46 Sector 3
031216 Bucaresti, Romania
T +40 722262824
office@adnba.ro
www.adnba.ro

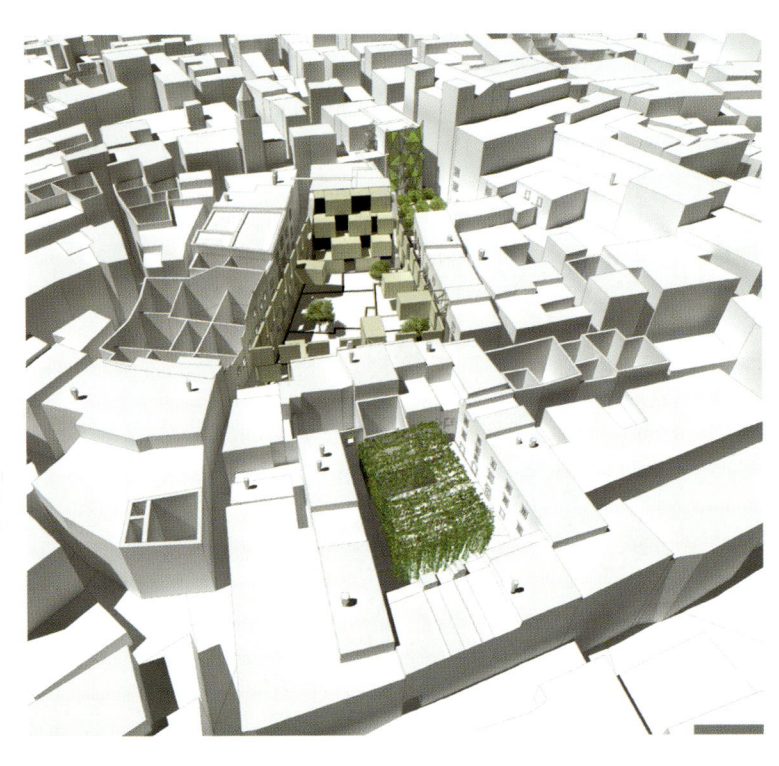

Terra inversa

Die Erneuerung des historischen Stadtzentrums von Bisceglie kann durch eine Reihe von Interventionen erfolgen, welche historische Schichten fortsetzen: eine Straße, die die Verbindung zwischen dem historischen Zentrum und dem Rest der Stadt betont; Räume, die eine neue öffentliche Dimension symbolisieren.
Die Steinkonstruktion ist eines der Hauptelemente die für eine „mediterrane Atmosphäre" sorgen. Der Entwurf ist eine Neuinterpretation der Baumethoden, kombiniert mit modernen Materialien, um so die Einbettung in unsere Zeit zu zeigen.

Paolo Mezzalama (I), **Alessandro Cambi** (I), **Ludovica Di Falco** (I), **Francesco Marinelli** (I), **Ilaria Iovino** (I), Massimo Marinelli (I), Architekten, Marco De Angelis (I) 3D
-scape
via Ignazio Pettinengo 72
00159 Roma, Italia
T +39 0643580128
info@scape.it
www.scape.it

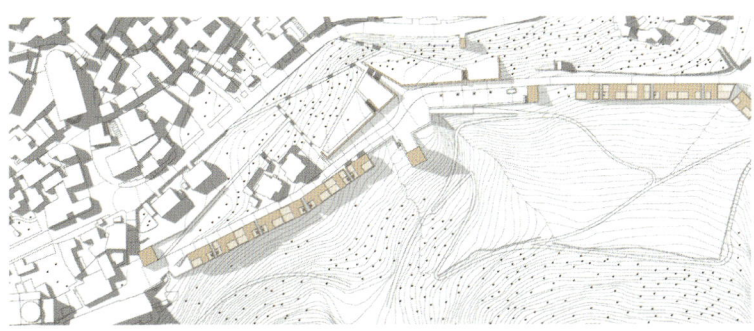

BISCEGLIE, ITALIA

Through the looking wall

Anheben der östlichen Stadtgrenze. Betonen der Dreiecksform des Stadtplans. Konsolidieren der Zone innerhalb der. Mauern durch einen Stadtpark. Verbinden des neuen bewohnten Randes mit dem urbanen Gewebe durch Fußwege. Berücksichtigen der mediterranen. Beziehungen zwischen öffentlichen und privaten Räumen.

Armando Rabaça (P), **Rui Afonso Silva** (P), Filipe Catarino (P), Bruno Gil (P), António Correia (P), Architekten, Bruno Bento (P), Architekturstudent
Armando Rabaça, Arquitecto.
rua Alexandre Herculano, 16B 1º
3000-019 Coimbra, Portugal
T +351 239095717
armando.rabaca@gmail.com

ERICE, ITALIA

PISTOIA, ITALIA

Karomuster

Die Natur des Geländes legt nahe, die Entwicklung der Grünbereiche an der Kulturlandschaft zu orientieren. Das Gelände wird mit einem Raster überzogen, das, auch wenn es regelmäßig ist, an Felder und Baumschulreihen erinnert. Es werden Becken mit unterschiedlichen Höhen angelegt und Bäume gepflanzt, die die verschiedenen Flächen des Standortes verbinden. Die durch die Becken entstandene Fragmentierung beeinflusst Verteilung und Form der Gebäude, die entsprechend einer funktionalen Zonierung im Park eingebettet und mit den vielen Teilen des Parks durch Fuß-/Radwege verbunden werden. Sie enden im Flusspark von Brana in Laufnähe zum Stadtzentrum.

Tommaso Rossi Fioravanti (I) Architekt
via dei Barbi, 19 rosso
50125 Firenze, Italia
Tel. +39 3391383039
gabrieleleto@fastwebnet.it

REGGIO EMILIA, ITALIA

Stadt aus grünem Teppich

Eine ökologische Stadt ist eine nachhaltige Stadt basierend auf menschlichen Maßstäben und Bedürfnissen, in der Nähe einen hohen Wert hat, wo eine Interaktion zwischen Grünflächen und Bebauung stattfindet, wo Sonnenlicht und die Nutzung von Wind für die Versorgung der Innen- und Außenräume auf der Tagesordnung stehen und wo der Einsatz erneuerbarer Energien, die Optimierung der Wasserkreisläufe und der Gebrauch von ökokompatiblen Materialien favorisiert werden. Die flexiblen Gebäude konfigurieren einen Mikrokosmos.

Giulia Bonelli (I), **Raffaele Capasso** (I), **Bruno Cimmino** (I), **Francesco Cristiano** (I), **Sara Di Micco** (I), Architekten, **Giuseppe Guida** (I) Stadtplaner
Giulia Bonelli
via Luca Giordano 69
80129 Napoli, Italia
T +39 815569020
giuliabonelli@virgilio.it

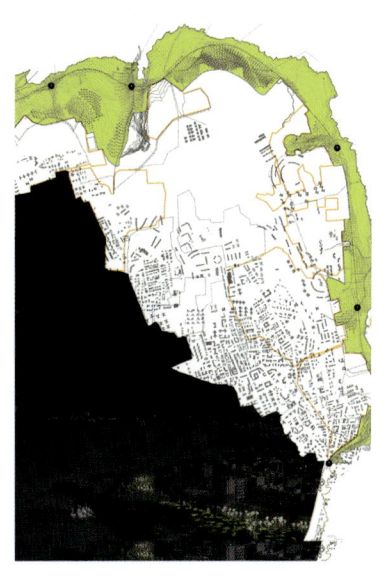

Ecoscarification

SIRACUSA, ITALIA

Narben definieren den Küstenbereich von Syrakus als Abfolge historischer Ereignisse neu. Sie organisieren die Aktivitäten der Menschen, die natürlichen Elemente und energetischen Punkte. Die Landschaft wird zu einem interaktiven Medium, das von einer umweltbedingten und sozialen Dynamik angetrieben wird, die jedoch eine spontane Entwicklung zulässt.

Berardo Matalucci (I), **Fabiano Spano** (I), **Guillermo I. López D.** (MEX), Architekten, **Enrico Crobu** (I) Bauingenieur, **Chrysokona Mavrou** (GR), Luis Edgardo Fraguada (USA), Gabriella Castellanos (DOM), Karlo De Soto Molina (MEX), Architekten
via Tagliamento 2, Scerne
64025 Pineto (TE), Italia
T + 39 3388502694
berardo.matalucci@gmail.com

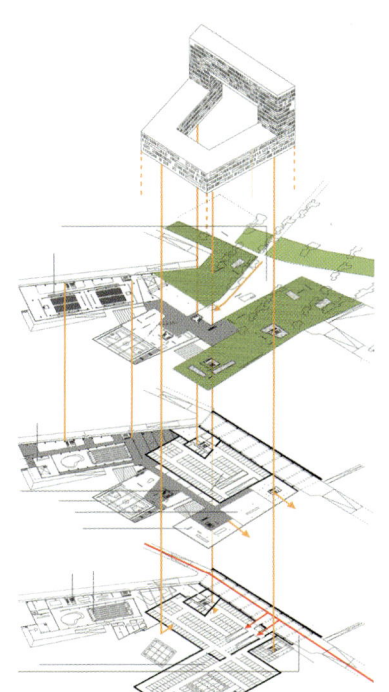

Dongiovanni

GYOR, MAGYARORSZÁG

Ein großer quadratischer Hof bildet eine Landmarke; es wird versucht, den Typus des lokalen Wohnens wiederherzustellen. Als Folge des natürlichen und bioklimatischen Systems wird der große Hof an einer Seite verformt und in die Höhe geklappt. In das Wegesystem sind unterschiedliche Räume für sportliche und kulturelle Aktivitäten integriert.

Nicolas Matteo Cazzato (I), **Emiliano Giuffrida** (I), Architekten, **Romolo Ottaviani** (I) Architektur-und Stadtplanungs-theoretiker, **Antonella Sonia Perin** (I) Architekt und Stadtplaner, **Barbara Cerruti** (I), **Itala Bevivino** (I), **Elisabetta Cerruti** (I), Architekten, **Carlo Brizioli** (I) Landschaftsarchitekt, **Simone Stabile** (I), **Massimo Severo Barbera** (I) Innenarchitekt, **Stefano La Rocca** (I), Architekt
Nicolas Cazzato
Piazza dei Carracci n.1
00196 Roma, Italia
T +39 63218269
nicolasmatteo@hotmail.com

ALMERE, NEDERLAND

Die Freiheit der Wahl

Der Entwurf lässt den Bewohnern des Waldes maximale Freiheit, gleichzeitig werden kollektive Identität und öffentliche Nutzung beibehalten. Die 150 Einzelhäuser sind über den Standort verteilt. Auf 150 Parzellen können die Bewohner die Art des Waldes und die Position des Hauses bestimmen. Es ergibt sich eine nichtlineare urbane Struktur. Die geforderten 100 Apartments werden als zusätzliche Wohnungsrechte angeboten, wodurch neue kollektive Haustypologien entstehen. Da es keine Gärten gibt, bestehen private Nutzungsrechte am öffentlichen Wald, wie z.B. Bewohner von Hausbooten einen Teil des Kais beanspruchen. Eine Analyse des privaten Verhaltens ergibt Aufschluss für eine zukünftige nachhaltige Raumplanung.

Jeroen Heester (NL) Stadtplaner
STEARC urban/landscape design
Amsterdam, Nederland
post@stearc.nl
www.stearc.nl

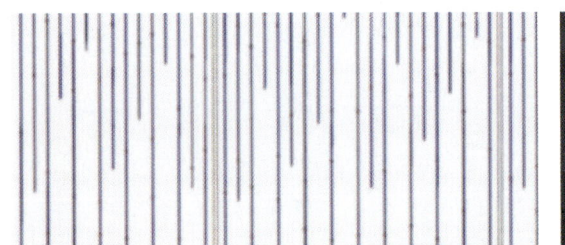

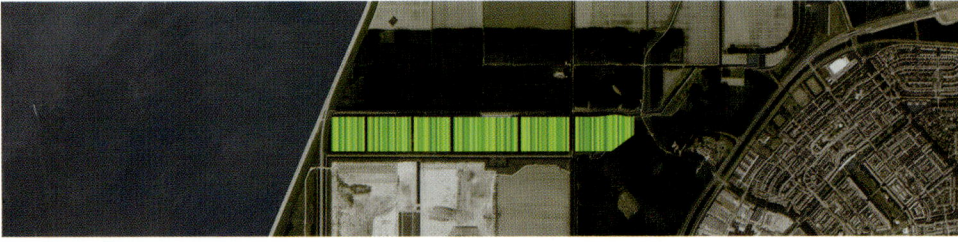

GRONINGEN, NEDERLAND

Finger von Meerstad

Das Areal bildet eine Verbindung nach Meerstad, der neuen Stadterweiterung von Groningen. So soll vermieden werden, dass Meerstad sich zu einer Satellitenstadt entwickelt. Durch einen grünen Streifen, der das Rückgrat des Betrachtungsgebietes bildet, wird das, was von dem Fluss Hunze noch übrig ist, aufgewertet. Schichten wie der Fluss Hunze und die Wasserflächen werden in „Erlebnisbereiche" umgewandelt. Wegen der reichen und dichten Umgebung wurde die Architektur bewusst einfach gehalten, um den Kontext zu verstärken und sichtbar zu machen. Der Entwurf umfasst fünf verschiedene Haustypen.

Anita Rühle (D) Architektin
Weinberg 1
74635 Beltersrot, Deutschland
T +49 15159243889
aru@gmx.li

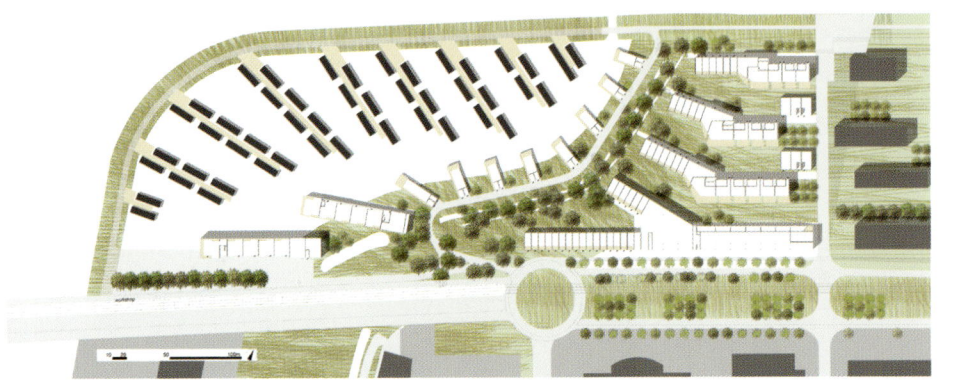

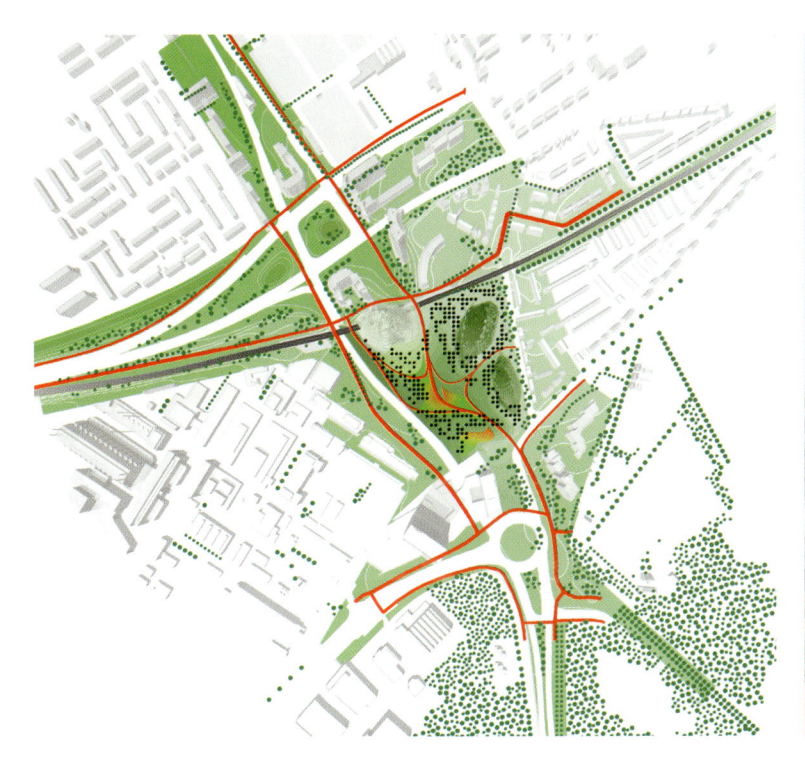

Sloping Nijmegen!

Die neue hüglige Landschaft ähnelt der Landschaft, die es hier gab, bevor sich die Stadt so weit ausgebreitet hat. Der Grünbereich über der Tiefgarage bildet eine Erweiterung des Goffertparks. Das Rückgrat des Areals bildet eine Promenade. Bahnhof, Büros und Wohngebäude werden in künstliche Hügel gepackt, die den Standort prägen. Für den Bahnhof ist der Glashügel wie eine zweite Haut, die ein Bürogebäude umschließt, das mehr oder minder separat darin liegt. Solarpaneele an der Fassade führen das Blumenfeld fort und werben für die Nutzung nachhaltiger Energiequellen.

Aldo Trim (NL) Architekt, **Sander Lap** (NL) Designer, **Silvia Lupini** (I) Architekt
c/ de la Manzana 17, 3º, izq
28015 Madrid, España
T +34 671436287
aldotrim@hotmail.com

Die 5 Bedingungen

1 - Nichtsaturierte urbane Struktur: Rehabilitationsprozesse, die Wohnraum in ständiger Entwicklung generieren. **2 - Netzwerk unprogrammatischer Räume**: ermöglicht Räume, die sich nach Regeln frei entfalten. **3 - Urbane re-evolution**: entwickeln von Präexistenzen. **4 - Durchlässigkeit**: die Gebäude stellen sich nicht über die Evolution der Landschaft. **5 - Symmetrie der Dichten:** Gestaltung von öffentlichen und privaten Räumen mit dem gleichen Engagement.

María Carmona (E), Manuel Monteserín (E), Luis Belda (E), Marta Catalán (E), Juan Chacón (E), Elisa De Los Reyes (E), Luis De Prada (E), Manuel Domínguez (E), Laura Flor (E), Lucía Martínez (E), Manuel Pascual (E), Pilar Pérez (E), Architekten
c/ Amor de Dios 14, 3º (academia zener)
28014 Madrid, España
T +34 914293388
zoohaus2008@gmail.com
www.zoohaus.net

LILLESTRØM, NORGE

Laborstadt

Ein kleines Manifest für die Förderung „öffentlicher" Reaktionen, den Platz als Labor zu betrachten, um neue Formen der sozialen Interaktion zu ermöglichen. Die Verwirklichung des Bildes einer innovativ orientierten Gemeinschaft.
Die ökologische Dachterrasse ist eine hybride Maschine, bestehend aus Hightech-Energieerzeugung und Natur, die wachsen darf, wie sie will. Einige Räume sind frei für spätere Implementierungen oder für vorübergehende Einrichtungen, die ein anderes Layout benötigen.

Andrea De Matteis (I), **Federico Zanfi** (I) Architekten, Carlo Callari (I) Agrarwissenschaftler, Chiara Locardi (I) Landschaftsarchitektin, Filippo Losi (I) Umweltingenieur
Andrea De Matteis + Federico Zanfi
via Pacini 13
20131 Milano, Italia
T +39 3356882219
a.dematteis@awn.it

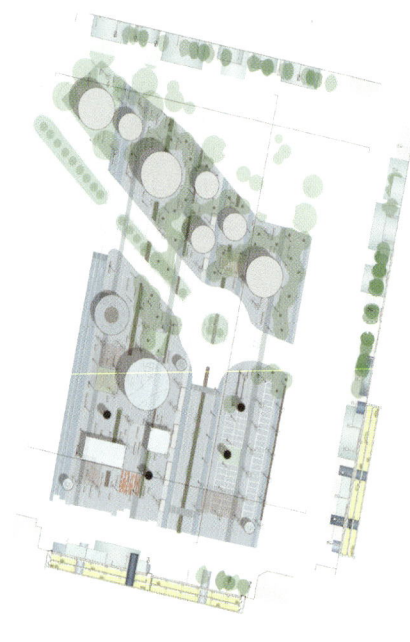

OSLO, NORGE

Looop

Looop entwickelt das traditionelle Konzept des Kreisverkehrs weiter. Kurven kontrollieren die Geschwindigkeit und erzeugen den looop. Eine neue Topografie verweist den Verkehr auf die erste Ebene. Auf der oberen Fußgängerebene findet der soziale Austausch statt. Ein neuer autofreier Boulevard verläuft über die Brücke, schützt den Weg von der U-Bahn zur Schule und verbindet die Läden mit dem *Looop*. An diesem inneren grünen Knoten können unterschiedliche Aktivitäten stattfinden. Diese Gebäude für eine gemischte Nutzung ziehen rund um die Uhr Besucher an.

Roberto Carlos García Caballero (E), David Alcázar Nieto (E), Jaime Álvarez Santana (E), Sergio Román Ojea (E) Architekten
Roberto C. Garcia
Martínez Izquierdo 34, 1-C
28028 Madrid, España
T +34 649557144
oslopan@gmail.com

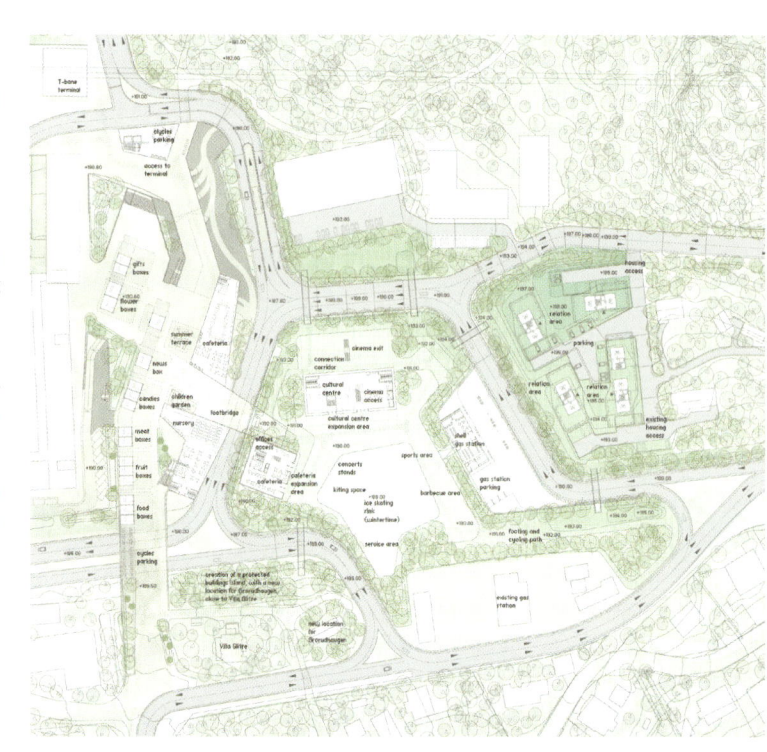

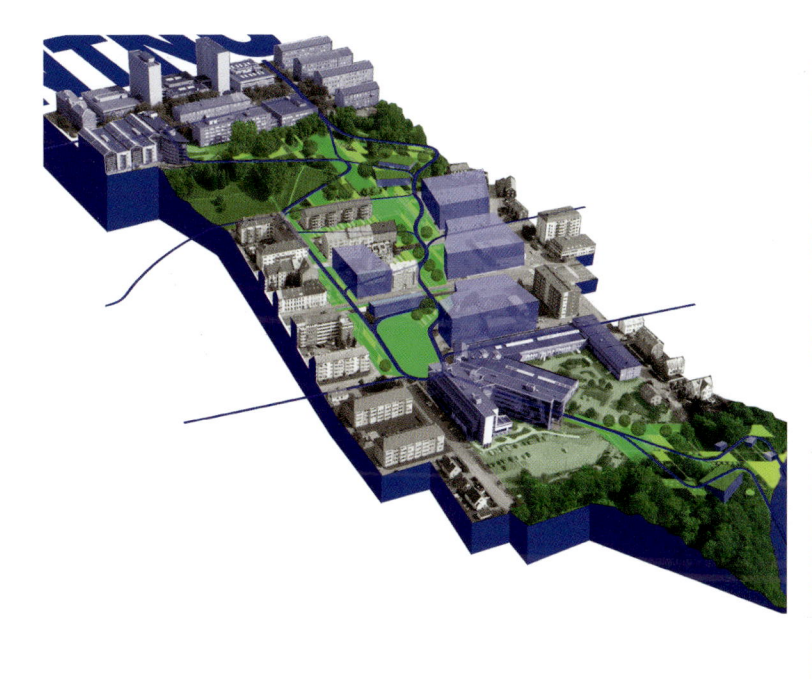

Blue axis

Der Entwurf für ein Studentenwohnheim und einen verbindenden öffentlichen Raum in Trondheim lässt Funktionen und Ströme zusammenfließen, statt sie zu trennen. Grundlage ist die Theorie, dass eines der Probleme moderner urbaner Strategien die Trennung von Nutzungen ist, bei der Wechselwirkungen zwischen unterschiedlichen Verkehrs- und Lebensformen vermieden werden sollen. Blue axis versucht, diese Interferenzen zu nutzen, um ein interessantes städteplanerisches Konzept zu erstellen, in dem die Straße zur Fortsetzung der urbanen Funktionen wird.

Bryan Galera Valor (E), **Stephan Bosse** (D), Architekten
Mu.Te. Architects
c/ Yedra n°3
18140 La Zubia - Granada, España
T +34 664321861
info@mutearchitects.com
www.mutearchitects.com

Inside out

Ein loses Netzwerk gemischt genutzter Zentren in einem Wissenspark. Öffentliche Räume werden zu bebauten urbanen Kondensatoren, das Studentenwohnheim wird in die geplante Bauachse eingefügt, die Räume in der Abfolge innen nach außen montiert. **Atrium** Im Erdgeschoss wird ein öffentlicher Durchgang in ein Multiprogramm-Gebäude eingeschnitten. Darüber ein luftiges, piranesisches Gebäude, von Zugangsplattformen durchbohrt. **Superküchen** Großzügige häusliche Wohnhallen. **Plus Räume** Eingefügt in den kompakten Plan, anpassungsfähig und ohne bestimmte Funktion. **Schlafzimmer** Metallfassade durchsetzt mit Fenstern mit skandinavischen Glasmalereien.

Vanessa Cerezo Jiménez (E), **Rodrigo O'Malley Diez** (IRL), **Gabriela Sanz** (E), Omar Rincón Rueda (E), Ana María Suarez María (E), Architekten
c/ Carmen 8 4C
28013 Madrid, España
T +34 915229482
eight.feet@gmail.com

GRAZ, ÖSTERREICH

To connect it is disconnected

Möbius antwortet auf den Bedarf nach einem neuen Zentrum und Versorgungseinrichtungen in der Peripherie mit einer „wohn-infrastruktur". Die Struktur reagiert auf die topografischen Bedingungen, indem sie die unterschiedlichen Ebenen verbindet. Treffpunkte und Verbindungen zwischen den unterschiedlichen Plätzen entstehen, es ergibt sich ein Fluss, der das urbane Gebiet dynamisiert. Ein **neuer energetischer pol** mit hoher Dichte, der die verschiedenen Aktivitäten und Angebote zusammenfügt und der Entwicklung des Gebiets dient.

Alberto Torres Bondia (E), **María José Albert Ballesteros** (E), Architekten
Ovoestudio
c/ San Francisco de Borja, 4 P14
46007 Valencia, España
T+34 963292576
info@ovoestudio.es
www.ovoestudio.es

LINZ, ÖSTERREICH

Multilinkz

Ein unattraktiver, vernachlässigter Ort am Rande der Stadt wird zum Generator für eine stabile Entwicklung, es entsteht eine Schwerpunkt; Vorübergehende werden ermutigt, anzuhalten und auf Entdeckungsreise zu gehen. **Funktion:** multifunktionales Park-and-ride-Gebäude, ein möglicher Ausgangspunkte für die Besucher von Linz. **Aufgabe:** Menschen von weither werden angelockt, diesen Ort zu entdecken, soziale Aktivitäten und Informationsaustausch. **Konzept/Szenario:** mit drei von weither sichtbaren Wolkenkratzern wird eine Eingangsinformation gegeben. **Mögliches Ergebnis:** ein signifikanter Punkt mit starker urbaner Ausstrahlung.

Sinica Bodrozic (HR), **Ivan Ralis** (HR), **Nenad Ravnic** (HR), Architekten
Sinica Bodrozic
Grada Chicaga 26, Borovje
10 000 Zagreb, Hrvatska
sinisinsanducic@yahoo.com

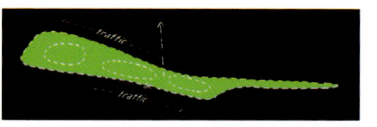

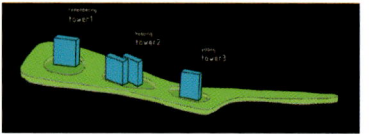

Vier Räume

Der Entwurf sieht Warschau als potenzielles Modell für eine **archipelago-city**, ein urbanes Gebilde aus heterogenen Stadtteilen – urbanen Inseln, Clustern oder Artefakten – **Städten in der Stadt**. Geplant sind vier lange, aufgeständerte öffentliche Gebäudeblöcke als **permanente Form** – eine repetitive Sequenz aus Zwischenräumen, die einen **vorübergehenden Spielraum für Entwicklungen auf dem freien Markt bieten**. Durch **Einrahmen** der urbanen Merkmale mit architektonischen Typologien schafft der Entwurf eine klar lesbare urbane Form und bietet eine neue Identität für den Standort Czyste.

Agata Mierzwa (PL), **Rolf Jenni** (CH), Architekten
Architectureoffice, Zurich/Poznan
Josefstrasse 184
8005 Zurich, Schweiz
T +41 696006401
jenni@arch.ethz.ch,
amierzwa@poczta.onet.pl

Warszawa Czyste

Der Entwurf adaptiert historische Gasometer für ein modernes Theater und eine Kunstgalerie. Die Gestaltungsstrategie schafft einen besonderen Ort für eine Vielzahl künstlerischer Aktivitäten und ein außergewöhnliches Wohnumfeld. Durch ein Gebäude entsteht ein städtisches Umfeld mit einer erhöhten, mit Bäumen bestandenen Allee zum Spazierengehen und als Aussichtpunkt auf Warschau. Die unregelmäßige Form hat Merkmale einer Landschaft und will das Gefühl sowohl von Natur als auch von Stadt vermitteln. Die Stadt soll durch die geplante urbane Struktur ein neues Gesicht erhalten.

Szymon Kalata (PL), **Eliza Kalata** (PL), **Bartek Citko** (PL), **Piotr Solowiej** (PL), Architekten
ul. Gwiazdzista 7c/18
01-651 Warszawa, Polska
T +48 602656653
ccksteam@wp.pl

ODIVELAS, PORTUGAL

Bubbles

Der Standort gleicht einer „Blase", die durch mangelhafte städtebauliche Planung der umgebenden Stadtgebiete entstanden ist. Die Strategie soll diese Blase in viele kleinere und voneinander unabhängige Blasen zerplatzen lassen, um die Probleme auf einer tieferen Ebene lösen zu können.
Für jedes Problem muss eine eigene Lösung gefunden werden. Indem das riesige Problem in kleinere aufgeteilt wird, kann eine Vielzahl anwendbarer Lösungen gefunden werden, was den möglichen Erfolg erhöht. Die Eigenart und Struktur der großen Blase wird analysiert, um den Typus der einzelnen Blasen für das Gebiet festzulegen.

Ana Belén Lopez Plazas (E), Joachim Kraft (D), Architekten
c/Pintor López Serres, 5, 2º
30890 Puerto Lumbreras, (Murcia), España
T +34 653127089
anchoarq@gmail.com
www.clubdealterne.org

SANTO TIRSO, PORTUGAL

Bounding spaces

Europäische Urbanität: zwischen **sozial und räumlich** bietet die Möglichkeit für eine Strategie der Planung und des Handelns. Das Hybride zwischen urban, rural und **Waldgrün** bestimmt die physische Intervention. Die geplanten **grünen Räume** passieren das Spektrum der Maßstäbe und definieren reziproke Effekte zwischen Mustern, Kräften und Stimmungen des Kontexts. Die Aktionen schaffen ein aktives Bewusstsein gemeinsamer Probleme als Grundlage für eine **europäische Nationalität**, erweitert durch das geplante gemeinsame Management der Einrichtungen/Bildungsinitiativen.

Ana Póvoas (E), **Ana Pedrosa** (E), Architektinnen
rua do Bolhão, 138, 4º E
4000-111 Porto, Portugal
T +351 222088326
anampedrosa@gmail.com
anampovoas@gmail.com

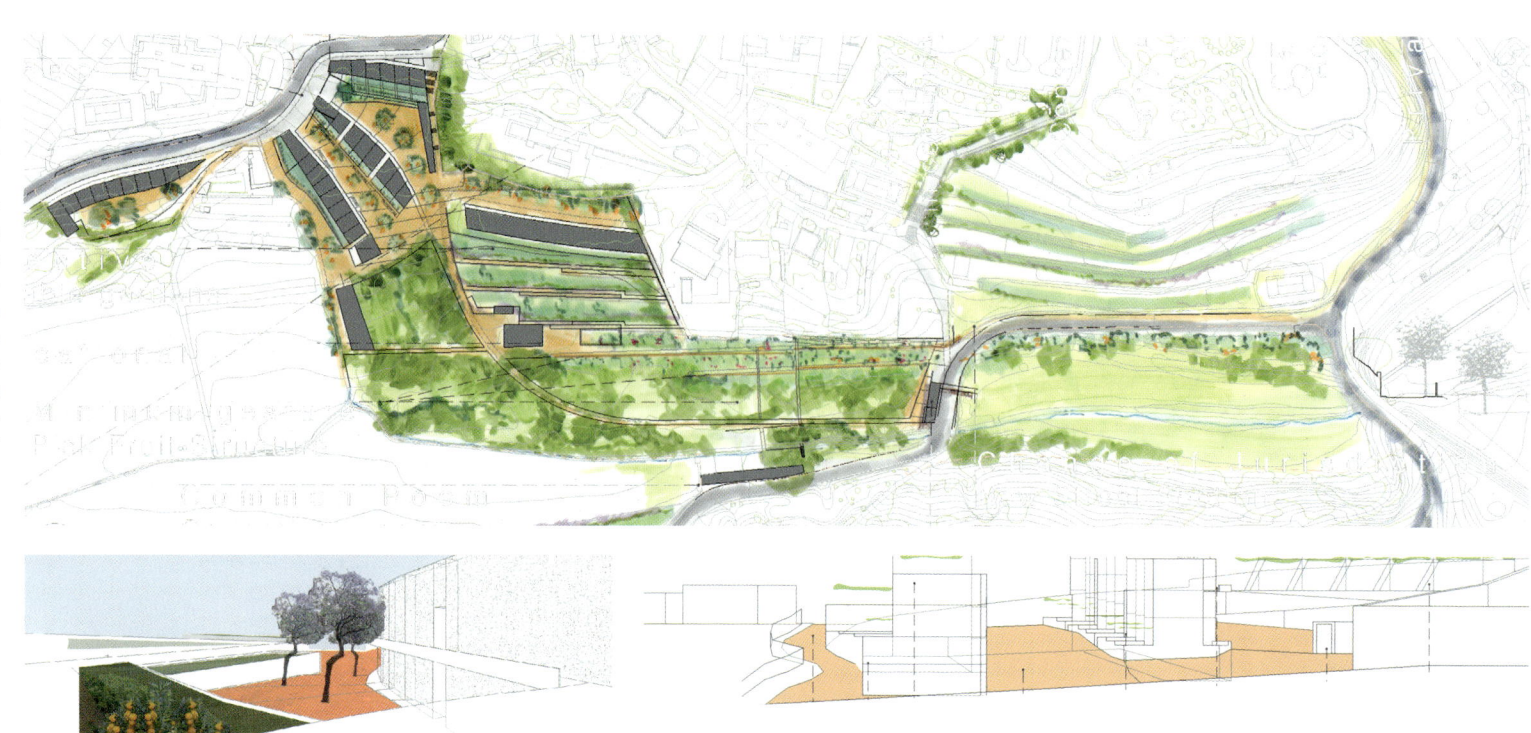

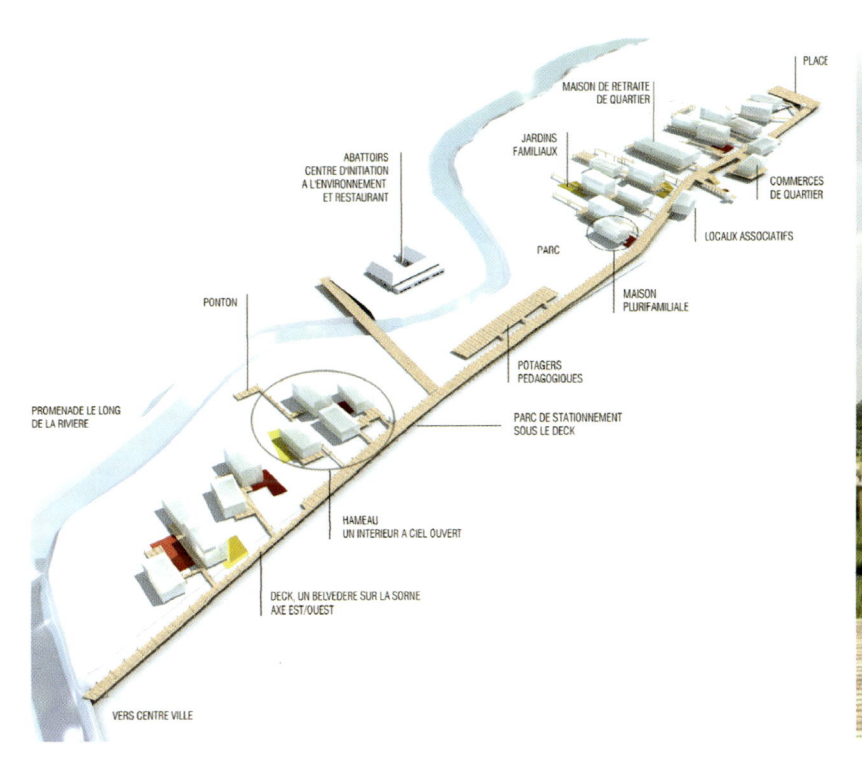

Die Pfahlbauten

In Referenz an den Mythos der Schweizer Pfahlbauten präsentiert der Entwurf in einem flutungssicheren Park eine „Promenade Belvédère", die den zu Weilern gruppierten Wohnhäusern als Zugang dient. Der Weg mit Aussichtspunkten realisiert Sequenzen und Einblicke im Übergang vom Öffentlichen zum Privaten. Die dorfähnliche Anordnung von Pfahlbauten für Wohnzwecke zentriert sich um einen nicht überdachten inneren Bereich. Die Aneignung erfolgt in dem Augenblick, in dem die Schwelle (Pontons) und Durchgangsräume (Terrassen) überschritten werden. Ein Park im Innern macht diese natürliche Enklave zu einem Kokon, der Schutz bietet.

Jean Angelini (F), **Julie-Laure Anthonioz** (F), Architekten
Jean Angelini
9 rue de l'Indre
75020 Paris, France
T +33 607623106
julielaure_anthonioz@hotmail.com

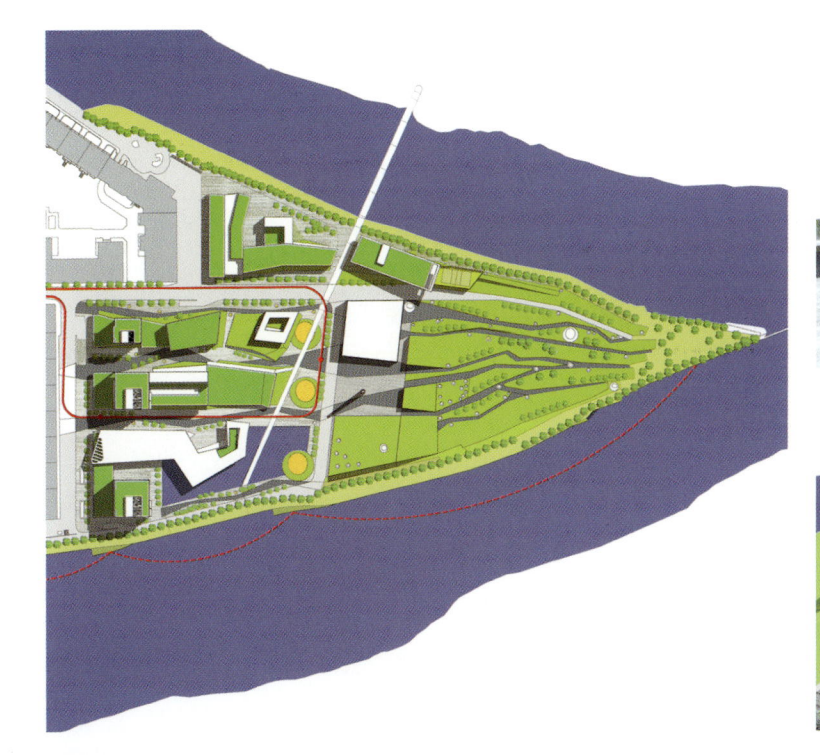

MiXtogreen

Die Wiederentdeckung der Natürlichkeit bestimmt den Konfigurationsprozess des Projekts: Bewohner und Aktivitäten stehen in direkter Verbindung mit dem Ort, ein System fortwährender Überschneidungen zwischen öffentlichen und halböffentlichen Räumen. Dieses Beziehungsnetz ergibt sich aus der Kontinuität des Geländes. Die Docks, der Lauf der Flüsse, die Erinnerung an imaginäre Linien und schiffbare Routen werden zu Akteuren der Wiederaufwertung dieses Gebiets, das sich ausbreitet und die Stadt „überflutet".

Gustavo Matassa (I), **Rosa Crescenzo** (I), Architekten, Ana Maria Preziuso, Ana Maria Preziuso (I) Künstlerin, Mauro Nisita (I), Angela Immacolata Russo (I), Architekten
Gustavo MATASSA
21 via Tufarole
83100 Avellino, Italia
T +39 825760130, +39 3396651555
info@gustavomatassa.it
www.gustavomatassa.it

ARTère

Ein wichtiger Teil des urbanen Lebens findet außerhalb von Gebäuden statt, in öffentlichen Räumen, die wir als die „von der gebauten Form definierte Leere bezeichnen. Dieser Entwurf erforscht die Hierarchie der Räume hinunter bis zum kleinsten von den Bewohnern „psychologisch" erfahrbaren Maßstab. Schlüsselkonzepte sind: Verdichtung zur Aufwertung des öffentlichen Raums und Förderung der kulturellen Identität des Viertels durch aussagekräftige Kunst und Lichtdesign.

Alain Walther (CH), **Charles Fortin** (CDN), Rana Abboud (NZ), Architekten, Evan Whiteside (AUS) Grafikdesigner
Charles Fortin & Alain Walther
Eigerweg 7
3122 Kehrsatz, Suisse
T +41 319613102
charles@charlesfortin.com
www.charlesfortin.com/europan

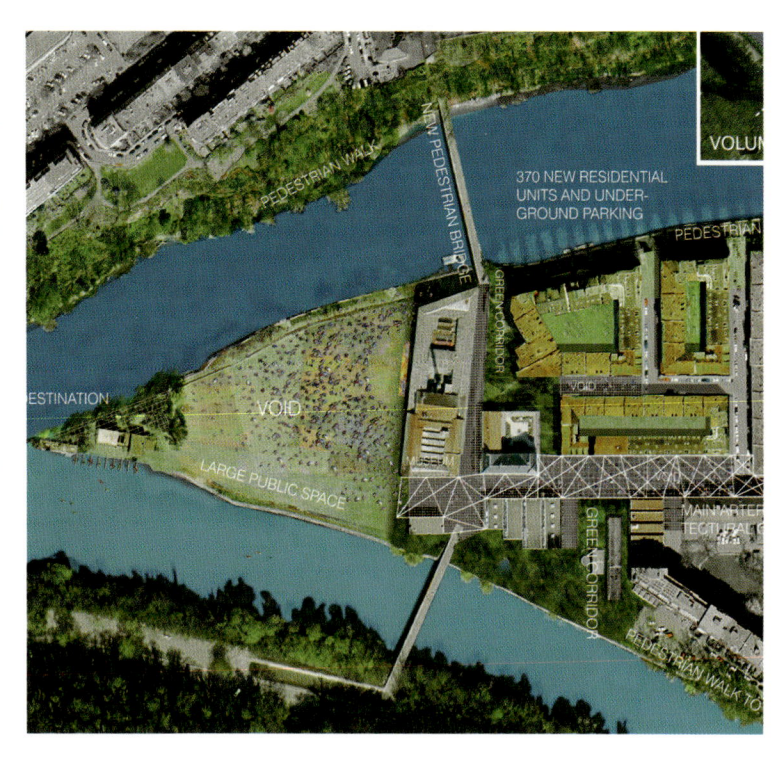

Anknüpfungspunkt

In der Kombination von Neubau und Restaurierung eines Industriestandorts, der in den Zustand seiner ursprünglichen Schönheit zurückgeführt wird, thematisiert der Entwurf die Schnittstelle zwischen Stadt und Land. Am Rand der Stadt Engagement für nachhaltigen Urbanismus. Die Grundsätze eines ökologischen Quartiers und die urbane Parteinahme trennen alternierend Bebauung und „Natur", die sich reziprok auf der Ebene verteilen und diese durchschneiden. Der Entwurf bietet Mischnutzung und Wohnen sowie eine Sedimentierung durch die Verbindung alter und neuer Gebäude. Das Quartier ist im bestehenden urbanen Gewebe verankert und öffnet die Stadt zum Horizont hin.

Ariel Genadt (F), **Eitan Hammer** (I), Architekten
92 rue Quincampoix
75003 Paris, France
T +33 673126756
genadt_ar@aaschool.ac.uk,
hammere@gmail.com

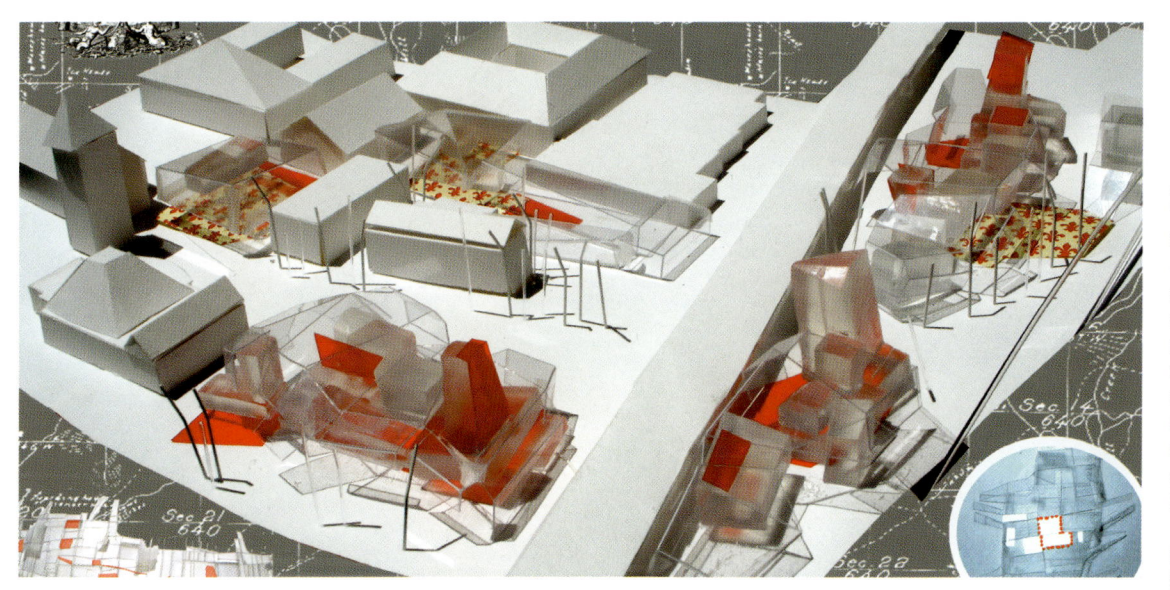

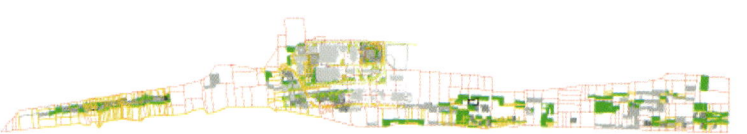

Ars sociophysique Konzept zur Klimaverbesserung

Ars sociophysique ist eine Industrie des Wohlbefindens. Ein herausragendes Kriterium in der Beziehung zwischen Mensch und Ort im Bestreben, positive Stimmung zu schaffen, ohne den Preis des Fortschritts zu zahlen. **Ars sociophysique** ist **aktionsmodus** oder Architektur, die dem Individuum und der Gemeinschaft über den Wandel der objektiven, physischen Materie Lebensraum verschafft. Dieser Motor der Transformation gründet in der Entschlossenheit, durch **klimatische Verbesserung** Raum im Raum zu schaffen.

Susana Velasco (E) Architektin, **Rafael Sánchez-Mateos Paniagua** (E) Künstler, **María Cestau** (E), **Roberto Rubio** (E), Architekten
Ludotek
Equipe d'architecture, pensée et d'action
info@ludotek.net
www.ludotek.net

Postkarten aus Moudon

Die Hauptstrategie basiert auf einem multifunktionalen und wandlungsfähigen, restrukturierenden Element, das neue Ebenen der Kommunikation und der Beziehungen schafft: das Rückgrat. Es entsteht eine Ergänzung des urbanen Zentrums, wobei der Übergang zwischen industrieller Nutzung und der speziellen Förderung von neuen Wohnungen und Arbeitsplätzen, tertiärer Nutzung und gewerblicher Ausstattung strukturiert wird; Landmarken und Stadthintergrund werden zu Hauptmerkmalen der Fahrzeug- und Fußgängerrouten.

Francisco Blanco Brotons (E), **David Delgado Baudet** (E), **Jaime Eizaguirre Santillán** (E), **Cristina Jiménez Pulido** (E), **Ana López Fernández** (E), Architekten
Victor de la Serna 44, 2º D
28016 Madrid, España
T +34 676069798
jaime.eizaguirre@gmail.com

Southpark

Linking-Sion Der Entwurf soll Sion auf verschiedenen Maßstabsebenen verknüpfen.
Linking large betrifft die gesamte Region und konzentriert sich auf das Rhônetal. Schlüsselthema ist ein neuer Logistik-Park westlich des Stadtzentrums.
Linking medium betrifft das Stadtzentrum von Sion. Es soll ein „Reißverschluss" mit gigantischen Trittsteinen entstehen.
Linking small bezieht sich auf den Maßstab der Bewohner. Die den Stadtpark umgebenden Straßen werden durch die neuen Wohnstrukturen betont. Durch minerale Bänder für Fußgänger wird der urbane Charakter in den Park hineingeführt.

Jakob Sand (DK), **Lorenzo Gaetani** (I), **Nan Shin** (DK), **Miza Mucciarell**i (I), **Antonio Bergamasco** (I), Architekten, Charley Cloris (F) 3D-Künstler
Jakob Sand
15 boulevard de Picpus
75012 Paris, France
T +33 688393063
jakobsand2004@yahoo.com

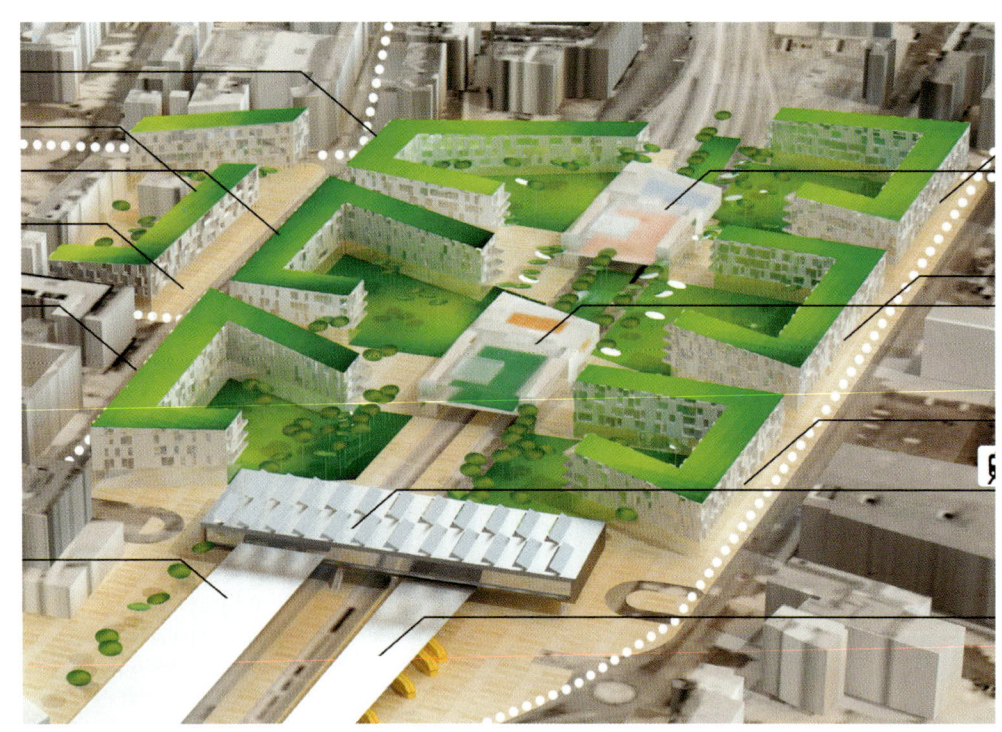

Interact

Es gibt keine *Tabula rasa*. Die Kombination verschiedener Verkehrsmittel realisiert über die intermodale Plattform eine effiziente und ökonomische Verbindung zwischen Stadt und Umland. Auf dem vom PKW-Verkehr befreiten Bahnhofsplatz entsteht ein urbaner, naturgeprägter, baumbestandener Ort, der in erster Linie Fußgängern und Gemeinschaftsaktivitäten vorbehalten ist. Entlang der Bahn entstehen Stadt- und Bürgergärten als Keimzelle eines von Mischnutzung und diversen Typologien geprägten ökologischen Quartiers.

Anthony Leone (F), **Marc-Olivier Paux** (CH), Louisa Gueddimi (F), Architekten
T +41 763720903,
anthony@ltarchitectes.com
www.ltarchitectes.com
T +41 213116059
mo.paux@zhongart.com
www.marcol.ch

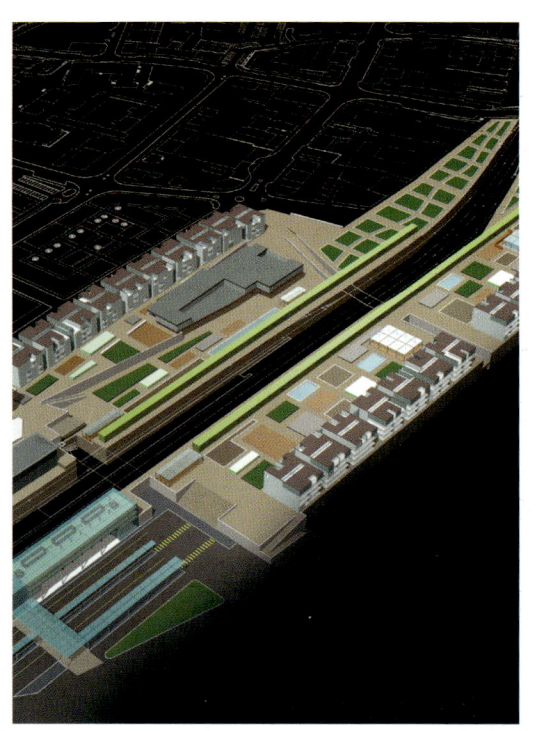

Leben am Horizont

Der topografische Bruch, der den Standort prägt, kommuniziert unmittelbar mit den unterschiedlichen Maßstäben der Landschaft. Der Horizont dient somit als Grenze, an der sich Natur und Artefakt, Erhalt und Verschwinden, Nähe und Ferne begegnen. Dies ist die Strategie, die die latenten Qualitäten von Poljane sichtbar macht und das Quartier mit seiner Umgebung verbindet. Der sich durch unterschiedliche Niveaus ergebende physische Zwang wird als zentrales, lineares Charakteristikum betrachtet. Hybride Architekturen, die sich hier einbetten, beschreiben und definieren eine Reihe neuer öffentlicher Räume.

Jean Marie Beslou (F), Violette Le Quéré (F), Julien Perraud (F), Grégoire Barraud (F), Claire Toscer (F), Architekten
Atelier RAUM
34 rue Paul Bellamy
44000 Nantes, France
T +33 685329279
contact@raum.fr
www.raum.fr

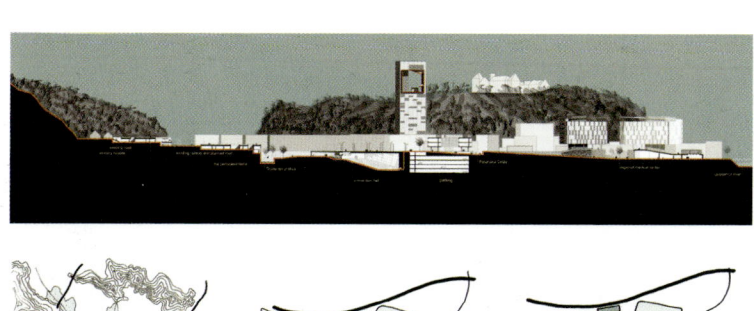

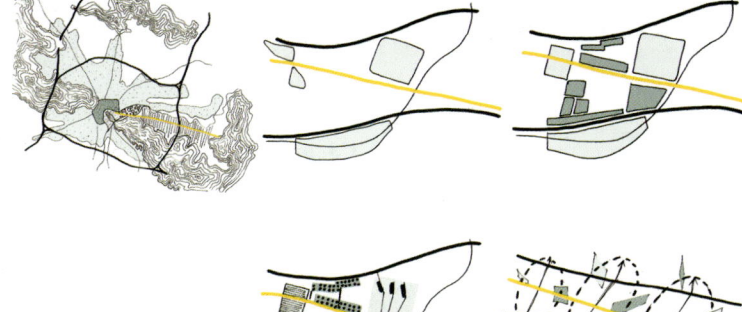

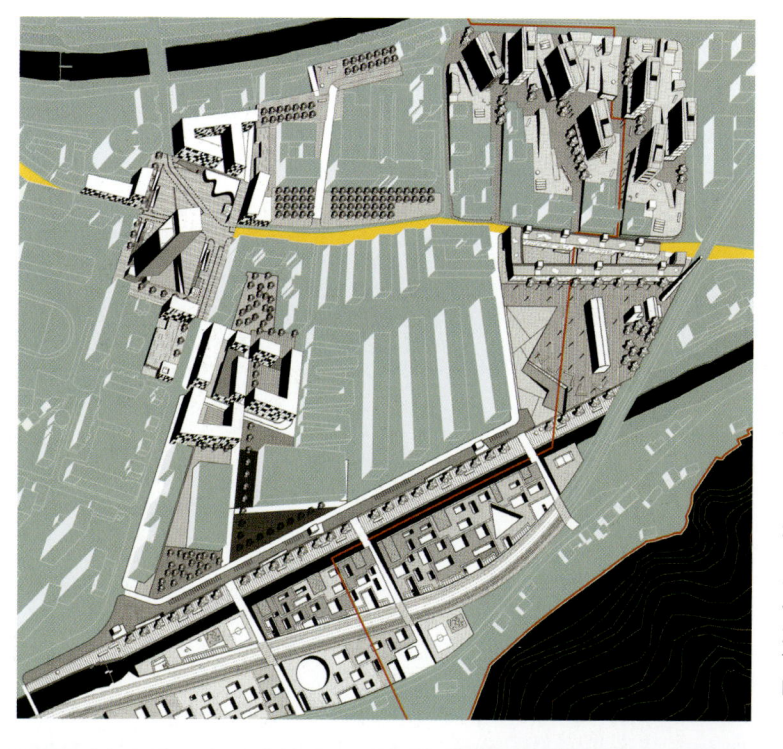

Magnetisches Feld

Der Entwurf verbindet die Fragmente miteinander und transformiert das derzeit heruntergekommene Gebiet in ein vernetzt arbeitendes Patchwork. Zusätzlich ist die Verbindung zwischen den Flüssen Golovec und Ljubljanica ein weiteres wichtiges Ziel. Zunächst wird die Zahl der Fragmente vervielfacht, dann erhält jedes Fragment eine charakteristische Form entsprechend der besonderen Beziehung zur Landschaft. Zum Schluss wird ein verbindendes Element eingeführt, das eine verknüpfte Struktur von Leerräumen schafft und dem Standort eine erkennbare Identität verleiht.

Simona Bodria (I), Matteo Motti (I), Lorenzo Santosuosso (I), Manuele Salvetti (I), Architekten
via Uberti 10
20129 Milano, Italia
T +39 3332913718
lorenzo.santosuosso@gmail.com

Terminal Klasse A

Der Kanal ist ein Ort zum Anlegen von Booten, ein Treffpunkt, ein Platz zum Spielen und Entspannen. Die Wohngebäude folgen dem Verlauf des Kanals, es ist möglich auf den Dächern vom Kanal zur Stadt hinüber zu laufen. Büros und öffentliche Gebäude konzentrieren sich am Rand des Kanals und füllen die leeren Räume. Die Metro-Station befindet sich an der Nahtstelle zwischen Stadt und Küste. Eine große energetische Überdachung schützt den Kanal und bildet eine grüne Öffnung im urbanen Gewebe.

Vicenzo Ferrara (I), **Roberto Perego** (I), **Daniele Barillari** (I), **Sara Lorenzi** (I), Laura Bussoli (I), Massimo Cicala (I), Architekten
Vincenzo Ferrara
via tajani 6
20133 Milano, Italia
T +39 02320625046, +39 3395419719
info@enzoferrara.it
www.enzoferrara.it

Marina-Stadt Finnoonlahti

Inspiriert durch die alten römischen Häfen von Claudius und Trajan und die pittoresken italienischen Hafenstädte zeigt sich die neue urbane Struktur als eine einzige starke Geste, die die Wohngebäude, öffentlichen Einrichtungen und Funktionen der Marina einschließt. Im Zentrum dieser Struktur verläuft eine neuer Kanal, der viele der kleinen Wasserwege, die den Standort durchqueren, trennt oder verbindet. Mit Blick auf das Wasser und die umgebende Natur aus jeder Wohnung wird in dieser einzigartigen Marina-Stadt das Leben zu Wasser und zu Land nahtlos verbunden.

Katariina Sewón (SF) Architektin, Tommy Lindgren (SF) Architekturstudent
Hämeentie 26 D 72
00530 Helsinki, Suomi-Finland
T +358 505380955
katariina.sewon@takomo.fi

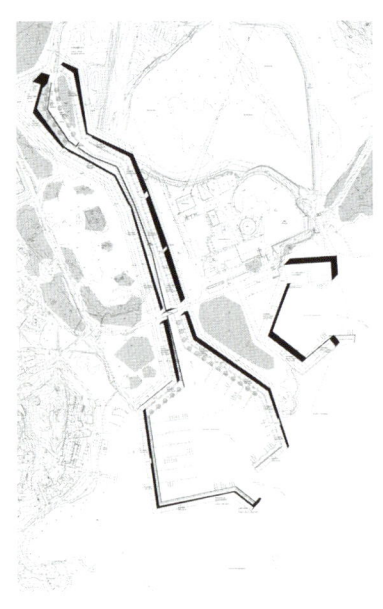

Diffusing Finnoonlahti

Hauptanliegen ist es, Finnoonlahtis Landschaft mit ihrer charakteristischen Mischung aus Hainen, Heideland und kleinen Flüssen in eine halburbane **Landschaft** umzuwandeln. Der Standort wird mit einem **Netzwerk** von öffentlichen Wegen überzogen, die sich zwischen den umgebenden Infrastrukturen erstrecken und auf denen man sich durch die Natur bewegen kann. Die **gebaute Struktur** bewahrt die Durchlässigkeit des Standorts; die Landschaft wird zum Hauptorientierungs-element innerhalb der Gebäude. Der Entwurf erhält seine Identität durch die ständige Präsenz der Natur.

Sibylle Pöhler (D), **Boris Schebesch** (D), Architekten, **Sophie Melchior** (F) Landschaftsarchitektin, **Klaas De Rycke** (B) Architekt und Bauingenieur
20 rue Gerando
75009 Paris, France
T +33 667311043
sibyllepoehler@hotmail.com

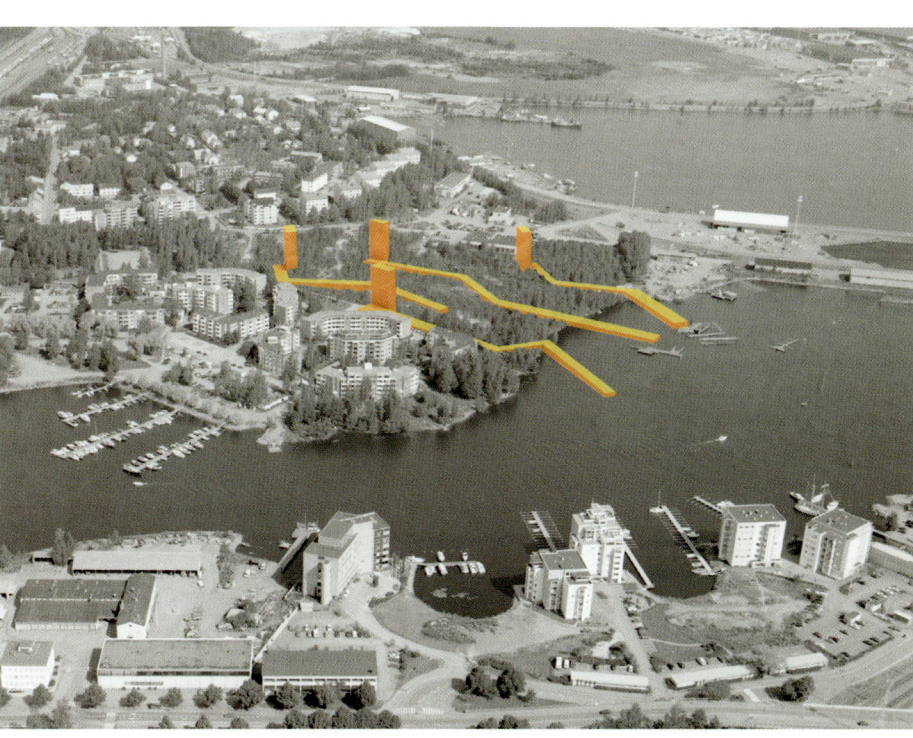

ESPOO, SUOMI-FINLAND

... zwischen zwei Landschaften

Das Entwurfsgebiet ist eine Landschaft, in der die Prozesse der Natur ständig **unsere wahrnehmung des ortes verändern**. Der Entwurf basiert auf der Dualität dieser Prozesse und verwendet sie als Gestaltungsinstrument. Das neue System urbanen Wachstums beruht nicht auf geometrischen Kodes sondern auf der Struktur des Geländes. Die Beziehungen zwischen den Naturelementen, dem Bestand und den natürlichen Prozessen sind eine Herausforderung. Ziel ist, **die form des ortes zu verändern, ohne verlust seiner identität**; Ebbe und Flut werden weiterhin den Strand einnehmen, der Schnee den Wald bedecken und das Wasser die Hafenmauern zerstören.

Virginia Domingo Soria (E), Cesar Cebrián Ballesteros (E), Architekten
c/ Manuel Ferrero, n 5
28036 Madrid, España
T +34 690981143
virginiads@gmail.com

KOTKA, SUOMI-FINLAND

Der Wunsch nach Licht

Das Hauptgebäude mit seiner dominanten Erscheinung setzt ein Signal für dieses Quartier. Die Menschen werden es als unmissverständliche Erklärung in einer heterogenen Umgebung verstehen. Das neue Ensemble aus Gebäuden, öffentlichen Räumen, Gewerbe- und Dienstleistungsbereichen ist über eine Achse miteinander verbunden. Der Park am nördlichen Ende hat eine Verteilerfunktion. In Vantaa ist es deutlich länger dunkel als hell. Deshalb lässt die Gestaltung möglichst viel natürliches Licht in die Räume. Künstliches Licht gibt dem Zentrum eine zweite Identität bei Nacht.

Michelangelo Zaffignani (I), **René Bechter** (A), Architekten
Schlossergasse 1
6800 Feldkirch, Österreich
T +43 552276083
aix@aix.at
www.aix.at

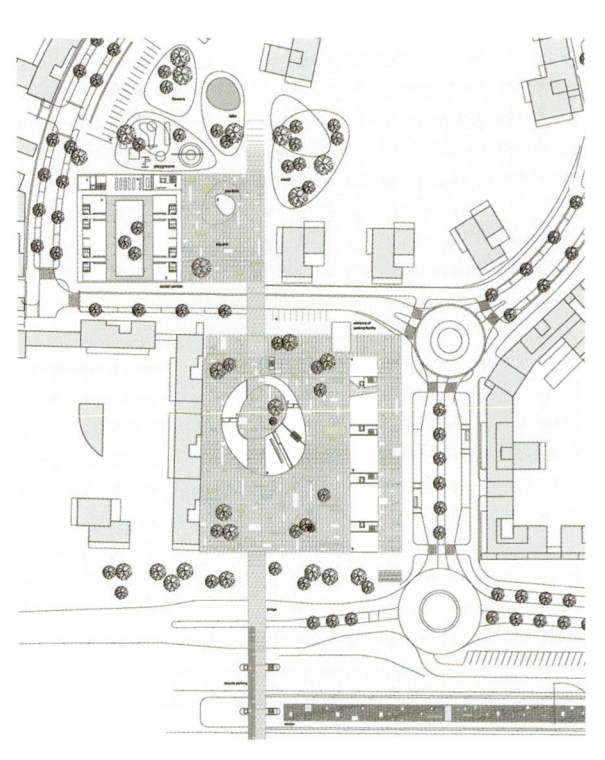

Koivikko

Derzeit noch unberührte Natur, wird das zukünftige Zentrum von Leinelä unterschiedliche urbane Maßstäbe verbinden. Die Form der urbanen Pergola, die alle Programme verknüpft, ist von der Natur inspiriert. Kleine Wohntürme – entsprechend der niedrig stehenden finnischen Sonne – brechen mit dem finnischen Dogma der massiven Wohnblocks. Die Türme bieten eine Vielzahl von Wohnungstypologien und vereinen Parken, Fußgängerebenen und Wohnen; sie geben dem Zentrum die gewünschte Identität.

Hedwig Heinsman (NL), **Hans Vermeulen** (NL), **Martine De Wit** (NL), Architekten, Janne Teräsvirta (SF) Künstler, Charlotte Janssen (NL) Architekturstudentin
DUS architects
Blankenstraat 404
1018 SK Amsterdam, NL
T +31 207890359
www.dusdus.nl
info@dusdus.nl

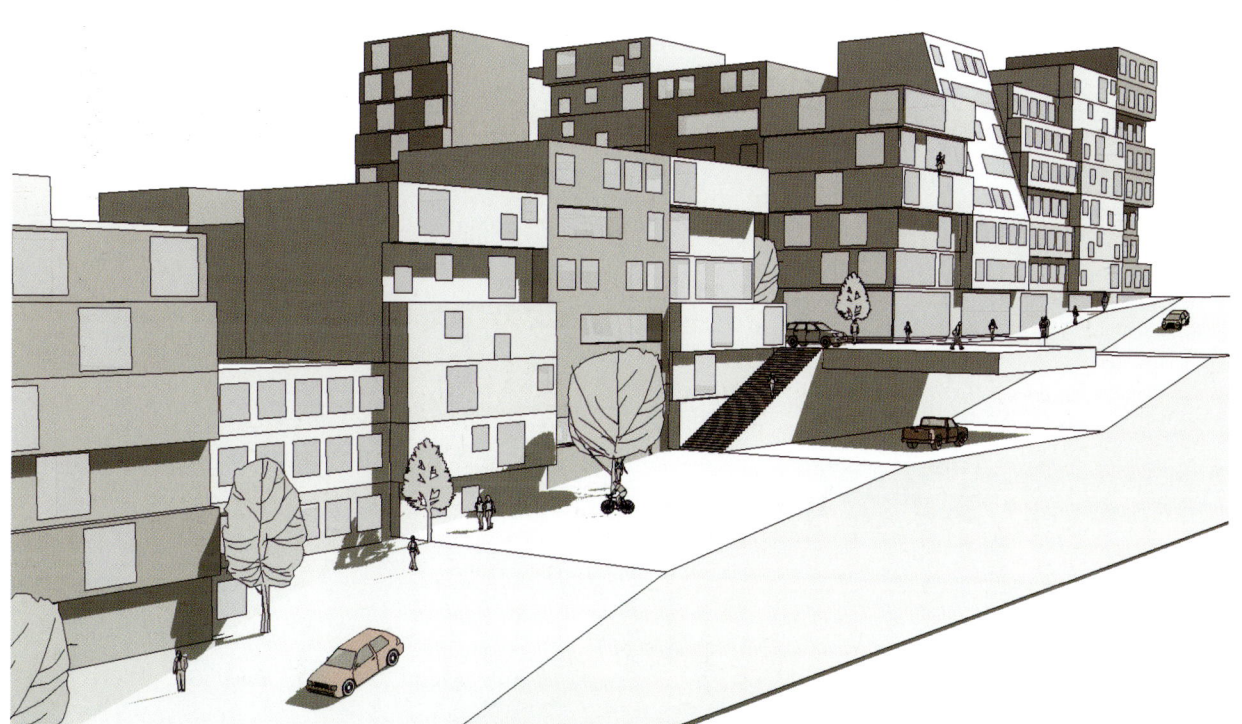

Nackastan

Die räumliche Effizienz des Rasterplans ist gut dokumentiert, ebenso der Zusammenhang zwischen Energieverbrauch und Stadtplanung. In einer dichten Stadt kann durch die effizientere Nutzung der Flächen mehr Natur wachsen und gedeihen. Eine nachhaltige urbane Rahmenstruktur sichert Flexibilität für künftige gebäude. Der Inhalt dieser gewaltigen neuen Entwicklung ist schwer vorherzusagen, da er sich mit der Zeit verändern wird. Vertikal gegliederte Blocks mit Gewerbe, Büros und Wohnungen haben private Höfe und sind von den öffentlichen Straßen getrennt.

Stefan Rydin (S) Architekt, Ludvig Netré (S), Alexander Trimboli (S), Martin Losos (S), Architekturstudenten
LAME Architecture
c/ Trimboli
Tegnérlunden 12
11359 Stockholm, Sverige
T +46 709688272
lamelab@gmail.com

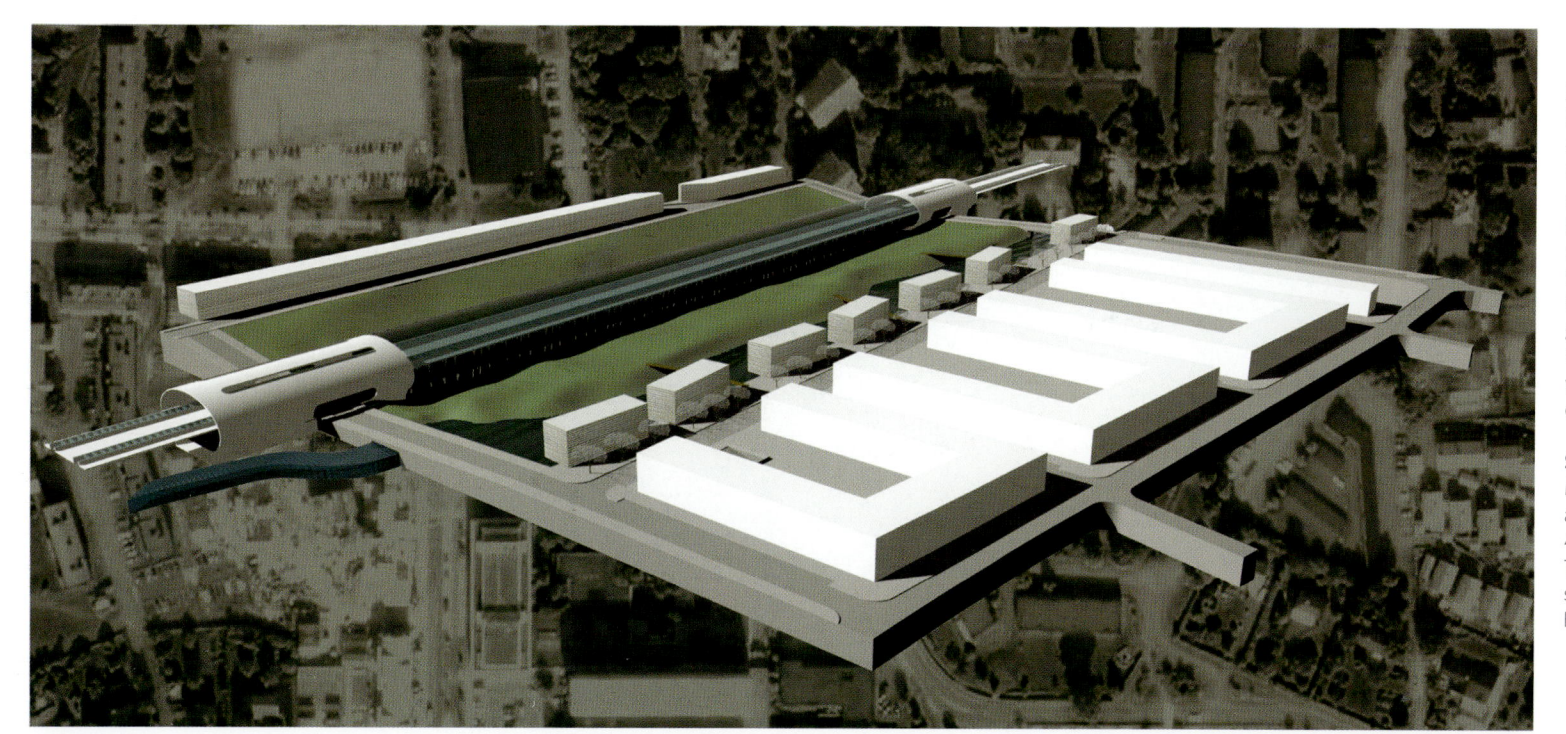

NACKA, SVERIGE

Die Röhre

Die Verbindung zwischen den Rändern der Stadt erfolgt über eine urbane Leerstelle, den grünen Park. Er erstreckt sich über die Bahn von Osten auf der Suche nach der anderen Seite der Stadt und verknüpft die lokalen grünen Plattformen. Der Fluss, der derzeit von Erdreich überdeckt ist, wird befreit und sucht ein neues Erscheinungsbild. Er erkundet die komplexen natürlichen Gegebenheiten, um sich eine lang anhaltende Kontinuität zu erobern. Die zwei neuen Pole werden über ein röhrenförmiges Gebäude erschlossen, das sie verbindet.

Soares Da Fonseca (P), José Miguel Lopes Meira (P), Architekten
av. de França 352, Sala 3.11
4050-276 Porto, Portugal
T +351 220738081
soares.fonseca@tele2.pt
http://soaresfonseca.blogspot.com

UPPLANDS VÄSBY, SVERIGE

MILTON KEYNES, UNITED KINGDOM

The Long Plot

Das längliche Grundstück, eine traditionelle Typologie in Großbritannien und Irland, bietet eine schlüssige Straßenlandschaft mit typisch vorstädtischer Dichte und einer Rahmenstruktur, die durch eine Imitation der natürlichen Entwicklung urbaner Zentren eine Intensivierung der Dichte erlaubt. Durch kurze Straßenfronten ist die Straße aktiv, während die Reihenhäuser nach hinten an einer informellen Parkstraße liegen. Das Vielgenerationengrundstück hat die gewünschte Dichte und Vielzahl von Typen, unterschiedliche Mieter können in einer lose definierten neuen Form von Familie zusammenleben.

Richard Hadley (UK), **Elisa Engel** (D), **Stephen Kirk** (IRL), Architekten
EHK
T +44 7718921675, +353 861792623
ehk.architecture@gmail.com

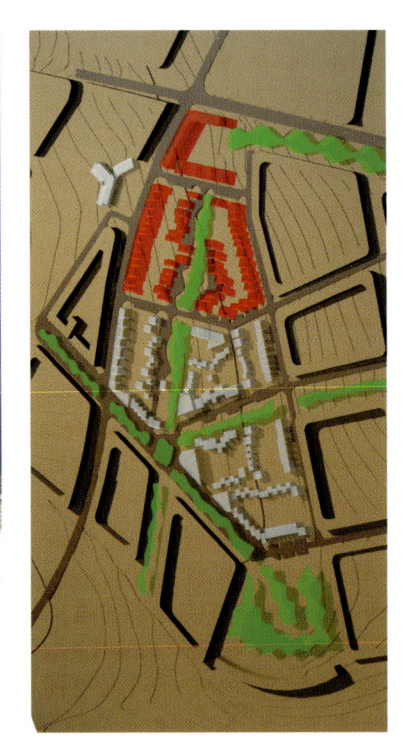

MILTON KEYNES, UNITED KINGDOM

Soziale Ökologie

Soziale Ökologie ist ein urbanes Permakulturprojekt, ein weiterer Schritt zu nachhaltigem Wohnen, organisiert als gemeinsames Eigentum mit gemeinsamer Verwaltung und privater Verpachtung von Wohnungen. Es gibt ökologische, grüne Räume – von öffentlich bis privat. Die Wohnungen sind in Gruppen von jeweils zwanzig Einheiten zusammengefasst und ordnen sich um einen linearen öffentlichen Park, eine öffentliche Permakultur-Schule, eine Markthalle und demokratisch verwaltete Medientafeln. Jeder Cluster blickt auf den Gemeinschaftsgarten, in dem Biogemüse wächst und Spielplätze liegen.

Cordula Weisser (D), **Filip Visnjic** (UK), **Jon Goodbun** (UK), **Clara Pierantozzi** (I), Architekten
Working Architecture Group (WAG)
5 Tenter Ground
E1 7NH London, United-Kingdom
T +44 2073772423, +44 7980692612
filip@wag-architecture.co.uk
www.wag-architecture.co.uk

Teeservice

Der Entwurf greift in seiner Anordnung, Materialauswahl und Herangehensweise auf das reiche kulturelle und industrielle Erbe von Stoke-on-Trent zurück. Eine Mischung aus robusten Ziegelelementen unterstützt „tanzende" keramisch verkleidete Türme, Erinnerungen an die Brennöfen, die einst den Horizont bildeten.

Das Programm ist in drei Kernelemente untergliedert; das Rückgrat entlang der westlichen Grenze mit Wohnnutzung und kommerziellen Aktivitäten im Erdgeschoss; das Halsband, ein Cluster von „Paketen" mit einer Vielzahl von Häusern; und der Boulevard als wichtigster öffentlicher Verbindungsraum.

Joe Morris (UK), **Andreas Schelling** (CH), **Mary Duggan** (UK), **Pete Grove** (UK), Architekten

Duggan Morris Architects
Unit 1 Zeus House
16-30 Provost street
N1 7NG London, United Kingdom
T +44 20754 1780
info@dugganmorrisarchitects.com
www.dugganmorrisarchitects.com

Europan
in 5 Punkten

1 Definition

Europan will junge Architekten und Stadtplaner entdecken, ihre Ideen publizieren und sie bei der Weiterentwicklung unterstützen. Ziel ist auch Städten und Entwicklungsträger zu unterstützen, architektonische und städtebauliche Lösungen für die Transformation der jeweiligen städtebaulichen Situation zu finden.

Europan ist ein europäischer Verbund von 22 nationalen Organisationen, die alle zwei Jahre einen städtebaulich/architektonischen Ideenwettbewerb mit dem Ziel einer Weiterführung und Umsetzung der Projekte durchführen. Die Wettbewerbe werden in den verschiedenen Ländern zeitgleich unter einem gemeinsamen Thema, mit einer gemeinsamen Zielsetzung und einem einheitlichen Reglement ausgelobt.

2 Teilnahme

Europan 9 war offen für junge Architekten und Planer aus den Bereichen Städtebau und Architektur (Architekten, Stadtplaner, Landschaftsarchitekten, Ingenieure). Teams können auch junge Vertreter anderer Fachgebiete einschließen. Alle Teilnehmer müssen am Stichtag der Wettbewerbsabgabe unter 40 Jahre alt sein.

3 Jury

In jedem Land bewertet eine nationale Jury – bestehend aus neun Mitgliedern (unter ihnen drei Vertreter aus dem Ausland) und Stellvertretern – alle Projekte, die in dem jeweiligen Land eingereicht wurden. Die Jury trifft sich in zwei, von einander unabhängigen Sitzungen. In der ersten Jurysitzung werden maximal 20% der Projekte ausgewählt, deren Ideen besondere Qualitäten in Bezug zur Themenstellung aufweisen. In der zweiten Sitzung werden die Entwürfe auf ihre innovativen Qualitäten und der Angemessenheit der Vorschläge für die jeweiligen Standorte überprüft. Zum Abschluss vergibt die Jury Preise, Ankäufe und gegebenenfalls zusätzlich Lobende Erwähnungen.

4 Preise

Die 63 Preise und 69 Ankäufe wurden mit einem Preisgeld von 12.000 und 6.000 Euro (inklusive Mehrwertsteuer) honoriert.

5 Realisierungen

Europan bemüht sich mit allen zur Verfügung stehenden Mitteln, Städte und/oder Standortentwickler zu ermutigen, die Preisträger-Teams zur weiteren Bearbeitung ihrer Projekte auf verschiedenen Maßstabsebenen zu beauftragen (städtebauliche Studien, Masterpläne, Realisierungen...).

Europan 9
22 länder

Europan Belgique/België/Belgien
143, rue de Campine
4000 Liège
T +32 42266940
F +32 42264735
secretariat@europan.be
www.europan.be

Europan Ceska Republika
Josefskà 34/6
118 00 Praha 1 – Malá strana
T +420 233341951
F +420 233324732
info@europan-cz.cz
www.europan-cz.cz

Europan Denmark
DAC (Dänisches Architektur-Zentrum)
Strandgade 27B
1401 København K
T +45 32571930
F +45 32545010
europan@dac.dk
www.dac.dk/europan

Europan Deutschland
Lützowstrasse 102-104
10785 Berlin
T +49 302620112
F +49 302615684
mail@europan.de
www.europan.de

Europan Eesti
Eesti Arhitektide Liit
(Union des Architectes estoniens)
Lai Tn 31
10133 Tallinn
T +37 26117430
F +37 26117431
europan@europan.ee
www.europan.ee

Europan España
Paseo de la Castellana 12
28046 Madrid
T +34 915757401, +34 914352200
F +34 915757508
europan.esp@arquinex.es
www.europan-esp.es

Europan Europe
Grande Arche de la Défense - Pilier Sud
92 055 Paris-la-Défense cedex
T +33 140812447
F +33 140819475
contact@europan-europe.com
www.europan-europe.com

Europan France
Grande Arche de la Défense - Paroi Sud
92 055 Paris-la-Défense cedex
T +33 140812454
F +33 140819475
europan.dguhc@developpement-durable.gouv.fr
www.europan-France.org

Europan Hrvatska
c/o Ministarstvo zastite okolisa,
prostornog uredjenja i graditeljstva
Ministère de la Protection
environnementale, de la Planification
et de la Construction
Ulica Republike Austrije 20
10000 Zagreb
T + 385 16101852
F + 385 13782155
europan-hrvatska@zg.t-com.hr
www.europan.hr

Europan Ireland
Royal Institute of Architects
of Ireland (RAIA)
8 Merrion square, Dublin 2
T +353 16761703
F +353 16610948
info@riai.ie
www.riai.ie

Europan Italia
via Lorenzo il Magnifico 84
00162 Roma
T +39 0697614804
F +39 0697614830
info@europan-italia.com
www.europan-italia.org
www.europan-italia.com

Europan Latvija
Architecture and design company
Terbatas street 34-1a
LV 1011 Rigas
T +371 29480702, +371 7282722
F +3717282725
dace.kalvane@aplus.lv
Dace@ aplus.lv

Europan Magyarország
Hungarian Society for Urban Planning
Liliom utca 48
1094 Budapest
T +36 12155794
F +36 12155162
mut@mut.hu

Europan Nederland
Museumpark 25
PO Box 2182
3000 CD Rotterdam
T +31 104401238
F +31 104360090
office@europan.nl
www.europan.nl

Europan Norge
c/o NAL
Josefinesgate 34
0351 Oslo
T +47 41161623
F +47 21563978
post@europan.no
www.europan.no

Europan Österreich
c/o Haus der Architektur
Palais Thinnfeld
Mariahilferstrasse 2
8020 Graz
T +43 6643508932
F +43 316832151
office@europan.at
www.europan.at

Europan Polska
Palac Kultury i Nauki
BAiPP (Biuro Architektury
i Planowania Przestrzennego)
fl. XVII, r. 1716
Plac Defilad 1
00-901 Warszawa
T +48 226567787
F +48 226566488
europan@europan.pl
www.europan.pl

Europan Portugal
Travessa do Carvalho 23
1200 - 097 Lisboa
T +351213241130
F +351213472397
europan@europanportugal.pt
www.europanportugal.pt

Europan Schweiz/Suisse Svizzera/Svizra
boulevard de Grancy 37
1006 Lausanne
T +41 216166393
F +41 216166368
contact@europan.ch
www.europan.ch

Europan Slovenija
Vegova 8
1000 Ljubljana
T +386 12420670
F +386 12420680
info@europan.si
www.europan.si

Europan Suomi-finland
SAFA
Runeberginkatu 5
00100 Helsinki
T +358 451299997
F +358 958444222
europan@europan.fi
www.europan.fi

Europan Sverige
Sveriges Arkitekter
(Swedish Association for Architects)
Box 9225
10273 Stockholm
T +46 850557700
F +46 850557705
europan@arkitekt.se
www.arkitekt.se/europan/

Europan United Kingdom
CABE (Commission for Architecture
and the Built Environment)
1 Kemble street
WC2B 4AN London
T +44 2070706700
F +44 2070706777
enquiries@europan.org.uk.
www.europan.org.uk

JURYS
EUROPAN 9

Denmark

Deutschland + Magyarország - Polska (assoziiert)

Eesti – Sverige

España

France

Hrvatska

Ireland

Italia

Nederland

Norge

Österreich + Ceska Republika - Slovenija (assoziiert)

Portugal

Schweiz/Suisse Svizzera/Svizra

Suomi-Finland + Latvija (assoziiert)

United Kingdom

Europan 9 Jurys

Belgique/België/Belgien

Nationale Mitglieder
Verwaltung
Ghislain Geron, Architekt, General Inspector of Urban Planning, Housing and Heritage of the Walloon region, Namur

Architekt
Luc Deleuze, Brussels

Bauherrrenvertreter
Jean-Michel Degraeve, Vorsitzender der Jury, Architekt, General Inspector of the Walloon Corporation of Housing, Liège
Joëlle Pourbaix, Jurist, Präsident der Wohnungsbaugesellschaft „Toit et Moi", Mons

Ausländische Mitglieder
Architekten
Pascal Amphoux, Lausanne, Schweiz/Suisse/Svizzera/Svizra
Ronan Abgral-Abhamon, Europan 8 Preisträger in Waremme, Paris, France
Patrick Longchamp, Europan 5 Preisträger in La Louvière, Genève, Schweiz/Suisse/Svizzera/Svizra

Stellvertreter
Michèle Rouhart, Architekt, Stadtbaudirektor, Mons, Belgique/Belgie/Belgien

Denmark

Nationale Mitglieder
Verwaltung
Michael Christiansen, Vorsitzender der Jury, Direktor des königlichen Nationaltheaters, København

Architekten
Dorte Mandrup, Dorte Mandrup Architects, København
Mathilde Petri, Associated Professor, Mathilde Petri Architects, København

Bauherrenvertreter
Rolf Andersson, Baudirektor, KAB, København

Persönlichkeiten
Poul Erik Tøjner, Direktor des Louisiana Museum of Modern Art, Humlebæk
Marie í Dali, Scenographer, København

Ausländische Mitglieder
Architekten
Ruurd Gietema, Partner in KCAP, Rotterdam, Nederland
Juhani Pallasmaa, Architekturprofessor, Juhani Pallasmaa Architects, Helsinki, Suomi-Finland

Bauherrenvertreter
Agneta Hammer, Stadtarchitekt Malmo, Sverige

Stellvertreter
Vanessa Miriam Carlow, Architektin, Stadtplanerin, COBE architects, København / Berlin, Denmark
Lisbeth Westergaard, Landschaftsarchitektin, Lisbeth Westergaard Planning, København, Denmark

Deutschland + Magyarország - Polska (assoziiert)

Nationale Mitglieder
Verwaltung
Engelbert Lütke Daldrup, Staatssekretär im Bundesministerium für Verkehr, Bau und Stadtentwicklung, Berlin

Architekten
Wallie Heinisch, Stuttgart, Deutschland
Holger Kleine, Berlin, Deutschland
Jens Metz, Plattform, Berlin, Deutschland

Bauherrenvertreter
Elisabeth Merk, Vorsitzende der Jury, Architektin, Stuttgart/München

Personality
Jürgen Mayer H., Architekt, Berlin, Deutschland

Ausländische Mitglieder
Architekten
Henri Bava, Landschaftsarchitekt, TER, Karlsruhe/Paris, Frankreich
Gunther Zsolt, Budapesti, Magyarorszag
Hubert Trammer, Warszawa, Polska

Stellvertreter
Prof. Herbert Kallmayer, Architekt, München, Deutschland
Christian Kern, Architekt, Professor, München, Deutschland
Eckhard Rieper, Architekt, Projektentwickler, Kempten, Deutschland
Dr. Irene Wiese-von Ofen, Architektin, Stadtplanerin, Essen, Deutschland

Eesti – Sverige

Nationale Mitglieder
Verwaltung
Andres Alver, Architekturkommission des Ministeriums für kulturelle Angelegenheiten, Tallinn, Eesti

Architekt
Henrietta Palmer, Professorin an der School of Architecture, Royal University College of Fine Arts, Stockholm, Sverige

Bauherrenvertreter
Mats Olsson, Vorsitzender der Jury, Ehemaliger Direktor der Abteilung für Stadtplanung, Malmö, Sverige
Margaretha Nilsson, Leiterin der Planungsabteilung der Stadt Uppsala, Sverige

Persönlichkeiten
Triin Ojari, Herausgeber der Estonian Architectural Review, Tallinn, Eesti
Karin Willén, Künstler, Präsident der nationalen Organisation Schwedischer Künstler, Stockholm, Sverige

Ausländische Mitglieder
Architekten
Louisa Hutton, Sauerbruch & Hutton, Berlin, Deutschland
Siv Helene Stangeland, Helen & Hard, Stavanger, Norge
Iman Morshedi, Europan 7-Preisträger in Estonia, Paris, France

Stellvetreter
Inga Raukas, Arhitektuuriagentuur, Tallinn, Eesti
Gunilla Svensson, Architect Gunilla Svensson Arkitektkontor, Lund, Sverige

España

Nationale Mitglieder
Verwaltung
Inés Sánchez de Madariaga, Ministry of Housing, Präsident Europan España, Madrid, España

Architekten
Blanca Lleó, Madrid, España
David Franco, Vorsitzender der Jury, Europan 6-Preisträger, Madrid, España

Bauherrenvertreter
Benedetta Tagliabue, EMB, nominated by CSCAE, Barcelona, España

Persönlichkeiten
Josep Parcerisa, Stadtplaner, Barcelona, España
Teresa Galí, Landschaftsplaner, Barcelona, España

Ausländische Mitglieder
Architekten
José Mateus, Lisbon, Portugal
Florian Beigel, RIBA Tutor Prize 2002, Direktor des Architecture Research Unit (ARU), Professor an der London Metropolitan University, London, Deutschland/United Kingdom

Persönlichkeiten
Kaye Geipel, Architekturkritiker, Bauwelt, Berlin, Deutschland

Stellvetreter
Javier Ruiz Sánchez, Professor für Stadtplanung, School of Architecture, Madrid, España

France

Nationale Mitglieder
Verwaltung
Etienne Crépon, Stellvertretender Generaldirektor der DGUHC, Paris

Architekten
Philippe Madec, Stadtplaner, Professor an der Ecole d'architecture de Lyon, Atelier d'architecture Philippe Madec, Paris
Frédéric Bonnet, Stadtplaner, Dozent an der Ecole d'architecture de Clermont-Ferrand, Europan 3-Preisträger in Alicante in Spain, OBRAS, Paris

Bauherrenvertreter
Philippe Laurent, Vorsitzender der Jury, Bürgermeister von Sceaux, Präsident von CAUE 92, Sceaux
Guy Bernfeld, Stellvertretender Generaldirektor für Entwicklung, verantwortlich für Großprojekte bei SNI, Paris

Persönlichkeiten
Alfred Peter, Landschaftsarchitekt, Atelier Alfred Peter, Strasbourg

Ausländische Mitglieder
Architekten
Hans Thoolen, Stadtplaner, Leiter der Abteilung Urbane Projekte, Breda, Nederland
Sebastian Redecke, Chefredakteur Bauwelt, Berlin, Deutschland

Persönlichkeiten
Bruno Gabrielli, Referentin für urbane Qualität in der Stadt Genua, Professor am Politecnico, Milano, Italia

Stellvetreter
Damaly Gastineau-Chum, Stadtplaner, verantwortlich für den Nördlichen Stadtbereich, Saint-Denis, France
Alain Bertrand, Architekt, Stadtplaner, Leiter der Planungsabteilung SEMAVIP, Paris, France

Hrvatska

Nationale Mitglieder
Verwaltung
Tamara Viskovic, Kunsthistorikerin, Mitglied des Stadtparlaments, Split

Architekten
Ivana Ergic, Zagreb
Bogdan Budimirov, Architekt, Zagreb

Bauherrenvertreter
Nives Kozulic, Architekt, Mitglied des Stadtparlaments, Zadar

Persönlichkeiten
Braco Dimitrijevic, Vorsitzender der Jury, Künstler, Paris
Sasha Randic, Architekt, Randic-Turato Architects, Rijeka

Ausländische Mitglieder
Architekten
Luis Falcon, Load architecture office, Barcelona, España
Antonino Saggio, Professor an der Architekturfakultät L. Quaroni, Roma, Italia
Jonathan Sergison, Sergison Bates architects, London, United Kingdom

Stellvetreter
Ivana Franke, Sculptress, Zagreb
Robert Jonatan Loher, Architekt, Zagreb

Ireland

Nationale Mitglieder
Verwaltung
Aidan O'Connor, Chefberater, Wohnungsbauabteilung, Amt für Umwelt, Denkmalschutz und lokale Regierung, Dublin

Architekten
Patrick Creedon, Magee Creedon Kearns Architects, Cork
Michelle Fagan, FKL Architects, Dublin
Siobhán Ní Éanaigh, McGarry Ní Éanaigh Architects, Drogheda, Co. Louth

Bauherrenvertreter
Edward Conroy, Vorsitzender der Jury, Bezirksarchitekt, South Dublin County Council
Paul Hogan, Planungschef, South Dublin County Council

Ausländische Mitglieder
Architekten
Rosemarie Webb, Chefarchitektin, Galway City Council, United-Kingdom
Dominic Papa, S333 Architecture + Urbanism BV, Amsterdam, Nederland
Bert van Meggelen, MAAT-werk, Amsterdam, Nederland

Stellvetreter
Patrick Creedon, Magee Creedon Architects, Cork, Ireland

Italia

Nationale Mitglieder
Verwaltung
Paolo Rosa, Architekt, Vertreter des Ministeriums für Infrastruktur, Generaldirektion für Wohnungsbau und Städte- und Wohnbaupolitik, Roma

Architekten
Paolo Avarello, Dozent für Stadtplanung an der University of Architecture of Roma Tre, Roma
Francesco Orofino, Berater des Architektenverbandes PPC, Roma

Persönlichkeiten
Vito Corte, Architekt, Präsident des Architektenverbandes PPC von Trapani province, Trapani
Antonio Gatto, Vorsitzender der Jury, Architekt, Präsident des Architektenverbandes PPC von Venezia, Venezia

Bauherrenvertreter
Giuseppe Palmeri, Präsident des Iacp (Institute for social housing) von Palermo, Palermo

Ausländische Mitglieder
Architekten
Guillermo Vasquez Consuegra, Dozent, Direktor des internationalen Workshops für Architektur, Universität von Sevilla, España
Takashi Iwata, Architekt, Kenzo Tange studio, Tokyo, Nihon
Yves Bour, Architekt, XY Architecture studio, Ivry sur Seine, France

Stellvetreter
Venanzio Gizzi, Architekt, Geschäftsführer von Federcasa (Federation for social housing), L'Aquila, Italia
Diego Emanuele, Architekt, Europan 8-Auszeichnung in Milazzo, Palermo, Italia

Nederland

Nationale Mitglieder
Verwaltung
Herman Meijer, Vorsitzender der Jury, GroenLinks politician, ehemaliger Stadtrat für soziale Dienste und innerstädtische Erneuerung, Rotterdam

Architekten
Jaap van den Bout, Palmboom & van den Bout, Stadtplaner, Rotterdam
Yttje Feddes, Feddes/Olthof, Landschaftsarchitekt, Utrechtt

Bauherrenvertreter
Cora Nauta, Kristal, Barendrecht
Maarten Schmitt, kommunaler Stadtplaner, Den Hagen

Persönlichkeiten
Maarten Hajer, Professor für Management & Politik am Fachbereich Politikwissenschaften an der Universität von Amsterdam, Amsterdam

Ausländische Mitglieder
Architekten
Peter Wilson, Bolles+Wilson, Münster, Deutschland
Christine de Ruijter, AWG, Antwerpen, België/Belgique/Belgien

Persönlichkeit
Pieter Uyttenhove, Professor für Architektur und Stadtplanung an der Universität von Gent, België/Belgique/Belgien

Stellvetreter
Alex van de Beld, Architekt, Onix, Groningen/Helsingborg, Nederland
Ilse Castermans, Architekt, CIMKA, Preisträger bei Europan 6 und 7 in Rotterdam, Rotterdam, Nederland
André Kempe, Architekt, Atelier Kempe Thill, Preisträger bei Europan 5 in Rotterdam, Deutschland

Norge

Nationale Mitglieder
Verwaltung
Trude Lund, Bank of Housing, Oslo

Architekten
Håkon Rasmussen, 3RW, Bergen

Bauherrenvertreter
Ellen Huse, Leiterin des Stadtplanungsamtes, Hamar
Anne Skare, Leiterin des Stadtplanungsamtes, Stavanger

Persönlichkeiten
Ingerid Helsing Almaas, Herausgeber The N. magazine „Byggekunst", Oslo

Ausländische Mitglieder
Architekten
Efrén García Grinda, Autor, AMID (Cero9), Madrid, España
Kristine Jenssen, Vorsitzende der Jury, Landschaftsarchitektin, Aarhus, Denmark
Anders Wilhelmson, Professor, Europan 4-Auszeichnung in Trollhättan, Stockholm, Sverige

Stellvetreter
Franco Ghilardi, Architekt, Oslo, Europan 8-Preisträger in Oslo, Norway/Argentina

Österreich + Ceska Republika - Slovenija (assoziiert)

Nationale Mitglieder
Verwaltung
Angelika Fitz, Kuratorin der Republik Österreich

Architekten
Karoline Streeruwitz, Sammerstreeruwitz, Europan 7-Preisträgerin in Krems, Wien
Max Rieder, Vorsitzender der Jury, MaxRieder Architektur, Wien – Salzburg

Bauherrenvertreter
Hansjörg Luser, Stadtplaner, Stadtentwickler, HoG Architektur, Graz
Michael Pech, Direktor der ÖSW, Österreichisches Siedlungswerk, Wien

Vertreter Ceska Republik + Slovenija
Jaroslav Safer, Architekt, SHA, Safer+Hajek Architects, Praha, Ceska Republika
Janez Kozelj, Architekt, Professor an der Architekturfakultät der Universität Ljubljana, Slovenija

Ausländische Mitglieder
Architekten
Floris Alkemade, OMA, Rotterdam, Nederland vertreten durch Marko Studen, SCAPELAB, Ljubljana, Slovenija
Manuel Gausa, ACTAR, Barcelona, España

Persönlichkeit
Sabine Kraft, Architekturkritikerin, „Archplus", Aachen, Deutschland vertreten durch Ilka Cerpes, Landschaftsarchitektin, Ljubljana, Slovenija
Joost Meuwissen, Architekt, Professor für Stadtplanung, Amsterdam/Graz/Wien, Nederland vertreten durch Petr F.Bilek, Architekt, Bilek Associated sro, Praha, Ceska Republika

Stellvetreter
Petr F.Bilek, Architekt, Bilek Associated sro, Praha, Ceska Republika
Marko Studen, Architekt, SCAPELAB, Ljubljana, Slovenija
Ilka Cerpes, Landschaftsarchitekt, Ljubljana, Slovenija

Portugal

Nationale Mitglieder
Verwaltung
Duarte Cabral de Melo, Vorsitzender der Jury, Architekt, National Housing Institute, Professor an der Lisbon Architecture University

Architekten
Alexandre Marques Pereira, ehemaliger Abgeordneter für europäische Angelegenheiten des portugiesischen Architektenverbandes, Lisbon
João Álvaro Rocha, Oporto

Bauherrenvertreter
António Reis Cabrita, Architekt, Chefforscher an der nationalen Forschungsanstalt für Bauingenieurswesen, Direktor der Architekturabteilung an der Viseu University
Manuel Fernandes de Sá, Architekt, Stadtplaner, Berater verschiedener Städte, Professor an der Oporto Architecture University

Persönlichkeiten
Leonor Cheis, Landschaftsarchitekt, School of Landscape Architecture in Évora, Landscaping studio NPK, Lisbon

Ausländische Mitglieder
Architekten
Carlos Arroyo, Europan 6-Preisträger in Toledo, Mitglied des wissenschaftlichen Komitees von Europan, Professor für Entwerfen an der Alcalá de Henares Architecture University, España. Pierre-Alain Croset, Europan 2, Preisträger in Speyer, Professor an der Architekturfakultät am Politecnico di Torino, Italia. Bjarne Mastenbroek, Europan 2, Preisträger in Nijmegen, Direktor und Gründungsmitglied von SeARCH office, Gastdozent an verschiedenen Instituten, Nederland

Stellvetreter
Pedro Coelho, Stadtarchitekt, Amt für strategische Planung, Sintra, Portugal
Claudia Sisti, Landschaftsarchitekt, University of Barcelona, España
Claudia Sisti, Architecte Paysagiste, Université de Barcelona, España

Schweiz/Suisse Svizzera/Svizra

Nationale Mitglieder
Verwaltung
Carl Fingerhuth, Vorsitzender der Jury, Zürich
Jean-Gilles Décosterd, Lausanne
Christophe Girot, Landschaftsarchitektur, Professor am Institut für Landschaftsarchitektur, NSL Fachbereich Architektur, ETH Zürich

Bauherrenvertreter
Jürg Capol, Projektleiter, Karl Steiner SA, Projektentwicklung, Lausanne

Persönlichkeiten
Bruno Marchand, Architekt, Direktor EPFL/ENAC/IA-GE, Lausanne
Rahel Marti, Architekturkritiker, Hochparterre AG Zürich

Ausländische Mitglieder
Architekten
Bjarke Ingels, BIG - Bjarke Ingels Group, København, Denmark

Persönlichkeiten
Françoise Fromonot, Architekt, Architekturkritiker, Paris, France
Angelus Eisinger, Professor am Institur für Architektur und Urbanismus, Vaduz, Liechtenstein

Stellvetreter
Sofie Troch, Architektin, Brussels, Belgique/Belgie/Belgien
Dagmar Driebeek, Architektin, Lausanne, Schweiz/Suisse/Svizzera/Svizra

Suomi-Finland - Latvija (assoziiert)

Nationale Mitglieder
Verwaltung
Jouni J. Särkijärvi, Vorsitzender der Jury, Generaldirektor im Umweltministerium, Helsinki, Suomi-Finland

Architekten
Markku Hedman, Europan 8-Ankauf in Lahti, Espoo, Suomi-Finland
Johanna Vuorinen, Europan 7-Ankauf in Espoo, Helsinki, Suomi-Finland
Sandra Treija, Riga Technical University, Latvija
Andris Kronbergs, Riga, Latvija

Persönlichkeiten
Marja Salmela, Herausgeberin, Architekturkritikerin, Helsingi Sanomat, Helsinki, Suomi-Finland

Ausländische Mitglieder
Architekten
Kirstin Schemel, Berlin, Deutschland
Nils Mjaaland, Professor in Stokholm, Sverige – Norge
Ignacio Vicens, Professor, Madrid, España

Stellvetreter
Janis Domburs, TV-Journalist, Riga, Latvija

United Kingdom

Nationale Mitglieder
Verwaltung
David Rudlin, Stadtplaner, URBED, Manchester

Architekten
John Pringle, Pringle Richards Sharratt Architects, London
Peter St John, Caruso St John Architects, London
Barbara Dunsire, Architecture MK, Europan 4-Preisträgerin in Manchester, Europan 5-Preisträgerin in Sheffield, London

Bauherrenvertreter
Carol Ainscow, Projektentwicklerin, Vorsitzende von Artisan, Manchester

Persönlichkeiten
Christine Hawley, Vorsitzende der Jury, Dekanin of Bartlett und Leiterin der Fakultät für gebaute Umwelt am University College London

Ausländische Mitglieder
Architekten
Neave Brown, Künstler und Architekt, St Laurent le Minier, France

Bauherrenvertreter
Jim McMillan, Bauherr, Great Places Housing Group, Ireland
Ton Schaap, Stadtplaner, Gemeente, Amsterdam, Nederland

Stellvetreter
Charles Holland, Architekt, Fashion Architecture Taste FAT, London, United-Kingdom
Renato Benedetti, Architekt, McDowell & Benedetti Architects, United Kingdom

Europan Publikationen

Kataloge zu den preisgekrönten Projekten der vergangenen Europan- Wettbewerbe

EUROPAN 6, europäische ergebnisse
Zwischenorte, Architektur im Prozess zur urbanen Erneuerung
Herausgegeben von Europan
Paris, Frankreich, Dezember 2001
4 Ausgaben: französisch (vergriffen), englisch, deutsch, italienisch,
232 Seiten, Farbe
Preis: 50 Euro

EUROPAN 7, europäische ergebnisse
Sub-urban challenge, urbane Intensität und Vielfalt des Wohnens
Herausgegeben von Europan
Paris, Frankreich, Mai 2004
4 Ausgaben: französisch, englisch, deutsch, italienisch, 335 Seiten, Farbe
Preis: 60 Euro

EUROPAN 8, europäische ergebnisse
European urbanity
Herausgegeben von Europan
Paris, Frankreich, Juli 2006
4 Ausgaben: französisch, englisch, deutsch, italienisch, 360 Seiten, Farbe
Preis: 65 Euro

EUROPAN 9, europäische ergebnisse
The sustainable city and new public spaces
Herausgegeben von Europan
Paris, Frankreich, Juni 2008
4 Ausgaben: französisch, englisch, deutsch, italienisch, 364 Seiten, Farbe
Preis: 65 Euro

Veröffentlichungen zu den Realisierungen der Wettbewerbsergebnisse

Implementations
Europan 1 to 6 – Negotiated projects
Herausgegeben von Europan
Paris, Frankreich, November 2004
Englische Ausgabe, 220 Seiten, Farbe
Preis: 57 Euro

Monographien

18 Fanciful eruption
Osdorpplein Amsterdam
The Netherlands
Arons and Gelauff architects
Herausgegeben von Europan
und Untimely Books
Paris, Frankreich, Januar 2003
Zweisprachig, englisch/niederländisch
48 Seiten, Farbe
Preis: 9 Euro

19 Town over town
or the freedom of constricted space
rue Rieux - rue Fourré, Nantes, France
DLW architects
Herausgegeben von Europan
und Untimely Books
Paris, Frankreich, January 2003
Zweisprachig, französisch/englisch
48 Seiten, Farbe
Preis: 9 Euro

20 Red and White
Dwellings for the new urban landscape
Seville, Spain
Sobejano, Nieto architects
Herausgegeben von Europan
und Untimely Books
Paris, Frankreich, Januar 2003
Zweisprachig, englisch/spanisch
48 Seiten, Farbe
Preis: 9 Euro

21 Inhabited landscape
a walk through the Ereta park
Alicante, Spain
Obras architects
Herausgegeben von Europan
und Untimely Books,
Paris, Frankreich, Dezember 2004
Dreisprachig, englisch/spanisch/französisch
64 Seiten, Farbe
Preis: 9 Euro

22 Clarifying the urban fabric
a design for living
Arc de Triomphe quarter
Saintes, France
BNR architects
Herausgegeben von Europan
Paris, Frankreich, Januar 2006
Zweisprachig, englisch/französisch
48 Seiten, Farbe
Preis: 9 Euro

23 Weaving urban fabric
Chalutier le Forban avenue
Plérin-sur-Mer, France
CITArchitecture
Herausgegeben von Europan
Paris, Frankreich, Januar 2006
Zweisprachig, englisch/französisch
48 Seiten, Farbe
Preis: 9 Euro

24 Åleryd, reinterpreting tradition
Linköping, Sweden
Asko Takala architect
Herausgegeben von Europan
Paris, France, November 2006
Zweisprachig, englisch/schwedisch
48 Seiten, Farbe
Preis: 9 Euro

25 Faces & Spaces, A new centre for the Olympic Village District
Innsbruck, Austria
Froetscher, Lichtenwagner architects
Herausgegeben von Europan
Paris, Frankreich, März 2007
Zweisprachig, englisch/deutsch
96 Seiten, Farbe
Preis: 10 Euro

Europan nachverfolgt

Europan Generation
The reinterpreted city
Herausgegeben von Europan
und City of Architecture
Paris, Frankreich, Juni 2007
Zweisprachig, französisch/englisch
224 Seiten, Farbe
Preis: 35 Euro

Ergebnisse zweier internationaler, von Europan koordinierter, Wettbewerbe

Dwelling in the year 2000
housing, city and nature
Herausgegeben von Europan
Paris, Frankreich, November 2000
Zweisprachig, französisch/englisch
230 Seiten, Farbe, CD-ROM
Preis: 23 Euro

Living in the french tropics
EUROPANDOM
Herausgegeben von Europan
Paris, Frankreich, Juni 2000
Zweisprachig, französisch/englisch
180 Seiten, Farbe, CD-ROM
Preis: 23 Euro

Alle Publikationen sind über das Internet erhältlich
www.europan-europe.com
(Klick auf die jeweilige Publikation)